新编21世纪新闻传播学系列教材

—— 广告学与媒介经营管理系列 ——

# 媒介经营与管理

周蔚华 主编

Media Operation and Management

中国人民大学出版社

· 北京 ·

## 内容简介

本教材顺应当前媒介深度融合发展趋势，对媒介经营与管理的相关内容作了较为系统而全面的介绍。

本教材主要包括三部分内容：第一部分具有总论性质，对媒介经营与管理中的一些基本概念、管理思想发展历程、外部环境和发展现状做了简要介绍；第二部分介绍媒介经营与管理业务及其核心内容，包括组织管理、战略管理、产品研发与生产管理、营销管理、广告经营与管理、资本运营与管理、品牌管理；第三部分是媒介组织经营与管理的保障性关键要素，包括人力资源管理、财务管理。

本教材具有以下鲜明特点：第一，紧密结合中国媒介经营和管理的鲜活实践，并把它上升到规律性认识加以理论总结；第二，力图将媒介深度融合条件下的媒介经营与管理的新技术、新实践、新经验及新案例吸纳到教材内容中去；第三，充分借鉴国际管理学界、传媒界在媒介经营与管理方面的相关理论和经验。

本教材充分体现党中央关于课程思政的有关要求，将习近平新时代中国特色社会主义思想贯穿教材始终，在介绍管理思想时努力吸收中华优秀传统文化的相关内容。

## 主编简介

**周蔚华** 中国人民大学新闻学院二级教授、博士生导师，《新闻春秋》杂志主编，国家社会科学基金重大项目首席专家。兼任中国社会治理研究会副会长等社会职务。曾任中国人民大学《教学与研究》编辑部副总编辑，中国人民大学出版社副社长、总编辑，中国社会报社党委书记兼社长、总编辑等职务。获得第十届韬奋出版奖、百名有突出贡献的新闻出版专业人才、首届全国新闻出版行业领军人才等奖项或荣誉。

在各类报刊发表论文100余篇，被《新华文摘》、《中国出版年鉴》、《中国编辑研究》、中国人民大学复印报刊资料等重要媒体全文转载近50篇，著作和论文多次被翻译成英文、韩文、越南文等。主持国家社会科学基金重大项目、重点项目，教育部重大项目等重要科研项目。

# 总序

中国人民大学出版社策划出版的"新编21世纪新闻传播学系列教材"，是一套在新闻传播学领域内，密切联系新闻传播工作的实际，广泛吸收新闻传播学的最新研究成果，高掲遐揽，取精用宏，供21世纪的高等院校新闻传播院系教学使用的系列教材。

20世纪初以来的100年，是世界新闻传播事业飞速发展的100年。这100年来，随着科学技术的不断发展，继报纸、期刊、通讯社之后，广播、电视、网络和多种新媒体相继问世，新闻传播的媒介日趋多元化，新闻传播的手段日趋现代化，"地球村"变得越来越小，新闻传播事业对世界政治、经济和文化的影响则变得越来越大。

这100年，也是中国新闻事业飞速发展的100年。尤其是中国改革开放以来，发展得尤为迅猛。

进入21世纪以后，中国新闻事业发展的势头更为迅猛。报纸、期刊、通讯社、广播电台、电视台的数量在宏观调控下，虽无大变化，但软硬件的实力都有了很大的提高。据2011年12月出版的《中国新闻年鉴》的最新统计数字，2010年全国共出版报纸1 939种，平均期印数2.14亿份。共出版期刊9 884种，平均期印数1.63亿份。全国共有广播电台227座，电视台247家，广播电视台2 120家，教育电视台44家。广播综合人口覆盖率为96.78%，电视综合人口覆盖率为97.62%。

另外2012年1月中国互联网络信息中心（CNNIC）发布的《第29次中国互联网络发展状况统计报告》显示，截至2011年12月底，中国网民规模已达到5.13亿，互联网普及率达到38.3%。其中，手机用户数量为3.56亿，博客和个人空间用户数量为3.19亿，微博用户数量为2.5亿，社交网站用户数量为2.44亿，网络视频用户数量为3.25亿。中国居民中具备上网条件和技能的人已经基本转化为网民，大专及以上学历人群中互联网使用率已达96.1%。中国网站总数为230万个，网页数量为866亿个。

这样大的发展规模，这样快的发展速度，在世界和中国新闻事业史上都是空前的。回顾既往，盱衡未来，新闻传播事业在21世纪还将保持旺盛的发展势头。新闻传播，作为上层建筑中意识形态的一个重要组成部分，在全面准确地宣传党的基本理论、基本路线和基本方针以及各项决策，反映人民群众的伟大业绩和精神风貌，以及推动改革开放和社会主义现代化建设等方面，必将继续发挥重要的作用。

与新闻传播事业的发展相配合，这100年来，为中国的新闻战线培养和输送人才的中国新闻教育，也有了相应的发展。中国的新闻教育起始于20世纪初，迄今有近百年的历史。中华人民共和国成立前的30年，虽然先后在个别院校中设立了新闻系或新闻专科，但规模都不大，设备也不够完善，在校学生人数最多的时候不超过400人，30年间累计培养出来的毕业生还不到3 000人。中华人民共和国成立后，为了给中华人民共和国的新闻事业培养人才，新闻教育有了新的发展，但到20世纪60年代中期为止，全国的新闻教育机构也还只有14家。当时全国只有343家报社、78座广播电台和13家电视台，革命老区来的新闻工作骨干正当盛年，足以支撑大局，新闻系和新闻专业的学生统招统分，基本上能够满足中央和省市以上新闻单位梯队建设方面的需要。“文化大革命”爆发后，新闻事业进入低谷，新闻人才的培养也被迫中辍。拨乱反正之后，新闻事业有了飞速的发展，但新闻工作的人才却出现了断层，明显供不应求，因而极大地推动了新闻教育的发展。中国的新闻教育得以重整旗鼓并得到空前迅猛的发展，主要是改革开放以来的这30多年的事情。30多年来，中国新闻教育和中国新闻事业同步发展。截至2011年，全国设有新闻传播学类院、系、专业的高校已由改革开放之初的两三所增加到800所以上，各种类型和层次的专业教学点已不下1 000个。新闻专业的教学已从单一的大学本科教育，发展到博士生、硕士生、本科生、大专生、成人教育、函授教育等多层次的格局，不少院系还设置了新闻传播学方向的博士后流动站。改革开放之初，全国在校新闻系科学生总共只有500来人，现在仅在校本科生就有16万人左右，硕士和博士研究生3万人左右，办学层次、办学规模、办学水平都有了很大的提高。进入21世纪以后，随着新闻传播事业的加速发展和新闻战线人才需求的不断增加，中国的新闻教育还将有更大幅度的发展。

一般说来，新闻教育质量的高低，起决定作用的主要是两个因素：一个是师资，一个是教材。两者之间，教材的作用更大。这是因为，师资的多少和良窳，往往受办学主客观条件的限制，而教材一旦完成，就可以直接嘉惠于学子，风行四海，无远弗届。进一步说，一部好的教材，不仅可以满足教学的需要，培养出一大批人才，而且还可以同时拥有一定的学术含量，推动新闻传播学研究的发展。1919年出版的徐宝璜的《新闻学》，1927年出版的戈公振的《中国报学史》，就是这方面的很好的例子。这两本书都是作者在高等学校从事新闻学理论和新闻史教学时作为教材编写出来的，出版之后，立即引起世人的关注和推崇，一再重版，历久不衰，至今仍然是公认的新闻学理论和新闻史方面的传世之作和经典之作。正因为这样，新闻教育的前辈们，历来十分重视教材的建设。中华人民共和国成立初期的十来年，坊间出版的新闻学方面的书籍，绝大部分是教材。改革开放以后，新闻传播学研究空前繁荣，新闻学方面的书籍大量问世，但教材仍然在其中占了很大的比重。这些教材，覆盖了新闻传播学的方方面面，经过出版家和众多作者的长期努力，门类和品种基本配套齐全，曾经为同时期的新闻教学做出过重要的贡献。但是，随着时间的推移和新闻工作实际的飞速发展，这些教材的体例日显陈旧，观点和内容也亟待调整和更新。一些属于学科前沿和科技含量较高的新开课程的教材尚付阙如，使现有的教材出现了不少缺口。在21世纪已经到来之际，集聚力量，重新编写出一套体系完整，门类齐全，能够为21世纪的新闻教育和新闻人才培养服务的新闻传播学的系列教材，已经成为人们的共识和新闻业界与新闻教育界的迫切需求。

呈现在读者面前的，就是应这样的需求产生的一套系列教材，它将涵盖新闻学、传播学两个二级学科的方方面面内容，满足新闻、广播、电视、广告、媒体经济、新媒体等多个专业的教学需要。负责这些教材编写工作的，是中国人民大学、复旦大学、北京大学、清华大学、中国传媒大学、中国青年政治学院等多所著名院校长期从事新闻传播学方面教学与研究工作的专家学者，其中有相当大的一部分编写者是相关学科的国家级的学术带头人，堪称一时之选。收入本系列的教材中，既有国家级重点教材，也有部级重点教材，其他的也是经过严格筛选的精品，所以，本套系列教材的质量是有保证的，其权威性也将得到社会的认同。

21世纪是一个高度信息化的时代，是信息经济和知识经济占主导地位的时代。信息经济和知识经济有两大支柱，一是以高科技为代表的传播技术产业，二是从事新闻和信息产品生产的媒体产业。新闻传播学作为将这两大领域有机联结的桥梁，在今后的国家建设和社会发展中必将发挥越来越重要的作用。中国人民大学出版社经过精心策划，隆重推出这套系列教材，是具有高度的前瞻性和战略眼光的。在这里，我谨代表编委会和全体作者向中国人民大学出版社表示由衷的感谢。

这套系列教材开始策划于20世纪的最后一年，21世纪初起陆续问世，迄今已编写出版了50余种。在体例和内容的创新和开拓等方面，远远超过同时期出版的同类教材。其中有些教材，还根据整个新闻传播理论与实践的发展和新闻传播学教学与研究的发展，陆续做了必要的补充和修订，重新出版，实现了内容的与时俱进。

这批教材的问世，将会为新闻传播事业和新闻教育事业的发展和繁荣、为21世纪新闻传播人才的培养做出它应有的贡献。这是出版者和全体作者共同的一点希望。是为序。

**方汉奇**

2012年3月

于中国人民大学宜园

目录

第一编

## 媒介经营与管理概述



第二编

## 媒介经营与管理的核心业务

## 第三编

# 媒介组织运营的管理保障

第一编

# 媒介经营与管理概述

第一编是“媒介经营与管理”的总论部分，整体上做背景性介绍和分析，包括第一章（导论）、第二章（变化中的管理思想）和第三章（媒介产业的外部环境和发展现状）。

# 第一章
# 导　论

2019 年 4 月 26 日华录百纳公司发布了 2018 年财务报告，该年度华录百纳实现营业收入 6.29 亿元，同比下降 71.99%，归母净亏损[①] 34.17 亿元，同比大降 3 201.19%。华录百纳也成为 A 股影视公司亏损王。媒体分析该公司大幅亏损的原因在于其综艺、内容营销收入大幅下滑，部分影视项目相关营收减少。而在此之前的 3 月 21 日，腾讯公司也发布了 2018 年全年财报，该公司 2018 年收入 3 126.94 亿元，同比增长 32%，净利润 774.69 亿元。同样都是媒体企业，其经营状况可谓冰火两重天。造成这种天壤之别的原因何在？媒体靠什么生存和发展？它的运营有什么内在规律？媒介组织架构如何？对媒介组织如何进行管理？如此等等，正是本书所要介绍的内容。

**学习目标：**

阅读和学习本章后，你应该能够：

1. 理解媒介概念及其发展历程。
2. 熟悉媒介的社会功能。
3. 了解媒介产品的双重属性。
4. 掌握媒介的二元市场特性及其与媒介商业模式的关系。
5. 对中国媒介市场体系有了基本了解。
6. 了解媒介产业的类型。

## 第一节　认识媒介

谈到媒介经营与管理，首先要了解什么是媒介？我们每天被媒介包围，在日常生活中，广播、电影、电视、报纸、图书、杂志、唱片、手机等等时时伴随着我们，尤其是手机，我们几乎离不开它了，很多人得了手机依赖症，离开手机简直像丢了魂似的。这些我们称之为媒介的东西，每天在为我们服务的同时，也困扰着我们，让我们对它们产

① 归母净亏损，是反映在企业合并净亏损中，归属于母公司股东（所有者）所有的那部分净亏损。

生依赖。尤其是进入数字时代以后，媒介无处不在，无时不有，有人甚至认为“万物皆媒”。因此，我们有必要对媒介有所了解，揭开它的面纱。

## 一、媒介概念辨析

什么是媒介？对于这个问题，中外学界的回答可以说是五花八门。从汉语词源上看，《说文》中有“媒，谋也。谋合二姓”，《周礼·媒氏注》中有“谋合异类，使和成者”。因此，“媒”是指撮合男女婚事的人，还指使双方发生关系的人或事物，对应英文可以是“go-between”或“matchmaker”。汉字“媒”的含义见图1-1。

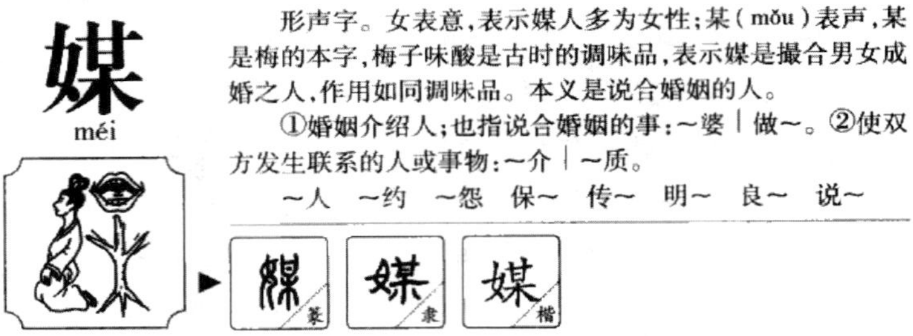


图1-1 “媒”的含义

《现代汉语词典》对于“介”的解释是“在两者当中”。“媒介”合起来运用，起初也是指“媒人”的意思，见于《春秋左传·桓公三年》：“会于嬴，成昏于齐也。”晋代杜预注：“公不由媒介，自与齐侯会而成昏，非礼也。”《旧唐书·张行成传》曰“观古今用人，必因媒介”，则已扩展了“媒介”的含义，指使双方发生关系的人或事物。因此，“媒介”一词，其基本的含义就是将不同的对象连接起来，使之发生关系。《现代汉语词典》对“媒介”的定义是“使双方（人或事物）发生关系的人或事物”，其对应的英文是“intermediary，medium，vehicle”。英语中的媒介“medium”，常用复数形式“media”，约20世纪30年代已开始使用。“medium”的拉丁文是“medius”，有中间、中心之意，因此媒介可理解为“中介体”（intermediate agency）、“沟通渠道”（channel of communication）。所以，媒介是让事物、信息等之间建立联系的中介，具有中介性、连接性等属性。

在人们的日常表述中，常常对“媒介”“传媒”“媒体”不加区分。与之相反，也有学者认为，“今天的传媒已经不仅是信息传播的中介，就是信息内容本身，是一个传媒系统的概念，至少包含了三个层面的含义：媒介、媒体、内容”①。在他们看来，“传媒”的范畴要大于“媒介”和“媒体”，传媒＝媒介＋媒体＋内容。但由于无论在学界还是在日常语言中，人们已经习惯于将它们大体等同，在叙述中对这三个概念做出细致的区分是很困难的，因此，我们这里的“传媒”就是指传播媒介，它和“媒介”一词可以互换，更多地强调其中介性、连接性等。而“媒体”是指交流、传播信息的工具，比如报刊、广播、电视、互联网等，它更多的是从载体或工具角度而言的。在本书中，除非有特别

---

① 崔保国，郑维雄，何丹嵋．数字经济时代的传媒产业创新发展［J］．新闻战线，2018（11）：73-78.

说明，“媒介”和“传媒”作为同义词，不再做区分。因此，“媒介经营与管理”也常常被称为“传媒经营与管理”。

不同的传播学派对于媒介的理解也有不同的角度。有些传播学家从技术角度对媒介进行定义，比如约翰·费斯克（John Fiske）在《关键概念：传播与文化研究辞典》中提出：媒介是能使传播活动得以发生的中介性公共机构，是拓展传播渠道、扩大传播范围或提高传播速度的一项科技发展。① 大卫·克罗图（Davis Croteau）与威廉·霍伊尼斯（William Hoynes）指出：“传播媒介是一个与众不同的技术过程，它促使信息的传者和受者之间的沟通（它在中间）。”② 而加拿大著名传播学家麦克卢汉（Marshall McLuhan）则提出“媒介即信息”，他从媒介与人体关系的角度来考察媒介的价值和作用，认为媒介是人的延伸（见图 1-2），凡是能够使人与人、人与物、物与物之间产生联系或发生关系的物质都是媒介。③ 有些传播学家则从社会学角度界定媒介，比如芝加哥学派的查尔斯·库利（Charles Cooley）认为，媒介是手势、讲话、写作、印刷、信件、电话、电报、摄像术以及艺术与科学的手段——所有能把思想和情感由这个人传给那个人的方式，人类关系赖以存在和发展的手段——头脑中的所有信号以及穿越空间传送它们和在时间中保存它们的手段。④ 此定义着眼于人类“思想和情感”的传递。约书亚·梅罗维茨（Joshua Meyrowitz）受到环境学派的影响，对电子媒介的功能进行了深入研究，认为电子媒介具有合并社会情景的作用，提出了“媒介三喻”，把媒介比喻成“容器”“语法”和“环境”。在他看来，人们往往会关注媒介的内容，而忽视了媒介的范围和传播形式，而这种传播形式有点类似于“容器”，或者“模具”，有什么样的媒介就会产生什么样的传媒文化；“媒介即语法”是指媒介就像语言中的语法结构，决定了媒介表达的内容风格，如不同风格的印刷、电脑的储藏器、照相机的角度和照片的聚焦、摆放扩音器等不同表达方式；“媒介即环境”是指媒介形成了社会舆论、社会心理等社会的虚拟环境。批判学派进一步放大了媒介对社会环境的影响，认为媒介不是简单的传播信息的工具，它是一个社会机构，与外界的政治、经济、文化、社会等体制构成了多重的相互作用；它既是意识形态的国家机器，也构成了公共空间的重要组成部分，还是一项产业或者工业，对社会经济运行发挥着举足轻重的作用。

图 1-2 《理解媒介》书影

① 费斯克，等．关键概念：传播与文化研究辞典：第 2 版［M］．李彬，译注．北京：新华出版社，2004：161.

② 克罗图，霍伊尼斯．媒介·社会：产业、形象与受众［M］．邱凌，译．北京：北京大学出版社，2009：7.

③ 麦克卢汉．理解媒介：论人的延伸［M］．何道宽，译．南京：译林出版社，2011：16-34.

④ COOLEY C. Social Organization：A Study of the Larger Mind［M］. New York：Charles Scribner's Sons，1967.

综上所述，媒介经营与管理中的媒介包含两方面的含义：一是指传播信息的中介、载体、渠道、工具、技术手段等；二是指从事信息采集、加工、生产、传播的组织机构。

## 二、媒介的发展历程

人类传播的发展历程可以分为口语传播时代、文字传播时代、印刷传播时代、电子传播时代。[①] 在此基础上从传播工具的视角出发，即从媒介自身的发展历程来看人类媒介的发展历程，我们可以发现其主要经历了语言媒介、印刷媒介、电子媒介和网络媒介这几个阶段。

### （一）语言媒介阶段

语言媒介主要是指人类进行社会交往及传播活动时以语言作为媒介工具。语言是人类在日常生活中进行信息传播最常用的媒介。作为人类身体器官的一种语音产物，语言媒介的信息传递需要人的在场，因此具身性是语言媒介的核心特征。语言作为人类交流的符号系统之一，以语言为媒介的交流需要交流主体同处于一个符号系统（同一语种）之中。因为即使不同的交流主体在场，但其用以交流的语言媒介却是不同的语种，那么这种信息交流的效果是有限的，甚至会出现各种误读的状况。例如，当欧洲的移民群体到达美洲之际，在与当地的印第安人进行交流时，所使用语言媒介的不同是造成印第安人遭受厄难的一个重要原因。在技术条件有限的历史环境中，语言媒介的具身性特性使得信息的保存与传播有着明显的易逝性结果。这种结果在一定程度上限制了语言媒介的具体应用场景。受限于生物体的属性，面对面的人际传播是语言媒介的核心应用场景。为此，不同的交流主体在交流时间和交流空间方面的选择往往是单一化的，虽然可以形成“此时此地”的交流场景，但却很难形成“此时彼地”或“此地彼时”的跨时空交流场景。

作为一种人类交往的工具，语言是在相互协作的劳动实践过程中产生的，其主要目的是提升人类协作的效率。同时，作为一种符号系统，语言也有着一定的语法结构。从语言学上来看，这种语法结构对人的思维方式有着重要的形塑作用。例如汉语简短的主谓宾语法结构和英语复杂性从句的语法结构有着较大差异，从而导致了操这两种语言的人的不同思维方式。但当交流主体使用同一语言媒介进行交流时，在同一思维模式语言媒介的基础上，人们的社会交往和社会协作效率得以提升。语言媒介的这种社会协作功能不仅可以在日常生活行为中得到体现，还可以在神话叙事的文本之中得以体现。例如在《圣经》故事中，不同种族的人类借助统一的语言作为沟通的媒介进行协作，用以共同建造“巴别塔”（通天塔），继而触怒了上帝。上帝为阻止这一行为，所采用的措施是分化人类的语言，加大了人类沟通和社会协作的难度，从而导致“巴别塔”建造的失利。图 1-3 绘制出了传说中的“巴别塔”。

语言媒介尤其是口头语言，在提升人类协作效率的基础上，还增进了人与人之间的

① 郭庆光．传播学教程［M］．2 版．北京：中国人民大学出版社，2011：23-27.

图 1-3 传说中的巴别塔（油画）

关系，是维系部落、民族以及国家情感和认同的一个重要手段。语言媒介的具身性使得人际交往不仅仅是一种单一的信息传递，它在某些交往情境之中同时也是一种仪式。例如在儿童的阅读过程中，单一的印刷媒介阅读效果并没有亲子阅读的效果好。这是因为亲子阅读本质上是一种结合传递观和仪式观的知识传播行为，父母给儿童朗诵文本，更多是一种通过语言媒介来维系亲子情感的仪式。[①] 在情感认同方面，多民族国家共同使用同一语言媒介是维系国家认同的必要手段，同一语言媒介的使用有利于增强各民族在人际交往时的心理接近性，从而降低排斥感。

此外，语言媒介还形塑了人类的口头文化传统，这种传统在麦克卢汉的媒介理论中备受推崇，认为它是部落化的媒介工具。麦克卢汉认为口头文化传统具有无所不包的特质和复杂性，对新媒介技术有着较好的抵抗力，例如英国是典型的口头文化传统国家，新兴的视觉印刷文化具有的同一性也好，连续性也好，都不能完全扎根，所以相较于法国和美国，其历史上的革命（根源之一是印刷文化的连续性、集中性）要少。[②] 同时，由语言媒介所建构的口头文化传统，有助于人们在"全球化"背景下抵制新信息传播技术带来的"麻木"等负面效应，从而更好地适应新媒介所塑造的拟态环境。

### （二）印刷媒介阶段

私人印章、石碑刻经在漫长的社会实践发展中演变成了印刷术，加之纸张制作工艺的改良与普及，最终造就了中国古代文明的辉煌历史。随着印刷术传入欧洲，并在谷登堡（见图 1-4）的改良之下，印刷媒介强化了其在社会系统中的结构性力量，在政治、经济、文化中发挥着举足轻重的作用。印刷媒介的主要类型包括图书、报纸、杂志。作为系统知识传播载体的图书是印刷媒介中历史最悠久的代表。报纸是人们为了消解外部环境的不确定性在信息传播领域中产生的一种特殊信息产品，它是印刷时代新闻事业的代表。杂

---

① 杨石华，戴瑞凯．亲子阅读：仪式与传递共存的一种知识传播方式 [J]．图书情报工作，2017（4）：48-53.

② 麦克卢汉．理解媒介：论人的延伸 [M]．何道宽，译．南京：译林出版社，2011：24-28.

志是介于图书和报纸之间的一种信息文化产品，其出版周期和内容时效性均处于图书和报纸之间。

印刷媒介相较于语言媒介而言，是一种人造技术的产物，有着明显的物质属性。无论是纸张制作工艺的改良，还是雕版、活字以及铅字印刷的变革，都离不开相应的物质技术作为支撑。故而印刷媒介在技术属性和物质属性的耦合之下具有明显的信息复制可规模化特征。语言媒介时代，人们通过语言媒介进行协作沟通时只能一次性或小规模复制其信息内容。然而随着技术的变革，人们能够借助印刷媒介摆脱这种规模的局限性，批量地进行信息或知识复制。在印刷媒介出现之前，图书的生产只能通过手抄本的形式进行。但手抄本受限于抄手从业者的准入门槛和个人技能，因此图书的生产与复制只能是小规模地进行。例如，罗马帝国君主君士坦丁一世在大量民众加入基督教会以后，为了建设教堂和丰富相应的配套设施，曾就《圣经》抄写的准备问题致函基督教学者尤西比乌斯：

> 向阁下你发出如下指示似乎是适宜的：你必须安排在技艺上受过良好训练的熟练抄手，用清晰的字体抄写五十册便于携带的《圣经》，这些《圣经》应当用皮革做封面，你很清楚这些《圣经》对于教堂圣事中的使用和阅读是必不可少的。我们已经把书面的指示送达主教管区的负责人，他负责提供所有必要的材料。以最快的速度准备这些《圣经》将是阁下的任务。我们这封信函还授权你使用两辆公车作为运载的工具。这样，精制的抄本就能很轻易地被运到我们这里来接受审查……①

**图 1-4　谷登堡**

谷登堡（？—1468），德国人，铅活字印刷的发明者。他的发明被认为是近现代史上最重要的事件之一。活字印刷在欧洲迅速传播，在文艺复兴以及随后兴起的宗教改革、启蒙运动和科学革命中扮演了至关重要的角色。

从该信件中不难看出在当时的社会环境中《圣经》的生产需要配备熟练的抄手来进行抄写，同时还需要诸如皮革等相应的专用材料。而从这些书籍制作材料的准备和抄手的就位以及大量的人工抄写时间花费来看，一本《圣经》的成书起码要耗时数月。而到了印刷媒介时代，随着雕版、活字以及铅字印刷术的出现，仅需要少量受过简单技术培训的印刷工就能在短时间内复制印刷出大量的《圣经》。

印刷媒介因其信息和知识复制的可规模化特性，开启了大众传播时代。语言媒介时代主要对应的是人际传播场景，而印刷媒介时代因印刷媒介的信息复制可规模化特征，对应的则是大众传播场景。

书籍是最早大量生产的现代工业产品之一，报纸作为书籍的一种极端形式同样是这种工业产品的一个类型，当这些印刷物与工业化的资本主义相结合就形成了印刷资本主义，并对人与人之间的关系及互动起到了重要的影响。正如本尼迪克特·安德森（Benedict

① 尤西比乌斯．君士坦丁传［M］．林中泽，译．北京：商务印书馆，2015：329-330.

Anderson）所指出的，“印刷资本主义使得迅速增加的越来越多的人得以用深刻的新方式对他们自身进行思考，并将他们自身与他人关联起来”①。印刷资本主义是印刷业与出版业机械化过程中的一种衍生物，它强调了机械化的角色与作用，为此，它是印刷业完成商业化，由“机器带来的产业”产生之后形成的。② 在工业革命之后机械化的普及得以进一步拓展，印刷媒介通过建构一个工业化的社会协作体系，将出版者、印刷者、读者进行了产业化的广泛链接，形成了一个融合经济利益和文化生产的系统化的混合体系。以19世纪英国的大众出版物市场为例，随着专业出版商和出版社的出现、以写作为生的职业作家群体的产生以及出版物的批量生产，逐渐形成了一个成熟的以出版商为主导、专业化分工明确的现代出版产业链。③ 印刷技术的变革及其背后的印刷资本主义对近代中国的形塑作用同样明显，尤其是1876—1937年间西方印刷技术在中国经历了系列选择来取代传统的雕版印刷术，并影响了出版业争取市场和改造公司模式的方式，此外还极大地重塑了现代中国人的生活。④ 这些影响可从商务印书馆、中华书局、《申报》、《大公报》等新闻出版企业的现代经营管理模式和其编辑记者的心态史以及印刷工人的生存环境变化之中得到具体的呈现。

### （三）电子媒介阶段

随着电子技术的发展，19世纪后期电子媒介开始兴起。相较于印刷媒介信息复制的可规模化特征而言，电子媒介的主要特征是其信息传输介质的“无形化”。电子媒介信息传输介质的无形化并非是指其信息载体的无形，而是指在电力时代信息传播虽然仍需借助一定的电子设备进行信息发送和接收，但其传播过程摆脱了对纸张这类有形物理介质的依赖，为此呈现出一种传播无形化的独特现象。电报的出现使得传播从运输中得以有效分离出来。⑤ 从电报这一电子媒介开始，信息传播对于有形物理介质的依赖有所降低，广播电视技术尤其是卫星技术采用以后，人们日常生活中的信息传输介质的无形化更加明显。而在互联网出现以后，网络空间中的信息传播通常会让人忽略信息传播的介质问题，仅关注其信息内容。电子媒介的这种信息传播无形化特征使得电子媒介的信息内容制作，仅需在第一次生产制作中付出较高的成本，其后的复制则随着技术的迭代其边际成本几乎为零。为此，在电力时代，信息的大规模复制已成为常态，并且在成本方面得到了极大的降低。

印刷媒介开启了大众传播时代，电子媒介则将大众传播场景继续拓展，并在其基础上进行了深化。电报在近代西方的战争中以及在近代中国的政治传播中突出了该项电子技术在信息传播中的作用，并对整个社会历史发展进程发挥了重要的影响。在日常生活方面，电报不仅改变了语言的性质，还对跨国贸易、新闻业、意识形态、日常观念有着

---

① 安德森．想象的共同体：民族主义的起源与散布［M］．吴叡人，译．上海：上海人民出版社，2003：36.

② 芮哲非．谷腾堡在上海：中国印刷资本业的发展：1876—1937［M］．张志强，等译．北京：商务印书馆，2014：14－15.

③ 龚小凡．大众文化中的出版物与印刷媒介：以19世纪英国出版物为例［J］．文艺争鸣，2014（7）：196－200.

④ 同②287－288.

⑤ 凯瑞．作为文化的传播：“媒介与社会”论文集：修订版［M］．丁未，译．北京：中国人民大学出版社，2019：181.

影响，例如标准时区的建立就是基于电报的技术威力而导致的，同时电报也通过标准时区的设立，就人们对时间和空间的理解方式产生了影响，并通过对时间的分割协调了工业化的国家。[①]

广播出现以后，对民众的社会动员和重大灾难中的危机信息传播发挥着重要的媒介功能。电视、电影作为人们主要的娱乐媒介，丰富了人们的精神生活。互联网因其去中心化特性和互动性，自问世以来便被视为实现民主的重要媒介工具，它是社会舆论的泄洪口，对社会秩序的维护有着重要作用。各类别的电子媒介在社会功能方面都有着各自的侧重点，但就整体而言，电子媒介的社会功能及影响主要是边界的模糊化，这种边界的模糊主要是由信息场景的融合导致的。媒介环境学派就电子媒介的社会影响这一课题做了系列化的研究，诸如尼尔·波兹曼（Neil Postman）关于电视对于儿童的影响的研究，他指出印刷媒介导致了“新成人”这一概念的形成，并与儿童相对立；在电子媒介时代，电视的信息内容所营造的场景将成人与儿童的边界模糊化了，即电视内容把成人的世界及秘密暴露在儿童面前，致使他们的童年消逝了。[②] 梅罗维茨基于电视等电子媒介的技术特性指出，电子媒介的影响在于其所建构的信息场景存在融合的特征，这使人的公开行为和私下行为模糊化[③]，同时童年与成年、男性与女性、英雄与平民之间的边界也出现了融合及模糊化的社会变化[④]。

### （四）网络媒介阶段

继电视之后，互联网成为新一代电子媒介的代表，因此其又被称为“新媒介”。互联网从本质上改变了人与人连接的场景与方式，推动社会关系网络从差序格局、团体格局向开放、互动的复杂分布式网络转型，引发了社会资源分配规则及权力分布格局的变迁。[⑤] 互联网这一电子媒介的信息场景建构能力更强，各种网络论坛及社群的形成以及基于各类聚合型信息传播平台，为大众建构了一种立体化的信息场景。互联网的互动属性为人们建构了一个开放式的公共交流场景，但是在这一场景中因其虚拟性和非身体在场性，经常会出现个人事务被放大并转变为公共事务、朴素的道德正义转化为言语暴力以及个人生活展演转变为私人隐私泄露等现象。

这些现象都反映出了在互联网这一电子媒介中公共领域和私人领域的边界更加模糊。此外，互联网所带来的边界模糊化影响还可以从媒体行业这一具体领域中得到直接体现。在印刷时代大众传播媒介主要指代报刊，在电子媒介时代广播和电视是主要的大众传播媒介，但随着互联网这一电子媒介的出现，在其基础上所延伸出来的新闻门户网站、微博、微信等等新媒体正在重塑传媒业态，大众传播媒介边界的模糊化已经成为一个明显

---

① 凯瑞．作为文化的传播：“媒介与社会”论文集：修订版［M］．丁未，译．北京：中国人民大学出版社，2019：186－203.

② 波兹曼．童年的消逝［M］．吴燕莛，译．北京：中信出版社，2015.

③ 梅罗维茨．消失的地域：电子媒介对社会行为的影响［M］．肖志军，译．北京：清华大学出版社，2002：87.

④ 同③177－296.

⑤ 喻国明，马慧．互联网时代的新权力范式：“关系赋权”：“连接一切”场景下的社会关系的重组与权力格局的变迁［J］．国际新闻界，2016（10）：6－27.

的社会变化。

## 三、媒介功能

媒介之所以越来越受到全社会的关注，是因为它所具有的特殊功能。从传播学的角度看，学界对媒介的功能进行了深入的探讨。比如，早在20世纪，美国政治学家和传播学家拉斯韦尔（Harold Lasswell）就提出大众传播媒介具有三项功能：监视环境、协调社会、文化传承。美国社会学家赖特（Charles Wright）在此基础上增加了娱乐功能。后来，美国著名传播学家施拉姆（Wilbur Schramm）在《传播学概论》（见图1－5）中将传播的功能区分为政治功能、经济功能和一般社会功能。他进一步说明，传播的政治功能包括检测（收集情报），协调（解释情报；制定、宣传和执行政策），社会遗产、法律和习俗的传承；传播的经济功能包括关于资源与买卖机会的资讯，解释以上资讯，制定经济政策，活跃和管理市场，开创经济行为；传播的一般社会功能包括关于社会规范、角色以及接受或拒绝这些规范、角色等的资讯，协调公众的理解和意愿，运行市场控制，向社会的新成员传递社会规范和角色的规定，娱乐功能等。[①] 他还进一步分析了传播功能从口语社会向媒介社会在社会雷达、控制、教育以及娱乐等四个方面的具体变化情况。[②] 早在1919年，我国新闻教育的开拓者徐宝璜在《新闻学》一书（见图1－6）中就提出了报纸（当时最典型的媒介）的六种功能：供给新闻、代表舆论、创造舆论、灌输知识、提倡道德和振兴商业。可以看出，徐宝璜对媒介功能的认识已经较为全面而系统，从某种意义上说，超越了西方同行的认识。目前一些流行的教科书将媒介功能概括为五个方面：信息功能、协调与管理功能、反映舆论功能、教育功能和娱乐功能。这忽视了媒介的经济功能。

**图1－5 《传播学概论》书影**

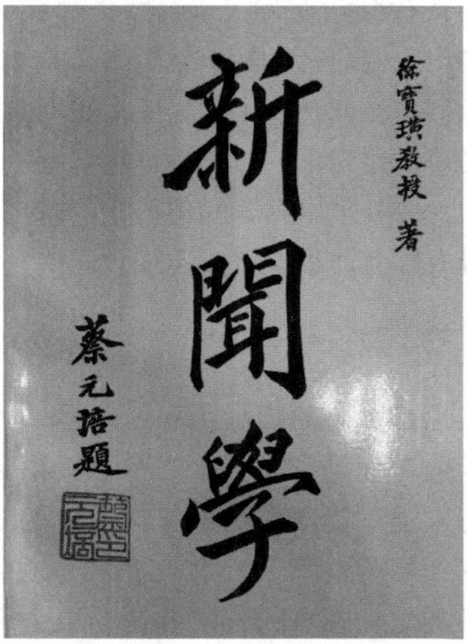


**图1－6 《新闻学》书影**

① 施拉姆，波特：传播学概论：第2版［M］. 何道宽，译. 北京：中国人民大学出版社，2010：31.
② 同①35.

这里，我们综合学界对媒介功能的研究，认为媒介具有如下功能：

### （一）信息传递功能

传递信息是媒介的最基本功能。马克思曾说过：人是各种社会关系的总和。这就是说，人是社会存在物，不能孤立存在，而是要和社会相接触，了解社会、认识社会，这就需要信息的交流与传播。人对信息的了解和知晓程度在某种意义上也是人自身能力的一个重要表现。任何人都需要了解与自身工作、生活以及生存、发展密切相关的信息，这既是人的本性的表现，在现代社会也是公民的基本权利，对公共信息的知情权是现代社会的必然要求，也是保障公民民主权利的一个重要方面。从语言的产生到文字、图像等的出现，从古代的结绳记事到现代的多媒体传播，信息的传播方式越来越复杂多样，但无论媒介形式如何变化，媒介最基本的功能即传递信息这一本质没有变化。后来这里所说的信息既包括一般性的零散的消息，也包括对新近发生的事实的报道，即新闻信息。媒介信息传递的一个基本要求就是客观、真实、准确，否则向社会传递的就是虚假的信息，会给社会造成不必要的混乱，影响决策的科学性，进而有可能影响社会稳定。

### （二）知识传播功能

知识是系统化的信息，它是人类对自然、社会和自身发展过程中形成的被验证过的、规范化的认识。人类的知识传播可以有很多方式，比如课堂讲授等，但通过媒体传播是最重要的知识传播方式，这种传播既有横向的面上的传播，也有纵向的历时性的知识传承，尤其是后一个方面更是需要通过媒介来进行。因此，媒介又被称为“人民的教科书”。人类的各种知识被转化成文字、图片、影像等，通过媒介这个载体被人们了解和掌握。当代社会，人类关于自然、社会和自身的知识日新月异，知识社会和学习型组织兴起，知识改变命运，知识就是力量，知识的生产、流通、消费等都离不开媒介。此外，媒介的教育和教化功能很大程度上也是通过知识的传播来实现的。学校教育需要教材、教学参考书等传授知识，社会教育需要书报刊、公共教育广播电视网络以及在线教育频道等传授知识，离开了媒介，知识传播的范围和效果都会大打折扣，而像远程教育、网络教育等如果没有媒介就根本无法实现。在信息社会中，媒介传播知识的功能越来越重要。

### （三）舆论引导功能

舆论是社会的指示器和风向标。因此，正确的舆论导向对于一个社会来说至关重要。舆论导向正确是党和国家之福，舆论导向错误是党和国家之祸。正因为如此，习近平总书记特别强调，新闻舆论工作是党的一项重要工作，是治国理政、定国安邦的大事，做好党的新闻舆论工作，事关旗帜和道路，事关贯彻落实党的理论和路线方针政策，事关梳理推进党和国家的各项事业，事关全党全国各族人民凝聚力和向心力，事关党和国家前途命运。① 媒介通过宣传党的路线方针政策，把党的各项主张加以贯彻落实；通过议程设定，向社会传达一种舆论导向和价值导向，让人们知道什么是真善美，什么是假恶丑；

---

① 习近平．习近平谈治国理政：第2卷［M］．北京：外文出版社，2017：331－332.

在信息、知识的传播中起到把关人或守门人作用，对那些不适合向社会传播的内容严格把关，不让它们流入社会，危害人民群众；通过宣传先进模范人物，在全社会形成示范效应；通过团结稳定鼓劲、正面宣传为主，在全社会形成共识，凝心聚气，形成巨大的正能量，引导社会舆论，促进社会进步。

### （四）社会监督功能

媒介的监督功能在西方传播理论中被称为“瞭望哨”，人民通过媒体对政府、社会进行监督。在当代中国，媒介的监督作用同样不可忽视，习近平总书记指出：“要把权力关进制度的笼子里，一个重要手段就是发挥舆论监督包括互联网监督作用。”① 舆论监督是人民群众行使监督权利、参与公共决策的重要形式，是党和政府发现问题、改进工作的重要手段，也是反腐倡廉、及时纠正工作失误的利器。在加强党的建设、反对腐败的时候，特别要发挥舆论的监督作用，使腐败现象暴露在光天化日之下，使腐败分子受到应有的惩处。对于那些严重违反党和国家重大政策以及社会生活中存在的重大问题，更要加强舆论监督，抓住典型案件，发挥警示震慑作用。舆论监督与正面宣传是统一的，通过舆论监督，直面工作中存在的问题，提出改进措施；直面社会丑恶现象，对贪污腐败现象、官僚主义、形式主义、享乐主义等进行揭露和批判，能够起到激浊扬清、针砭时弊的作用。开展舆论监督的目的在于维护国家和人民的利益，守护好公平正义，促进改进工作、解决问题，因此要坚持正确的出发点和落脚点，坚持事实准确、分析客观，从整体上反映和把握事物的全貌，避免以偏概全。

### （五）大众娱乐功能

在新时代，我国社会主要矛盾已经转化为人民日益增长的美好生活需要和不平衡不充分的发展之间的矛盾。而娱乐生活也是人民日益增长的美好生活需要的一个重要部分。当代社会，由于生活节奏的加快、各种竞争的加剧和生活工作压力的加大，人民需要在紧张的工作之余放松身心，享受更多更有质量的娱乐生活。因此，旅游、休闲、娱乐就成了现代社会快速增长的产业，人类进入所谓的“娱乐经济时代”。

媒介是提供娱乐的重要平台，其通过提供娱乐性新闻，增加了人们茶余饭后的谈资，人们通过观看娱乐性节目，可以获得身心愉悦。而媒体则通过强化故事性、情节性，加入人情味因素，强化事件的戏剧悬念或煽情、刺激的方面，增强可读性和吸引力，扩大影响力和覆盖面，从而实现双赢。当然，我们在强调媒介的娱乐功能的同时，要防止低俗、庸俗和媚俗等“三俗”现象，避免过度娱乐化，防止媒介出现泛娱乐时代的“娱乐至死”（见图 1－7）现象。

**图 1－7　《娱乐至死》书影**

① 习近平．习近平谈治国理政：第 2 卷［M］．北京：外文出版社，2017：337．

《娱乐至死》是美国媒体文化研究者、批判家尼尔·波兹曼于1985年出版的关于电视声像逐渐取代书写语言过程的著作。该书解析了美国社会由印刷统治转变为电视统治，导致了一切公共话语以娱乐的方式出现，以此来告诫公众要警惕技术的垄断，对“娱乐至死”现象进行了深刻批判。

#### （六）经济或产业功能

早在100多年前，徐宝璜就论述了媒介的“振兴商业”功能，这也就是说媒介具有经济功能或者产业功能。媒介的这种功能长期为媒介研究界所忽视，我国新闻理论界更是如此。其实在西方国家，传媒业已经成为一个巨大的文化产业，很多传媒巨头不仅在社会上有巨大的影响力，在经济规模上有一些跨国集团的经营规模，利润等也可以和其他大型企业集团一拼高下。我国在从高度集中的计划经济向社会主义市场经济转型过程中，逐步重视媒介的产业功能，一方面对一些传媒机构进行转企改制，推动了一些传媒集团上市，另一方面把传媒业作为文化创意产业的重要组成部分。可以说，媒介对国民经济的发展起到了重要的推动作用，而且由于传媒业在产生经济效益的同时，还有巨大的社会效益，它能够提高人们的精神文化素质，符合我国高质量发展方向，体现了新的发展理念，因此它受到了国家产业政策的大力支持和鼓励，成为极具发展潜力的朝阳产业。

## 第二节　媒介产品及其属性

认识媒介后，我们接下来认识媒介产品。按照媒介的形态、内容功能、受众层次及其在产业链中的位置、产品和服务等不同的分类标准，可以将其区分为不同的类型。媒介产品具有双重属性：它是物质产品和精神产品的统一体，是私人物品和公共物品的统一体，既具有经济特性又具有文化特性。现代传媒业既具有产业功能，又具有意识形态功能。媒介的双重属性决定了媒介经营与管理必须坚持把社会效益放在首位，在坚持社会效益的前提下实现社会效益与经济效益的统一。

### 一、媒介产品的定义

**媒介产品**是众多社会产品中的一种，关于其定义不同学者各有侧重。目前国内学界广泛采用的是丁汉青提出的定义：“由媒介组织生产并提供给阅听人的内容与物质载体的统一体，即载有信息内容的纸张、电磁波、胶片、磁带、光盘等最终劳动产品。”① 该定义强调了内容与物质载体的统一。但随着信息传播技术的发展演进，媒介组织在媒介深度融合环境中所生产的部分内容可通过移动互联

> **名词解释**
>
> **媒介产品**　媒介组织为满足受众的信息、娱乐以及其他精神需求而生产并被广泛传播的文化产品。

① 丁汉青．论媒介产品性质的动态变化［J］．国际新闻界，2008（9）：65－68．

网和相应的软件设备进行传输与接收，其对物质载体的依赖程度正在变得间接化。例如，由上海报业集团2014年创办的专注于时政与思想的新媒体开放平台“澎湃新闻”，在2017年《东方早报》休刊后其新闻报道脱离了报纸这一印刷介质，彻底以数字化方式进行管理运营。同时，随着知识经济的迅猛发展，传媒业中知识服务所提供的知识付费产品大多同样摆脱了对物理介质的依赖，完全以数字化内容产品进行交易，诸如“喜马拉雅”“得到”“腾讯课堂”等。此外，数字音乐产业更是早已摆脱了胶片、磁带、光盘等物理载体的束缚。因此，关于媒介产品的定义及其形态在媒体融合环境下正日益变得宽泛与多样化。

## 二、媒介产品的类型

随着媒介技术的发展以及信息传播载体的多样化，媒介产品的类型日益增加，按照形态、内容功能、受众层次、产业链位置等不同的划分依据，媒介产品有着不同的类型。

### （一）按照媒介形态的产品分类

> 名词解释
>
> **媒介产品形态** 主要是指媒介信息内容的中介物，由技术、符号、介质来共同呈现具体的产品样式。

以**媒介产品形态**为依据，媒介产品可以划分为平面产品和电子媒介产品两大类。报纸、杂志、图书是典型的平面媒介产品，它们是印刷时代的产物。平面媒介产品的内容载体是文字和图画，以纸张这一物理介质为载体，通过视觉的观看来刺激人的感官，进而再现新闻、娱乐以及专业技能知识。广播、电视、电影是电子媒介产品的主要体现，是人类进入电力时代对媒介形态革新的产物。电子媒介产品的内容载体除了静态的文字和图画外，还融入了动态的声音和画面，借助各类电力介质设备能够将多种内容符号以共时性的方式同时呈现某一个具体内容信息，从而调动人的多元感官来进行再现新闻、娱乐以及专业技能知识。

### （二）按照媒介内容功能的产品分类

大众传媒作为社会系统中的一种信息载体，有着巨大的社会影响力和强大的功能。对此，拉斯韦尔（监视环境、协调社会、文化传承）、施拉姆（社会雷达、控制、教育、娱乐）、赖特（提供娱乐）、拉扎斯菲尔德（Paul Lazarsfeld）和默顿（Robert Merton）（地位赋予、强化社会规范、麻醉）等传播学者都给予了相应的论证。

综合上述功能学说，我们可以按照内容功能将媒介产品区分为新闻产品、观点产品、娱乐产品、知识产品。新闻产品是传统媒介组织的核心产品类型，它以新闻信息为核心内容，使得受众能够了解新近的社会变动，从而达到监视环境的功能。上至国家政策议题的变化，下至社区生活服务的变化都是新闻产品的信息内容来源。观点产品有别于新闻产品的客观信息呈现的特质，突出的是带有个体独特性思想的信息内容。在新闻中，新闻产品通常伴随着观点产品来共同生产经营。新闻报道是新闻产品，那么新闻评论则是典型的观点产品。新闻评论等观点产品因其独特的个人属性能够吸引众多有着相同知识结构和世界观的受众群体，从而监督时事议题与影响社会变化。娱乐产品是指以休闲娱乐的信息内容为主体，能够为受众提供消遣功能的内容产品。典型的娱乐媒介产品是电影和电视综艺节目以及当下的各类短视频。娱乐产品是网络社会中比重较大的一个产品类型，无论是品种数量还是市场份额均占据了传媒市场的极大比例。知识产品是媒介组织生产中专业化程度最高的一个产品类型，教材或学术图书是最具代表性的知识产品，它们是系统的人类智力劳动成果。在知识商业化和媒体化的大背景下，知识服务已成为当下传媒业中典型的知识产品。在知识服务行业中，出版机构这一媒介组织是知识产品内容供给的主要机构。例如作为知识服务实践代表的自媒体企业“罗辑思维”，在提供知识产品时的重要合作伙伴就是各大出版机构。

### （三）按照媒介受众层次的产品分类

媒介产品的生产目的是满足受众的消费需求，因此受众是划分媒介产品类型不可或缺的重要依据。以受众自身的受教育程度、经济收入、消费水平等人类学特征作为划分依据，媒介产品主要分为精英产品和大众产品两大类。精英产品主要是指向受教育程度和收入水平较高且对信息内容要求较高的受众群体提供的媒介产品，如专业的学术期刊、高档的休闲电视节目。这些精英媒介产品需要受众具有较高的专业知识水平和审美水平以及较强的经济承受能力，所以普通民众对其消费的意愿较弱，从市场份额来看属于小众产品。大众产品是指向相对于精英群体而言的大众群体提供的能够为各社会群体所接受的媒介产品，例如畅销书、生活服务类视听节目以及流行歌曲等。精英媒介产品和大众媒介产品的划分标准并没有明显的界限，这是因为随着时间的推移、技术的发展以及受众审美偏好的变化，精英产品和大众产品之间会出现相互逆转的情形。而且，所谓精英群体与大众群体的划分是国外传媒界的做法，并没有确定的标准，在我国一般不做这样的区分，而是区分为大众媒介产品或小众（分众）媒介产品。

### （四）按照媒介产业链位置的产品分类

媒介产品作为一种内容产品，其生产涉及核心的信息内容和具体的媒介设备以及相应的附加配套产品的线性产业生产链条。因此，按照所处的不同产业链位置，媒介产品可以分为核心产品、形体产品、附加产品。核心媒介产品主要是指新闻信息产品。新闻信息的传播是媒介组织尤其是新闻媒体组织的主要产品类型，处于媒介产品产业链条的上游位置，同时也是整个媒介产业生态中最重要的信息产品，因为它们的社会功能与媒介组织存在的合法性密切相关。媒介组织生产出新闻信息产品后，有的新闻信息产品需要具体的物理媒介设备进行传播与接收，为此媒介组织还需进入中游的形体产品生产。收音机、电视机、机顶盒以及印刷纸张等媒介设备是典型的形体产品，它们是媒介产品生态圈中的重要辅助设备，能够使受众更好地获得信息产品。媒介组织为了使受众能够拥有更好的产品体验或延伸产品服务，还需要相应的附加产品，如图书的光盘、电影人物玩具等。在这方面，好莱坞是很好的例子。好莱坞电影产业对附加产品有着成熟的操作模式，除了提供电影内容外，其还生产诸多相应的电影附加产品，用以推动全产业链的发展，进而为受众提供丰富多元的消费服务。

### （五）按照经济学产品和服务角度的产品分类

菲利普·纳尔逊（Philip Nelson）于1970年首先提出了对媒介产品从产品和服务角度的划分标准，1973年迈克尔·达比（Michael Darby）和埃迪·卡尼（Edi Karni）对这一标准进行了补充。他们认为媒介产品可以分为**搜寻品**、**体验品**与**信用品**三类。[①]

> **名词解释**
>
> **搜寻品**（search good） 指一类产品或服务在购买之前，就可以通过观察判断其质量和特征。
>
> **体验品**（experience good） 指一类产品或服务的价值只有在消费或体验之后，才可以通过使用判断其质量和特征，比如餐饮、美容美发、主题公园等。
>
> **信用品**（credence good） 也叫后体验品（post-experience good）。在开始消费后的短期内很难判断其质量，累积的体验以及消费者对这些产品的信心，最后起着至关重要的作用。

搜寻品容易被替代和陷入价格竞争，因为消费者可以很轻易地验证产品及其替代品在其他售卖点的价格，货比三家。属于这一分类下的媒介产品仅限于在不同平台售卖的同一产品，如一本《传媒经济学教程》可以同时在中国人民大学出版社读者服务部、天猫商城等不同平台购买。

体验品比搜寻品拥有更小的价格弹性和更少的价格竞争。从供应的角度来说，媒介产品的每一次输出都是提供“一次性”的新产品，而几乎所有的新产品都是体验品，因此媒介产品每次被消费时都是体验品。体验品的销售通常基于信誉和举荐，使用过产品的用户可以向那些正考虑购买的人提供证明，但人们对于作为体验品的媒介产品的评价是主观的。有些人认为一部电影非常有价值，有些人则认为看它是浪费钱和时间。而且，还要考虑到环境的变化：如果我有一天到上海定居，《北京晚报》对我的价值可能会大打折扣，《新民晚报》对我的价值就会上升。由此，销售作为体验品的媒介产品的工作注定是艰难的，于是媒介市场人员开发出诸如试听、试看、试读、会员权益、促销定价等策略来帮助消费者了解新产品。但消费者一旦有所尝试，就可能又丧失了购买产品的理由。不论采取哪种办法，因为媒介产品是体验品的属性，媒介都只能把潜在市场的很小一部分转化为付费客户。

许多媒介产品也是信用品。在开始消费后的短期内，消费者无法判断提供给自己的媒介产品其质量与所需的质量是不是相配，累积的体验以及消费者对这些媒介产品的信心，最后起着至关重要的作用。因此，质量信号机制在媒介产品市场的发展中具有极其重要的作用，无论是消费者网络中的口碑、评论家的评论还是各式各样的推荐系统。其中，依靠品牌而形成的声誉，作为一种标识高质量和减少不确定性的手段，在媒介产品市场中的作用格外重要。

## 三、媒介产品的属性

媒介产品作为精神产品，历来是我们党的宣传思想工作的重要组成部分，具有很强

① NELSON P. Information and Consumer Behavior [J]. Journal of Political Economy，1970（2）：311－329. DARBY M，KARNI E. Free Competition and the Optimal Amount of Fraud [J]. Journal of Law and Economics，1973（1）：67－88.

的意识形态性。即使在西方社会自我标榜媒体是“社会公器”的语境下，它们也不能真正做到所宣称的“客观中立”，而是为资本服务、为其国家意识形态服务。此外，媒体在传递信息、传播知识的同时，也具有强化统治阶级意志、教化社会、传承文化等功能。在市场经济条件下，媒体在进行传播的同时，也可以从市场上获得经济利益，具有经济功能。媒体的双重属性可以从四个方面加以理解。

### （一）精神产品是其本质属性

媒介是物质产品和精神产品的统一体。媒介产品是将精神内容复制在物质载体上向公众传播的产品。任何信息内容都需要一定的物质载体，不管这种载体是甲骨、树皮、竹板、纸还是磁盘、电子网络媒介，如果没有这些物质载体作为媒介，精神信息就难以达成传播的目的。但无论哪种媒介，它所要传递的都是其内容，它的载体形式只是传播的工具或手段，单有载体而无内容是不能称之为媒介产品的。人们购买媒介产品主要不是购买其物质形式或物质载体，而是购买其所承载的精神内容。同一种内容选择不同的载体形式，其媒介的功能没有变化，所变化的只是人们使用的习惯或方便程度。在这个矛盾统一体中，精神产品是矛盾的主要方面，体现媒介本质属性的是其精神产品的属性。这也是现代媒介产业被看作内容创意产业的原因所在。但在实践中，一些人往往本末倒置，把物质载体的属性作为媒介的本质属性，而忽视其内容，这是媒介的大忌，必须引起我们的警惕。

### （二）准公共物品是其显著特征

媒介产品是私人物品和公共物品的统一体。经济学意义上的私人物品是指那种数量随任何人对它的消费增加而减少的物品。出版物作为一种商品，它在消费上具有一定的竞争性和排他性，一个消费者购买后会影响其他人对这种消费品的购买。但媒介产品的消费在某种意义上又具有公共物品性质，有人把出版物称为“准公共物品”。所谓公共物品，是指在消费上具有“非排他性”和在利益上具有“非独占性”的物品。所有的媒介产品基本上都具有这两个特性。其在消费上具有非排他性，一本书一个人阅读之后另外一个人再阅读并未减少这个人的收益，一个人观看电视节目与一群人观看电视节目的效用并没有减少。美国杰出政治家托马斯·杰斐逊曾做过这样的形象描述：“他从我这里接受一个想法，他自己接受了指导，并没有减少我的，就像他在我的蜡烛前面点燃他的蜡烛，他接受了亮光并没有使我变暗。”在利益上，媒介产品具有非独占性，具有很大的溢出效应或外部效应。所谓外部效应，是指人们由于从事某种经济活动而给他人或社会带来的经济上的利益或损害。一种经济活动如果使他人或社会的经济利益增加，就具有正的外部效应；反之，就具有负的外部效应。由于媒介产品是精神产品，它包含的智力创造性所体现的内在价值只有通过受众接受后以间接的形式表现出来，因此，媒介产品是具有外部效应的公共物品。例如，一部《共产党宣言》（见图 1－8），唤醒了千千万万人走上致力于推翻剥削社会的革命道路。这些图书本身在当时的直接利润并不大，有的甚至亏损。这是正的外部效应的例子。而有的不健康的报刊、图书、节目以及网站内容直接引发了犯罪，有的有政治导向错误的文章或节目导致社会的不稳定。这是负的外部效应的例子。当前很多新媒体靠低俗、庸俗、媚俗来吸引眼球，增加流量，给社会造成了不良后果，这些不良后果需要国家和社会付出更大的代价才能消除其影响。

**图 1-8　我国最早出版的、由陈望道翻译的《共产党宣言》**

（左为 1920 年 8 月版，右为 1920 年 9 月版）

### （三）文化特性是其根本特性

媒介工作既具有经济特性又具有文化特性。由于媒介产品在现代已经成为商品（尽管它是一种“特殊商品”），其整个生产、流通和消费过程就不可避免地变成商业活动，媒介工作所包含的研发、生产、流通以及消费就同时成为经济活动，具有经济特性。尤其是现代传媒业已经放弃了小作坊式生产方式，使用现代化的大生产，成为一种内容（包括版权）生产、流通和消费产业，成为像法兰克福学派所说的“文化工业”，因此媒介工作就成为整个现代国民经济运行活动的一个重要组成部分，其经济特性越来越凸显出来。就本质而言，媒介产品的生产、流通和消费不同于一般商品，它所满足的是人们的精神和文化需求，它的生产过程是精神和思想的创作过程，包含较多的创作者的个人智力价值、个性特征、创造性和差异性，它的复制过程只能是自身再复制，如果其他人对其进行再复制，不仅体现不出再复制者的价值，而且是一种侵犯知识产权的行为。人们对这种产品所消费的是其对消费者的“意义”，以及是否可以从中获取精神上的愉悦和快乐，满足其精神和心理上的需要，提高文化素质。要繁荣我们的传媒业，必须既考虑到文化特性，又考虑到经济的要求，但从根本上来说，如果不能传播先进的文化，传媒业就会失去生命力，也就难以可持续发展。

### （四）现代传媒业具有双重功能

随着经济信息化趋势的发展以及知识经济时代的来临，传媒业作为文化产业的一个组成部分越来越与经济、政治交织在一起，对经济、政治能动的反作用越来越明显，其产业属性也越来越凸显出来：一方面传媒业服务于经济建设，促进生产力的发展；另一方面随着信息革命的兴起，信息技术与现代网络技术的结合，传媒经济越来越与新兴的信息产业相融合。

传媒业作为信息、知识的传播者，通过对信息、知识进行创意、收集、整理、加工、存储、制作和交流传播，为公众提供信息服务。承担知识传播、积累和开发任务的媒介产业在信息社会中扮演着举足轻重的角色，不仅有力地推动了生产力的发展，而且它本身成为经济增长的动力之源，成为新的支柱产业，成为国民经济中的一个重要组成部分。

但是，传媒的产业功能并不能取代意识形态功能，传媒所发挥的为社会提供正确导向和思想保障，在构建民族精神、传承文明成果中的精神动力以及在传播文化知识、教化育人中的智力支持等方面的功能并未弱化。也就是说，传媒的意识形态功能并未随着其产业功能的强化而失去意义。习近平指出："新闻舆论是上层建筑、意识形态的重要组成部分。新闻宣传一旦出了问题，舆论工具一旦不掌握在真正的马克思主义者手中，不按照党和人民的意志、利益进行舆论导向，就会带来严重的危害和巨大的损失。"①

传媒的意识形态功能和产业功能之间不是相互替代的关系，而应该是互补的关系。但在处理二者关系时，我们长期出现偏差，往往以一种功能掩盖另一种功能，或者过分强调一种功能而忽视另一种功能：在计划经济时代，我们一直不承认传媒的产业功能，只强调其意识形态功能；而随着市场经济的发展和文化产业改革的深入，传媒业开始重视其产业功能，但又出现了忽视甚至否认传媒意识形态功能的倾向。实际上，传媒的意识形态功能是连西方学者都承认的，无论是法兰克福学派的"意识形态理论"，还是当代美国著名思想家约瑟夫·奈（Joseph S. Nye Jr.）的"软力量"理论，都把精神产品作为意识形态的一个重要方面，后者还把这种"软力量"看成综合国力的重要组成部分。

知识窗

## 软力量理论

软力量（soft power），又称"软实力"，是由美国学者约瑟夫·奈（见图 1-9）于1990 年首次提出的一种理论。他认为，软力量是通过吸引而非强迫或收买的手段来达己所愿的能力，这种力量源于一个国家的文化、政治观念和政策的吸引力，而不是来自武力、经济力量、科技力量等硬实力。

**图 1-9 约瑟夫·奈**

---

① 习近平．干在实处 走在前列：推进浙江新发展的思考与实践［M］．北京：中共中央党校出版社，2006：307.

媒介产品不同于一般商品，主要是因为它具有双重属性，并由这种属性而决定了对于媒介经营与管理必须坚持把社会效益放在首位，在坚持社会效益的前提下实现社会效益与经济效益的统一。这是我们理解媒介经营与管理独特性的前提条件。

# 第三节 媒介市场与媒介产业

有了媒介产品，要进行买卖交易，这就形成了媒介市场。以媒介主体、媒介客体、媒介规则等为核心，在交易过程中形成了媒介生产要素市场，并形成了庞大而完整的媒介市场体系。在市场经济环境下，媒介产业也就成为一个具有生命力和发展潜力的产业。媒介市场的形成造就了媒介产业，媒介产业的发展离不开媒介市场的繁荣。

## 一、媒介市场

媒介产业的发展离不开媒介市场的繁荣，媒介市场又需要建立在媒介产品商品属性的基础上。如果媒介不能成为商品，无法通过商品交换获得价值和使用价值，媒介市场就无法形成。但媒介这种产品的商品属性与一般物质产品的商品属性又有很多不同的特点。

### （一）媒介作为商品及其特性

商品是用来交换而生产的能够满足人们物质和精神文化需要的劳动产品，具有价值和使用价值。成为商品应具备三个条件：第一，必须是人类劳动的产品；第二，必须能满足人们的需要，具有使用价值；第三，必须具有价值和交换价值。媒介作为用来交换的信息或精神产品，是人类劳动的创造物；具有价值和使用价值——媒介产品所具有的价值表现在生产媒介产品所凝结的抽象人类劳动，它的价值量的大小是由从事媒介生产过程本身（编辑、制作、流通等）所花费的社会必要劳动时间决定的；媒介产品的使用价值，在于它能供人视听、阅读、欣赏，获得信息、知识、娱乐享受等，以满足人们的精神需要。因此，出版物是具体劳动和抽象劳动的统一，价值和使用价值的统一，它是商品。

但是，媒介产品的商品属性也有其特殊性，这种特殊性就在于媒介产品的内在精神价值并不能在商品的交换价值中得到体现。因为媒介产品的内在精神价值并不是由生产该产品（原稿）的社会必要劳动时间决定的。精神产品的生产（创作）是具有极强的个人智力因素和个性特征的精神创造活动，其个别劳动时间无法进行比较，且无法判断其社会必要劳动时间。生产一个媒介产品的物质载体所需的社会必要劳动时间是可以计算的，而生产一个媒介产品的精神内容所需的社会必要劳动时间是难以计算的，正如马克思所说的，“在一定的生产条件下，人们能准确地知道，做一张桌子，需要多少工人，制成某种产品，需要某种劳动量应多大。许多‘非物质产品’的情况却不是这样。这里，达到某种结果所需要的某种劳动量多大，和结果本身一样，要靠猜测”[①]。比如一个艺术

① 马克思恩格斯全集：第26卷：第1册［M］. 北京：人民出版社，1972：276.

品的价值并不是由投入在该作品上的一般劳动时间决定的，而是和创作者的个人体验、创作水平和思想深度等有密切关系，并且这种艺术品精神价值的大小只能在其外部性中得到体现，媒介产品也是如此。正因为这样，媒体最有价值的是人才，最重要的资产是知识产权，最稀缺的是创意。

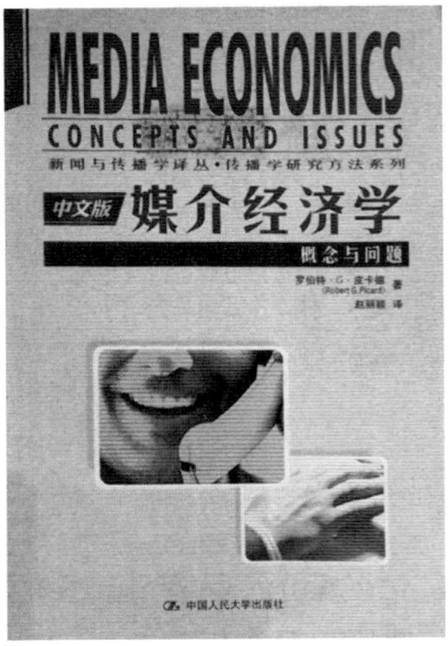


图 1-10 《媒介经济学：概念与问题》书影

### （二）媒介产品的二元特征

1989 年，著名传媒经济学者罗伯特·皮卡德（Robert Picard）在其《媒介经济学：概念与问题》（见图 1-10）一书中写道："从经济学的角度看，媒介产业与众不同之处在于它在一个双重产品市场之中运行。它生产出一种产品，但却参与两个性质迥异的市场——产品市场和服务市场。这两个市场相互作用相互影响，产品在一个市场中的表现都会影响它在另一个市场的表现。"① 也就是说，对于一般商品来说，所销售的只是其本身，如果产品实现了销售，这个交易过程就算完结了（当然生产厂家还需要提供售后服务）。而对于媒介来说，它有两次售卖过程：第一次是将媒介内容通过一定的载体售卖给受众，但从媒介经营的角度看，这个售卖过程并没有结束，媒介还可以将自己的受众售卖给广告主，获得广告赞助，实现二次售卖。

由于媒介两次售卖的对象和方式不同，也就产生了两种不同的商业模式：内容支撑的商业模式（见图 1-11）和广告支撑的商业模式（见图 1-12）。

内容支撑的商业模式就是主要依靠销售承载内容的媒介产品进行运营的，例如书报刊的销售收入、有线电视节目的节目订购费、视频网站的会员费或者节目收视费、电影的票房收入等等。除此之外，由于很多媒体具有公共服务性质，其所提供的服务是政府必须提供的文化公共服务，因此，政府通过财政拨款来为媒介提供资金支持，比如我国全额拨款的具有事业单位性质的媒体、西方国家的公共广电网络［英国广播公司（BBC）、澳大利亚广播公司（ABC）等］。这类媒介具有非营利组织性质，也属于内容支撑型的。

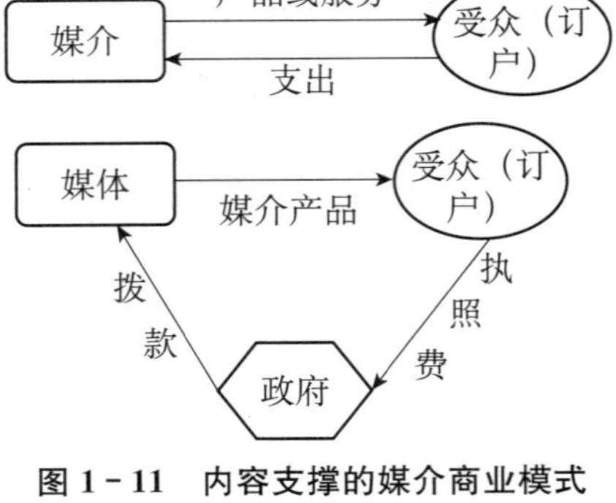


图 1-11 内容支撑的媒介商业模式

① 皮卡德．媒介经济学：概念与问题［M］．赵丽颖，译．北京：中国人民大学出版社，2005：13.

媒介由于内容产生的影响力和吸引力而拥有众多受众，这些受众对于售卖商品的厂商具有很大的吸引力和商业价值，厂商可以借助媒介平台宣传推销产品。在这种情况下，媒介就可以运用自己的版面、时段或者其他媒介空间为厂商提供广告服务，将自己的受众“售卖”给厂商（大多通过广告商），实现“二次售卖”，通过广告获得收益。很多报纸、杂志、广播电台、电视台等不同程度地依靠广告收入来进行商业运作，这就形成了媒介的另一种商业模式——广告支撑的商业模式。

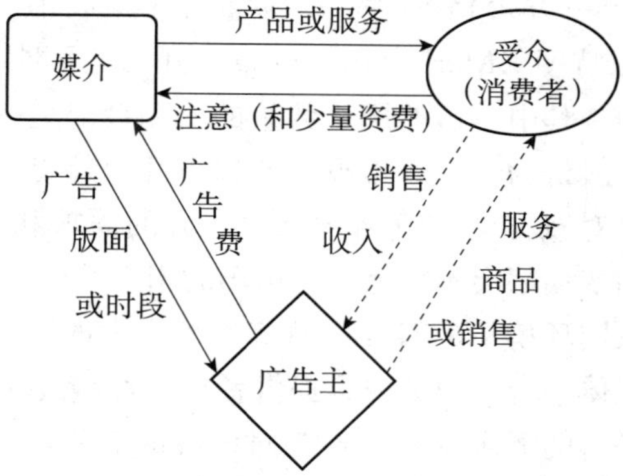


**图 1-12 广告支撑的媒介商业模式**

媒介的两种商业模式并不是各自独立、互不相干的，而是有着密不可分的内在联系，其中起主导作用的是媒介的内容：媒介的内容质量越高，越具有吸引力、影响力和公信力，越能够赢得更多的受众，对广告主也越具有吸引力，广告就会有更多的客户，价格也会更高，收益也会更大；反过来，媒介的内容质量低劣，受众很少或者受众的消费能力很低，对于广告主就缺乏吸引力，广告业务就难以开展，或者即使有广告业务，收益也很小。但媒介的广告也会对内容质量具有反作用，媒介广告收益越大，其越有实力去延揽更多优秀的媒介内容策划、创意、编排以及推广人才，相应地媒介的内容质量也会得到提升；反过来，媒介没有广告收入，其经济实力就会大打折扣，对人才的吸引力就会下降，也会影响其产品的内容质量。媒介的两个商业模式之间是一种正相关关系，具有双边市场特性。

> 名词解释
>
> **双边市场** 我们假设平台运营商向平台两边分别收取费用，当收取的总价格不变时，如果任一用户方价格的变化都会对平台的总需求和交易量产生直接的影响，则这个平台市场被称为双边市场。反之，如果总需求或交易量仅仅跟价格总水平有关而价格结构并不能影响总需求或交易量，这个市场就是单边的。也就是说，当价格总水平不变时，价格结构变动会影响平台交易量的市场就是具有双边交易的市场。①

### （三）媒介的双边市场特性

媒介的两种商业模式之间具有**双边市场**特性。随着互联网的兴起，媒介不仅是传播的载体，更是信息交流的平台，其平台属性

① ROCHET J-C, TIROLE J. Defining Two-Sided Markets [Z]. IDEI University of Toulouse Working Paper, 2004.

越来越明显，媒介的双边市场特性越来越受到重视，因此这里有必要对媒介的双边市场特性进行介绍。

21世纪初，法国经济学家让-夏尔·罗歇（Jean-Charles Rochet）和让·梯若尔（Jean Tirole）给出了双边市场的初步定义，他们提出的双边市场理论解释了为什么Visa卡会向商户收取费用而让消费者免费购物，也解释了为什么很多互联网企业能够提供免费服务，因为它们服务的用户越多，它们能吸引到的广告商就越多，获得的收益也越大。罗歇和梯若尔考虑到了平台一方价格变动对交易量的影响，但他们忽视了网络外部性。2006年，经济学家阿姆斯特朗（Mark Armstrong）引入交叉网络外部性，重新定义双边市场，认为在双边市场中，其中一边的用户数量的变动会对另一边用户使用平台时获得的效用产生直接影响。一般认为，双边市场具有以下几个特点：要依托于一个平台或者媒介而存在；平台或媒介对双方的定价结构会对双方的需求和平台的交易量产生影响；任意一边市场用户数量的变动都会影响另一边市场的用户效用。

双边市场理论对互联网环境下的媒介经营产生了巨大的影响。在媒介经营中，有三类不同的参与主体，即媒体平台（包括内容提供者）、消费者和广告商，其两两之间都存在相互作用：消费者对平台的需求主要表现为对内容的需要，消费者对广告的需求则要依据其对广告的偏好；媒体平台的经营收入一方面要靠内容提供，另一方面则要依靠广告收入，如果广告太多，对于广告厌恶型的消费者来说，他就会离开该平台，而消费者又是广告商所要进行营销宣传的对象。这样，根据双边市场理论，媒体平台的重要策略就是要学会调整和平衡广告和媒体内容数量之间的关系，使媒体收益达到最佳状态。

### （四）媒介市场体系

由于媒介的经济属性或产业属性，媒介在其产品的生产、流通和消费等过程中形成了媒介市场。上面谈到媒介的双边市场特性已经表明媒介市场的客观存在，那么，什么是媒介市场，它由哪些要素构成，它有什么不同于一般市场的特征？这里就这些问题进行说明。

> **名词解释**
>
> **媒介市场** 媒介产品进行买卖交易的场所，无论是在中国还是在国外，媒介市场的发育和成熟都要晚于一般商品市场。

一般而言，市场就是进行物品或服务交易的场所或领域，其由商品或服务以及商品或服务的众多买者和卖者构成。市场不是从来就有的，它是商品经济发展到一定阶段的产物。

在中国，**媒介市场**的发育和成长经历了一个漫长和曲折的过程。历史上最早出现的媒介市场是图书市场，在宋代，图书市场已经发展得比较成熟，有大量的图书交易，出现了一些专门的图书交易市场。到了清代尤其是清末，报刊开始流行，又产生了报纸、期刊的交易市场。民国时期，我国的媒介市场已经发育得比较成熟，形成了一些较有规模和影响的报纸、期刊和图书经营企业。新中国成立后，我国曾经进行过媒介市场化的探索，力图建立一批经济上独立核算、自给自足的传媒企业。随着社会主义改造任务的完成，尤其是高度集中的计划经济体制的确立，这一探索也随之终止，所有媒介都变成由国家进行计划管理的事业单位。改革开放以后，我国传媒业又开始了媒介市场化改革的探索。20 世纪 80 年代，对媒介的管理体制实行“事业单位，企业化管理”，要求媒体单位进行“独立核算，自负盈亏”，媒介经营实行“一业为主、多业并举”等，在重视媒介“喉舌”等意识形态作用的同时，加强了媒介的经济或经营方面的考核，重视媒介的经济效益。进入 21 世纪以后，随着文化体制改革的深入，媒介也开始了产业化、市场化的探索，有一批媒介单位按照现代企业制度进行转企改制，成为自主经营、自负盈亏的传媒企业，成为市场竞争主体。国家还鼓励一批具有竞争力和影响力的传媒企业进入资本市场，公开上市，做强做优做大，参与国内和国际媒介市场竞争。

媒介市场形成至少包括三个要素：市场主体、市场客体、市场规则。

媒介市场主体就是在市场上从事交易的人或组织，其包括媒介产品的生产者和消费者。媒介产品生产者生产出市场所需要的媒介产品，将它们投放到市场中进行交易，参与媒介市场的竞争，从中获得收益并进一步开发媒介产品，在这个过程中媒介组织自身也获得了发展和壮大。媒介产品消费者由两个方面构成：一是直接的媒介产品消费者，他们通过购买媒介产品实现媒介产品的消费，满足自身精神方面的需要；二是间接的媒介产品消费者，他们通过购买媒介产品消费者的注意力即广告服务，获得自身商品的推广，增强知名度、扩大销售量，最终获取收益。

媒介市场客体是媒介市场所消费的产品和服务，其包括两个层面：一是物质层面即物质载体，如书报刊的纸张，电子产品的胶片、磁带、光盘，网络产品的宽带及电子文档等；二是精神层面即内容，包括由符号信息系统构成的具有意义的文本（如文字、图像、声音等）。从客体的表现形态看，又包括图书产品、报纸产品、期刊产品、广播产品、电视产品、音像产品、电子产品以及网络产品等。

在媒介市场交易过程中，必须有市场规则的参与市场才能健康发展和运行，媒介市场规则主要包括市场准入规则、市场竞争规则和市场交易规则。媒介市场准入规则规定哪些企业、商品、人员可以进入媒介市场，媒介市场竞争规则维护市场的公平竞争，媒介市场交易规则主要对媒介的交易方式和交易行为做出规定。以媒介市场主体、媒介市场客体、媒介市场规则等为核心在交易过程中形成了媒介生产要素市场，如生产资料市场、生活资料市场、劳动力市场、技术市场、资本市场、产权市场等，从而构成了庞大而完整的媒介市场体系。

## 二、媒介产业

由于媒介产品是商品，媒介产品的生产、流通、消费等形成了媒介市场，因此在市场经济环境下，也就形成了一个具有生命力和发展潜力的**媒介产业**。媒介产业在国外也被称为内容产业，比如美国从 1997 年开

> 名词解释
>
> **媒介产业** 生产传播各种以文字、图片、声音、影像、数码等形式存在的信息内容产品以及提供各种信息内容服务的企业或机构按照市场化方式形成的企业集群。[1]

① 崔保国，郑维雄，何丹嵋．数字经济时代的传媒产业创新发展［J］．新闻战线，2018（11）：73－78．

始，把出版业（包括软件出版）、电影和录音业、广播和电视业、信息服务和数据处理服务业等产业群统称为内容产业。根据这一分类标准，那些制造、开发、包装和销售信息产品及其服务的企业，都属于内容产业，其销售的产品或提供的服务既包括各种印刷品（图书、报纸、期刊等），也包括电子出版物（联机数据库、音像制品服务、以传真和光盘为基础的服务以及电子游戏等）、音像传播（电视、录像、广播和影院等），还包括部分软件（如课程软件）。我国将媒介产业主体部分归入第三产业，即服务业。按照 2017 年颁布的《国民经济行业分类》，传媒业包括“文化、体育和娱乐业”大类下的“新闻与出版业”和“广播、电视、电影和录音制作业”，“批发业”类别下的“图书批发，报刊批发，音像制品、电子和数字出版物的批发”以及上述物品的零售等，还包括“租赁与商务服务业”大类下的“广告业”。可以看出，虽然媒介产业的主体部分归属到了第三产业，但其范围不限于此，第二产业中的“制造业”部分包括的“印刷和记录媒介复制业”“广播电视设备制造业”也属于媒介产业。在互联网条件下，国家统计局又把与数字传播相关的媒介产业内容纳入“数字经济及核心产业”分类之中。媒介产业构成了文化创意产业的核心部分，在国民经济中创造的产值在不断增加，已经成为很多地方的支柱型产业。

随着数字化的兴起以及媒介深度融合的不断发展，媒介产业越来越和其他产业交叉融合。因此，无论是在理论界还是在实践界，对媒介产业的归属有各种各样的表述。比如很多研究者将它作为信息产业的一部分，认为它是信息内容提供者，大多数学者也把媒介产业作为文化产业的一部分。国家在制定文化产业规划时通常将媒介产业纳入其中，另外，在中央对文化体制改革的整体部署中，媒介产业也是作为文化产业的一部分加以部署的。这也说明，对于媒介产业应该从多维度、动态发展的角度去理解。对于媒介产业分类可以有不同的标准，下面从不同角度对媒介产业进行简要介绍。

### （一）根据媒介载体形式的分类

按照不同的媒介载体形式，我们可以将媒介产业分为以下几类：

**1. 图书产业**

这是一个古老的行业，也是传播知识、传承文化最重要的载体。20 世纪 80 年代以来，随着图书出版的市场化、产业化改革，图书出版产业获得飞速发展，它已经成为纸质媒介产业规模最大的部分。图书产业的出版物包括图书、课本和图片，从环节上包括图书的选题策划、印制与生产、批发和零售以及版权贸易等。据统计，2020 年，我国共出版图书 48.9 万种，印制数量超过 103.7 亿册，无论是出版品种数还是印刷册数都居世界前列。定价总金额 2 185.33 亿元，营业收入 963.58 亿元。

**2. 报纸产业**

在我国，报纸依据其服务对象和刊载内容主要包括时政类（主要指党报）、都市类、经济信息类、行业类等类别，虽然时政类报纸仍然是按照事业单位进行管理，但其在整个报业有较大的经营规模，也构成了我国报纸产业的一个重要部分。报纸收入主要包括报纸的销售收入和广告经营收入。2020 年，我国报纸总数 1 810 种，总印数超过 289.14 亿份，定价总金额近 366.43 亿元，营业收入 539.45 亿元。但由于受到互联网的冲击最大，报纸品种数、订阅量和广告收入都呈现下降趋势，是受到互联网冲击最大的媒介。

**3. 期刊产业**

期刊又称杂志，我国期刊业可分为大众类期刊、学术类期刊、行业类期刊以及时政类期刊等，大众类期刊又可以分为生活服务类、大众娱乐类、信息和知识服务类等。和报纸一样，期刊的收入也包括两个方面，即期刊的销售收入和广告经营收入。2020 年，我国共有期刊超过 10 192 种，总印数约 20.35 亿册，定价总金额约 211.92 亿元，营业收入 194.20 亿元。

**4. 广播电视产业**

广播电视产业是指从事广播电视产品的生产和服务的经营活动以及为这些经营活动提供服务的行业。广播电视产业的主要收入来源是广告收入，近些年由于有线电视的普及，一些电视媒体的入网费也成为重要的收入来源。2021 年，我国传统广播电视节目销售收入 438.24 亿元，电视购物频道收入 115.61 亿元，付费数字电视与播控收入 23.40 亿元，节目制作相关收入 271.82 亿元，技术服务、演出等其他创收收入 1 224.66 亿元。

**5. 电影产业**

电影产业，是指以电影制作为核心，通过电影的生产、发行和放映以及电影音像产品、电影衍生品等获得收益的行业。我国电影产业的收入来源主要包括电影票房收入、出售电视电影频道播放权收入、广告收入、衍生品开发收入、网络版权收入等几个方面，其中电影票房收入是主要收入来源。2021 年，我国电影产业的总收入 472.58 亿元。

**6. 数字媒介产业**

随着数字传播技术的飞速发展，所有媒体都在利用数字传播技术，使得数字媒介的内涵和外延不断变化，范围不断扩大，而且在和上述媒介加速融合，形成电子图书、电子报刊、数据新闻、网络视听、网络电影、短视频、网络游戏、在线教育等等新的媒介形式和媒介产业新业态。目前，我图数字媒介产业的经济规模、总收入、总利润等经济指标快速增长，仅从广播电视行业公布的数据看，2021 年，我国的广播电视和网络视听机构通过互联网取得广告收入 2 001.46 亿元，在线电视网络收入 734.56 亿元，网络视听收入 3 594.65 亿元，这些还不包括一些大的互联网公司的相关数据。因此，可以说，数字媒介产业已经成为支撑媒介产业的最重要力量。

除此之外，从媒介载体形式看，还有电子音像产业，这个产业板块在 20 世纪 90 年代发展迅猛，但随着互联网的兴起，基本上被互联网取代，产业规模很小，而且还在加速萎缩，这里不再单独论述。

### （二）根据国家文化及相关产业分类

2018 年国家统计局颁布《文化及相关产业分类》，对包括媒介相关的文化产业进行了分类。这个分类标准的范围是以文化为核心内容，为直接满足人们的精神需要而进行的创作、制造、传播、展示等文化产品（包括产品和服务）的生产活动，主要包括新闻信息服务、内容创作生产、创意设计服务、文化传播渠道、文化投资运营和文化娱乐休闲服务等活动，此外，还包括为实现文化产品的生产活动所需的文化辅助生产和中介服务、文化装备生产和文化消费终端生产（包括制造和销售）等活动。可以看出，这个分类包含的范围要大于媒介产业。但如果把与媒介无关的部分剔除，这个标准对我们了解媒介产业还是很有意义的。

该分类标准区分了文化核心领域和文化相关领域。

**1. 与媒介产业有关的文化核心领域**

一是新闻信息服务。列在该项下的有新闻服务、报纸信息服务、广播电视信息服务、互联网信息服务。新闻服务包括新闻采访、编辑、发布和其他新闻服务。报纸信息服务包括党报出版、综合新闻类报纸出版和其他报纸出版服务。广播电视信息服务包括广播、电视和广播电视集成播控三个部分，其中广播是指广播节目的现场制作、播放及其他相关活动，还包括互联网广播；电视是指有线和无线电视节目的现场制作、播放及其他相关活动，还包括互联网电视；广播电视集成播控是指 IP 电视、手机电视、互联网电视等专网及定向传播视听节目服务的集成播控，还包括普通广播电视节目集成播控。互联网信息服务包括互联网搜索服务和网上新闻、网上软件下载、网上音乐、网上视频、网上图片、网上动漫、网上文学、网上电子邮件、网上新媒体、网上信息发布、网站导航等互联网其他服务。

二是内容创作生产。列在该项下属于媒介产业的有出版服务、广播影视节目制作、数字内容服务。出版服务包括图书出版、期刊出版、音像制品出版、电子出版物出版、数字出版及其他出版服务。广播影视节目制作包括影视节目制作和录音制作：前者指电影、电视和录像（含以磁带、光盘为载体）节目的制作活动，还包括影视节目的后期制作，这里的节目可以作为电视、电影播出、放映，也可以作为原版录像带（或光盘）出版、销售，还可以在其他宣传场合播放；后者指录音节目、音乐作品的制作活动，其节目或作品可以在广播电台播放，也可以制作成原版录音带（磁带或光盘）出版、销售，还可以在其他宣传场合播放。数字内容服务包括动漫、游戏数字内容服务，互联网游戏服务，多媒体、游戏动漫和数字出版软件开发，增值电信文化服务和其他数字内容文化服务等。

三是创意设计服务。列在该项下属于媒介产业的有广告服务，包括互联网广告服务和其他广告服务。其中，互联网广告服务指互联网广告设计、制作、发布等服务，包括网络电视、手机等各种互联网终端的广告服务；其他广告服务是指除了互联网广告服务以外的其他广告服务。

四是文化传播渠道。列在该项下属于媒介产业的有出版物发行、广播电视节目传输、广播影视发行放映等。出版物发行指图书、报纸、期刊、音像制品、电子和数字出版物的批发和零售。广播电视节目传输指有线或无线广播电视网和信号的传输服务以及卫星广播电视信号的传输、覆盖与接收服务，卫星广播电视传输、覆盖、接收系统的设计、安装、调试、测试、监测等服务。广播影视发行放映包括电影和广播电视节目发行及电影放映，前者主要包括电影发行和进出口交易、非电视台制作的电视节目发行和进出口交易，后者指在专业电影院以及其他娱乐场所独立（或相对独立）的电影放映等活动。

**2. 与媒介产业有关的文化相关领域**

一是印刷复制服务。印刷复制活动包括书报刊印刷及记录媒介复制，前者是指图书、报纸、期刊的印刷、装订以及与印刷复制相关的活动，后者是指将母带、母盘上的信息进行批量翻录的生产活动。

二是版权服务。为媒介提供版权登记、咨询、代理、交易、监测、维权等相关服务。

三是文化装备生产。这包括印刷设备制造与销售，广播电影电视设备制造与销售，摄录设备制造与销售，信息服务终端设备制造与销售等。

可以看出，文化及相关产业分类方法是从价值链的角度对媒介产业进行分类，从而为我们全面认识媒介产业提供了另外一种分析的角度。同时也表明，媒介产业是一个大有可为的产业，媒介经营与管理的相关知识也就成为从事媒介工作应知应会的内容。

## 第四节 媒介的经营与管理

媒介产业的飞速发展对新闻传播相关专业及媒体从业者提出了更高的要求，这就是我们不仅要掌握新闻传播方面以及内容采编等方面相关的知识，也要掌握媒介经营管理方面的基本知识和技能，树立现代经营和管理理念，深入了解媒介的组织、生产、销售、广告、财务、人力资源等一系列相关知识和技能，并从中深化对媒介的认识，提高媒介管理素养，以便尽快适应媒介工作对从业者综合素质的要求，做一个优秀的媒体工作者。

### 一、媒介经营与管理的界定

媒介经营与管理，包括媒介经营和媒介管理两个方面。下面分别对媒介经营和媒介管理以及两者之间的关系进行论述。

#### （一）媒介经营

“经营”一词最早出现在《诗经》中，且多次出现，比如《诗·大雅·江汉》：“江汉汤汤，武夫洸洸。经营四方，告成于王。”《诗·小雅·北山》：“嘉我未老，鲜我方将。旅力方刚，经营四方。”《诗·大雅·灵台》：“经始灵台，经之营之。”这里是指规划营治或者筹划营造的意思，大体上等同于“筹划、组织与管理”。到了明代，随着商品经济的发展，“经营”一词逐步发展为从事商业活动，比如《醒世恒言·两县令竞义婚孤女》：“贾昌因牵挂石小姐，有一年多不出外经营。”这里的“经营”就不再是指管理，而是指从事商业活动。因此，在《现代汉语词典》里，“经营”有两个含义：一是指筹划、组织并管理，比如“经营商业”等；二是指商业、服务业出售某类商品或提供某方面的服务，如“本店经营各种文具”。从这个定义也可以看出，如果从广义上说，经营既包括筹划、组织和管理，也包括销售或服务等经济活动。

从“经营”一词含义的变化可以看出，经营是一种筹划、组织和管理的活动，也是一种从事商务运营的活动。**媒介经营**同样离不开这两方面的活动，它需要对媒介进行筹

名词解释

**媒介经营** 以市场为对象，以媒介商品的生产、交换（流通）、消费等为手段，以实现媒介的目标和获得收益的经济活动。

划、组织和管理，但在社会主义市场经济的大背景下，这种筹划、组织和管理还要和媒介的商务活动紧密相连。这种媒介活动又是一种市场行为，要考虑进行市场调研，考虑市场供给与需求状况，了解竞争对手的情况，进行市场定位和产品定位的考量，进行财务预算，计算投入产出情况，建立流通渠道，通过提供产品或服务获得利润，如此等等。这些经济活动要遵循市场经济发展的规律，在媒体的产品开发、市场定位、价格确定、渠道组建、广告活动、财务活动、资本运作等方面，更要遵循媒介产品的生产、交换（流通）、消费等特殊运行规律。这些活动就是媒介的经营活动，从广义上说，“媒介的经营与管理”可以说就是“媒介经营”，但从狭义上说，“媒介经营”主要指传媒为了获取经济收益而进行的商业性活动，比如传媒产品营销活动、广告活动等。

### （二）媒介管理

“管理”一词，由“管”和“理”构成。“管”原意是指用竹管制成的乐器，由于我国古代的钥匙形状像这种乐器，于是人们便把钥匙称作“管”，又由于钥匙是开锁的关键，后来“管”就引申为疏通、约束的意思；“理”最初是指对玉的加工，也指纹路，后来引申为条理、秩序的意思。“管理”合起来作为一个术语出现得较晚，甚至有人认为“管理”是个外来词，其字面上的意思就是通过约束、疏通使某项工作顺利进行。《现代汉语词典》中对“管理”的解释有三条：一是负责某项工作使之顺利进行，二是保管或料理，三是照管并约束（人或物）。随着西方管理学在中国的流行，“管理”也成为一个热词，管理学成为热门学科，形成了公共管理（包括政府管理）和工商管理两大学科方向，出现了大量的管理学大师、著作等。

关于管理，有各种各样的定义，一般认为，管理是指一定组织中的管理者，通过实施计划、组织、领导、协调、控制等职能来协调他人或其他组织的活动，使他人或其他组织同自己一起实现既定目标的活动过程。而媒介的管理活动既包括对经营性活动，如媒介产品的开发、销售、财务核算等的管理，也包括对非经营性活动，如人力资源工作、团队文化建设以及党务工作等的管理。

名词解释

**媒介管理** 媒介组织中的管理者，通过计划、组织、领导、协调、控制等职能协调他人或其他媒介组织的活动，以达到媒介的既定目标的活动。

如果从更广泛的意义上看，**媒介管理**包括对媒介的宏观管理、中观管理和微观管理。媒介的宏观管理主要指国家对传媒的性质、定位、方向进行规定以及利用相应的法律规范和财政、金融、国际贸易政策等进行管理；媒介的中观管理主要指利用行业自律规范以及行业政策（包括产业政策）等进行管理；媒介的微观管理主要是媒介组织内部的相关管理，包括组织管理、人力资源管理、财务管理等等。本书主要介绍媒介组织内部与媒介经营密切相关的微观管理部分，有些和媒介经营直接关联度不高的部分，比如采访、编辑的管理等因有专门的课程介绍，这里就不再涉及。

### （三）媒介经营与媒介管理的关系

从上面对各自内容的分析看，如果都从广义上去理解，媒介经营包括媒介管理，媒介管理也包括媒介经营，这两者是一码事。因此，有人将该课程称为媒介经营学，有人称为媒介管理学，就是从这个意义上去理解的。但如果按照上面所界定的狭义理解，两者之间既有区别，又有不可分割的联系。

第一，两者目标不同。媒介管理的目的是保障媒介组织的有效、顺畅运转，重在领导、组织和协调等，它是保障媒介组织顺利运行的关键；而媒介经营主要侧重于经济活动，其主要目标是通过对媒介产品的商业化运作获得经济利益，不能获得经济利益的媒介经营不能称之为成功的媒介经营。

第二，两者覆盖范围不同。媒介管理覆盖媒介组织的方方面面，管理无死角，正如上面论述过的，它既包括对经营活动的管理也包括对非经营活动的管理，因此，在媒介组织内部管理的覆盖范围要大于经营。但媒介经营不仅要考虑媒介组织内部的人、财、物等要素，更主要的是还要考虑外在的市场环境、竞争对手的情况等因素，而后者却不是管理所考虑的范围。从这个意义上看，两者不是包含关系，而是交叉关系。

第三，两者适用对象也有所差异。管理适用于所有的媒介组织，而经营主要适用于媒介企业或者采用企业化管理的媒介事业单位，对于全额拨款或者具有某些特殊任务和使命的活动，比如某些重大宣传活动等，则不应从经营的角度去考虑问题（尽管如果做得好也可以产生巨大的经济效益）。

第四，两者又是不可分割的。媒介经营如果没有高效的媒介管理做支撑，就会陷于无序和混乱，是不可能搞好的；反过来，如果一个媒介组织没有经营作为经济后盾，则无法发展壮大，管理也会遇到瓶颈，尤其是转企改制的媒介组织，如果不能搞好经营，企业就没有活力，管理也就不可持续。因此，媒介管理和媒介经营是相互依赖、相互交叉、相互促进、相互制约的关系。

基于以上原因，本课程所界定的媒介经营与媒介管理是融合在一起进行介绍的，有些方面可以区分开来，但更多的时候则无法明确区分。

## 二、本课程的基本结构

本课程包括三个板块：

第一板块是总论及背景性介绍和分析，包括第一章（导论）、第二章（变化中的管理思想）和第三章（媒介产业的外部环境和发展现状）。

第二板块是进入媒介经营与管理的核心部分，包括第四章（媒介组织管理）、第五章（媒介组织的战略管理）、第六章（媒介产品的研发与生产管理）、第七章（媒介产品的营销管理）、第八章（广告经营与管理）、第九章（媒介资本运营与管理）和第十章（媒介品牌管理）。

第三板块是媒介经营与管理的管理保障部分，包括第十一章（媒介组织人力资源管理）和第十二章（媒介组织财务管理）。

特别需要说明的是，媒介经营与管理的内容远不止这些，除此之外还应该包括信息资源管理、物流管理、法务管理等等，限于课时以及教材篇幅，本教材不再介绍。

## 本章小结

1. 在本课程中，媒介、媒体、传媒这三个概念大体上是同义的，一般不做特别区分，其包含两方面的含义：一是指传播信息的中介、载体、渠道、工具、技术手段等；二是指从事信息采集、加工、生产、传播的组织机构。

2. 媒介的发展主要经历了语言媒介、印刷媒介、电子媒介和网络媒介这四个阶段。

3. 媒介具有多种功能，主要包括信息传递功能、知识传播功能、舆论引导功能、社会监督功能、大众娱乐功能以及经济或产业功能等。

4. 媒介产品是媒介组织为满足受众的信息、娱乐以及其他精神需求而生产并被广泛传播的文化产品。按照媒介形态、媒介内容功能、媒介受众层次、媒介产业链位置以及产品和服务等不同的分类标准，可以将媒介区分为不同的类型。

5. 媒介产品具有双重属性，是物质产品和精神产品的统一体，精神产品是其本质属性；是私人物品和公共物品的统一体，准公共物品是其显著特征；既具有经济特性又具有文化特性，文化特性是其根本特性；现代传媒业既具有产业功能，又具有意识形态功能；媒介的双重属性决定了媒介经营与管理必须坚持把社会效益放在首位，在坚持社会效益的前提下实现社会效益与经济效益的统一。

6. 媒介商品具有二元特性，它生产出一种产品，但却参与产品市场和服务市场。这两个市场相互作用、相互影响，产品在一个市场中的表现都会影响其在另一个市场中的表现。因此，对于媒介来说，其有两次售卖过程：第一次是将媒介内容通过一定的载体售卖给受众，第二次是将自己的受众售卖给广告主，实现二次售卖。

由于媒介两次售卖的对象和方式不同，也就产生了两种不同的商业模式：内容支撑的商业模式和广告支撑的商业模式。

7. 媒介的两种商业模式之间具有双边市场特性。媒介双边市场具有以下几个特点：要依托于一个平台或者媒介而存在；平台或媒介对双方的定价结构会对双方的需求和平台的交易量产生影响；任意一边市场用户数量的变动都会影响另一边市场的用户效用。

8. 媒介市场是媒介产品进行买卖交易的场所。媒介市场形成至少包括三个要素：市场主体、市场客体、市场规则。以媒介市场主体、媒介市场客体、媒介市场规则等为核心在交易过程中形成了媒介生产要素市场，并形成了庞大而完整的媒介市场体系。

9. 媒介产业是生产传播各种以文字、图片、声音、影像、数码等形式存在的信息内容产品以及提供各种信息内容服务的企业或机构按照市场化方式形成的企业集群。媒介产业构成了文化创意产业的核心部分，在国民经济中创造的产值在不断增加，已经成为很多地方的支柱型产业。

10. 媒介经营主要指传媒为了获取经济收益而进行的商业性活动，是以市场为对象，以媒介商品的生产、交换（流通）、消费等为手段，以实现媒介的目标和获得收益的经济活动。

11. 媒介管理是指媒介组织中的管理者，通过计划、组织、领导、协调、控制等职能协调他人或其他媒介组织的活动，以达到媒介的既定目标的活动。

## 复习思考题

1. 什么是媒介？它经历了哪些主要发展阶段？

2. 媒介有哪些属性？通过媒介属性分析说明为什么媒介产业必须坚持社会效益第一。

3. 媒介的二元特征与媒介商业模式之间有何内在联系？

4. 从价值链角度看，媒介产业的核心部分包括哪些内容？

第二章

# 变化中的管理思想

春秋战国时期，著名法家代表人物商鞅在秦孝公的支持下主持变法。商鞅为了推行自己的主张，必须让人感到他言必信、行必果。为了树立威信，推进改革，商鞅下令在都城南门外立一根三丈长的木头，并说："谁能把这根木头扛到北门去，就赏十金。"围观的人不相信如此轻而易举的事能得到如此高的赏赐，把它看成笑话，结果没人肯出手一试。商鞅知道老百姓还不相信他下的命令，就把赏金提到五十金。没有想到赏金越高，看热闹的人越觉得不近情理，仍旧没人敢去扛。但重赏之下必有勇夫，在大家议论纷纷的时候，终于有人站出来将木头扛到了北门。商鞅立即赏了他五十金。这一举动，使商鞅在百姓心中树立起了威信。随后，商鞅就把他起草的新法令公布了出去。新法令赏罚分明，规定官职的大小和爵位的高低以打仗立功为标准，从而促使秦人争相建功立业，很快秦国强大起来。商鞅的这一举措，体现了他的管理思想，即言而有信，说到做到。其实，不同的管理理念有着不同的管理效果，古今中外的很多管理思想都在潜移默化地支配着我们的行为，并对今天人们的管理行为产生着或明或暗的影响。由于社会环境尤其是文化的不同，中外管理思想既有很多共同点，更有很大的差异。本章主要介绍一些对当代经营与管理具有很大影响的管理思想，这些管理思想对媒介的经营与管理也具有很大的启发和借鉴意义。

**学习目标：**

阅读和学习本章后，你应该能够：

1. 了解儒家、道家、法家和兵家管理思想的主要观点。
2. 了解西方古典管理理论的主要代表人物及其观点。
3. 了解行为管理理论的主要代表人物及其观点。
4. 了解后工业社会理论的主要内容。
5. 了解知识管理理论的主要代表人物及其观点。
6. 从管理理论的发展历程中总结、吸收对当今媒介经营与管理具有启发的合理思想。

# 第一节　中国的管理思想

中国作为具有五千年历史的文明古国，管理思想源远流长、博大精深，是深厚的中华优秀传统文化的有机组成部分。中国优秀的管理思想经过创造性转化和创新性发展，至今仍然闪烁着智慧的光芒。中国的管理思想内容极其丰富，有诸子百家、三教九流之说，不可能都加以介绍，我们这里主要介绍一些具有代表性且至今仍然具有广泛影响的儒家、道家、法家和兵家等流派的管理思想。

## 一、儒家的管理思想

作为中华文化最具影响力的流派，儒家自孔子创立后的两千五百多年，对中华文明乃至世界文明都产生了巨大而深远的影响。从汉代中后期一直到清代，儒家的管理思想一直受到统治者的推崇，成为治理国家、管理社会的官方意识形态，成为统治阶级进行管理的理论基础，并对东亚文明产生直接的影响。儒家的主要代表人物包括孔子（见图 2－1）、孟子、荀子以及后来的董仲舒、程颐、程颢、朱熹、陆九渊、王阳明等，主要代表著作有《论语》《孟子》《礼记》《中庸》等。儒家的管理思想有以下几个方面值得重视：

**图 2－1　孔子**

孔子（前 551 —前 479），名丘，字仲尼，鲁国陬邑（今山东曲阜市）人，中国古代思想家、政治家、教育家，儒家学派创始人。

### （一）以仁为核心

儒家特别强调德治，即人的道德伦理在管理中起决定性作用，而道德伦理的核心是仁。“仁者，人也”（《礼记・中庸》），仁的本质是人，就是把人当作人来看待。仁也是“爱人”，“樊迟问仁，子曰‘爱人’”（《论语・颜渊》），这里所说的“爱人”就是爱一切人，即“泛爱众”。爱人包括两条原则：一是“己欲立而立人，己欲达而达人”，即自己欲立欲达的事，也要尊重别人欲立欲达的愿望；二是“己所不欲，勿施于人”，就是自己不愿做的事不要强加于人。这就从正反两个方面说明：一方面，对待别人要像对待自己一样，关心人、爱护人、尊重人；另一方面，也要遵从礼制，服从伦理规范。不仅如此，“仁”对其他美德具有统领作用，“仁含万善，能仁则万善在其中矣”（《百溪字义・仁义礼智信》）。孔子认为，恭、宽、信、敏、惠等这些美德都是仁在道德上的不同表现，而且由仁还可以引申出人的其他很多美德，比如“克己复礼为仁”，仁者乐山，仁者寿，仁者静，为了仁甚至可以“杀身成仁”等等。

### （二）见利思义

在儒家那里，义是君子的本质规定，“君子义以为质”，但对于什么是义，儒家并没有给予清晰明确的论述。朱熹曾说：“义者，心之制，事之宜也。”就是说，要约束自己的内心，使事情合宜，以适宜、合适的方式行事，知善恶、有羞耻之心，遵从上下之序等。儒家并不否认人的正当利益，认为“富与贵是人之所欲也”，“贫与贱是人之所恶也”，人有追求利益的天性，“食色，性也”，但利的获得要符合义的要求。儒家认为从公出发就是义，从一己之私出发则为利，要“循其道，行其义，兴天下同利”（《荀子·王霸》），因此，“博施于民而能济众”，使民众都能得到实惠，这就是义。在义利关系上，儒家特别强调“义以为上”“见利思义”“利从义出”，就是说，当义利二者之间发生冲突时，义要处于优先位置，利要合乎义，看到利益时，要想着其是否符合义的要求，“先义而后利者荣，先利而后义者辱”。

### （三）克己复礼

儒家强调克己复礼，即约束自己，使言行符合礼的要求。孔子说“克己复礼为仁”，为此要做到“非礼勿视，非礼勿听，非礼勿言，非礼勿动”（《论语·颜渊》）。由此可见，礼在儒家文化中具有重要地位，在儒家看来，礼既是道德的标准、教化的手段、是非的准则，又是政治关系和人伦关系的分位体系，具有法规的功能和亲和的作用。[①] 礼虽然不是法律，也不完全是道德，但作为社会组织和管理方式的模式，是通过习俗和仪式来实现社会的有序与和谐的。儒家通过这些习俗和仪式，把人与人之间、群体与群体之间的一定的关系观念和伦理观念定型化、秩序化，形成整个社会必须遵循的礼仪规范和行为规范。从本质上说，儒家的礼是要形成一套遵循尊卑有序、贵贱有别、人人恪守其位的封建等级制度，但作为儒家的实践方式，其倡导“齐之以礼”的社会管理和“道之以德”的伦理秩序，这是儒家“礼”的关键所在。

### （四）信则人任

信是孔子推崇的五德（恭、宽、信、敏、惠）和四教（文、行、忠、信）之一，可见信在儒家文化中具有重要地位。儒家认为，信是管理国家的基础，要管理好国家，需要三个条件：兵足、粮足和民众的信任。信还是管理者的基本道德素养：“信则人任焉。”（《论语·阳货》）管理者只有守信，树立了信的人格形象，才能得到别人的信任。信也是处事立业和成功管理的基本条件，“人而无信，不知其可也”（《论语·为政》）。一个人如果没有信誉，就像马车没有木销子一样无法行走。如果一个人说话忠实诚信，做事厚道认真，那么他即使到了蛮夷之地为人处世也可以行得通，反之，如果说话不忠实诚信，做事不厚道认真，即使在本乡本土，为人处世也行不通。因此，在管理中必须做到言而有信，遵守承诺。

### （五）致中和

儒家继承和发扬了古代“尚于中行”“允执厥中”的思想，提出“致中和，天地位

① 陈来．儒家“礼”的观念与现代世界［J］．孔子研究，2001（1）：4－12.

焉，万物育焉”，就是说，达到了中和，那么天地便各归其位，万物便生长发育了。因此，做事要不偏不倚、无偏无党，过犹不及，要恰如其分。要“适其时”“取其中”“得其宜”“合其道”，就是说要根据实际情况的变化而采取不同的方法，注意把握好度，采取“中庸之道”，做事要恰当、合理、合义，合乎事物的根本事理（道）。我们做管理时要“知经而达权”，既要坚持管理的基本原则，又要随着时间、地点、条件的变化而变化。“和”是“中”的延伸，与中密不可分，《中庸》中说“喜怒哀乐之未发谓之中，发而皆中节谓之和”，意思是心里有喜怒哀乐却不表现出来，被称作中，表现出来却能够有所节制，被称作和。因此，和是比中更高的层次，在管理中要重视“和为贵”“和气生财”等，重视和谐管理。

总之，儒家的管理思想对几千年来的中国乃至东亚地区的管理和经营影响巨大，至今仍有重要意义和重大价值。除了上述管理思想外，儒家的民贵、仁政的理念，“天行健，君子以自强不息”的拼搏奋斗精神以及重视“智”，鼓励学习，“仕而优则学，学而优则仕”，举贤人，“听其言，观其行”等管理思想都值得借鉴。

> **名词解释**
>
> **儒家的管理思想** 强调和谐、以人为本、以义为先、执中不偏、遵守规范（礼）、信守诺言等。

## 二、道家的管理思想

道家经过 2 000 多年的不断发展和演变，形成了博大精深的系统化的思想体系，对中国哲学、文学、政治、军事乃至人的日常生活、为人处世等都产生了巨大影响，在汉初，以道家思想为基础的“黄老之学”甚至成为统治阶级的指导思想。道家主要代表人物为老子（见图 2－2）、关尹、庄子、彭蒙、田骈等，代表性著作有《道德经》《庄子》《淮南子》《列子》等。对于管理理论来说，道家的一些管理思想仍然具有当代价值。

**图 2－2 老子**

老子（生卒年月不详），春秋时期楚国苦县（今河南鹿邑东）人。中国古代思想家、哲学家、文学家和史学家，道家学派创始人和主要代表人物。

### （一）道法自然

“道法自然”是道家最核心的思想，道家认为“人法地、地法天、天法道、道法自然”。也就是说，道是天地万物（包括人）的本源，也是天地万物赖以生存的基础和保证，它是万物必须遵循的依据和规律。它之所以具有本源性，是因为它本身就是遵循万物的自然。“道法自然”的准确意思是：“道遵循万物的自然”。“道”不仅能够生育万物，而且能够包含万物，不干涉和控制万物。道存在于人类赖以生存的自然之中，人要遵循自然的规律，顺其自然，不要刻意去改变自然的规则和运行法则，要顺应自然的法则、听从自然的安排，以这样一种态度来指导自己的一切活动。

## （二）无为而无不为

既然是“道法自然”，不要人为地去改变自然本身的样子，要顺应自然的规律和法则，那么符合逻辑的结论必然是“无为而治”。万物作为不同的种类，它们都有其自身的特性，作为个体，它们都要按照自己的特性去实现和完成自己。因此，“道”对它产生的万物完全不加干涉和控制，而是让其自由变化和自由表现。“生而不有，为而不恃，长而不宰”。“道”的这种本性老子称之为“无为”。“无为”不是说“道”没有任何活动和作为，而只是说“道”的活动方式是不控制、不干预，目的是让万物自行活动、自行其是。“道”如果“顺应”了“自然”，“万物”按照自身的本性自由变化、自由表现，就能够做到“无不为”。因此，只有无为才能无不为，这才是老子所说的“道法自然”的无为而治的本质所在，通过顺应自然的无为而达到无不为。按照无为而治的原则，老子主张“四不”：“自见者不明，自是者不彰，自伐者无功，自矜者不长”。也就是说，自我表现的人不够聪明，自以为是的人不能彰显，自我炫耀的人没有功劳，自高自大的人不能长久。因此，反过来说，就是要做到“不自见、不自是、不自伐、不自矜”。

## （三）反者道之动

道家认为，物极必反是运动的规律，事物发展到一定程度就要向自己的反面转化。万物的属性看起来是相反的，比如有与无、善与恶、福与祸、强与弱、动与静、刚与柔、进与退、往与复、终与始、雌与雄、盈与虚、重与轻、远与近、长与短、高与下、前与后、大与小、少与多、敝与新、洼与盈、废与兴、取与与、损与益、利与害、生与死、贵与贱、贫与富、荣与辱、正与反……但这些对立范畴常常相互转换，“祸兮福之所倚；福兮祸之所伏”，“物或损之而益”或“益之而损”，“正复为奇，善复为妖”，矛盾无处不在、无时不有，同时，矛盾对立的双方在一定条件下是可以相互转化的。因此，在处理问题时，要懂得“有无相生”，学会“虚实相资”，遇事要“宠辱不惊”，遇人要“报怨以德”。

> **名词解释**
>
> **道家的管理思想** 强调道法自然、无为而无不为、反者道之动、上善若水等，这些管理思想中包含着深刻的辩证法。

## （四）上善若水

老子提出：“上善若水。水善利万物而不争，处众人之所恶，故几于道。居善地，心善渊，与善仁，言善信，正善治，事善能，动善时，夫唯不争，故无尤。”老子认为，最高的善就像水那样，滋润万物却不与万物相争，居住在众人不喜欢的地方，这是最接近“道”的。从企业管理的角度看，一个企业最大的善是可以给客户带来利益而不与其争利，处在一个其他企业不愿意进入的“蓝海”领域，这才是达到了企业竞争最高的道。由此，道家认为，上善之人有七种美德：甘处众人不愿居住的地方，心境善于选择保持沉静而深不可测，待人以真诚、友爱和仁慈，言语善于恪守信用，为政善于选择“以正治国”，处事能够善于发挥所长，行动善于把握时机。最善的人正因为其所作所为符合不争的美德，所以没有过失，也就没有怨咎。这才是管理的最高境界。

## 三、法家的管理思想

法家是在中国思想史和国家治理史上影响巨大的又一个思想流派。法家强调以法制为核心，通过推行法制来实现国家的强盛。很多学者认为，中国自汉代以来到清代历代统治者治理国家实际上实行的是“外儒内法”，即表面上推崇儒家，在实际操作中却推崇法家的理论，采取的是儒法结合、儒法互济。法家的主要代表人物包括管仲、李悝、商鞅、韩非子（见图 2-3）等，代表作有《商君书》《韩非子》等。法家的管理思想侧重于国家治理，但其对企业管理也有很大启发。

### （一）任法而治

法家主要代表人物韩非子认为，孟子的性善论是错误的，人的本性是恶的，人天生具有追求感官满足的欲望，具有趋利避害的天性，正所谓“民之性，饥而求食，劳而求佚，苦则索乐，辱则求荣，此民之情也”。正因为人有这种天性，所以我们在管理中必须正视这种天性，利用这种天性，正如法家所说：“人君而有好恶，故民可治也”，“人情者，有好恶，故赏罚可用”。

**图 2-3　韩非**

韩非（约前 280—前 233），又称韩非子，河南新郑人。战国时期杰出的思想家、哲学家和散文家，法家思想的集大成者。

因此，可以通过法度来对民众进行约束，利用法度改变邪恶的人性。法家反对儒家的礼教，主张依法治国。其依法治国思想主要包括以下几个方面的内容：一是法的作用在于“定分止争”“兴功惧暴”，一方面通过法律规范来确定名分，止息纷争，另一方面可以对立功者起到奖励作用，让不法之徒感到畏惧。二是法布于众、依法办事，法律既然是让人们遵守的，就必须让他们知晓，这样做的目的在于一方面“使万民知所避就”，使天下之吏民无不知法，另一方面监督官吏公开断案，防止罪犯法外求情。除了让民众知晓法律，更重要的是要依法办事，韩非子提出：“明其法禁，察其谋计。法明，则内无变乱之患；计得，则外无死虏之祸。故存国者，非仁义也。”所以，法家反对以法度之外的“仁义”来损害法律的权威性，要“任法而治”，反对人为干扰法律，以免“人存政举，人亡政息”。三是法要“一尊”、刑无等级，就是说，法律要保持连贯性和一致性，不能朝令夕改、故新相反、前后相悖，在执行时也不能区分贵贱，“君臣上下贵贱皆从法”，“法不阿贵，绳不挠曲”，任何人都要“认法去私”，“刑无等级”“不失疏远，不违亲近”，对任何人都要一视同仁。当然，法家的依法治国主要是为了治理百姓，而且法律的制定者只能是君主，“法政独制于主”，这与我们今天所倡导的以法治国思想有着本质的差别。

### （二）法势术合

法家在重视法治的同时，也很注重势和术，认为三者应该有机结合。所谓势，是指君主的权势和权威，势又可以分为自然之势和人为之势，前者是天然存在于特定的政治统治中的原始权力，后者是君主人为地创造、扩大和加强的权力，这是统治者所拥有的独特优势和特权，必须加以利用，“君执柄以处势，故令行禁止。柄者，杀生之制也；势者，胜众之资也”。韩非子所谓的“柄”就是刑德、奖惩、赏罚，君主借助柄而形成势。“凡明主之治国也，任其势”，君主之所以能够“王天下”，就是因为他拥势而位尊，因此，统治者必须牢牢掌握“势”，绝不可须臾松懈，一旦失势，法将成为一纸空文，君就会反制于臣，权力也会丧失。术是指的驾驭群臣、掌握政权、推行法令的策略和手段，“术者，因任而授官，循名而责实，操杀生之柄，课群臣之能者也”。术是统治者密不授人的统治技巧，这种“御人术”应当潜藏胸中，择机使用，不轻易示人。韩非子还具体提出了人主控制臣子的七术：一是从各方面参照、观察；二是严厉惩治错误以显示君王的威严；三是对尽心尽力的臣子一定兑现奖赏；四是听取每个人的意见；五是传出假诏令诡诈地驱使臣子；六是明知而故问；七是故意说反话做错事试探臣子。拥有势的最高统治者应该将“法”和“术”结合起来，“人主之大物，非法则术也”，“君无术则弊于上，臣无法则乱于下，此不可一无，皆帝王之具也”，因此，帝王应该把法、势、术有机结合起来，确保自身至高无上的权力。

**名词解释**

**法家的管理思想** 主张依法治国，并注重势和术，认为法、势、术三者应该有机结合；注重物质利益，提出以利安民。

### （三）以利安民

法家认为，人具有好利恶害的自私自利本性，这样就可以借助这种本性来治理天下，“凡治天下，必因人情。人情者，有好恶，故赏罚可用；赏罚可用，则禁令可立，而治道具矣”（《韩非子・八经》）。应该给老百姓以利益，“利之所在，民归之”，因此，举凡治国的道理就在于先富民，民富了就容易治理了，而民穷则难以治理。如果老百姓富了，那么他们就“安乡重家”，安乡重家了就会敬上畏罪，敬上畏罪了就容易治理了。反过来，老百姓穷了，就会“危乡轻家”，危乡轻家了就敢于凌上犯禁，这样就难以治理了。因此，治国常富，乱国常贫。善为国者，必先富民，然后治之。要使民富，就必须发展农业和商业，在经营中要“计出入”、算利害，要善于“舍小利而求大利”，力戒“重欲无厌”。在商业交换中，要有双赢的意识，不能只考虑自己的利益，如果只顾自己的利益，不考虑他人的利益，那就会四面树敌、诸利尽失。

此外，法家的唯才是举、因任能授的人才观，“治世不一道，便国不必法古”，“古今异俗，新故异备”等与时俱进的改革思想都对中国的社会进步产生了积极的影响。

## 四、兵家的管理思想

兵家是指以孙子为代表的军事理论流派，其理论虽然主要谈治国治军，但对于管理特别是企业竞争理论具有很大的启示。兵家的代表人物有孙武（见图 2－4）、孙膑、吴起等，代表著作有《孙子兵法》《孙膑兵法》《吴子》《六韬》《尉缭子》等。

**图 2－4　孙武**

孙武（约前 545—约前 470），世人尊称孙子，春秋末期齐国乐安（今山东省北部）人，著名军事家、政治家，被誉为“百世兵家之师”。

### （一）上兵伐谋

兵家的主要代表孙子认为：“上兵伐谋，其次伐交，其次伐兵，其下攻城”，在敌我双方中，最高的境界不是通过战争而获取胜利，而是用谋略取胜，中策是通过外交取胜，再次才是通过士兵拼杀获胜，最差的是进行攻城战。通过谋略或外交手段获胜，这是战（竞）争的最好手段。用攻城的办法往往需要大量的物力、人力等投入，需要“修橹轒辒，具器械”，在攻城过程中又往往会产生大量的人员伤亡，因此，这是不得已而为之的最后一招。“故善用兵者，屈人之兵而非战也，拔人之城而非攻也，毁人之国而非久也，必以全争于天下，故兵不顿而利可全，此谋攻之法也。”（《孙子兵法·谋攻》）善于用兵的人往往是不战而屈人之兵，攻取敌人的城池而不是靠硬攻，消灭敌国而不是靠久战，用完善的计策争胜于天下，兵力不至于折损，却可以获得全胜，这就是以谋攻敌的方法。

### （二）知己知彼，百战不殆

> **名词解释**
>
> **兵家的管理思想**　强调上兵伐谋，知己知彼、百战不殆，择人而任势，上下同欲、万众一心，领导者要具备智、信、仁、勇、严等五个方面的素质。

对于如何取得战争的胜利，兵家提出了一系列的战略分析思想。首先，从战略上看，对战争的态势要从政治（道）、天时（天）、地势（地）、将领（将）、制度（法）五个方面进行综合分析，只有对这五个方面进行了充分了解才可能取胜，否则就会遭到失败。其次，从战术上看，制胜之道有五：知可以战与不可以战者胜，识众寡之用者胜，上下同欲者胜，以有准备而待不准备者胜，将有才能而君不干预者胜。再次，要对敌我双方有充分的了解。“知彼知己者，百战不殆；不知彼而知己，一胜一负；不知彼，不知己，每战必殆。”就是说，在战争中了解对方也了解自己的，百战不败，不了解对方而了解自己的，胜负各半，不了解对方，也不了解自己的，每战必败。最后，要出奇制胜。“凡战者，以正合，以奇胜。故善出奇者，无穷如天地，不竭如江河。”作战要出奇制胜，善于出奇制胜的人，他的方法是丰富多彩、层出不穷的，就像天地万物变化无穷，就像江河流水奔腾不息。作战的基本方式，不外乎奇正两种，但奇正的变化运用，却是无穷无尽的。指挥员要善于奇正变化，有神机妙算，让对手防不胜防，完胜对方。

### （三）择人而任势

兵家认为，战争胜利的关键还在于顺势和择人。孙子认为，湍急的流水之所以能漂动大石，是因为使它产生巨大冲击力的势能，因此，善战者追求形成有利的“势”，选择人才去适应和利用已形成的“势”，善于指挥打仗的人所造就的“势”，就像让圆石从极高极陡的山上滚下来一样，来势凶猛。但仅有这个“势”还不够，还需要有人去执行。对于人的因素，兵家也有很多精辟论述。孙子认为：首先是上下同欲、万众一心；其次是团队的士气和领导者的决心，“三军可夺气，将军可夺心”；再次是领导者的素质，领导者要具备智慧、诚信、仁爱、勇敢和威严。关于领导者，另一位兵家代表人物吴起认为，“总文武、有智谋、善决断、明法令，方为良将”，这样的将领管理军队有条不紊，加强戒备如同对敌，临敌果敢不怕牺牲，打了胜仗如同初战那样慎重，法令简明而不烦琐。这样的领导者，“得之国强，失之国亡”。

除了上述四个流派的管理思想外，我国古代思想界还有墨家的兼相爱、交相利，尚贤使能为政之本，量才使用、以劳定赏，生财固本、崇俭黜奢，上下同义是以国治等管理思想，佛家的心怀天下、包容万物、慈悲为怀、众生平等、清廉喜舍等管理理念，对我们今天的管理也产生了较大影响。

## 第二节　西方的管理思想

尽管中国传统文化中的管理思想博大精深，但把管理作为独立研究对象并形成一门专门的学科——管理科学，还是起源于欧美发达资本主义国家。

早期的西方管理思想也像中国传统思想领域一样，由哲学家或政治家最早提出。比如，古希腊哲学家柏拉图在《理想国》中，最早提出了分工的思想，认为“如果一个人根据自己的天生才能，在适当的时间内不做别的工作，只做一件事，那么他就能做得更多、更出色、更容易”①。他提出，每个人都必须在国家里执行一种最适合他天性的职务：第一等人适合做管理国家的贤者，他们具有最高的智慧，以正义治国，只有哲学家才能担任这样的工作；第二等人是卫国的战士，这是由具有军事能力的人组成的；第三等人是民间艺人，他们由手工业者、农民和商人组成，通过劳动提供国家财富。亚里士多德发展了柏拉图的社会分工理论，认为劳动应该专门化，部门之间应该分工，同时他又认为，管理不仅仅是“主人”的专利，而应该使各部门人民都能参与。所有公民“都可以参加议事和审判”，管理的目的是要达到“善治”，即实现公平正义；管理的主要手段是法治，真正的法治应该包括两重含义，即“已成立的法律获得普遍的服从，而大家所服从的法律又应该本身是制定得良好的法律”②。

① 柏拉图．理想国［M］．郭斌和，张竹明．译．北京：商务印书馆，2003：77.
② 亚里士多德．政治学［M］．吴寿彭，译．北京：商务印书馆，1997：199.

到了近代，随着文艺复兴以及西方资本主义的兴起和飞速发展，西方思想家对管理越来越关注。意大利文艺复兴时期的著名政治家马基雅维利从人性恶的理论出发，推崇绝对主义的君主制，主张君主要建立强大的军队，应像狮子和狐狸一样，用一切伎俩和手段维护绝对权威。但是，在《论李维》一书中，他又倡导共和主义，主张人民权利，重视法治和权力制约，表达了对自由的热爱、对共和国的向往。在《佛罗伦萨史》中，他提出了著名的管理四原则，即管理者必须获得群众同意、组织应该具有内聚力、领导要有领导艺术、要有使组织长期存在下去的意志等。近代思想家洛克和卢梭的社会契约、权力让渡以及权力制衡理论对现代政治学和管理学都产生了长远的影响。亚当·斯密提出了社会分工理论，认为分工可以提高效率，而建立在分工基础上的商品交换可以促进福利的提高，一方面通过市场这只看不见的手能够促进社会的进步，另一方面市场经济并不是“自私”的、不讲道德的经济，而是要建立在诚信、同情心等道德基础之上。上述思想构成了现代经济学和现代政治学的重要思想来源，也构成了西方现代管理理论的思想基础。

西方管理理论经历了古典管理理论、行为管理理论和现代管理理论等不同的发展历程。

## 一、古典管理理论

名词解释

**古典管理理论** 美国泰勒的科学管理理论、法国法约尔的一般管理理论和德国韦伯的组织管理理论，在管理思想史上一般被称为古典管理理论。

从 19 世纪到 20 世纪初是工业化发展突飞猛进的时期，现代工业革命对提高效率提出了迫切的要求。但是，经验型、粗放型的管理却带来了一系列问题：资源浪费严重，工人缺乏训练、劳动效率低下，劳动强度大、工时长、工资低、劳资矛盾尖锐，工人“磨洋工”现象普遍存在，等等。在这种情况下，迫切需要找到一种科学的管理模式，提高劳动效率，缓解劳资矛盾，由此**古典管理理论**应运而生。

### （一）泰勒的科学管理理论

科学管理理论兴起于 20 世纪初，创始人是美国管理学家弗雷德里克·泰勒（Frederick Taylor，又译为弗雷德里克·泰罗，见图 2-5），产生的主要标志是 1911 年泰勒的《科学管理原理》一书的出版。

**图 2-5 弗雷德里克·泰勒**

弗雷德里克·泰勒（1856—1915），美国著名管理学家、经济学家，被后世称为“科学管理之父”，代表作为《科学管理原理》。

**1. 管理是一门科学**

泰勒在深入企业的实践中深深感受到，传统的工作方法都是基于师傅带徒弟的口头传授和靠自身经验摸索进行学习，而工资制度也是按日计酬统一发放工资，这不仅浪费工人的精力和体力，而且会造成他们往往向最差的、效率低下的人看齐，从而造成整体上效率低下，彼此之间矛盾重重。因此，管理的目的就是要“培训和挖掘企业中每个工人的才干，使每个工人尽其天赋之所能，干出最出色的工作——以最快的速度达到最高的效率”①。这就需要找到科学的方法，创立科学的管理理论来指导实践，因此，“最佳的管理是一门实在的科学，其基础建立在明确规定的法律、条例和原则上”②。这门科学就是科学管理。

**2. 管理的任务**

泰勒认为，管理有四项任务：第一，对工人操作的每个动作进行科学研究，用以替代传统的经验办法；第二，科学地挑选工人，并进行培训和教育，使之成长，改变过去由工人任意挑选自己的工作，并根据各自的可能进行自我培训的做法；第三，与工人亲密协作，以保证一切工作都按已形成的科学原则去办；第四，资方和工人之间在工作和职责上进行分工，资方做自己比工人更能胜任的那部分工作，改变过去那种几乎将所有工作和大部分职责都推到工人身上的管理方法。

泰勒的科学管理理论主要包括“作业管理”“组织管理”和“管理哲学”三个方面的内容。作业管理是泰勒管理理论的核心内容之一，主要有四项工作：第一，推行定额管理，由专门设立的指定定额的管理部门通过科学的方法制定出工人的“合理日工作量”，以此作为定额的依据进行考核；第二，挑选“第一流的工人”，对其进行动作优化，以达到最高效率；第三，借助作业原理和时间原理对第一流的工人的经验和做法进行总结，实现工具、操作和劳动环境等的标准化、规范化；第四，根据定额完成情况，实行差别计件工资制，使工人的贡献大小与工资高低紧密挂钩。

泰勒的组织管理包括三个方面的内容：第一，设置专门的计划部门，把计划职能和执行职能分开，拟定计划、制定定额、提出标准化的操作方法和工具、发布指令，以便有效进行控制，而执行部门则按照计划、定额、标准和指令进行操作。第二，设立职能工长制，职能工长指导工人的全部作业过程。泰勒认为，职能工长应具备九种素质：脑力、教育、技术知识、机智老练、精力充沛、诚实、毅力、判断力和良好的健康状况。但现实中每一个工长不可能同时具备这些素质，为了使工长职能有效发挥，就需要工长只承担一种适合自己素质的管理职能，这样就需要设立八种工长以代替原来的一种工长，在职能工长制下，管理人员职能明确，加上工具和作业的标准化，更容易提高效率、降低成本。第三，例外原则，即企业的高级管理人员把一般的日常事务管理授权给下属负责处理，自己只保留对例外事项、一般也是重要事项的决策权和控制权，比如重大企业战略问题、重要人员更替等。泰勒在《工厂管理》一书中曾指出，经理只接受有关超常规或超标准的所有例外情况的、特别好和特别坏的例外情况的、概括性的、压缩的及比较的报告，以便有时间考虑大政方针并研究手下重要人员的性格和合适性。例外原则成为后来的授权原则、分权管理等现代管理理论的重要原则。

泰勒的管理哲学主要指他的管理理论所带来的“精神革命”。泰勒认为，科学管理实质上要求对在任何一个具体机构或工厂中工作的工人进行一场全面的心理革命，同时也要求对管理者进行一场全面的心理革命，这场革命就是从过去双方把注意力放在分配剩余问题上转向增加剩余上，减少劳资双方的相互敌视，创造更多的财富，使每一方都从

① 泰罗．科学管理原理［M］．胡隆昶，冼子恩，曹丽顺，译．北京：中国社会科学出版社，1984：159.
② 同①155.

中受益，故而，“科学，不是单凭经验的方法。协调，不是不和别人合作，不是个人主义。最高的产量，取代有限的产量。发挥每个人最高的效率，实现最大的富裕”①。因此，泰勒的着眼点不仅仅在于提高生产效率，更重要的是通过增加社会财富调和劳资冲突和矛盾，用友谊合作、互相帮助来代替敌对情绪，创造出双方都能够获得更多利益的财富，促进社会的和谐和稳定。泰勒认为，这是“走上科学管理轨道第一步的伟大思想革命”。

**3. 泰勒科学管理理论的影响**

泰勒所提出的劳资和谐、合作等所谓的“精神革命”，只是他一厢情愿的愿望和理想，实际上，在泰勒科学管理方法下，工人变成了标准化作业的生产部件，变成了工业大机器上的一个零件。因此，科学管理理论在刚刚提出的时候就饱受争议，比如《霍克斯报告》就曾指出，虽然泰勒提出的制度可以在客观上促进以科学技术取代经验成规的进程，但其本质上是一种无视劳工人格、不断提高劳动强度的制度体系，对待劳工就如同对待机器一样。但是，不可否认的是，泰勒第一次将管理从经验层面上升到科学层面，使管理学变成一门严肃、严谨的科学，正如当代著名管理学大师德鲁克（Peter Drucker）所说的：“科学管理是将人从小农生产转变为现代社会化大工业生产的一场思维方式的革命，这可能是自《联邦论》以来，美国对西方思想最伟大而持久的贡献。”② 也正因为如此，泰勒被称为现代管理理论的开拓者和“科学管理之父”。

泰勒的科学管理理论在美国有一大批追随者，这些追随者或者继承和发展了泰勒的科学管理理论，或者运用泰勒的科学管理理论指导企业实践获得了巨大的业绩。在这些追随者中，卡尔·巴思（Carl Barth）用自己数学方面的特长为泰勒的科学管理实验提供数学工具和理论基础。亨利·甘特（Henry Gantt）提出，应该把工人看作管理中最重要的因素，管理者应该真心地去指导和帮助工人的发展，他还提出要使工业健康发展，就应该在工业民主和精英治理之间取得平衡，避免企业领袖们的专制主义和唯利是图，企业还必须承担社会责任。吉尔布雷斯夫妇（Frank Gilbreth and Lillian Gilbreth）对工作中的个人及其心理进行了深入研究，并致力于通过改善工人心理状况、良好的人际关系等人的因素提高生产效率。美国汽车大王亨利·福特（Henry Ford）则在实践上实施了泰勒的科学管理理论，他充分考虑了现代大工业的特点，规定了各个工序的标准时间定额，创造了世界第一小生产流水线，借助流水线作业使得福特公司的“单一品种、超大规模”的战略得以实施，并极大地降低了生产成本，提高了产量，这样福特公司就可以获得更高的利润，并将利润用于改善工人的福利。福特的管理思想后来被称为“福特主义”，在美国及世界范围内都产生了巨大的影响。

泰勒的科学管理理论对中国的媒介管理界也产生了直接的影响。20 世纪 30 年代初，商务印书馆负责人王云五（见图 2－6）在商务印书馆率先推行科学管理方法，他通过在美国科学管理的现场考察和总结，提出了“科学管理法计划”并在商务印书馆实施。科学管理法的根本目的是扩大生产、降低成本、提高质量、劳资双赢，该计划包括十二个要点：办理预算、办理成本会计、办理统计、改良设备、分析工作、改良工作方法、规

---

① 泰罗．科学管理原理［M］．胡隆昶，冼子恩，曹丽顺，译．北京：中国社会科学出版社，1984：221.

② 德鲁克．管理的实践［M］．齐若兰，译．北京：机械工业出版社，2011：227.

定工作标准、标准化和简单化、发展营业、改善行政、改善劳资关系、改良出品。该计划当时由于受到编辑部门的强烈抵制而未能完全推开，但在王云五的强力推动下，“科学管理法计划”在经营管理部门中得以实施，并取得了巨大的成效，使得商务印书馆在20世纪30年代中期飞速发展，成为当时世界上无论在规模方面还是在影响力方面都有重要影响的出版企业。

**图2-6 王云五**

王云五（1888—1979），现代出版家，曾任商务印书馆总经理，出版了世人瞩目的“万有文库”“中国文化史丛书”“大学丛书”等大型丛书，引进了国外先进的科学管理方法，为我国近代文化教育事业做出了贡献。

## （二）法约尔的一般管理理论

差不多与泰勒科学管理理论诞生的同时，法国管理界也出现了一位杰出代表，他就是法国管理学家、管理实践家亨利·法约尔（Henri Fayol，见图2-7）。泰勒的管理理论主要侧重于作业管理和组织管理，注重具体工作的效率，而对企业的其他管理环节则重视不够，法约尔则把管理的视角转向组织，力图寻找管理的普遍性职能和一般原则，从而创立了具有普遍意义的一般管理理论。法约尔的主要代表作《工业管理与一般管理》在《矿业学会公报》1916年第3期上发表，标志着一般管理理论的诞生。

**图2-7 亨利·法约尔**

亨利·法约尔（1841—1925），法国管理学家、地质学家、国务活动家，古典管理理论的主要代表人之一，被后人尊称为“管理过程之父”。

**1. 管理的界定**

法约尔认为，企业无论大小、简单还是复杂，都需要从事六种经营活动：一是技术活动，企业的生产、制造和加工就属于技术活动；二是商业活动，比如购买各种机器原材料、销售物品等；三是财务活动，比如筹集资金、最适当地利用资本等；四是安全活动，比如保护财产和人员的安全等；五是会计活动，比如清点财产、核算成本、编制资产负债表或统计报表等；六是管理活动，包括企业的计划、组织、指挥、协调和控制等。在这六种经营活动中，前五种活动都不负责制订企业的总经营计划，不负责建立社会组织和不协调各方面的力量和行动，而这些活动都属于管理活动。亨利·法约尔把管理活动从经营活动中单独提炼出来，认为管理“有自己的一套知识体系，由各种职能构成，管理是通过完成各种职能来实现目标的一个过程”。他还指出，“一般管理的职责是以最优的方式利用各种资源，从而使企业迈向它的目标。而制定行动计划、选拔员工、判断绩效，以及确保和控制所有行动的顺利实施，则是行政管理的职责”①。法约尔还将领导和管理进行了区分：管理是指计划、组织、指挥、协调和控制，而领导则是从企业拥有的所有资源中寻求获得尽可能大的利益以引导企业达到目标。

**2. 管理的五项职能**

法约尔认为，管理的计划、组织、指挥、协调和控制是一个互相连接而构成的统一整体，是一个完整的管理过程。这五项职能的具体内容包括：

（1）计划。

计划是管理活动的出发点和其他各项管理职能的依据，可分为总计划和部门的专业计划。在制订计划时，要考虑到下级管理人员和一般工人的意见。一个好的计划应该具备统一性、连续性、灵活性、精确性四个特点。法约尔认为，管理者要对每天、每周、每月、每年、五年甚至十年的情况进行预测，做出计划，这些计划加总便成为公司总计划，计划还要随着时间的推移或情况的变化不断进行调整或修改。

（2）组织。

组织就是为企业的经营提供所需必要的原料、设备、资本、人员等物质条件。组织结构必须与企业的目标、资源和需要相一致。组织分为物质组织和社会组织，即企业在获得必要的物质资源之后，就要进行社会组织活动，并进行所有的经营活动。法约尔特别重视组织图的重要性，他认为，有了组织图就能使人们将组织看成一个整体，详细地规定权力边界，提供联系途径，避免部门重叠或侵犯部门权限的现象发生，也可以避免双重领导的现象发生。对于管理者来说，必须具备一些基本的素质，包括健康和强壮的体格、超群的智力和旺盛的精力、良好的道德品质、全面的教育、丰富的管理知识及其他必备的知识等。

（3）指挥。

指挥是一种以某些工人品质和对管理一般原则的了解为基础的艺术。法约尔认为，担任指挥工作的领导者应该做到以下八点：深入了解自己的员工，淘汰没有工作能力的

---

① 雷恩，贝德安．西方管理思想史：第6版［M］．孙健敏，黄小勇，李原，译．北京：中国人民大学出版社，2013：262.

人，深入了解企业与员工之间的协定，做出榜样，对社会组织进行定期检查，把主要助手召集起来参加酝酿统一领导和集中力量搞好工作的会议，不要在工作细节上耗费精力，要使员工保持团结一致、积极工作、勇于创新和忘我工作的精神。

（4）协调。

协调是使企业的一切工作都能够相互和谐地配合，这有利于企业经营的顺利进行，也是企业能够成功的保证。在一个不协调的企业里，每个部门都不了解自己的工作也不想了解其他部门的工作，不期望和其他部门步调一致；各部门内部的各个分部及所属单位之间互不通气，各自最关心的不是在工作中如何相互之间提供协助，而是使自己的职责置于公文、命令和通告的保护之下；各部门都不考虑企业整体利益，也不考虑随着外在状况的变化而调整自己的计划。要解决这些问题，需要加强沟通，通过规定具体任务、制定时间表以及使承担的责任都集中于实现目标等办法来推进，而部门领导的每周例会是沟通协调的最好方法之一。

（5）控制。

控制就是要证实企业的各项工作是否已经和计划相符合，目的在于找出工作中的缺点和错误，并加以纠正，以保证既定目标的顺利实现。为了有效控制，控制活动必须及时执行；对符合实际的检查结论应予重视，并伴以适当的奖励和惩罚；在控制过程中，应注意维护统一指挥原则，检查部门不能直接指挥各个部门的工作，不然会造成双重领导，导致混乱；由于工作性质和对象的不同，控制活动应采取不同的方式。如果控制工作太多、太复杂、涉及的面太广，应建立专业的监督和检查队伍，并配备有能力的、大公无私的人做检查员；而且，一切控制活动都应该公正。

**3. 管理的14项基本原则**

法约尔还注意总结管理的一般规律，为此他总结出了管理的14项基本原则：

（1）劳动分工原则。

法约尔认为，劳动分工不只适用于技术工作，而且也适用于管理工作，分工可以提高管理工作的效率。但是，劳动分工有一定的限度，经验与尺度感告诉我们不应超越这些限度。

（2）权力与责任匹配原则。

法约尔认为，权力是指挥和要求别人服从的能力，责任是权力的孪生物，是权力的当然结果和必要补充，凡有权力行使就有责任。要贯彻权力与责任相符的原则，就应该有有效的奖励和惩罚制度，即“应该鼓励有益的行动而制止与其相反的行动”。

（3）纪律原则。

法约尔认为，纪律是一个企业兴旺发达的关键，没有纪律，任何企业都不能兴旺繁荣。纪律是企业与所属人员之间的协定和人们对这个协定的态度及其对协定遵守的情况。纪律是以企业及其雇员之间的服从和尊重而不是以畏惧为基础的。

（4）统一指挥原则。

无论从事哪一项工作，一个下级只能接受一个上级的指令。如果两个领导者同时对同一个人或同一件事行使他们的权力，就会破坏秩序和稳定，出现混乱，使企业走向衰落。

（5）统一领导原则。

这一原则是指，对于力求达到同一目的的全部活动，只能有一个领导者和一项计划，一个下级只能有一个直接上级。它与统一指挥原则不同，统一指挥原则讲的是一个下级只能接受一个上级的指令。这两个原则之间既有区别又有联系：人们通过统一领导来完善组织，而通过统一指挥来发挥人员的作用，统一指挥不能没有统一领导而存在，没有统一领导就不能保证统一指挥的实施，统一领导是统一指挥的必要前提。

（6）个人利益服从整体利益原则。

法约尔认为人们的“无知、贪婪、自私、懒惰以及人类的一切冲动总是使人为了个人利益而忘掉整体利益”，因此，个人利益必须服从整体利益，但这并不是要否定个人利益。

（7）人员的报酬原则。

法约尔认为，人员的报酬是人们服务的价格，报酬应该做到公平、合理，有利于激发热情和努力，并尽可能使企业和所有人员都满意，但不能够超过合理的限度。人员的报酬首先要考虑的是维持职工的最低生活消费和企业的基本经营状况，这是确定人员报酬的一个基本出发点。在此基础上，再考虑根据职工的劳动贡献来决定采用适当的报酬方式。

（8）集权或者集中原则。

法约尔认为，组织的集中或分散问题是一个简单的尺度问题，问题在于找到该企业的最适度。在小型企业，权力就相对比较集中，因为上级领导者可以直接把命令传到下层人员；而在大型企业里，在高层领导者与基层人员之间，还有许多中间环节，权力就比较分散。那么如何确定集中还是分散？法约尔认为，影响一个企业是集中还是分散的因素包括领导者的权力、领导者对发挥下级人员积极性的态度、领导者和被领导者的个人能力、组织规模等。

（9）等级制度原则。

等级制度就是从最高权力机构直到低层管理人员的领导系列，它是组织内部传递信息和反馈信息的正常渠道，也是保障统一指挥、统一领导的关键。而要贯彻等级制度原则就要在组织中建立一条不间断的等级链，通过这条等级链，组织中的成员就可以明确谁可以对谁下指令，谁应该对谁负责，同时信息也是按照这条等级链来传递的。但由于等级链过长可能造成信息在传递的过程中失真或者影响传递效率，应该将等级制度与保持行动迅速结合起来，为此，法约尔设计了一种“联系板”或被称为“法约尔跳板”的方法，以便使组织中不同等级线路相同层次的人员能在有关上级同意的情况下直接联系。

（10）秩序原则。

法约尔所指的秩序原则包括物品的秩序原则和人的社会秩序原则。物品的秩序原则就是要使每件物品都在它应该放的位置上，社会秩序原则就是要确定最适合每个人的能力发挥的工作岗位，然后使每个人都在最能使自己的能力得到发挥的岗位上工作。

（11）公平原则。

法约尔把公平与公道区分开来。他认为，公道是实现已订立的协定，贯彻公道原则就是要按已定的协定办。所谓公平原则就是公道原则加上善意地对待职工，使其全心全意履行职责。

(12) 人员的稳定原则。

法约尔认为，一个人要适应新的工作岗位就需要一定的时间，不能让人员岗位变来变去，要使一个人的能力得到充分的发挥，就要使他在一个工作岗位上相对稳定地工作一段时间，熟悉自己的工作，了解自己的工作环境，并取得别人对他的信任。但是人员的稳定是相对的，人员的流动是绝对的，企业管理者要掌握人员的稳定和流动之间合适的度，以利于企业成员的能力得到充分的发挥。

(13) 首创精神。

法约尔认为，创新是人的最大快乐，也是人类活动最有力的刺激之一，所以要鼓励人员的创新发明，激励大家的首创精神，这对处于困难之中的企业来说尤其重要。

(14) 团队精神。

法约尔在管理的协调功能中，特别强调了和谐的重要性，他认为，团队内部人员之间的和谐团结可以产生巨大的力量，为了实现团结应有统一指挥，避免由于分而治之而造成的分裂。为了加强团结，要注意人们交流的方式方法，应尽量采用口头交流、面对面的联系，那样很容易消除误解和误会，要反对滥用书面的联系方式。

法约尔作为“欧洲第一位管理学大师”，第一次对管理进行抽象概括，创立了一般管理理论，和泰勒一样，他把管理学从经验上升到科学的管理理论层面，尤其是关于管理职能的划分以及管理原则的论述，对后来的管理学研究产生了深远的影响，奠定了现代管理学理论的基本框架，他也因此被称为“管理过程之父”。他所创立的管理职能分析方法主宰了西方管理学界，因此，有学者认为，“无论人们是否承认，很明显，今天绝大多数管理者在本质上都是法约尔主义者”①。

**图 2-8 马克斯·韦伯**

马克斯·韦伯（1864—1920），德国社会学家、历史学家、政治学家、经济学家、哲学家，是现代西方极具影响力的思想家。

### （三）韦伯的组织管理理论

泰勒和法约尔的管理理论更多关注的是企业管理，尽管法约尔探讨的是“一般”管理，但其重点仍然是企业管理，而对组织的合法性以及行政性管理等，他们论述得较少，德国著名社会学家、经济学家和管理学家马克斯·韦伯（Max Weber，见图 2-8）则弥补了这一空白，因此，他被后人称为“组织理论之父”。韦伯的主要著作有《新教伦理与资本主义精神》《一般经济史》《社会组织和经济组织的理论》等。

**1. 权力的三种来源**

马克斯·韦伯首先探讨了权力来源的合法性这一根本性问题，他认为，任何组织都是以某种形式的权力为基础的，如果没有这种形式的权力，其组织的生存都是非常危

① 雷恩，贝德安．西方管理思想史：第 6 版［M］．孙健敏，黄小勇，李原，译．北京：中国人民大学出版社，2013：263.

险的，权力可以消除组织的混乱，使得组织有秩序地运行。韦伯划分了三种权力类型：传统型权力、卡里斯玛（charisma）型权力和法理型权力。

传统型权力是以对传统文化的信仰、尊重和服从为基础的，它以传统的、不可侵犯的和执行这种权力的人的地位和正统性为依据。在韦伯看来，来自传统型的统治者，他们的权力好像是绝对的、无限制的，但实际上他们的行动仍然受到惯例和习俗的支配。这种管理不需要章程或法理，只需要奴仆的忠诚，他们和被管理者的关系是“主子”和“奴仆”的关系，属于纯粹的独裁式管理，一旦被管理者忍受不了这种统治而加以反抗，就会出现危机。

卡里斯玛型权力中的“卡里斯玛”原意为“神圣的天赋”，被韦伯引申为具有超凡魅力的领袖人物，其权力是建立在人们对领袖人物的崇拜和迷信的基础上的。同传统型权力的不同之处在于，卡里斯玛型权力既不能依靠传统的惯例，也不能依靠职位的保障，而只能依靠领袖人物超凡的个人魅力和信徒们的崇拜和信仰，一旦丧失了这种崇拜和信仰，权力就会轰然崩塌，因此，这种类型的权力也不能作为稳固的政治统治的基础。

法理型权力是依法任命，并赋予行政命令的权力，对这种权力的服从是依靠依法建立的一套等级制度来保证的，它是以组织内部的各种法律和规则作为权力来源的基础，对这种权力的服从，实际上是对合法建立起来的客观秩序的服从。因此，这种权力是理性的，规则、目的、手段和“求实的”非人格性控制着它的行为，它又是合法的，其范围是由行使权力的人所处的职位严格限定的。

在这三种权力来源中，传统型权力的效率较差，其对组织的管理不是以能力为依据，而单纯靠对传统习俗的尊重。卡里斯玛型权力则过于带感情色彩并且是非理性的，不是依据规章制度而是依据神秘或神圣的启示。因此，这两种权力都不宜作为行政组织体系的基础，只有理性、法律的权力（法理型权力）才“是实施统治形式上最合理的形式”[①]。

**2. 官僚制**

韦伯认为，基于法理型权力的理想的行政管理体制是一种“官僚制”，这种官僚制不是通常意义上的文牍主义、墨守成规、效率低下的管理主义意义上的“官僚制”，而是指通过职位或官职进行管理的组织模式。它具有下列特征：

（1）是按规则行使正式职能的持续性组织。

在这个组织中有明确的权力领域，行政机关按等级系列原则来组织，管理是以服从为基本原则的，即上级对下级可以发号施令，也可以进行监督，下级必须服从，但下级也有申诉和表示不满的权力。

（2）有明确的职能分工。

在职务等级体系中，每个职位都有相应的权利和义务，组织的全部活动都进行了专业化的职能分工，并详细规定了各个职位的权力和责任范围。大家各司其职，共同完成任务，从而保证了行政组织的高效运作。组织内的所有人员都实行委任制（除了某些必须由选举产生的职位以外），而不是由选举产生；所有管理人员都不是终身的，而是可以撤换的。

---

① 韦伯．经济与社会：上［M］．林荣远，译．北京：商务印书馆，1997：248.

（3）强调专业化和技术化。

每个岗位的人员都要经过专门的挑选并接受过专门的考试和培训，获得一定资格。一般来讲，只有经过恰当的技术训练的人才有资格从事这种岗位，也只有这种人才能被任命担任公职，而一旦被任命，就不能随意被免职。

（4）所有权和管理权分离。

一个合乎理性的组织中，一个重要原则是，管理当局的成员必须完全同该组织的生产资料和管理资料的所有权相分离，与管理当局有关的官员、雇员或员工本身并不拥有个人的生产资料和管理资料。管理人有固定薪金，有明文规定的升迁制度，有严格的考核制度，管理者不能滥用自己的“权力”，其所拥有的权力只能按照有关准则规定行使，这样可以避免内部矛盾和冲突。

（5）业务的处理和传递均以书面文件为准。

为了保证各项业务的规范性、处理的准确性，防止个人处理业务可能出现的随意性，即使对于可以通过口头方式联系的业务活动，也不能以个人之间的口头联系方式做最后处理，而必须通过如指示、通知、申请、报告等各种符合规范的书面文件形式处理。

（6）权力的行使要以制度为基础。

合法权力能以各种不同的方式来行使，所有员工都需要遵从与其工作任务有关的正式规定和其他控制措施，从而提高管理的效率。

当然，官僚制也有很多弊端，比如规则和其他控制措施可能会变得自以为是和无效，规则不能随机应变，变得越来越僵化，各个部门只关心自己本部门的利益而忽视整体目标，从而导致部门之间矛盾加深和工作效率降低，容易助长人们因循守旧、“合法怠工”而不思变革等。尽管存在上述问题，但韦伯对组织管理理论的伟大贡献就在于他明确而系统地指出理想的组织应以合理合法权力为基础，这样才能有效地维系组织的延续和目标的达成。韦伯所提出的官僚制管理仍然是现代社会的一个核心特征，因此，韦伯对理想的官僚组织模式的描绘，为行政组织指明了一条制度化的组织准则。韦伯的组织管理理论对当代行政学、政治学、社会学和管理学等领域都产生了广泛而深远的影响。

综上，泰勒的科学管理理论、法约尔的一般管理理论和韦伯的组织管理理论等管理思想在很多方面是相通的，都强调专业分工，集中权力，严格执行规章制度，实现垂直领导和职能的相互配合，注重提高效率，等等。他们所涉及的研究领域基本上仅限于正式组织的结构和管理过程。因此，人们把他们的思想归入一类，称为“古典管理理论”或“古典组织理论”。

## 二、行为管理理论

古典管理理论虽然将管理从经验层面上升到科学层面，但对作为管理对象的人却关注不够，而仅仅从“经济人”或“理性人”假设进行分析，很少对人性、人的行为等进行深入分析，因此常常让人感觉缺乏人性，

> **名词解释**
>
> **行为管理理论** 包括霍桑实验与梅奥主义、马斯洛的需求层次理论和麦格雷戈的人性假设理论。

容易造成劳资双方的矛盾和对立。从人的本性来看，人并不完全是理性的，很多时候人的本性和情感以及心理等因素也在发挥作用，同时，人也生活在社会之中，他是社会的人，在管理过程中必须对人性进行分析，关注人性，关注人的心理及其行为对管理所产生的影响。在这种情况下，**行为管理理论**应运而生。

### （一）霍桑实验与梅奥主义

霍桑实验是在管理学界和心理学界都产生巨大影响的实验。这个实验的动因是很多企业采取了泰勒的科学管理方法，提高了工作效率，工人的工资和福利相应地也得到了提高，但劳资纠纷和罢工等仍然此起彼伏，这就促使管理学家们试图进一步探讨决定工人劳动效率的根本原因以及影响工人工作积极性的因素等问题。于是，从 1924 年到 1932 年，在美国国家科学委员会的赞助下，美国管理学家在西屋电气公司位于芝加哥城郊的霍桑工厂进行了一场长达 8 年的行为科学实验。

**1. 霍桑实验**

霍桑实验分为四个阶段，不同阶段有不同的目标。

第一阶段，照明实验，主要目的在于检验车间照明变化对生产效率的影响。一般假设是室内光线（照明）会对工作效率产生影响，比如在昏暗的灯光下工作效率会降低，在窗明几净的环境下工作效率会更高。但实验的结果出乎人们的意料，照明强度的变化对生产效率几乎没有什么影响，或者由于涉及因素过多，照明对生产效率的影响无法准确测定。这使得研究者大感不解，因此，从第二阶段开始，研究组邀请哈佛大学心理学家乔治·E. 梅奥（George Elton Mayo）加入霍桑实验。

第二阶段，福利实验，主要目的在于检验工作时间和其他福利条件对生产效率的影响。一般假设是比如改进物质条件、缩短工作时间、增加工间休息、提高个人工资等福利的改善，以及监督和控制方法的改变等会提高工作效率。但通过对工厂现场和实验室结果对比发现，福利的改善对工作效率的影响并不明显，对工人工作效率产生影响的主要是改变监督和控制方法。通过改变传统的监督和控制方法，征求职工意见等，能够改善工人的工作态度和人际关系，提高其工作效率。

第三阶段，访谈实验，主要目的在于了解职工对现有管理方式有何意见，为改进管理工作提供依据。为了征求意见，梅奥等人在不到两年的时间内对两万名左右的职工进行了访谈。访谈开始的目标是希望听取职工对企业规划、管理政策以及工作条件等方面的意见，但在执行过程中，这些职工对此并不感兴趣，而对提纲之外的问题大发议论。研究组对访谈计划进行了调整，并改变了访谈方式：对访谈只是倾听，不做引导式发言；在访谈中不预先设定访谈内容，访谈对象可以畅所欲言，使实验像是医生倾听病情陈述；访谈时不能与访谈对象争论，对访谈对象所谈论的内容要严格保密，以保证访谈对象说出真实的想法；等等。实验表明，由于管理者和工人的感受角度、生活背景、工作经验等不同，他们所关心的问题也不同，即使对同一个问题彼此之间的态度也有很大不同。实验还发现，工人在访谈中所提出的不满的事实与实际引起他们不满的事实并不一致，工人发泄不满本身就导致他们认为自己的处境改善了，满意度提高了，也有了更高的工作热情。

第四阶段，群体实验，主要目的在于检验一种假设，即在工人当中似乎存在一种对工人态度有重要影响的非正式组织。他们挑选了 14 名工人，让他们在一个单独的房间内工作，并向他们说明，他们可以尽力地工作，以通过计件工资制获得更高的报酬。研究人员原以为这套办法可以激励工人更为努力地工作，但结果却出乎他们意料，工人完成的工作只保持在中等水平，而且每个工人的日产量都差不多。研究者发现，造成这种状况的原因在于，如果过分努力工作，不仅有可能会造成同伴失业，而且会使公司制定出更高的生产定额，从而导致群体对他们的怨恨。这项研究表明，在组织中存在一种非正式组织，这种非正式组织对内控制其成员的行为，对外则保护其成员，使其不受来自管理层的干预，这种非正式组织的结构和人际关系对于组织的成功来说非常重要。

**2. 梅奥主义**

经过八年的艰苦努力，霍桑实验终于完成了其历史使命。这一实验的成果由梅奥于 1933 年正式发布，书名为《工业文明中的人类问题》。梅奥对霍桑实验进行了系统总结，并由此得出一些重要结论：

第一，人并不是单纯追求利益的“经济人”，而是“社会人”，良好的人际关系对于调动人的积极性、提高效率具有决定作用。

第二，在正式组织中也存在非正式组织，非正式组织具有很强的凝聚力和心理协调性，信息沟通也更为顺畅灵活，会自然形成领袖人物，并发挥重要作用。因此，在管理过程中，不仅要重视正式组织的作用，也要重视非正式组织的作用，两者对一个团体的活动都是不可或缺的。

第三，新型领导能力在于提高工人的满意度，提升其“士气”。只有充分满足员工的社会心理需求的领导者才能够鼓励员工士气，提高劳动生产率。

梅奥的上述理论使管理学进入了“社会人时代”，在这里，有了“人的发现”，人得到了公正而体面的对待，从而形成了一种新型的“管理哲学”，这种管理哲学被后人称为“梅奥主义”，并对后来的行为管理理论产生了直接的影响。

**图 2-9　亚伯拉罕 · H. 马斯洛**

马斯洛（1908—1970），美国人本主义心理学家，著名社会心理学家，第三代心理学的开创者，被尊称为“人本主义心理学之父”。

## （二）马斯洛的需求层次理论

霍桑实验实际上已经触及“社会的人”的问题，就是说，人不是简单的“经济人”，他的更重要的属性是社会性，他需要人际交往，需要被尊重，如此等等。美国著名社会心理学家、“人本主义心理学之父”亚伯拉罕 · H. 马斯洛（Abraham H. Maslow，见图 2-9）在 1943 年出版的《人类动机理论》一书中提出了需求层次论。

**1. 人性的基本假设**

马斯洛的需求层次论是建立在三个基本假设基础上的。第一个假设：人要生存，他的需求能够影响他的行为。只有未满足的需求能够影响行为，满足了的需求不能充当激励工具。第二个假设：人的需求按重要性和层次性排成一定的次序，从基本的（如衣食住行）一直到复杂的（如自我实现）。第三个假设：人在某一级的需求得到最低限度的满足后，才会追求高一级的需求，如此逐级上升，成为推动继续努力的内在动力。

**2. 需求层次论**

马斯洛理论把需求分成生理需求、安全需求、情感和归属需求、尊重需求以及自我实现需求五类，依次由较低层次到较高层次（见图 2－10）。

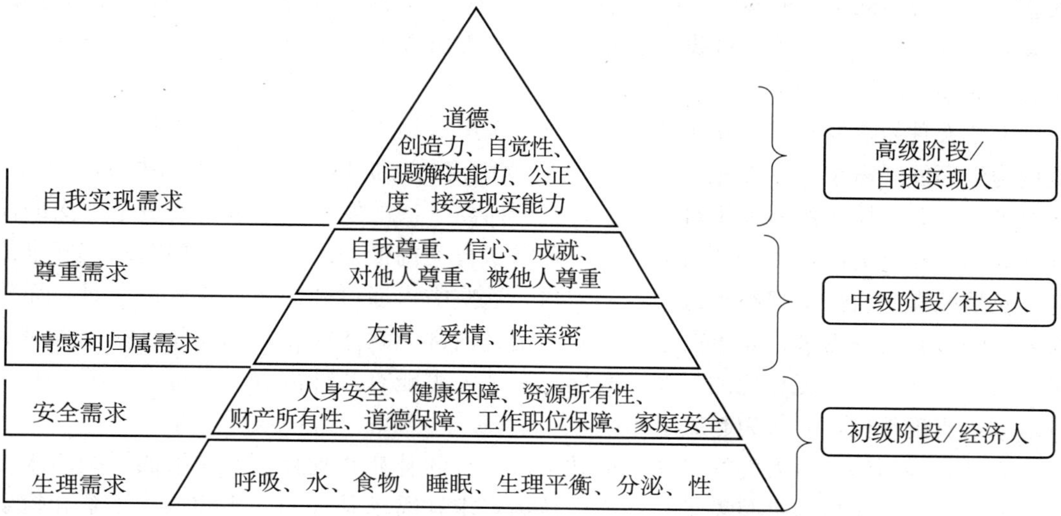


**图 2－10　马斯洛的需求层次图（五层次）**

马斯洛认为，各层次需求的基本内容包括：

（1）生理需求。

这是人类维持自身生存的最基本需要，包括衣、食、住、行等方面的需求。生理需求是推动人们行动的最强大的动力，如果这些需求得不到满足，人类的生存就成了问题，那么其他需求也就不会发挥作用。

（2）安全需求。

这是人类保障自身安全、免除危险和威胁等方面的需求，如防止工伤，渴望有医疗保险、失业保险等。

（3）情感和归属需求。

情感需求，即人人都需要伙伴之间、同事之间的关系融洽或保持友谊和忠诚，人人都希望得到友谊和爱情，希望爱别人，也渴望接受别人的友谊和爱；归属需求，即人都有一种归属于一个群体的感情，希望成为群体中的一员，并和其他成员之间相互关心和照顾。

（4）尊重需求。

人人都希望得到别人的尊重和社会的承认。尊重需求又可分为内部尊重和外部尊重。内部尊重即自尊，是指一个人希望在各种不同情境中有实力、能胜任、充满信心、能独立自主。外部尊重是指一个人希望有地位、有威信，受到别人的尊重、信赖和高度评价。马斯洛认为，有尊重需求的人，会关心自己的成就、地位和晋升机会。为了满足这种需求，人会对自己充满信心，对社会满腔热情，体验到自己活着的价值。

（5）自我实现需求。

这是最高层次的需求，它是指人的个人潜能充分发挥，实现个人理想、抱负，最大限度发挥个人的能力，这也是人的终极目的。马斯洛提出，为满足自我实现需求所采取的途径是因人而异的，但能够做到自我实现的伟大人物有些共性，比如能正视自我和他人，他们的活动是自发的而不是被迫的，能以问题为中心而不是以自己为中心形成看法，独立自主，有与众不同的鉴赏力和审美观，有一种哲理性、无敌意的幽默感，有创造力，有较多的巅峰体验，等等。自我实现需求是在努力发挥自己的潜力，使自己越来越成为自己所期望变成的人物。

上述五种需求像阶梯一样从低到高，按层次层层递进，以生理需求为基础，以自我实现为最高发展需求。当然这个次序不是完全固定的，可以变化，也有种种例外情况。一般来说，某一层次的需求相对满足了，就会向高一层次发展，追求更高一个层次的需求就成为驱使行为的动力。马斯洛又把五种需求分为高低两级，其中生理需求、安全需求以及情感和归属需求都属于低一级的需求，这些需求通过外部条件就可以满足，而尊重需求和自我实现需求是高级需求，它们是通过内部因素才能满足的，而且一个人对尊重和自我实现需求是无止境的。同一时期，一个人可能有几种需求，但每一时期总有一种需求占支配地位，对行为起决定作用。

后来，马斯洛又对人类的多种需求做了进一步的补充和阐释，他在第四层级需求之后又增加了求知需求和审美需求。马斯洛认为，求知需求是人们渴望知道、了解和探索事物，对环境具有好奇心；而审美需求则是人们有追求匀称、整齐和美丽的需求，并通过从丑向美转化而得到满足。这样，马斯洛就把需求层次从五个层次扩展到七个层次，并形成了一个由七个层次组成的需求层次图（见图 2－11）。

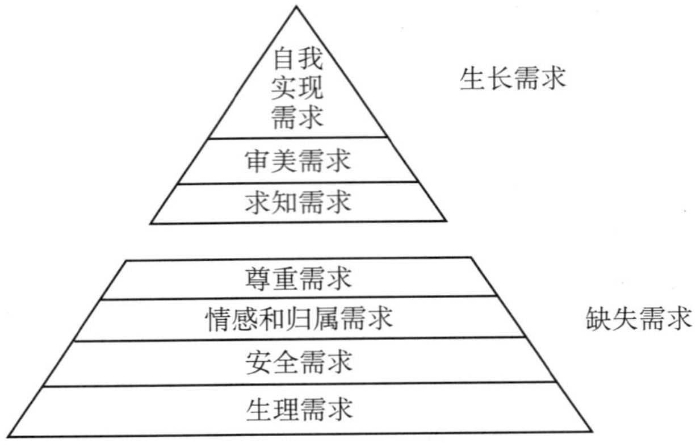


**图 2－11　马斯洛的需求层次图（七层次）**

**3. 需求层次论的影响**

马斯洛的需求层次理论对后来的管理理论影响巨大。《纽约时报》在一篇评论中指出："马斯洛心理学是人类了解自己过程中的一块里程碑。"马斯洛提出人的需求有一个从低级向高级发展的过程，这在某种程度上是符合人类需求发展的一般规律的，在某种意义上也契合了马克思和恩格斯所说的："人们为了能够'创造历史'，必须能够生活。

但是为了生活，首先就需要吃喝住穿以及其他一些东西。因此第一个历史活动就是生产满足这些需要的资料，即生产物质生活本身”①。马斯洛认为人的内在力量不同于动物的本能，人要求内在价值和内在潜能的实现乃是人的本性，人的行为是受意识支配的，人的行为是有目的性和创造性的，这对于管理来说也具有极其重要的价值。但马斯洛过分强调了遗传的影响，忽视了社会生活条件对先天潜能的制约作用，而且他的需求层次理论带有一定的机械主义色彩，他离开人所处的社会条件、人的历史发展以及人的社会实践来考察人的需求及其结构，因此，他的很多结论难免牵强附会。

### （三）麦格雷戈的人性假设理论

马斯洛分析了人的需求层次，实际上已经接触到人性问题，但真正对人性进行深入分析并将人性与管理紧密结合的是美国著名行为科学家道格拉斯·M. 麦格雷戈（Douglas M. McGregor）。麦格雷戈于 1957 年在美国《管理评论》上发表了著名的论文《企业的人性面》，提出了人性假设理论即“X-Y 理论”，1960 年他又将该文以图书的形式出版，从而奠定了其在管理学领域的地位。

麦格雷戈认为，人性与人的行为密切相关，不同的人性有着不同的管理方式。管理人员以自身对人性的假设为依据，可以采取不同的管理方式。麦格雷戈提出了有关人性的两种截然不同的观点：一种是消极的 X 理论，即人性本恶；另一种是基本上积极的 Y 理论，即人性本善。

**1. X 理论**

（1）X 理论的人性假设。

麦格雷戈把传统的管理观点叫作 X 理论，这种理论是以人性消极面或者丑恶面作为管理的依据的。X 理论认为，绝大多数人都具有以下特性：

第一，懒惰，把工作作为负担而不是享受，尽可能地偷懒、逃避工作。

第二，缺乏自信，没有雄心壮志，也不喜欢负什么责任，而宁可让别人领导。

第三，个人目标与组织目标相矛盾，以自我为中心。因此，为了达到组织目标，对他们必须用强迫、指挥、控制乃至处罚威胁等手段严加管制。

第四，缺乏理智，不能克制自己，容易受别人影响，安于现状。

第五，注重眼前的经济利益，看不到长远的利益。因此，应该让那些极少数能够克服这些人性缺陷、能够克制自己的人去做管理工作，担负起管理责任。

（2）针对 X 人性的管理方式。

基于这样的人性假设，管理人员的职责和相应的管理方式应该是：

第一，以提高劳动效率为中心，加强计划、组织、经营、指引、监督等方面的职责。

第二，不必要考虑情感和道义的因素，而是要运用自己的职权，发号施令，使对方服从。

第三，通过严密的组织与制定具体的规范和工作制度进行管理。

第四，以金钱报酬来收买员工效力和服从。由于这样看待人性，相应的管理方式就

---

① 马克思恩格斯选集：第 1 卷［M］. 3 版 . 北京：人民出版社，2012：158.

是，一方面由少数具有管理能力的人进行严格管理、约束、控制甚至惩戒，迫使被管理者为实现组织目标而努力；另一方面靠金钱收买和刺激，也就是要采取通常所说的“胡萝卜＋大棒”的管理方式。

在麦格雷戈看来，这种管理方式虽然在某些情况下也能够起到激励作用，但 X 理论的人性假设是错误的，因为它把经济报酬作为唯一的激励力量，忽视了社会性的一面，忽视了人的社会、心理等方面的需求，因此，它所发挥的激励作用是有限的。为此，麦格雷戈提出了 Y 理论。

**2. Y 理论**

（1）Y 理论的人性假设。

与 X 理论消极的人性观点相反，Y 理论对于人性假设是正面的，假定人性本善，它认为：

第一，人并不是天生就不喜欢工作的，工作中体力和脑力的消耗就像游戏和休息一样自然，人对工作的态度取决于环境。

第二，外来的控制和惩罚对于实现组织目标来说常常是一种威胁和阻碍，人们愿意实行自我管理和自我控制。因此，外来的强制性的管理和控制并不是促使人们为实现组织的目标而努力的唯一方法。

第三，个人的目标与组织的目标并不是天然矛盾的，如果给人提供适当的机会，就能将两者统一起来。

第四，逃避责任、缺乏抱负以及强调安全感，并非人的本性，在适当条件下，人们愿意承担责任。

第五，大多数人在解决组织的困难问题时，都能发挥较高的想象力、聪明才智和创造性，因此，管理并非少数人的“专利”。

第六，在现代工业生活的条件下，一般人的智慧潜能还远未发挥出来，而只是部分地得到了发挥。

（2）针对 Y 人性的管理方式。

正因为人性本善，管理者的重要任务是创造一个使人得以发挥才能的工作环境，发挥出职工的潜力；对人的激励主要是来自工作本身的内在激励，让他感到工作富有挑战性，有成就感，愿意承担更多的责任，实现自身价值；在管理制度上，要赋予工人更多的自主权和自我管理机会，并让工人参与管理和决策，共同分享权力。麦格雷戈认为，Y 理论的实现前景是美好的，有助于人类向着美好社会方向前进。

麦格雷戈简单地将人性区分为 X、Y 两种并以此来提出相应的管理方式，这就过于简单化了。实际上，人性是千差万别的，也不是一成不变的，没有什么包治百病的、普适的管理方式。所以，在麦格雷戈之后，美国另一位行为科学家埃德加·沙因（Edgar H. Schein）在此基础上提出了“四种人性假设”，即在经济人假设、社会人假设、自我实现的人假设之外，增加了“复杂人假设”。沙因认为每个人都具有不同的需要、动机和能力等，而且这些需要、动机、能力等都是可变的，个人的动机、能力等与组织经验之间是可以相互影响的，人的需要、动机、能力等可以在正式组织中表现出来，也可以在非正式组织中展现，人可以依自己的动机、能力和工作性质等对不同的管理方式做出不同的反应。沙因的复杂人假设在一定程度上弥补了麦格雷戈的 X-Y 理论的不足。

## 三、现代管理理论

古典管理理论奠定了管理的基本分析框架，但随着管理实践的发展管理理论也在不断发展变化，管理学研究的新理论、新思潮、新流派、新方法以及新领域不断出现，并与其他学科相互融合、交叉、渗透，出现了所谓的“管理学丛林”，管理学百花齐放，争奇斗艳，其中 20 世纪 40 年代以后出现的系统论、信息论、控制论以及耗散结构理论等对管理学研究影响巨大，由此出现了系统管理理论、权变管理理论、决策理论、定量管理理论、战略管理理论等等。系统管理理论的理论基础是贝塔朗菲（Ludwig Von Bertranffy）所创立的系统论。系统管理理论认为任何一个组织都是一个与环境相互作用的开放的系统，系统是由相互联系的要素构成的，从横向上看系统具有整体性，包括目标与价值、技术、结构、社会心理以及管理等若干子系统，从纵向上看系统具有层次性，包括专业、协调、战略等不同的层次，管理系统就是联系各个子系统并把朝向有关目标的组织活动结合起来的工具。如果说系统管理理论是从空间上将管理作为一个复杂系统，那么权变管理理论对系统管理理论有所发展，纳入了时间变化的因素，认为企业在管理中要根据所处的内外环境和条件的变化而随机应变，不存在一成不变、普遍适用或最好的管理理论和方法。因此，企业要适应内外环境的变化不断进行变革，在稳定性、持续性、适应性和革新性之间保持一个动态的平衡。

20 世纪 80 年代以后，随着全球化、网络化、信息化的不断进步，知识社会的形成以及网络社会的崛起，管理理论越来越和知识、职能、数据等紧密结合，在后工业社会、知识社会理论等思潮的影响下，知识管理以及学习理论在管理学领域异军突起，影响越来越大，并形成了若干流派。由于媒介产业属于知识经济的核心组成部分，媒介组织都是知识的生产、交流、消费以及管理的组织，知识管理对于媒介组织具有极其重要的价值，因此，这里重点介绍几种影响较大的知识管理理论。

### （一）贝尔的后工业社会理论

后工业社会理论是由美国未来学家丹尼尔·贝尔（Daniel Bell）在 1959 年的一次学术会议上第一次提出，后来他对该理论不断完善，1973 年出版了《后工业社会的来临：对社会预测的一项探索》一书（中译本于 1984 年推出，见图 2-12），系统地对后工业社会理论进行论述。该理论一经提出就在理论界包括管理学家中产生巨大影响，而且被提出后几十年来的社会发展趋势越来越证明了其惊人的预见性和判断力。

图 2-12 《后工业社会的来临：对社会预测的一项探索》书影

**1. 后工业社会的主要特征**

贝尔认为："如果工业社会以机器技术为基础，则后工业社会就是由知识技术形成的。如果资本和劳动是工业社会的主要结构特征，那么信息和知识则是后工业社会的主要结构特征。"①

贝尔进一步提出，一个社会可以分为社会结构、政体和文化三个方面。社会结构包括经济、技术和职业结构；政体则调整权力的分配和评判个人之间与集团之间发生矛盾的权力和要求；文化则是指表达象征和含义的领域。社会结构的中轴原理是经济化，现代政体的中轴原理是参与管理，文化方面的中轴原理是实现自我并加强自我的愿望，过去这三个领域是由一个共同的价值体系来联系的，现在则日趋分裂，而且裂痕还在不断扩大。

贝尔认为，未来很长一段时间，整个社会将从工业社会转向后工业社会，后工业社会的基本特点是：第一，经济方面，从产品生产性经济转变为服务性经济，大多数人不再从事农业和制造业，而是从事服务业；第二，职业分布上，专业和技术人员居于主导地位；第三，中轴原理为理论知识居于中心地位，它是社会革新与制定政策的源泉；第四，未来方向上，控制技术发展，对技术进行鉴定；第五，制定决策，即创造新的"智能技术"。②

**2. 后工业社会的管理问题**

后工业社会所带来的管理问题是，工业社会是人和机器协作生产商品，而后工业社会则是围绕着知识组织起来的，目的在于社会管理和组织革新与变革，这反过来又产生新的社会关系和社会结构，又需要从政治上加以管理。由此，贝尔概括了后工业社会的一些基本观点：后工业社会的中轴原理是理论知识的集中与具体化，它的首要机构是大学、学术研究所以及研究公司，它的经济基础是以科学为基础的工业，它的首要资源是人力资本，其政治问题是制定合理的科学政策和教育政策，其社会结构问题是私人与公共部门之间的平衡，其社会等级的基础差异是由技术决定的，而改变的途径是教育，其所产生的理论问题是"新阶级"的内聚力，这个新阶级是一个以知识而不是以财产为基础的主要从事专业工作的阶级，这就必然造成一种新文化，这种文化是一种对抗文化，即对官僚主义化的抵制，从而必须对资本主义过去的平等、公平、正义等观念进行反思。

贝尔认为，后工业社会是一种信息社会，信息的中心地位为社会制造了一些需要应付的不同于工业社会的新问题，工业社会匮乏的是物品，而后工业社会带来了一些新的匮乏：信息、协作和时间。

由于所注意和参与的不同领域的扩大，人们必须吸收巨大的信息量，这造成的结果是一方面收集信息的代价必然上升，另一方面信息变得更具有技术性和专业性。因此，更需要媒介传递的工作。新闻不再是指导而是要解释，记者要更加专门化，不仅要从大量的信息洪流中加以选择，还要进行必要的解释；品种繁多的新闻业必然给社会带来更大的开销；由于知识的"指数"增长和领域与兴趣的成倍增加，人们能够吸收的信息会

① 贝尔．后工业社会的来临：对社会预测的一项探索［M］．高铦，王宏周，魏章玲，译．北京：商务印书馆，1984：9.

② 同①20.

减少，“我们越来越多地懂得越来越少”，人能够获得的信息必然是有限的。

贝尔同时认为，后工业社会虽然也有“人与人之间的竞争”，但是，人与人之间需要越来越多的协作，而由于社会的复杂性，也更需要计划性，管理的难度和成本也更高，同时在管理中也面临着个人的选择权与集体管理的强制性的矛盾。

在后工业社会，时间也成了很稀缺的一个因素。在工业社会，工作时间受到计量和分配支配，而工作时间之外则是闲暇的“自由时间”，但是在后工业社会，“自由时间”也要受到计量和分配支配，那些活动的“时间收益”是和工作时间的收益处于同等地位的，“结果，所有的时间都成为经济计算”①。

与贝尔相呼应的理论还有阿尔文·托夫勒（Alvin Toffler）的“第三次浪潮”理论和奈斯比特（John Naisbitt）的未来社会变化趋势理论。托夫勒认为农业社会是第一次浪潮，工业社会是第二次浪潮，信息社会是第三次浪潮，随着西方社会进入信息社会，社会的主宰力量将由资本转向知识。奈斯比特也认为，在工业社会里，战略资源是资本，在信息社会里，战略资源是信息，新的权力来源不是少数人手中的资本，而是多数人手中的信息，因此，未来社会竞争的关键不再是资本等传统资源，而是信息。由此可以说，未来的管理也将从金字塔式的等级管理制度向网络组织制度转变。

### （二）野中郁次郎的 SECI 知识管理模型

日本著名知识管理大师野中郁次郎在 30 多年对日本的一些著名企业长期跟踪研究的基础上，与竹内弘高于 1995 年合作出版了《创造知识的公司》一书。该书一经出版就为作者赢得了国际声誉，被著名管理学家大前研一赞誉为“日本有史以来最重要的管理学著作”，野中郁次郎也被管理学家誉为“知识管理理论之父”和“知识管理的拓荒者”。他们在该书中提出了 SECI 知识管理模型，被管理学界公认为对知识管理理论的重大贡献。

**1. 隐性知识和显性知识**

在该模型中，野中郁次郎首先从探讨隐性知识和显性知识两类知识的关系入手进行分析。在他看来，所谓隐性知识是指未经正式化的知识，包括信仰、隐喻、直觉、思维模式和一些“独门诀窍”等，这类知识难以形式化、具体化，它们是体认的、主观性的知识；而显性知识则可以用规范化和系统化的语言进行传播，又称为“可文本化的知识”，包括文件、手册、报告、地图、程序、图片、声音、影像等等。

野中郁次郎认为，隐性知识是事物固有的，难以用语言表述和交流，而显性知识则是有形的，容易被学习掌握。在野中郁次郎看来，隐性知识更为重要，它无法通过教育和培训等获得，因此，最有价值的知识不是靠别人提供，而是要靠自己体认和创造。在企业创新活动中，这两者之间并非彼此排斥，而是互相作用、互相转化，知识转化的过程实际上就是知识创造的过程。

**2. 知识转化的 SECI 模型**

野中郁次郎进一步提出了知识转化的四种基本模式，即 SECI 模型（见图 2－

① 贝尔．后工业社会的来临：对社会预测的一项探索［M］．高铦，王宏周，魏章玲，译．北京：商务印书馆，1984：517－518，526．

13)——社会化(socialization,又译为潜移默化或共同化)、外显化(externalization,又译为外部明示)、融合化(combination,又译为汇总组合)和内隐化(internalization,又译为内部升华)。由此形成了知识转化的四种模型。

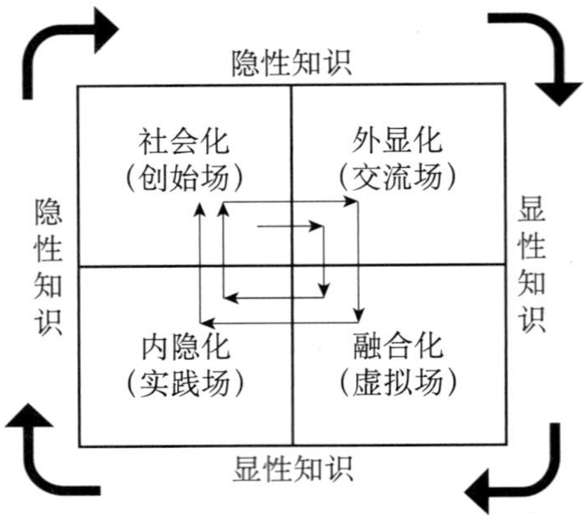


**图 2-13 知识转化的 SECI 模型**

SECI 模型的四种知识转化方式分别是:第一,社会化,指的是隐性知识向隐性知识的转化。在这种转化过程中,获取隐性知识的关键是共享经历,通过观察、模仿和实践,而不是语言。在企业经营活动中进行的在职培训基本上应用的就是这种理论。第二,外显化,指隐性知识向显性知识的转化,这是一个将隐性知识用显性化的概念和语言清晰表达的过程,其转化手法有隐喻、类比、概念和模型等。例如,有些企业的读书会,就是针对员工感兴趣的课题,让他们分享个人的想法和独特经验、感受、观点等,将个人想法用文字、概念、图片或影片等,或者以交谈、对话形式表达出来,又或者将顾客或专家的隐性知识以可以理解的形式表现出来。第三,融合化,指的是借助各个显性知识的联结,进一步创新、分享、传播知识,为知识增值,这是一个通过各种媒体产生的语言或数字符号,将各种显性概念组合化和系统化的过程。第四,内隐化,即显性知识向隐性知识的转化。这是一个将显性知识形象化和具体化的过程,通过这一过程显性知识被组织内部员工吸收、消化,并升华成他们自己的隐性知识。以上四种不同的知识转化方式是一个有机的整体,它们都是组织知识创造过程中不可或缺的组成部分。

**3. 知识创新"场"理论**

野中郁次郎把拓扑学的场理论引入知识创新过程中,他认为场就是分享、创造及运用知识的动态的共有情景,是为进行个别知识转换过程及知识螺旋运动提供能量、质量及场所。他认为,关于隐性知识与显性知识相互转化 SECI 模型中,完成一次螺旋上升的每一个阶段都有一个场(ba)存在,并由此形成了知识转化四个过程阶段的场,分别为创始场(originating ba)、交流场(interacting/dialoguing ba)、虚拟场(cyber/systemizing ba)、实践场(exercising ba)。每个场分别提供一个基地,以利于进行某一特定阶段的知识转化,并使知识的创造加速。将四个场的知识转化程序前后连贯起来,就构成一系列不断自我超越的程序,同时也随之显现了知识转化的螺旋式演进情况。

野中郁次郎随之对四个场在知识管理中的作用进行了论述:

第一,创始场。这是知识创造过程的起点,属于社会化阶段。在创始场中,个人之间基于同情或相爱相惜，得以排除自我与他人之间的障碍，能够彼此交互表露感觉、情绪、经验与心态。个人之间面对面的接触经验对隐性知识的移转与转化十分重要。因此，应增加开放式组织设计，使员工能充分接触，建立个人之间的直接交谈及沟通。

第二，交流场。交流场代表外显化阶段，在这里，将拥有特殊知识与能力的一些人组成一个计划小组、特案小组，或跨越业务单位之小组，大家以开放态度，彼此充分对话，交换想法，同时也对自己的想法加以反省及分析。这个过程也是将隐性知识转变为显性知识的过程。

第三，虚拟场。虚拟场代表融合化阶段，利用虚拟世界而非实际的空间与时间，来进行互动，利用“线上网络”、文件与资料库等来强化这项知识的转化程序。

第四，实践场。实践场代表内隐化阶段，能促使显性知识转化为隐性知识。在该阶段，员工以观摩或实际演练等方式不断练习，应用实际生活中的或模拟的显性知识，并持续将这些知识内化。

过去的管理学大师一直把组织当成信息处理的机器，他们认为只有系统化、正式的知识（如数据、程序和原理等）才是有用的知识，而在野中郁次郎看来，“知识创新并不是简单地‘处理’客观信息，而是发掘员工头脑中潜在的想法、知觉和灵感，并综合起来加以运用”①。因此，知识管理模型通过从隐性到隐性、从隐性到显性、从显性到显性、从显性到隐性的感性和理性、知识和灵感等的不断结合，形成了知识不断上升的螺旋运动，推动了知识的进化和创新。成熟的知识型组织就是通过积累和总结经验，运用隐喻、类比等激发人们的直觉和灵感，上升到理论和模型，形成新的知识，这一将隐性知识显性化的过程同时就是知识创新的过程。野中郁次郎的SECI模型准确地揭示了知识生产的起点与终点，清晰地辨识了知识生产模式的常规类别，并相应地描述了每种类别所对应的具体过程和方法，这些理论和方法对于企业的知识管理具有很重要的参考意义和应用推广价值。

## （三）圣吉的“五项修炼”理论

学习型组织理论是在知识管理理论基础上形成的具有广泛影响的管理理论，该理论认为，现代组织是一种有机的、高度柔性的、扁平化的、符合人性的、能持续发展的、具有持续学习能力的组织。美国管理学家彼得·圣吉（Peter M. Senge，见图2-14）致力于将系统动力学与组织学习等理论结合起来，发展出了学习型组织的蓝图。他在1990年出版了其代表作——《第五项修炼：学习型组织的艺术与实务》，详细地描述了组织和个人如何通过五项修炼，构建一个学习型组织。这部著

**图2-14　彼得·圣吉**

彼得·圣吉（1947—　），美国麻省理工学院（MIT）斯隆管理学院教授，当代最杰出的新管理大师之一，被誉为“学习型组织之父”。

① 德鲁克，等．知识管理［M］．杨开峰，译．北京：中国人民大学出版社，1999：21.

作被誉为“21世纪企业管理的圣经”，他本人也被管理学界认为是“学习型组织之父”。

圣吉在对企业进行研究的过程中发现，在许多团体中，每个成员的智商都在120以上，而整体智商却只有62。之所以如此，是因为组织的智障妨碍了组织的学习与成长，使组织被一种看不见的巨大力量侵蚀，甚至吞没了。如何使这些组织变成学习型组织，并保持持久的竞争优势，就成了圣吉《第五项修炼：学习型组织的艺术与实务》一书研究的重点。圣吉认为，要建立学习型组织，必须进行五项修炼。

**1. 自我超越（personal mastery）**

自我超越是建立学习型组织的精神基础。它要求组织中的每个人要认清、加强并努力实现自己最想实现的愿望，找到愿望与现实之间的差距。在此情况下，不能满足于现状，要向自我超越，向极限挑战，实现人们内心深处最想实现的愿望。其重要方法是在内心产生出一种“创造性张力”，根据不断变化的情况，调整愿望，使愿望与现状之间始终保持一定的差距，这样就可以激发员工不断创造与超越，进行真正的“终身”学习。

**2. 改变心智模式（improving mental models）**

“心智模式”是看待旧事物形成的特定的思维定式。心智模式根深蒂固于内心，影响人们认识世界和用行动改造世界的行为方式。这种心智模式已成为人们的思维定式和行为定式，潜移默化地影响人们的行为。而在管理的许多决策中，决定做什么和不做什么的，正是这种心智模式。显然，如果心智模式有缺陷，那么个人和企业都会受到损害。因此，学习将自己的心智模式展开，并加以检查和改善，有助于改变心中对周围世界如何运作的既有认识，改善和健全自己的心智模式。这种修炼要求人们学会有效地表达自己的想法，并以开放的心态容纳别人的想法。

**3. 建立共同愿景（building shared vision）**

共同愿景是指能鼓舞成员共同努力的愿望和远景，主要包括三个要素，即共同的目标、价值观和使命感。共同愿景对学习型组织至关重要，因为它为学习提供了焦点和方向。在缺乏共同愿景的前提下，学习充其量只能是“适应性学习”，只有全体员工心目中有了渴望实现的共同愿景时，才能形成组织的合力和凝聚力，才会有“创造性的学习”。学习型组织的任务就是将个人愿景整合为共同愿景，使成员能够真诚地为之奉献和投入。

**4. 团队学习（team learning）**

团队学习是发展成员相互配合、整体搭配与实现共同目标能力的过程，是学习型组织最基本的学习形式。通过团队学习，充分发挥集体智慧，提高组织思考和行动的能力。团队学习的修炼要善于利用“深度汇谈”和“讨论”，使团队成员都能亮出自己心目中的全部假设，并对各自的想法进行自由交流，从而获得真正一起思考并进行有效决策的能力。

**5. 系统思考（system thinking）**

系统思考就是整体与动态思考。系统思考是五项修炼的核心与基石，它将引导一条新路，使人从看片段到看整体，从迷失于复杂的细节到掌握动态的均衡搭配。系统思考的方法实际上就是辩证法理论所讲的用联系的、发展的和全面的观点看问题的方法。

以系统思考为核心，并把心智模式、共同愿景、团队学习和自我超越相互融会贯通，成为浑然一体的修炼艺术与技能。五项修炼之间具有很强的正相关性，每一项修炼的成败都和其他修炼的成败密切相关。只有五项修炼互相协调配合才能保持组织持续学习的精神，及时铲除发展道路上的障碍，提高企业应付环境变化和自我发展的能力。需要指出的是，学习型组织的缔造不是企业的最终目的，最终目的是通过迈向学习型组织的种种努力，引导出一种具有实验性与进步性的新观念，使组织日新月异，不断创造未来。

### （四）加文的“3M”理论

哈佛大学商学院管理学家戴维·加文（David A. Garvin）1993 年发表了著名论文《建立学习型组织》。在该文中，他对圣吉等人的学习型组织理论进行了批判。他认为，圣吉等人的理论虽然很令人神往，但却过于抽象，是很虔诚的、乌托邦式的，并充满了近乎神秘的术语，对关键性的实际行动并未提供可操作的框架。因此，加文提出了“3M”框架，即学习型组织的含义（meaning）、管理（management）和评估（measurement），而其中的管理又是学习型组织的基石。加文认为，学习型组织在以下五个方面是出类拔萃的。

**1. 系统地解决问题**

系统地解决问题包括在问题的调查方面主要依靠科学方法而不是靠漫无目的的猜测，在制定决策时坚持以事实材料而非以假定条件为依据，利用简单的统计工具来组织资料并推出结论。施乐公司是成功运用学习型组织系统解决问题的典范。他们在解决问题时，包括六个步骤：确认并选择问题，分析问题，产生可能的解决方案，选择并规划解决方案，贯彻方案，以及对方案执行效果进行评估。

**2. 采用新的方法进行实验**

这是为了系统地探寻和试用新的知识，通常采取前瞻性项目和示范性项目两种形式。前瞻性项目包括了一系列连续的小规模实验，这些实验的目的是产生知识的增值。示范性项目是实行某种特定原则和方法的，并且是组织希望今后大规模推广的项目，它比前瞻性项目规模大，也更复杂，常常涉及整个系统的改变。各种实验的目的是推动组织对事物从肤浅的表面的认识深入到对事物的本质的理解，达到改进质量、降低成本、增进生产和销售的效果。

**3. 从过去的经验中学习**

“失败是成功之母。”现在很多管理者不重视总结过去的经验和教训，同很多宝贵的知识失之交臂，因此必须对过去的成功经验和失败教训进行系统总结和评价，并把它们列出表来对员工开放，使他们能随时查询。波音公司就曾开发了一个“从挫折中学到的教训”的成功项目，用于指导新项目的开发。由于有了“以史为鉴”，这个项目组创造了波音项目开发史上最成功的、无差错的奇迹。

**4. 向他人学习**

学习型组织是一个开放的系统，它不仅从过去的经验和教训中得到启示，而且从其他人那里受到启发。加文认为，“最强有力的洞察力是从自己直接环境之外学习得到的，由此获得一种新的观察问题的视角”①。现代管理中被广泛应用的标杆管理就是一种向他

① 德鲁克，等. 知识管理［M］. 杨开峰，译. 北京：中国人民大学出版社，1999：57.

人学习的方法。

**5. 传递知识**

知识只有在整个组织中进行传播和应用才能发挥比较好的效益，思想的广泛传播比仅在少数人手中能产生更大的作用。因此，在学习型组织中必须创造条件采用各种方式使得知识能够更大范围地传播和推广。加文认为，传递知识常用的方法包括报告、考察、岗位调换、教育和培训等。

要有效地进行管理还必须用科学的方法进行评估。加文认为，以前人们常用“学习曲线”与“生产函数”来评估企业，这是很有效的，但对学习型组织来说，这两种方法都是不完备的，它们只重视结果，忽视了其他竞争性变量（如质量、运输和新产品开发等）对学习的影响。因此加文提出了他的评估理论。他认为，组织的学习过程，通常包括三个前后衔接的阶段：认知阶段、行为阶段和业绩提高阶段。第一阶段，组织成员开始接受新思想，扩展自己的知识；第二阶段，员工开始改变自己的行为方式；第三阶段，由于行为的改变，业绩提高。因此，学习过程的评估也必须包括这三个阶段。

加文认为，要建立学习型组织，首先要培养一个有助于学习的环境；其次，必须运用强有力的手段，打破部门界限，鼓励彼此间的思想交流；最后，还应建立起一个学习论坛，使客户、供应商、企业外部专家和企业内部人员走到一起交流，推动组织学习。在加文看来，如果人们能够更好地理解“3M”的框架，就可以促进企业由持续的进步转移到不断的学习上来，这种转变为建立学习型组织奠定了坚实的基础。[①]

著名管理学家德鲁克、达文波特（Thomas H. Davenport）、普鲁萨克（Larry Prusak）在知识管理领域也提出了很多真知灼见，他们关于知识社会、知识员工管理的有关论述，尤其是达文波特关于注意力经济的论述，对于媒介经营与管理具有启发意义。

除了上述理论之外，企业社会责任理论对媒介经营管理也具有重要的启示。1924 年英国学者奥利弗·谢尔登（Oliver Sheldon）在《管理哲学》一书中第一次提出“企业社会责任”概念。他认为企业的经营目的不仅仅是盈利，还应该尽可能地增加股东以外的利益相关者的利益，比如有利于促进社会繁荣、提高道德标准以及促进社会正义等。这一理论一开始并没有引起重视，但随着企业破坏环境、生产有毒食品、雇用童工、制造血汗工厂等行为不断被揭露，企业社会责任理论再度兴起和流行。1979 年，美国佐治亚大学教授阿奇·卡罗尔（Archie B. Carroll）提出了被广泛认可的企业社会责任定义：“企业社会责任意指某一特定时期社会对组织寄托的经济、法律、伦理和自由决定（慈善）的期望。”[②] 具体而言，企业社会责任包括了企业的经济责任（创造利润、增加就业等）、法律责任（遵守相关法律）、伦理责任（遵守企业道德和伦理等）以及奉献社会责任（公益慈善等）四个层次。目前，企业社会责任理论已经获得广泛的应用，中国证监会等部门 2016 年发布通知，要求中国上市公司每年发布报告披露环境信息，深圳证券交易所（简称深交所）和上海证券交易所（简称上交所）鼓励企业发布年度社会责任报告。2021 年 7 月，中宣部、中国记协正式印发《媒体社会责任报告制度实施办法》，提出了中国媒

① 周蔚华．出版产业研究［M］．北京：中国人民大学出版社，2005：133－137.

② 卡罗尔，巴克霍尔茨．企业与社会：伦理与利益相关者管理：原书第 5 版［M］．黄煜平，朱中彬，徐小娟，等译．北京：机械工业出版社，2004：45.

体企业要履行政治责任、阵地建设责任、服务责任、人文关怀责任、文化责任、安全责任、道德责任、保障权益责任、合法经营责任等九个方面的社会责任。可见，这些理论已经对我国的媒介经营与管理产生了直接的影响。

## 本章小结

1. 中国管理思想源远流长、博大精深，构成了深厚的中华优秀传统文化的有机组成部分。本章主要介绍了儒家、道家、法家和兵家等流派的管理思想。

2. 以孔子、孟子等为代表的儒家管理思想强调和谐、以人为本、以义为先、执中不偏、遵守规范（礼）、信守诺言等，对几千年来的中国乃至东亚的管理和经营影响巨大，至今仍有重要意义和价值。

3. 以老子、庄子等为代表的道家管理思想强调道法自然、无为而无不为、反者道之动、上善若水等，包含了丰富的辩证管理思想。

4. 以管仲、商鞅、韩非子等为代表的法家管理思想反对儒家的礼教，主张依法治国，并注重势和术，认为法、势、术三者应该有机结合。他们注重物质利益，提出以利安民。此外，法家的唯才是举、因任能授的人才观，“治世不一道，便国不必法古”，“古今异俗，新故异备”等改革思想依然具有现实意义。

5. 以孙子为代表的兵家强调上兵伐谋，知己知彼、百战不殆，择人而任势，上下同欲、万众一心，领导者要具备智、信、仁、勇、严等五个方面的素质。

6. 西方管理理论经历了古典管理理论、行为管理理论和现代管理理论等不同的发展历程。

7. 古典管理理论包括泰勒的科学管理理论、法约尔的一般管理理论和韦伯的组织管理理论。

泰勒的科学管理理论主要包括“作业管理”“组织管理”和“管理哲学”三方面的内容。

法约尔把管理活动从经营活动中单独提炼出来，认为管理是指计划、组织、指挥、协调和控制，它们互相连接而构成统一整体，是一个完整的管理过程。法约尔还提出劳动分工原则、权力与责任匹配原则、纪律原则、统一指挥原则、统一领导原则、个人利益服从整体利益原则、人员的报酬原则、集权或者集中原则、等级制度原则、秩序原则、公平原则、人员的稳定原则、首创精神和团队精神等管理的 14 条基本原则。

马克斯·韦伯探讨了权力来源的合法性问题，划分了三种权力类型：传统型权力、卡里斯玛型权力和法理型权力。在这三种权力来源中，只有理性、法律的权力（法理型权力）才是实施统治形式上最合理的形式。韦伯还提出了管理的“官僚制”理论，即通过职位或官职进行管理的组织模式。

8. 行为管理理论包括霍桑实验与梅奥主义、马斯洛的需求层次理论和麦格雷戈的人性假设理论。

霍桑实验通过照明实验、福利实验、访谈实验、群体实验等得出结论，说明人并不是单纯追求利益的“经济人”，而是“社会人”，在正式组织中也存在非正式组织，新型领导能力在于提高工人的满意度，提升其“士气”。

马斯洛把需求分成生理需求、安全需求、情感和归属需求、尊重需求以及自我实现需求五类，依次由较低层次到较高层次。当人的某一级的需求得到最低限度的满足后，才会追求高一级的需求，如此逐级上升，成为推动继续努力的内在动力。

麦格雷戈认为，人性与人的行为密切相关，有关人性有两种截然不同的观点：一种是消极的X理论，即人性本恶；另一种是基本上积极的Y理论，即人性本善。管理人员以自身对人性的假设为依据，可以采取不同的管理方式。

9. 现代管理理论五花八门，派别林立，出现了所谓的“管理学丛林”。随着知识社会的形成以及网络社会的崛起，管理理论越来越和知识、职能、数据等紧密结合，形成了后工业社会理论、知识管理理论等管理思潮。

贝尔的后工业社会理论提出，如果工业社会以机器技术为基础，则后工业社会就是由知识技术形成的。如果资本和劳动是工业社会的主要结构特征，那么信息和知识则是后工业社会的主要结构特征。贝尔认为，后工业社会的中轴原理是理论知识的集中与具体化，它的经济基础是以科学为基础的工业，首要资源是人力资本，由此需要制定合理的科学政策和教育政策等。

野中郁次郎提出了知识转化的四种基本模式，即SECI知识管理模型——社会化、外显化、融合化和内隐化。这四者之间可以相互转化，这四种知识转化方式是一个有机的整体，它们都是组织知识创造过程中不可或缺的组成部分。知识管理模型通过从隐性到隐性、从隐性到显性、从显性到显性、从显性到隐性的感性和理性、知识和灵感等的不断结合，形成了知识不断上升的螺旋运动，推动了知识的进化和创新。

圣吉致力于将系统动力学与组织学习等理论结合起来，发展出了学习型组织的蓝图，提出自我超越、改变心智模式、建立共同愿景、团队学习、系统思考等五项修炼理论。

加文提出了“3M”框架，探讨了学习型组织的含义、管理和评估，认为学习型组织应该系统地解决问题、采用新的方法进行实验、从过去的经验中学习、向他人学习、在组织中传递知识。

## 复习思考题

1. 中国古代管理思想主要包括哪些流派？结合实际谈谈中国古代管理思想的现代价值。

2. 古典管理理论包括哪些流派？分别谈谈它们对管理学的贡献和局限性。

3. 行为管理理论对人性的分析对管理有哪些可以借鉴之处？它们的问题出在哪里？

4. 知识管理理论对媒介的经营与管理有哪些启示？

## 第三章

# 媒介产业的外部环境和发展现状

2001 年 5 月 28 日，《人民日报》引入社会资本创办了一份面向市场的都市报纸《京华时报》，每日 32 版。这份大型综合型日报和不久之后创刊的《新京报》，被看作以全新的机制引领中国报业改革并获得成功的典范。《京华时报》创刊第一年的广告收入就达到了 3 亿元，跻身当年全国报刊广告的十六强，并创造了“三个第一”的辉煌业绩：北京报业市场综合性日报发行量第一、市场零售量第一、自费订阅量第一。2005—2007 年，《京华时报》连续三年获评百度中国传媒影响力“状元媒”，新闻网络转载率和点击率名列全国报刊类第一，同时获得“最具新闻传播力媒体”和“最具时政传播力媒体”等一系列荣誉称号。2007 年被史坦国际和中国传媒论坛评为第三届“最具投资价值媒体”“最具成长性创新媒体”；被 B&M 2007 品牌中国传播力中国峰会评为“2006 年度中国百家最具品牌传播力的强势媒体”。2009 年荣获央视频道“读报十强”，是北京地区唯一入选的都市类报纸。2010 年 10 月，在世界报业、新闻工作者协会发布的 2010 年全球报纸发行量前 100 家报纸中首次进入世界发行百强行列。2010 年，《京华时报》还被第三方机构授予“中国最具吸引力媒体”“最受读者喜爱媒体”“发行最具影响力媒体”和“最受广告商喜爱媒体”等多项大奖。但随着互联网尤其是移动互联网的成熟和普及，这家带着无数光环、有着辉煌业绩的纸媒迅速陷入经营困境。2016 年，京华时报社划归北京日报报业集团，随后不久《京华时报》在其官方微博发布消息称，《京华时报》“身陷困境，亏损严重，突围未果”。2016 年 12 月 29 日，《京华时报》在头版正式发表公告，确认自 2017 年 1 月 1 日起，其纸质版休刊。

人们常说，“时代抛弃你时，连声招呼都不打”。《京华时报》的快速崛起与衰落，固然有其自身经营方面的原因，但更主要的则是外部经营环境发生了巨大的变化，也就是在《京华时报》宣布休刊的前一天，上海具有影响力的《东方早报》也宣布休刊，国内外掀起了一波又一波的纸质报纸休刊潮。媒介与国内外的政治、经济、文化、生态、技术等外部环境是密切关联、不可分割的，这些因素对媒介的经营与管理有着直接的影响。中国媒介产业的发展历程和现状作为当下媒介经营和管理的既定条件，也必然对媒介的经营与管理产生作用。

**学习目标：**

阅读和学习本章后，你应该能够：

1. 了解当前中国媒介经营与管理所处的政治、经济、文化、社会、技术、法律等外部环境。

2. 了解中国媒介管理体制的发展与改革历程。

3. 了解新时代中国媒介产业发展的现状。

4. 了解新时代中国媒介产业发展的突出特点。

## 第一节　中国媒介产业发展的外部环境

环境是指对组织绩效产生潜在影响的外部因素或力量。环境可分为三个层次：第一是总体环境，又称为宏观环境，包括组织外的一切宏观因素，如政治、经济、社会、技术、文化、法律环境等等，这是每个媒介组织都会面对的环境，而且对国内媒介组织而言，这种环境大体是等同的。这类环境还有一个特点就是单个媒介组织几乎无法改变甚至难以影响总体环境，而要受总体环境制约。第二是产业环境，又称为中观环境，包括本行业在总体环境中的地位和状况、行业内部的竞争环境、行业导向和同行动向等等。第三是具体环境，又称为微观环境，包括媒介组织所在的区域、工作场所、办公环境、企业周边状况等具体的外部条件。这三个方面都会对媒介经营与管理产生影响。但一般来说，分析产业发展的外部环境主要是分析宏观环境，通常采用的方法是 PEST 分析法：P 是政治（politics），主要包括政治制度、政府政策及政府产业规制等等；E 是经济（economy），主要包括宏观经济制度和体制、经济发展水平、经济规模、经济增长率、政府收支、通货膨胀率等；S 是社会（society），主要包括人口规模及其结构、教育医疗、社会保障、价值观念、道德水平等；T 是技术（technology），主要包括对社会发展具有重要影响的高新技术、工艺技术以及基础研究的突破性进展等。在当代中国这些要素不仅仅是影响媒介发展的外部环境，它们同时也构成了决定媒介发展的内在要素。

在我国各种重要的文献中，一般按照政治、经济、文化、社会等因素进行分析。同时，由于技术因素对媒介具有重大影响，所以，这里我们就从政治、经济、文化、社会、法律和技术这几个要素入手来分析我国媒介发展的外部环境。

### 一、政治环境及其对媒介经营与管理的影响

党的二十大提出，“从现在起，中国共产党的中心任务就是团结带领全国各族人民全面建成社会主义现代化强国、实现第二个百年奋斗目标，以中国式现代化全面推进中华民族伟大复兴”。中国特色社会主义迈入新时代，中华民族迎来了从站起来、富起来到强

起来的伟大飞跃。在新时代，我国社会主要矛盾已经转化为人民日益增长的美好生活需要和不平衡不充分的发展之间的矛盾，从而给我们提出了新的时代课题，这就是必须从理论和实践结合上系统回答新时代坚持和发展什么样的中国特色社会主义、怎样坚持和发展中国特色社会主义。围绕着这一时代课题，以习近平同志为主要代表的中国共产党人以全新的视野深化对共产党执政规律、社会主义建设规律、人类社会发展规律的认识，形成了习近平新时代中国特色社会主义思想，这是马克思主义基本原理与中国具体实际相结合，同中华优秀传统文化相结合的最新理论成果，是 21 世纪的马克思主义，是全党全国人民为实现中华民族伟大复兴而奋斗的行动指南。实践告诉我们，中国共产党为什么能，中国特色社会主义为什么好，归根到底是马克思主义行，是中国化时代化的马克思主义行。

在中国共产党成立一百周年之际，我们实现了第一个百年奋斗目标，在中华大地上全面建成了小康社会，历史性地解决了绝对贫困问题。在中国共产党第二个百年的新的历史时期，党中央对全面建成小康社会以后做了两个阶段的战略安排。第一步，从 2020 年到 2035 年，在全面建成小康社会的基础上，基本实现社会主义现代化；第二步，从 2035 年到 21 世纪中叶，在基本实现社会主义现代化的基础上，把我国建成富强民主文明和谐美丽的社会主义现代化强国。

党的二十大还对中国式现代化的特征和本质要求作出了论述，指出中国式现代化既有各国现代化的共同特征，更有基于自己国情的中国特色，这就是中国式现代化是人口规模巨大、全体人民共同富裕、物质文明和精神文明相协调、人与自然和谐共生、走和平发展道路的现代化，其本质要求是：坚持中国共产党领导，坚持中国特色社会主义，实现高质量发展，发展全过程人民民主，丰富人民精神世界，实现全体人民共同富裕，促进人和自然和谐共生，推动构建人类命运共同体，创造人类文明新形态。按照中国式现代化的要求，从政治制度上看，我国是工人阶级领导的、以工农联盟为基础的人民民主专政的社会主义国家。因此，要健全人民当家作主制度体系，发展社会主义民主政治。发展社会主义民主政治就是要体现人民意志、保障人民权益、激发人民创造活力，用制度体系保证人民当家作主。这一制度体系包括坚持党的领导、人民当家作主、依法治国有机统一，党的领导是人民当家作主和依法治国的根本保证，人民当家作主是社会主义民主政治的本质特征，依法治国是党领导人民治理国家的基本方式，三者统一于我国社会主义民主政治伟大实践。坚持和完善人民代表大会制度；全面发展协商民主，发挥社会主义协商民主重要作用，特别是发挥人民政协在协商民主中的作用；积极发展基层民主；转变政府职能，深化简政放权，创新监管方式，增强政府公信力和执行力，建设人民满意的服务型政府。深化依法治国实践，坚持厉行法治，推进科学立法、严格执法、公正司法、全民守法。巩固和发展爱国统一战线，坚持长期共存、互相监督、肝胆相照、荣辱与共，支持民主党派按照中国特色社会主义参政党要求更好履行职能；全面贯彻党的民族政策、宗教工作基本方针，加强党外知识分子工作，做好新的社会阶层人士工作，广泛团结联系海外侨胞和归侨侨眷，共同致力于中华民族伟大复兴。

就政治环境对媒介经营与管理的影响而言，首先要把媒介经营与管理放到中国特色社会主义新时代、放到实现中华民族伟大复兴这个大背景下去谋划和制定发展战略，在各项经营管理活动中必须坚持正确的政治方向，坚持为人民服务、为社会主义服务的方向，坚持党性原则，坚持社会效益第一的原则，在坚持社会效益的前提下实现社会效益和经济效益的统一，不能就经营而谈经营，要在中国共产党第二个百年伟大战略中寻找发展机遇，要在学习宣传贯彻马克思主义特别是习近平新时代中国特色社会主义思想等主题宣传中寻求发展和壮大。从微观管理来看，必须把坚持党的领导贯彻到从组织结构到产品定位、内容管理等方方面面，落实意识形态责任制，做到守土有责。

## 二、经济环境及其对媒介经营与管理的影响

党的基本路线是要坚持经济建设这个中心，坚定不移把发展作为党执政兴国的第一要务，坚持解放和发展社会生产力，坚持社会主义市场经济改革方向，推动经济持续健康发展。中国特色社会主义基本经济制度包括三个方面的内容：社会主义市场经济体制，公有制为主体、多种所有制经济共同发展的所有制制度和按劳分配为主体、多种分配方式并存的分配制度。

进入新时代以后，我国经济已由高速增长阶段转向高质量发展阶段，正处在转变发展方式、优化经济结构、转换增长动力的攻关期，在今后一个较长时期我们都必须坚持质量第一、效益优先，以供给侧改革为主线，形成需求牵引供给、供给创造需求的更高水平动态平衡。推动经济发展质量变革、效率变革、动力变革，提高全要素生产率，着力加快建设实体经济、科技创新、现代金融、人力资源协同发展的产业体系。着力构建市场机制有效、微观主体有活力、宏观调控有度的经济体制，不断增强我国经济创新力和竞争力。充分发挥我国超大规模市场优势和内需潜力，构建国内国际双循环相互促进的新发展格局。

加快完善社会主义市场经济体制。经济体制改革必须以完善产权制度和要素市场化配置为重点，实现产权有效激励、要素自由流动、价格反应灵活、竞争公平有序、企业优胜劣汰。要完善各类国有资产管理体制，深化国有企业改革，发展混合所有制经济，培育具有全球竞争力的世界一流企业。全面实施市场准入负面清单制度，清理废除妨碍统一市场和公平竞争的各种规定和做法，打破行政性垄断，防止市场垄断，加快要素价格市场化改革，放宽服务业准入限制，完善市场监管体制。创新和完善宏观调控，发挥国家发展规划的战略导向作用，健全财政、货币、产业、区域等经济政策协调机制。进一步扩大对外开放，推动形成全面开放新格局。

在未来一个相当长的时间内，从产业发展的角度看，我国将重点发展战略性新兴产业、现代服务业，统筹推进基础设施建设，加快数字化发展，大力发展数字经济。当今世界的竞争主要是科技竞争，因此，要实现创新引领，加快建设创新型国家，瞄准世界科技前沿，强化基础研究，加强应用基础研究，加强国家创新体系建设，深化科技体制改革，建立以企业为主体、市场为导向、产学研深度融合的技术创新体系，倡导创新文化，强化知识产权创造、保护、运用。

除了上述社会主义经济制度、经济体制以及宏观经济政策外，我国的经济状况也是经济环境的一个重要因素。2020 年中国经济总量超过 100 万亿元，稳居世界第二位，并跨越了一个大的台阶。从 2019 年开始，中国人均 GDP 超过 7 万元（超过 10 000 美元），

居民年人均可支配收入超 3 万元，迈入了中等收入国家行列。中国的恩格尔系数（即食品支出总额占个人消费支出总额的比重）连续多年低于 30%，文化消费支出占整个社会消费支出比重大大提高。

就经济环境对媒介经营与管理的影响而言，首先，要坚持社会主义经济制度，实行社会主义市场经济体制，充分发挥市场在资源配置中的决定性作用，同时要更好地发挥政府的作用；在媒介活动中要坚持公有制经济的主导地位，尤其是要发挥国有主流媒体的引导作用，同时在国家允许的经营领域充分发挥非国有经济的作用。其次，国家经济实力的飞速发展、我国迈入中等收入国家行列以及恩格尔系数的下降都给媒介产业带来了巨大的发展机遇和发展空间，人们对高质量精神产品的需求不断增加，是媒介市场发展的重要基础。因此，媒介产业要牢固创新、协调、绿色、开放、共享的新发展理念，坚持高质量发展要抓住我国经济发展方式转变以及大力发展数字经济给媒介经营与管理带来的巨大机遇，借助信息技术实现高质量发展和绿色发展。再次，大力发展媒介市场，建立完善的媒介市场体系，培育媒介市场竞争主体，加强市场规范、打击垄断、激发市场活力等，为媒介产业发展提供良好的产业发展环境。最后，充分发挥资本市场的作用，通过公开上市等举措，借助资本的杠杆力量做强做大媒介组织；以发展作为第一要务，深化媒介经营与管理体制改革，实现跨媒体、跨行业、跨所有制的深度融合发展；加大媒介组织内部体制机制改革，激发传媒组织的经营活力，充分调动从业者的积极性和创造性。如此等等，为微观媒介组织的发展提供了内部保障。

## 三、文化环境及其对媒介经营与管理的影响

文化是一个国家、一个民族的灵魂，没有高度的文化自信，没有文化的繁荣兴盛，就没有中华民族伟大复兴。媒介产业是文化产业的一个重要组成部分，因此，文化环境对媒介产业的发展有着直接的作用。

进入新时代，党对文化更加重视，提出要坚持中国特色社会主义文化发展道路，激发全民族文化创新创造活力，到 2035 年建成社会主义文化强国。为此，党中央提出了一系列重大举措：第一，提出了坚持中国特色社会主义文化道路，增强文化自信，围绕举旗帜、聚民心、育新人、兴文化、展形象建设社会主义文化强国。第二，坚持马克思主义指导地位，牢牢掌握意识形态的领导权，深入贯彻落实习近平新时代中国特色社会主义思想，并用习近平新时代中国特色社会主义思想武装全党全国人民。第三，培育和践行社会主义核心价值观，发挥社会主义核心价值观对国民教育、精神文明建设、精神文化产品创作生产传播的引领作用，把社会主义核心价值观融入社会发展各个方面，转化为人们的情感认同和行为习惯。第四，提高人民思想觉悟、道德水准、文明素养，提高全社会文明程度；加强爱国主义、集体主义、社会主义教育，引导人们树立正确的历史观、民族观、国家观、文化观；推进社会公德、职业道德、家庭美德、个人品德建设，激励人们向上向善、孝老爱亲，忠于祖国、忠于人民等。第五，实施精品战略，坚持以人民为中心的创作导向，推出更多思想精深、艺术精湛、制作精良的精品。第六，深化文化体制改革，完善文化管理体制，加快构建把社会效益放在首位、社会效益和经济效

益相统一的体制机制；完善公共文化服务体系，深入实施文化惠民工程，丰富群众性文化活动；健全现代文化产业体系和市场体系，创新生产经营机制，完善文化经济政策，培育新型文化业态。第七，增强中华文明传播力影响力，坚守中华文化主场，加强国际传播能力建设，深化文明交流互鉴，推动中华文化更好走向世界。

新闻舆论作为文化建设的一个极其重要的部分，更是受到了党中央的高度重视，并提出了一系列重要论断和要求：第一，对党的新闻舆论工作的重要性进行了高度概括。指出新闻舆论工作事关旗帜和道路，事关贯彻落实党的理论和路线方针政策，事关顺利推进党和国家各项事业，事关全党全国各族人民凝聚力和向心力，事关党和国家前途命运，因此，必须从党的工作全局出发把握党的新闻舆论工作，做到思想上高度重视、工作上精准有力。第二，坚持正确的政治方向。坚持党性原则，最根本的是坚持党对新闻舆论工作的领导；党的新闻舆论媒体的所有工作，都要体现党的意志、反映党的主张，维护党中央权威、维护党的团结，做到爱党、护党、为党；都要增强看齐意识，在思想上政治上行动上同党中央保持高度一致；都要坚持党性和人民性相统一，把党的理论和路线方针政策变成人民群众的自觉行动，及时把人民群众创造的经验和面临的实际情况反映出来，丰富人民精神世界，增强人民精神力量。第三，坚持正确的舆论导向。新闻舆论工作各个方面、各个环节都要坚持正确舆论导向；各级党报党刊、电台电视台要讲导向，都市类报刊、新媒体也要讲导向；新闻报道要讲导向，副刊、专题节目、广告宣传也要讲导向；时政新闻要讲导向，娱乐类、社会类新闻也要讲导向；国内新闻报道要讲导向，国际新闻报道也要讲导向。第四，坚持稳定鼓劲、正面宣传为主，要增强吸引力和感染力；统筹协调好正面宣传与舆论监督的关系，舆论监督和正面宣传是统一的。第五，坚持不断创新，把握好新闻舆论的时效度，注重宣传效果。党的新闻舆论工作必须创新理念、内容、体裁、形式、方法、手段、业态、体制、机制，增强针对性和实效性；适应分众化、差异化传播趋势，加快构建舆论引导新格局；抓住时机、把握节奏、讲究策略，从时度效着力，体现时度效要求。第六，坚持融合发展，建立现代传播体系。推动传统媒体和新兴媒体融合发展，要遵循新闻传播规律和新兴媒体发展规律，强化互联网思维，坚持传统媒体和新兴媒体优势互补、一体发展，坚持先进技术为支撑、内容建设为根本，推动传统媒体和新兴媒体在内容、渠道、平台、经营、管理等方面的深度融合，着力打造一批形态多样、手段先进、具有竞争力的新型主流媒体，建成几家拥有强大实力和传播力、公信力、影响力的新型媒体集团，形成立体多样、融合发展的现代传播体系。第七，加强网上舆论引导，营造清朗健康的网络空间。互联网是个社会信息大舞台，学会通过网络走群众路线，善于运用网络了解民意、开展工作，让互联网成为同群众交流沟通的新平台，成为了解群众、贴近群众、为群众排忧解难的新途径，成为发扬人民民主、接受人民监督的新渠道；积极引导网络舆论，培育积极健康、向上向善的网络文化；本着对社会负责、对人民负责的态度，依法加强网络空间治理，加强网络内容建设，为广大网民特别是青少年营造一个风清气正的网络空间。第八，加强国际传播能力建设，增强国际话语权。讲好中国故事，传播好中国声音，展示真实、立体、全面的中国；加快构建中国话语和中国叙事体系，用中国理论阐释中国实践，用中国实践升华中国理论，打造融通中外的新概念、新范畴、新表述，更加充分、更加鲜明地展现中国故事及其背后的思想力量和精神力量。上述八个方面既是对新闻舆论的一般要求，也是媒介经营和管理中必须坚持的行为准则。此外，对媒介经营与管理具有直接影响的还包括文化产业政策，国家通过直接投融资、财政转移支付、税收减免、奖励等有关文化产业政策促进媒介产业的发展。

## 四、社会环境及其对媒介经营与管理的影响

广义的社会环境包括了媒介发展的全部外部环境，狭义的社会环境主要指“五位一体”总体战略中与政治、经济、文化、生态相对应的社会建设内容，主要指与民生相关的教育、劳动就业、社会保障、医疗健康、社会治理等方面的内容。在教育方面，党和政府多年来一直把教育事业放在优先位置，深化教育改革，加快教育现代化，办好人民满意的教育。截至2020年底，中国共有各类学校50余万所，各类在校学生2.89亿人，其中普通本专科以上学历的在校生人数3 200多万人，这是一个巨大的人力资源库。在劳动就业方面，我国更加注重提高就业质量和人民收入水平，每年新增加就业人数上千万人。在脱贫攻坚方面，经过全党全国各族人民共同努力，我国脱贫攻坚战取得了全面胜利，现行标准下9 899万农村贫困人口全部脱贫。在社会保障方面，按照兜底线、织密网、建机制的要求，全面建成覆盖全民、城乡统筹、权责清晰、保障适度、可持续的多层次社会保障体系。在医疗健康方面，实施健康中国战略，完善国民健康政策，为人民群众提供全方位全周期健康服务，深化医药卫生体制改革，全面建立中国特色基本医疗卫生制度、医疗保障制度和优质高效的医疗卫生服务体系，健全现代医院管理制度。在社会治理方面，加强社会治理制度建设，完善党委领导、政府负责、社会协同、公众参与、法治保障的社会治理体制，提高社会治理社会化、法治化、智能化、专业化水平，打造共建共治共享的社会治理格局。

社会环境中的人口数量、变化趋势以及人口分布、收入结构、年龄结构、性别结构等因素都对媒介的发展有着直接的影响，人口数量和收入水平直接影响到媒介产品的消费能力，人口分布情况影响着媒介的布局及传播成本，人口的年龄结构和性别结构影响着媒介业态和产品类型，比如当前的快速老龄化趋势就需要媒介产业策划出针对老年人群的产品，而年轻人的媒介接受习惯的变化也决定了媒介加速转型的紧迫性。教育事业的发展与媒介消费有着直接的正相关关系，一方面教育行业是媒介的巨大用户群，很多媒介收入直接来源于教育行业特别是各类学校，另一方面人们受教育程度的高低又直接影响了媒介的消费总量和不同媒介的消费结构，比如在文盲率较高的地区，其以文字性传播为主的媒介消费就很低，而视听产品受到的影响就相对较小。就业人群的扩大及收入水平的提高，有利于媒介产品的消费；脱贫攻坚取得全面胜利后，人们的温饱问题解决后消费开始更多地转向文化产品，人们对精神文化方面的需求会大幅度增加。社会保障体系的兜底作用、医疗保障服务的完善等等社会建设举措让人们无后顾之忧，也会促进文化产品的消费。社会治理体制对人们的文化素质以及信息的掌握程度等有了更高的要求，社会化、法治化、智能化、专业化的提高，共建共治共享必然对社会成员提出更高的智能化要求，而这些恰恰是媒介可以发挥作用的空间。

## 五、法律环境及其对媒介经营与管理的影响

全面依法治国、建设社会主义法治国家，是中国特色社会主义的本质要求和重要保障。关于媒介，国家从宏观到微观都出台了一系列法律法规，这些法律法规是媒介经营与管理必须严格遵守的底线。同媒介经营与管理相关的法律法规主要包括宪法、民商法、著作权法、电影产业促进法、国家通用语言文字法、合同法、反不正当竞争法、广告法、保守国家秘密法、产品质量法、未成年人保护法、消费者权益保护法、网络安全法、电子商务法、个人信息保护法等；国务院有关条例，主要包括出版管理条例、电影管理条例、广播电视管理条例、音像制品管理条例、著作权法实施条例、印刷业管理条例、信息网络传播权保护条例、互联网信息服务管理办法、广播电视设施保护条例、广告管理条例等等；还有大量的部门规章，包括图书、期刊、报纸管理的暂行规定，出版物市场管理规定，报刊记者站管理办法，新闻记者证管理办法，互联网出版和信息服务等方面的管理规定，等等；涉及媒介管理的还有很多党内规范性文件，比如中共中央国务院关于加强出版工作的决定、中共中央国务院关于深化文化体制改革的若干意见、中共中央关于深化文化体制改革推动社会主义文化大发展大繁荣若干重大问题的决定、关于加快推进媒体深度融合发展的意见等等。这些法律法规和相关政策对媒介不仅从指导思想、原则、方向等方面提出了具体要求，还对市场准入、产品准入、资格准入、人员准入以及各个方面的内容管理等做出了详细的规定，这些都是媒介组织必须遵守的，否则就会受到惩处。

## 六、技术环境及其对媒介经营与管理的影响

媒介从其诞生到现在一直受到技术变化的影响，尤其是从近代以来媒介的每一次重大变化都是由技术进步直接引发，以至于在媒介领域有一种影响巨大的技术决定论思潮。从 20 世纪 70 年代以来的近 50 年中，以互联网为先导的传播技术飞速发展，先后出现了互联网（包括移动互联网）技术、社交网络服务技术、大数据技术、VR/AR/MR 技术、人工智能技术、5G 技术以及区块链技术等等。互联网技术极大地改变了传播方式和信息接收方式，拓展了传播空间，并构成了其他传播新技术的基础，由此而形成了新的媒介生态，并改变了人的生活方式；社交网络服务技术改变了人们的交往空间和交往方式，由此而形成了虚拟社会；大数据技术不仅改变了传播方式，而且还为对人的行为全方位分析提供了技术条件；VR/AR/MR 技术为我们提供了一个虚拟的“真实世界”，让我们有一种在场感，同时改变了人的生存方式；18 世纪法国唯物主义哲学家提出了“人是机器”的重要论断，而人工智能技术则反过来将机器变成人，模拟、延伸和扩展人的智能，并在某些方面对人类自身形成挑战和威胁；5G 这一具有高速率、低时延和大连接等特点的新一代宽带移动通信技术，不仅要解决人与人通信问题，为用户提供增强现实、虚拟现实、超高清（3D）视频等更加身临其境的极致业务体验，更要解决人与物、物与物的通信问题，是实现人机物互联的网络基础设施；区块链技术将存储于数

据库中的数据或信息，通过数据加密使其具有不可伪造、全程留痕、可以追溯、公开透明等特征，为互联网上的海量信息提供了坚实的“信任”基础，具有广阔的运用前景。

除了上述环境外，近些年随着我国生态文明建设的推进以及全社会环境保护意识的加强，媒介产业必须密切关注国家有关生态环境方面的法律法规和政策。国际环境也对媒介的经营与管理产生很大的影响，限于篇幅这里就不再介绍了。

## 第二节 新中国媒介管理体制的发展历程

新中国成立以来，我国媒介管理体制经历了从企业单位事业化管理到事业单位企业化管理，再到按照单位性质转制为企业和保留事业单位并存的发展历程。

### 一、企业单位事业化管理阶段（1949—1978）

目前学界对新中国成立后到改革开放前的这段时间内媒介组织性质的认识有一种误区，就是认为这个时期的媒介组织都是事业单位，因此按照事业单位管理，从事的活动都是公共服务性质的宣传活动，这与实际情况不相符合。事实上，新中国成立初期，媒介组织是被定性为企业的。

新中国成立之初，党和政府面临着百废待兴的局面，由于当时存在着不同类别的媒介组织，包括革命战争年代中国共产党领导下的按照党的机关方式运作的媒介组织，如党直接领导下的机关报、出版机构、广播电台等。党对这些机构的管理一开始实行统一配给制，媒介组织所需要的人员、资金、设备等由国家统一安排调配。当时，也有党领导的在原国统区长期按照企业经营的报刊和出版机构，同时一些私营媒介机构也通过甄别留用了一批，这些机构完全是按照企业进行经营管理的，国家对这些私营媒介机构准许其继续经营并给予了一定的扶持政策。

统一配给制的优点是加强了集中统一管理，同时媒介从业人员不需要为经营问题而过多地投入精力，可以专心于宣传工作，但这种体制所带来的问题也是明显的，那就是它不注重经营问题，对政府财政资金有着高度的依赖性，在机构人员规模不大的情况下，尚能够维持，一旦规模扩大就会给财政带来巨大的压力，尤其是新中国成立初期经济面临很多困难、财政收入吃紧的情况下，媒介组织的巨大亏损引起了中央的高度重视。于是，一种新的媒介组织制度设计就提上了党和政府的日程，并加以实施。中华人民共和国成立之后不久，出版总署和新闻总署就先后召开相关会议，要求全国的媒介组织按照企业化方针进行经营管理，实行自给自足。对于报纸，当时规定：第一，报纸定价必须低于纸张成本；第二，增加有益广告的刊登数量；第三，为降低发行成本，报纸统一由邮局发行；第四，废除单纯报销制度，对于不能自给的报纸，实行定期定额补贴制度；第五，紧缩编制，健全财会制度。在报业进行企业化制度设计的同时，出版业也开始了企业化制度的设计和实施。新中国成立之初出版机构有关负责人在第一次全国新华书店会议的总结中提出："大家都一致同意加强企业化，这是很好的。从哪来加强呢?""加强经济核算，明确定价标准，制定新的会计制度，取消供给制，实行薪金制"①。1950年10月28日出版总署发布《关于国营书刊出版印刷发行企业分工专业化与调整公私关系的决定》，规定为进一步发展国营出版事业，全国各级新华书店兼营出版印刷业务者，从当前起应即着手划分为三个独立的企业单位。人民出版社为直属出版总署的国营出版企业，新华印刷厂总管理处及其所属京津两地厂为直属出版总署的国营书刊印刷企业，新华书店为直属出版总署的国营书刊发行企业。1951年8月16日公布的《管理书刊出版业印刷业发行业暂行条例》规定：本条例所称书刊出版业印刷业发行业系指有固定场所及设备经营图书、期刊的出版、印刷、发行业务之企业，除应向当地出版行政机关申请核准营业外，还应向当地工商行政机关申请登记。这种政策一直延续至今。在20世纪60年代初，当时的主管部门文化部党组提出，为了从组织上保证克服盲目追求出版数字、追求利润而忽视提高出书质量的倾向，出版社应由企业单位改为事业单位。但这一设想被财政部认为不能"两头沾"（即既得到事业单位的优势，又享受企业单位的福利）而被搁置。与此相似，当时的电影制片机构和发行机构也被定性为影片经理公司或者电影发行公司。可以看出，在这一阶段，绝大多数媒介单位属性是企业。正因为如此，新中国成立后，报纸在较长一段时间内承揽了很多广告业务，有些报纸还通过广告取得了可观的利润。这种情况到了"文化大革命"期间彻底改变了，这个时期媒介机构就是完成政治宣传的单纯工具，经营、利润等被当作资产阶级思想加以批判，所谓的媒介企业名存实亡。

由于新中国成立后党和国家把媒介作为党的政治机关，作为党的宣传事业的重要组成部分，且只把其作为宣传舆论工具，基本上不考虑其经济功能，加之当时的经济体制是高度集中的计划经济，这样从组织结构上各个媒介组织根本没有经营的地位，它们的经营主要是从厉行节约、控制成本等角度进行的。此外，由于各个媒介机构不能决定生产什么、如何生产、如何定价、如何销售等企业自主经营的最核心要素，生产什么要按照指定的分工，生产部分只负责生产不负责销售，生产企业的原材料是按计划供应的，价格由国家价格管理部门直接定价，无法反映市场供求关系，销售则有专门的邮局、新华书店、电影发行公司等等，这样它们根本无法根据企业的运行规律去经营管理，无法做到自主经营、自负盈亏。由于媒介无法进行经营活动，而又必须保障其正常的宣传活动，政府每年都会为传媒单位制定财政预算，规定人员编制和各类支出，拨付财政资金。

这一阶段，虽然将绝大多数媒介组织界定为企业，但事实上当时的媒介管理方式却是事业单位的管理模式，实际上并没有按照企业进行经营和管理，从这个意义上说，我们将此阶段称为"企业单位事业化管理阶段"。这一阶段媒介企业经营的目的仅限于加强经济核算、厉行节约、减少财政负担等，因此完全没有媒介产业的概念和理念，更谈不上发展媒介产业的问题，这种状况直到改革开放后才有所改变。

---

① 中国出版科学研究所，中央档案馆．中华人民共和国出版史料：1949 [M]．北京：中国书籍出版社，1995：433-434.

## 二、事业单位企业化管理阶段（1978—2003）

1978年党的十一届三中全会召开开启了中国改革开放的新征程。在十一届三中全会刚刚闭幕，《人民日报》等八家首都报社联名给财政部打报告，要求实行“事业单位，企业化管理”的管理体制，希望通过一定的自主经营，以补充新闻单位运行中财政补助不足的问题，由此拉开了媒介组织市场化改革的序幕。这一改革的基本出发点是将媒介组织作为事业单位看待，但在具体管理方式上按照企业进行管理。在政事（企）关系上，通过国家对事业单位“放权让利”，给媒介组织“松绑”，使其具有独立的经营自主权；在资源配置上使媒介组织完全通过市场获取资源，各个生产要素通过市场进行配置，通过为社会提供媒介商品和服务获得经济收益，通过企业化管理实现自主经营、自我管理、自我约束、自我发展。报告很快获得批准，这一管理方式随后不久在整个媒介行业全面推开，从此进入了媒介组织“事业单位，企业化管理”阶段。以出版社为例，1980年，国家出版局颁布的《出版社工作暂行条例》要求，出版社要按照经济规律办事，要有一名副社长主管经营管理工作等。1984年，文化部提出要适当扩大出版单位自主权，以提高出版单位经营的主动性。1985年，中宣部转发了文化部党组《关于全国出版局（社）长会议的报告》，提出“应当确定出版社为事业单位，其中大多数可以实行企业管理；少数难以经济自立，必须依靠国家事业费经营的，按事业单位管理”①。1988年颁布的《关于当前出版社改革的若干意见》进一步指出：“在发展社会主义有计划的商品经济的条件下，出版社必须由生产型向生产经营型转变，使出版社既是图书的出版者，又是图书的经营者。”② 国家也对其他媒介组织按照同样的口径进行界定和定位。

这一阶段媒介组织的企业化经营首先从广告领域开始突破。1979年1月4日，《天津日报》在第三版刊登了天津牙膏厂蓝天牌牙膏的商业广告，使绝迹多年的商业广告重新在中国内地报刊上出现，由此拉开了改革开放后中国报业广告发展的序幕；随后，1979年1月28日，上海电视台打出了“上海电视台即日起受理广告业务”的字幕，同时播出中国电视广告史上的第一条商业广告——参桂养容酒广告，其间上海电视台还专门成立了负责广告经营的部门——广告业务科，把广告作为电视台经营的一项重要业务；1979年3月15日，上海《文汇报》刊登了第一条外商广告——瑞士雷达表，首开新中国成立后内地报纸刊登外商企业产品广告的先河。1979年4月17日，《人民日报》刊登了大半个版的地质仪器广告，拉开了党报刊登商业广告的大幕。在这几家国内外具有重要影响的媒体的带动下，媒体广告业务逐步开展起来，并迅速发展壮大，并在不久后发展成为媒介产业的一个重要支撑点——广告产业。

媒介组织的另一个企业化改革是从发行体制改革入手的。1980年，国家有关部门首先放开报刊、图书的发行领域的零售业务，鼓励个人、集体从事创办书摊、零售书店等书报刊销售业务，以解决书报刊等精神文化产品供求脱节问题。随后，国家有关部门对

① 新闻出版署图书管理司．图书出版管理手册［M］．沈阳：辽宁大学出版社，1991：36.

② 同①48.

媒介组织的自办发行等环节逐步放开。例如在图书领域，国家出版局 1980 年发布了《〈建议有计划有步骤地发展集体所有制和个体所有制的书店、书亭、书摊和书贩〉的通知》，提出允许集体、个体书店书摊等非国有经济进入图书零售领域从事图书销售。1988 年，中宣部、新闻出版署在《关于当前图书发行体制改革的若干意见》中进一步放开民营发行企业的二级图书批发权。在报刊领域，20 世纪 80 年代起很多报刊开始开辟自办发行渠道，借助社会力量创办的报刊批销中心以及报刊亭等从事报刊销售。

从媒介组织的内部领导体制看，过去媒介长期是按照苏联模式实行总编辑负责制。从 20 世纪 80 年代初，很多媒体单位开始实行党委领导下的社长总编辑分工负责制。不久，很多媒介机构开始探索社长负责制，这一管理体制在 20 世纪 80 年代中后期得到了有关行政管理部门的认可。例如，对于出版社的领导体制，1988 年新闻出版署颁布的《关于当前出版社改革的若干意见》中明确指出："要逐步实行社长负责制。社长是法人代表。党组织起监督保证作用。"同时，对社长的职权做出明确规定：社长全面领导出版社的编辑工作和经营管理工作。国家规定的出版社应有的人权、财权和选题审批权，由社长行使。编辑部门和经营管理部门都对社长负责。总编辑、副总编辑、副社长由社长提名，报上级主管部门考核、任命。报社、期刊社、广播电台、电视台等其他媒介组织也开始了行政领导（社长、台长等）负责制的领导体制改革。

从媒介组织内部经营机制和管理体制看，20 世纪 80 年代开始将农村联产承包责任制的经验向城市推广借鉴，很多媒介组织也开始试行承包制，把经营放到突出地位，但承包制也带来了只讲经济效益不讲社会效益的不良后果。后来很多媒介组织取消了承包制，推行生产经营责任制，书报刊引入策划人制度、首席记者等制度，一些电视台引入制片人制度，打破平均主义和大锅饭，强化每个人的责任，并把个人绩效与个人业绩直接挂钩，实行干部能上能下、人才能出能进、岗位可设可撤、工资可高可低等劳动人事制度改革，激发了企业经营活力和员工创造经济效益的积极性和创造性。

1992 年党的十四大正式提出建立社会主义市场经济体制以后，很多媒介组织开始探索集团化经营模式，通过内部整合和横向联合，先后组建了一些事业型集团。首先是一些地方政府推动和主导的集团率先成立，比如 1992 年 4 月山东出版（集团）总社成立，同年 9 月四川出版集团公司成立，1993 年江西出版集团成立，1999 年无锡市广电集团成立等等。之后，在中央人民政府的主导下，以资本为纽带的地区性或行业性媒介集团纷纷组建，比如 1996 年广州日报报业集团成立，1998 年文汇新民联合报业集团、羊城晚报报业集团、南方日报报业集团、光明日报报业集团、经济日报报业集团等纷纷成立，1999 年上海世纪出版集团、广东出版集团成立，2000 年中国科学出版集团、湖南广电集团成立。尽管这一时期成立的媒介集团都是事业集团，还不是按照公司法的治理结构要求进行规范建立的，但集团化的一个重要任务是强化面对市场、满足市场需求，在经营上实行多元化，体现了规模经济和范围经济的要求。

虽然在媒介行业的经营管理实践上，很多媒介组织已经按照市场化、企业化、产业化的要求进行运作，但在理论上对媒介产业化还有很多争议和分歧。对于媒介产业的提法，无论是在决策层还是在业界都有不同看法，因此媒介产业化问题长期得不到解决，这在某种程度上也阻碍了媒介产业的健康发展。这种状况进入 21 世纪以后得到了解决。

2000 年召开的党的十五届五中全会通过了《中共中央关于制定国民经济和社会发展第十个五年计划的建议》，该建议明确提出："完善文化产业政策，加强文化市场建设和管理，推动有关文化产业发展。"这里从中央层面第一次提出了文化产业概念。随后，党的十六大报告中明确提出"国家支持和保障文化公益事业"，"支持文化产业发展"，从而把公益性文化事业和经营性文化产业做出了明确的区分，这种区分也成为指导我国媒介体制改革的理论依据。

总的看来，这一阶段的媒介组织虽然还是事业单位，但更强调企业化运作，以市场化为导向，加大了经营力度，强化了经营管理的目标责任制，整个媒介行业获得快速发展，媒介产业初具规模。与此同时，也存在一些比较突出的问题，比如事业单位和企业管理存在着先天性的矛盾，事业单位更强调公益性和非营利性（国外甚至直接将具有事业单位性质的组织称为非营利组织），而企业则更强调经营性，强调利润等经济因素。在市场化改革过程中，尤其是在 20 世纪 80 年代，很多媒介组织所推行的承包制、生产经营责任制等体制过分注重经济效益，忽视社会效益，出现了很多不符合国家主流意识形态及价值观导向的内容。此外，媒介组织的事业单位性质导致了产权关系模糊、无法进行资本运作等问题。由于将媒介组织推向市场，事业单位应该坚守的公共服务功能严重弱化。诸如此类问题都需要在接下来的进一步改革中加以解决。

## 三、事业单位与企业按照不同方式进行管理阶段（2003 年至今）

党的十六大明确提出"支持文化产业发展"的任务，为了落实十六大精神，推动文化体制改革，2003 年 6 月中央召开了全国文化体制改革试点工作会议，对文化体制改革进行了部署，媒介体制改革是其中的重点。

从 2003 年开始，中央确定了 35 家文化体制改革试点单位，其中 21 家属于媒介单位。经过一段时间的试点，2005 年底中共中央、国务院发出《关于深化文化体制改革的若干意见》，包括媒介在内的文化体制改革全面推开。有媒体将这次改革的要点概括为"一二三四"：

一是坚持一个目标，就是最大限度地满足人民群众日益增长的精神文化需求。二是转动"两个轮子"：一个是大力发展公益性文化事业，一个是大力发展经营性文化产业。三是认清"三个关系"：第一个关系是"两个要求"相统一，即既要符合社会主义市场经济规律的要求，又要符合社会主义精神文明建设的要求；第二个关系是"两个效益"相统一，即必须把社会效益放在第一位，努力做到社会效益和经济效益相统一；第三个关系是"宏观管理和微观搞活"相统一。四是抓住四个关键环节：第一个关键环节是重塑文化市场主体，努力形成一批自主经营、自负盈亏、自我发展、自我约束、有竞争能力的国有或者国有控股的文化企业和企业集团；第二个关键环节是完善市场体系；第三个关键环节是改善宏观管理；第四个关键环节是转变政府职能。①

《关于深化文化体制改革的若干意见》对此有更详细的论述，下面结合媒介体制改革

① 文化体制改革的"1234"[J]. 瞭望新闻周刊，2004（25）：20－21.

对其要点进行总结概括：

媒介体制改革的目标是：以发展为主题，以改革为动力，以体制机制创新为重点，形成科学有效的宏观媒介管理体制，富有效率的文化内容生产和服务的微观运行机制，以公有制为主体、多种所有制共同发展的媒介产业格局和统一、开放、竞争、有序的现代媒介市场体系；要形成完善的文化创新体系，形成以民族文化为主体、吸收外来有益文化，推动中华文化走向世界的文化开放格局。

媒介体制改革的原则要求是：坚持社会主义先进文化的前进方向；坚持马克思主义在意识形态领域的指导地位，确保国家文化安全；坚持勇于实践、大胆创新，树立新的媒介发展观；坚持把社会效益放在首位，努力实现社会效益和经济效益的统一；坚持媒介事业和媒介产业协调发展；坚持区别对待、分类指导，循序渐进、逐步推开。

根据媒介事业和媒介产业协调发展的思路，对于那些主要承担公益性媒介服务的单位实行事业单位管理体制。国家将采取加大公益性文化事业投入等举措，调整资源配置，逐步构建公共文化服务体系。改进和完善国家扶持方式，坚持和完善有关文化领域的重点扶持政策和措施。要以项目投入为手段，以激发活力为目标，提高资金的使用效益。对于新闻媒体，要坚持正确的舆论导向，始终确保党和人民喉舌的性质；要优化组织结构，整合内部资源，转变经营方式；要深化媒介事业单位的内部改革，推进人事、收入分配和社会保障制度改革，按照政事分开的原则，事业单位和行政机关不得相互混岗。根据这一原则，时政类新闻机构、人民出版社等四家出版机构以及一些主要新闻单位继续保留事业单位身份，按照公益类事业单位进行管理。

对于那些主要面向市场的经营性媒介单位将其定性为企业，要深化企业改革，规范国有事业单位的转制。转制企业要在清产核资的基础上，合理确定产权归属，做好资产评估和产权登记等工作。确认出资人身份，明确出资人权利，建立资产经营责任制。要确保国有资产安全，防止国有资产流失。转制企业自工商登记之日起，实行企业财政、税收、社会保障、劳动人事制度，重视职工权益保障，在一定期限内给予财政、税收等方面的优惠政策。为此，国家还专门制定了相关税收优惠政策，并一直延续了下来。同时要求转企改制的媒介单位切实做好劳动人事、社会保障的政策衔接，妥善安排富余人员。

对于转企改制的媒介企业，《关于深化文化体制改革的若干意见》提出，要重塑文化市场主体，按照现代企业制度的要求，加快推进国有媒介企业的公司制改造，完善法人治理结构。要加强媒介产品和要素市场建设，打破条块分割、地区封锁、城乡分离的市场格局，形成统一、开放、竞争、有序的现代媒介市场体系，重点培育书报刊、电子音像制品、影视剧等媒介产品市场。加强资本、产权、人才、信息、技术等生产要素市场建设，培育和规范以网络为载体的新兴媒介市场。要完善现代流通体制，深化国有发行企业改革，打破按行政级次、行政区划分配媒介产品的旧体制，发展现代流通组织形式。要着力培育外向型文化企业，积极实施“走出去”战略，创新对外文化交流体制和机制。实行政府推动和企业市场化运作相结合，打造一批具有国际竞争力的媒介企业，使之成为实施文化“走出去”战略的主体。

《关于深化文化体制改革的若干意见》指出，要科学规划和配置公益性文化事业资源、报刊及广播电视资源，促进文化资源配置向农村和中西部地区倾斜。要大力提高媒介产业规模化、集约化、专业化水平，培育和建设一批出版、电子音像、影视和动漫制作、媒介产品分销等产业基地。重点培育发展一批实力雄厚、具有较强竞争力和影响力的大型媒介企业和企业集团，支持和鼓励大型国有媒介企业和企业集团实行跨地区、跨行业兼并重组，鼓励同一地区的媒体下属经营性公司之间互相参股。支持中小型媒介单位向“专、精、特、新”方向发展，形成富有活力的优势产业群。同时，要大力推进媒介领域所有制结构调整，坚持以公有制为主体，鼓励和支持非公有资本以多种形式进入政策许可的媒介产业领域，逐步形成以公有制为主体、多种所有制共同发展的媒介产业格局。

从宏观管理的角度，《关于深化文化体制改革的若干意见》要求加强和改进媒介领域宏观管理，加快转变政府职能，明确行政管理部门职责，理顺行政管理部门与所属企事业单位的关系。健全法律法规和政策体系，加强文化立法，通过法定程序将党的文化政策逐步上升为法律法规。继续执行实践证明行之有效的文化经济政策，制定和完善扶持公益性文化事业、发展文化产业、激励文化创新等方面的政策。《关于深化文化体制改革的若干意见》还提出，政府要加强市场监管，加大知识产权保护力度，建立依法经营、违法必究、公平交易、诚实守信的市场秩序，创造公开、公平、公正的市场竞争环境。

在《关于深化文化体制改革的若干意见》有关精神的指导下，一方面，政府要按照公益性、基本性、均等性、便利性的要求，加大对媒介公共服务以及相关基础设施的投入；另一方面，对于其他的媒介组织首先要按照现代企业制度要求，转企——建立规范的公司治理结构，改制——由单一的国有企业改制为股份制企业，鼓励通过跨媒体、跨地区、跨行业、跨所有制等手段进行兼并、重组，着力打造一批具有国际竞争力和影响力的传媒集团，鼓励有条件的传媒组织进入资本市场，上市融资，做大做强。按照中央有关部门的部署，出版机构除了四家保留事业体制以外，其余全部转为企业，报业、期刊业和广电行业也有一些传媒组织完成了转企改制。过去的具有事业单位性质的媒介集团大多数都改为企业集团，并按照规范化的公司治理结构进行内部管理体制改革。在转企改制的同时，有关管理部门提出要积极推动有条件的传媒集团上市融资。虽然在党的十六大之前也有个别媒介企业上市，比如博瑞传媒、赛迪传媒和北青传媒等，但它们在当时并没有形成广泛影响。2006年5月，上海新华发行集团收购华联超市股份有限公司45.06%的股份，更名为上海新华传媒股份有限公司并公开上市融资。此后，四川新华文轩、辽宁出版、安徽时代出版、皖新传媒、九州央广传媒、华闻传媒、中南传媒、凤凰传媒等企业纷纷成功上市融资，开启了出版业资本市场化的新篇章。2011年4月，建银国际文化产业股权投资基金正式启动，这是首家以广播、影视、出版行业作为重点投资方向的文化产业基金，基金规模20亿元，投资范围涵盖出版、电影、广播电视、网络游戏、动漫产业等。2011年，首家国家级文化产业投资基金——中国文化产业投资基金在北京成立，该基金主要以股权投资方式投资新闻出版发行、广播电影电视、文化艺术、网络文化、文化休闲及其他相关行业领域。可以说，在党的十八大之前媒介产业发展已经比较成熟，并被视为具有广泛影响力的未来朝阳产业。

# 第三节　新时代的媒介产业

党的十八大后，以习近平同志为核心的党中央带领全党和全国人民进入新时代。在新时代，党中央高度重视新闻舆论工作，继续深化文化体制包括媒介体制的改革，使媒介产业上升到一个新的台阶。

## 一、中国媒介产业的发展现状

按照长期以来中国媒介产业的统计口径，一般将媒介产业分成三大块进行统计：新闻出版、广播电视电影以及新媒体。以下根据2020—2021年相关管理部门发布的数据进行介绍。[①]

### （一）新闻出版发展现状

根据国家新闻出版署发布的《2020年全国新闻出版业基本情况》，2020年新闻出版产业发展的情况如下。

**1. 机构及网点情况**

截至2020年底，全国共有新闻出版单位24.3万家，其中法人单位14.6万家，非法人单位0.8万家，个体经营户8.9万家。具体到新闻出版各个子行业情况如下：

全国共有出版社586家（包括副牌社24家），其中中央级出版社219家（包括副牌社13家），地方出版社367家（包括副牌社11家）；全国有音像制品出版单位381家，电子出版物出版单位316家。全国共有印刷企业9 271家；共有发行单位（网点）183 540处，其中新华书店及其网点10 610处，出版社自办发行网点400处，邮政系统网点35 859处，其他批发网点15 575处，集个体零售网点121 087处。

**2. 出版物出版情况**

2020年，全国共出版图书、期刊、报纸、音像制品和电子出版物417.51亿册（份、盒、张）。具体分类情况如下：

2020年，全国出版图书489 051种，103.74亿册（张）。其中，新版图书213 636种，总印数23.22亿册（张），重印图书275 415种，总印数60.19亿册（张），定价总金额2 185.3亿元。全国出版期刊10 192种，总印数20.4亿册，定价总金额211.9亿元。全国共出版报纸1 810种，总印数289.1亿份，定价总金额366.4亿元。全国共出版音像制品8 611种，出版数量17 515万盒（张），电子出版物7 825种，出版数量25 270.7万张。

---

① 国家新闻出版署和国家广播电视总局统计数据发布的时间不同步，国家新闻出版署发布的数据截至2020年，而国家广播电视总局的数据截至2021年。因此，以下数据依据相关管理部门发布的最新统计数据，统计年份有所差异，特此说明。数据来源：2020年新闻出版产业分析报告［EB/OL］.（2021-12-20）［2022-06-08］. https://www.chinaxwcb.com/info/576485. 2021年全国广播电视行业统计公报［EB/OL］.（2022-04-25）［2022-06-07］. http://www.nrta.gov.cn/art/2022/4/25/art_113_60195.html.

**3. 经营情况**

2020年全国出版印刷发行服务行业实现营业总收入16 776.3亿元，利润总额1 024.8亿元，拥有资产总额22 578.7亿元，所有者权益（净资产）11 425.4亿元。具体到各个类别的经营情况如下：

全国图书出版行业实现经营收入963.6亿元，利润总额163.8亿元；期刊行业实现经营收入194.2亿元，利润30.4亿元；报纸行业实现经营收入539.5亿元，利润50.4亿元；音像制品实现经营收入30亿元，利润3.7亿元；电子出版物实现经营收入17.9亿元，利润2.6亿元；印刷复制行业实现经营收入11 991亿元，利润555.02亿元；出版物发行实现经营收入2 953亿元，利润215.2亿元。

全国各类出版物进出口情况：累计出口1 149.9万册（份、盒、张），总金额8 297万美元；累计进口3 994.3万册（份、盒、张），总金额79 510万美元；进出口总额87 807万美元。全国出版物进出口经营单位实现营业收入87.2亿元，利润3.7亿元。

全国版权贸易情况：共实现版权输出13 895项，其中图书12 915项，音像制品244项，电子出版物736项；共引进版权14 185项，其中图书13 919项，音像制品233项，电子出版物33项。

全国共有国家出版产业基地（园区）24家，其中11家数字出版基地（园区）实现营业收入1 951.5亿元。

截至2020年底，在中国内地和中国香港上市的新闻出版企业43家①，其中出版企业15家，报业企业4家，发行企业8家，印刷企业9家，新媒体企业7家。在内地上市38家，在香港上市5家，总流通市值3 347.1亿元，在中国内地上市的38家内地企业流通市值2 806.7亿元，实现经营收入1 600.2亿元，拥有总资产3 077.6亿元，实现利润总额232.1亿元。

在新闻出版各类企事业单位中，由于受到新冠肺炎疫情的影响，2020年的各项经营指标大都出现了不同程度的下降。但从近些年的发展趋势看，图书出版业，除了个别年份外总体上依然有所增长，报业下降幅度最大，其次是期刊，说明数字技术对报刊业的冲击较为严重。

### （二）广播电视电影发展现状

**1. 机构情况**

截至2021年底，全国开展广播电视和网络视听业务的机构约6万家。其中，广播电台、电视台、广播电视台等播出机构2 542家，持证及备案网络视听机构675家，超过2 000家县级融媒体中心取得网络视听节目许可证，从事广播电视节目制作经营机构超过5万家。经过国家批准成立的电影厂31家，此外还有51家电影院线，8万多块屏幕。

**2. 经营情况**

2021年全国广播电视行业总收入11 488.81亿元。其中，广播电视和网络视听业务

---

① 2020年底在中国内地和中国香港上市的新闻出版企业实际上是44家，其中，康得新复合材料集团股份有限公司因触及重大违法强制退市，公司股票自2019年7月8日起停牌，因此，纳入这里统计的出版传媒上市公司为43家。

实际创收 9 673.11 亿元，财政补助收入 968.76 亿元，其他收入 846.94 亿元。

传统广播电视广告收入保持稳定，广播电视和网络视听机构通过互联网网站、计算机客户端、移动客户端等取得的广告收入快速增长。广告收入 3 079.42 亿元，其中，传统广播电视广告收入 786.46 亿元，广播电视和网络视听机构通过互联网取得的新媒体广告收入 2 001.46 亿元，广播电视和网络视听机构通过竞价排名、报刊广告、楼宇广告、户外广告、品牌推广等取得的其他广告收入 291.50 亿元。

有线电视网络收入 734.56 亿元，其中收视维护费、付费数字电视、落地费等传统有线电视网络业务收入 487.60 亿元；传统广播电视节目销售收入 438.24 亿元，电视购物频道收入 115.61 亿元，付费数字电视内容与播控收入 23.40 亿元，节目制作相关服务收入 271.82 亿元，技术服务、演出等其他创收收入 1 224.66 亿元。

网络视听收入 3 594.65 亿元。其中，用户付费、节目版权等服务收入 974.05 亿元，网络直播、短视频等其他收入 2 620.60 亿元。

广播电视机构智慧广电及融合发展业务收入 1 085.70 亿元，主要收入构成包括：广播电视机构新媒体广告收入 276.71 亿元，有线电视网络宽带、集团客户等增值业务收入 246.97 亿元，IPTV 平台分成收入 161.76 亿元，OTT 集成服务业务收入 78.02 亿元，广播电视机构网络视听收入 322.24 亿元。

2021 年全年生产影片 740 部，其中故事片 565 部，电影票房收入 472.58 亿元（含二级市场及服务费），城市院线观影人次 11.67 亿，放映场次 1.23 亿场。其中，国产影片票房 399.27 亿元，占全年总票房 84.49%。

### （三）互联网媒体行业发展现状

根据国家互联网络信息中心（CNNIC）发布的《第 49 次中国互联网络发展状况统计报告》，截至 2021 年 12 月，我国网民规模达 10.32 亿，互联网普及率达 73.0%。我国手机网民规模达 10.29 亿，网民使用手机上网的比例为 99.7%。我国农村网民规模达 2.84 亿，占网民整体的 27.6%；城镇网民规模达 7.48 亿，占网民整体的 72.4%。我国网民使用手机上网的比例达 99.7%；使用电视上网的比例为 28.1%；使用台式电脑、笔记本电脑、平板电脑上网的比例分别为 35.0%、33.0%和 27.4%。以下是网络在媒介中的应用方面的一些基础数据。①

#### 1. 即时通信

截至 2021 年 12 月，我国即时通信用户规模达 10.07 亿，占网民整体的 97.5%。即时通信行业 2021 年持续稳定增长，行业发展主要体现在网址链接访问更加顺畅、新功能持续探索和企业端产品蓬勃发展等三个方面。在小程序方面，即时通信平台为中小企业提供多种多样的开发工具，降低了开发门槛，从而将越来越多的企业纳入小程序生态内。微信小程序日活跃用户突破 4.5 亿，在视频号方面，即时通信企业进一步加强对内容创作者的吸纳和培育，通过定制化的入驻服务与运营支持，以及智能模板、增强现实技术、

---

① 中国互联网络信息中心．第 49 次中国互联网络发展状况统计报告［R/OL］．(2022-02-25)［2022-09-09］．http：//www.cnnic.cn/NMedia File/old _ attach/P020220721404263787858.pdf.

自动视频编辑等工具帮助用户制作更多优质的视频内容。在产品方面，以钉钉、企业微信、飞书为代表的典型产品均在年内推出大型版本更新。

**2. 搜索引擎**

截至 2021 年 12 月，我国搜索引擎用户规模达 8.29 亿，占网民整体的 80.3%。搜索引擎市场发展稳中有变。从市场观察看，搜索引擎企业二次上市寻求多项新增长。百度完成香港交易所二次上市；搜狗成为腾讯全资子公司，在保留独立搜索品牌的同时，为微信提供搜索技术与内容支持；字节跳动旗下搜索产品进一步发展，抖音视频搜索月活跃用户已超过 5.5 亿；微信"搜一搜"的电脑端应用对搜索方式进行升级，用户选中聊天信息即可直接实现搜索。在内容方面，互联网搜索环境持续改善。

**3. 网络新闻**

截至 2021 年 12 月，我国网络新闻用户规模达 7.71 亿，占网民整体的 74.7%。2021 年，新闻媒体与互联网平台加速融合，持续推进技术突破，进一步增强用户体验，提升传播效果。新闻媒体通过入驻哔哩哔哩、百度、微博等社交娱乐类、信息资讯类平台，并持续引导平台用户参与对热点议题的讨论，进一步提升平台用户对相关议题的认知，达到良好的传播效果。网络新闻媒体持续推进新技术应用落地，进一步增强用户体验。

**4. 网络视频**

截至 2021 年 12 月，我国网络视频（含短视频）用户规模达 9.75 亿，占网民整体的 94.5%。其中短视频用户规模为 9.34 亿，网络视频市场呈现精品迭出、新业务与技术加速探索应用、环境日益清朗的态势。"云业务"、新技术的不断探索与应用，促进网络视频文化产业不断创新与发展。短视频平台一方面加速布局知识领域，推动知识传播，另一方面不断与传统产业融合，创造出更大的经济价值。短视频推动知识传播，成为信息传播的重要渠道。短视频与农产品上行、文旅产业深度融合，激发经济活力。

**5. 网络直播**

截至 2021 年 12 月，我国网络直播用户规模达 7.03 亿，占网民整体的 68.2%。其中，电商直播的用户规模为 4.64 亿，占网民整体的 44.9%；游戏直播的用户规模为 3.02 亿，占网民整体的 29.2%；体育直播的用户规模为 2.84 亿，占网民整体的 27.5%；真人秀直播的用户规模为 1.94 亿，占网民整体的 18.8%；演唱会直播的用户规模为 1.42 亿，占网民整体的 13.8%。

**6. 网络游戏**

截至 2021 年 12 月，我国网络游戏用户规模达 5.54 亿，占网民整体的 53.6%。网络游戏行业持续发展，海外拓展平稳推进。2021 年，为保护未成年人健康成长，国家主管部门加大治理力度，推动网络游戏行业更加规范，我国网络游戏厂商开发的手机游戏在全球手机游戏畅销榜中分别位列第二名、第五名和第七名。

**7. 网络音乐**

截至 2021 年 12 月，我国网络音乐用户规模达 7.29 亿，占网民整体的 70.7%。2021 年，我国网络音乐行业的发展具体表现在版权环境和业务创新两个方面。伴随着版权环境的好转，网络音乐平台开始将更多精力投入新业务的探索中，各种创新业务正逐渐展开，推动平台营收持续增长。

**8. 网络文学**

截至 2021 年 12 月，我国网络文学用户规模达 5.02 亿，占网民整体的 48.6%。2021 年，网络文学行业持续稳健发展。网络文学更加关注现实题材，作品质量进一步提高。同时，基于网络文学的数字产品形式日趋多元发展，音频和短剧成为新的增长点。此外，网络文学平台探索新的出海模式，为在全球语境中讲好中国故事提供了路径。中国网络文学已向海外输出网络文学作品 1 万余部。网站订阅和阅读 App 用户达 1 亿多人，覆盖了世界上大部分国家和地区，为讲好中国故事做出了贡献。

**9. 政府网站**

截至 2021 年 12 月，国务院部门及其内设、垂直管理机构共有政府网站 890 个，占总体政府网站的 6.1%；市级及以下行政单位共有政府网站 12 015 个，占比为 82.5%。各行政级别政府网站共开通栏目数量 30.3 万个，主要包括信息公开、网上办事和政务动态三种类别。

**10. 网络广告**

除了上述领域的互联网媒介业务快速发展外，互联网广告业务也获得了迅猛发展。2021 年中国实现广告收入 5 435 亿元（不含港澳台地区），同比增长 9.32%。阿里巴巴、字节跳动、腾讯位列广告收入前三的位置，前两名的收入均超过了千亿元。[①]

## 二、中国媒介产业发展的突出特点

### （一）用习近平新时代中国特色社会主义思想引领媒介工作

新时代媒介产业的一个突出特点是用习近平新时代中国特色社会主义思想引领媒介工作，把坚持正确的政治方向、坚持正确的舆论导向放到至高位置，坚持把社会效益放在首位，并把社会效益优先落实到媒介工作的各个环节中去，为此中共中央办公厅、国务院办公厅颁发了《关于推动国有文化企业把社会效益放在首位、实现社会效益和经济效益相统一的指导意见》。中宣部等媒介管理部门制定了一系列社会效益评价考核试行办法，从各个方面对该指导意见进行细化，从指导思想、评价考核内容和方式、评价考核程序、评价考核结果使用、责任落实等方面对社会效益进行评价考核，以确保媒介单位坚持正确政治方向、出版导向、价值取向，聚焦内容生产，鼓励多出精品，提高内容质量，推动传媒业持续健康发展。习近平新时代中国特色社会主义思想的学习宣传不仅成为各个新闻媒体的中心任务，同时也给媒介产业带来了新的发展机遇，在新时代以《人民日报》、新华社、中央广播电视总台等为代表的主流媒体获得了更多的政策支持和快速发展，出版领域的主题出版板块的增长速度远远高于出版业的平均增长速度，主题出版的崛起既弘扬了主旋律、传递了正能量，又能够取得很好的经济效益，真正实现了两个

① 2021 年中国互联网广告数据报告：阿里巴巴收入超千亿位居第一［EB/OL］.（2022-01-14）［2022-09-09］. https://baijiahao.baidu.com/s?id=1721893011244633239&wfr=spider&for=pc.

效益的高度统一。

### （二）加快媒介深度融合发展

新时代媒介产业的另一个突出特点是媒介的深度融合，其极大地扩展了媒介产业的边界以及增长速度和发展空间。进入 21 世纪以来，以互联网为代表的新兴传播技术快速发展，新的媒介不断涌现，以新媒介为平台的数字经济与媒介产业一起迅速崛起，出现了媒介平台化、平台媒介化、信息产品场景化、媒介载体多元化、信息发布大众化、信息推送个性化以及信息资源资产化等新的趋势。在这种情况下，国家密集出台了一系列鼓励媒介融合发展的举措和政策，比如 2013 年国家新闻出版广电总局发布《关于加强数字出版内容投送平台建设和管理的指导意见》、2014 年国家新闻出版广电总局、财政部发布《关于推动新闻出版业数字化转型升级的指导意见》、2015 年国家新闻出版广电总局、财政部发布《关于推动传统出版和新兴出版融合发展的指导意见》、2017 年国家新闻出版广电总局、财政部发布《关于深化新闻出版业数字化转型升级工作的通知》、2018 年全国人大通过《中华人民共和国电子商务法》、2019 年国家颁布《关于促进文化和科技深度融合的指导意见》《区块链信息服务管理规定》《网络音视频信息服务管理规定》《网络信息内容生态治理规定》，2020 年中共中央办公厅、国务院办公厅印发了《关于加快推进媒体深度融合发展的意见》等等。为了落实这些文件，有关部门还通过各种措施对加快媒介融合发展出台了资金、技术、人才等方面的支持措施。尤其是 2020 年印发的《关于加快推进媒体深度融合发展的意见》明确要求，推动主力军全面挺进主战场，以互联网思维优化资源配置，把更多优质内容、先进技术、专业人才、项目资金向互联网主阵地汇集、向移动端倾斜，让分散在线下的力量尽快进军线上、深入线上，做大做强网络平台，占领新兴传播阵地。基于国家相关支持政策，人民网、新华网等新型主流互联网媒体平台快速成长，并被批准公开上市。原来从事其他领域业务的互联网企业也纷纷进入媒介领域，在信息搜索、信息推送、广告经营方面飞速发展，比如新浪、阿里巴巴、腾讯以及后起的今日头条、快手等，媒介融合条件下形成了许多新的经营模式，比如舆情监测与引导、大数据推送与个性化营销、直播带货、流量费分成、互联网广告等等，既增加了媒介经营的模式，也形成了媒体多元竞争的新格局。

### （三）加强国际传播能力建设

新时代媒介产业第三个突出特点，就是加大国际传播力度，占领国际传媒市场。长期以来，对外传播往往作为政策性、公益性行为，这不仅使国家在这方面投入巨大，更主要的是由于忽视了国际市场上消费者的偏好或者需求，传播效果也很不理想。随着中国国际地位的提高，加强和改善对外传播受到了以习近平同志为核心的党中央的高度关注。2021 年 5 月，习近平总书记主持中央政治局会议，专门就加强和改进国际传播工作发表了重要讲话，提出我们必须加强顶层设计和研究布局，构建具有鲜明中国特色的战略传播体系，着力提高国际传播影响力、中华文化感召力、中国形象亲和力、中国话语说服力、国际舆论引导力；要全面提升国际传播效能，建强适应新时代国际传播需要的专门人才队伍；要加强国际传播的理论研究，掌握国际传播的规律，构建对外话语体系，提高传播艺术；要采用贴近不同区域、不同国家、不同群体受众的精准传播方式，推进中国故事和中国声音的全球化表达、区域化表达、分众化表达，增强国际传播的亲和力和实效性。加强和改进国际传播还要求媒介积极参与国际市场竞争，深入研究西方受众的需求变化和接受方式，占领西方主流媒介市场，传达中国声音，向国际社会展现一个真实、全面、立体的中国，在占领市场的同时获得经济收益，发展壮大我国媒介产业，打造我国具有国际影响力、公信力、传播力的跨国媒介集团。

## 本章小结

1. 媒介是与政治、经济、文化、社会、技术等外部环境密切关联、不可分割的，这些因素对媒介的经营与管理有着直接的影响。

2. 就政治环境对媒介经营与管理的影响而言，首先要把媒介经营与管理放到实现中华民族伟大复兴这个大背景下去谋划和制定发展战略，坚持正确的政治方向，坚持为人民服务、为社会主义服务的方向，坚持党性原则，在坚持社会效益的前提下实现社会效益和经济效益的统一。

3. 就经济环境对媒介经营与管理的影响而言，要坚持社会主义经济制度，实行社会主义市场经济体制，充分发挥市场在资源配置中的决定性作用，同时要更好地发挥政府的作用；在媒介活动中要坚持公有制经济的主导地位，尤其是要发挥国有主流媒体的引导作用，同时在国家允许的经营领域充分发挥非国有经济的作用。媒介产业要牢固创新、协调、绿色、开放、共享的新发展理念，坚持高质量发展要抓住我国经济发展方式转变以及大力发展数字经济给传媒经营与管理带来的巨大机遇，借助信息技术实现高质量发展和绿色发展。

4. 就文化环境对媒介经营与管理的影响而言，要坚持马克思主义指导地位，深入贯彻落实习近平新时代中国特色社会主义思想，牢牢掌握意识形态的领导权，培育和践行社会主义核心价值观，按照习近平总书记提出的“举旗帜、聚民心、育新人、兴文化、展形象”的使命任务，坚持正确的舆论导向和政治方向，坚持以人民为中心的创作导向，推出更多思想精深、艺术精湛、制作精良的精品。推动传统媒体和新兴媒体融合发展，建立现代传播体系。加强国际传播能力建设，增强国际话语权。

5. 就社会环境对媒介经营与管理的影响而言，与民生相关的教育、劳动就业、社会保障、医疗健康、社会治理等方面的发展对人们的文化素质以及信息的掌握程度等有了更高的要求，给媒介提供了更大的发挥作用的空间。

6. 就法律环境对媒介经营与管理的影响而言，国家的法律法规和相关政策对媒介不仅从指导思想、原则、方向等方面提出了具体要求，还对市场准入、产品准入、资格准入、人员准入以及各个方面的内容管理等做出了详细的规定，媒介经营与管理必须严格依法经营，严格遵守法律法规的底线。

7. 就技术环境及其对媒介经营与管理的影响而言，以互联网为先导的传播技术飞速发展，先后出现了互联网（包括移动互联网）技术、社交网络服务技术、大数据技术、VR/AR/MR 技术、人工智能技术、5G 技术以及区块链技术等等，极大地改变了传播方式和信息接收方式，拓展了传播空间，并构成了其他传播新技术的基础，由此而形成了新的媒介生态，也直接改变了媒介的经营和管理模式。

8. 新中国成立以来，我国媒介管理体制经历了从企业单位事业化管理到事业单位企业化管理，再到按照单位性质转制为企业和保留事业单位并存的发展历程。

9. 党的十八大以后，我国媒介发展进入新时代。新时代媒介产业具有三个突出特点：一是用习近平新时代中国特色社会主义思想引领媒介工作，把坚持正确的政治方向、坚持正确的舆论导向放到至高位置，坚持把社会效益放在首位，并把社会效益优先落实到媒介工作的各个环节中去；二是媒介的深度融合，极大地扩展了媒介产业的边界以及增长速度和发展空间；三是加大国际传播力度，加强国际传播能力建设，讲好中国故事，占领国际传媒市场，传播中国声音。

## 复习思考题

1. 试述文化环境对媒介经营与管理的影响。
2. 谈谈现代传播技术对媒介经营与管理带来了哪些影响。
3. 新时代我国传媒业发展有哪些突出特点？

## 第二编

# 媒介经营与管理的核心业务

第二编是“媒介经营与管理”的核心部分，包括第四章（媒介组织管理）、第五章（媒介组织的战略管理）、第六章（媒介产品的研发与生产管理）、第七章（媒介产品的营销管理）、第八章（广告经营与管理）、第九章（媒介资本运营与管理）和第十章（媒介品牌管理）。

第四章

# 媒介组织管理

成立于1998年的腾讯公司在其20多年的发展历程中，经历了四次比较大的组织变革。

腾讯最早只有一种产品即QQ，因产品结构单一、总体规模较小，实行的是职能式组织结构，按照研发、业务、渠道和基础构架部门划分，另设立行政部门。但随着业务的增加与人员规模的扩大，原有的组织结构已经不能适应事业发展的需要，于是在2005年腾讯进行了较大幅度的组织变革，推出事业部（business unit，BU）制，使其由一家初创公司转向规模的生态协同，从单一的产品提供商变成了一站式的生活平台，成立了八个业务系统，其中四个为一线业务系统，另外四个是业务支持系统。这次组织变革促进了腾讯快速增长。到2011年，腾讯营业收入达到了285亿元，成为国内互联网行业的翘楚。

为了防止大企业病，保持创新活力，2012年腾讯又对组织架构进行了较大幅度的调整，将原有的以业务模块或合伙人为中心的体制转向以用户为中心的事业部群制，组建了六个事业部群和一个独立的子公司。

2014年由于微信的异军突起，腾讯又增设了微信事业部群。之后的事业发展使得腾讯的旧组织架构已经不完全适配以人工智能、大数据、云计算为代表的产业趋势和技术革命。2018年9月，腾讯再次对组织结构进行重大调整，除对原有的事业部群进行业务重组外，新成立了腾讯技术委员会，通过内部分布式开源协同，加强基础研发，打造具有腾讯特色的技术中台，还整合新的广告营销服务线，将原社交与效果广告部和原网络媒体事业群广告线整合在一起，形成广告营销服务线。

2021年4月，腾讯又进一步整合腾讯视频、微视以及应用宝业务，组建“在线视频BU”（On-line Video Business Unit），深耕视频赛道。

可以看出，腾讯正是通过不断进行组织变革来拓展新的业务、开拓新的市场空间的。这正应了阿里巴巴总裁张勇所说的那句话：“所有商业竞争，到最后都会变成组织的竞争。”这也充分说明了组织及组织变革的极端重要性。

那么什么是组织？组织变革为什么这么重要？组织的决策机制是什么？组织和企业发展有什么内在联系？诸如此类，就是本章所要介绍和阐述的内容。

**学习目标：**

阅读和学习本章后，你应该能够：

1. 了解媒介组织及其类型。
2. 了解媒介组织的演变过程。
3. 理解媒介组织的治理结构。
4. 了解媒介组织治理结构的主要模式。
5. 理解治理结构与组织结构之间的区别与联系。
6. 了解组织结构的主要表现形式。
7. 了解媒介组织结构的主要形式。
8. 了解媒介组织结构的发展趋势。

# 第一节　媒介组织及其类型

媒介组织既有一般组织的普遍特征，也有其自身的特性。社会制度深刻地影响着媒介制度与媒介组织的发展。按照组织目标、媒介形态，媒介组织可以划分为不同的类型。最早的媒介组织是从事出版业务的组织，随后出现的是报业组织，之后又出现了跨媒介、跨行业甚至跨国的媒介集团，近年来随着移动互联网的发展，新媒体崛起，涌现出不少新型的媒介组织。

## 一、媒介组织的内涵

### （一）组织的定义

合理的组织结构是组织实现其目的的基本保障。“组织”，英文为“organization”，该词来源于“organ”（器官），因为器官是自成系统、具有特定功能的细胞结构，后来演变为针对专门之人群而被运用到社会管理中。20 世纪 40 年代以后，组织研究成为一个独立的新兴研究领域，对**组织**的定义和研究也出现了不同的视角和流派。[①] 美国著名管理学家罗宾斯（Stephen Robbins）认为，组织结构是指对于工作任务如何进行分组和协调合作。他进一步提出，在进行组织结构

> **名词解释**
>
> **组织**　指根据某种明确的目的或目标、经过精心设计的由诸多要素按照一定方式相互联系起来的社会系统，同时又与外部系统保持密切的联系。

① 周鸿铎．媒介经营与管理总论［M］．北京：经济管理出版社，2005：146－147.

设计时，要考虑六个关键因素：工作专门化、部门化、命令链、管理跨度、集权与分权以及正规化。卡斯特（Fremont Kast）和罗森茨克（James Rosenzweig）把组织结构看作一个组织内各构成部门或各个部分之间所确立的关系的形式。

巴纳德（Chester Barnard）认为，正式组织是一种人与人之间有意识、经过协商和有目的的协作。[①] 而斯科特（Richard Scott）和戴维斯（Gerald Davis）在《组织理论：理性、自然与开放系统的视角》一书中梳理了组织研究领域的各种观点，从三种视角归纳了对"组织"的定义。[②]

从理性系统的视角出发，"组织是意在寻求特定目标且具有高度正式化社会结构的集体"。它与初级团组、家庭、社区以及社会运动等其他类型的集体相区别。这一定义代表组织研究领域占据主导地位的理论视角，且为世界上大多数管理者和实践者所接受。

从自然系统的视角出发，组织可以看作一种自然系统，即"组织是这样一种集体，其参与者追求多重利益，既有共同的，也有不同的，但它们共同认识到组织是一种重要的资源以及保持其永续长存的价值"。这一定义强调组织无法与其他社会系统分离，也受影响社会系统的所有力量的制约。

而从开放系统的视角来看，组织是根植于更广泛的物质资源与制度环境下的不同利益参与者之间的结盟活动。作为一个开放系统，组织依赖于同外界人员、资源和信息的交流，也就是说，"环境决定、支撑和渗透着组织"。

这三种视角基本上将组织理论研究中不同流派对于"组织"定义的不同观点囊括在内，可以成为我们理解"组织"乃至媒介组织的重要参考。

### （二）媒介组织的含义

国内有学者认为，媒介组织是"通过一定的制度和运营机制联系起来的人的集合体，这个集合体是一个社会系统，具有系统的一般特性和功能。作为一个系统，这个系统通过组织结构和组织制度将组织内部一个个元素联系起来，成为一个有机整体"[③]。这个定义适用于任何组织，媒介组织的特点是这里的"人的集合体"是"媒介人的集合体"，内部充满着一个个媒介元素，它作为一个媒介有机整体发挥作用。同时，这个系统与政治系统、经济系统、社会系统、文化系统、技术系统和法律系统等密不可分，外部各系统的变化都会影响到媒介组织。这一定义为我们理解媒介组织提供了一种视角。

**媒介组织**既有一般组织的普遍特征，也有自身的特性。与大多数社会组织一样，媒介组织嵌入社会，与其他社会系统相互联系。

> **名词解释**
>
> **媒介组织**　以媒介作为生产、交流和服务主体并对其进行经营和管理的机构或单位，它同时处在一定的政治、经济、文化、技术、社会、生态等国内外环境系统之中，并受到这些系统的制约和影响。

① 斯科特，戴维斯．组织理论：理性、自然与开放系统的视角［M］．高俊山，译．北京：中国人民大学出版社，2011：31.

② 同①31－33.

③ 周鸿铎．媒介经营与管理总论［M］．北京：经济管理出版社，2005：146－147.

社会制度深刻地影响着媒介制度与媒介组织的发展。纵观世界各地的媒介组织，我们可以发现，媒介组织的性质、特点会因国家、地区、政治体制、经济体制等不同因素的影响而呈现出巨大差异，例如：在所谓的自由市场经济体制下，西方发达国家的媒体大多以私有私营为主，以营利为主要目的；而在我国，由于受特殊的政治体制影响，不少媒介组织，尤其是意识形态属性较强的主流媒体，属于国有独资，根据其所承担的功能不同分别按照事业单位和企业单位进行管理，其所从事的新闻工作也具有“事业”和“产业”双重属性。

媒介组织的特殊性表现在，其所从事的信息生产、交流和服务活动，在满足社会普遍信息需求、提供信息服务的同时，也对社会的政治、经济、文化、思想道德等具有广泛而强大的影响力，而且还会影响到社会生活和人们的行为方式。因此，一方面，媒介组织虽然同其他类型的组织一样，需要从事经营活动以维持自身生存，但又不等同于一般的以营利为目的的私有企业，还需要兼顾公共性、公益性方面的目标。例如，不同国家和地区的各种媒介组织，固然可能因体制、性质不同而有着不同的组织目标，但都在不同程度上受到社会责任的约束。另一方面，媒介组织虽然具有宣传和意识形态功能，但又不等同于单纯的宣传机构，这种功能在其信息产品满足社会需求和得到市场消费者认可的前提下才能实现。①

### （三）现代媒介组织的设计架构

在所有者和管理者一体的情况下，媒介的所有者也是管理者，这时的组织架构比较简单，它不需要特殊的治理结构，一切由所有者决策和执行，所有者对决策和执行后果负责，其既享有剩余索取权也享有剩余控制权，同时对经营后果承担无限责任。但是，随着组织复杂程度的提高以及专业分工的细化，出现了一些专门从事经营管理的职业经理人，从而造成了所有权和经营权的分离问题。在这种情况下，就存在股东与管理层的关系问题，而且随着股权的分散化，中小股东的利益需要通过代理人行使，这样就存在着委托-代理关系问题，形成了所有者、执行者、监督者等之间复杂的权利和义务关系，针对这种关系设计出一定的法律形式加以规范。而在组织内部层面，同样需要对执行结构精心设计和规范。这就形成了组织的治理结构和组织结构。

> **名词解释**
>
> **治理结构**　协调所有者和其他利益相关者相互之间关系的一种制度安排，这种制度安排包括了权力机关的设置、运行及权力机关之间的法权关系，包括但不限于指挥、控制、激励等方面的活动内容。
>
> **组织结构**　组织成员为实现组织目标，在管理工作中进行分工协作，在职务范围、责任、权利方面所形成的结构体系。它是用以表明组织各部分排列顺序、空间位置、聚散状态、联系方式以及各要素之间相互关系的一种模式，是整个管理系统的框架。

**治理结构**与**组织结构**之间既相互联系又有区别：治理结构属于体制层面，是所有权和经营权的分权协调模式，具有稳定性；侧重于权力结构；研究目标包括权力、约束、激励等，制度设计强调严密；管理结构倾向于简单明了，同一属性的组织之间的治理结

① 郭庆光．传播学教程［M］．2版．北京：中国人民大学出版社，2011：128－130.

构基本相同。组织结构属于机制层面，是经营和管理的具体模式，具有变动性；侧重于工作流程，属于公司的运作方式；研究对象包括任务、程序、分权、控制等；管理重视检查控制，管理结构则具有一定的复杂性，各个组织之间的组织结构千差万别。治理结构决定组织结构，组织结构影响治理结构的落实情况。公司法对公司的治理结构进行了规范，而对公司的组织结构则没有详细规定。决定治理结构的主要依据是组织的属性（企业、事业等），不同属性类型的组织对于治理结构有不同的要求。

## 二、媒介组织的类型

按照不同的分类标准，媒介组织可以分为不同的类型。

### （一）按组织目标分类

若从组织目标是否以营利为标准来进行分类的话，媒介组织可分为营利性媒介组织、非营利性媒介组织。①

非营利组织在我国一般是社会组织，因此，我国媒介事业单位性质的单位类似于国外的非营利组织，但又有所不同，有的学者将其称之为中间型媒介组织。在 2003 年文化体制改革中，将主要面向市场的媒介组织转企改制后，那些主要承担公共服务职能的媒介组织保留了事业单位身份。2011 年开始的事业单位体制改革进一步将事业单位进行了分类：按照社会功能将现有事业单位划分为承担行政职能、从事生产经营活动和从事公益服务三个类别。对承担行政职能的，逐步将其行政职能划归行政机构或转为行政机构；对从事生产经营活动的，逐步将其转为企业；对从事公益服务的，继续将其保留在事业单位序列、强化其公益属性。这样在第一步文化体制改革的基础上，保留事业单位的媒介组织就统一定位为公益性媒介组织。2011 年事业单位改革方案中，对于公益性事业单位又进行了细分，根据职责任务、服务对象和资源配置方式等情况，将从事公益服务的事业单位细分为两类：承担义务教育、基础性科研、公共文化、公共卫生及基层的基本医疗服务等基本公益服务，不能或不宜由市场配置资源的，划入公益一类；承担高等教育、非营利医疗等公益服务，可部分由市场配置资源的，划入公益二类。按照这一方案，除了政府网站及极少数重要时政类媒介组织外，绝大多数媒介组织都被归入公益二类。公益一类的媒介组织完全承担公共服务，不能由市场配置资源，实行国家财政全额拨款。而公益二类的媒介组织则承担部分公益服务，有一部分通过市场配置资源，实行国家财政差额拨款。

营利性媒介组织，即企业，在世界范围内普遍存在，西方国家的大多数媒介组织和中国以市场作为资源配置的主要方式的经营性媒体企业，如广告公司、发行公司、影视节目制作公司和转企改制后的出版社、传媒集团控股的股份制公司等即属此类。

非营利性媒介组织，以公益性为主要组织目标，不以营利为目的，所需费用由公共财政承担，典型代表如英国广播公司、澳大利亚广播公司、加拿大广播公司（CBC）、日

① 张辉锋．传媒经济学：理论、历史与实务［M］．北京：人民日报出版社，2012：93.

本广播公司（NHK）都是属于公共所有制的非营利性组织，而美国之音广播电台（VOA）属于国有制的非营利性组织。我国的公益一类媒介组织从性质上也属于这类非营利性媒介组织。

公益二类媒介组织，介于营利性媒介组织和公益一类媒介组织之间，以公益行为主要组织目标，但在资源获取上又是通过市场配置的方式，国家只承担它公共服务的部分经费，而其他缺口则通过市场填补，它类似于过去的事业单位企业化经营的运作模式。

在我国，无论哪种媒介组织都必须坚持把社会效益放在第一位，力图实现社会效益和经济效益的有机统一，在两者发生冲突时，经济效益必须服从社会效益。

### （二）按媒介形态分类

若按照媒介形态进行划分，媒介组织主要分为纸质媒介组织、广播电视等电子媒介组织和互联网媒介组织三大类。

纸质媒介组织，指的是以纸媒为主要传播载体的组织机构，典型如报社、杂志社、出版社等，而报业集团、期刊集团、出版集团则是现代纸质媒介企业的高级组织形式，是以一个或多个实力强大、具有投资中心功能的大型组织为核心，以若干个在资产、资本、技术上有密切联系的媒介企业为外围，通过产权安排、人事控制、商务协作等纽带所形成的稳定的多层次媒介组织。

电子媒介组织，指的是以广播、电视、电影等电子媒介作为主要传播载体的组织机构，如广播电台、电视台，兼顾广播、电视业务的广电集团，以及广播电视节目制作公司、电影制作公司和发行机构等。

互联网媒介组织，指的是随互联网技术发展而出现、以互联网为主要传播载体的媒介组织。

横向来看，互联网媒介组织主要由两类构成：一类是“上网”的传统媒介组织，也就是在新媒体发展的背景下，传统媒体“触网”，通过不同程度的媒体融合发展起来的新媒体。另一类则是商业性网络内容服务商，它们往往不具备时政新闻的原创资质，主要通过信息资源的整合分发和平台运营来为用户提供内容服务；随着市场竞争的白热化，这类组织正朝着垂直、细分的方向不断发展，涌现出更多元的形态。

纵向来看，由于互联网本身也在经历不断的迭代发展，从早期 PC 互联网时代到移动互联网时代，不同的发展阶段也出现了不同类型的媒介组织，大致可分为网络媒介组织和移动媒介组织。网络媒介组织主要以各类新闻网站为代表，如新浪、搜狐、网易、腾讯等较早出现的商业性门户网站和人民网、新华网、千龙新闻网等传统媒体独立或联合创办的新闻网站。移动媒介组织则更加多元，既有传统媒体在媒体融合过程中创办的新闻客户端（App），如上海报业集团的“澎湃新闻”、《南方都市报》的“并读”、《华西都市报》的“封面新闻”等，也有新兴的、以个性化内容推荐为卖点的内容聚合平台，如今日头条、天天快报、一点资讯等，还有各类垂直、细分领域的内容平台，如优酷、爱奇艺、腾讯视频等视频网站，抖音、快手等短视频 App，喜马拉雅等音频 App 等。

值得一提的是，实际上，近年来随着技术的更迭、媒介产业的发展，媒介之间不再泾渭分明。一方面，在媒介融合的大趋势下，传统的报业组织也可以通过数字化转型和媒体融合发展，拥有自身的新媒体平台，实现报、网、两微一端（微博、微信公众号平台和客户端）全面覆盖。另一方面，不少媒介组织通过兼并收购，经营多种媒体业务甚至跨界到非媒体领域，媒介集团成为媒介组织的一种主要形式；电信产业、互联网科技产业也在与媒介产业相互渗透融合，媒体的边界也在不断被模糊。随着媒体融合步伐的加快，目前几乎所有的媒介组织都成为互联网媒介组织的有机组成部分，但原有的纸质媒介和电子媒介在一定时期内纳入互联网的同时还在独立运营。

## 三、媒介组织的演进与变革

### （一）国外媒介组织的演变

最早的媒介组织是从事出版业务的组织，即印刷厂、书坊或者出版商以及官方出版机构，它们从事图书的印刷、生产和销售，如中国从古代到近现代出现了很多书坊、书局等。早在宋代，中国就产生了大量的出版机构，形成了汴梁、浙江、四川、福建、江西等出版中心，包含了官办、私营和民间集体经营三类出版系统，还有较为完善的发行系统。清代为了出版《四库全书》，专门成立了在皇帝直接领导下的四库全书馆。西方从古代到近代也产生了很多有影响的出版机构和出版商，比如中世纪法国的里昂、巴黎等地就成了欧洲重要的出版中心，17 世纪巴黎还专门成立了保护出版商的书商行会。早期的出版机构一般规模较小，多为作坊式的，组织机构也比较简单。只有官办的出版机构规模较大，比如四库全书馆人员多达 360 人左右。

随后出现的是报业组织，自西方近代报业产生至 19 世纪末，出现了官报、政党报纸、商业报纸等不同类型的报纸，这些媒介组织共同的特点在于所有权和经营权的高度一致：报业发展初期，报社规模小，通常情况下老板兼任经理，参与采编；随着报业的发展，专职编辑越来越多，如 1817 年《泰晤士报》实行总编辑制，老板高薪聘请人才担任总编辑，此法得到其他报纸的纷纷效仿；19 世纪末《泰晤士报》又率先建立总经理制度，在报社老板之下设立平行的总经理和总编辑，分别管理报社的经营活动和采编业务，这一体制也称为“双驾马车”。①

19 世纪股份制在美国兴起后，报业也开始了招股集资，比较大的报社开始采取股份有限公司的组织形式，例如 1870 年道琼斯股份有限公司建立，并于 1889 年出资创办《华尔街日报》，得到其他报社的效仿。至 19 世纪末，几乎所有的美国大报都成为股份有限公司。② 而自 19 世纪中后期，西方国家也开始了传媒集团化的进程，最初仅限于报业领域的集团化，到广播出现后，不少新闻垄断集团通过兼并收购，实现跨媒介、跨行业的集团化。20 世纪 50 年代以来，不少大的新闻集团更是将触角延伸到其他国家，实现

---

① 李沁沁，才让卓玛．媒介管理之前世今生［EB/OL］.（2005-04-15）［2022-05-26］. http://futures. money. hexun. com/detail. aspx? id=1111336.

② 同①.

跨国媒介集团化。[1] 伴随着市场经济的发展、传媒企业规模的扩大，现代企业制度逐步成熟，实行现代企业制度的报团和传媒集团不断出现，所有权与经营权进一步分离，但分离程度因国家、媒介组织而异。

20 世纪 80 年代，全球资本主义媒介产业在两个方向上进行了深刻更新：一是商业化和私有化。信息时代的到来让信息产业成为飞速增长的部门，许多媒介实体迅速转型，从组织结构和职能上变得更加适应现代化生产和市场运作，一些原来属于国营的媒介组织很快便实现了商业化、私有化。二是产业的集中化和融合。20 世纪 80 年代后，新自由主义经济理论盛行，不少国家的政府开始对企业放松管制，使传媒业进一步兼并扩张成为可能；而 20 世纪 90 年代发展起来的数字和网络技术造就了互联网这一新兴的媒介行业，媒介产业内部出现融合，外部资本也在渗透这个领域，故而形成了我们如今看到的多重结构的大型跨国媒介集团——这些整合后的媒介集团涉足多个媒介以及非媒介领域，生产电影、电视、广播、平面、互联网等多种媒介产品和演出以及主题公园、礼品玩具等非媒介产品，规模巨大，占据较大的市场份额，并将触角延伸到了其他国家和地区，产业影响力极大。[2]

近年来随着移动互联网的发展，新媒体崛起，涌现出不少新型的媒介组织，如社交新闻媒体 BuzzFeed，流媒体平台 Netflix、Hulu、YouTube，社交媒体 Facebook、Twitter 等，给传统媒体带来巨大冲击。受众的流失和广告收入的下降倒逼西方报业进行数字化转型和组织变革，而为了在市场竞争中持续保持优势，传媒集团也在通过兼并收购或重组来不断完成自我更新。

**知识窗**

### 美国《1996 年电信法案》

20 世纪 80 年代后，风行世界的“取消规制”潮流最突出的体现莫过于美国 1996 年通过的新电信法案。1996 年美国国会通过《1996 年电信法案》，新电信法案放宽了对经营广播电视的限制，废除了此前 1992 年规定的一个公司最多只能在全国范围内拥有 12 家广播电台、12 家电视台和 12 家有线电视台的限制，放松对“双重垄断”的限制，允许在 50 个最大的城市中可以同时拥有广播电台和电视台，同时拥有无线电视和有线电视，还允许电话公司与有线电视公司相互拥有少量股权。由此，掀起了美国传播历史上空前的兼并、合并、买断产权、合作经营和合资经营的高潮，越来越集中的媒体彻底改变了美国传播界的面貌。[3]

## （二）中国媒介组织的演变

在新中国成立前，中国的媒介组织绝大多数是私人创办的独资公司或者股份有限公司性质的企业，也有个别官办或政党主办的媒介组织，如上面谈到的清代的四库全书馆，

---

① 吴锋．传媒经营管理［M］．北京：北京师范大学出版社，2013：112－113.
② 胡正荣．外国媒介集团研究［M］．北京：北京广播学院出版社，2003：24－30.
③ 郭镇之．中外广播电视史［M］．3 版．上海：复旦大学出版社，2016：85.

以及民国时期国民党创办的“中央通讯社”，中国共产党创办的党的新闻机构新华社、解放日报社、新华日报社等。

新中国成立后至1956年，中国私营新闻事业完成社会主义改造。此后，中国媒介组织的发展大致经历了以下几个阶段：

1956年至20世纪80年代初，国家以行政手段建立起了高度集中、统一的国有新闻事业，媒体结构按行政等级分为中央、省、地（市）、县四级办报、办台，接受党政机关的领导。新闻媒体虽然名义上有事业单位也有企业，但都是按照事业单位进行管理的，以宣传和贯彻党的政策为目的，无须从事经济活动，不存在市场竞争。组织内部主要采取编委会集体领导下的总编辑负责制。编委会作为最高决策机构，全面领导和监督媒体工作；总编辑作为法人代表，充当召集人的角色，只对上级宣传主管部门负责。①

20世纪80年代初至21世纪初，随着中国经济体制的转轨和深化，传媒的经济属性开始得到认可。媒体开始走向市场，在保有事业单位性质的同时，采取“事业单位企业化经营”的管理模式，市场上也出现了相对竞争的局面，组织内部编辑业务与经营业务分离，各媒介单位都设立了经营管理部门，大多数媒介组织都设立了总经理的岗位。到了20世纪90年代初期，传媒行业的产业属性进一步凸显。一方面，媒体希望通过规模扩张以追逐更多利润；另一方面，党和政府希望以集团为龙头从组织架构上加强对媒体的管理。于是，一批事业单位性质的媒介集团应运而生。

21世纪初，在经济全球化浪潮和中国加入世界贸易组织（WTO）的背景下，中国媒体在市场化发展过程中面临着“事业单位”这一体制身份带来的种种限制和西方媒体的强大竞争压力，传媒体制改革势在必行。2003年，党的十六届三中全会做出《关于完善社会主义市场经济体制若干问题的决定》，提出并全面论述了建立现代企业产权制度、完善公司法人治理结构以及建立国有资产管理和监督体制的理论，并对文化体制改革提出总的要求，对公益性文化事业和经营性文化产业予以分类改革。2005年主管部门对新闻出版单位转制改革进行部署：一方面，“推动经营性报刊进行转企改制，完善法人治理结构，逐步建立现代企业制度，有条件的还要进一步加快产权制度改革，实现投资主体多元化”；另一方面，“对党报党刊和社会公益性较强的报刊，由国家主办，实行新的事业体制，实现宣传经营两分开，把广告、印刷、发行、传输等业务和其他经营性产业从事业体制中剥离，转制为企业，面向市场，搞好经营，为壮大主业服务”②。由此，中国媒体走上转企改制的道路。

而在数字与网络技术发展的背景下，自20世纪90年代以来，中国的互联网产业发展迅速，互联网媒介组织发展趋于多元。

早期的PC互联网时代，典型的网络媒体就是各类新闻网站。新浪、搜狐、网易、腾讯等较早出现的商业性门户网站，将传统媒体的信息资源聚合起来进行“批发”，凭借自身运营机制与能力获得一定的影响力。而在此背景下，不少传统媒体也开始开办网站。1997年1月《人民日报》网络版创刊，揭开国内媒体进军互联网的序幕。2000年以后，

---

① 吴锋．传媒经营管理［M］．北京：北京师范大学出版社，2013：114-116.

② 杨驰原．深化管理变革 着力制度创新：石峰副署长谈报刊业改革与发展走势［J］．传媒，2005（3）：10-14.

媒体网站进一步发展，从媒体附属品向独立的网站发展，内容不完全局限于新闻，成为综合性信息服务者。同时，在政府主导下，开始出现多家媒体联合创办的网站，如2000年由《北京晨报》《北京青年报》和北京电视台等9家北京市属新闻媒体联合创办的千龙新闻网，由解放日报社、文汇新民报业集团等上海多家新闻媒体共同建设的大型综合网站东方网等。

随着互联网技术的不断进步，移动互联网快速发展并成为互联网的主力。传统媒体也开始进行移动化转型，纷纷推出移动客户端（App），如人民日报社的“人民日报客户端”、上海报业集团的“澎湃新闻”等。而在非传统媒体领域，也出现了提供个性化信息服务的移动客户端。2012年，以个性化信息推荐为卖点的“今日头条”上线，经过几年发展，在新闻客户端市场中占据重要地位。它利用算法为用户提供个性化信息的推送，并推出了“头条号”这一原创内容平台，吸纳政府机构、媒体、企业和个人自媒体入驻，为其源源不断提供原创内容。此外，移动互联网下的新媒体发展方向也越来越多元，不少媒体客户端在探索“新闻＋服务”或“新闻＋社交＋服务”的模式，也出现了一批深耕垂直内容领域或立足专一化传播手段的媒体，如抖音、快手等短视频App，喜马拉雅、得到App等付费音频平台，这类垂直化的媒体往往有更强的用户黏性。① 这些都是与往常人们认知上的传统大众媒体所不同的新事物。互联网的快速发展需要与之相适应的组织架构设计，很多互联网媒介在组织架构方面进行了很多创新探索，对未来的媒介组织有较强的借鉴意义。

## 第二节　媒介组织的治理结构

由于媒介产品、传媒业的双重属性，媒介组织的治理结构与一般的公司治理结构不同，它与国家地区、媒介管理体制、媒介组织性质、产权结构等因素密切相关。在不同的媒介制度环境和管理体制下，往往会演化出不同的媒介组织治理结构。

### 一、媒介组织治理结构的内涵

#### （一）治理结构

前面已经指出，治理结构就是协调所有者和其他利益相关者相互之间关系的一种制度治理结构。因此，治理结构从本质上是指组织所有者及其利益相关者之间以何种形式进行治理。既然组织可以区分为营利性组织（企业）和非营利组织，那么它们的治理结构便不尽相同。

**1. 现代公司治理结构**

一般而言，公司治理分为外部治理和内部治理。外部治理包括政府治理、市场治理

① 彭兰．网络传播概论［M］．4版．北京：中国人民大学出版社，2017：140-152.

和社会治理。世界各国的外部治理模式有三种：以美国为代表的股东控制模式，以西欧为代表的双轨制模式，以中国为代表的政府控制模式。[①] 而内部治理，就是通常所说的法人治理结构，主要由股东大会、董事会、监事会及经理层组成，形成四权分立制衡。在不同国家或地区，管理体制不同，外部治理和内部治理的作用与权重也不尽相同。

这里的公司治理结构主要指企业内部治理结构，即现代公司治理结构。现代公司治理源于所有权和控制权分离后产生的代理问题。有关企业治理结构的问题早在20世纪30年代就已出现。20世纪初，伴随着大量规模巨大的股份公司的出现，股份公司的经理人和投资人之间由于委托-代理关系而存在潜在的利益分离问题。20世纪30年代伯利（Adolf Berle）和米恩斯（Gardiner Means）在其出版的著作《现代公司与私有财产》中提及，所有权和控制权的持续分离可能会使经理人和股东之间存在利益背离的事实。之后，经济学家们开始研究如何有效控制和监督经理人员行为的问题。1999年5月，由美、英、法、德、意等发达国家发起成立的经济合作与发展组织（OECD）理事会正式对外宣布《公司治理结构原则》开始实施，这也标志着公司治理结构有了基本的规定与参照。该文件规定，公司治理结构应当包括以下内容：

（1）股东们的权利应当得到维护，而这一任务应当由公司治理机构完成。

（2）所有股东都要得到平等的待遇，无论大小、国籍和性别，并且公司治理结构一定要维护股东的合法权益。

（3）公司治理结构一定要具有激励效果，使得公司的利益相关者的利益受到合法保障，并且让公司得到长远的发展，以此激励人们在公司内部的工作热情。

（4）公司治理结构应当具有透明性，每当公司发生重大事件时，公司治理机构都应在第一时间披露相关的信息，并且保障问题的解决，其中应包括公司的财务、经营、所有权和公司治理状况信息。

（5）公司治理结构框架应确保董事会对公司的战略性指导和对管理人员的有效监督，并确保董事会对公司和股东负责。

可以看出，西方发达国家公司治理结构的核心问题是解决公司各相关利益主体之间的权力制衡关系，尤其是解决作为委托人的股东和作为代理人的经理人员之间的关系，有效地实现对经理人的监督和约束。[②]

**2. 公司治理结构的理论基础**

西方对公司治理的研究并不完全适用中国的企业，尤其是国有企业。1993年，党的十四届三中全会通过的《关于建立社会主义市场经济体制若干问题的决定》提出国有企业改革和建立现代企业制度的决策；1993年我国颁布《公司法》，使企业治理结构问题变成更加实际的课题。与西方相比，我国公司治理结构所要解决的问题有所不同，且更为复杂。以中国国有企业改革为例，一方面，放权让利改革的推进，使以经营者为首的企业内部人控制问题日益突出；另一方面，国家作为大股东对企业进行必要的监督和控制，又可能导致对企业过多的干预，也难免带有行政色彩。解决这样的两难选择问题，

---

① 李维安，常永新．中国传媒集团公司治理模式探析［J］．天津社会科学，2003（1）：75－79．

② 郑红亮．公司治理理论与中国国有企业改革［J］．经济研究，1998（10）：21－28．

是我国建立有效的公司治理体制的根本目标所在。①

在这种改革的背景下，学术界对“公司治理”这一概念提出不同的观点。林毅夫认为，公司治理结构，是指所有者对企业的经营和绩效进行监督和控制的一整套制度安排，是为解决委托-代理问题而产生的。② 而张维迎指出，公司治理结构在狭义上讲是指有关公司董事会的功能和结构、股东的权力等方面的制度安排，在广义上讲是指有关于公司的控制权和剩余索取权分配的一整套法律、文化和制度性安排，这些安排决定公司目标，以及谁在什么状态下实施控制，如何控制，风险和收益如何在不同企业成员之间分配等问题。公司治理结构是企业所有权安排的具体化，企业所有权是公司治理结构的一个抽象概括。在此意义上，公司治理结构的概念也适用于非公司企业。③ 那么，由于现实发展中人们对公司治理有不同的理解，因此会有不同的实践，也由此产生了不同的话语，而话语又会在无形中影响着人们的认知和行为。具体而言，公司治理结构的话语可以分为以下几种：

（1）制衡说。

此说以吴敬琏为代表，他认为“所谓公司治理结构，是指由所有者、董事会和高级执行人员即高级经理人员三者组成的一种组织结构。在这种结构中，上述三者之间形成一定的制衡关系”④。三者的形式是所有权、执行权和监督权分别为股东会、董事会、监事会所有，它们之间相互分离和相互制衡。

（2）所有者主导说。

张维迎认为，公司董事会的功能、权力、结构等制度安排都应包含在公司治理结构的范围之内，公司是由谁所有，便由谁治理，谁便具有最大的话语权和决定权，其中包括如何控制公司、实施什么目标等问题。⑤

（3）共同治理说。

此说以杨瑞龙等人为代表，他们认为公司是一个纷繁复杂的集合体，内部包含了多种多样的主体，因此公司也是多元利益的集合体，需要对这些利益负责。其中最主要的是公司所有者——股东的利益，其次是董事会、经理层、员工等的利益，这些利益需要对公司的治理形成合力，促使共同治理。共同治理的核心就是通过企业内的正式制度安排来确保每个产权主体具有平等参与企业所有权分配的机会，同时，又依靠相互监督的机制来制衡各产权主体的行为。⑥

**3. 公司治理结构的职能**

公司治理结构的职能包括以下几个方面：

（1）指导职能。

这一职能包括制定战略总量的获取和配置原则，确保企业内资源和利益的分配公平；制定指导和约束管理者行为的基本政策，保障权力的制衡；制定企业的发展方向与指导

① 郑红亮．公司治理理论与中国国有企业改革［J］．经济研究，1998（10）：21－28.

② 林毅夫，蔡日方，李周．现代企业制度的内涵与国有企业改革方向［J］．经济研究，1997（3）：3－10.

③ 张维迎．所有制、治理结构及委托-代理关系：兼评崔之元和周其仁的一些观点［J］．经济研究，1996（9）：3－15，53.

④ 吴敬琏．什么是现代企业制度［J］．改革，1994（1）：17－34.

⑤ 同③.

⑥ 杨瑞龙．市场秩序的产权制度基础［J］．江苏行政学院学报，2004（2）：36－42.

思想，这样才能保障企业的长久发展。

（2）管理职能。

企业要密切关注自己在平时的经营活动中有没有背离自己的发展道路，自己的经营策略是不是都是正确的，并且还有没有可能发展出一套新的方法来管理整个企业。这便需要各个部门各司其职，切实完成好自身的任务。

（3）监督职能。

公司治理结构要承担起监督的职能，治理者把公司的治理结构调整成为三权分立的结构模式，从而实现各个权力之间相互制衡和相互监督，尤其是监事会在监督方面发挥着核心作用。

（4）阐释职能。

公司治理结构中的领导层有回答、解释或叙述公司基本政策的义务，只有履行好这个义务，才能保障企业的政策上通下达，保障企业内部互通有无，信息畅通。

### （二）媒介组织的治理结构

由于媒介组织生产的信息产品及传播活动对社会文化道德、意识形态都具有巨大的影响力，因而媒介组织的治理结构与一般的公司治理结构不同，它与国家地区、媒介管理体制、媒介组织性质、产权结构等因素密切相关。在不同的媒介制度环境和管理体制下，往往会演化出不同的媒介组织治理结构。

由于媒介的双重属性，我国媒介组织的法人治理结构不但与西方国家传媒组织不同，也与我国国有独资公司有着很大的不同，它遵循着特殊的经济规律。

**中国媒介组织治理结构**的特殊性主要体现在三个方面：

一是治理目标的双重性。媒体兼具意识形态属性和产业属性，因而必须在坚持社会效益优先的前提下实现社会效益和经济效益的有机统一。

二是治理结构的二元性。与一般的企业治理结构中“股东大会—董事会—经理层”这一主线不同，中国媒介组织在管理体制改革过程中普遍采取了二元性的治理结构——事业单位性质的媒介组织与企业法人性质的媒介组织两大系统并行，前者主要承担媒介的公共服务功能，后者主要承担面向市场服务用户的功能。

> **名词解释**
>
> **中国媒介组织治理结构** 政府对传媒的宣传、经营、管理、绩效进行监督和控制的一整套制度安排。它通过一定的治理手段，合理配置剩余索取权和控制权，以强化党的领导，协调利益相关者之间的利益和权利关系，而形成科学的自我约束机制和相互制衡机制，有效地抑制代理成本，保证传媒的决策效率。①

三是授权和委托关系的二重性。按现行制度，我国的媒介组织一方面由各级党委领导，“领导班子”集体由上级党委任命和领导，承担相应的宣传责任，另一方面按照资产管理权属，从各级政府取得国有资产经营授权，获得使用国有资产的权利，并承担保值

① 周劲．传媒治理结构制度分析与实证研究［J］．现代传播，2005（4）：51-54.

增值的义务。[①]

## 二、媒介组织治理结构的主要模式

由于中外媒介所有制以及管理体制的不同，国内外的媒介组织治理结构也有较大的差别，下面分别对国外和国内的媒介组织治理结构进行介绍。

### （一）国外媒介组织的治理结构

在20世纪80年代全球的私有化浪潮影响下，各国媒介组织经历一系列变化，但在所有制形式上大量存在的是私有制媒介企业或企业集团。与此同时，作为政府公共服务的一部分，国外也存在国有制的公共服务媒介组织或集团。

**1. 国外私营媒介组织的治理结构**

世界范围内私有体制下的媒介组织，以西方发达国家的私营媒体较为典型。

在外部治理上，西方私营媒介组织虽然受利益最大化的驱动，但由于媒介的意识形态属性，它们仍面临社会责任、政府管制和外部市场约束。例如，美国主张建立高度分散的股权结构，重视竞争性外部市场的治理作用，媒介公司也不例外。美国媒介产业占据主导地位的商业性媒介公司，几乎都由家族企业发展而来，并于20世纪末完成向公众持股的现代公司转型，公司股权结构从大股东集中持有向公众分散持有转变，所有权与控制权分离，控制权从股东手中转移至管理层，众多中小股东和机构投资者难以拥有公司控制权，于是通过在资本市场上买卖公司股票，“用脚投票”，来影响掌握实际控制权的管理者。也就是说，美国私营媒介组织采取的是股东控制型或市场导向型的外部治理模式。然而，部分媒介公司的创始家族通过双重股权结构[②]也可以实现对上市公司的绝对控制。以新闻集团为例，在双重股权结构下，拆分前的新闻集团中大多数股东都持有无表决权A股，但鲁伯特·默多克以及默多克家族信托基金持有近40%的表决权B股，由此，默多克家族在新闻集团成为公众持股的上市公司后仍然能保留足够的表决权来控制公司，减弱外部市场对新闻集团经营方面的影响。这种双重股权结构也为《纽约时报》《华盛顿邮报》等传统媒介公司和谷歌（Google）、Facebook、LinkedIn等新兴科技与社交媒介公司所使用，但这种制度一直饱受争议。[③]

这里以新闻集团为例介绍一下家族式私营媒介组织的治理结构。美国新闻集团是世界上最大、国际化程度最高的传媒集团，旗下有英国的天空新闻广播、20世纪福克斯电影公司等知名媒体。它的前身是澳大利亚媒体有限公司，经过半个多世纪的发展，已经成为一个庞大的媒体帝国。它的主要股东和CEO是鲁伯特·默多克，他与他的家族控制着集团近40%的股份，拥有着绝对控股权。由于默多克家族有着新闻集团的绝对控股权，所以说新闻集团就是默多克家族的家族企业，而这个核心中的核心就是鲁伯特·默多克本人：在经营上他不将经营管理权交予职业经理人——他亲任CEO，紧握集团的各

---

① 宋建武．论我国媒体业“法人治理结构”的改革［J］．文化产业导刊，2013（11）：25－31.

② 在双重股权结构中，每股优级股（通常为B股）所拥有的表决权大于一般股（通常为A股）。

③ 殷琦．美国传媒公司的治理模式、危机审思与改革取向：从新闻集团的实践谈起［J］．新闻界，2019（5）：84－92.

种决策权，在行政管理上他同样也拒绝接受来自董事会的约束，且不愿意给下属过多的权力。这种类似于独裁的管理模式十分简单：尽管集团上下总共有上百家公司，但是绝大多数情况下的重要决策都是由默多克一人做出的。这种模式的优点在于决策行动非常快速而高效，同时扁平化的管理模式也为新闻集团节省了大量不必要的中层人员和管理人员，大大地缩减了公司的人力资源成本。精简的组织结构也提高了公司内部的沟通速度：上下级权力不大的等级差距使得组织整体的协调难度大大降低，组织的管理得以顺畅进行。但缺点也很明显，首先由于默多克的“独裁”管理模式，员工的主观能动性大大降低，他们容易感受到不被信任，使得整体士气容易受到打击。其次是默多克的接班人问题，一旦默多克无法履行首席执行官的责任，一个庞大的集团应该由谁来接手？在权力转移的过程中会不会出现企业管理的失控？群龙无首的新闻集团未来又该如何发展？这些问题都是悬浮在默多克与他的新闻集团头上的达摩克利斯之剑。此外，由于现代传媒环境的复杂性，加之个人认识上的局限，一个决策者即使再精明，单靠个人的“智慧”也无法做到科学决策，一旦决策失误纠正起来就很困难。

正因如此，在内部治理结构上，虽然西方发达国家不同的媒介组织之间仍存在一定的差异，但大多数媒介组织都是按照现代企业制度来进行公司治理的，采用了公司法人治理结构形式。

**2. 国外公营媒介组织的治理结构**

国外公营媒介组织主要指公共广播电视机构。由于所有权类型的不同，公共广播电视机构与商业广播电视机构的组织目标也存在明显差异：对于公共广播电视机构而言，社会公共利益是首要考虑的行动目标，其次才是经济效益。因此，公共广播电视机构主要依靠外部治理，由国家颁布各种法规政策对其经营活动进行有力的监控。在内部治理结构（见图 4－1，虚线框内为内部治理结构）上，也与一般的公司治理结构不同：一般

**图 4－1　美国公共广播公司（CPB）组织结构**

＊ANNENBERG/CPB 是安嫩伯格基金会和 CPB 合办的教育频道。

资料来源：陈晓宁．广播电视新媒体政策法规研究：国外法规与评介研究［M］．北京：中国法制出版社，2001：294.

由国家或某个社会团体控股，不存在股东大会，普遍设立了具有国家财政支持的、服务于全国的、专门的公共机构来进行管理，并未形成一般工商企业集团的股东所有权、董事会法人权、总经理经营权“三权分立制衡”的治理结构，而是采取董事会（理事会）与监事会的两权制衡。董事会（理事会）、监事会享有最高权力，其成员完全由政府或社会团体任命，一般具有一定社会威望和地位；经理人员通常也由国家或社会团体直接任命，不经过董事会（理事会），但董事会（理事会）负责在经理人任职期间对其进行激励与约束。[①]

**案　例**

### 英国广播公司的外部监管和内部治理[②]

英国广播公司（BBC）成立于1922年，总部位于英国伦敦，前身为 British Broadcasting Company，是世界最大的新闻媒体。经过100年的发展，BBC无论是在公共广播电视领域还是在新闻传播发展史上都占据重要地位。BBC内部治理结构主要由董事会（理事会）、总经理及管理委员会、咨询委员会三方面组成：董事会（理事会）负责大政方针，总经理及管理委员会处理日常事务，还在不同层次、不同地区就不同问题分别设立多个咨询委员会，代表最广泛的社会群体，它们的作用相当于社会监督机构。[③]

历史悠久的BBC因其对商业和政府的独立性一直被看成世界上公共广播电视服务的标杆。自成立以来的80余年间，BBC一直由董事会监管。为保证BBC的独立和公正，2006年董事会制度被废除，由专门成立的独立监管部门BBC信托基金（BBC Trust）对BBC进行管理。然而，才短短十年BBC信托基金就因监管能力不足被2017年开始实施的新皇家宪章（Royal Charter）[④] 淘汰。新宪章规定，英国政府机构通信管理局（Ofcom）成立“单一理事会”（Unitary Board）取代由原先的外部机构BBC信托基金和内部机构BBC执行委员会（BBC Executive）监管的模式，以使BBC的“战略、活动和产出能更符合公众利益”。这是英国广播电视史上首次将BBC委托给第三方管理，可以说是对BBC做出“大刀阔斧”的全面改革，也使公众担心BBC会因为通信管理局的监管而降低其政治独立地位。

据新宪章具体规定，理事会负责履行BBC的公共使命和达成其目的，做好商业服务的战略和治理安排；确保BBC及其财务的有效和高效管理；遵守通信管理局做出的决定。对BBC的监管于2017年4月3日从BBC信托基金转移到通信管理局，并废除BBC信托基金。通信管理局的主要职责是：让BBC履行其使命并促进公共电视服务的发展，确保BBC被有效监管的条款顺利实施；定期评估BBC的表现和批出BBC的运营执照。换言之，通信管理局拥有最终对BBC的治理权和监管权，它重组了BBC的管理制度，这可以看作英国媒体监管历史发展的新突破。

---

① 刘东，卞琳，高俊山．中外媒介集团公司治理结构比较研究［J］．科技与管理，2004（5）：51－54.

② 张莉，郭可儿．公共广播电视面临的新挑战：从BBC 2017年宪章改革谈起［J］．新闻界，2019（2）：84－94.

③ 郭镇之．中外广播电视史［M］．3版．上海：复旦大学出版社，2016.

④ 英国皇家宪章犹如BBC的宪法，是BBC的管理文件，阐述BBC的公共目的，概述其监管和治理，并由政府配合着当时的媒介环境进行组织编写，每十年更新一次，最新的宪章于2017年1月1日正式生效。

## （二）中国媒介组织的治理结构

与西方媒介组织相比，中国媒介组织本身的治理结构更为复杂，在中国的传媒体制下，作为事业单位的媒体，受到法规政策和外部上级主管单位的影响较大。

新中国成立以来，中国传媒事业经历几次改革，中国媒介组织的治理结构也随之发生一定的变迁，这个变迁过程大致分为三个阶段。①

第一阶段是行政型传媒治理结构。在三大改造完成后，媒介组织全部变为国有，党组织基于政治斗争和意识形态宣传需要，统管全国各类新闻媒体，并建立"党媒体制"。传媒机构作为"单位"，为国家所有，同行政机构一样，有中央级、省级和县市级的行政级别划分，治理结构也基本沿用党政部门的治理模式，具有鲜明的、自上而下的"命令-控制式"科层制特点（见图 4-2），传媒单位无经营权，采编权则根据党和行政管理部门的要求行使，其所有权与控制权高度统一于党和政府的管理部门。在传媒内部组织结构上，则普遍采取党委领导下的总编辑负责制或者编委会领导下的总编辑负责制：媒体总编辑、党委书记和主要行政负责人（社长、台长等）由党委（或主管部门）任命或批准，编委会由总编辑主持，经党委（或政府主办部门）分层授权。

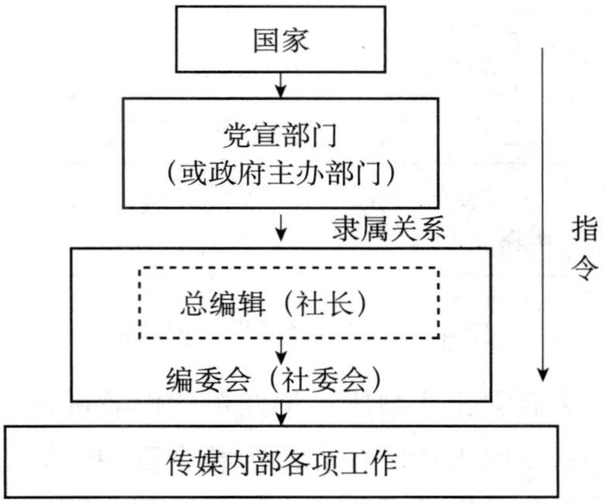


**图 4-2 行政型传媒治理结构**

第二阶段是"双轨式"治理结构。1978 年，党的十一届三中全会开启了改革开放的新征程。为增强媒介组织的活力，媒介领域也借鉴农村家庭联产承包责任制的经验开始了"放权让利"改革。在媒介组织性质上实行"事业单位企业化管理"，政府不再承担媒体运作的全部经费，只提供部分补贴，媒介组织按照企业治理结构进行经营和管理，其需要为自身生存发展而进行营利性活动，从媒介营销和广告两个主要方面获得经营收入。20 世纪 80 年代中后期以后，媒介组织开始探索各种形式的治理结构和领导体制。比如，《羊城晚报》率先实行的社长领导下的总编辑、总经理分工负责制，使经营部门获得与编辑部门平等的地位，被众多报社效仿。一些传媒集团开始依照现代企业制度设计治理结构，初步建成了决策层、执行层、监督层的治理结构，采编与经营分离，实行"双轨"

① 此部分主要参考殷琦．转型政治经济环境下中国传媒治理结构的变迁与走向［J］．国际新闻界，2012（6）：91-97。

治理（见图 4-3）。但此时，在“事业单位企业化管理”的政策框架下，媒介组织仍为事业单位，无法真正作为媒介市场主体参与媒介市场竞争，未能从根本上改变行政型治理结构，与真正意义上的现代企业制度相去甚远。

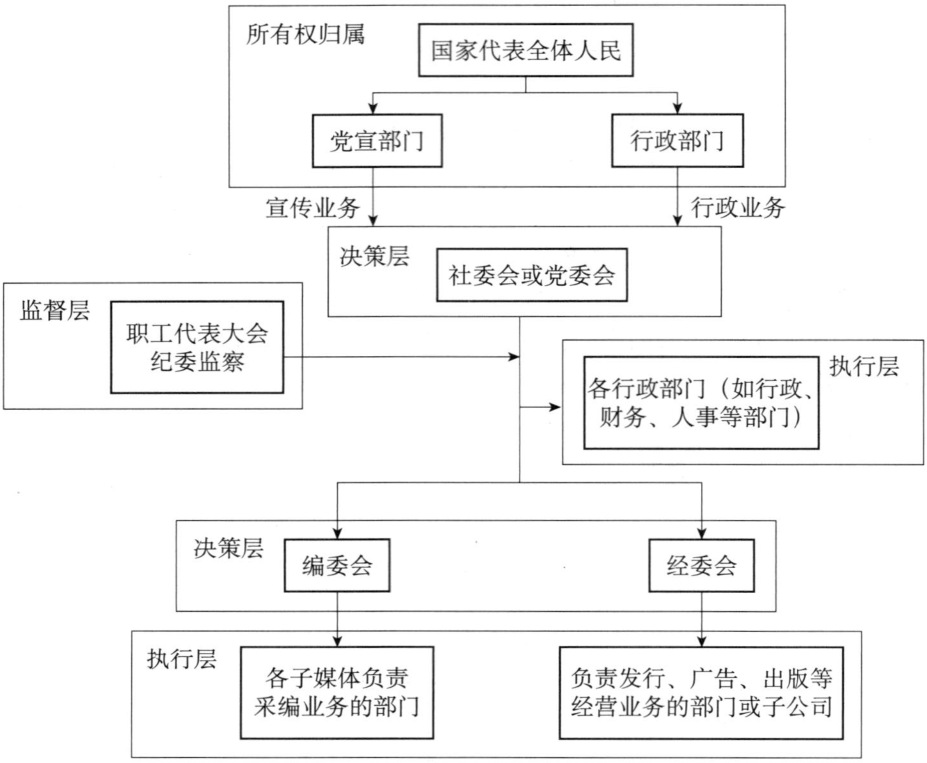


**图 4-3 “双轨式”治理结构**

第三阶段是党的十六大后文化体制改革按照单位性质进行的分类改革所形成的双重方向的治理模式。绝大多数面向市场的媒介组织转企改制，按照现代企业治理结构进行管理；少数时政类或者承担公益性任务的媒介，保留事业单位性质，按照事业单位的治理结构进行管理。

2003 年党的十六届三中全会通过的《关于完善社会主义市场经济体制若干问题的决定》对文化体制改革提出总的要求，由此，绝大多数面向市场的媒介组织走上转企改制的道路，参照现代企业制度设计治理结构，但也不能脱离“党委领导与法人治理结构相结合”这一原则性框架。于是，转企改制的传媒企业（或者传媒企业集团）都设立党委会与董事会、监事会、经理层相结合的治理结构。党委会拥有重大事项的决定权，宣传业务的审核权，主要领导干部的任免权；董事会负责企业重大问题的决策与经营；经理层（编委会、经委会）负责决策与经营的具体执行；监事会履行监督职能（见图 4-4）。领导人员上采用“双向进入、交叉任职”方式：党委书记与董事长往往由一人兼任，以保证控制权始终掌握在党委会手里；未设立董事会的传媒企业，实行党委书记兼任副总经理、总经理兼任党委副书记的交叉任职模式；在个别情况下，党委书记与总经理也可由一人兼任。

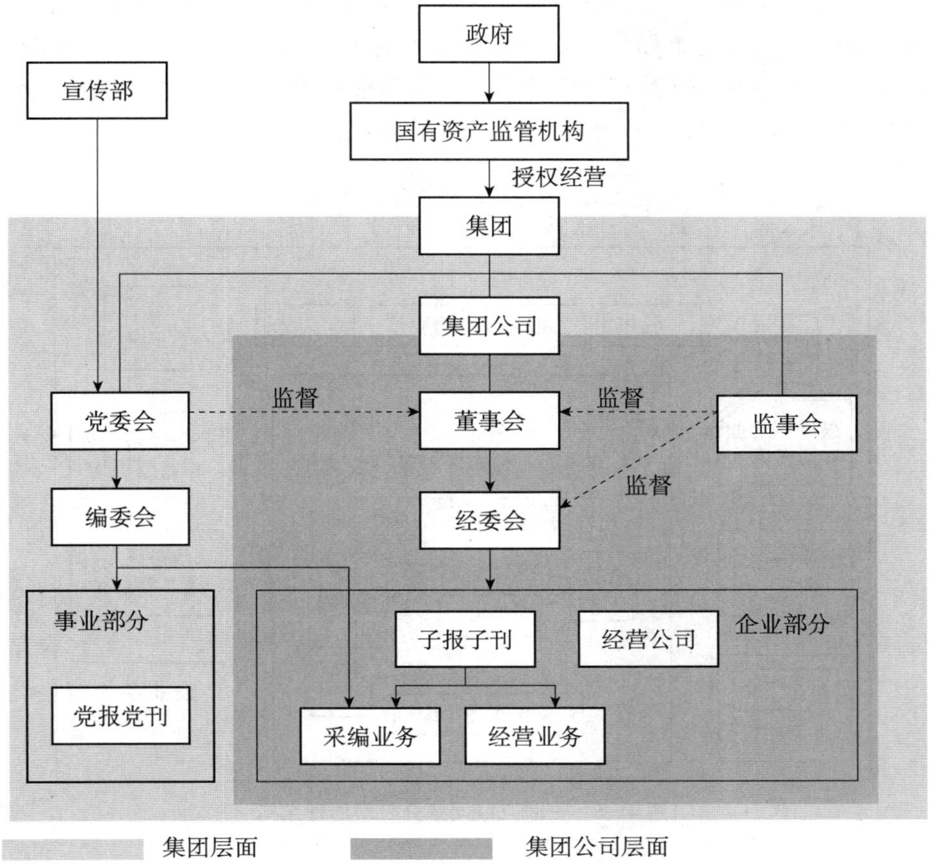


**图 4－4　现代媒介企业治理结构**

对于保留事业单位性质的媒介组织，一般采取两种形式的治理结构：一种是把它作为一级事业单位管理，主要负责人（党委书记、社长或台长、总编辑、总经理等）由上级组织部门任命，内部实行 *** 领导下的 *** 负责制，具体有党委领导下的党委书记负责制、党委领导下的社（台）长负责制、社（台）委会领导下的社（台）长负责制、编委会领导下的社长负责制、编委会领导下的总编辑负责制等。另一种就是通过建立理事会来进行重大事项决策，社委会和编委会负责执行，党委负责监督保障。理事会成员包括主管部门的领导、资产管理部门的领导、媒介机构的主要负责人等。

总体而言，目前我国以传统媒体为代表的媒介组织普遍实行党委领导与法人治理机构相结合的治理结构，但仍处于探索阶段，不少依旧具有明显的行政色彩，需要进一步改革创新。

对于互联网公司而言，它们大多数是按照较为规范的公司治理结构框架来进行设计安排的。互联网生态中的新媒体主要包括两类：一类是传统媒体在媒体融合浪潮中转型发展起来的新媒体，如人民网、澎湃新闻、界面新闻等传统媒体转型创办的新媒体；另一类是通过提供互联网信息服务，从而具备了媒体属性的互联网科技公司，从较早触网的新浪、搜狐等综合性资讯的门户网站到 36 氪、钛媒体等垂直领域的商业媒体，腾讯视频、优酷、爱奇艺、哔哩哔哩（B 站）等视频网站，再到内容创业热潮中兴起的各类自媒体和知乎、今日头条、抖音、快手等，皆属此类。如今这类互联网新媒体内部也呈现多种样态，但它们大多是市场化环境下成长起来的民营公司，基本都采取股份公司制，按照现代企业制度进行内部治理结构设计，在内部形成股东大会—董事会—监事会—经理层的法人治理结构（见图 4-5）。

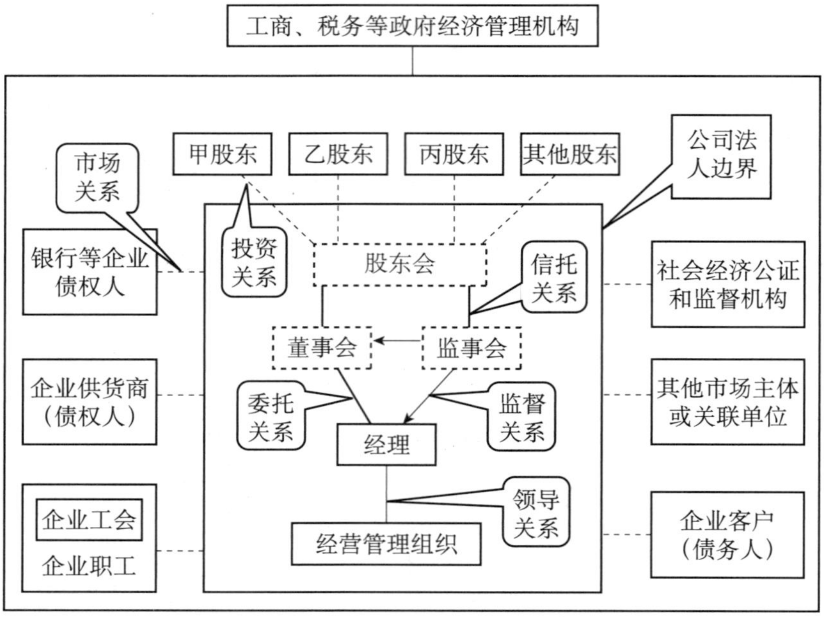


**图 4-5　一般互联网媒介公司治理结构**

# 第三节　媒介组织的组织结构

媒介组织采用何种组织结构并无一定之规，取决于多种综合性因素，一般来说，外部环境、组织战略、组织规模是决定其组织结构的最重要因素。随着外部环境的变化，媒介的组织结构在发生相应的变革，越来越多的媒体从科层制组织向团队式、网络式、项目管理式的无边界组织转型，扁平化、虚拟化、柔性化和注重团队建设成为媒介组织设计的重要趋势。

> **名词解释**
>
> **组织结构**　组织成员为实现组织目标，在管理工作中进行分工协作，在职务范围、责任、权利方面所形成的结构体系。

## 一、组织结构

**组织结构**是在组织理论指导下，经过组织设计而形成的相对稳定的结构模式，体现组织各要素的排列组合方式，组织各部门及各层次之间、人与事或人与人之间的相互关系。它决定了组织中的指挥和意见沟通系统，影响着组织的工作效率，对有效实现组织目标至关重要。[①] 换言之，组织结构是全体成员为实现组织目标，在管理工作中进行分工协作，通过职务、职责、职权及相互关系构成的结构体系，组织绩效在很大程度上取决于组织结构的合理性和适应性。[②] 本质上而言，组织结构就是员工的分工合作关系，其核心就是权力、责任和利益的分配。[③] 具体而言，组织结构的表现形式主要有以下几种。[④]

### （一）直线型结构

直线型结构（见图 4－6）最为简洁、历史也最悠久，其特征可总结为低正规化、低复杂性和职权高度集中三点。在此种组织结构内，职权从上至下传递，经各个管理层级最终达到底部的执行层级。下级只对其直接上级负责，每一层级各自分立，无横向联系，最高层级兼具指挥权和管理职能。

其优点是：

（1）极度简单的结构有助于尽快决策。

（2）各部门及单个员工的责任和权限明确。

（3）便于执行规定和监督各层级。

（4）业务人员占比较大，易于控制组织管理费用。

但该种组织结构也存在着一些显而易见的缺点，主要表现为：

（1）权力高度集中，依赖全能型管理者，可能导致独断专行的情况。

（2）缺乏专业化分工，不利于调动底部层级的自主积极性。

（3）横向信息沟通比较困难。

这种组织结构适合规模较小、工作任务单一的媒介组织。目前，很多学术期刊采用的就是这种组织结构形式。

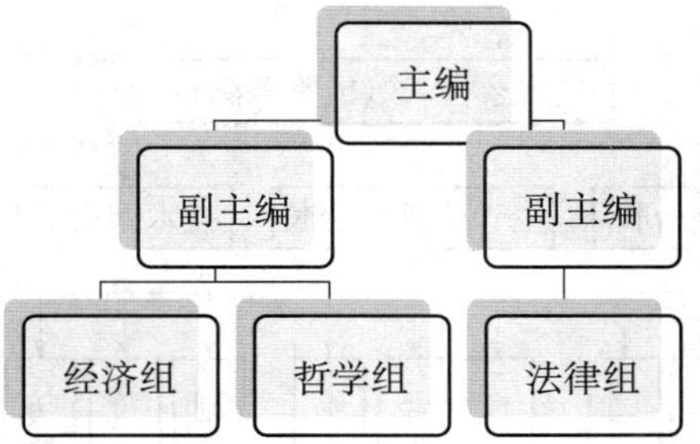


**图 4－6　直线型组织结构**

### （二）职能型结构

职能型结构（见图 4－7）里的平行层级根据职能或业务展开专业分工，横向划分为若干部门，各个部门的职能范畴大致相同，但负责业务的性质有所区别。当外部环境处于相对稳定的状态，且组织内部不同职能部门间的协作需求较少时，这种模式能发挥较大的效用。

---

① 李红艳．媒介组织学［M］．北京：中国传媒大学出版社，2006：11.

② 杨士文，张雁．管理学原理［M］．北京：中国人民大学出版社，1994：81－82.

③ 周鸿铎．媒介经营与管理总论［M］．北京：经济管理出版社，2005：161.

④ 李东红．企业组织结构变革的历史、现实与未来［J］．清华大学学报（哲学社会科学版），2000（3）：27－33.

其优点是：

（1）部门分工相对细致，有助于栽培专业人才，让人员各显其能。

（2）专业化分工，良好的工作秩序促使工作效率提升。

但这种组织结构也有难以克服的缺点：

（1）可能会导致“多头领导”。

（2）部门间展开协作存在阻碍。

（3）管理层次的增加可能影响工作效率。

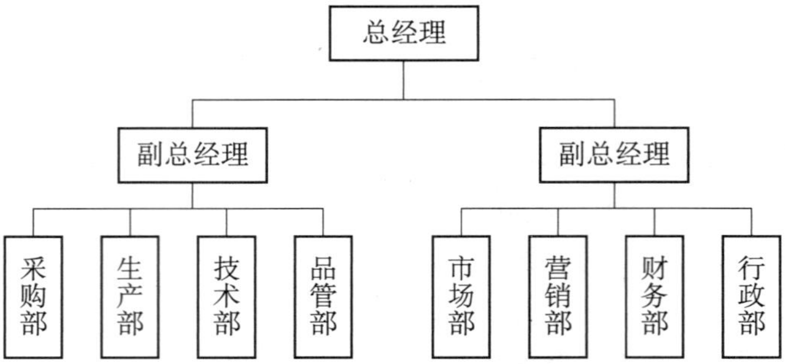


**图 4－7 职能型组织结构**

**（三）直线职能型结构**

直线职能型结构也叫 U 型结构（见图 4－8），基于直线型结构，是在各层级行政主管下设立对应的职能部门，行政主管统一指挥和职能部门指导并行的组织结构。在这种组织结构中，大多数部门同时要接受上级部门的管理和同一级别职能管理部门的业务指导和监督。

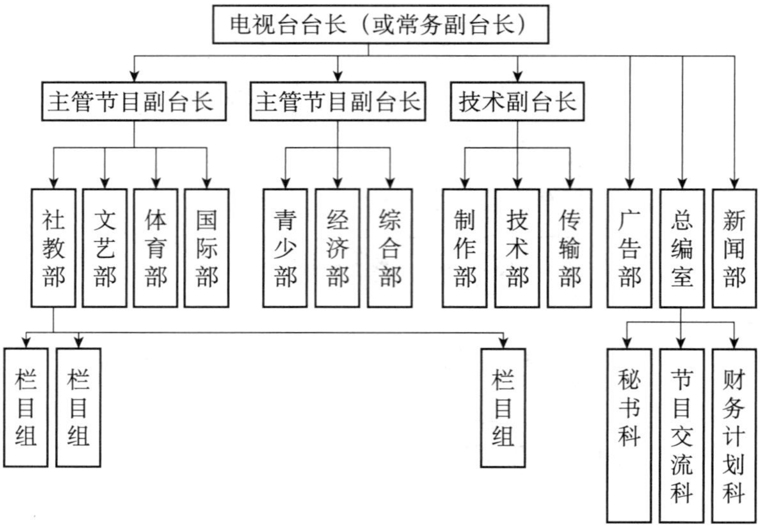


**图 4－8 直线职能型组织结构**

其优点是：

（1）职权责任明晰，管理专业化水平高，运行效率高。

（2）有助于保持组织架构长期稳定。

（3）权力高度集中，领导可掌控全局。

其缺点是：

（1）横向部门间的协调能力差。

（2）不利于培养拥有全面素质的人才。

（3）各职能部门缺乏独立的决策权，导致沟通成本较高。

**（四）事业部制结构**

事业部制结构又称M型结构（见图4－9），以分权为主要特征，诞生的背景是现当代社会组织体量不断扩大，活动内容越发丰富多样，这种组织结构模式被欧美、日本大型企业广泛采用。该结构模式按照产品品类、地域、市场或目标客户将组织划分为多个相对独立的单位，称为事业部。各事业部统归总公司领导，但自主性较强，进行单独核算，自负盈亏，大多数时候能自主决定事业部内的人事、财务等。

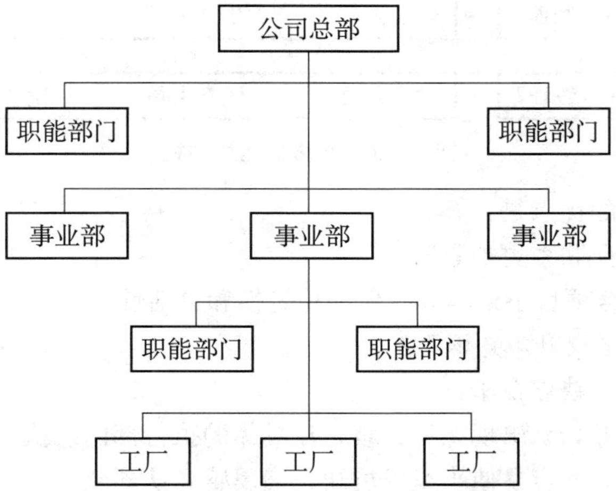


**图4－9　事业部制组织结构**

这种组织结构的优点是：

（1）最高管理部门和管理者可以把主要精力放在研究制定组织发展的战略方面，而不拘泥于对具体事务的管理。

（2）由于权力下放，各事业部能独立自主地根据环境变化处理日常工作，从而使整个管理富于弹性，使组织工作更加具有灵活性和适应性，可以做到因地制宜、因时制宜。

（3）由于权力下放，各事业部门独立性较强，可以摆脱请示汇报、公文旅行、浪费时间的陋习，提高工作效率。

（4）由于事业部是相对独立的经营单位，便于将组织的经营状况同组织成员的物质利益挂起钩来，从而调动大家的积极性。

但是，事业部制组织结构本身又具有缺陷，主要表现在：

（1）过分强调分权，削弱了组织的统一。

（2）强调各部门的独立，缺乏整体观念和各部门之间的协作。

（3）各事业部都存在自己的职能部门，有可能导致机构重叠、管理人员增多、人浮于事、管理费用增大等问题。

**（五）矩阵式结构**

矩阵式结构（见图 4－10）也称规划-目标结构，为某一项具体任务组建一个专业的项目小组是该模式的主要特征，通过项目小组协调各方，完成包含研发、设计、制造等的完整工作链条。矩阵式结构由纵横两条管理线组合而成，其一是纵向的职能部门结构，其二是横向的项目管理结构。两条线交叉就形成矩阵式组织结构。

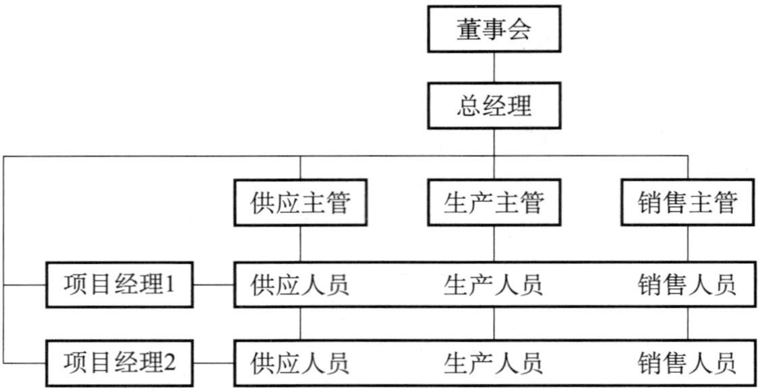


**图 4－10　矩阵式组织结构**

矩阵式组织结构的优点是：

（1）部门间的横向联系更加紧密。

（2）常设机构配合项目小组，同时保证稳定性和灵活性。

（3）利于员工水平提升，知识互补。

矩阵式组织结构的缺点在于：

（1）由于双重领导，易出现意见分歧，让具体的执行部门或执行人无所适从。

（2）专项组的临时性容易使小组成员缺乏归属感和认同感。

**（六）控股型结构**

控股型结构（见图 4－11）是在非相关领域开展多种经营的企业所常用的一种组织结构形式。集团控股型组织结构是指通过多家企业之间的控股和参股，构建包括母公司、子公司和关联公司的企业集团，各部分具有独立的法人资格。

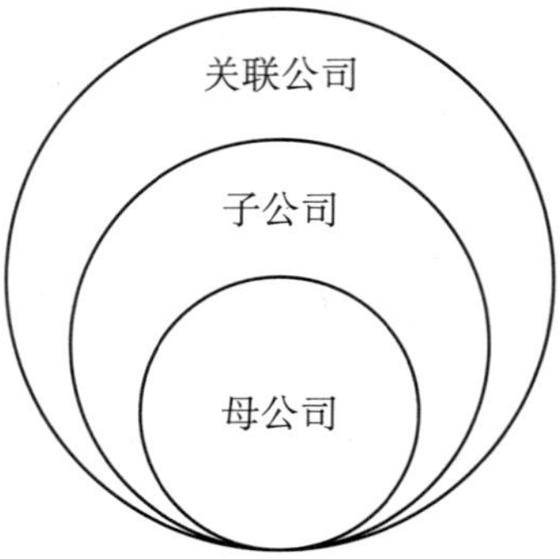


**图 4－11　控股型组织结构**

其运作机制为：以母公司为中枢，受其控制的绝对或相对控股的企业是子公司，属于集团紧密层；一般参股的企业是关联公司，是集团的半紧密层；通过长时间的合同或业务合作关系联系的协作企业，是集团的松散层。母公司依靠持股权在子公司安置产权代表、董事和监事，通过在股东会、董事会、监事会内的席位干预子公司的重要决策。

其优点是：

(1) 母公司对子公司负有限责任，便于控制风险。

(2) 易于增强企业实力和市场竞争力。

它的缺点在于：管理较为间接，子公司间进行战略、资源等协调的难度高。

**(七) 网络型结构**

网络型结构（见图 4-12）是当下受到欢迎的新的组织结构形式，一般主体为一个规模很小的核心组织，通过和其他组织签订合同，建立契约关系，展开包括制造、销售、营销等业务环节的一系列经营活动。因为网络型组织结构被勾连到一起的各经营单位，不存在实际的资本所有关系，而只是依照互惠互利的信任机制在弱关系中进行深入合作。

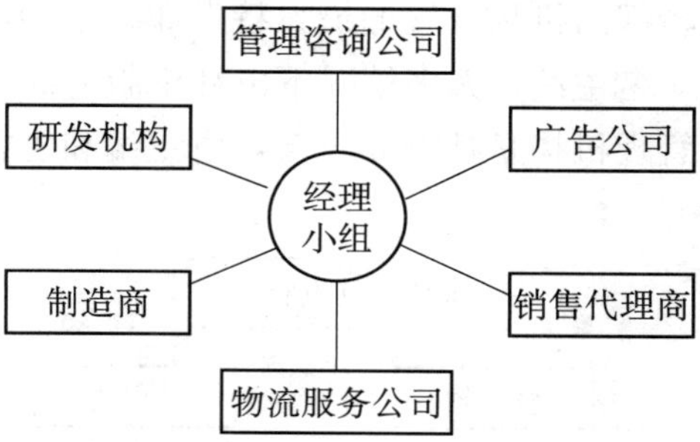


**图 4-12　网络型组织结构**

其优点是：

(1) 易于缩减管理成本，提高管理效益。

(2) 能够帮助整合企业在全球范围内的供应链和销售。

(3) 简化机构和管理层次。

其缺点是：

(1) 需要较高的科技水平。

(2) 依赖外部支持。

除了上述几种典型的组织结构之外，近些年在媒介组织探索中也出现了诸如工作室制、项目制等组织结构形式。

## 二、国内外媒介组织结构的主要形式

媒介组织结构因国家地区、媒介性质等因素影响，也有很大差异。这里主要介绍西方国家与中国的典型媒介组织结构。

### (一) 西方媒介组织结构的主要形式

**1. 报纸/报业集团**

一般而言，报社内部组织结构主要分为两部分：行政经营管理部门和编辑部门。报纸除广告以外一切与内容相关的事务，归编辑部管理，其余归属行政经营管理部门管理。由于西方国家的报纸多数为私营的，报社的市场化属性强，往往把生产经营和采编业务放在同等地位，甚至认为生产经营更为重要。在大型日报中，总编辑与发行、广告和人力等部门总监处于同等重要的位置；而在小型报纸中，总编辑却可能处于总经理之下，但依然独立管理采编业务，向报社老板或发行人负责。

而报社的具体组织结构，视市场规模和自身规模而异。以美国的日报为例，行政经营管理部门由总裁/总经理负责，根据报社规模和业务需要设若干个副总裁/副总经理，下设广告部、发行部、财务部、人事部、对外关系部、印刷厂、总务部等（见图 4－13）。而编辑部由总编辑负责，具体再分为新闻编辑部和社论评论部两部分，实行新闻与言论分开。其中，新闻编辑部由总编辑负责，设执行总编、副总编、助理总编若干，编辑部通常采取分类制，并实行采编合一，即将同类的编辑记者置入一个部门，不设单独的记者部。这也是美国报纸编辑部门机构设置的最大特点和统一的做法。而社论评论部下设社论版和评论版，各设立一名主编，大多情况下由社论版主编主持社论评论部的言论工作。社论版日常最高业务管理机构是社论委员会，由主编和主要评论家组成，负责确定社论或重要评论的选题。①

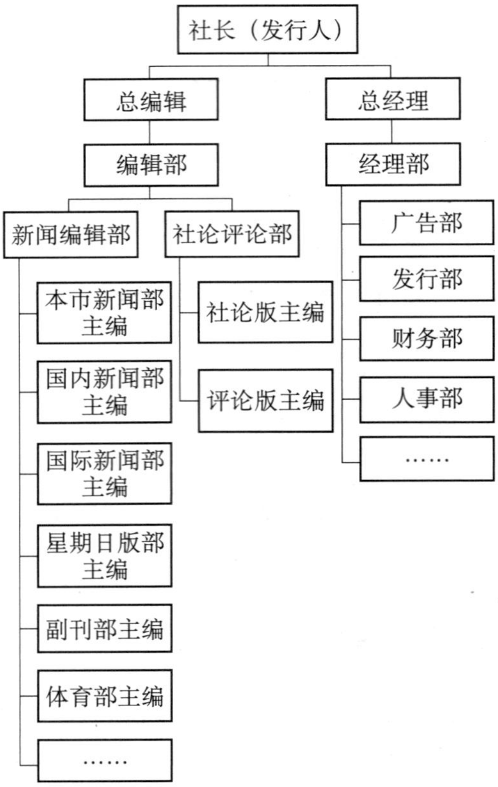


**图 4－13　美国日报的典型组织结构**

资料来源：辜晓进．美国日报的组织结构 [J]．新闻记者，2002 (6)：58－60.

---

① 辜晓进．美国日报的组织结构 [J]．新闻记者，2002 (6)：58－60.

在过去很长的一个时期，报纸产业的发展状况良好，报业组织规模不断扩大，但编辑、发行、印刷合一的组织架构基本没有太大改变，大规模的组织结构变革并不常见。进入21世纪以来，媒体环境发生翻天覆地的改变，新媒体快速崛起并对传统报纸产生巨大冲击。在受众流失、广告市场被蚕食的危机下，传统报业开始数字化转型。因此，数字优先便逐步成为西方一些主流媒体报纸的"共识"，从组织形态、采编流程、发布渠道到内容生产、呈现方式、经营策略等各个环节进行不断创新，正在变身以数字为导向的互联网媒介机构，在组织结构方面则表现为团队人员增减和部门调整。

英国报业转型的急先锋《金融时报》于2013年实施数字优先战略，取消夜班采编工作，夜班编辑转到白班；大大压缩纸媒岗位，采编人员大量转入网络岗位。在彻底转变采编流程、建立数字及大数据团队之后，《金融时报》正转变为具有世界竞争力的互联网公司。而《纽约时报》则从两方面推动组织创新：一是设立专门机构和团队，研究如何创新新闻报道语态和样式。新建团队包括负责对数字化发展进行效果评估和远景规划的2020团队，负责手机应用开发的Beta团队，负责品牌开发和原生广告创意的T Brand Studio工作室，致力于将机器学习等前沿科技运用于新闻产品研发的"Story [X]"，等等。二是打破部门间的界限，实现全链条生产，推动采编、技术、设计、推送等各个环节的融合。以Beta团队为例，它不设办公室，负责数字产品研发的员工与设计师、软件工程师和记者、编辑跨部门合作，新闻产品的内容、技术和设计紧密结合。2017年初市场营销部门也加入这个团队，推动内容分发、产品推送与新闻采编的深度融合。①

**2. 广播电视机构**

一般而言，广播电台、电视台内部，组织结构还是相对简单的职能型结构，主要设有新闻部、节目部、销售部、工程部等部门。其中，新闻部主要负责新闻采编与制作，管理主持人、记者、摄像师等，直接向台长负责；节目部主要负责节目的制作与购买；销售部主要负责广告的售卖；工程部则是负责演播室、控制室的设备运转和维护（见图4-14）。② 但不同规模、不同国家和地区的广播电视机构在内部组织结构上仍存在一定差异。一方面，随着广播电视产业的壮大，媒介组织越来越细分，出现了全球性的广播电视机构、全国性的广播电视机构和社区广播等各类小规模的广播电视机构，它们的组织结构之间自然有很大差异。例如：受市场规模和组织规模影响，一般小型的广播电视机构组织结构会相对简单，多采取直线职能型组织结构；而规模较大的媒介集团因涉及业务广泛，多采取事业部制或控股型组织结构。另一方面，广播电视生产的社会化、制播分离的发展趋向也影响着广播电视机构的组织结构，使其内部组织结构简化。例如在广播电视生产社会化程度很高的美国，节目制作多来源于市场，因而与中国相比，美国广播电视机构组织结构中有关节目的部门也会相对简化。③

---

① 史安斌，谢张天.《纽约时报》的"浴火重生"之路 [J]. 青年记者，2017 (13)：80-82.
② 肖叶飞.传媒经营与管理 [M]. 合肥：中国科学技术大学出版社，2016：102.
③ 胡正荣.媒介管理研究：广播电视管理创新体系 [M].北京：中国传媒大学出版社，2005：129-132.

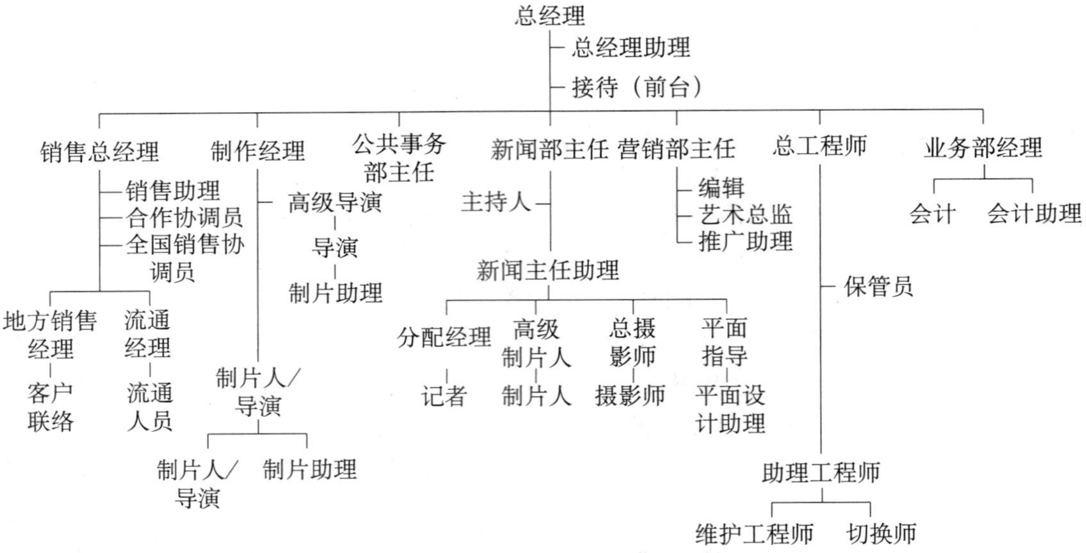


**图 4-14　美国中型市场中的商业电视台组织结构**

资料来源：普林格尔，斯塔尔，麦克加维特．电子媒介经营与管理：第 4 版［M］．潘紫径，王雪，冯晓娜，等译．北京：北京广播学院出版社，2004：14-17.

不同性质的广播电视机构在组织结构上也存在一定差异。以国外大型商业电视台和大型公共电视台为例。国外大型商业电视台主要通过有特色的自采节目来开拓市场，提高市场竞争力，并通过节目交易或节目的二度开发来获取利润，因此这样的电视台往往具备较强的节目自采能力，也会围绕节目的生产经营工作设立知识资产部、项目及推广部、预算管理部等相应的部门，而非像中型商业电视台主要设立销售和营销部门。而与大型商业电视台不同的是，大型公共电视台为保证自身公共目标的实现，既要具备自办节目的能力，不能完全依赖外部单位提供需要的节目，与此同时，也要更注重对整个频道的运营和节目的策划编排，其播出的节目不论自采还是外购都需要服务于其作为公共电视台特有的运营目标。因此，在这类电视机构中，以自采节目技术为依据划分的职能部门和以频道经营为依据划分的事业部在公共电视台运营总目标的统合下形成了目前国外大型公共电视媒体常见的矩阵式组织结构。① 目前，国际上影响力较大的公共电视台主要有英国广播公司、澳大利亚广播公司、日本广播公司等著名的电视机构。以澳大利亚广播公司为例，其内部根据电视节目的不同，设立了新闻、公共事务、体育、教育、科学、少儿、文化与艺术、亚太及青年等九个频道。节目主要来源于公司自采、澳大利亚商业电视网以及世界各地的独立制片人创作的作品。各频道与各类节目采制职能部门形成矩阵式的结构关系，负责运作机构的各部门以职能型的形式与节目机构并列存在（见图 4-15）。其他大型公共电视台的组织结构与澳大利亚广播公司基本相似。②

而在媒体环境变幻的大背景下，广播电视机构也在寻求转型。以英国广播公司为例，

① 胡正荣．媒介管理研究：广播电视管理创新体系［J］．北京：中国传媒大学出版社，2005：129-132.
② 王冬冬．电视媒体的组织结构设计研究［D］．哈尔滨：哈尔滨工业大学，2008：55-59.

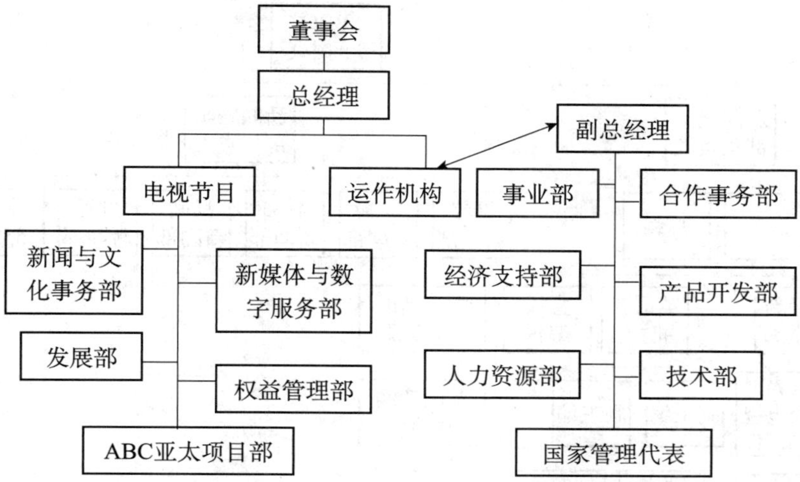


**图 4-15　澳大利亚广播公司组织结构**

在互联网大潮带来的生存危机面前，BBC 较早提出并实践了“统一编辑部”（unified newsroom）理念，全面革新了组织架构及新闻生产模式，成为广播电视机构全媒体变革的典型代表。2007 年，BBC 新闻中心对组织架构进行了改革，将原来按媒介形态划分、各自独立的广播、电视和网络新闻部深度整合成新闻采集部、新闻编辑部和节目部三个核心部门，形成了统一运营的跨平台全媒体播出管理系统（新闻中心）。在新闻中心主任的统一指挥下，新闻采集部主要负责新闻素材的采集，新闻编辑部主要负责新闻的制作与播出，节目部主要承担评论性、调查性新闻节目的制作与播出。BBC 新闻中心统一调度、协调英国国内及全球新闻的采集，所有新闻素材通过统一建构的内网，快速地“扔”到新闻集成平台，各媒体渠道可根据受众的不同需求与传播渠道的差异进行编辑，满足面向广播、电视、网络、智能手机、互动电视等多个终端的分发要求，实现传统媒体和新媒体的融合发展，资源利用更为充分，人员协调更高效（见图 4-16）。[①]

**3. 媒介集团**

20 世纪 60 年代，随着社会经济、技术环境的变化发展，一些媒介组织通过兼并、收购、参股等形式不断实现组织扩张，由此出现了传媒集团这一新的组织形式。如今，国外大型传媒集团的组织形态已呈现多样化特征，由最初单一化传媒集团发展为交叉混合式的传媒集团，经营范围不仅涉及媒介产业及相关产业，也触及其他非相关的产业。而随着传媒集团的规模不断扩大，业务经营多样化，单纯的职能型结构不足以支撑庞大的组织运作，大多数媒介集团都转向了事业部制结构。这一结构以集团总部和中层管理者之间的分权为特征，将集团中的主要媒体划分为若干个独立的事业部，使其成为独立核算、自负盈亏的利润中心。

控股型结构是企业内部分权的另一种组织形式。实行控股型结构的媒介集团，往往通过控股或参股的形式，对多家媒体公司实行控制，拥有该子公司在财务上和经营上的控制权，并对重要人员的任命以及编辑与经营方针的制定有重要决策权，甚至可以直接

① 尹明子．试析 BBC 架构与流程的变化及其作用 [J]. 中国广播，2012 (3)：42-45.

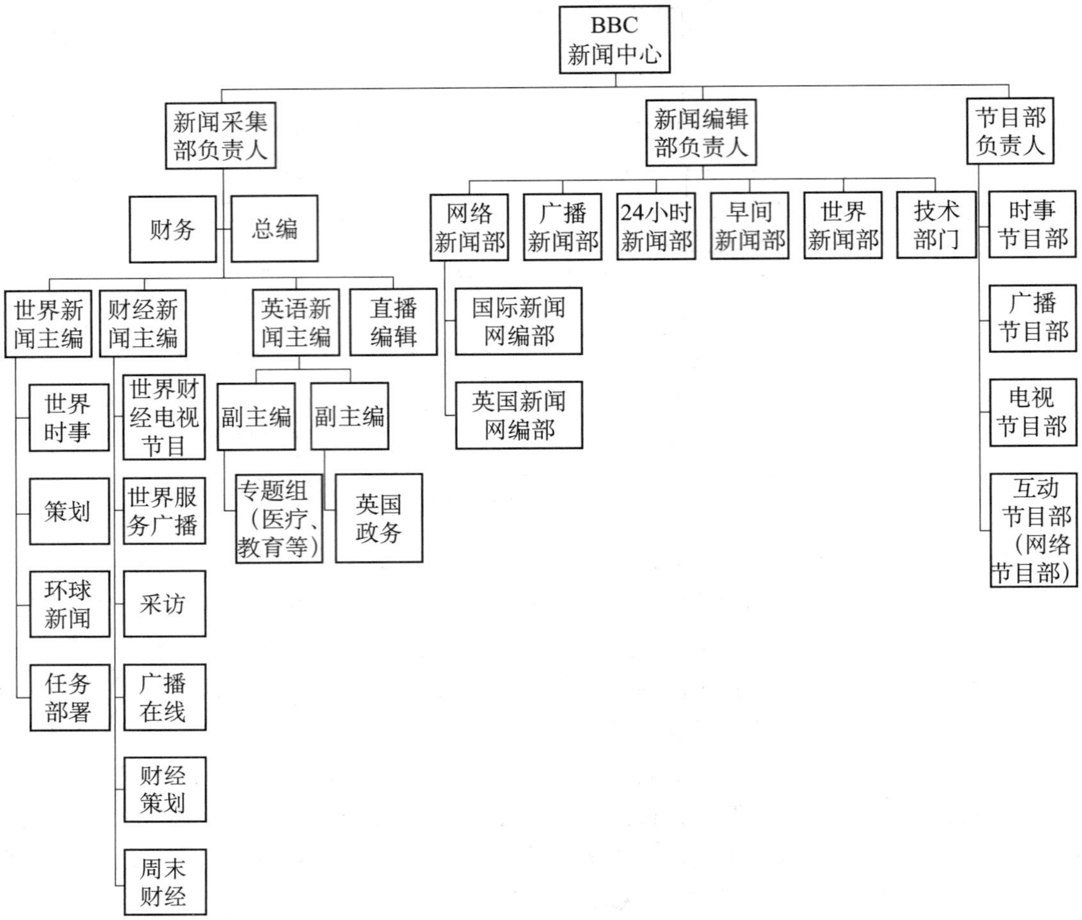


**图 4-16　BBC 新闻中心组织结构**

委派人经营管理子公司。例如，传媒巨擘贝塔斯曼集团就是实行控股型结构的媒介集团。该集团成立于 1835 年，业务遍及 50 多个国家和地区，整个联营集团包括八大业务单元（见图 4-17），涉及广播电视、图书出版、音乐、教育、投资等多个领域。贝塔斯曼集团根据子集团和子公司的多元化及责任授权，以战略性但分散化的方法履行企业责任。此外，像新加坡报业控股公司的组织结构也是现代媒介集团的控股型组织结构的典型形式（见图 4-18）。

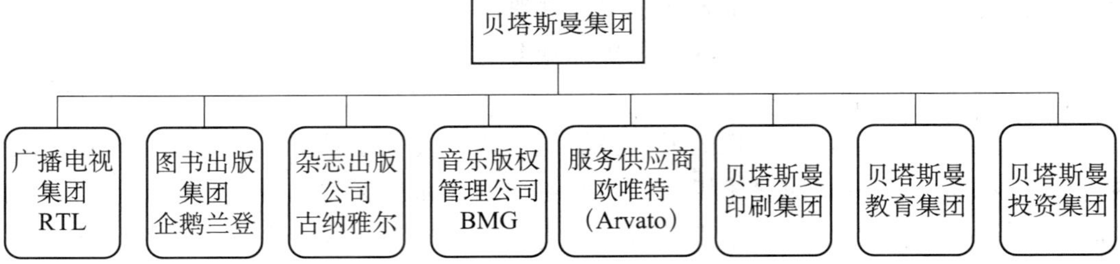


**图 4-17　贝塔斯曼集团组织结构**

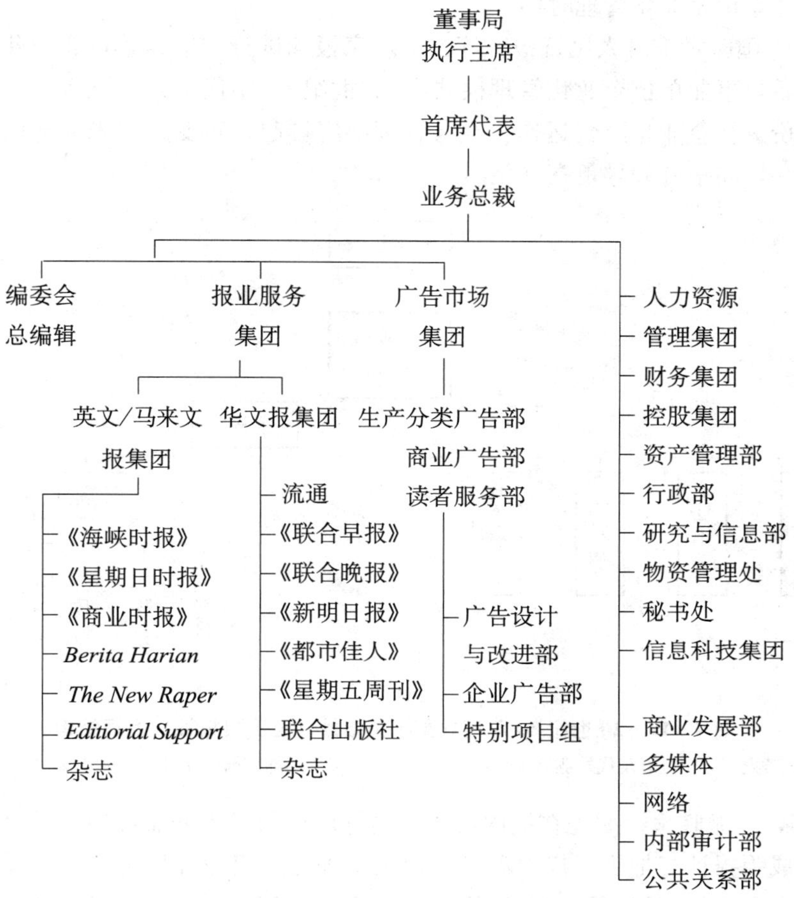


**图 4-18　新加坡报业控股集团组织结构**

资料来源：傅平．传媒变革：中国传媒集团组织转型与重塑［M］. 上海：上海文化出版社，2005：212.

## （二）我国媒介组织结构的主要形式

自我国近代报业产生以来，伴随着政治、经济、文化、社会和技术环境等变化，我国的媒介组织在不断实现变革，组织结构也随之不断调整。

**1. 我国报业组织的组织结构**

新中国成立以来，我国报社的组织结构在组织变革过程中不断发生演变。所有制和管理体制的变化，都深刻影响着报社的组织结构。①

（1）计划经济时期。

在计划经济时期，中国的报纸基本为各级党委机关报，几乎所有报社都采用了直线职能型组织结构，以采编宣传工作为中心，部门设置甚至与政府部门相对应，每个部门只负责固定的口和线。另设有行政、服务部门管理协调和服务于采编工作，大部分报社取消了广告部门，发行由邮局统一实施。

① 此部分内容参考了刘年辉．中国报业组织结构演进轨迹考察［J］. 编辑之友，2010（3）：62-66。

（2）事业单位企业化管理时期。

1978年，国家批准《人民日报》等首都八家报社试行“事业单位企业化管理”的管理方针。此后，事业单位企业化管理模式在20世纪80年代得到广泛推广，中国报业以事业单位身份进行企业化经营运作，经营管理部门崛起，转变为与采编部门并驾齐驱的主要部门之一，向报社领导负责（见图4－19）。

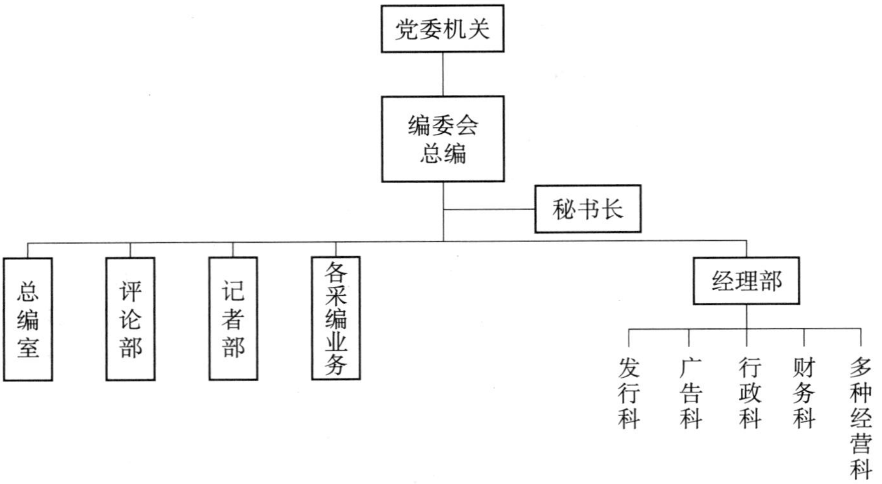


**图4－19　20世纪80年代党委机关报社（经济日报社）组织结构**

资料来源：黄鑫宇．中国近现代报业组织结构变迁的历史轨迹及其基本规律［J］．中国出版，2013（5）：59－64.

1994年，羊城晚报社率先在国内报业中实行社长领导下的总编辑、总经理分工负责制，总经理成为报社三把手，权力和责任都大大加强，报业经营部门和活动的地位大幅提升。这种中国式的“双驾马车”结构被报业广泛采用。而都市类子报的创办则更具有组织转型的标志性意义——在原有的组织架构内增设一个新的事业部，不同于职能部门，事业部以产品（报纸）为中心设立，在主报设定的权限范围内相对独立地运用经营权，而主报只在目标考核、导向把握和人事任免等方面进行宏观把控，基本实现了集中决策、分散经营的事业部制管理模式，意味着组织结构由过去单一的直线职能型结构向直线职能型与事业部制结合的混合结构转型。而20世纪80年代后期报业多种经营的兴起，也推动并强化了这一转型趋势。

20世纪90年代，我国报业开启集团化进程，但这一时期组建的集团都是具有事业单位性质的集团。与单体报社相比，报业集团在组织形态与管理形式上有很大变化。以《广州日报》为例，1996年，《广州日报》率先成立报业集团。主报《广州日报》由集团直接管理，采取直线职能型组织结构模式，主报的职能管理部门如行政中心、人事处、财务处同时也承担集团相应的管理职能。而对于系列报刊、媒体和二级企业公司，按照事业部制分权形式进行管理，二级机构对日常事务和经营工作具有充分的自主权，集团只负责战略协调、重要人员任命、目标考核以及财务监督等宏观事项。对于集团控股的半紧密单位，则按照控股型组织结构的原则，实行业务、资产、机构、财务、人员等方面的分离，集团只根据所占股份的多少，履行股东职责，享受相应收益（见图4－20）。

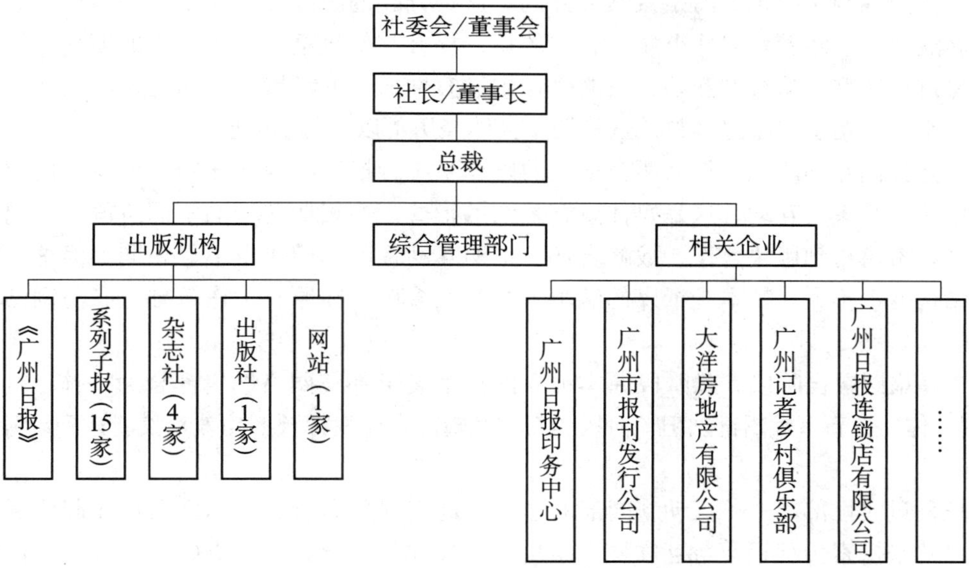


**图 4－20 广州日报报业集团组织结构**

资料来源：黄鑫宇．中国近现代报业组织结构变迁的历史轨迹及其基本规律 [J]．中国出版，2013 (5)：59－64.

(3) 文化体制改革时期。

2003年，文化体制改革开启，建立现代企业制度成为报业组织转型所设定的基本目标。在转企改制的过程中，报业集团大多通过建立“有限公司”来实现“两分开”，基本模式是报业集团投资建立企业法人——集团有限公司，并将集团的经营性资产、资源和业务注入其中，而集团有限公司成为规范的企业法人，建立现代企业制度。集团有限公司下面设立具有独立法人资格的子公司，按照产权关系领导和管理子公司。由此，在报业集团内部，形成混合式组织结构。

采编业务上，以“集团—集团编委会（总编辑）—各媒体采编部门”的链条，由上到下控制协调，集团编委会总体把握舆论导向，对子媒体的采编活动进行指导。下属各媒体主要以事业部的形式相对独立运作，其采编部门以媒体产品为中心设置，负责媒体的采编业务，无独立法人资格，也不插手经营活动，内部组织结构上主要采用直线职能型结构。各媒体与集团的关系类似于公司和分公司的关系。

经营业务上，集团有限公司基于产权关系，对具有独立企业法人资格的子公司进行指挥和协调。集团有限公司与子公司之间是比较规范的母子公司关系，主要依照控股型组织结构模式，通过人事任命、财务监控和资源配置等方式对子公司进行监管。各个子公司与集团内对应媒体之间按照市场交易原则，确立契约关系，全面代理其经营业务，但子公司不能插手媒体的采编业务。以南方报业传媒集团为例，集团下成立南方报业传媒集团公司，剥离下属各报的经营性资产，转制为集团母公司独资或控股的企业法人，并由南方日报经营公司全面代理《南方日报》的经营业务。

(4) 媒介融合时期。

1997年《人民日报》网络版的建立，真正掀开了媒体上网的浪潮，不少媒体开设自己的网站或者联合创办网站，并在组织内部增设网络媒体部门或新媒体部门。但此时报纸编辑部门和网站编辑部门是截然分开的，这种分裂的组织形式完全不能适应互联网发展的客观要求，随着新媒体市场占有率的持续提升与传统纸媒广告收入的缩水，倒逼传统媒体进行转型。从报网互动、报网融合到过渡性部门的设置，再到全媒体生产平台的建构，组织结构也在随之调整。这种调整大体经历了以下几个阶段：

一是报网互动阶段。作为两个独立的媒介系统，报纸与网站开始在重要的内容传播过程中相互联系与互动，这是媒体融合最初的形式。在报业转型的不同阶段，从内容复制、联动报道再到版块合作、战略合作，报网互动程度和模式也不尽相同。但这一阶段组织结构变动不大，基本是纸媒的编辑人员身兼多职，在原有工作基础上参与网站编辑工作。

二是报网融合阶段。此阶段原本独立的报纸编辑部和网络编辑部合为一体，构建了“报网一体”的新型编辑部。但该阶段的新型编辑部未能发挥预期功效，没能达到统筹资源的目的。

三是过渡性部门——滚动新闻部的建立。这实则是为新旧媒体之间搭建起沟通的桥梁，以此来探索传统报业与互联网、手机等新媒体的融合，让各类媒体、各个部门的优势逐渐“嫁接”，使组织重构的演进具有平稳性。

四是全媒体平台的构建。2012 年，《南方都市报》率先建立了国内第一个物理形态的重要控制台——南都全媒体信息集成中心，促进传统媒体与新媒体的融合，将原本的报业组织结构全部模块化、扁平化（见图 4－21）。

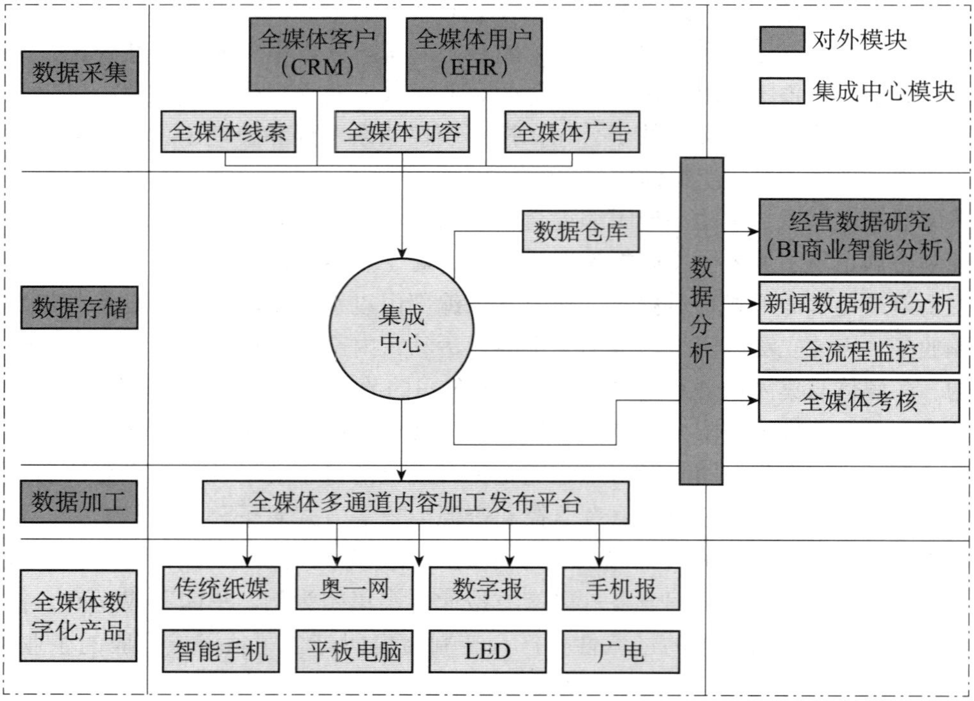


**图 4－21 《南方都市报》全媒体组织结构**

资料来源：黄鑫宇．中国近现代报业组织结构变迁的历史轨迹及其基本规律［J］．中国出版，2013（5）：59－64.

上述变化主要体现在负责新闻采编业务的报纸编辑部的结构上。而随着新媒体的发展，不少报社都启用了全媒体战略，不仅部署了网站、手机客户端、微博、微信、抖音等新媒体矩阵，同时也经营着多元的新媒体产品或业务，因而也会采取事业部制的形式，将各类的新媒体产品部门化，成立相对独立的事业部，使之更具活力，能与外部其他新媒体产品竞争。

以《潇湘晨报》为例，该报 2010 年前在组织设计上只是针对传统报纸和新媒体进行部门划分（见图 4－22）。在媒体融合的背景下，潇湘晨报社在采编业务上仍采取直线职能型结构模式，采编分离，设立采访中心与编辑中心，各自垂直领导采访业务和编辑工作，以层级链和部门化的方式实现管理协同。而对于相对具有差异性的新媒体业务则采取事业部制，在报社内部设立新媒体事业部与湖湘地理产品部（见图 4－23）。新媒体事业部自主决策、自负盈亏，处在市场竞争的一线，直接面向客户与受众开展新媒体业务，能最快感知市场动态，甩掉层层指挥链条的束缚，快速地做出反应，也更能激发员工的积极性和创造力。而湖湘地理产品部因为产品的制作要求外出的采访频率高，人员的日程繁忙，产品内容与其他信息产品存在的差异较大，所以，直接接受报社编委会的管理，不隶属于报社采访中心和编辑中心。这种结构使湖湘地理产品部的组织框架更为扁平化，决策效率更高，充分满足了其信息产品生产的特殊需求。[①]

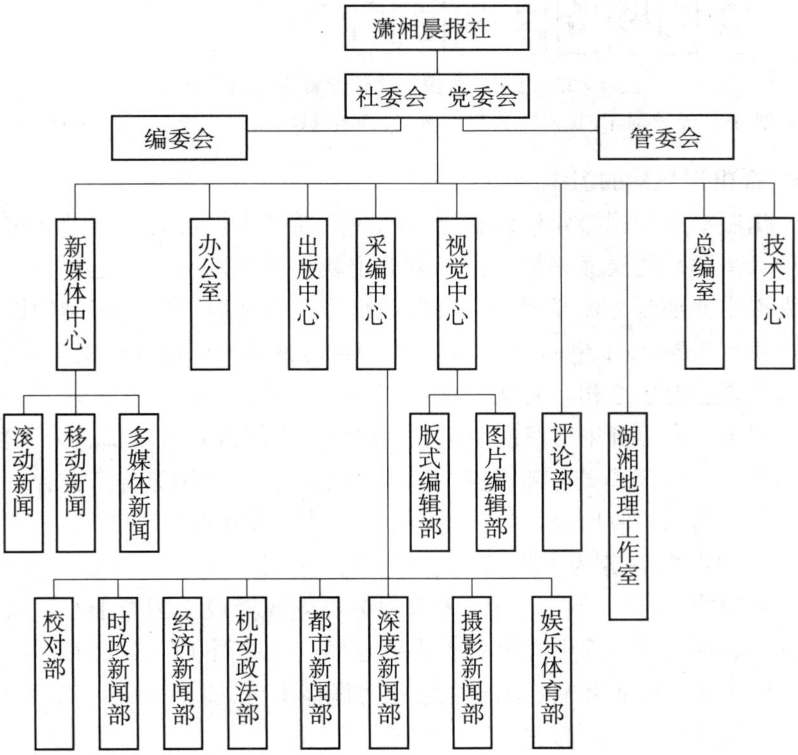


**图 4－22　《潇湘晨报》2010 年前的组织结构**

资料来源：刘伟男．媒介融合下潇湘晨报组织结构优化研究［D］．长沙：湖南大学，2013：18.

① 刘伟男．媒介融合下潇湘晨报组织结构优化研究［D］．长沙：湖南大学，2013.

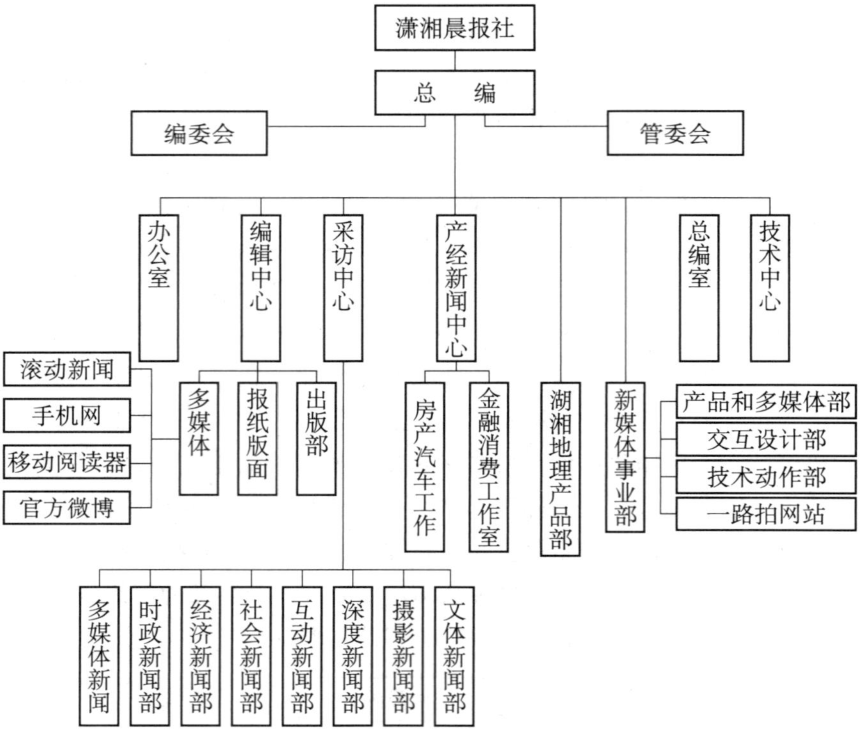


**图 4－23 《潇湘晨报》优化设置后的组织结构**

资料来源：刘伟男．媒介融合下潇湘晨报组织结构优化研究［D］．长沙：湖南大学，2013：34.

### 2. 我国广播电视机构的组织结构

与报社、出版社等印刷媒介机构相比，现代广播电视机构的组织结构更为复杂。从广播电视总台（集团）的层面来看，由于其旗下囊括不同的电台、电视台，业务更加复杂，因而更多以事业部制、控股型为主，根据自身实际情况进行组织结构设计。而从单体的电台、电视台来看，则还是以中心制和频道制这两种组织结构形式为主。

我国广播电视业诞生之初，有线电视尚未全面铺开，频道资源稀缺，国内各个电视台分管的频道很少，基本都采取职能型组织结构，在内部设置行政部、人事部、财务部、技术部、新闻部、广告部、文艺部等各部门（见图 4－24）。伴随着三台合并，广电事业发展壮大，原有部门也相应地合并为不同的中心，中心制由此确立。[①] 广电媒体中心制组织结构本质上是以职能划分为基础的，形成“台—中心—部门—栏目”四级管理结构，属于典型的直线职能型组织结构，组织内部根据不同职能设立制作中心、播送中心、编辑中心、广告中心和技术开发中心等专业化中心部门（见图 4－25），并按照各自的职能划分进行节目的生产、购买并输送到相关频道时段播出。[②] 直到今天，仍然有一些广电传媒机构沿用中心制或以中心制为主的运行模式。

① 王勇，张春朗．“一台两制”：区域性广电传媒的策略选择［J］．电视研究，2011（3）：14－16.

② 金雪涛，廖锦瑾．组织扁平化视域下电视媒体的混合组织结构：也谈中心制与频道制［J］．电视研究，2011（3）：8－10.

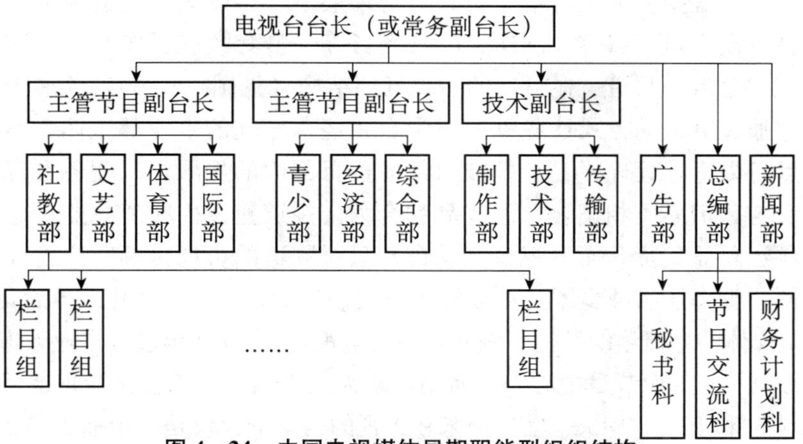


**图 4－24　中国电视媒体早期职能型组织结构**

资料来源：王冬冬．国内外电视媒体的组织结构比较研究［J］．浙江传媒学院学报，2012（3）：54－60.

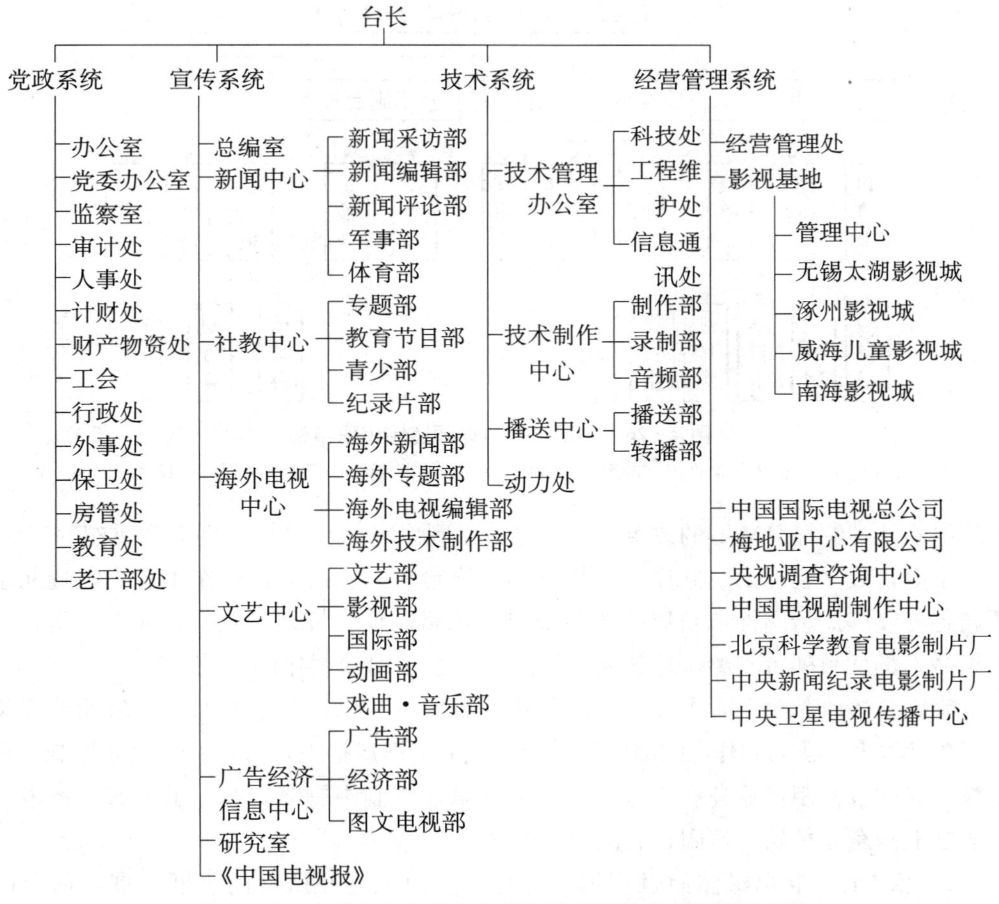


**图 4－25　中国中央电视台集团化改革前的中心制组织结构**

近年来，随着电视产业化进程的推进，数字技术和有线电视技术的发展，我国频道与传播内容大大增加，频道代替节目成为重要的市场竞争主体，并开始实现频道专业化。为了适应竞争环境变化，我国广电传媒大多进行了频道制改革。

所谓频道制，是指在电视台或集团一级管理层下，再设置以频道为单位的综合管理层，频道内再分设栏目、编排、制作、广告经营等一整套频道运作所需的完整机构的管理模式，形成“总台—频道—栏目”的三级管理结构（见图 4-26），这属于事业部制的组织结构。它通过分权的方式让各频道成为自主经营管理的事业部主体，不再仅仅是播出平台，而且可以直接管理栏目，打破内部各栏目部门的界限，调配各方资源，促使频道内所有节目与频道品质相契合，形成品牌合力。频道建设由频道总监负总责，栏目制片人直接向频道总监负责，而电视台（总台）只对频道的市场份额和广告经营等指标进行考核。由此，管理层级减少了，可以提高节目制作的效率。集团化改革后，频道制开始成为中国广电媒体的主流组织结构。例如，中央电视台于 2010 年进行专业频道制改革，除了大新闻中心以外，其他节目中心一律撤销，改为频道制。频道直接管理节目组，原有的部门一级建制全部取消。“中央一套”原来在央视的构架下仅仅是一个播出平台，全台各频道的优秀节目放在一套播出。而此次改革后，中央一套首次设立了自己的节目创作队伍。[①]

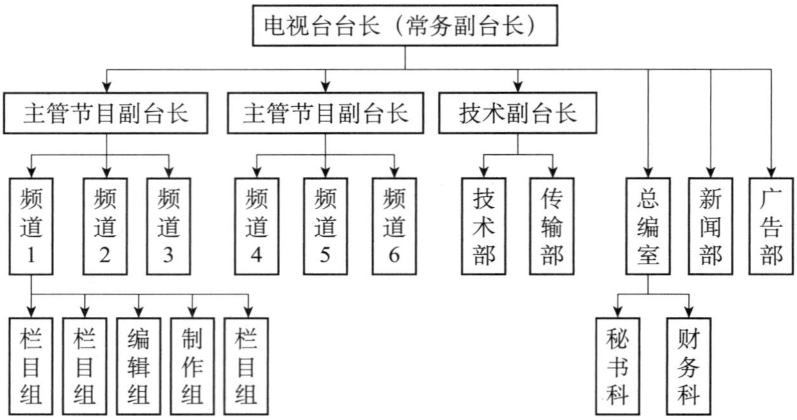


**图 4-26　中国电视媒体频道制组织结构**

资料来源：王冬冬. 国内外电视媒体的组织结构比较研究 [J]. 浙江传媒学院学报，2012（3）：54-60.

广电系统“制播分离”的改革，也直接关系到广电内部机构的剥离和重组。2006 年底，北京电台成立全国第一家广播制播分离的电台——北京电台制作中心，负责北京电台所属各专业广播新闻性节目以外其他节目的编辑制作、策划、包装、推广和销售，一批采编播人员从系列台剥离，打破人员只能为一个系列台制作的传统框架。2009 年，上海广电制播分离改革启动，上海文广新闻传媒集团一分为二。原上海文广新闻传媒集团播出资源和涉及“新闻制作”的部门置入新成立的上海广播电视台，实行事业体制；将允许制播分离的节目制作业务和广告经营业务从事业体制中剥离转企，由上海广播电视台出资成立上海东方传媒（集团）有限责任公司。

2004 年之前，电视媒体尚且占据主导地位。但随着互联网的不断发展，从台网联动、台网互动、台网融合到全媒体发展，媒体融合不断推进，广电媒体也在不断进行组织调整以适应新发展。在媒体融合中，广电集团的组织变革主要表现为部门的增设和架

① 王志安. CCTV，一场静悄悄的变革正在发生 [J]. 青年记者，2010（34）：87.

构的调整。部门的增设主要指新媒体相关部门的增加，架构的调整包括大的组织变动和局部的结构调整。大的组织变动以上海文广新闻传媒集团为例。2014 年，大文广和小文广全面整合，组建上海文化广播影视集团有限公司，并对频道板块进行整合，将原东方卫视、新娱乐、星尚、艺术文化等六大频道整合成东方卫视中心，将原有广播频道整合为东方广播中心，将原有的一些艺术类频道频率整合为横跨广播和电视的公益媒体群。[①]而局部的结构调整更为常见，主要表现为生产流程的再造，如将传统的编辑部改造为“中央厨房”，实现新闻的全媒体一体化生产。

**3. 我国出版机构的组织结构**

在文化体制改革过程中，出版单位率先进行转企改制改革，除了人民出版社等四家公益性出版社仍保留事业单位性质外，其余出版单位都已改制为国有独资的有限责任公司。

出版机构的组织结构视其规模大小而异，规模较小的出版社多按照直线职能型组织结构运作，而规模较大的出版社或出版集团则按照事业部制或者控股型组织结构运作，例如中国出版集团（见图 4 - 27），作为中国最大的综合性出版集团，旗下拥有商务印书馆、中华书局、人民文学出版社、新华书店总店等 40 家著名出版发行机构或出版服务机构，同时拥有各级子公司、控股公司等法人企业 198 家[②]，因而集团总体上采取的是控股型组织结构。

也有出版机构以某一种组织结构形式为主，混合了其他组织结构形式，例如中国出版集团的全资子公司——生活·读书·新知三联书店有限公司，采用的是混合式的组织结构。该社在主体上，采用直线职能型组织结构，设有职能部门和各个编辑部门；还实行分社制，相当于事业部制组织结构，学术出版分社、文化出版分社和综合出版分社在公司统一管理下拥有独立的人事权、财务权、选题决策权；此外，控股生活书店出版有限公司、三联书店（上海）有限公司、北京三联韬奋书店等子公司，局部实行控股型组织结构。

**4. 我国互联网媒介组织的组织结构**

如上所述，互联网生态中的媒体主要包括两类：一类是传统媒体在媒体融合浪潮中转型发展起来的新媒体，还有一类是通过提供互联网信息服务，也具备了媒体属性的互联网科技公司，这里主要讨论的是互联网科技公司的组织结构。

在我国，根据互联网管理的有关法规要求，通过网站、应用程序、论坛、博客、微博客、公众账号、即时通信工具、网络直播等形式向公众提供互联网新闻信息服务的组织必须具有相关的资质或许可。除了由传统媒体转型或衍生而来的新媒体，上述互联网媒体公司大多有民营资本（有的甚至是外资）参与，而非国有资本不得从事新闻采编播发业务，也不得进入内容的编辑出版环节。因此，互联网媒体企业没有新闻信息的采编播发资质，内部组织结构中往往不设立专门的采编部门，更多以运营部门代替，将内容以产品的形式来运营。此外，这类公司提供的内容业务往往靠技术驱动，因而技术部门在组织结构中占据更为重要的位置。例如字节跳动，就是一家以人工智能为核心驱动的公司，早期上线的今日头条便是用大数据抓取＋人工智能算法推送内容的方式，实现

① 黄馨．媒体融合背景下的电视媒体组织变革：基于江苏广播电视（总台）的个案研究［D］．南京：南京大学，2018.

② 中国出版集团有限公司概况［EB/OL］．［2022 - 10 - 01］．http://cn.cnpubg.com/overview/.

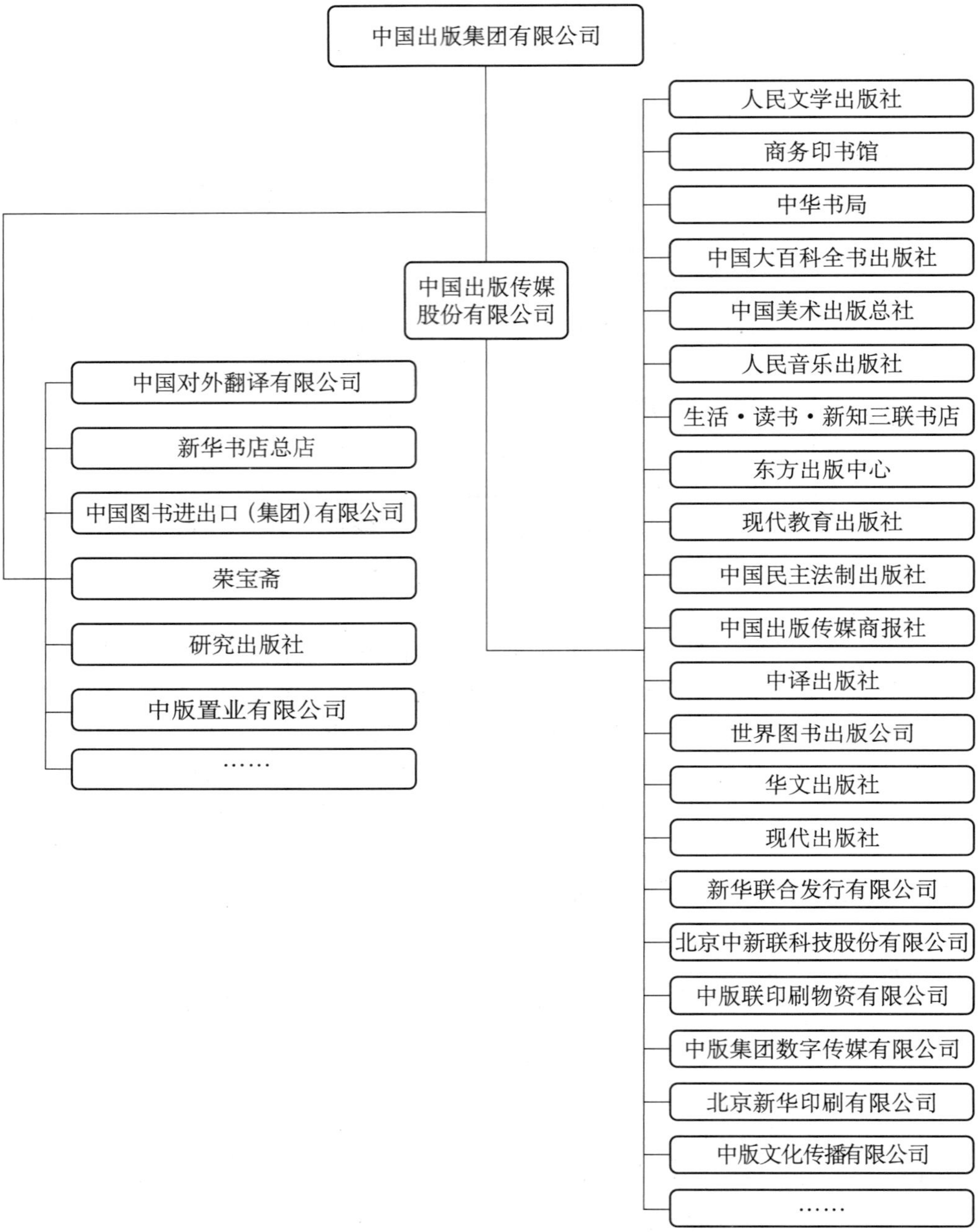


**图 4－27　中国出版集团组织结构**

“千人千面”的内容分发，极大提高用户黏性，快速跻身新闻资讯客户端第一阵营；字节跳动的旗舰产品抖音也依靠计算机视觉、人机交互等技术，实现各种贴纸特效和互动效果，在短视频领域优势突出。

在具体组织结构上，各公司依据自身特殊情况进行设计。下面以腾讯和字节跳动为例说明这个问题。由于自身业务庞杂，旗下拥有众多产品和子公司，因而腾讯采用的是事业部制和控股型组织结构结合的模式。公司主体上根据业务线划分出众多事业群，每个事业群下面又有多个产品，而对于旗下控股公司则采取控股型组织结构进行管理（见图 4-28）。

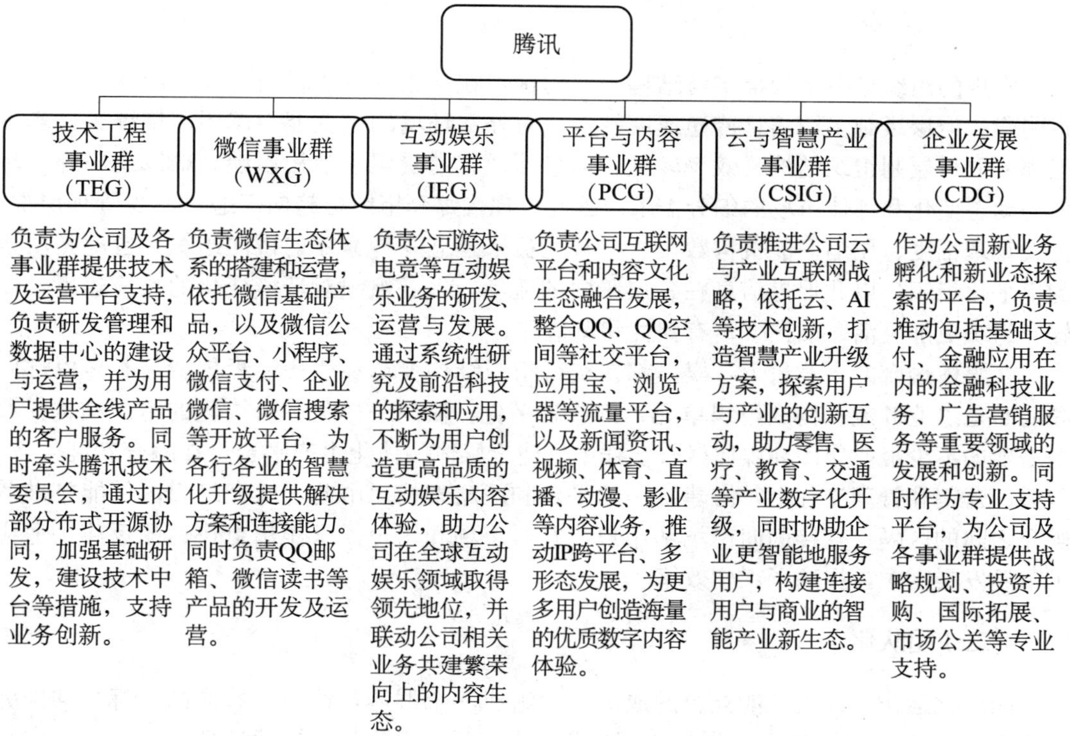


**图 4-28　腾讯公司业务及组织构架**

而字节跳动更青睐扁平化的组织结构，管理层次较少，字节跳动 CEO 负责半数销售和内容审核，直接领导了 14 名公司高管，这些高管又领导了 90 多位二级负责人。人员安排上，以虚拟项目组的形式推动产品的研发。组织架构方面，字节跳动没有按业务线划分的事业部，而是采用“大中台小前台”的逻辑，只有技术部、用户增长部和商业化部这三个核心职能部门作为中台，三个部门都会参与每一款产品 App 的制作。其中，用户增长部负责用户留存，商业化部主要负责变现，技术部负责为产品提供技术支持，具体还分为算法平台组、产品技术组、互娱组、垂直产品组。在这种组织结构中，大部分产品（前台）最核心的三个环节——拉新、留存和变现，都将接入相应的中台部门，由后者提供支持，因而中台的基础能力不断复用，避免了浪费，新做一个移动产品的成本也不高，适合产品的快速迭代。①

## 三、媒介组织结构的发展趋势

随着媒介环境的变化，媒介组织结构都在发生相应的变革，越来越多的媒介组织从

① 陈萌，刘凯．字节跳动深度：孤独的腾讯，跳动的字节［EB/OL］.（2019-07-01）［2022-06-08］. http://www.xcf.cn/article/1a33ba529bae11e9bf6f7cd30ac30fda.html.

科层制组织向团队式、网络式、项目管理式的无边界组织转型，扁平化、虚拟化、柔性化和注重团队建设成为媒介组织结构设计的重要趋势。

### （一）扁平化

常规的组织形态多为金字塔结构，它的优点在于指挥系统垂直分布，层次分明、职责明确。但层级越多，信息传递速度越慢，对外部环境的应变能力越弱。传统媒体基本上都采取科层制组织结构，效率较低，信息传递容易受阻，结构僵硬，难以适应媒体环境的动态变化和媒体市场的细分需求。因此，现代媒介组织更趋向于通过减少管理层次、扩大管理幅度、压缩职能机构数量、裁减冗员来建立一种紧缩的横向组织，也就是所谓的扁平化组织，以此促进信息在各层级内的流动，提高组织对环境变化的反应速度，使媒介组织更加灵活、敏捷、富有弹性和创造性。

在媒体融合的大背景下，媒体都在实行组织结构变革和业务流程创新，不再以部门职能而是以业务流程构成组织单元，打造扁平化、横向一体化、模块化的组织结构，典型表现如不少报业集团在媒体融合实践中搭建全媒体一体化生产平台，在融合新闻生产、传播、营销和管理流程上，搭建统一的平台和战略架构。由此，媒介组织内部能打破各媒介之间的区隔，直接面向市场和用户，并对市场和用户需求做出更快速的反应，适应了市场发展需求，提高了工作效率。

### （二）团队化

团队化运作，即由技能互补的成员共同组成一个群体，致力于共同的目标，共同完成任务。团队可以分为正式团队和非正式团队。正式团队是上层管理部门为达到一定目标，按照一定的制度正式组建的团队，其人员相对固定，且有正式身份，内部分工明确。如有些媒体为重要或大型媒介栏目设立专门的团队，以保证栏目的制作方向和水准。而非正式团队，也称为临时性团队，即为了重大报道或突发事件而临时组建的团队，其人员没有固定编制，只在短期内有共同目标和任务，待完成报道任务，人员即可解散，以此提高组织的灵活性。① 例如，现在不少广电机构都在推行工作室制度，这种工作室是一种小型的事业部。以湖南卫视为例，为应对互联网视频行业的急速膨胀所带来的冲击，激发一线团队的创新能力，其内部在 2018 年正式启动一线工作室制度，以制片人为中心，授牌成立十二个一线团队工作室，这些工作室比一般的节目团队有更大的节目自主权，在人员招聘和筛选上也有更大的话语权，可以根据项目的不同选择合适的人员。制片人由内容创作领头人变成了产品经理，全面负责创意、制作、宣发、营销等工作。而一些大型项目如“爸爸去哪儿”“歌手”，单个团队已经难以驾驭，往往还会需要好几百人跨团队作战。这种团队化运作的方式，本质上是团队管理和激励方式的进化，能打破约束生产力的桎梏，盘活组织内部资源，鼓励团队创新，释放团队的创造力。

### （三）虚拟化和柔性化

互联网的发展，信息技术与数字媒介的成熟，让远距离的协作成为可能，虚拟组织这

---

① 屠忠俊．现代传媒业经营管理［M］．武汉：华中科技大学出版社，2007：309－310．

一全新的组织形式应运而生。虚拟组织与传统组织相对应，它是建立在网络传播技术基础上，通过密集的信息、平等的交流，整合利用跨越组织边界人员的智慧，以实现核心组织特定目标的各种人才的集合。其优点在于，可以把相关组织及组织之外的个人联系起来，结成伙伴关系，形成一个有利于企业发展的潜在资源和合作者的“蓄水池”。[①] 这种组织形式不受传统组织规制和有形结构束缚，组织成员在一个松散的框架中为共同的目标而共同工作，其无边界性、高度的柔性和对环境变化的敏捷响应性也是传统组织所不具备的。

在数字技术不断发展的背景下，组织虚拟化也是媒介组织的一大发展方向。在媒介融合的进程中，所有的媒介组织都在不同程度上或以不同的形式，加入虚拟的成分。媒介组织的虚拟化，既是部门设置的虚拟化，也是媒体工作者身份归属的虚拟与模糊。[②] 例如在国外发展较为成熟的众包新闻、维基百科的协作式生产方式，都在不同程度上体现出组织虚拟化的特征。在国内，北京广播电视台与北京市国有文化资产监督管理办公室共同出资组建的北京新媒体集团就通过与奇虎 360 公司合作，成立北京时间股份公司（现改名为北京时间有限公司），进行媒体组织无边界化的探索：“北京时间”不仅拥有专业媒体产品生产团队，还通过自身的媒体聚合平台实施开放性战略，打造“时间视频”、“云记者”平台、“i 生活”全媒体平台、“政务时间号”集群等一系列开放式媒体产品生产矩阵，促进内外部资源的整合，增强组织柔性，适应媒介环境动态性调整的现实和互联网时代媒介组织变革的方向。

## 本章小结

1. 合理的组织结构是组织实现其目的的基本保障。组织是指根据某种明确的目的或目标、经过精心设计的由诸多要素按照一定方式相互联系起来的社会系统，同时又与外部系统保持密切的联系。

2. 媒介组织是以媒介作为生产、交流和服务主体并对其进行经营和管理的机构或单位，它同时处在一定的政治、经济、文化、技术、社会、生态等国内外环境系统之中，并受到这些系统的制约和影响。

3. 由于所有权和经营权的分离，形成了媒介组织的治理结构和组织结构。所谓治理结构就是协调所有者和其他利益相关者相互之间关系的一种制度安排，这种制度安排包括了权力机关的设置、运行及权力机关之间的法权关系，包括但不限于指挥、控制、激励等方面的活动内容。而所谓组织结构是组织成员为实现组织目标，在管理工作中进行分工协作，在职务范围、责任、权利方面所形成的结构体系。它是用以表明组织各部分排列顺序、空间位置、聚散状态、联系方式以及各要素之间相互关系的一种模式，是整个管理系统的框架。

4. 媒介组织按照其组织目标可以分为营利性媒介组织、非营利性媒介组织。营利性媒介组织主要指媒介企业，非营利性媒介组织在我国一般是那些主要承担公共服务职能的媒介事业单位。若按照媒介形态进行划分，媒介组织主要分为纸质媒介组织、广播电

---

① 胡昭阳．虚拟组织概念及沟通问题探讨［J］．新闻与传播研究，2015（4）：110－117，128．

② 陈卓．试论媒介融合进程中媒体组织重构的路径［J］．国际新闻界，2010（4）：95－98．

视等电子媒介组织和互联网媒介组织三大类。

5. 治理结构就是协调所有者和其他利益相关者相互之间关系的一种制度治理结构，因此，治理结构从本质上是指组织所有者及其利益相关者之间以何种形式进行治理。

公司治理结构主要指企业内部治理结构，即现代公司治理结构。现代公司治理源于所有权和控制权分离后产生的代理问题。公司治理结构的理论基础包括制衡说、所有者主导说和共同治理说等。公司治理结构的职能包括指导职能、管理职能、监督职能和阐释职能。

6. 中国的媒介组织治理结构是政府对传媒的宣传、经营、管理、绩效进行监督和控制的一整套制度安排。它通过一定的治理手段，合理配置剩余索取权和控制权，以强化党的领导，协调利益相关者之间的利益和权利关系，而形成科学的自我约束机制和相互制衡机制，有效地抑制代理成本，保证传媒的决策效率。

7. 中国媒介组织的治理结构大致经历了行政型传媒治理结构、“双轨式”治理结构和按照单位性质进行的分类改革所形成的双重方向的治理模式三个阶段。目前，绝大多数面向市场的媒介组织转企改制，按照现代企业治理结构进行管理；少数时政类或者承担公益性任务的媒介组织，保留事业单位性质，按照事业单位的治理结构进行管理。各个媒介组织根据自身特点探索出了几种不同的治理结构，并各有特色。目前大多数互联网企业都采取股份公司制，按照现代企业制度进行内部治理结构设计，在内部形成股东大会—董事会—监事会—经理层的法人治理结构。

8. 组织结构是组织成员为实现组织目标，在管理工作中进行分工协作，在职务范围、责任、权利方面所形成的结构体系。本质上而言，组织结构就是员工的分工合作关系，其核心就是权力、责任和利益的分配。具体而言，组织结构的表现形式主要包括直线型、职能型、直线职能型、事业部制、矩阵式、控股型以及网络型等类型。一个组织用哪种组织结构比较合理并没有一定之规，它取决于多种综合性因素，但在管理学者看来，外部环境、组织战略、组织规模是决定组织结构的最重要因素。

9. 随着媒介环境的变化，媒介组织结构都在发生相应的变革，越来越多的媒介组织从科层制组织向团队式、网络式、项目管理式的无边界组织转型，扁平化、虚拟化、柔性化和注重团队建设成为媒介组织设计的重要趋势。

## 复习思考题

1. 选择一家自己感兴趣的媒体，深入考察其治理结构与组织结构，并分析其特点。
2. 谈谈我国媒介组织治理结构的特殊性，并分析其原因。
3. 试述媒介融合背景下中国媒介组织结构的变化及未来趋势。

第五章

# 媒介组织的战略管理

成立于1939年的美国漫画巨头漫威漫画公司，从2008年推出的第一部自制电影《钢铁侠》收获全球票房5.85亿美元，到2019年的《复仇者联盟4：终局之战》收获全球票房27.98亿美元，不难看出漫威宇宙系列电影已经在全球电影市场中大获成功。作为该系列电影的生产者，漫威漫画公司自打造漫威电影宇宙以来，就已经成为漫画产业和电影产业融合发展的一个标杆，其战略管理更是媒介组织经营管理中的典型范例。漫威漫画公司长期的主业是漫画，在经过漫长的发展之后，其在美国漫画领域也取得了一定的成绩。但随着游戏、电影对漫画的冲击，在漫画没落的背景下漫威动画公司几经波折，最终在战略管理上进行重大调整，即决定进军大屏幕，开始打造属于自己的漫威电影宇宙。这一战略决策使得漫威获得了成功的转型机会，并一举成为电影产业中的知名品牌。

创办于1957年的《羊城晚报》是新中国成立后第一张由中国共产党创办的大型晚报，在辉煌时期该报走出广州成为全国性报纸。该报在"文化大革命"期间停刊，1980年复刊，20世纪90年代再次成为中国晚报巨头之一，并且在读者阅读率方面一度位居全国第三，是广东省报业的第一品牌也是中国报业的知名品牌。在此背景下该报的定位是"全国大报"，在20世纪90年代后期该报忽视了报业区域化发展的规律，出现了战略性失误，从而一度衰落，被《广州日报》超越。①

从这正反两起案例中不难看出对于一个媒介组织而言，战略管理是能够决定组织运营成效的一个重要因素，由此也可以看出，从某种意义上说，战略管理对于一个组织具有生死攸关的意义，一旦战略决策错误，投入越大损失越大。因此，战略管理是一个媒介组织在进行经营管理决策时首先要考虑的问题。媒介组织在进行战略管理时需要对其内涵、原则以及内容有明确的认识，同时还需要掌握一些基本的战略分析工具。这些都是本章要介绍的内容。

**学习目标：**

阅读和学习本章后，你应该能够：

1. 了解战略管理在媒介组织中的作用。

---

① 禹建强．媒介战略管理案例分析［M］．北京：华夏出版社，2004：219－229.

2. 掌握定位理论的基本内容。
3. 了解媒介战略管理的原则和要求。
4. 掌握媒介战略管理的内容。
5. 能够运用波特的“五力模型”制定媒介企业的发展战略。
6. 能够运用 SWOT 模型分析媒介企业的优势、劣势、机会和威胁。
7. 能够运用波士顿矩阵模型对媒介产品进行分析。

## 第一节　媒介的战略管理

媒介组织作为市场竞争主体之一，战略管理是其最高层次的管理活动。媒介组织的战略管理是一个长期的复杂活动，在战略制定、实施以及评估阶段有着各自的管理原则，最核心的是要找到自身发展的定位。媒介组织的战略管理主要包括三个层面的内容：发展方向层面、经营层面、内容生产层面。

### 一、媒介组织战略的含义

#### （一）战略及战略管理

“战略”一词，原是军事术语，指作战的谋略。后来，人们将这一术语扩展到各个领域，如国家战略、竞争战略、企业战略等等，指从全局考虑谋划实现全局目标的规划等。企业在市场竞争中为保障自身的生存与发展，通常会以一定的经营管理理念作为指导思想进行市场活动，而这些特定的经营管理理念就是所谓的战略。为更好地适应市场竞争，战略管理已成为企业组织中的重要组成部分。

作为一个企业管理过程的战略管理一般由四个步骤组成：分析、制定、执行和评估。分析阶段主要考察并了解企业所处的行业环境，审视公司内部的竞争优势等，从而有助于决定如何组织现有活动或创造新的价值；制定阶段是管理的书面化过程，涉及公司愿景和使命、纲领性的目标等；执行阶段侧重于资源分配和战略的具体操作层面；评估阶段是对各阶段活动的总结和评价，持续运作的评估体系有助于管理者对战略结果进行快速的纠正与管理。[①] 分析和制定的过程又称为战略决策过程；决策制定后就需要各个部门、环节去落实决策，这就是决策的执行过程；决策是否正确，执行得是否到位，实施或执行的效果如何，等等，需要进行评估，以便对决策进行改进、完善等等，从而形成完整的决策链条。

---

① 韦斯特三世，班福德．战略管理［M］．栾玲，译．北京：中国人民大学出版社，2011：7.

企业组织的战略管理思想体系十分丰富，可以从不同视角进行展开，故而存在着不同的战略管理流派分支。在战略管理思想体系中主要存在以下几个流派：设计学派，以钱德勒、肯尼斯·安德鲁斯（Kenneth Andrews）为代表，以SWOT模型为基础，强调战略是受控制、有意识的思想过程，且需要外部因素和组织因素进行匹配从而形成战略决策；计划学派，以安索夫（Igor Ansoff）为代表，主张战略形成是一个受控制、有意识、详细具体的正规化过程；学习学派，主张企业组织面对的是一种不确定的环境，为此将战略视为一个复杂、进化、渐进、文化与政治、想象的一个过程；定位学派，以迈克尔·波特（Michael Porter）为代表，以供应商、购买者、当前的竞争对手、替代产品及行业的潜在进入者“五力模型”为核心，强调战略任务是在已选定的行业中进行自我定位；资源学派，主张企业组织是独特资源和能力的集合体，这构成战略的基础，在战略管理中需要培植企业对自身战略资源的独特运用能力，即核心能力。① 不同的战略管理流派各有侧重，企业组织在实际的经营管理过程中通常会根据自身的实际状况来综合使用各类战略管理思想。

## （二）媒介组织的战略管理

媒介组织在市场中进行经营管理时，为更好地发挥功能并健康可持续发展，同样需要实施一定的战略管理。媒介组织作为市场竞争主体之一，战略管理是其最高层次的管理活动，是一个动态管理过程和一项复杂的系统工程，由制定愿景与使命、设置目标体系、制定战略、实施战略、评价与控制等管理任务组成（见图5-1）。②

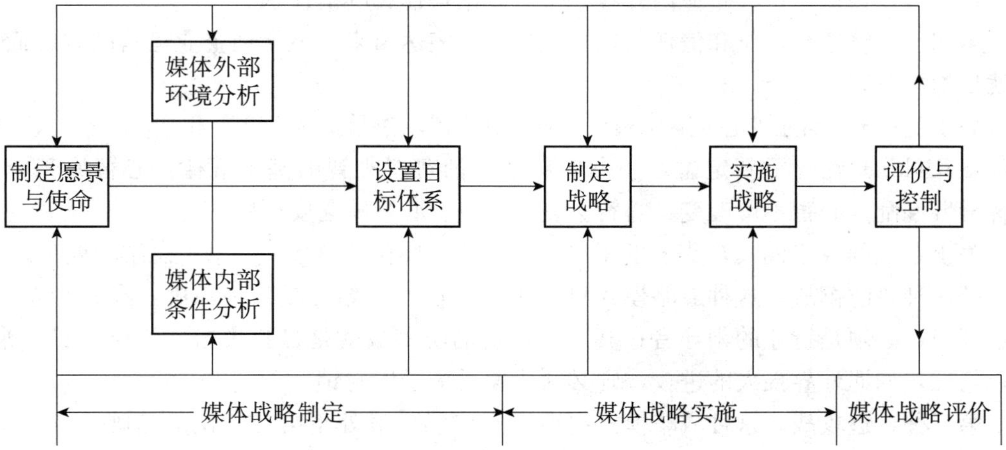


**图5-1　媒体战略管理模型**

资料来源：宋培义，卜彦芳，杨强，等．媒体战略管理［M］．北京：中国传媒大学出版社，2006：4-9.

在战略制定阶段，媒介组织需要在坚持舆论宣传和价值引导使命的基础上，来设置具体的组织目标体系。在设置目标体系前，媒介组织需对整体的传媒生态环境进行分析。为保障环境分析的准确性和真实性，媒介组织可借鉴定位学派的战略管理思想从整体的

---

① 徐二明，王智慧．企业战略管理理论的发展与流派［J］．首都经济贸易大学学报，1999（1）：25-29.

② 宋培义，卜彦芳，杨强，等．媒体战略管理［M］．北京：中国传媒大学出版社，2006：4-9.

行业分析视角出发来找到自身组织机构的定位。

**定位理论**是由美国著名营销学者艾·里斯（Al Ries）和杰克·特劳特（Jack Trout）创立的企业战略理论。

> **名词解释**
>
> **定位理论** 核心原则是“第一认知法则”，即心智喜好第一，所以作为一个面向顾客的品牌，要么占据一个品类的特性，要么通过开创并主导一个新品类，从而让自己成为潜在顾客心智中某一阶梯的第一代表。

1969 年，里斯和特劳特在美国最具影响力的营销杂志《广告时代》上发表了《定位时代的来临》系列文章，在美国引起了商业界的高度关注，标志着定位理论的正式诞生。该理论认为，定位不是企业对产品做的事，而是对潜在客户做的事。定位是基于同质化竞争环境下，顾客选择你而不选择对手的理由。定位理论的核心原则是“第一认知法则”，然后，通过心智认知优势转化为物理层面的运营优势，从而赢得竞争，为企业创造更持久的利润。

艾·里斯和杰克·特劳特总结出四步定位工作法：

第一步，对竞争格局进行分析。首先要确定一个品牌的竞争对手是谁——谁在跟你争顾客，谁在抢你的生意。

第二步，找准自己和竞品在顾客心智中的优劣势。既要明确自己的强势所在，也要找到竞品的优劣势，从而基于对手的弱势和自身的强势，确立一个竞品难以反驳的优势位置，这就是定位。所以定位不在外界，而在顾客认知中。

第三步，为该定位在企业内外找一个可以站得住脚的信任状。

第四步，将这个定位和信任状以合理的形式表达出来，整合到企业运营的方方面面，这就是配称系统。①

关于定位理论的核心词“心智”和“认知”，杰克·特劳特和史蒂夫·里夫金（Steve Rivkin）在《重新定位》一书中总结了消费者心智的基本规律：心智疲于应付、心智憎恨混乱、心智不可改变、心智会丧失焦点、心智缺乏安全感。②

关于定位的战略模式，艾·里斯和杰克·特劳特在《商战》一书中总结为四种。③

第一种，防御战。这种战略模式只适用于市场的领导者或第一品牌，有几个基本原则：其一，必须是行业的领导者；其二，最佳的防御战就是自我攻击，不给外界可乘之机；其三，如遇外界强大的进攻，则必须快速反应予以封锁。

第二种，进攻战。这种战略模式更适用于市场份额处于第二三位的品牌，三个基本原则：一是明确领导者的强势所在；二是要在领导者的强势中找到它难以反击的弱势，并向其发动猛攻；三是尽可能在一条狭窄的战线上发动猛攻，以快速获得胜利。

第三种，侧翼战。这种战略模式适合市场排名在第 3～10 名的企业，其特点是创新性强。效果最好的侧翼战就是找一个无争地带进行攻击。其产品或服务要有顾客能感知的明显创新点，能吸引顾客把该产品归入一个新品类。

---

① 特劳特，里夫金．与众不同：极度竞争时代的生存之道［M］．火华强，译．北京：机械工业出版社，2011.
② 特劳特，里夫金．重新定位［M］．谢伟山，苑爱冬，译．北京：机械工业出版社，2010：4－12.
③ 里斯，特劳特．商战［M］．李正栓，李腾，译，北京：机械工业出版社，2011：1－4，61－138.

第四种，游击战。这种战略模式适合区域性的品牌，尤其是许多中小企业。中小企业只要不贪图效仿行业领导者，完全有机会通过游击战进行逆袭。游击战的基本原则：一是找一个足够细分的市场；二是在小区域不管多么成功，都别像行业领导者那样大张旗鼓地扩张；三是要有随时撤退的准备。

至于企业应该采取哪种战略模式，关键取决于每个传媒企业在整个行业格局中的位置：分析自己所面临的外部环境，确定竞争对手是谁、各有哪些优势或价值，确定自己在行业中所处的位置，分析谁是市场领导者，然后分析自己可采取的战略以及找到自己定位的步骤。艾·里斯和杰克·特劳特在《定位》一书中提出了“通往成功的六个步骤”来实施上述战略：一是分析你处在什么位置？它不是问你自己怎么样，而是问你在预期客户中已有的位置怎么样，把你的产品、服务或概念与人们头脑里现有的东西挂上钩。二是你想拥有什么位置？要从长远的角度设想你想拥有的最好的位置，不要有过于宽泛的定位，避免掉入“人人满意”陷阱。三是谁是你必须超过的？要避免在同一个定位上与竞争对手直接对抗，绕开它，找一个别人还没有牢牢占领的位置。四是你有足够的资金吗？不要企图做你不可能做到的事情，根据自己的资金实力缩小你面临的问题的地理范围，一个市场一个市场地推出新产品或新概念，而不是一下子在全国或全球范围里铺开。五是你能坚持下去吗？定位是一个累计的概念，要注重长期性，除极少数例外，企业应该几乎从不改变自己的基本定位战略，改变的只是战术，即那些用以实施长期战略的短期策略。六是你与你自己的地位相称吗？里斯和特劳特认为，创新只有在为定位目标服务的时候才能发挥其效应，因此，创新不能将战略定位搞模糊了，而是要有利于战略的实施。①

除了整体环境的定位分析外，媒介组织的战略制定还需要立足于自身组织结构内部的条件进行分析。在这一分析过程中，设计学派战略管理思想中的优势、劣势、威胁、机会分析维度将是一个较好的分析框架。媒介组织要想清晰地认识自身的内部条件状况，还可借鉴资源学派的管理思想，细致地分析自身的资源运用能力，而这一方式在大数据时代大有作为。在战略实施阶段，媒介组织面对的是不确定性的市场竞争，其战略管理的指导思想可从计划学派中获取。媒介组织在战略执行过程中需要将既有的战略规划以可控化和正规化的方式展开，从而保障战略意图能够切实落地。在战略评价阶段，媒介组织的管理思想可主要借鉴学习学派的理念。不确定性的市场竞争环境使得既有的战略管理在具体的实践过程中总会受到政治、经济、文化等各种意外因素的干扰，因此媒介组织需要充分认识到战略管理的复杂性，并对其战略管理实践效果进行评估和加以控制。

媒介组织有自身的特殊性，其战略管理相较于其他企业组织的战略管理而言，在实践中会更加强调社会服务等公共职能。社会效益是媒介组织的主要目标，必须将社会效益放在首位，坚持以人民为中心的价值取向。在这一背景下，媒介组织战略管理的实践与其他非文化企业相比，在战略发展规划和具体实施过程中有着一定的差异。2018 年、2019 年中宣部等部门先后颁布了《图书出版单位社会效益评价考核试行办法》《国有影

① 里斯，特劳特．定位［M］．王恩冕，于少蔚，译．北京：中国财政经济出版社，2002：243－250.

视企业社会效益评价考核试行办法》，进一步推动了传媒行业中出版、影视领域的社会效益考核落实。出版单位考核指标及其比重分别为：出版质量（50分）、文化和社会影响（23分）、产品结构和专业特色（15分）、内部制度和队伍建设（12分）。影视单位考核指标及其比重分别为：受众反应和社会影响（60分）、作品创作生产（20分）、内部制度和队伍建设（20分）。我们可以从上述考核办法中看出，媒介管理机构从政治导向、价值取向、内容生产等各方面对出版质量提出了要求，同时采取了量化和质性考核双轨制的方式对媒介单位进行评估，从而保障我国媒介产业的健康发展。这一考核办法及相应的指标对其他媒介组织同样具有指导意义。因此，媒介组织在进行战略管理时将不可避免地将媒介公共服务及社会效益放在第一位而不是单纯追求经济效益。

## 二、媒介战略管理的原则和要求

媒介组织的战略管理是一个长期的复杂活动，在战略制定、实施以及评估阶段有着各自的管理原则。这些管理原则嵌入媒介组织的社会职能和经济发展之中，影响着媒介组织的经营管理活动。

### （一）立足国家文化发展需求，提升自身竞争能力

媒介组织的战略制定是一种对外部环境进行预判与应对的管理活动。媒介组织在进行外部环境分析和预判时除了涉及具体市场层面的各项影响因素分析外，还需要关注到国家政策层面中的各种长期规划。自新中国成立以来，国家的发展战略总是以五年规划乃至长远规划的方式提前进行发布，为各项事业提供了具体的指导方针。媒介产业作为文化事业中的重要组成部分，媒介组织在进行战略管理时，其战略的制定必须要契合国家层面所发布的各项发展规划。中宣部、国家新闻出版署、国家电影局、国家广播电视总局、国家互联网信息办公室等媒体管理机构将根据国家规划在各自分管的领域制定相应发展规划，提出具体发展战略。这些规划不仅为我国的国民经济和社会发展提供了指南，也为媒介产业未来的发展方向、主要任务、总体要求提供了宏观指导和行动指针。媒介组织在制定战略时，这些规划是其对外部环境进行预判的重要依据。媒介组织的战略制定除了须契合国家文化发展需求和满足各项舆论宣传的政策主张外，作为市场竞争主体它还需要立足于传媒市场，针对媒体用户的需求偏好，借助科学的分析工具来制定一个有助于实现经济增长和拓展市场竞争能力的战略发展规划。

### （二）顺势而为，及时调整战略管理方案

媒介组织在实施战略规划时，一方面需要严格执行既定的战略规划方案，确保战略方案没有出现曲解与误读的状况。为实现这一战略管理目标，媒介组织需要较好的企业组织管理制度作为保障。良好的制度能够为战略执行的正规化提供帮助，并减少战略执行在组织内部的阻碍。另一方面，媒介组织则需要顺势而为，及时调整战略执行方案。这是因为市场环境中存在着诸多不确定性，使得媒介组织的战略执行容易产生各种意想不到的结果。为此，在战略执行过程中媒介组织须具有较高的“战略柔性”（即企业内部

结构所具有的属性特征，是结构在一定范围内的可调整性、可变革性)①，对战略管理进行及时调整，用以保障战略发展的总体规划得以落实。媒介组织要想增强因势利导及时调整的战略柔性，可从强化识别市场环境中主要的不确定因素、强化经营管理人员的权变管理思维、增强媒介组织的危机管理能力等方面着手。此外，媒介战略管理的调整并非一味地追求战略方案的完成，在战略调整时需要注意到战略目标是否出现偏移、是否违背了社会效益优先的标准以及是否损害了其他利益相关者的利益。当出现这些问题时，媒介组织的战略执行更应顺势而为，及时停止其战略实施，从而能够及时止损。

### （三）经验总结，优化战略管理

战略评估是对战略管理全流程的一个系统评价分析活动，涉及战略制定的评估、战略实施的评估、战略绩效的评估。媒介组织的战略评估实践的主要管理目标与任务并非停留在其评价阶段，而是通过评价活动来实现组织机构对战略实践的知识管理。战略评估是媒介组织进行战略经验总结和学习如何提高战略管理效率、优化战略管理模式的关键环节。学习型组织已经成为当下增强市场竞争力的一个重要方面。创建学习型组织是媒介组织提升其战略管理能力的一种有效方式。为此，媒介组织在其战略管理实践中应重视其实践经验的总结，通过一定的知识管理工具来实现隐性知识向显性知识的转换，从而提升媒介组织的战略管理能力。

## 三、媒介组织战略管理的内容

媒介组织在进行战略管理时，宏观层面的整体发展方向、中观层面的经营以及微观层面的内容生产是值得重点关注的领域。以下结合湖南广播电视台的战略管理案例来介绍媒介组织在战略管理方面的整体内容。

### （一）整体发展方向层面的战略管理

**1. 新媒体平台的战略发展方向**

在媒介融合的时代背景下，新媒体平台化的战略发展方向已经在国家政策层面和媒介机构层面得到了认可。湖南广播电视台作为地方广电系统中的佼佼者，为了自身更好的发展，同样积极地开始实施新媒体平台化这一战略布局。湖南广播电视台是较早实施新媒体平台化战略布局的媒介组织之一，其中芒果 TV 的平台化建设是直接代表。芒果 TV 是湖南广播电视台旗下网络视频业务的唯一新媒介机构，自成立以来由湖南快乐阳光互动娱乐传媒有限公司负责具体运营。2014 年对湖南广播电视台而言是一个关键的时间节点，这一年湖南广播电视台将旗下金鹰网和芒果 TV 两大平台整合后推出了全新的“芒果 TV ”网络视频平台。2015 年，湖南广播电视台经过会议讨论，推出了《湖南广播电视台建设新型主流媒体若干意见》，并提出“所有媒体及内容公司组成巨大的‘内容

① 侯玉莲．不确定环境中的战略柔性［J］．河北大学学报（哲学社会科学版），2004（1）：71－73．

云’团队，做强知识产权优势，实现多屏分发，形成湖南卫视、芒果 TV‘双平台’带动、全媒体发展的新格局（简称‘一云多屏、两翼齐飞’），做到舆论引领者、知识产权创造者、平台竞争者、渠道建设者和价值实现者的‘五位一体’”① 的战略布局。从这一战略布局可以发现，在新媒体平台战略建设中，芒果 TV 是一个重要的组成部分。芒果 TV 这一新媒体平台在湖南广播电视台中的战略地位也正式与主流媒体湖南卫视并驾齐驱，形成了所谓的“一体两翼”“双平台”驱动的媒体格局。湖南广播电视台在国家政策和市场需求驱动下，对新媒体平台建设以“一云多屏”为思路，将芒果 TV 建设成包括视频网站、互联网电视、手机电视、湖南 IPTV 等多种形态终端的网络新媒体平台。2018 年，芒果 TV 与芒果互娱等公司注入快乐购，并更名为“芒果超媒”，芒果 TV 正式成为国内 A 股首家国有控股的互联网新媒体视频平台。早在 2017 年底，芒果 TV 移动端用户就超过 5 亿，IPTV 运营商业务覆盖用户已超过 5 500 万，互联网电视终端激活用户数达到 6 500 万，经营创收从 2014 年的 6 亿元增长到 35 亿元，稳居行业第四的位置。② 从战略执行的结果来看，湖南广播电视台的新媒体平台战略发展规划已经成为国内广电媒介机构学习的榜样，同时也从侧面反映出了新媒体平台战略对于传统主流媒介组织的转型和发展是一个可实现的战略管理内容。

**2. 中国媒介的国际化战略发展方向**

随着我国综合国力的增长，提升文化影响力，讲好中国故事，建构良好国家形象是媒介组织机构的一个重要任务。为此，国家媒介管理机构先后推出了一系列相关的鼓励媒介组织国际化、媒介产品“走出去”的政策，并在政策和资金等方面给予相应的支持。芒果 TV 作为湖南广播电视台的新媒体平台，在战略发展中为实现其文化使命和拓展海外业务，积极实施了“走出去”的战略规划。这充分体现出了芒果 TV 作为主流新媒体企业的责任担当。截至 2019 年 2 月底，芒果 TV 平台海外覆盖用户规模已超 1 620 万人，覆盖 195 个国家和地区，芒果 TV YouTube 全平台总订阅用户近 470 万人。在渠道方面，芒果 TV 国际版 App 通过苹果商城（App Store）和 Google Play 下载；在产品设计方面，结合海外用户观看和使用习惯，在整体页面和排版设计上更加简洁明了；在内容方面，在国内原有的频道分类基础上，缩减频道入口，简化内容分类，保留了精选、综艺、文化、电视剧四个频道。在实施“走出去”的战略发展中，芒果 TV 始终致力于优质华语视频内容的海外精细化品牌运作，打造有全球影响力的“中华文化走出去平台”，这也是其他新闻出版媒介组织在其战略发展方向的管理中值得重点关注的内容。

### （二）经营层面的战略管理

芒果 TV 作为湖南广播电视台旗下的新媒体组织机构，在经营方面的战略管理内容主要体现在其独播战略上。湖南广播电视台正式实施“芒果 TV 独播战略”是从 2014 年 5 月份开始的，即湖南卫视不再将频道制作的节目转播权售卖给其他新媒体视频网站

① 吕焕斌．以我为主：建设新型主流媒体：湖南广播电视台“双平台”带动战略阐释［J］．中国广播电视学刊，2016（1）：48－53．

② 蔡怀军．芒果 TV“（1＋N）X”模式的营销实践［J］．新闻战线，2018（5）：23－26．

(在互联网版权上不再实施分销)，而是由芒果 TV 进行独家播出。“明星穷游真人秀”节目《花儿与少年》是芒果 TV 独播战略实施的开端。芒果 TV 在实施独播战略以后，流量、广告收入、用户黏度各方面都有着较好的提升。在流量方面，2015 年综艺类栏目播放覆盖人数前十中，芒果 TV 凭借独播节目《我是歌手 3》《快乐大本营》《天天向上》《奇妙的朋友》《变形计》以及《湖南卫视小年夜春晚》独占六席。[①] 此后，其自制的各种综艺节目因口碑效应和独播方式，节目收视率一直处于互联网视频行业的前列。这种由独播带来的高流量入口也使其广告收入得到了逐年的增长，从而提高其经营能力，进而反哺内容制作。

芒果 TV 的独播战略究其实质而言，是一种对节目内容版权的经营策略。“自产自销”是芒果 TV 独播战略的核心，这种经营战略的实施需要满足以下条件，即拥有较好的受众基础，精品内容，分销渠道完善等。芒果 TV 则契合了这些条件：首先，作为湖南广播电视台的新媒体平台，这是其移动互联网中的主要流量入口同时也是其视听节目播出的新媒体渠道与平台；其次，湖南卫视拥有较强的原创节目内容制作能力，在传统电视节目制作能力的基础上能够满足受众对节目质量的需求；最后，湖南卫视作为全国知名的电视品牌，拥有庞大而固定的受众群体，这为芒果 TV 的用户群体奠定了基础。

除了实施版权的独播战略外，芒果 TV 在经营方面的战略管理还可以从多元化运营方面得到体现。芒果 TV 为了降低对内容收入的依赖，实现收益的多元化，在经营方面积极实施多元化运营的战略管理方案。在总体业务架构中，芒果 TV 目前的业务主要涉及互联网视频（包括网站、PC 客户端、移动 App、互联网电视）、互联网电视（拥有内容+播控双牌照，具有“硬件+内容+系统平台+服务+伙伴/渠道”优势）、国际业务（与全球多家运营商、OTT 服务商、通信运营商和硬件厂商有良好的合作往来）、运营商业务（与全国几十家电信、移动、联通、有线运营商合作，打造各具当地特色的“芒果 TV 专区”）。在具体的经营中，芒果 TV 积极与下游终端厂商合作，共同推出了 OTT 盒子，并研发了芒果 TV inside 产品，涉及机顶盒、一体机等产品。此外，还将产品研发的触角延伸到了直播类、游戏类以及电商类 App 等移动终端上。整体而言，芒果 TV 以 TV 为内环、IT 为外环、客厅为中心、移动为中枢的互联网电视 OTT 产品系和互联网视频 MPP 产品系为主体双核，带动 OTT 电视、视频网站、手机电视、IPTV、客户端 App、芒果大数据、网络云服务、终端设备等生态闭环业务的整体快速增长，成功建构起强大的“一云多屏+一云多景”视频运营体系。[②]

### （三）内容生产层面的战略管理

芒果 TV 在战略管理方面沿袭了湖南卫视的内容制作能力，扎根于青年文化，并逐步走向内容自制的道路。芒果 TV 的内容主要以综艺节目为主，其内容生产经历了转播期（2014 年，主要节目如《中国好声音》《花儿与少年》《爸爸去哪儿 2》等）、沉淀发展

---

① 芒果 TV 从独播到独特 综艺频道全网第一 [EB/OL]. (2015-06-10)[2022-05-26]. http://news.sina.com.cn/o/2015-06-10/105431934522.shtml.

② 丁诚．芒果 TV 独步新媒体江湖 [J]. 新湘评论，2016 (6)：17-18.

期（2015 年，主要节目有《极限挑战》《我是歌手 3》《偶像来了》等）、重磅自制期（2016 年至今，主要节目有《明星大侦探》等）三个阶段。[①] 在这一过程中，芒果 TV 的综艺节目内容生产有着从引进到自制、从模仿到原创的明显转变。

整体而言，芒果 TV 的发展模式历经了“从独播到独特，再到独创”的演进。其中“独创”主要是指为用户和社会创造价值，其实现方式正是内容自制的战略规划。为实现组织机构社会效益与经济效益的统一，芒果 TV 在综艺节目的选题方面主动偏向于关爱青少年成长、关照社会现实的题材，为此推出了针对青少年文化体系和价值观的综艺节目《放学别走》等节目，用以平衡综艺节目的过度娱乐化倾向，在一定程度上做到了内容自律。这些综艺节目的内容制作因其高品质和契合青少年的文化需求而备受欢迎，进而成为芒果 TV 的知名媒介品牌。这些品牌产品的产生，塑造了芒果 TV 的综艺品牌特质。除综艺节目外，芒果 TV 的内容自制还拓展到了纪录片等领域，推出了《我爱你，中国》《我的青春在丝路》《四十年四十村》《赶考路上》《不负青春不负村》等备受国家广播电视总局和媒体用户好评的内容产品。

当然，传媒组织在制定媒介发展战略时要充分借鉴和借助一些分析工具或者模型，下面将分别介绍一些最常用的战略管理模型。

## 第二节 波特的“五力模型”

“五力模型”（见图 5－2）是迈克尔·波特提出的战略管理模型。作为一种战略分析工具，“五力模型”主要用于分析宏观层面整个产业的结构环境，帮助企业合理定位自身的竞争战略。

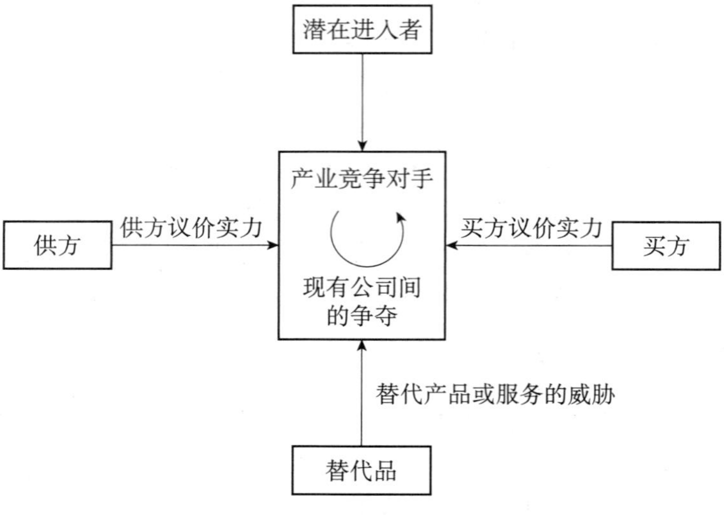


**图 5－2 波特的“五力模型”**

资料来源：波特．竞争战略［M］. 陈小悦，译．北京：华夏出版社，2005：6－12.

① 王贞瑾．芒果 TV 自制综艺节目传播及效果研究［D］. 长沙：湖南大学，2018.

## 一、波特"五力模型"的内涵与应用

> **名词解释**
>
> **五力模型**　迈克尔·波特提出的战略管理模型。波特认为在制定战略时，企业需要考虑到五种竞争力量：进入威胁、替代威胁、客户价格谈判能力（即买方议价能力）、供应商价格谈判能力（即供方议价能力）、现有竞争对手的竞争。

"五力模型"被广泛地运用于战略管理领域，它是哈佛大学商学院教授迈克尔·波特在《竞争战略》一书中提出的一个战略管理模型。该模型中的五种竞争力量共同角力，决定了产业竞争的激烈程度以及产业的利润率。①

波特"五力模型"中的"进入威胁"即"新加入竞争者的威胁"，进入威胁的大小取决于进入壁垒（规模经济、产品差异化、资本需求、转换成本、掌握销售渠道、政府政策）加上准备入侵者想象中来自原来主人的反击。② 在进入壁垒因素中，媒介产业领域因不同的媒介组织机构的属性不同，国家政策的障碍因素相较于其他因素的影响更明显。例如，报刊和广播电视台等传统的主流媒体具有内容采编权，而非公有制资本下的商业门户网站等新媒体平台则并不具备内容的采编权。买方议价能力取决于自身的规模数量对卖方业务的重要性和行业特征，当替代产品较多、所拥有的市场信息较多时，买方议价能力相对较大。供方议价能力与买方议价能力相反，当满足行业集中度较高、替代产品较少等条件时议价能力较强。

波特的战略管理思想根源于产业组织经济学的"结构-行为-绩效"范式，他认为企业竞争优势是由产业结构决定的，为此产业环境的分析在战略决策时尤为重要。同时，波特的战略管理思想归属于战略管理学派中的定位学派，他的"五力模型"战略分析工具主要是用于分析宏观层面中整个产业的结构环境，从而对自身所需要的竞争战略进行定位。因此，其战略管理思想的核心在于强调企业与环境建立关系，即在产业结构中找出自身的发展方向。企业组织在进行战略管理时，波特的"五力模型"已成为经营管理者的常备战略分析工具之一。在中国的媒介产业中，该模型也在电视媒介、动画电影制作、城市电视台、直播视频行业（如斗鱼直播）、视频网站平台（如爱奇艺）、新闻客户端、少儿图书出版等领域中得到了具体的运用。

## 二、媒介组织的案例分析

### （一）中国网络视听行业的整体态势

随着移动互联网的发展，中国的网民数量飞速增长，这为网络视听行业的发展奠定了基础。自 2008 年至今，中国网络视频用户规模和使用率呈快速增长趋势，网络视频已成为

---

① 波特．竞争战略［M］．陈小悦，译．北京：华夏出版社，2005：4．
② 同①．

网络娱乐产业的支柱，其中手机视频、短视频、直播用户、音频用户、互联网电视、网络视频付费用户等各方面均呈现稳健增长的发展态势。[①] 在内容方面，网络视听节目以量换质，互动剧、Vlog、微型化趋势助力视听行业多元化突围；此外，在 5G 普及的技术背景下，视听行业将会迎来突破性发展。[②] 从中不难看出，我国的网络视听行业整体发展趋势较好，尤其是短视频的发展十分引人注目。在网络视听行业中，就市场份额来说网络综合视频平台是主要的市场主体，它们拥有庞大的受众群、强大的内容生产能力以及雄厚的资金。为此，在网络综合视频平台企业间的市场竞争中，战略管理有着重要的作用。

### （二）芒果 TV 的“五力模型”

芒果 TV 作为网络综合视频平台之一，随着更名为“芒果超媒”与其他业务整合打包上市后，市场竞争力得到了巨大的提升。芒果 TV 的战略选择与中国网络视听行业尤其是网络综合视频平台这一产业结构环境有着密切关系，故而波特的“五力模型”是分析芒果 TV 战略选择的一个重要工具。

**1. 现有竞争者的竞争**

在网络综合视频平台既有的竞争中，现有竞争者之间的竞争程度较为激烈。就整体的行业结构而言，在中国网络综合视频平台领域呈现出典型的金字塔结构，抖音、爱奇艺、腾讯视频、优酷位于金字塔的顶端，而芒果 TV、哔哩哔哩是第二梯队，乐视、搜狐、PP 视频、咪咕视频是第三梯队，此外其他众多视频平台则处于更底部的位置。这种层级结构并非是固定不变的，其中的每个层级间的竞争程度较高，位于行业结构顶端的 BAT（百度、阿里巴巴和腾讯）旗下的三家综合平台巨头的市场竞争也较为激烈。而作为第二梯队的领头羊，芒果 TV 则时刻准备迈向第一梯队，想要爬上网络综合视频平台的顶端。芒果 TV 作为网络综合视频平台中的国有媒体企业而言，能够在竞争激烈的网络视频行业中占据前列的位置，实属不易。

**2. 供应商的议价能力**

网络综合视频平台整体的议价能力较好。爱奇艺 2020 年第四季度的财务报告显示，2020 财年爱奇艺总营收达到 297 亿元，2020 年会员服务营收为 165 亿元，较 2019 年增长 14%，全年广告营收达到 68 亿元，全年内容发行收入总计 27 亿元。[③] 而作为排名第四的芒果 TV，在芒果超媒所公布的 2020 年全年财报中显示：2020 年芒果超媒的总体营业收入约为 140 亿元，其中芒果 TV 互联网视频业务收入为 90.6 亿元，占比 64.69%，新媒体互动娱乐内容制作收入约为 27.65 亿元，占比 19.74%；在芒果 TV 收入构成中，会员收入显著增长，2020 年会员收入达 32.55 亿元，同比增长 92%，芒果 TV 有效会员数达 3 613 万，较 2019 年末增长 96.68%；广告业务方面，芒果 TV 对广告产品进行优化和创新，以内容为媒介，不断创新品牌融入方式，打造基于 AI 和用户画像的独有信息

① 2018 中国网络视听发展研究报告［EB/OL］.（2018-12-01）［2022-05-26］. https://www.sohu.com/a/278989334_160257.

② 《2019 年中国网络视听发展研究报告》发布（附报告全文）［EB/OL］.（2019-05-27）［2022-05-26］. https://www.sohu.com/a/316802357_728306.

③ 爱奇艺发布 2020 年 Q4 及全年财报：Q4 营收 75 亿元全年营收 297 亿元［EB/OL］.（2021-02-18）［2022-05-26］. https://baijiahao.baidu.com/s?id=1691980037494962884&wfr=spider&for=pc.

流广告形式，将节目影响力转换为品牌销售力，芒果 TV 成为众多广告主的投放首选。此外，芒果 TV 依托独特的精品自制内容策略，在“青春、都市、女性”的平台用户定位中打造了多维赋能的平台品牌溢价模式，持续推动了互联网视频业务板块下会员业务、广告业务、运营商业务的快速发展，从而推动了公司互联网视频业务运营主体营业收入的快速增长。[①] 由此可见，无论是整体的网络综合视频平台，还是芒果 TV 自身都有着较好的议价能力。

**3. 购买者的议价能力**

在网络视听行业的综合视频平台领域中，因可选择的平台相对较充裕，购买者平台选择权较强，故而在议价能力方面并不算太差。有调查研究显示，在我国的网络视频用户中存在着下载型用户（观看行为是“独狼式”的，强调个人体验，对应的是具有较高受教育水平和网络素养的男性用户）、会员型用户（在没有明确观看目标的情况下依然定期访问视频网站或客户端选择并观看视频的用户）、大众型用户（游走于各种不同的视频平台之间的人群，具有碎片化时间的跨屏观看特征）、精英型用户（具备一定欣赏水平、以鉴赏和反思为观看目的的视频用户）、迷群型用户（对于某部视频作品或者视频中的某个人具有强烈兴趣爱好的用户）等不同的类型。[②] 就目前网络受众群体的媒介素养和媒介使用习惯来看，网络视频用户中精英型用户和迷群型用户相对较少，最多的是大众型用户，其次是会员型用户。因此在有多个网络综合视频平台可供选择的前提下，多数的网络视频用户在游走多个平台时会依据自己的消费偏好和观看体验来选择平台，故而有着不错的议价能力。

**4. 新进入者的威胁**

就中国网络视听行业中的综合视频平台这一个具体领域而言，在新进入者威胁方面，其进入壁垒相对较高。在规模经济方面，因网络视听节目属于典型的数字信息服务内容，具有明显的规模效应特征，故而各大网络综合视频平台均通过既有的用户群体形成了一定的规模经济。媒体用户规模越大，其广告收入和付费用户群体数量也就越大。在产品差异化方面，各网络综合视频平台的内容整体上存在着较大的同质化，其中第一、第二梯队的平台因自身的财力和资源基础能够通过自制节目的方式来实现一定程度的差异化。芒果 TV 作为湖南广播电视台旗下的互联网新媒体平台企业，相对于其他的视频平台而言，有着更好的内容制作优势，因此在产品差异化方面有着较好的用户体验。而对于其他平台而言，这种差异化程度则相对较小。在资金需求方面，网络综合视频平台相对于短视频行业而言，所需的前期成本投入和运营维护成本都更高。网络综合视频平台顶端的爱奇艺、腾讯视频、优酷的背景是 BAT 巨头，它们有着雄厚的资金来源，因此在竞争方面有着绝对优势。在销售渠道方面，头部网络综合视频平台拥有成熟的平台渠道和稳定的媒体用户群体，因此新进入者很难短期内在分发渠道上进行对抗。此外，网络综合视频平台作为网络视听行业中的核心部分，是一个重要的信息传播渠道和舆论引导工具，受到国家相关监管部门的重视，因此在牌照、许可证等相应的市场准入方面会有一定的

① 芒果超媒股份有限公司 2020 年年度报告［EB/OL］.（2021-04-26）［2022-05-26］. https://pdf.dfcfw.com/pdf/H2_AN202104251487686865_1.pdf? 1619366688000.pdf.

② 胡杨涓，喻国明．中国网络视频用户的行为模式研究［J］．浙江传媒学院学报，2018（2）：9-17，147.

门槛标准。

**5. 替代品的威胁**

芒果 TV 在网络综合视频平台中和哔哩哔哩同处于第二梯队的位置。芒果 TV 因其国有媒体企业的属性，拥有湖南广播电视台强大的内容资源，在综艺节目和电视剧方面有着明显的独特性。而哔哩哔哩则主要是作为亚文化的视频平台，其定位和功能与芒果 TV 有着较大差异。因此无论是从整体的网络综合视频平台而言，还是从第二梯队的竞争而言，芒果 TV 替代品的威胁目前相对较小。但值得注意的是，随着各大平台逐步加强对原创内容的重视，其他平台在资金和技术方面的优势，将会为其提供相应的替代品，因此芒果 TV 需时刻警惕，并与时俱进加大对技术与资金等方面的投入，用以保持自身的内容优势。此外，短视频作为网络视听行业中的一个发展趋势，短视频平台的不断完善和发展对于网络综合视频平台而言也是一个替代品的威胁，为此网络综合视频平台应积极布局短视频发展方向。芒果 TV 的“茄子短视频”正是出于这样的战略考虑而研发推出的。

### （三）芒果 TV 产品差异化竞争的战略选择

作为网络综合视频平台巨头之一的芒果 TV，在当下的整体产业结构环境下，其主要采取的是差异化竞争战略，这种差异化主要体现在其核心竞争力之中。芒果超媒 2021 年度报告中的“核心竞争力分析”部分显示，其具有以下核心竞争力：媒体深度融合发展的重大机遇优势、双平台联动发展的芒果融媒优势、以“不创新 毋宁死”为理念的创新基因、智能中台矩阵赋能体系化自制内容生产优势、“青春、都市、女性”的差异化用户定位、全产业链上下游联动的生态优势、以多牌照为支撑的“一云多屏”全终端覆盖优势、可持续发展的良性商业模式。[①] 其中芒果 TV 视频平台的差异化竞争战略可在内容生产、差异化定位以及资质这三个主要方面得到诠释。在资质方面，齐全的牌照和许可证书等前提条件保障了作为网络综合视频平台进行日常经营活动的合法性；在内容生产方面，扎实的传媒内容制作能力和资源调动能力保障了其网络平台的内容质量；在定位方面，青春、都市、女性的差异化定位减弱了与其他网络综合视频平台的直接竞争强度，同时也挖掘了媒体用户资源。

芒果 TV 的差异化战略选择与其属性密切相关。芒果 TV 作为网络综合视频平台中的国有媒体企业，除了经济效益的追求外，社会效益的追求是其核心目标。因此在竞争战略的选择中，它需要“创新主流宣传方式，构筑青春正能量，担当主流媒体责任”。芒果 TV 作为新媒体平台，目前已成为地方广电系统中传统主流媒体新媒体平台建设的一个标杆范例。因此在芒果 TV 的日常经营活动中，除了推荐经营性内容信息外，它还承担着舆论引导和新闻宣传的任务。所以在芒果 TV 平台的各类应用中“学习时刻”的置顶推荐和相关重大主题的宣传同样是必不可少的内容。同时在内容制作方面，除了商业综艺节目外，还需要考虑到进行社会价值观引导的内容节目的制作与传播，因此《我爱

---

① 芒果超媒股份有限公司 2021 年年度报告［EB/OL］.（2022-04-25）［2022-05-26］. http://www.szse.cn/disclosure/listed/bulletinDetail/index.html? a48cf2ec-632d-4a5f-aad8-a0c780fcbfaa.

你，中国》《我的青春在丝路》《赶考路上》《四十年四十村》《不负青春不负村》《中国出了个毛泽东·故园长歌》等主旋律的节目制作也是其日常议程中的重要组成部分。

## 三、“五力模型”的局限及发展

波特的“五力模型”作为一种宏观层面的战略分析工具，虽然被广泛应用，但在具体运用中也存在着诸多问题：首先，该模型是生长在美国自由主义经济学环境下的，因此它极大地弱化了政府规制的作用。波特认为政府政策是“新进入者的威胁”这一力中进入壁垒的影响因素，但其作用也就仅局限于此。然而在现实生活中，政府的规制作用则大得多，它是可以和波特“五力”因素相对等的一个环境因素。其次，波特对“五力模型”中的五个影响因素分别进行了细致的论述，但对其相互关系则没有进行展开分析。供应商、替代品、购买者、潜在进入者、现有企业间的竞争这五者并非是静态的和孤立存在的，而是相互影响且动态变化的。此外，该模型过于强调一个产业中各企业组织间的竞争关系，而忽视了合作或同盟关系，认为市场份额的增加只能通过从竞争对手那里抢占而达成，忽视了可以通过拓展产业边界来获得。

波特的“五力模型”在实际中的应用过程，被研究者不断进行改进用以适用具体的分析情境。由于该模型涉及五种竞争力量的考察，且每一种竞争力量在企业进行战略管理时所给予的关注不同，因此有研究者提出要对这些竞争力量分配权重。有研究者以工程咨询公司为例，对五力要素间的权重分配问题展开分析，在参考供应者的成员贡献、外部环境对购买者议价能力的影响、竞争强度趋势、进入者转换为竞争者的难度后，提出了“五力模型”各因素的权重比例：供应者的议价能力（15%）、购买者的议价能力（15%）、行业内的竞争者（30%）、潜在进入者的威胁（25%）、替代品的威胁（15%）。[①]为更好地帮助企业进行战略管理，有研究者将“五力模型”的各项因素进行了操作化，指出关键指标及其权重分别为：供应者议价能力（供应商集中度、原材料占总资产比重、应付账款增长率），权重为20%；购买者议价能力（购买者集中度、应收账款增长率、预收账款增长率），权重为25%；潜在竞争者进入能力（行业集中度、行业市场增长率），权重为20%；替代品的替代能力（替代品行业市场增长率、替代品行业的成本费用利润率），权重为10%；同行业竞争者竞争能力（企业成本费用利润率与行业成本费用利润率之比、企业市场占有率），权重为25%。[②]

除了对“五力”因素进行量化的权重设置和完善外，还有实践者将竞争力的影响因素从五力拓展为六力。英特尔前总裁安迪·格鲁夫（Andy Grove）在波特“五力模型”的基础上重新界定了产业竞争的六种影响力，它们分别是：现存竞争者的影响力、活力、能力；供货商的影响力、活力、能力；客户的影响力、活力、能力；潜在竞争者的影响力、活力、能力；产品或服务的替代方式；协力业者的力量。[③] 这些因素都可以在我们制

---

① 刘希贤．五力模型的新应用［J］．企业管理，2013（6）：58-59.

② 何华月．基于关键指标的波特五力模型分析［J］．会计师，2015（3）：27-28.

③ 郭焱，陈丽然，杨鸿泽，等．企业战略分析、预测、评价、模型与案例［M］．天津：天津大学出版社，2012：37.

定传媒组织的战略发展规划和进行战略管理时参考借鉴。

## 第三节 SWOT 模型

SWOT 模型也是媒介组织进行战略管理时常备的一种分析工具，用于媒介组织对自身内部因素和外部环境条件做态势分析。

名词解释

**SWOT 模型** 主要强调从企业组织的优势（strength）、劣势（weakness）、机会（opportunity）、威胁（threat）四个方面来进行战略管理实践。

### 一、SWOT 模型的内涵及应用

1971 年，哈佛商学院教授肯尼斯·安德鲁斯在《公司战略概念》一书中提出 SWOT 分析法。作为一种战略分析工具，**SWOT 模型**为战略管理学界所熟知并被广泛运用到企业战略管理分析中。组织机构的优势分析侧重于企业自身在市场中相较于其他企业而言的核心竞争力，主要涉及资产、技能、人才等生产要素各方面的优势。例如，《人民日报》在报业市场中的优势是其知名的主流媒体品牌资产和高质量的内容采编团队以及第一时间能够接触到的信息源；而《今日头条》的优势则在于技术方面，即基于算法推荐的信息推送服务。劣势分析则需要找出自身不足的领域。例如，当下传统主流媒体在媒介融合背景下正在丧失其信息传播的渠道竞争力，同时缺乏研发新媒体产品的技能技术。机会分析则是企业组织将会实现竞争力增长的地方。例如，传统主流媒体相较于新媒体而言有着较稳定的受众群体，而这些受众群体则可以是其新业务拓展的潜在用户群。此外，在国家正积极推动融媒体中心建设的背景下，传统主流媒体又迎来了一次重要的发展机会。反之，新媒体企业组织相较于传统主流媒介机构而言，其机会在于有着更广阔的产品研发前景和成长空间。威胁分析则是基于环境变化和自身状况将会遭遇的阻力与困难。对于主流媒体而言，新媒体企业组织所带来的冲击和威胁已经毋庸置疑，直接体现是传统主流媒体的广告收入和内容发行量均受到重大的冲击。新媒体的内容替代产品正在吸引着越来越多的既有传统媒体的受众群，因此传统主流媒体的盈利能力和市场地位正面临着巨大的威胁。

安德鲁斯的 SWOT 模型属于战略管理体系中的设计学派，其战略管理理念之一是强调战略设计时的相互匹配，即企业组织内部因素和外部环境因素之间的匹配。因此 SWOT 模型也称之为态势分析法，是一种基于对自身内部因素和外部环境条件的态势分析。企业组织在进行战略管理实践时，可以从优势、劣势、机会、威胁这四个维度按照匹配思维来相互配对组合形成相应的组合战略，例如优势-威胁（ST）战略、优势-机会（SO）战略、劣势-威胁（WT）战略、劣势-机会（WO）战略（见图 5－3）。在这四种配对组合中，最坏的处境是“劣势-威胁”战略选择，最好的战略选择是“优势-机会”。SWOT 模型在媒介产业中是各媒介组织机构进行战略管理时的常备分析工具之一。

| 内部因素<br>外部环境 | S（优势） | W（劣势） |
|---|---|---|
| O（机会） | SO（优势-机会）战略 | WO（劣势-机会）战略 |
| T（威胁） | ST（优势-威胁）战略 | WT（劣势-威胁）战略 |

**图 5-3 SWOT 战略分析框架**

## 二、媒介组织运用实践

### （一）5G 时代下广播电视组织机构的新机遇

5G 具有高速度、低时延、高可靠性等特点，是新一代信息技术的发展方向和数字经济的重要基础。我国从 2013 年开始对 5G 进行产学研的推进工作，2019 年 5G 进入了实施预商用阶段，中国移动与中国联通两大运营商已开始着手计划在部分城市推出 5G 服务。2019 年 6 月工信部正式向中国电信、中国移动、中国联通、中国广播电视网络有限公司发放了 5G 商用牌照。中国广播电视网络有限公司是除了三大电信运营商之外获得 5G 牌照的企业组织机构，它反映的是国家对全国有线电视行业和全国广电行业的一种政策重视。因此全国各地的广电组织机构对 5G 的技术运用均抱着高度重视的态度，并积极探索其具体运用方向。广播电视机构早在 2019 年春节期间就对 5G 进行了初步的试用，中央电视台春晚深圳分会场节目直播便是通过与中国移动 5G 网络合作实现超高清拍摄和通过 5G 基站传送到总台演播室的。此后，在 2019 年“两会”报道中中央广播电视台、黑龙江电视台等媒介机构均利用 5G 实现 4K 超高清的新闻直播与播报活动。此外，2019 年广东广播电视台、吉林广播电视台、四川广播电视台同中国移动、中国联通、华为等不同的技术公司签订了各类关于 5G 新媒体应用的战略合作协议。5G 的发展与运用推动了媒体融合的发展进程，故而对传媒行业的影响是巨大的。就广播电视业来说，“5G＋4K”将成为新闻直播的新标准。这使得新闻画质的传输和播放突破了以往的技术限制，将为受众带来更好的视听体验。在 5G 时代，新媒体智能化程度得到提升，数据的收集、整理、分析以及可视化效率均全面得到改进，辅助相应的虚拟现实技术（VR）和增强现实（AR）技术将推动广电媒体的业务融合。在 5G 到来的时代背景下，中央广播电视总台的战略选择对全国的广播电视组织机构有着一定的借鉴意义。

### （二）中央广播电视总台的 SWOT 分析

**1. 优势**

中央广播电视总台作为广播电视业中的一个主流媒介组织，拥有较好的人才、内容和渠道优势。这些优势在目前宏观的政治、经济、社会、技术环境中得到了进一步的体现。2018 年，政府机构改革方案开始施行。党和国家进行政府机构改革是为了提升相应行政部门的管理能力和办事效率。在这一政治环境中，为了增强广播电视媒体整体实力和竞争力，推动广播电视媒体、新兴媒体融合发展，加快国际传播能力建设，由中央电视台（中国国际电视台）、中央人民广播电台、中国国际广播电台联合组建的中央广播电视总台成立了。它是国家政府机构改革后的产物，在新时代肩负增强新闻舆论传播力、引导力、影响力、公信力，维护意识形态稳定的重要任务。中央广播电视总台整合了多个广电机构的资源和职能，在承担主流媒体的新闻宣传和舆论引导任务方面有着较好的人才优势，这同时也保障了传播内容的质量。同时，中央广播电视总台在传播渠道方面有着天然的优势地位，对于国内受众而言，它是权威信息内容的主要来源之一，拥有着庞大的受众群体；对于国外受众而言，它是认识中国的主要官方媒介，是沟通中外的一个重要渠道。在新的技术环境中，随着 5G 技术的发展，中央广播电视总台作为全国最大的广电媒介组织拥有雄厚的资金，有足够的能力进行新技术的试用并研发新产品。首个国家级的“5G 媒体应用实验室”的建立，将会促进中央广播电视总台在内容和渠道方面的优势得到进一步发展。

**2. 劣势**

作为传统主流媒体的中央广播电视总台在体制方面有着诸多约束，首先是选题和内容的创新性受限。主流媒体尤其是具有巨大社会影响力的媒体其政治功能和社会服务功能是主要的，因此社会效益必须放在首位。中央广播电视总台因其事业单位的性质，在选题和内容制作方面有着严格的把关监督机制，因此与地方广电系统或其他从事视听信息内容服务的商业性组织机构相比，在创新性方面有所欠缺。其次，中央广播电视总台是因机构改革由多个媒介机构合并而来的，在管理方面存在着一定的不足，要消除这些管理问题则需要一定的磨合期。此外，中央广播电视总台相较于其他互联网科技公司而言，在技术研发方面存在着不足。5G 的发展和应用即将为传媒业带来新一轮的业态变革，然而作为传统媒介组织的中央广播电视总台在技术和新媒体产品研发方面的创新力较弱。

**3. 机会**

5G 的成熟及商用化对媒体融合的发展有着重要的推动作用。以视听信息产品为核心的中央广播电视总台在媒体融合与转型中迎来新的发展机会。首先，高质量的内容信息在传输方面得到满足。信息传输是制约广播电视发展的一个重要因素，传统的广播电视台可以制作出精美的内容产品，但以往的信息传输技术并不能很好地将其在受众面前完美展示。而 5G 的发展则突破这一个技术关卡，使得超高清画面的传输成为可能。5G 网络服务能够保障超高清画面信息得以快速传输，从而提升受众的视听体验。其次，更多的融媒体产品成为可能。5G 对人工智能技术和 VR、AR 在新闻传播领域中的应用将起到重要的推动作用。中央广播电视总台成立的“5G 媒体应用实验室”将推动融媒体产品的创新发展，同时也将为媒体融合提供更多的借鉴案例。此外，这也是传统媒体转型的新机会。在 5G 时代物联网成为现实，人与人和人与物的链接被打通，万物皆媒成为现实。传统媒体的文明传承与社会逻辑的洞察能力，在 5G 时代能够突破在 5G 之前的流量和用户数量局限，通过专业分工的“在地性”资源与服务来实现更好的“线上”链接。[①]为此，中央广播电视总台在面对5G时，通过建立5G媒体应用实验室的方式，为其媒体转型提供了一个有着诸多可能性的发展机会。

**4. 威胁**

中央广播电视总台所面临的威胁主要来自技术环境和社会环境两方面。在技术环境方面，传统主流媒体的信息传播渠道优势被新媒体极大地消解了。这种渠道威胁随着5G的应用将会越来越大。5G的高速度、低时延、高可靠等特性将会使得新媒体平台在视听内容的画面质感、传输与接收、观看便捷性等方面都得到巨大改善。网络视频，尤其是短视频正在成为整个视听行业的新宠，而5G的应用将会使这种趋势更加明显。那么以中央广播电视总台为代表的传统广电媒体将面临外在竞争对手的巨大威胁。同时5G的发展为所有的媒介组织机构都提供了一个发展契机，因此视听行业尤其是网络视听领域的媒介组织将得到巨大的提升与发展，而这增加了中央广播电视总台所处市场竞争的激烈程度。在社会环境方面，以中央广播电视总台为代表的传统广电组织面临着受众消费偏好不断转变的挑战。在中国网民规模增加的同时，其中的差异化趋势日益显著。尤其是当青少年成为媒介使用的主要群体时，其中亚文化和小众社群的出现使得受众消费偏好更加难以把握。作为主流媒体，中央广播电视总台的定位和社会职能与这些多元化的信息文化需求有着较大出入。因此，这种多元化的文化消费偏好趋势对中央广播电视总台的内容生产和经营管理而言是一个颇具挑战性的问题。

### （三）中央广播电视总台“5G＋4K＋AI”的战略选择

中央广播电视总台在2018年12月与中国电信、中国移动、中国联通、华为公司共同签订了建设国家级5G新媒体平台的合作协议。中央广播电视总台作为全国最大的广电组织机构，其根据外在的宏观环境和产业趋势以及媒介组织自身的状况，做出了“5G＋4K＋AI”的战略选择，将持续探索媒体智能化应用，推动5G新媒体平台建设和业务生产发展。这一战略选择的目的是充分借助5G的发展机会来实现中央广播电视总台的资源优势，整体上是一种增长型战略。这是媒介组织为了适应新信息传播技术做出积极应对的一种正常反应，也是其维护自身组织利益的基本方式。值得注意的是，“5G＋4K＋AI”的战略布局还是中央广播电视总台的一种多种经营战略选择，它是传统主流媒介组织机构在保持自身优势的前提下，面临新技术和新业态的威胁时所采取的一种发展战略。在4G时代网络视频已成为移动互联网中的主要娱乐选择，随着5G的应用，网络视频尤其是短视频将得到质的飞跃，传统的广电媒体所面临的困境将越来越严重。无论是为了更好地提升新闻舆论传播力、引导力、影响力、公信力，还是为了更好地维护意识形态的稳定，中央广播电视总台对5G的到来与应用都只能选择“为我所用”的方式。故而在坚守已有的新闻宣传模式和信息内容生产方式的基础上，作为中国广电系统最大的媒介组织的中央广播电视总台还需采取多元化的经营战略，积极拓展新媒体业务。

---

① 喻国明. 5G时代传媒发展的机遇和要义［J］. 新闻与写作，2019（3）：63-66.

## 三、SWOT 模型的局限与发展

SWOT 模型作为一种以企业组织因素和外部环境进行匹配的战略分析工具，在实际运用中存在着过于简化的倾向。SWOT 模型作为中观层面的企业战略决策有着一个假定，即决策信息分为内部因素和外部环境，这一假定具有简化和分类信息的优势，但也具有其不能综合把握信息的劣势。① 简化的分类是一种静态分析，但这种静态分析忽视了内外因素之间的动态变化和相互影响关系，同时也忽视了优势、劣势、机会、威胁这四个维度之间相互转变的可能性。此外，SWOT 模型对充满了不确定性的现实市场环境而言在适用性方面存在一定的挑战。为此，新市场环境对 SWOT 分析提出了更高的要求，因为信息量的激增促使企业组织必须在不完全信息条件下进行分析，同时还需要着眼于战略创新以及重视竞争对手的学习能力和互动能力。②

正是由于 SWOT 模型存在以上不足之处，在复杂的市场环境中 SWOT 模型通常与其他战略工具进行组合运用，用以完善其战略制定的科学性。SWOT 模型分析工具究其方法论而言是典型的定性分析方法，因此具有较强的主观性。为此，诸多研究者在研究战略管理时为该战略工具引进了量化分析方法。有研究者对 SWOT 模型框架进行了改进和延伸，在极坐标体系中，构建了一个包括战略方位角和战略强度的战略向量，从定量分析的角度描述企业竞争态势和市场地位，为企业竞争战略的制定和实施提供了一个可操作性的平台。③ 国外学者将 SWOT 模型与强调量化的层次分析法（AHP）进行了结合。国内学者将这一方法引介到物流业、金融业、农业、旅游业、影视业中。其中与媒介产业相关的则是有研究者以象山影视城为研究对象，采用了 AHP-SWOT 模型来分析影视基地开发利用的战略因素和因素影响力度来构造战略四边形，进而绘制了战略强度、战略态度和战略类型图谱，从而为科学的战略决策提供依据。④ 该模型的扩展延伸是 ANP-SWOT 模型。有研究者将层次分析（AHP）扩展为网络层次分析（ANP），并将其和 SWOT 相结合。值得注意的是，POWER SWOT 模型是 SWOT 模型的高级版，POWER 是个人经验（personal experience）、规则（order）、比重（weighting）、重视细节（emphasis detail）、权重排列（rank and prioritize）的首字母合称，是对既有 SWOT 模型进行改进后产生的一个更高级的模型。⑤ 该模型主要通过定量的评分细则分析企业组织在投资方面的战略选择。

SWOT 模型在使用时除了引进定量的分析工具用以增强其科学性外，作为中观层面企业组织战略选择的管理工具还通常与其他宏观分析工具相结合。尤其是机会和威胁主要属于外部因素，而这两个外部因素可以和更宏观方面的外部环境进行勾连。为此，有研究者将其与 PEST（政治、经济、社会、技术）模型分析工具结合组成PEST-SWOT模

① 张建东，项保华．SWOT 的缺陷［J］．企业管理，2005（1）：44－47.

② 宋继承，潘建伟．企业战略决策中 SWOT 模型的不足与改进［J］．中南财经政法大学学报，2010（1）：115－119.

③ 黄溶冰，李玉辉．基于坐标法的 SWOT 定量测度模型及应用研究［J］．科研管理，2008（1）：179－187.

④ 刘文华，薛耀文．基于 AHP-SWOT 模型的影视基地发展战略选择：以象山影视城为例［J］．经济问题，2018（12）：94－101.

⑤ 郭焱，陈丽然，杨鸿泽，等．企业战略分析、预测、评价、模型与案例［M］．天津：天津大学出版社，2012：126－128.

型。对于与政治、经济、社会和技术高度关联的传媒业来说，这种组合模式对于媒介组织战略的制定和分析具有很强的应用价值。

## 第四节　波士顿矩阵模型

**波士顿矩阵模型**（BCG Matrix）作为一种企业战略管理分析工具，主要应用于企业产品战略的选择方面。该分析工具主要依据销售增长率和市场占有率这两个标准，将企业组织的产品结构组成一个四象限的产品结构矩阵。

### 一、波士顿矩阵模型的内涵与应用

根据波士顿矩阵模型的市场引力和企业实力这两个标准，配对企业组织的产品结构，可以组成一个四象限的产品结构矩阵（见图 5 - 4），它们分别是销售增长率和市场占有率都高的明星类产品、销售增长率高但市场占有率低的问题类产品、销售增长率低但市场占有率高的金牛类产品、销售增长率和市场占有率都低的瘦狗类产品。

> **名词解释**
>
> **波士顿矩阵模型**　美国的波士顿咨询集团为企业战略管理中的产品战略选择提供的一个分析工具。该分析工具主要依据市场引力（销售增长率、竞争对手强弱、利润率等）和企业实力（市场占有率、资金利用能力、设备、技术等）这两个标准来实施，其中市场引力的关键指标是销售增长率，而企业实力的关键指标是市场占有率。

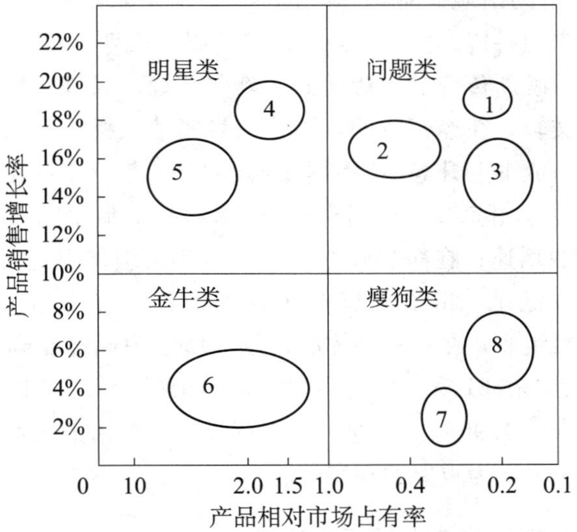


**图 5 - 4　波士顿矩阵**

资料来源：陈苡，史豪慧. 市场营销学［M］. 2 版. 广州：暨南大学出版社，2015：100.

这四个产品类型与产品的生命周期有着密切关系，产品导入期对应的是问题类产品，产品生长期对应的是明星类产品，产品成熟期对应的是金牛类产品，产品衰退期对应的则是瘦狗类产品。例如，在媒介产业，各媒介机构积极利用人工智能技术打造机器新闻产品，这些产品有着较好的市场发展前景但目前并没有较高的市场份额，故而具备销售增长率高但市场占有率低的特征，因此属于问题类产品。“今日头条”这类新媒体企业组织所推出的诸如“抖音”等社交短视频产品在当下的传媒环境中有着快速的用户增长趋势，正成为用户的媒介使用时长较多的媒介产品，市场份额也正在逐渐增加。“抖音”这类销售增长率和市场占有率都呈现高速增长趋势的产品则属于传媒市场中的明星类产品。而很多具有传统优势的媒体如《人民日报》，市场占有率较高但销售增长率低，具有这类特征的产品属于金牛类产品。而诸如正处于休刊、停刊边缘的各类纸质版报刊，销售增长率和市场占有率都低，这类产品则是典型的瘦狗类产品。

波士顿矩阵作为一种企业战略管理分析工具，主要运用于企业产品战略的选择方面。从整体视角来看，相较于从宏观上聚焦产业环境的波特“五力模型”和从中观上聚焦企业组织的 SWOT 模型，波士顿矩阵更多的是属于微观层面具体业务范畴的战略管理工具，这种分析工具对于产品分析以及产品周期性分析具有较强的价值。

## 二、媒介组织的运用实践

新经典文化股份有限公司（简称“新经典”）是一家以内容创意为核心的传媒企业，2017 年 4 月 25 日在上海证券交易所正式挂牌上市，成为我国上市出版公司之一。不同于其他上市出版公司，新经典是民营书业的代表。

### （一）出版上市企业概况

2018 年我国已上市的出版企业有 21 家，分别是山东出版、中国出版、时代出版、掌阅科技、新经典、中国科传、世纪天鸿、南方传媒、读者传媒、城市传媒、中原传媒、中南传媒、凤凰传媒、皖新传媒、出版传媒、新华传媒、长江传媒、中文传媒、中文在线、天舟文化、新华文轩。在经营方面，因受书号紧缩、机构改革、整体经济形势不佳等外部环境因素影响和成本上升等内部因素影响，2018 年上市的出版传媒企业共计实现营业收入 1 110.82 亿元，相较 2017 年同期增长 2.43%，低于国家统计局发布的 2018 年文化企业 8.2% 的营收增速；在净利润方面，2018 年出版传媒上市公司共计实现归属母公司股东净利润 95.80 亿元，相较 2017 年下降 19.27%，首次出现负增长。[①] 新经典作为新近上市的出版传媒企业，在这一整体的市场环境之中同样受到影响，2018 年的营业收入为 92 605.04 万元，在 21 家上市公司中排名第 18 位，比 2017 年上升一名，但实际的营业收入增长却下降了 1.90%。在这一环境背景下，上市的出版企业如何拓展经营方式促进经济增长成为一个极为重要的现实问题。

### （二）新经典业务产品的波士顿矩阵分析

**1. 问题类产品**

新经典的影视版权的策划与授权是在图书策划与发行业务基础上，基于版权资产管

① 黄璜．2018 年出版上市公司年报解读 [J]. 出版人，2019 (5)：34－36.

理业务的延伸。新经典在 2014 年 11 月成立了新经典影业公司，在 2016 年 1 月成立了尔马影业公司，用来对畅销图书进行影视剧改编，以提高版权资源利用效率，探索“图书影视互动”模式。2018 年新经典在游戏和影视版权方面实现营业收入 2 204.25 万元。这类以版权为核心的业务有着较高的销售增长率，但并没有在市场份额方面有较好的表现，因此属于问题类产品。当然，新经典在开展这方面的业务时就已经意识到其风险性，早在 2017 年的《首次公开发行股票招股说明书》中就已经指出影视策划业务存在着行业监管、作品适销性、作品审查、编播政策变化、行业竞争、经营不达预期的风险。[①] 但高风险通常伴随着高回报，目前新经典从既有的图书版权资产中开发出的影视剧项目主要包括《人生》独家电影改编权，《红玫瑰与白玫瑰》独家电视剧改编权，《阴阳师》独家电影、电视剧改编权，《慈禧全传》独家电视剧改编权，《上庄记》独家电影、电视剧改编权，《敦煌》独家电影、电视剧改编权，以及《盛世奇谈》电影、《欢乐英雄》电影的改编权等。如果这些影视剧产品能够顺利推出，那么将会进一步推动新经典文化影响力的发展。

**2. 明星类产品**

2017 年新经典所有的业务合计营收 943 403 549.45 元，其中数字图书产品毛利率最高，高达 66.78%，实现营业收入 9 331 613.13 元，比上年增长了 64.85%。[②] 到了 2021 年，公司全年实现营业收入 92 163.87 万元，其中图书策划与发行业务实现营业收入 82 823.03 万元，数字内容业务实现营业收入为 2 341.36 万元、毛利率为 61.46%。[③] 由此可见，数字图书这个产品类型的市场销售增长率较高且各自的市场份额占有情况也相对较好。因此，数字图书属于明星类产品。新经典在 2012 年就已经开始设立数字图书部门，其目的是储备优质电子版权，充分开发长尾市场，在移动互联网的媒体生态中向读者提供丰富的数字阅读产品。其中日本作家东野圭吾的《解忧杂货店》这一数字图书在亚马逊 Kindle 平台中销量成绩较好，曾一度成为付费电子书畅销榜中的成员。2018 年新经典与亚马逊 Kindle、掌阅、阅文和当当等数字阅读平台加强合作，扩大了数字版权的范围，从而提高了该产品类型的销售增长率，并扩大了自身的市场份额。

**3. 金牛类产品**

新经典营收中份额最高的是一般图书发行业务，其中由文学类、少儿类、社科类、生活类及其他类型图书构成的自有版权图书策划与发行产品在 2017 年的营业收入为 693 735 905.21 元，毛利率为 52.67%，营业收入比上一年增长了 37.88%；2018 年其营业收入为 691 583 763.51 元，毛利率为 51.75%，营业收入比上一年缩减了 0.31%。较低的销售增长率和较高的市场份额决定了自有版权图书策划与发行是新经典的金牛类产品。新经典的理念是：持守严选态度和专业精神，致力于成为国际化的“优质内容的发现者、创造者、守护者”。在图书策划与发行方面新经典的定位是“畅销并且长销”，其

① 新经典文化股份有限公司．首次公开发行股票招股说明书［EB/OL］．(2017-04-13)［2022-05-26］．http://static. sse. com. cn/disclosure/listedinfo/announcement/c/2017 - 04 - 13/603096 _ 20170413 _ 3. pdf.

② 新经典文化股份有限公司 2017 年年度报告［EB/OL］．(2018-03-30)［2022-05-26］．http://static. sse. com. cn/disclosure/listedinfo/announcement/c/2018 - 03 - 30/603096 _ 2017 _ n. pdf.

③ 新经典文化股份有限公司 2021 年年度报告［EB/OL］．(2022-04-29)［2022-05-26］．http://static. sse. com. cn/disclosure/listedinfo/announcement/c/new/2022 - 04 - 29/603096 _ 20220429 _ 2 _ iileho6q. pdf.

主要重心在于图书版权的管理。因此，新经典在内容团队方面组建了一批善于发现优质内容的出版人和版权专家，并积累了世界各国众多知名的作者资源。其核心的图书类别主要是文学、少儿、社科等。

**4. 瘦狗类产品**

新经典作为一家民营图书公司，自 2017 年上市以来得到了全面发展，就业务类型而言，图书策划发行、数字图书、图书零售以及其他版权业务（影视策划等）大多都处于上升期，并不存在明显的低销售增长率、低市场份额的业务类型。但从具体的分类产品来看，在一般图书发行业务中的非自有版权图书发行产品 2017 年的营业收入为 137 201 657.24 元，毛利率为 18.42%，营业收入比上一年增加了 45.4%①；2018 年的营业收入为 127 013 838.58 元，毛利率为 19.94%，营业收入比上一年缩减了 7.43%②。从这些数据中不难看出，非自有版权图书产品在新经典中的销售增长率较低，且市场份额并不高。因此，其非自有版权图书发行产品属于瘦狗类产品。非自有版权图书发行业务由新经典的全资子公司“新经典发行”独家代理。该业务通过采购和销售两种模式来实施：采购模式，即新经典发行利用渠道网络优势及产品运营经验，在经过审核后，向其他出版社独家代理发行非自有版权图书；而销售模式，即依据前期征订信息，新经典发行与下游客户确认最终采购意向，按照订单向客户发货。

### （三）新经典的战略选择

新经典在上市前的《首次公开发行股票招股说明书》中明确其定位是“以‘内容创意’为核心的文化企业，秉承‘做有益、有趣、值得反复阅读的作品’之理念，深潜图书行业，精益求精，执着文化理想，唯品质是求，同时顺应互联网新媒体时代潮流，立足版权资产管理，探索影视、动漫、游戏等版权资源深度开发，顺势而为，建设全媒体文化平台”③。在上市之后，新经典为落实这一发展战略，立足于图书选题策划与发行的核心业务，同时在数字图书、图书零售以及影视剧策划发行等产品领域积极布局，为建设全媒体文化平台而走出了一条多元化战略布局道路。

新经典要想实现全媒体文化平台建设的发展战略，就目前而言仍然是任重而道远。当下基于版权资产管理的影视策划与发行业务营业收入的份额较少，新经典所进行的产品种类也较少，在动漫和游戏等版权领域的业务还有待进一步深入展开。新经典旗下的全资子公司包括新经典发行、香港新经典、中盘信息、中盘发行、时代新经典文化，这些公司主要以图书策划与发行为核心业务。新经典控股的子公司包括青马文化、飓风社、多彩文化、新经典影业、尔马影业、美国新经典，这些子公司主要以版权管理和图书策划与发行为核心业务。此外，新经典还有诸多分公司、孙公司和参股公司。新经典的全媒体文化平台发展战略可以从其旗下控股的子公司和参股的公司中寻求图书策划与发行

---

① 新经典文化股份有限公司 2017 年年度报告［EB/OL］.（2018-03-30）［2022-05-26］. http://static.sse.com.cn/disclosure/listedinfo/announcement/c/2018-03-30/603096_2017_n.pdf.

② 新经典文化股份有限公司 2018 年年度报告［EB/OL］.（2019-04-20）［2022-05-26］. http://static.sse.com.cn/disclosure/listedinfo/announcement/c/2019-04-20/603096_2018_n.pdf.

③ 新经典文化股份有限公司．首次公开发行股票招股说明书［EB/OL］.（2017-04-13）［2022-05-26］. http://static.sse.com.cn/disclosure/listedinfo/announcement/c/2017-04-13/603096_20170413_3.pdf.

以外的版权资产管理业务产品，从而丰富整个企业的多元化发展方向。

## 三、波士顿矩阵模型的局限与发展

波士顿矩阵分析法两个参考依据是销售增长率和市场份额，这两个标准虽然是市场竞争的表现，但并不是全部表现。同时，该模型在运用时强调外在环境的稳定性，但在现实的市场竞争环境中不确定性是基本特征，因此波士顿矩阵分析法的适用范围较小。此外，波士顿矩阵分析背后的理论假设之一是企业采取“成本领先战略”，但当在具体业务实践中采取的并非成本领先战略而是差异化战略时，波士顿矩阵分析这一战略管理工具则没有运用的理论前提。①

波士顿矩阵分析同SWOT模型一样都是定性的分析工具，因此对该模型进行量化方式的改进方向同样存在。有研究者将加权评分的方法或层次分析的方法，从行业吸引力、竞争地位、竞争强度三个方面对既有的明星类、问题类、金牛类、瘦狗类业务进行评价从而改进波士顿矩阵分析工具。② 对波士顿矩阵分析工具改进较大的是通用电气公司，该公司在波士顿矩阵分析工具的基础上引入了一个中间等级，即把销售增长率和市场占有率的横坐标和纵坐标中的等级分为低、中、高三个等级，把既有的四个象限拓展为九个象限，通过拟定标准、评分、定位、决策的步骤形成“投资/成长型战略”“选择/收益型战略”“缩减/停止型战略”以供选择。③

### 本章小结

1.“战略”是指从全局考虑谋划实现全局目标的规划等。战略管理一般由四个步骤组成：分析、制定、执行和评估。

2. 媒介组织作为市场竞争主体之一，战略管理是其最高层次的管理活动，是一个动态管理过程和一项复杂的系统工程，由制定愿景与使命、设置目标体系、制定战略、实施战略、评价与控制等管理任务组成。

3. 媒介组织的战略管理是一个长期的复杂活动，在战略制定、实施以及评估阶段有着各自的管理原则。这些原则和要求包括：立足国家文化发展需求，提升自身竞争能力；顺势而为，及时调整战略管理方案；经验总结，优化战略管理。

4. 媒介组织战略管理的内容包括整体发展方向层面的战略管理、经营层面的战略管理、内容生产层面的战略管理等。

5. 媒介战略管理最核心的是要找到自身发展的定位。定位理论是由美国著名营销学者艾·里斯和杰克·特劳特创立的企业战略理论。定位是基于同质化竞争环境下，顾客选择你而不选择对手的理由。定位理论的核心原则是“第一认知法则”，即心智喜好第

---

① 郭淼，陈丽然，杨鸿泽，等. 企业战略分析、预测、评价、模型与案例［M］. 天津：天津大学出版社，2012：141.

② 袁潮清. 浅析波士顿矩阵的局限及改进［J］. 市场周刊·理论研究，2006（12）：286-287.

③ 陈忠卫. 战略管理：新常态与新思维［M］. 大连：东北财经大学出版社，2015：68-70.

一，所以作为一个面向顾客的品牌，要么占据一个品类的特性，要么通过开创并主导一个新品类，从而让自己成为潜在顾客心智中某一阶梯的第一代表。然后，通过心智认知优势转化为物理层面的运营优势，从而赢得竞争，为企业创造更持久的利润。

6. 传媒组织在制定媒介发展战略时要充分借鉴和借助一些分析工具或者模型，具体包括“五力模型”“SWOT 模型”和“波士顿矩阵模型”。

7.“五力模型”是迈克尔·波特在《竞争战略》一书中提出的一个战略管理模型。波特认为在制定战略时，企业需要考虑到五种竞争力量，它们分别是“入侵威胁、被替代的威胁、买方的议价能力、供方的议价能力、现有竞争对手的竞争”，这五种竞争力量共同角力，决定了产业竞争的激烈程度以及产业的利润率。“五力模型”战略分析工具主要用于分析宏观层面中整个产业的结构环境，从而对自身所需要的竞争战略进行定位。

8. SWOT 模型是安德鲁斯在《公司战略概念》一书中提出的一种战略分析工具。该战略分析工具主要强调从企业组织的优势、劣势、机会、威胁四个方面来进行战略管理实践。SWOT 模型是一种基于对自身内部因素和外部环境条件进行态势分析的工具，为各媒介组织机构进行战略管理时的常备分析工具之一。

9. 波士顿矩阵模型是由波士顿咨询集团为企业战略管理中的产品战略选择提供的一个分析工具。该分析工具主要依据销售增长率和市场占有率这两个标准的配对，将企业组织的产品结构组成一个四象限的产品结构矩阵，它们分别是销售增长率和市场占有率都高的明星类产品、销售增长率高但市场占有率低的问题类产品、销售增长率低但市场占有率高的金牛类产品、销售增长率和市场占有率都低的瘦狗类产品。这四个产品类型与产品的生命周期有着密切关系，产品导入期对应的是问题类产品，产品生长期对应的是明星类产品，产品成熟期对应的是金牛类产品，产品衰退期对应的则是瘦狗类产品。波士顿矩阵作为一种企业战略管理分析工具，主要运用于企业产品战略的选择方面。

## 复习思考题

1. 媒介组织在进行战略管理时有哪些原则和要求？
2. 根据定位理论试对国内某两家著名媒体的定位进行比较分析。
3. 运用波特的“五力模型”分析某个近年来快速成长的媒介组织。
4. 简要论述“SWOT 模型”的要点。
5. 试运用“波士顿矩阵模型”对某家著名媒介企业的产品类型及其应对策略进行分析。

第六章

# 媒介产品的研发与生产管理

2014 年中信出版社出版了以色列耶路撒冷大学青年历史学者尤瓦尔·赫拉利（Yuval Harari）的《人类简史：从动物到上帝》（*Sapiens*：*A Brief History of Humankind*）一书，该书一经问世便好评如潮，并成为现象级畅销书。该书是一部宏大的人类简史，主要讲述了“我们是如何登上世界舞台成为万物之灵的”等宏大问题，从认知革命、农业革命、融合统一、科学革命的视角系统地梳理了影响人类发展的重大脉络，挖掘人类文化、宗教、国家等产生的根源。

2018 年由实力文化和腾讯视频联合出品、关正文执导的大型场景式综艺类读书节目《一本好书》播出后深受年轻用户们的喜爱，豆瓣评分高达 9.1 分，单集播放量在 3 000 万到 5 000 万之间。作为一档文化综艺节目，它将文化与娱乐很好地结合在一起，并得到了观众们的认可，同时也激发了观众对节目中涉及的经典图书的阅读兴趣。

根据刘慈欣同名小说改编、年轻导演郭帆执导，由中国电影股份有限公司、北京京西文化旅游股份有限公司、北京登峰国际文化传播有限公司、郭帆文化传媒（北京）有限公司出品的国产科幻电影《流浪地球》于 2019 年春节期间上映。上映期间该影片不仅受到国内影迷的热烈讨论，同时也被诸多外国媒体称赞为“中国电影工业终于跃入太空时代”“中国电影新时代的开端”，最终收获票房 47 亿元，成为中国科幻电影史的一个里程碑。

畅销书《人类简史》、高口碑综艺节目《一本好书》、高票房电影《流浪地球》这些媒介产品各自属于什么类型？它们是如何被研发和制作生产出来的？在生产过程中，媒介组织对其是如何进行管理的？这些产品进入市场流通环节后，媒介组织又是如何进行版权管理的？本章力图对这些问题做出回答。

**学习目标：**

阅读和学习本章后，你应该能够：

1. 了解媒介产品研发的本质。
2. 了解媒介产品研发的方向。
3. 掌握媒介产品研发的战略。
4. 了解不同媒介的生产流程。
5. 对媒介质量管理的重要性和方法有清晰的认识。
6. 了解版权对于媒介组织的重要性。
7. 掌握版权管理的内容。

## 第一节　媒介产品的研发管理

研发媒介产品，一定要清楚其本质就是设计注意力经济产品，要参照“注意力市场”中的市场信息机制和用户信息机制，按照组织发展目标以及自身所拥有的传媒资源，确定媒介产品的研发方向，进而选择可行的研发策略。

### 一、媒介产品研发的本质

对于传媒经济有很多不同的说法，比如创意经济、版权经济、注意力经济、影响力经济、舆论经济、公信力经济、连接经济等。① 这些关于传媒经济的界定主要是从某一视角来展开的，就整体而言传媒经济与注意力、影响力、公信力、创意等都有着密切的关联。在移动互联网环境下，就**媒介产品研发**的层面而言，有着直接借鉴意义的是“注意力经济”一说。这是因为媒介产品在传媒市场中的流通离不开受众对该产品的关注与认可。为此，媒介组织要想在传媒市场中增强媒介产品的曝光度以及受欢迎程度，就必须加强对媒介产品的注意力研发与设计。媒介组织因其专业的信息传播特征而在受众中有着巨大的影响力，它所研发的媒介产品能够对读者产生巨大的天然吸引力。但是，各个媒介组织如何差异化地配置这种注意力资源使得自己的产品在同类产品中脱颖而出则需要精心设计。例如同样是阅读类文化综艺节目，场景式读书节目《一本好书》为什么就能在口碑上独占鳌头，深受观众们的喜爱？这与节目主创人员对其内容生产的创新，即通过对经典图书的跨媒介叙事（transmedia storytelling，戏剧演绎或脱口秀解说以及文化名人的品读）来对受众的注意力进行高效合理的配置，有着密不可分的关系。

> **名词解释**
>
> **媒介产品研发**　究其本质而言，就是设计注意力经济产品。

创新是一种能够在短时间内吸引受众注意力的有效方式。

在产品研发设计中，创新主要包括**方案创新**和**意义创新**两种类型。媒介组织在进行媒介产品研发设计的过程中，强调媒体用户使用媒介产品的新原因将会比用新创意解决问题的方案更有说服力。这是因为用新创意解决问题的方案是在既有范畴内强调方法的价值，而意义创新则突出了基于新理由的意义价值能够为媒

> **名词解释**
>
> **方案创新**　运用更好的创意来解决现有问题，用新方法解决市场中的新挑战。
>
> **意义创新**　重新确定值得解决的问题的新愿景，即提出人们使用某物的新原因。②

① 喻国明是“影响力经济”的代表学者，美国学者高德哈伯（Michael Goldhaber）是“注意力经济”的代表学者，吴信训和陈积银是“舆论经济”的代表学者，禹建强是“公信力经济”的代表学者，郑青华是“连接经济”的代表学者。

② 维甘提．意义创新：另辟蹊径，创造爆款产品［M］．吴振阳，译．北京：人民邮电出版社，2018：5-16.

体用户带来更大的注意力冲击。以作为通信工具的微信为例，在吸引用户注意力时突出社交属性的效果要远远大于仅强调是对移动通信创新的效果。因为微信这一媒介产品意义层面上已经由原来的通信工具转变成了当下人们进行社交生活的必备要件。在移动互联网环境中微信这一媒介产品成为人们随身携带的“移动场景”，通过日常生活的惯习使用，建构了全球化时代的“实践的地方”感，并创造了人类社会一种崭新的“共在”感，在当前的中国社会状况中构成了人们的“在世存有”。[①] 这种全新意义的赋予，使得人们在同类即时通信工具产品市场中能够将注意力很快地转移到微信上，为此微信在中国已经成为名副其实的社交媒体爆款。

注意力是一种稀缺资源，尤其是在当下信息大爆炸的移动互联网环境中。媒介组织在进行媒介产品研发时必须关注到“注意力市场”这一框架。“注意力市场”是美国学者詹姆斯·韦伯斯特（James Webster）提出的一个关于受众注意力的分析框架，该框架认为注意力市场主要由媒体用户（注意力经济原材料的提供者）、媒体（所有想要并通过行动占有公众注意力的提供者）、媒介测量（受众与媒体匹配程度的评估工具）这三个要素构成。[②] 媒介组织针对受众的注意力设计媒介产品时不可避免地需要使用市场信息机制和用户信息机制来进行媒介测量，从而更好地在内容与形式上牢牢抓住受众有限的注意力。

## 二、媒介产品研发的方向

媒介组织在开发媒介产品时，要参照“注意力市场”中的市场信息机制和用户信息机制，按照组织发展目标以及自身所拥有的传媒资源，确定媒介产品的研发方向。

### （一）某种具体媒介产品的研发

报道什么样的新闻和出版一本什么样的图书或杂志以及拍一部什么类型的电影或电视剧会受到受众的热捧？这是媒介组织在开发媒介产品时首先要考虑的内容。单一媒介产品研发是媒介组织最普遍的生产活动，也直接关乎着媒介组织单次投入、产出以及收益之间的关系。因此，“爆款”产品也成了媒介组织在研发产品时的主要目标追求。比如新华出版社曾经出版的《细节决定成败》一书，批评了那些忽视细节的习惯做法，提出了“细节决定着事情成败，很多大事都是由一件件小事决定的”这一管理理念，一经推出就受到广泛关注，成为超级畅销书，销量达数百万册。电影《长津湖》以抗美援朝中的长津湖战役为背景，讲述了一个志愿军连队在极度严酷环境下坚守阵地奋勇杀敌，为长津湖战役胜利做出重要贡献的感人故事。该片充分反映了中国人民志愿军服从命令、视死如归、冻成冰雕也不退缩的英雄主义精神，受到了观众的高度赞扬，并有出色的市场表现，票房收入近 60 亿元，取得了社会效益和经济效益双丰收。

### （二）系列媒介产品的研发

规模经济是媒介组织追求经济收益最大化的一个重要策略。规模经济策略要求媒介

---

① 孙玮．微信：中国人的“在世存有”[J]. 学术月刊，2015（12）：5－18.

② 韦伯斯特．注意力市场：如何吸收数字时代的受众 [M]. 郭石磊，译．北京：中国人民大学出版社，2017：11.

组织在进行媒介产品生产时形成规模效应，而系列产品生产则是一个有效的规模化生产方式。媒介组织为了使传媒资源得以最大化利用，通常会将同一媒介产品的相关生产资料进行再生产，从而形成配套或互补的媒介产品，即系列栏目、丛书、子刊、连续剧、电影续集等系列产品，这些都是常见的系列媒介产品。中国人民大学出版社在进行“经济科学译丛”的图书开发时，策划人邀请经济学泰斗陈岱孙作为主编，并由海闻等一批著名经济学家组成阵容强大的编辑委员会，由他们推荐和遴选海外优秀经济学著作，进而由出版社组织相应的译者和编辑人员进行翻译和编辑出版，从而形成了以斯蒂格里斯（Joseph Stiglitz）的《经济学》为代表，包含了宏观经济学、微观经济学、产业经济学、国际经济学、数量经济学等西方著名教科书的图书产品系列，成为该社的一个重要品牌性系列产品。电视栏目同样是系列媒介产品开发的实践者，例如 21 世纪初，中央电视台科教频道组织策划的《百家讲坛》就是一组包含诸多学科门类的大型系列讲座电视节目，节目播出后在获得较高收视率的同时也收获了好的口碑。

系列媒介产品的开发还包括利用某种品牌开发出系列衍生产品，比如英国作家 J. K. 罗琳（J. K. Rowling）的小说《哈利·波特与魔法石》在 1997 年 6 月由英国布鲁姆斯伯里（Bloomsbury）出版公司出版后大受好评，短短 15 个月之内销售 15 万册，登上英国《卫报》《泰晤士报》等多家报纸的畅销书排行榜，并很快获得了斯马尔蒂斯奖、英国图书奖年度儿童图书等几大奖项。之后美国学乐（Scholastic）出版社引进美国后做了部分修正并再版，风靡全球。从 1997 年到 2007 年罗琳将“哈利·波特”打造成魔幻文学系列小说，共出版了 7 部作品，形成了一个系列产品。截至 2013 年 5 月，“哈利·波特”系列丛书已经被翻译成 73 种语言，共卖出了超过 5 亿本。“哈利·波特”系列的火爆并不仅限于图书市场，时代华纳公司投巨资将“哈利·波特”搬上银幕，2001 年第一部电影首映票房达到 3.13 亿美元，创下了全球 4 000 多家影院同时上映、全球最卖座儿童影片等 8 项影史纪录。与此同时，“哈利·波特”系列的 DVD、玩具、电脑游戏和首饰、手表、礼品、文具用品等其他衍生商品也随之在全世界热卖，“哈利·波特”形成了一个世界品牌，早在 2004 年美国《福布斯》杂志就估计，其品牌价值已超过 10 亿美元。这是系列产品开发成功的典型案例。

### （三）独立的新媒介产品的开发

媒介组织在追求经济利益最大化时除了规模经济策略外，还有范围经济策略。范围经济策略要求媒介组织在生产媒介产品时注重差异化生产，具体的实践方式是开发新的媒介产品类型。根据传媒市场需求开发新的媒介产品有助于推动媒介组织的差异化生产。以报业为例，随着年轻受众阅读习惯的变化和人口老龄化趋势的发展，老年人是报纸的重要阅读群体。中南传媒集团通过市场调研后发现，创办一份针对老年人的报纸是可行的并且有着较好的市场空间，于是其于 2009 年创办了《快乐老年报》，该报实现了较好的经济盈利。此外像民政部主管主办的《中国社会报》在通过市场考察后发现关于禁毒类的新闻信息在当下的社会环境中有着较大的社会需求，于是 2014 年创办了《中国禁毒报》，填补了中国禁毒领域专业媒体的空白，为我国禁毒工作的新闻宣传提供了专业化的渠道，同时也为《中国社会报》提供了一个差异化的新闻产品，获得了较好的社会效益和经济效益。

这种独立的新媒介产品的研发不同于上面所说的某种具体媒介产品的研发，因为具体媒介产品的研发是媒介组织内部可以解决的，而且操作难度要小得多。但要开发一种独立的新媒介产品比如创办一份报纸或者杂志，不是媒介组织自身能够决定的，而是需要国家级管理部门的审批，其创办难度以及获批周期是自身无法控制的。但某种新的媒介产品一旦获得批准，它所产生的影响力和效益要远远大于某个具体媒介产品的研发。从某种意义上说，很多媒介组织就是建立在这样的媒介产品的基础上并以这种媒介产品对其组织命名的，如某某报社、某某杂志社等。

### （四）新媒介平台产品的开发

随着信息传播技术的不断发展，传媒生态正在发生巨大的变革，平台化正成为传媒发展的一个趋势。媒介组织在进行媒介产品开发时，附属的平台型新媒体是一个重要的发展方向。湖南广播电视台在媒体融合的背景下，积极布局新媒体平台建设。芒果 TV 是湖南广播电视台旗下开展网络视频业务的唯一新媒体机构，于 2006 年 5 月成立。随着芒果 TV 这一新媒体平台在湖南广播电视台中的战略地位日益重要，成为与湖南卫视并驾齐驱的媒体平台，2018 年芒果 TV 与芒果互娱等公司注入快乐购，并更名为“芒果超媒”，芒果 TV 正式成为国内 A 股中首家国有控股的互联网新媒体视频平台。在其他自媒体企业组织中，新的平台型媒介机构的创办正成为一种趋势，诸如喜马拉雅、蜻蜓 FM、今日头条等新型媒介组织正日益成为新媒体产业中的巨头，并对整个媒介产业生态产生巨大的影响。

### （五）新媒介形式产品的开发

百度、新浪、腾讯等此类广义层面上的媒介组织在网络通信的新媒介形式开发上有着重要的贡献。新浪的微博、腾讯的 QQ 和微信等社交媒体推动了中国传媒业态的变革，并对主流媒体产生了巨大的冲击。对于这类新媒介形式产品的开发需要媒介组织有着稳定而持久的资金链和前沿的科学技术以及契合人类沟通方式的产品理念作为支撑。因此此类新媒介形式产品的开发是媒介产品开发中的最高形态，也是最具革命性的开发形式，一旦开发成功必将对媒介生态乃至人们的生活方式、交往方式等产生巨大影响。比如，微信的诞生不仅是社交媒体的革命，而且已经成为我们生活方式的一个有机组成部分。

## 三、媒介产品的研发战略

媒介产品的研发战略包括红海战略、蓝海战略和绿海战略。

### （一）红海战略

2005 年，欧洲工商管理学院的 W. 钱・金（W. Chan Kim，韩文名金伟灿）和莫博涅（Renee Mauborgne）在他们的著作《蓝海战略》中首次系统论述了红海战略和蓝海战略，并把这两种战略作为企业竞争的布局方式。

> **名词解释**
>
> **红海战略** 指的是在既有市场空间中利用既有的市场需求以及自身的优势资源来打败竞争对手获得市场份额的一种竞争方式。

红海是市场经济中企业不得不面对的一种市场环境，当企业的产品生产进入红海市场空间时，改变竞争战略、并购、业务流程再造、实施信息技术系统、实施电子商务、进行企业文化变革是六个排在首位的**红海战略**。① 在媒介组织进行媒介产品研发时，红海战略的使用主要体现在改变竞争战略这一维度上。

2019 年青春题材电影《过春天》在国内市场中深受广大观众的好评，并获得了第二届平遥国际电影展“费穆荣誉”最佳影片和最佳女演员等殊荣。该影片的脱颖而出是媒介产品研发时采取改变竞争战略这一红海战略的典型事例。该影片属于青春题材电影，但其有别于一般的青春片，它的竞争战略不再是像以往一样聚焦于“车祸”“堕胎”等俗套情节，而是放在了“以青春为外壳的社会学文本电影”上，进一步把内容聚焦到深港跨境学童的“水客”故事，从而走上了自身差异化的内容生产道路。导演在拍摄该作品前曾深入实地调研，对跨境学童的真实生活进行了细致的观察与采访，为电影的细节呈现奠定了真实的生活基调，同时在情感表达以及故事情节等方面都通过尽量写实的视觉表达方式使得该作品在诸多青春片中脱颖而出。

> **名词解释**
>
> **蓝海战略** 是一种市场开创战略，旨在打破既定的市场边界并摆脱竞争，开创新的需求。②

### （二）蓝海战略

媒介组织在面对红海市场时，除了直面红海市场采用相应的红海管理战略外，还可以通过研发新的媒介产品进入有着巨大发展空间的蓝海市场，从而为企业带来较高的平均利润率和高效的价值增长。因此，**蓝海战略**的灵魂在于“价值创新”，其内涵是“一种集成创新，它不拘泥于某个要素的创新，不局限于本行业的规则，不只为满足现有顾客的需求而生产或服务。蓝海战略的创新，要求企业重塑行业规则，甚至创造出一种前所未有的行业，这种行业一旦被创造出来，也会随之开发出一系列的消费者需求，从而带动一大批相关产业的发展”③。新闻业中运用蓝海战略最典型的当属“今日头条”，个性化算法智能推荐服务，使得作为互联网科技公司的“今日头条”直接打破了既定新闻市场的边界，开辟了新闻业的新蓝海，从而实现了自身的经济增长。

在知识经济迅猛发展的时代背景下，传媒业在知识服务领域的布局与发展不仅值得肯定，而且成功开辟出了诸多新蓝海。在出版业中多数传统的教育出版企业已经关注到互联网技术对教育出版变革的影响，因此积极向数字教育这一新蓝海市场开拓，并研发出适应新信息环境的教育产品。例如浙江大学出版社早在 2010 年就开始探索数字教育的服务业务，在数字教育产品研发中提出了“立方书”的产品理念。立方书以“‘一本教材带走一个课堂’为产品核心，通过互联网、移动互联网技术，以嵌入二维码的纸质教材

---

① 霍兰德．红海管理：关键时刻改变规划［M］．安东建，译．北京：经济管理出版社，2011：31.
② 黄江，吉宓．重新定义游戏规则：蓝海战略理论创始人 W. 钱·金专访［J］．清华管理评论，2017（Z1）：6－13.
③ 许婷，陈礼标，程书萍．蓝海战略的价值创新内涵及案例分析［J］．科学学与科学技术管理，2007（7）：54－58.

为载体，配套手机端应用、PC端平台，实现O2O、移动互联、用户内容生产（UGC）三位一体，将教材、课堂、教学资源三者融合，营造教材即课堂、即教学服务、即教学环境的氛围”①。该产品将传统的教育出版物转向了数字教育这一新蓝海中，并突破了传统教育出版单一媒介呈现的局限，实现了媒介融合背景下教育出版的价值创新。从浙江大学出版社这一案例可看出，这些教育产品不断变革既有教育产品的内容与形式，实现了价值创新，走向了数字教育的新蓝海，从而实现了自身组织机构在产品研发中的新突破。

### （三）绿海战略

> **名词解释**
>
> **绿海战略**　针对21世纪以后企业面临生态环境恶化、资源短缺、产品与营销同质化等新挑战，为了推动企业可持续发展而提出的一个策略。

管理学者侯胜田将**绿海战略**界定为：“可持续发展理论的指导下，以实现企业持续发展为目的，企业积极履行社会责任，通过创建优秀的企业文化，建立学习型组织，不断创新，培育核心竞争力，获取企业持久竞争优势，实现企业价值最大化和社会价值最大化相统一的经营管理理念、行动和过程。”② 该战略之所以能够应用于传媒业，是因为传媒责任是媒介组织的一个重要特征。自《一个自由而负责的新闻界》出版以来，社会责任论就成为传媒业的一个价值追求。媒介组织在产品研发时除了要考略到经济效益的增长外，还需要对企业文化进行自省，并反思如何推动媒介组织可持续性地长久发展。媒介企业在产品研发时突出自身的社会责任理念，从而将社会责任转化为竞争力。这是因为传媒经济的一个主要特征就是影响力经济，而媒介组织影响力的建构正是源自其社会责任的履行。

媒介组织在产品研发时采取绿海战略，其目标是积极引导社会舆论，为媒体用户树立正确的价值观。综艺节目作为媒体用户休闲娱乐的主要媒介产品，媒介组织在对其进行产品研发时应积极履行自身的社会责任，充分发挥媒介的教育、传承等功能。芒果TV作为中国娱乐节目供应商的巨头，这种绿海战略在其节目产品研发时发挥着重要作用。例如2017年推出的《放学别走》，2018年推出的《我的青春在丝路》《我爱你，中国》《赶考路上》等节目都是典型的弘扬主旋律、传播正能量的视听产品。这些产品的研发与播出是芒果TV履行传媒责任的具体体现，也为其带来较好的收视率和社会评价。此外，诸如《我在故宫修文物》等视听节目不仅宣扬了中国传统文化和工匠精神，还为青少年们树立了正确的职业观。这些视听节目同样是媒介组织在产品研发时运用绿海战略的案例。

## 四、各项研发战略的操作方式

### （一）红海战略执行的十个原则

媒介组织进入红海市场，通常是处于一种不进则退的困境中，因此红海战略的实践

---

① 金更达．立方书：“融媒体”教材出版形态探索［N］．新华书目报，2015-10-29（C03）.

② 侯胜田．绿海战略：获得持久竞争优势［M］．北京：清华大学出版社，2007：45.

要想获得成功，必须遵守严格的实践原则。管理学者达奇·霍兰德（Dutih Holland）在《红海管理：关键时刻改变规划》一书中指出红海战略的实施需要遵守十大原则，它们分别是宣布进入红海、投入最佳人员、聚焦客户、树立明确目标、绘制成功蓝图、聚焦方法、构筑蓝图、聚焦速度、满足员工需求、奖赏管理者。① 这十大原则主要涉及两大部分，前五部分是红海设计原则，后五部分是红海执行原则。在媒介产品研发设计中“树立明确目标”这一设计原则是最重要的，这是因为在媒介产品的研发过程中进行竞争战略改变的差异化创新离不开一个明确的产品目标。明确产品目标有助于媒介组织生产者对传媒资源进行优化配置，从而达到获取受众有限注意力的目标。在媒介产品研发执行中“聚焦方法”这一执行原则对于媒介产品的生产有着重要作用。聚焦方法这一执行原则需要媒介组织在研发媒介产品时关注媒介产品生产时的流程变革、系统工具变革以及执行系统变革。这些变革将影响媒介产品的生产效率与内容质量。例如，在传媒实践活动中，项目制就是一种典型的聚焦方法的执行原则，它的实践能够通过“任务统筹”的方式，基于项目的事本主义理念对传媒企业整体的生产流程产生创新优化的影响。

### （二）蓝海战略执行的八个原则

媒介组织在研发新媒介产品用以开拓蓝海市场时，需要牢牢抓住媒体用户的真实需求。为此，媒介组织需要在用户真实需求的基础上对产品进行价值创新。媒介产品的价值创新能够帮助媒介组织开创一个全新的目标市场，从而摆脱竞争而非去打败竞争对手。媒介组织在产品研发中实施蓝海战略同样需要遵守一定的原则，它们分别是重建市场边界（降低找寻的风险），注重全局而非数字（降低规划的风险），超越现有需求（降低规模的风险），遵循合理的战略顺序（降低商业模式的风险），克服关键组织障碍（降低组织的风险），将战略执行建成战略的一部分（降低管理的风险），协调价值、利润、人员主张（降低可持续性的风险），更新蓝海（降低更新的风险）。② 这些原则同红海战略的原则一样也分为两部分，即制定原则和执行原则，前四条为制定原则，后四条则为执行原则。在执行蓝海战略中，有管理学者提出了一个直观的有别于红海战略的“剔除—减少—增加—创造”操作框架及辅助工具坐标格。在蓝海战略的“剔除—减少—增加—创造”操作框架中，剔除和减少旨在把成本降到竞争对手之下，增加和创造旨在提升买方价值创造新需求。③ 为此，媒介组织在研发新产品时需要剔除所在产业中企业长期竞争攀比的元素；需要减少那些现有产品或服务中明显超过用户所需的功能设计；需要增加用户所需要但却未能获得满足的功能；需要创造新的需求，改变产业战略定价标准。

### （三）绿海战略执行的绿色四力

企业的竞争优势需要硬实力和软实力两方面同时发展，其中软实力是持久竞争优势

---

① 霍兰德．红海管理：关键时刻改变规划［M］．安东建，译．北京：经济管理出版社，2011：57－74.

② 金，莫博涅．蓝海战略：超越产业竞争，开创全新市场：拓展版［M］．吉宓，译．北京：商务印书馆，2016：45.

③ 同②54－55.

的主要来源，作为“绿色四力”的责任力、文化力、学习力、创新力恰好是企业软实力的核心要素和主要推动力。[①] 为此，媒介组织在进行产品研发时要想顺利落实绿海战略，需要积极建设“绿色四力”。首先，媒介组织应强化传媒责任意识。社会责任意识是传媒从业者必备的素养，但面对经济效益的考核时，媒介产品的研发通常会牺牲社会效益而偏向经济效益。为此，媒介组织在经营管理方面应积极建设社会效益考核指标体系，从而推动传媒责任在产品研发时的实施。其次，媒介组织应积极学习近现代传媒人的职业伦理和企业家精神。在传媒业转企改制后媒介组织的经营管理中，职业伦理和企业家精神越来越重要。职业伦理是每个从业者的基本行为准则和必须坚守的道德底线；企业家精神作为媒介组织文化力建设的重要组成部分，能够对产品研发产生直接的影响。近现代以来著名出版人张元济和夏瑞芳“以扶助教育为己任”以及沈知方“近遭国难，不为利诱，不为威胁”[②] 的经营理念，邹韬奋“以人民大众的进步和民族的解放为目的”“热爱人民，真诚地为人民服务，鞠躬尽瘁，死而后已”的韬奋精神，都值得当下传媒经营管理者们学习与弘扬。再次，媒介组织还须成为学习型组织。媒介组织在产品研发过程中，离不开参考借鉴其他组织机构的绿海战略实践状况。因此，学习其他优秀媒介产品的内容生产模式并给予突破创新，是媒介组织可持续发展中的一个重要面向，而这就需要媒介组织提升自身的学习力，成为学习型组织机构。最后，媒介组织还要不断提升自主创新能力。弘扬社会主旋律积极引导社会舆论的媒介产品与媒体用户的心理需求并不冲突，但需要新的媒介表达形式而非传统的宣传模式。为此，在产品研发时，借助新媒体技术的新特性对内容创意、视觉传达以及营销方式进行创新，是媒介组织落实绿海战略的关键所在。

## 第二节　媒介产品的生产管理

媒介组织在进行媒介产品的生产管理时，应先从劳动者、劳动资料、劳动对象等方面明了其生产要素，合理规划从市场调研、项目论证到批量生产的生产流程，然后按前期、中期、后期实施媒介产品生产过程中的管理。

### 一、媒介产品的生产要素

媒介组织在进行内容生产时，媒介产品的生产要素是一个关键概念。媒介组织的生产要素包括以下几个方面：一是作为劳动者的新闻出版从业者（记者、编辑、主持人、评论员、剪辑师、摄像师等）和其他创意从业者。二是作为劳动资料的媒介设备、基础设施和资本。媒介组织的生产活动离不开资本支持，在转企改制后时政类主流媒体保留事业单位性质，因此其生产资金主要是由国家财政支付的，而非时政类媒体其生产资金

① 侯胜田．绿海战略：获得持久竞争优势［M］．北京：清华大学出版社，2007：68．

② 范军．弘扬近现代优秀出版人的企业家精神［J］．出版科学，2019（2）：1，21．

则是由传媒组织自筹。媒介组织进行内容生产同样离不开相应的媒介设备，摄像机、广播电视信号传输与接收硬件设备以及相应的信息编辑办公软件等是传媒业必备的劳动工具。三是作为劳动对象的信息素材。传媒业是内容产业，信息素材作为核心的内容资源，是媒介组织进行劳动生产的主要对象。四是作为科学技术的传播技术以及管理等同样是媒介组织的生产要素。媒介组织在对生产资料进行组合配置生产时，首先需要对信息资源进行采集，即新闻出版从业者需要通过采访或读者来信以及其他消息来源获得信息素材；然后通过专业的节目编排、编辑加工以及信息增删等流程进行信息处理，再辅以相应的产品实体生产与制作；最后通过信息传播技术或物理传播渠道对媒介产品进行分发，用以完成整个生产要素的配置与产出流程。

## 二、媒介产品的生产流程

大体而言，媒介组织在进行产品生产时通常会经历以下流程：市场分析、形成产品概念、项目论证、实施开发、投放市场检验、反馈修正、规模化生产以及进入产品生命周期（见图 6－1）。

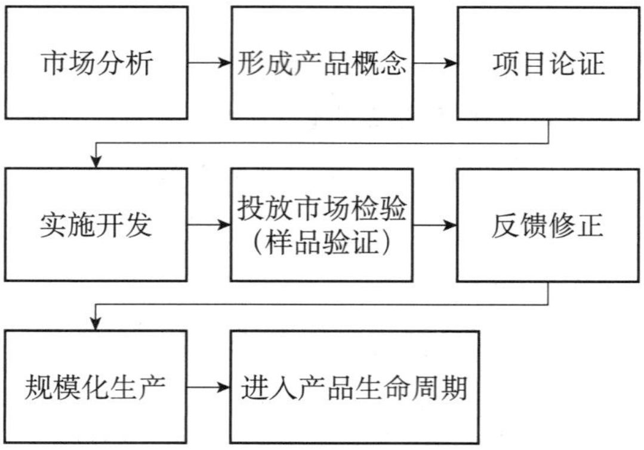


**图 6－1　媒介产品的生产流程**

> **名词解释**
>
> **市场分析**　企业进行产品生产前所必须进行的一个环节，它有助于媒介组织认清自身在传媒市场中的结构性位置，并为媒介产品的生产方向提供线索。

媒介组织在进行**市场分析**时需要对国家关于各类媒体产品的管理政策、媒体技术、产业经济、媒体消费文化等宏观环境以及具体的媒体厂商分布状况等微观环境有整体的把握。媒介组织在对传媒市场环境有了整体把握后需要对市场结构进行分析，并对市场进行细分从而界定出自己的目标市场。当挑选出自身要进入的目标市场后，媒介组织还需要对市场内消费者的消费行为进行分析，其中主要分析消费者的购买动机和消费者购买行为发生的影响因素。此外，媒介组织还需要对目标市场的需求量进行测量与评估，这有助于媒介组织衡量是否有必要进入目标市场进行产品生产。媒介组织通过市场分析确定目标市场后，可依据相应市场分析资料与数据提出进入目标市场的产品概念。在此阶段产品概念的形成需要符合现实的市场分析，且契合媒介组织自身的业务范围以及生产能力。媒介产品概念形成后，媒介组织在进入产品生产前还需要进行详细的项目论证。在项目论证中，产品生产的可行性与必要性、产品的投入产出比、产品生产对媒介组织的影响等方面需要经过反复权衡与论证。经过产品论证后，媒介组织将着手进行媒介产品的生产。在产品生产完成后，媒介组织为了再次验证产品的效果，通常会将样品投入市场进行初步检验。在通过一定数量和时间范围内的样品测试后，媒介组织应根据收集的产品使用数据和用户反馈意见修正或调试媒介产品。当媒介产品得到市场初步检验和完善后媒介组织可以进行大规模的产品生产，并投放市场。当媒介组织将媒介产品推入市场之后，其产品通常会经历进入期—成长期—成熟期—饱和期—衰退期这样的一个产品生命周期。为此，媒介组织在推出媒介产品后，在其产品进入衰退期前需要进行新一轮的媒介生产活动，用以保持媒介组织的可持续性发展。

这里以芒果 TV 的综艺节目来对产品的生产流程做出进一步说明。芒果 TV 是我国娱乐电视节目产品的生产者，其自制的综艺节目无论是收视率还是口碑都有着较好的社会反响。芒果 TV 在制作一档新综艺节目前，通常会对电视综艺节目进行市场调研，并基于各部门的协作通过年轻用户的大数据来对用户的内容需求进行分析和预测。在此基础上，在节目制作中心内部借助不同年龄段员工之间的头脑风暴，提出一个初步的节目创意。在节目创意形成后，由节目制作人进行内部提案。节目制作中心针对各类节目提案组织各部门人员进行提案筛选，报送公司总裁办公会。公司总裁办公会将对这些节目提案进行立项审议。通过审议后的节目提案将展开供应商招标、签订艺人合同、选择拍摄地点等各项节目制作准备。当准备工作完成后，芒果 TV 将会采取边拍边播的形式，将初步完成的节目进行播放，并在与观众互动中利用弹幕、论坛以及社交媒体来收集节目测试的各种大数据，根据这些大数据及反馈意见对节目进行完善。在节目顺利播出后，节目制作中心还将根据节目播出数据以及热点话题开发新的节目，从而形成节目矩阵。

## 三、媒介产品生产过程中的管理

媒介产品的生产是一个复杂的系统工程，需要媒介组织生产者进行精心规划与安排。以媒介产品的生产阶段作为划分依据，可将媒介产品的生产分为前期、中期以及后期三个大的阶段。对于媒介产品的生产管理者来说，这三个不同阶段有着不同的要求。

### （一）生产前期的规划管理

“为谁生产”“生产什么”“如何生产”是微观经济学的主要内容，同时也是媒介产品生产前所需要考虑的关键因素。媒介产品的目标受众是谁，什么样的媒介产品更适合受众的需求，怎么生产一个形式新颖且内容丰富的传媒“爆款”？这些都是媒介组织在正式进入内容生产前所要规划的内容。不同的媒介组织在内容生产上有着较大的差异，如报社的主要媒介产品是报纸、电视台是电视节目和电视剧、出版社是图书等。媒介组织的类型及其内容偏好导致了媒介产品的专业化生产，但这种专业化生产仍然需要处理好两组关系间的平衡。

**1. 需求与供给的平衡**

媒介产品具有准公共物品特性，它关乎着公共利益，为此在进行产品生产时需要考量的社会因素更多。同时媒介产品的准公共物品特性使其在资源分配上受到严格的监管，为避免公共资源的浪费和满足人民日益增长的美好生活需要，媒介生产者需要处理好供需关系。这种供需关系不仅涉及产品类别，还涉及产品形式。在移动互联网环境下，数字化已成为一个不可逆的发展趋势，因此媒介组织在媒介产品的载体形态分配上需要做好规划。2015 年 11 月 20 日习近平总书记在中央财经领导小组第十一次会议上提出了“供给侧改革”的理念后，传媒业在面对新传媒业态时同样需要进行“供给侧改革”，用改革的办法推进结构调整，减少无效和低端供给，扩大有效和中高端供给，提升媒介产品供给质量，增强媒介产品供给结构对媒介需求变化的适应性和灵活性，提高媒介产业的全要素生产率，使供给体系更好地适应需求结构变化。随着受众对于新闻信息获取渠道的改变，报业自新媒体出现以后就一直处于寒冬期，诸多报刊面临着长期休刊和不能出版的情况，这为报刊管理和结构调整带来巨大的隐患。为此，2018 年 7 月 20 日中国记者网发布了《关于统计休刊和无法正常出版报刊有关情况的通知》。据不完全统计，2018 年全国各省市关停的报刊多达数十家。为保障传媒资源的合理分配，报业领域中的媒介组织在进行媒介产品生产时应淘汰落后产能、化解过剩产能、解放生产力、提升竞争力来推动自身的发展。同时媒介组织应明确印刷产品和数字产品之间的供需状况，将产品生产面向需求更多的数字产品方向。这种转变可从《法制晚报》的转型得到体现。《法制晚报》为深化媒体供给侧结构性改革，实现由传统媒体向新型媒体的转型，于 2018 年 12 月 1 日在要闻版发布了休刊公告，指出将于 2019 年 1 月 1 日起正式休刊，整体向新媒体领域进军（见图 6－2）。

法制晚报 电子版

社长：彭亮

返回本版　下一篇　A01 要闻　字号 [放大 默认 缩小]

**《法制晚报》休刊公告**

经研究决定，《法制晚报》将于2019年1月1日起休刊。现对《法制晚报》订阅用户作如下安排：

1.已在北京邮局各网点订阅2019年度《法制晚报》的订户，请持订阅收据原件及经办人身份证件到邮局办理退订手续。

北京邮政报刊咨询电话：11185-5-2。

2.已从法制晚报社发行部直接订阅了2019年度《法制晚报》的订户，请与报社发行热线联系，电话：010-52165020。

由此带来的不便，敬请广大读者谅解。

特此公告。　法制晚报社　2018年12月1日

图 6－2　《法制晚报》休刊公告

此外，电影是媒介产业中休闲娱乐的主要代表，电影公司在进行生产前应明确某一题材类型的电影需求及供给状况。当供不应求时，可积极投入生产；当供大于求时，应慎重决策是否需要改变题材类型。例如，当下华语青春电影泛滥，大多存在着同质化的情节内容。为此，相应的电影公司应将内容生产的重点放到有利于国家主流价值观建设的其他题材类型上。

**2. 社会效益与经济效益的平衡**

社会效益是媒介产品准公共物品特性带来的核心诉求。在中国的政治生态环境中，媒介组织作为一种公共组织，社会效益优先一直是媒介产品生产的核心目标。但在市场经济中，随着媒介组织的转企改制，多数媒介组织成为独立企业，需要直面市场竞争和经营难题。在这样的背景下，媒介组织为了经济效益的发展往往会忽视社会效益，从而盲目地迎合市场需求生产出低质量或低级趣味的媒介产品。这一举动不仅损害了受众的利益，同时也是媒介组织极为短视的一种行为，不利于长久的可持续发展。为此，媒介组织在进行产品生产前应将社会效益放在首位，同时兼顾经济效益。浙江广电集团是当下地方广电系统中发展势头较好的媒介组织，旗下的浙江卫视在新闻内容产品方面打造出口碑较好的《今日聚焦》《今日评说》等新闻专栏，同时积极布局综艺节目，打造了现象级的《中国好声音》《奔跑吧兄弟》等节目，此外还投资拍摄了《捉妖记》《寻龙诀》等影视精品，在社会效益与经济效益上获得了双丰收，从而推动了浙江广电集团连年进入“中国500最具价值品牌”排行榜。由此可见，社会效益与经济效益的统一是媒介组织可以实现也必须要实现的一个维度。

### （二）生产中期的产品管理

媒介组织在制定好媒介产品规划之后，需要将其落实到具体的生产环节之中。在具体的媒介产品生产中，产品质量、产品成本以及产品兼容性等都是媒介管理的关键性议题。

**1. 质量管理**

质量问题关乎着媒介产品进入市场后能否符合受众的基本质量要求和公共传媒资源利用效率的要求。此外，重视媒介产品的质量管理更是与国家整体的发展战略息息相关。进入新时代以来，我国经济已由高速增长阶段转向高质量发展阶段，我们“必须坚持质量第一、效益优先，以供给侧结构性改革为主线，推动经济发展质量变革、效率变革、动力变革”①。从社会环境来看，我国“人民日益增长的美好生活需要和不平衡不充分的发展之间的矛盾”论断，创新、协调、绿色、共享、开放的新发展理念，文化强国战略等都体现出了强烈的“质量导向”。② 故而，媒介产业作为社会经济发展的一部分，在“质量的世纪”中更需要重视媒介产品的质量把关。

这里我们介绍几种在企业界比较流行的质量管理理论，这些理论对于媒介产品的质量管理同样具有借鉴价值。

---

① 习近平．决胜全面建成小康社会 夺取新时代中国特色社会主义伟大胜利［N］．人民日报，2017－10－28（1）．

② 周蔚华．朱兰质量管理理论及其对出版质量管理的启示［J］．出版发行研究，2019（2）：5－11．

(1) 戴明的质量管理理论。

爱德华兹·戴明（Edwards Deming）是美国的质量管理专家，对日本和美国的质量管理有着重要影响，以其命名的“戴明品质奖”在日本管理界目前仍是最高的质量管理荣誉奖项。戴明的质量管理理念主要有质量管理十四点（见表6-1）。此外，他还提出了一个关于“计划—执行—检查—处理”的质量循环操作方式。

**表6-1 戴明的质量管理十四点**

| | |
|---|---|
| 1. 制定改进产品和服务的长久目标 | 8. 驱逐恐惧，以使每个人都能有效地为公司工作 |
| 2. 接受新理念 | 9. 拆除部门间的壁垒 |
| 3. 不要将质量依赖于检验 | 10. 取消要求零缺陷和达到生产率新水平的口号、标语和数字目标 |
| 4. 不要只是根据价格来做生意，要着眼于总成本最低 | 11. 取消工作标准（定额）/废除目标管理办法，代之以领导力 |
| 5. 通过改进生产系统和服务系统来实现质量、生产效率的改善以及成本的降低 | 12. 排除剥夺计时工、管理和工程人员获得工作自豪感的障碍 |
| 6. 做好培训 | 13. 开展强有力的教育和自我提高活动 |
| 7. 进行领导 | 14. 让每个人都参与到公司的转型中 |

资料来源：戴明，奥尔西尼．戴明管理思想精要：质量管理之父的领导力［M］．裴咏铭，译．北京：西苑出版社，2014：96-137.

在戴明的质量管理十四点中，最重要的是“通过改进生产系统和服务系统来实现质量、生产效率的改善以及成本的降低”这一条。此外，他关于质量管理的实践主要是通过PDCA（plan-do-check-action）循环来实现的。该循环主要是由计划（明确需要改进的问题）、执行（实施改进并收集数据）、检查（对改进效果进行评价并评判结果与目标的吻合程度）和处理（改进效果好则进行推广，反之进入下一个循环）四个阶段组成。① 戴明PDCA循环的质量改进操作方式，提醒媒介组织在进行产品生产时要动员全体生产者在计划、执行、检查、处理的动态循环之中对产品质量加以改进，而非仅仅是在某个阶段对产品质量做静态的处理。

(2) 菲利浦·克劳斯比的“零缺陷”质量理论。

菲利浦·克劳斯比（Philip Crosby）在质量管理领域中掀起了一个时代自上而下的零缺陷运动。就质量管理而言他提出了四个定理：定理一，质量合乎标准；定理二，以防患未然为质量管理制度；定理三，执行标准必须是“零缺点”，而不能是“差不多”；定理四，以“产品不合标准的代价”衡量质量。② 在追求“零缺陷”的质量目标时，克劳斯比具体的质量改进可以通过14个步骤来实现（见表6-2）。克劳斯比的“零缺陷”质量管理目标及其实施步骤，为媒介组织的产品质量改进提供了一个可供借鉴的操作框架，尤其是“每个员工从一开始就把事情做好，并传达到所有员工”的“零缺陷”计划有着重要的理念指导意义。

---

① 熊伟．现代质量管理［M］．杭州：浙江大学出版社，2008：24.

② 克劳斯比．完美无缺：不流泪的质量管理［M］．陈怡芬，译．北京：生活·读书·新知三联书店，1991：104-147.

**表 6-2 克劳斯比的"零缺陷"质量改进步骤**

| | |
|---|---|
| 1. 管理层承诺 | 8. 监督"零缺陷"计划的执行 |
| 2. 建立由专人负责的改进团队 | 9. 确定"零缺陷"日 |
| 3. 评估公司检验与测量水平 | 10. 确定 30 天、60 天或 90 天要实现的可检测和可考核的目标 |
| 4. 评估质量成本、确定问题、树立基本观念 | 11. 确定故障原因 |
| 5. 增强质量意识、从员工中培训监督人员、说明存在的问题 | 12. 确定要完成的目标和要采取的行动 |
| 6. 确定和采取纠正措施 | 13. 质量专业人员与团队负责人定期沟通 |
| 7. "零缺陷"计划：每个员工从一开始就把事情做好，并传达到所有员工 | 14. 将"零缺陷"实现的一天作为纪念日，之后重新组织团队按照该程序再度重新实施活动 |

资料来源：沈云交．克劳斯比质量思想研究［J］．世界标准化与质量管理，2008（8）：25-27.

（3）朱兰的"质量管理三部曲"。

约瑟夫·朱兰（Joseph M. Juran）是现代质量管理的领军人物，其著作《朱兰质量手册》是质量管理领域最具有影响的出版物之一，被人们誉为"质量管理领域中的圣经"。

朱兰认为，过去仅仅用产品是否"好用"或者"适用性"作为质量管理的要求，认为质量管理就是"确保产品符合要求"，这显然不够了。在当前的情况下，质量管理必须拓展范围，他将质量管理定义为：各类组织"用以设计、持续改进并确保所有的产品、服务和过程满足顾客和利益相关者的需要，从而实现优异结果的一套普遍的方法"①。朱兰借鉴财务管理方法，设计出一套对质量进行管理的方法，这套方法的核心内容就是质量计划、质量控制和质量改进三个相互关联的过程，简称"质量管理三部曲"（见表 6-3）。

**表 6-3 朱兰质量管理的三个普遍过程**

| 质量计划 | 质量控制 | 质量改进 |
|---|---|---|
| 设定质量目标<br>辨识顾客是谁<br>确定顾客的需要<br>开发针对顾客需要的产品特征<br>开发能够生产具有这种特征的产品的过程<br>建立过程控制措施，将计划转入实施阶段 | 评价实际绩效<br>将实际绩效与质量目标进行对比<br>对差异采取措施 | 提出改进的必要性<br>做好改进的基础工作<br>确定改进项目<br>建立项目小组<br>为小组提供资源、培训和激励，以便：<br>诊断原因<br>设想纠正措施<br>建立控制措施以巩固成果 |

资料来源：朱兰，戈弗雷．朱兰质量手册：第 5 版［M］．焦叔斌，等译．北京：中国人民大学出版社，2003：12.

三部曲的第一个过程是质量计划即设计创新性产品和服务，是指开发满足顾客需要的新产品和服务的一个系统性过程。朱兰的质量计划或设计模型，包括六个步骤：确定项目和设计目标；识别顾客；揭示顾客的需要；开发产品或服务的特征；开发特征过程；

① 朱兰，德费欧．朱兰质量手册：通向卓越绩效的全面指南：第 6 版［M］．焦书斌，苏强，杨坤，等译．北京：中国人民大学出版社，2014：41.

开发过程控制方式并转入运营。第二个过程是质量控制，质量控制的目的在于确保所有关键的运营过程的稳定——防止负面的变化并“确保计划的绩效目标能够实现”。质量控制包括产品控制、服务控制、过程控制、设施控制等。第三个过程是质量改进，其目的在于实现绩效突破。

将朱兰的“质量管理三部曲”应用于媒介产品生产的质量管理中，其质量计划主要是针对媒体用户的需求而制订的，生产者需要处理好媒体用户期望与感知之间的质量差距。媒体用户在使用产品时如果对产品的感知质量低于预期质量，将严重影响产品使用的满意度，进而使得媒介组织遭受用户的抵触，为此在进行产品生产时需针对用户需要制定目标并予以实施。在质量控制阶段，媒介组织需要对产品质量提供一种稳定性。为此，媒介组织首先得对质量计划与实际的产品质量进行比较，然后针对这种差异通过运行控制、产品控制、装备控制等方式来保障质量的稳定。在质量改进阶段，生产者需要以项目的方式来对产品质量进行突破。社会效益的价值追求为媒介产品的质量改进提供了合理性，媒介组织还需要以项目的形式为质量改进小组提供相应的资源来推动改进的实施，并巩固质量改进的成果。

（4）精益生产的全面质量管理。

精益生产（Lean Production）是当前工业界公认最佳的一种生产组织体系和方式，其概念来源于对“丰田 JIT（Just in Time）生产方式”的赞誉之称，主要是指在适当的时间生产必要数量的市场急需品，且所有的经营活动都要有益有效，具有经济性。① 这种精益生产对于当下“质量时代”的传媒业而言是一种值得大力提倡的生产方式。精益生产在质量控制与管理方面的一个关键理念是全面质量管理（total quality management）。全面质量管理是以用户为导向的质量管理活动，它要求：“（1）强调质量是生产出来而非检验出来的，由过程质量管理来保证最终质量；（2）生产过程中对质量的检验与控制在每一道工序都进行，重在培养每位员工的质量意识，保证及时发现质量问题；（3）如果在生产过程中发现质量问题，根据情况，可以立即停止生产，直至解决问题，从而保证不出现对不合格品的无效加工；（4）对于出现的质量问题，一般是组织相关的技术与生产人员作为一个小组，一起协作，尽快解决。”②

这种立足于精益生产的全面质量管理理念在具体的媒介产品生产过程中得到诸多新媒体企业的实践。例如，主打知识服务的《得到品控手册》，自 2017 年 5 月 18 日在“得到”App 的 001 号知识发布会上发布以来，在传媒行业引起较大的反响，深受新媒体企业的推崇，并在其产品生产中进行效仿。该手册是一个不断迭代更新的产品手册，截至 2022 年 5 月已经更新为《得到品控手册 8.0》。它规定了“得到”产品的工作输入、工作流程和工作输出规范，从内容、技术、人力资源配置等产品生产全流程的各个细节揭示了“得到”知识服务产品的质量管理，从流程和制度上保障了产品的高质量。该手册涉及品控体系（内容产品控制、财务和法务底线、知识管理）、线上（通用能力、课程、听书、专栏、电子书）和线下（高研院、跨年演讲）产品、得到训练、得到图书、内容运

① 刘胜军．精益生产：现代 IE［M］．深圳：海天出版社，2003：2.
② 同①4.

营等方面的内容。[①]

**2. 质量保障体系**

不同媒体质量管理的内容并不完全相同，但质量管理对于所有媒体都是极其重要的，无论哪种媒体，对内容质量的管理都是质量管理的核心内容。这里介绍一下《图书质量保障体系》的主要内容，它的一些基本理念和流程管理对于其他媒体的质量管理是具有借鉴意义的。

《图书质量保障体系》是由新闻出版署于 1997 年 6 月发布实施的，包括五章五十条，内容分为总则、编辑出版责任机制、出版管理宏观调控机制、社会监督机制和附则五个部分。

《图书质量保障体系》在“总则”部分对制定本体系的目的、指导思想、基本原则等做出了详细的说明，并明确提出“把能否提高图书质量当作衡量出版工作是否健康发展、检验出版改革成功与否的重要标志”，从而说明了质量的极端重要性。同时提出，图书质量保障体系是一项系统工程，要有严密的组织，有科学、严格、有效的机制，有称职的队伍，以加强图书出版法制建设。

在第二章“编辑出版责任机制”部分对如何做好质量保障做了详细的规定，包括前期、中期和后期保障机制三节。在前期保障机制部分，要求出版单位坚持按照专业分工出书制度，发挥专业人才、资源优势和形成特色；加强选题策划工作和选题论证制度。在中期保障机制部分，强调要坚持稿件三审责任制度，切实做好初审、复审和终审工作，三个环节缺一不可。在三审过程中，始终要注意政治性和政策性问题，同时切实检查稿件的科学性、艺术性和知识性问题。坚持责任编辑制度、责任设计编辑制度和设计方案三级审核制度，坚持责任校对制度和“三校一读”制度。同时，该部分还对印刷质量标准、委托书制度、图书书名页使用标准、中国标准书号和图书条码使用标准等做出了详细规定。在后期保障机制方面，要求坚持图书成批装订前的样书检查制度、出书后的评审制度、图书征订广告审核制度、图书样本缴送制度、图书重版前审读制度、稿件及图书质量资料归档制度以及出版社与作者和读者联系制度。

在第三章“出版管理宏观调控机制”部分对如何通过宏观管理保障图书出版质量做了相应的规定。具体包括：预报机制，即坚持年度选题计划审批和备案制度、重大选题备案制度、全国发排新书目的审核制度；引导机制，即坚持出版通气会制度、出版法规强化培训制度、舆论引导制度、制定和实施中长期出版规划制度、出版基金保障制度；约束机制，即坚持出版社年检登记制度、书号使用总量宏观调控制度、图书跨省印制审批制度、图书售前送审制度；监督机制，即坚持随机抽样审读制度、图书出版定期综合分析制度、图书编校和印装质量检查制度、图书市场动态监测制度；奖惩机制，即坚持优秀图书奖励制度、优秀编辑出版人员表彰制度、优秀和良好出版社表彰制度、对违规出版社和责任人的处罚制度；责任机制，即坚持分级管理责任制度、主管和主办单位负责制、出版社业务人员持证上岗制度。

在第四章“社会监督机制”部分对如何加强社会监督做了相应的规定。具体包括坚

---

① 具体的内容可参见“得到”App 中的《得到品控手册》电子书。

持出版行业协会监督制度、社会团体监督制度、读者投诉反馈制度和社会舆论监督制度。

在第五章“附则”部分提出各地区、部门和出版社可以根据本体系制定实施细则。该体系是实现图书出版从扩大规模数量为主向提高质量效益为主的转变，提高图书出版整体水平，繁荣社会主义出版事业的重要措施，对图书质量起到了有力的保障作用。

**3. 成本控制**

在保障质量的基础上，媒介产品生产还需要对成本进行控制。成本问题关乎媒介组织的投入产出比，是媒介产品生产过程中的一个关键影响因素。成本控制是所有行业产品生产的一个核心问题，为此也产生了诸多相应的管理办法。随着管理理论的发展，成本控制方法在经验管理、科学管理、目标管理、动因管理等不同阶段有着不同的侧重点与实践方式，详见表 6-4。

**表 6-4　成本控制阶段的特征比较**

| 阶段 | 经验管理阶段 | 科学管理阶段 | 目标管理阶段 | 动因管理阶段 |
|---|---|---|---|---|
| 时期 | 20 世纪初期以前 | 20 世纪初期—50 年代 | 20 世纪 50—80 年代 | 20 世纪 80 年代以后 |
| 管理理论 | 传统的经济和管理思想 | 科学管理理论 | 目标管理理论 | 战略管理理论 |
| 成本控制方法 | 分批法、分步法等 | 标准成本法、预算成本法、量本利分析法等 | 目标成本法、责任成本法等 | 作业成本法、全面质量管理、产品生命周期法等 |
| 成本控制范围 | 产品的直接成本 | 产品成本 | 企业内容价值链成本 | 产品的全生命周期成本 |
| 成本控制层次 | 成本核算 | 成本节省 | 成本避免 | 战略性成本建构 |
| 成本控制重点 | 事后分析 | 事前计划、事中控制、事后分析 | 成本注入 | 成本动因的管理 |

资料来源：毛洪涛，王德昌．成本控制方法演进进程及启示：基于管理思想演变逻辑的分析研究 [J]．会计之友，2013 (27)：16-20.

媒介组织在市场化竞争过程中，全面质量管理成本控制方法相较于其他成本控制方法而言是一个有效的实践选择。全面质量管理成本是指围绕质量，包括一切影响顾客满意度的与供应商有关的活动所发生的费用，是企业内外部有形、无形质量费用的总和；它涉及前期准备成本、质量设计成本、质量实体成本、间接质量损失成本、质量管理成本、质量服务成本、外部质量保证成本、员工质量成本。① 为此，媒介组织在全质量管理过程中，在保证质量过关的基础上在各个环节控制成本，从而达到成本控制的目标。

**4. 媒介产品的兼容性**

媒介组织除了要考虑用低成本生产出高质量的媒介产品外，还需要考虑到产品的兼容性问题。在信息经济时代，网络效应是企业在产品生产以及经营中不得不考虑的一个因素。用户对某一产品的效用取决于网络中用户的数量，即网络效应。在网络效应中，产品的兼容性直接影响产品的价值实现。媒介产品作为特殊的商品，这种兼容性以及网络效应直接关乎着社会效益的实现，为此媒介组织在生产过程中需要考虑到产品兼容性

---

① 侯瑶，吴君民．基于顾客满意度的全面质量成本控制模型研究 [J]．会计之友，2014 (17)：37-42.

问题。狭义的媒介产品兼容性指的是媒介产品在不同媒介设备中的适用性。例如，同一本电子书在不同阅读器设备中的可阅读性。广义的媒介产品兼容性则是指同一媒介产品在不同媒介载体中的适用性。在媒体融合时代，媒介产品的兼容性本质上就是媒介的深度融合，它是媒介组织市场竞争力的一个重要体现。随着 VR、AR 以及 AI 等新信息传播技术的迅猛发展，媒体融合正成为传媒业中的实践准则，因此媒介产品的兼容性是各类传媒企业在生产过程中需要重点考量的因素。

### （三）生产后期的完善管理

媒介产品的生产结束，并不意味着其可以直接面向市场进行流通，它还需经过媒介组织的包装、增值以及检验后才能投入市场。

**1. 媒介产品的包装**

对媒介产品进行包装的主要原因是出于受众的审美需求。随着国民经济的发展和人均消费能力的提升，受众的审美水平也在日益提高。精美的产品包装能够有效提升媒介产品的注意力，从而吸引受众。精美的报纸排版能够提高读者的读报体验。精美的图书设计除了提高阅读体验还使图书具有良好的收藏价值。图书作为传媒业典型的内容产品，从优质的书稿到精良的图书，精美的装帧设计是不可或缺的一部分。例如《园冶注释》是我国著名林学家、造园学家陈植为明代造园学家计成所著《园冶》做的注释，该书由张悟静设计，中国建筑工业出版社出版。作为一部关于系统造园的著作，该书的内容质量无疑是顶尖的，但为使其更加精美，该书非常重视中国式图文内容的呈现效果。在该书的装帧设计过程中，作为美术编辑的张悟静“希望把它做出明清时期古书的感觉，追求‘雅’的品质，但又要和古籍的装帧设计有所区分。内页的留白、直排等内在精神遵照中国传统，但锁线、胶装等表现形式则借鉴西方现代手段”①，从而使得该书成为利用现代设计语言的诸多细节尽显古风古韵的一部精美图书（见图 6－3）。2018 年“世界最美的书”银奖的荣誉则是对该书最佳的肯定。此外，其他视听媒介产品在投入市场前同样需要对音效（例如电影插曲及背景音乐的添加）、画面（例如对不宜出现的画面进行马赛克处理）以及文本（例如综艺节目的各种字幕添加与调整）进行相应包装，从而使得内容产品更加符合受众偏好。

图 6－3　《园冶注释》图书封面

**2. 媒介产品的后期增值**

在数字时代从超文本到二维码这些链接技术，为媒介产品的增值提供了便利。随着二维码在新闻出版领域中的应用，报社或出版社在新闻报道或图书生产的后期通常会制

① 李明远．《园冶注释》：现代设计语言尽显古风古韵［N］．中国新闻出版广电报，2018－04－25（4）．

作相应的二维码用以链接相应的图片、音频、视频等各种形态的素材，从而使得产品更具丰富性。在出版业中，二维码的使用，使得相关图片、动画演示、音视频讲解等配套内容拓展了图书内容的广度与深度，也提升了出版物的内在价值。在童书出版中，VR、AR 的应用更是将印刷文本与虚拟电子文本相互结合，极大地提高了用户的产品体验。媒介产品的增值还可以通过后期配套生产相应的内容及载体进行搭配来实现。以往的图书后期生产除了对装帧设计进行处理外，还通常进行数字化处理，将相关内容制作成光盘用以配套，从而方便读者进行内容检索。这一实践方式目前仍在践行，不过随着数字化技术的发展以及阅读终端设备的更新，媒介组织在将图书内容处理成电子版本时，已经很少使用光盘这样的物质载体。

**3. 媒介产品的性能调试与检验**

媒介组织在产品生产后期还需要对生产出来的产品进行整体调试与检验，用以保障最终流向媒体用户的产品均是良品。在这一过程中，媒介组织需要专门组织人员对产品进行性能方面的调试与检验并加以修正。在媒体融合的时代背景下，区县融媒体中心的建设离不开融媒体产品的生产。大多数的区县融媒体中心都在积极推出自己的各类融媒体平台客户端，这些客户端产品在生产后期的最后一个环节就是产品性能的调试与检验。为此，这些 App 通常会进行一段时间的试运行，在运行中收集各类使用数据和用户的反馈意见用来作为性能调试的依据，从而进一步完善产品。

## 第三节 媒介产品的版权管理

### 《新京报》反侵权公告①

【第×××期】

通过第三方数据监测，《新京报》App 于×××年××月××日发布的原创稿件《××××》，《新京报》微信公众号“新京报”于×××年××月××日发布的稿件《××××》，“重案组 37 号”于×××年××月××日发布的原创稿件《×××》，《新京报》调查报道《×××××》(×××年××月××日《新京报》×××版刊发）被以下网站、新闻移动端转载，请侵权网站、新闻移动端立即停止侵权行为并与《新京报》版权部门联系。

1. ×××移动端

未经许可侵权转载上述稿件，标题改为《×××》，且来源标注为第三方网站。

https://www.××××

2. ×××移动端

未经许可侵权转载上述稿件，标题改为《×××》。

① 模板取材于新京报官方网站，具体可参见新京报反侵权公告【第五十九期】[EB/OL].(2019-08-07)[2022-05-26].http://www.bjnews.com.cn/news/2019/08/07/612339.html。

http://news. ××××
3. ×××网
未经许可侵权转载上述稿件。
http://www. ××××
…………

为规范网络转载行为，制止非法侵权转载，现郑重公告如下：

1. 任何单位及个人，凡在互联网、无线客户端、微博和微信等平台上使用《新京报》拥有版权的作品及新闻信息，须事先取得《新京报》的书面授权后方可使用和转载。

2. 任何单位及个人，未经书面授权擅自使用《新京报》版权作品及新闻信息的，《新京报》将予以警告，并定期在《新京报》和新京报网上公告侵权人及其侵权行为。

3. 对于警告无效者，《新京报》将采取包括但不限于向国家版权行政主管部门举报，向人民法院提起侵权诉讼等多种措施以维护著作权人的合法权益。届时产生的一切后果由侵权人承担。

4. 对于未经许可的各类非法转载行为，任何单位及个人均有权举报，我们将对举报者的相关信息予以严格保密。举报信息一经查证属实，我们将给予一定的奖励。

《新京报》版权事务联系电话：010-67106089
此反侵权行动由凡闻科技独家提供技术支持
电话：0571-85331960 邮箱：fw@cnfanews. com

新京报社
×××年××月××日

该公告是《新京报》在其官网中经常更新的反侵权公告，也是《新京报》对新闻作品进行版权管理的一种直接方式。媒介产业是典型的内容产业，在移动互联网中复制和传播零成本的数字信息环境下，版权（著作权）侵权已成为危害媒介产业健康发展的一个毒瘤。为维护媒介组织的经济利益、保障原创内容生产的积极性以及实施知识产权的经济变现，版权管理是媒介产品生产管理中的一个重要组成部分，深受媒介组织的重视。

## 一、版权管理的实质

> **名词解释**
>
> **版权** 著作权人（自然人或法人）依法对科学研究、文学艺术诸方面的著述和创作等享有的权利。①

在中国语境下，**版权**、著作权二者内涵是一致的，例如《中华人民共和国著作权法》明确提出“本法所称的著作权即版权”。版权管理是一个关于版权的复杂管理实践活动，它涉及宏观的国家层面、中观的社会层面以及微观的企业组织层面。本节主要探讨的是企业组织层面的版权管理。传媒经济学

① 中国大百科全书总编辑委员会《法学》编辑委员会，中国大百科全书出版社编辑部．中国大百科全书：法学［M］．北京：中国大百科全书出版社，1984：5.

者丁汉青将企业层面的版权管理界定为："报社、广播电台、电视台、通讯社、电影公司、唱片公司、网络公司等市场主体基于市场契约所赋予的权利围绕传媒版权生产、开发、交易、保护等所开展的活动。"[①] 从该定义来看，《新京报》发布反侵权公告属于媒介组织在版权管理中的版权保护活动。无论是版权的生产和开发还是交易与保护活动，版权管理的实质都是围绕智力成果的所属权利而带来的权益进行管理的。版权可以为著作权人带来包括作品的复制权、发行权、出租权、改编权、翻译权、汇编权、广播权、放映权、表演权、展览权、信息网络传播权等财产权和包括署名权、发表权、修改权、保护作品完整权的人身权。在媒介产品生产管理过程中，版权管理主要聚焦于版权的财产权方面。媒介组织通过创作或交易相应的版权作品，进而利用复制、发行、出租以及放映等活动获取经济收益。

## 二、版权管理的必要性

在媒介产业中版权管理正日益成为一个核心议题，这种转变可从各类型媒介组织中关于版权经理岗位的设置得到体现。各类媒介组织之所以纷纷设立版权经理这一岗位，是因为它们均认识到了版权管理日益成为组织结构日常管理的一个重要组成部分。

### （一）版权是媒介组织的核心资产

胡占凡曾指出："版权是电视台的核心资产，是提高媒体竞争力、抢占竞争制高点的重要战略资源，是文化产业发展的基础。"[②] 版权是媒介组织的核心资产这一观点不仅适用于电视业，也适用于其他传媒领域。这是因为传媒业是典型的内容产业，版权作为智力成果的权利，是媒介组织内容生产的合法性来源和进行市场盈利的基础，故而对于内容的版权管理关系到媒介组织在市场环境中的竞争力问题。作为媒介组织核心资产的版权，通过特定的企业战略能够为媒介组织带来巨大的发展契机，湖南广播电视台的版权管理实践就是一个成功范例。芒果 TV 是湖南广播电视台的新媒体平台，2014 年芒果 TV 实施独播战略，即湖南卫视拥有完整版权的自制节目仅在芒果 TV 独家播出。该战略是湖南广播电视台在版权管理中的一个重要举措，而这一举措的实施则为芒果 TV 的发展带来巨大的网络流量和用户群体，从而推动了芒果 TV 的飞速发展。

### （二）版权管理有助于推动媒介组织的规模经济

版权管理中的一个核心业务是版权保护，这一业务能够保障媒介组织在产品生产经营中不受其他竞争对手的侵权，从而获得产品生产的规模经济。媒介产品是内容产业，复制成本低，很容易被其他企业或个人进行盗版生产或抄袭。而版权保护则可有效地保障媒介产品在获得版权后，能够通过大规模的产量增长来降低平均成本，从而实现规模经济。此外，这种规模经济还有助于媒介组织在产品生产时实现产品规格的标准化和管

① 丁汉青．传媒版权管理研究［M］．北京：中国人民大学出版社，2017：前言．
② 胡占凡．确立版权工作的重要地位 打造央视发展新的增长点［J］．中国版权，2014（2）：5－12．

理人员及技术人员的专业化，从而提升市场竞争力。

### （三）版权管理有助于推动媒介组织的范围经济

范围经济是相对于规模经济而言的一个经济学术语，它不同于企业靠产品规模获利，而是强调通过产品种类，即生产额外的产品或服务从而获利。媒介组织在产品研发与具体生产过程中对其内容的版权管理可以有效区分业务范围，并获得产品类型的多样化。以影视产业为例，影视产业在对拥有版权的内容产品进行衍生时，可以建构一个完整的产业价值链。美国的迪士尼主张对版权进行 360 度无死角的开发，为此除了开发已有的影视 IP（intellectual property，即知识产权，通常指适合二次或多次改编开发的影视文学、游戏动漫等）作品外，版权管理还衍生到主题乐园、娱乐游戏以及文创产品等各领域，从而形成了一个闭环式的传媒生态价值链。这种涉及多个领域的跨界经营管理方式之所以能够实现，其原因就在于媒介组织能够对自身内容有着较好的版权管理。

### （四）版权管理有助于提升媒介组织的生产效率

在当下的传媒生态环境中，单一的媒介产品并不能保障媒介组织的市场生存能力，为此多样化的产品生产是媒介组织的常态。多样化的媒介产品生产为媒介组织带来了生产效率的阻力，这就需要进行管理效率的调整与升级。版权管理中的版权生产与开发则能够为媒介组织的生产效率提供助力。在版权生产中，版权管理部门，尤其是版权经理可通过一定的管理方式来对传媒资源进行配置与整合，从而推动原创内容的生产，进而优化组织的生产效率。

## 三、版权管理的主要内容

### （一）原创作品版权的登记管理

媒介组织作为市场竞争主体，其核心竞争力主要源自原创内容的生产与提供。对新闻报道、图书、影视作品以及其他新媒体作品等原创内容进行版权登记与管理是媒介组织版权管理部门的首要工作。该项管理内容也是日后进行版权保护的主要前提，因此在整个版权管理工作中有着举足轻重的地位。在传统的媒介组织机构中，由于业务需要，很多机构设置了版权经理的岗位，对拥有知识产权的作品通常由版权经理向相应的部门或版权管理系统进行版权、与著作权有关权利事项、著作权质权、著作权合同备案等事项的登记等相关管理工作。而新兴自媒体企业曾一度遭遇版权登记困境，随着国家互联网治理的深入，相应的版权登记管理措施得到实施，中国版权保护中心推出了 DCI（digital copyright identifier，数字版权唯一标识符）体系，并与“MF＋妹夫家”平台进行联合，将其打造为中国首家自媒体短视频、直播视频、音频基于 DCI 体系的版权服务示范平台。

### （二）版权的交易管理

媒介组织的版权交易管理主要体现在非原创作品的版权购买和原创作品的版权售

卖两方面。传媒组织的内容生产并非全部源自原创，有一部分属于与其他组织机构进行版权交易后，获得其内容的生产经营权利。新闻业中的报道转载、出版业中的引进版图书、影视产业中的改编版影视剧或综艺节目都属于非原创作品版权的交易管理内容。在知识服务领域的新媒体企业中，诸如“得到”App、“懒人听书”App、“喜马拉雅”App等这些自媒体企业因缺乏内容的原创生产，在知识的再生产与经营中通常需要与各大出版机构或文学网站进行版权交易。在获得版权后才能合法合理地从事知识服务的经营。此外，媒介组织因其版权的知名度和潜在经济效益，容易被其他组织机构看中，从而产生进行版权购买的意愿，为扩大媒介组织经济收益的最大化，对外售卖版权是版权管理的一个重要组成部分。无论是非原创作品的版权购买还是原创作品的版权售卖，其交易均可通过版权经理直接操作或通过第三方代理公司进行操作。西方一些国家的传媒业有着成熟的版权运营体系，其交易主要是通过第三方的版权代理机构来完成的。国内成熟的版权代理机构较少，在具体的版权交易实践中，两种交易方式同时存在。

> **名词解释**
>
> **维权管理** 主要是指媒介组织拥有版权的内容作品受到其他企业或个体的侵权，自身经济利益或社会名誉受到损害而发起的版权保护行为。
>
> **侵权管理** 主要是指媒介组织在内容生产中在没有获得授权的情况下，有意或无意侵犯到其他组织机构或个人的权利，遭到他人维权的纠纷管理行为。

### （三）版权纠纷的对外管理

媒介组织版权纠纷的对外管理主要涉及**维权管理**与**侵权管理**两方面。

《新京报》近年来的系列维权公告发布以及各类民事诉讼等维权行为均是对外进行的版权纠纷管理。此外，出版业中出版企业对外打击图书盗版和影视行业中影视公司对外打击网络枪版影视剧的行为同样是版权纠纷管理行为。

搜狐、网易、新浪等门户网站和作为新闻聚合平台的“今日头条”，自身并无各类新闻报道的原创版权，因此在新闻信息分发时，时常遭遇与各大新闻媒体的版权纠纷困境。此外，近年来上映的各种影视剧，诸如文牧野的电影《我不是药神》、冯小刚的电影《芳华》、于正的电视剧《宫锁连城》等都曾陷入版权纠纷。

为此，媒介组织在版权管理过程中，目标之一就是要做到维权而不侵权。要达成这一目标就需要媒介组织充分发挥版权经理的专业技能对内容作品进行核实与审查，并且能够采取有效措施及时降低企业损失。

## 四、数字版权管理技术

随着移动互联网的发展，媒介组织的版权管理主要体现在**数字版权管理**（digital right management，DRM）方面。数字版权管理系统在其系统架构中主要由内容服务器和许可证服务器以及用户端等组成，其中对内容的编码加密与相应的发布服务器、数字内容的数据库、权限数据库的建设以及解密方式等环节是数字版权管理架构中的核心要素。

> **名词解释**
>
> **数字版权管理** 采取包括信息安全技术手段在内的系统解决方案，在保证合法的、具有权限的用户对数字信息（如数字图像、音频、视频等）正常使用的同时，保护数字媒体创作者和拥有者的版权，根据版权信息获得合法收益，并在版权受到侵害时能够鉴别数字信息的版权归属及版权信息的真伪。①

媒介组织在数字版权管理技术的应用中，对各类软件系统的使用正在成为常态。在广播电视媒介组织中，版权管理技术的使用主要有两种软件可供选择，即 Sophoi 软件和 SAP IPM。在业务功能方面，Sophoi 软件能整合播出编排系统，在节目成品入库前和播出编排前进行版权检验和更新节目的版权使用状态，并提供版税管理和业务合作伙伴信息管理等；SAP IPM 软件则可提供版权计划（包括引进与开发计划）、版权维护管理维度（包括版权属性、版权组以及版权的维度定义、限制维度、版权有效期维度等）、版税计算方式（买断、收益提成等方式）、业务伙伴信息管理等不同业务功能。② 媒介组织在数字版权的管理方面大多实施平台化发展战略，如南方传媒集团所打造的以版权管理为核心的云媒资平台。“云媒资平台，是以内部版权管理为核心，支撑南方传媒集团媒资系统的版权内容对外开发和经营的互联网平台，这个平台整合版权管理、交换交易、全媒体发布、数字 DNA 防盗版四大系统，与南方传媒集团媒资数字库共同构建了媒资的精细化管理体系，并以此支撑媒资的存储、管理、交易、结算、发布和保护等各个环节的云应用，打造一条完善的版权资产经营产业链。”③

随着技术的发展，媒介组织的数字版权管理技术也迎来了新的变革，即区块链技术。区块链技术是“利用块链式数据结构来验证与存储数据、利用分布式节点共识算法来生成和更新数据、利用密码学的方式保证数据传输和访问的安全、利用由自动化脚本代码组成的智能合约来编程和操作数据的一种全新的分布式基础架构与计算范式”④。区块链技术的去中心化、防篡改、可追溯性使其在版权保护方面有着巨大的发展空间。目前在区块链平台建设中，以太坊（Ethereum）、超级账本（Hyperledger）以及区块链底层技术开源平台（Be Credible，Open & Secure，BCOS）平台有着较高的知名度。其中 BCOS 平台是微众银行、万向区块链、矩阵元三家公司联合开发的聚焦于企业级应用服务的开源区块链技术平台，该平台系统主要包括数字作品发表、作品鉴权、版权登记、版权交易、后台管理五个功能模块，从整体功能图（见图 6－4）来看对媒介组织的数字版权管理有着重要的借鉴意义。从该功能图中可看出，基于区块链技术开发的相应数字版权保护与交易系统在新闻出版以及新媒体企业中都有着较大的应用空间。另外，区块链技术的战略地位在基于各类短音频、短视频进行内容创作的新媒体企业中尤为重要。

根据这一功能结构图，我们不难发现：媒介组织在发布相应的数字产品时，能够借

---

① 杨成，杨义先．信息安全与数字版权保护：上［J］．计算机安全，2004（1）：32－36.

② 唐慧如．中央电视台版权管理系统软件选型浅析［J］．广播电视信息，2015（7）：99－101.

③ 陈峻，张佳．打造以版权管理为核心的云媒资平台：探索版权资产精细化管理的思路［J］．中国广播电视学刊，2012（11）：40－42.

④ 中国区块链技术和应用发展白皮书（2016）［EB/OL］.（2016-10-18）［2022－05－26］．https：//wenku. baidu. com/view/7d7ab73f09a1284ac850ad02de80d4d8d05a01f4. html.

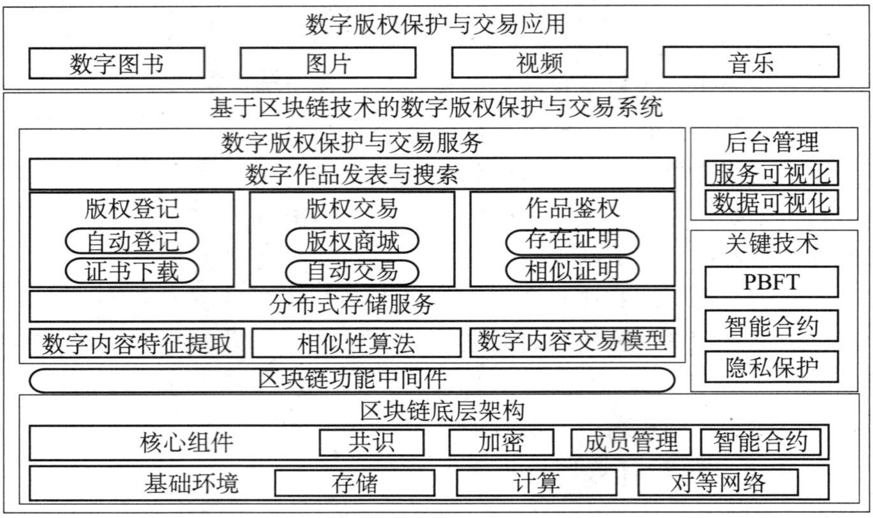


**图 6-4　数字版权保护功能结构图**

资料来源：李超，戴炳荣，王泓机，等．基于区块链的数字版权保护与交易系统［J］．现代计算机，2018（29）：80-84.

助区块链技术为传媒产品的发表建立可追溯的数字痕迹（时间戳、权属证明等），以此进行作品鉴权和版权登记，方便相应后台管理人员的线上后台审核与二次确认，此外还可以借助区块链去中心化机制来提供安全可靠的版权交易环境。

## 本章小结

1. 媒介产品的研发究其本质而言就是设计注意力经济产品，因为媒介产品在传媒市场中的流通离不开受众对该产品的关注与认可。为此，媒介组织要想在传媒市场中提高媒介产品的曝光度以及受欢迎程度，就必须加强对媒介产品的注意力研发与设计。

2. 创新是一种能够在短时间内吸引受众注意力的有效方式。在产品研发设计中，创新主要包括方案创新（运用更好的创意来解决现有问题，用新方法解决市场中的新挑战）和意义创新（重新确定值得解决的问题的新愿景，即提出人们使用某物的新原因）两种类型。媒介组织在进行媒介产品研发设计的过程中，强调媒体用户使用媒介产品的新原因将会比用新创意解决问题的方案更有说服力。

3. 媒介组织在开发媒介产品时，要参照“注意力市场”中的市场信息机制和用户信息机制，按照组织发展目标以及自身所拥有的传媒资源，确定媒介产品的研发方向。媒介组织的研发包括某种具体媒介产品的研发、系列媒介产品的研发、独立的新媒介产品的开发、新媒介平台产品的开发、新媒介形式产品的开发等，它们研发的难度依次加大，影响力依次提升，新媒介平台和新媒介形式直接改变了媒介生态，并对人们的生活方式产生巨大影响。

4. 媒介产品的研发战略包括红海战略、蓝海战略和绿海战略。

红海战略指的是在既有市场空间中，利用既有的市场需求以及自身的优势资源来打败竞争对手获得市场份额的一种竞争方式。

蓝海战略是一种市场开创战略，旨在打破既定的市场边界并摆脱竞争，开创新的需求。蓝海战略的灵魂在于“价值创新”，要求企业重塑行业规则，甚至创造出一种前所未有的行业，这种行业一旦被创造出来，也会随之开发出一系列的消费者需求，从而带动一大批相关产业的发展。

绿海战略是在可持续发展理论的指导下，以实现企业持续发展为目的，企业积极履行社会责任，通过创建优秀的企业文化，建立学习型组织，不断创新，培育核心竞争力，获取企业持久竞争优势，实现企业价值最大化和社会价值最大化相统一的经营管理理念、行动和过程。媒介企业在产品研发时突出自身的社会责任理念，从而将社会责任转化为竞争力。

5. 媒介组织的生产要素包括以下几个方面：一是作为劳动者的新闻出版从业者和其他创意从业者；二是作为劳动资料的媒介设备、基础设施和资本；三是作为劳动对象的信息素材；四是作为科学技术的传播技术以及管理等。

6. 媒介组织在进行产品生产时通常会经历市场分析、形成产品概念、项目论证、实施开发、投放市场检验、反馈修正、规模化生产、进入产品生命周期这几个流程。因此，媒介产品生产过程中的管理包括生产前期的规划管理、生产中期的产品管理和生产后期的完善管理。不同的管理阶段有不同的要求。

7. 质量管理是媒介生产管理的核心。质量问题关乎着媒介产品进入市场后能否符合受众的基本质量要求和公共传媒资源利用效率的要求，重视媒介产品的质量管理更是与国家整体的发展战略息息相关。在媒介组织的质量管理中可以批判地借鉴戴明的PDCA（计划—执行—检查—处理）质量管理理论、克劳斯比的“零缺陷”质量理论、朱兰的“质量管理三部曲”以及精益生产的全面质量管理等，以提高管理质量，增强产品竞争力。

8. 版权是指著作权人（自然人或法人）依法对科学研究、文学艺术诸方面的著述和创作等享有的权利。版权管理是媒介组织等市场主体基于市场契约所赋予的权利围绕传媒版权生产、开发、交易、保护等所开展的管理活动。

版权管理是媒介组织经营和管理的重要内容，这是因为版权是媒介组织的核心资产，版权管理有助于推动媒介组织的规模经济和范围经济，有助于提升媒介组织的生产效率。

版权管理的主要内容包括原创作品版权的登记管理、版权的交易管理、版权纠纷的对外管理等。

在媒体融合时代尤其要注重数字版权的管理。数字版权管理是指采用包括信息安全技术手段在内的系统解决方案，在保证合法的、具有权限的用户对数字信息正常使用的同时，保护数字媒体创作者和拥有者的版权，根据版权信息获得合法收益。

## 复习思考题

1. 为什么说注意力经济是媒介产品研发的本质？媒介产品研发为什么特别强调创新？
2. 请谈谈你对媒介产品开发所采取的红海战略、蓝海战略及绿海战略的理解。
3. 请结合我国社会主要矛盾的新变化谈谈媒介质量管理的意义。
4. 谈谈版权管理在媒介组织发展中的作用。在数字化条件下，我们应该如何做好版权管理？

第七章
# 媒介产品的营销管理

以“用声音分享人类智慧”为使命的喜马拉雅上线于2013年3月，成立短短几年时间已经拥有6亿用户，估值超240亿元。该公司快速发展的一个重要原因就是它的促销策略，比如体验营销、跨界营销以及通过节日营销带动内容付费热潮。以节日营销为例，2019年4月23日，喜马拉雅在世界读书日发起了第二届“423听书节”。此次听书节共六大品类，246万条付费声音内容推出，有超过3 283万付费用户参与、累计数十亿次的播放。2019年6月6日，喜马拉雅举办第三届“66会员日”，通过各种优惠活动，吸引用户加入会员。2019年12月3日，喜马拉雅发起第四届“123狂欢节”，内容消费总额达8.28亿元，较2018年上升了90%。其中，付费内容超过200万条，超前一年同期45%，新增付费用户占比25%。这么高速的业绩增长它是如何做到的，有哪些诀窍？这种营销模式，其他媒体特别是传统媒体可以复制吗？营销对于传媒组织有什么作用？诸如此类的问题，是媒介经营中每日都会遇到的。本章将对媒介营销进行系统的介绍和分析。

**学习目标：**

阅读和学习本章后，你应该能够：

1. 掌握市场营销的几种基本理论。
2. 了解发行概念及其演变过程。
3. 了解不同媒介产品的销售渠道。
4. 了解不同媒介产品的营销方式。
5. 了解不同媒介产品的定价策略。
6. 了解媒介深度融合下的传统媒介销售方式。
7. 了解和掌握大数据营销、社群营销、社会化媒体营销等新的营销方式。

## 第一节　市场营销理论

市场营销学是一门以经济学、行为学、管理学和现代科学技术为基础，研究以满足消费者需求为中心的市场营销活动及其规律的综合性应用科学。① 比较有影响的市场营销

① 郭国庆．市场营销学通论［M］．北京：中国人民大学出版社，2009：3.

理论包括 4P 营销理论、4C 营销理论、4R 营销理论和新零售营销理论等。

## 一、市场营销的定义

市场营销的定义并非一成不变，而是随着时代变迁不断改进。2017 年，美国市场营销协会（AMA）公布了对市场营销的新定义：**市场营销**，是一系列组织机构通过制造、沟通、传递和交换产品，为顾客、客户、合作伙伴及整个社会带来价值最大化的全流程过程。③ **传媒市场营销**以市场调查为基础，传递和交换的是传媒产品、服务与信息。

> **名词解释**
>
> **市场营销**　指以满足人类各种需要和欲望为目的，通过市场变潜在交换为现实交换的一系列活动和过程。①
>
> **传媒市场营销**　指在市场调研的基础上，实现传媒产品、服务以及信息从生产者向消费者流动的一切经营管理活动。②

## 二、营销理论

> **名词解释**
>
> **4P 营销理论**　4P 分别代表：产品（product）、价格（price）、渠道（place）、促销（promotion）。
>
> **6P 营销理论**　6P 营销理论在 4P 营销理论的基础上加入了公共关系（public relation）和政治权力（political power）。

### 1. 4P 营销理论

20 世纪 60 年代，著名营销学大师、美国密歇根大学教授杰罗姆·麦卡锡（Jerome McCarthy）在其第一版《基础营销学》中首次提出了 4P 营销组合策略。**4P 营销理论**中的产品是指提供给目标市场的物品和服务的集合，包括了产品的效用、质量、外观、式样、品牌、包装和规格，还包括服务和保证等因素；价格是指顾客购买商品的实际付出，具体可分为基本价格、折扣价格、付款时间、借贷条件等；渠道是指企业为使其产品进入目标市场所组织实施的各种活动，包括送达途径、环节、场所、仓储、物流运输、中间商选择等；促销是指企业为介绍其商品的优点和为说服目标客户购买其产品所进行的宣发活动，包括广告、宣传、人员推销等。4P 营销理论的核心要义是研究把适当的产品，以适当的价格，在适当的时间和地点，用适当的方法销售给尽可能多的顾客，以最大限度地满足市场需要。

20 世纪 80 年代中期，菲利普·科特勒（Philip Kotler）基于 4P 营销组合策略创立了“大市场营销理论”，即 **6P 营销理论**。6P 营销理论在 4P 营销理论的基础上加入了公共关系和政治权力，也就是说，企业要运用政治权力和公共关系，打破国际和国内的贸易壁垒，为企业营销开辟道路。6P 营销理论强调企业在营销中应运用政府的力量，建立良好的公共关系，这就扩展了 4P 营销理论，使其更加具有时代性和解释力。

---

① KOTLER P，ARMSTRONG G. Principles of Marketing. 12th ed. New Jersey：Pearson Education，Inc.，2008：5.

② 肖叶飞．传媒经营与管理［M］．合肥：中国科学技术大学出版社，2016：165.

③ 参见美国市场营销协会官网（https：//www. ama. org/the-definifion-of-marketing-what-is-marketing/）。

> **名词解释**
>
> **4C营销理论** 4C即客户（customer）、成本（cost）、便捷性（convenience）、沟通（communication）。
>
> **6C营销理论** 在4C营销理论的基础上增加了两个C：市场机会（market chance）和市场变化（market change）。

**2. 4C营销理论**

随着市场化竞争程度的加剧，消费者主体地位日益突出，营销理念也随之发生变化。4P营销理论以产品或者生产商为中心的营销理念已经不能适应以消费者为核心的市场要求，于是，1990年，美国营销专家劳特朋（Robert Lauterborn）基于当时的市场环境以及消费者地位的转变，提出了以消费者为中心、以追求顾客满意为目标的**4C营销理论**，即关注客户、成本、便捷性、沟通这四个基本要素。客户，就是生产厂家首先不是从自身出发确定生产什么样的产品，而是要瞄准消费者的需求和期望，了解、研究、分析消费者的需要与欲求，在此基础上开发能够满足他们需要的产品。成本，就是要首先了解消费者满足需要与欲求愿意付出多少钱（成本），而不是先给产品定价；这里的成本不仅包括企业直接的生产成本，还应考虑客户的预期成本、时间成本等。便捷性，就是要充分考虑在购买产品等交易过程中如何让消费者更加方便，而不是先考虑销售渠道的选择和策略。沟通，就是要时时与消费者互动、沟通，将企业内外营销不断进行整合，把消费者和企业双方的利益无形地整合在一起。后来的营销学家又在4C营销理论的基础上增加了市场机会和市场变化这两个C，形成了**6C营销理论**。

> **名词解释**
>
> **4R营销理论** 4R指的是关联（relevancy）、反应（reaction）、关系（relationship）、回报（reward）。

**3. 4R营销理论**

21世纪初，随着互联网的兴起，美国学者唐·舒尔茨（Don Schultz）在4C营销理论的基础上提出了**4R营销理论**，该理论关注的营销四要素是关联、反应、关系、回报。关联，就是将过去动态的顾客关系变成稳固的关联关系，营销的核心是提高顾客的忠诚度，将企业与顾客形成一个命运共同体，因此，建立并发展与顾客之间的长期关系是企业经营最重要的内容。反应，就是要对顾客的希望与需求及时做出回应，以满足顾客的需要。舒尔茨认为，在供求相互影响的市场中，对于经营者来说，控制、制订和实施计划并不是最难实现的问题，最困难之处在于如何站在顾客的角度及时地倾听，从推测性商业模式变成及时有效地回应客户需求的商业模式。关系，就是要与客户建立长期而稳定的关系，这是市场竞争的关键。为此，企业要实现五个转向：从一次性交易转向强调建立长期友好合作关系；从着眼于短期利益转向重视长期利益；从顾客被动适应企业单一销售转向顾客主动参与到生产过程中来；从相互的利益冲突转向共同的和谐发展；从管理营销组合转向管理企业与顾客的互动关系。回报，就是企业任何交易与合作关系的巩固和发展，都涉及经济利益问题，合理回报或利润既是正确处理营销活动中各种矛盾的出发点，也是营销的落脚点。

4R营销理论强调，在企业与顾客之间要建立起新型的长期而稳定的关系，提高对市场的反应速度，重视与顾客的互动关系，回报是营销的源泉，从而实现双赢。这一理论适应了互联网环境下的互动、反应、关联等，在市场营销理论发展史上具有里程碑意义，值得我们借鉴。

**4. 新零售营销理论**

**新零售营销理论**是国内学者近年来在借鉴西方营销理论的基础上提出的理论。“新零售”的核心要义在于推动线上与线下的一体化进程，其关键在于使线上的互联网力量和线下的实体店终端形成真正意义上的合力，从而完成电商平台和实体零售店面在商业维度上的优化升级，同时促成价格消费时代向价值消费时代的全面转型。“新零售”可总结为“线上＋线下＋物流”，其核心是以消费者为中心的会员、支付、库存、服务等数据的全面打通。

> 名词解释
>
> **新零售营销理论**　以互联网为依托，通过运用大数据、人工智能等先进技术手段，对商品的生产、流通与销售过程进行升级改造，进而重塑业态结构与生态圈，并对线上服务、线下体验以及现代物流进行深度融合的零售新模式。

“新零售”是对“人、货、场”要素进行重构：“人”凸显消费者主权，利用科技将消费者数据化并进行研究；“货”要求产品升级，构建柔性产业链，根据消费者需求提供个性化服务；“场”则由包含终端销售转变为零售的全过程，消费场景多样，消费渠道丰富。“新零售”是销售领域革命的产物，这一理论从以货为中心转向以人为中心，适应了数字时代的营销新趋势和新变化。

## 第二节　印刷媒介产品的销售

印刷媒介产品包括图书、报纸、期刊等。印刷媒介产品的销售一般称为发行。综合来看，我国印刷媒介产品的发行方式可分为无偿发行和有偿发行两个大类。

### 一、发行的定义

印刷媒介产品是指以传播为目的储存知识信息并具有一定物质形态的产品，包括图书、报纸、期刊等。印刷媒介产品的销售一般称为**发行**。

> 名词解释
>
> **发行**　是印刷媒介产品生产流程的最后一个环节，是将印刷媒介组织生产的内容产品销售给读者的商业性活动。

### 二、发行的意义

印刷媒介组织的发行业务意义重大：

第一，作为大众传媒，印刷媒介内容产品的社会传播功能通过发行才能够得以实现。

第二，发行量和零售量是媒介市场对内容产品质量的检验与反馈，为媒介组织之后的内容生产运作提供信息和方向。

第三，发行是媒介内容产品实现价值的必要环节，媒介组织能够通过发行获得经济收入，维持自身的运转。国家新闻出版署发布的《2019 年新闻出版产业分析报告》显示，2019 年全国出版、印刷和发行服务实现营业收入 18 896.1 亿元[①]，有 21 家出版传媒集团资产总额超过百亿元。可以看出，发行是纸质媒体利润的最重要来源。

第四，发行是印刷媒介二次营销的关键资本。印刷媒介产品的发行量是其广告资源售卖的重要筹码，媒体的发行量直接影响其广告收入。发行量大的媒体一般被认为受众面广，因此会更受广告主的青睐，广告位的收费也会更高。

第五，发行为传媒赋予增值的潜能。发行可以帮助媒介组织延伸自己的品牌，扩展其他领域业务，以增加自身的经济资本与社会资本。

> **名词解释**
>
> **无偿发行** 指通过赠阅的方式进行宣传和推广，一般出现在创刊初期、改版初期、征订期。其中还有一类为免费报刊，它的收入来源和商业模式主要是广告。
>
> **有偿发行** 分为订阅、批发和零售三种形式，是我国最常见的发行方式。
>
> **订阅** 指读者预交一定时期的费用，媒介组织在该时期内把内容产品按期投送到读者指定地点的行为。
>
> **批发** 是从媒介组织生产者到零售店这一流通过程的中间环节，在媒介产品生产与零售之间起到了流通枢纽的作用。
>
> **零售** 是由媒介组织发行部门向销售点（书店、报刊亭、售报机、超市等）提供印刷媒介产品，随机向读者销售的行为。

## 三、发行的方式

我国印刷媒介产品的发行方式综合起来可分为两个大类：**无偿发行**和**有偿发行**。有偿发行在我国是最常见的发行方式，分为**订阅**、**批发**和**零售**三种形式。

订阅方式在报刊发行中比较常见，这是对于印刷媒介最好的发行方式，订费预付使得媒体可以提前获得一笔流动资金；且发行量稳定，能够支撑媒介组织稳定运作（零售易受天气、节假日等因素影响）；订阅的“订单式”生产模式也使报刊社及早制订生产计划；订阅量还决定了媒体对广告主的吸引力，一般来说，订阅量大的报刊意味着传阅率高和接触投入度高，消费转化力强，媒体可以凭借订阅量的背书获得更多的广告收入。此外，订阅也使得媒体更容易建立起自己的读者数据库，在市场经济条件下，订阅率是一份报刊是否成熟的标志。

批发机构从媒介机构那里获得总代理权，向其他批发商和零售商销售，被称为一级批发；批发机构从一级批发商那里购买产品，然后向其他零售机构转售，被称为二级批发。媒介组织对自身的媒介产品具有一级批发权，可以向其他具有一级批发资质和二级批发资质的发行机构批发本机构的产品。批发是媒介生产与零售之间的中间环节，起到了组织和调动不同环节、不同地区媒介产品流通的功能，还可以发挥“蓄水池”的作用，平衡媒介产品供求关系。但是，随着互联网的兴起，供求双方直接沟通和交易变得方便快捷，批发的功能有所下降。

零售的价值在于，其可以早于订阅反映出内容产品在市场上的受欢迎程度，以便媒

① 另据中国新闻出版研究院数字出版研究所调查汇总数据，2019 年数字出版营业收入超过 9 800 亿元，因该数据非政府统计数据，故不纳入全国总量。

体随时对编辑方针进行调整。零售的灵活性有利于媒体抓住时机发行号外、特刊等及时增印投放，实现发行量短期内激增。例如：《广州日报》1997 年 7 月 1 日推出的“97 版香港回归特刊”，三次滚动印刷，引得市民大排长队购买报纸，报摊出现一报难求的景象；2008 年奥运会期间，《广州日报》在北京组建报纸网站联合编辑部，成为首家在北京出号外的异地媒体，其 2008 版“奥运特刊”实现日均 200 万发行量[①]……这些都是订阅无法带来的额外发行量。另外，零售方便媒体制造市场声势，有利于树立品牌。零售的缺点是受市场影响大，销售量极不稳定。报刊业有一句话叫“无订不稳，无零不活”，也就是说没有订阅，报刊发行量不稳定，媒体的经济基础就不稳固；没有零售，媒体对市场的敏感度会降低，采编业务和发行业务无法及时做出反应。

## 四、报刊发行

中国的报刊发行体制依托历史阶段发生过多次变革，这里我们主要介绍新中国成立以后的报刊发行体制。新中国成立以来，我国报刊发行可以分为三种方式：“邮发合一”“自办发行”和“多渠道发行”。

### （一）“邮发合一”体制

邮发合一指报社、杂志社等传媒组织将报刊发行业务全部交邮局办理的委办型发行体制。1949 年 12 月 10 日至 28 日，中央人民政府邮电部主持召开全国第一次邮电会议，大会通过决议，明确采取“邮发合一”方针。随后中共中央批转中央人民政府新闻总署党组“关于全国报纸经理会议的报告”，决定“根据苏联及东北、山东经验，报纸发行逐步交邮局统一办理”，要求各级党委“督促所属报社加以实现”[②]。1950 年 2 月 13 日，人民日报社率先与邮政总局签订协议，自当年 3 月 1 日起《人民日报》交由邮局发行。紧随其后，北京出版的《工人日报》《光明日报》《中国青年报》《北京日报》等也陆续交由北京邮局总发行；全国各地出版的党报及其他报纸也于 1951 年先后交由当地邮局发行。[③]报刊邮发合一的“包办”局面至此形成。

在新中国成立初期，建立全国统一的邮发模式是符合时代需要的。一是邮政部门的发行网络具有点多、线长、面广的特点，尤其是对广大偏远乡村网点的覆盖，可以扩大发行范围，提高发行量，在生产力极端低下的条件下，全国报刊共用邮发渠道，便于整合资源，提升效益，是全国性大报跨区域发行的优先选择。二是在社会环境极其复杂的情境下，将全国报刊发行资源牢牢掌握在党和国家手中，便于对报刊发行行业的领导与监督，增强公有制的影响力。[④]

---

① 《广州日报》今天出版第 20 000 期了［EB/OL］.（2018-08-10）［2022-06-07］），http://news.dayoo.com/guangzhou/201808/10/139995_52266182.htm? from=timeline.

② 中国社会科学院新闻研究所．中国共产党新闻工作文件汇编：上卷：1921—1949［M］．北京：新华出版社，1980：294-295.

③ 顾联瑜．中国邮政报刊发行业务的前世今生［J］．中国邮政，2016（3）：16-17.

④ 吴锋．新中国 60 年报刊发行业变革轨迹与经验反思［J］．中国出版，2010（1）：38-41.

## （二）“自办发行”体制

“邮发合一”是计划经济的产物，在新旧社会制度转换的特殊时期，这一发行体制打破了不同所有制之间的利益隔阂，最大限度整合了全国的资源，形成了畅通的报刊发行网络。但这一体制的缺陷也十分明显：邮政系统因缺少竞争而滋生出不按市场观念行事的作风，坐等顾客上门征订，被动发行，投递时效性低，晚投漏投；媒介组织与读者缺乏沟通，不好根据市场表现控制成本等。此外，它还不利于调动传媒机构以及其他类型发行机构的积极性和主动性，并使得传媒严重依赖邮政发行机构。随着社会主义市场经济的发展，这种具有单一性和行政性的发行体制越来越严重地制约着报刊的发展。

1980年，国家有关部门首先放开报刊、图书发行领域的零售业务，鼓励个人、集体创办书摊、零售书店等书报刊销售点，以解决书报刊等精神文化产品供求脱节问题。随后，国家有关部门对媒介组织的自办发行等环节逐步放开。在报刊领域，20世纪80年代起，很多报刊开始开辟自办发行渠道，借助社会力量创办的报刊批销中心以及报刊亭等从事报刊销售。如1985年，《洛阳日报》率先实行自办发行。实践证明，报社自办代替邮局包办效果显著：报纸投递时间缩短，比邮发快2个小时；发行成本明显降低，年平均只需原来的18%；报款回收迅速提高，发行量不断增长，年增长率超过10%。① 1986年，《太原日报》等六家报纸开始自办发行；1988年，《天津日报》成为全国第一家自办发行的省级党委机关报②……在市场规律的调节下，越来越多的报社选择了自办发行。

自办发行是媒介组织独自负责发行，它的优点如下：第一，客户的信息掌握在报刊社自己手中，便于建立读者数据库；经营者也可以在销售上掌握主动权，尤其在促销环节对发行量进行有效控制；消费者的意见也可以直接向发行部门提出，打通沟通反馈渠道。第二，媒介组织自办发行以后带来了观念上的转变，一般商品的推销方法、营销理念被大胆地运用到报刊发行上，很多报社主动上门宣传征订并取得了不错的营销效果。如1996年9月，《华西都市报》在成都招聘了500多人的发行队伍，推广“敲门发行”，短短三年，发行量突破50万份，成为我国西部地区发行量最大的报纸之一。③ 第三，自办发行投递的时效性强，服务好，方式灵活，送报到户，可整年订购也可破季订购，可面订也可以函订，报款结算及时，资金流通快，是效率最高的发行体制。

## （三）“多渠道发行”体制

自办发行带来的资源浪费、发行成本过高的问题使得一些自办发行的报刊开始探索新的发展道路，尝试建立合作关系，实行多渠道发行。多渠道发行也称复合发行，指报刊社在发行的时候，结合自身发行的成功经验和对邮政发行网络的适当利用，同时开发社会发行力量，按发行成本低的原则进行优化组合。进入21世纪，国内报刊发行界形成了三大报刊发行渠道运营商：一是传统的新华书店和邮发渠道（俗称“主渠道”）；二是依附于出版社或出版集团的自办发行渠道；三是民营发行渠道。三种发行渠道经历长期

---

① 张志安．浅析报业经营改革中的四次边缘突破［J］．新闻大学，2003（1）：76－79.

② 屠忠俊．新闻事业管理［M］．武汉：武汉大学出版社，2001：125－126.

③ 吴锋．新中国60年报刊发行业变革轨迹与经验反思［J］．中国出版，2010（1）：38－41.

的磨合后，形成了多渠道并行、融合发展的新局面。2004年8月“全国城市报业发行网络联盟”的成立，标志着全国性的发行网络合作迈出了实质性的步伐。以《北京青年报》为例，1996年前，《北京青年报》由报社设立的发行部负责发行，但发行效果不佳，严重阻碍了报社的发展。为扩大发行规模，《北京青年报》在1996年7月联合几家公司创建了北京青年报小红帽发行有限责任公司，实行自主发行，“小红帽”率先将“营销”和“物流”的理念引入发行环节，在街头设摊布点，除零售《北京青年报》外，还为读者办理《北京青年报》的订阅手续，并为老弱病残和上班族提供电话订报或预约上门服务。因创新发行渠道，2002年《北京青年报》的订阅量达60万份，位居北京地区第一名，“小红帽”发行模式也走红全国。2004年，小红帽发行股份有限公司（简称小红帽）成立，报社有了规范的运营管理和市场运作，并联合国内省级及重点市级都市报刊社40余家发行企业，创建了以小红帽为盟主的“全国城市报业发行网络联盟”。但是，在互联网兴起后，由于受到网络的冲击，报刊订数大幅度下降，这种发行模式难以为继。2018年9月5日，北京青年报社发布通知，为适应媒体发展形势，覆盖更广泛的读者群体，决定调整2019年报纸发行方式，自2019年8月30日起，由小红帽收订发行改为邮局发行。

由此可见，发行是报刊媒介经营中不可缺少的一环，传媒组织始终随着行业发展形势不断对自身的发行体制做出调整改进。面对新媒体的冲击，不少传统报刊媒介的发行环节调整为物理发行与数字发行并行（具体内容见本章第四节中“传统媒体的数字化经营”部分）。此外，传媒组织应该以整合营销的思路整合发行业务，将采编、发行、广告等业务整合起来统筹考虑，使其形成合力，建立消费者数据库掌握消费者信息，实现有效发行，将自己的目标受众与广告主目标消费者的重叠度最大化。

## 五、图书发行

党的十一届三中全会以前，与报刊由邮局单一渠道发行相似的是，我国图书发行任务由国有新华书店一家承担。1949年10月，新中国成立后召开第一届全国新华书店出版工作会议，作出《关于统一全国新华书店的决定》，实行编、印、发专业分工。1950年10月，出版总署发布《关于国营书刊出版印刷发行企业分工专业化与调整公私关系的决定》，规定新华书店为出版总署直属的国营书刊发行企业，承担全国图书发行的任务。[①]新华书店从分散经营走向统一、集中，是我国图书发行事业的一个历史转折点。[②] 据统计，1951年全国共销售书刊5.3亿多册，比上年增长1.6倍，其中批发占44%，零售占56%。国营出版社的出版物，按册书计算，由新华书店购进91%；私营出版社的出版物，按册书计算，由新华书店购进37%。[③]

1953年1月，报刊与图书的发行工作又进行了专业分工。根据1952年12月出版总

① 中国出版科学研究所，中央档案馆．中华人民共和国出版史料：1950［M］．北京：中国书籍出版社，1996：653-659．

② 陈矩弘．新中国出版史研究：1949—1965［M］．上海：上海交通大学出版社，2012：95．

③ 宋应离．中国当代出版史料：第4卷［M］．郑州：大象出版社，1999：125．

署与邮电部发出的《关于改进出版物发行工作的联合指示》，凡是课本、图片等不定期出版物，由新华书店总发行。其零售业务由邮局与书店订立互销合同，分工合作。1958 年开始，图书发行管理权层层下放，后来虽恢复新华书店总店对各地书店的业务指导，但通过这次改制，20 世纪 60 年代以后，新华书店事实上成为以省为单位的图书发行企业。

### （一）“一主三多一少”的发行体制

1980 年，国家出版局发布了《〈建议有计划有步骤地发展集体所有制和个体所有制的书店、书亭、书摊和书贩〉的通知》，提出允许集体、个体书店书摊等非国有经济进入图书零售领域从事图书销售，由此拉开了图书发行体制改革的序幕。

1982 年 3 月，国家出版局报经中宣部批准发布《关于图书发行体制改革问题的报告》，报告第一次明确提出，图书发行体制改革的目标是组成以“一主三多一少”为形式的图书发行网。1983 年 6 月，中宣部在北京召开全国图书发行体制改革座谈会，重申了改革目标是组成一个“以国有新华书店为主体，多条流通渠道、多种经济成分、多种购销形式、少流转环节的图书发行体制新格局”[①]（即“一主三多一少”）。1988 年 4 月，中宣部、新闻出版署在《关于当前图书发行体制改革的若干意见》中提出推进“三放一联”[②]，即放权承包，搞活国营书店；放开批发渠道，搞活图书市场；放开购销形式和发行折扣，搞活购销机制；推行横向经济联合，发展各种出版发行企业群体和企业集团。

### （二）多种所有制形式共同发展

1992 年党的十四大提出建立社会主义市场经济体制，1993 年 11 月党的十四届三中全会通过了《中共中央关于建立社会主义市场经济体制若干问题的决定》。为了在新闻出版领域建立社会主义市场经济体制，1994 年初，全国新闻出版局长会议提出，深化图书发行体制改革的目标是培养和建立全国统一、开放、竞争、有序的图书市场。1996 年的全国新闻出版局长会议制定了六个文件，其中，《关于培育和规范图书市场的若干意见》主要论及发行体制问题，提出了“三建一转”[③]，即建立大型批发市场和批销中心，建立新型购销关系，建立和完善市场规则，转变出版社自办发行的观念和机制的改革任务。

2001 年 12 月，中国加入世界贸易组织并承诺在三年的时间内逐步开放出版物分销，外资可以通过各种方式逐步进入书报刊的零售、批发等发行领域。新闻出版总署、对外贸易经济合作部联合颁布的《外商投资图书、报纸、期刊分销企业管理办法》规定，我国的图书、报纸、期刊分销市场将向世贸组织成员国开放。2003 年，新闻出版总署公布实施《出版物市场管理规定》，明确提出打破出版物发行领域国有新华书店的垄断局面，对从事出版物零售和批发、总发行、全国连锁等不再实行所有制限制，而是在资金等方面实行准入制度。2003 年 9 月，民营发行企业——文德广运发行集团在国内首家获得出版物总发行权，从而实现了出版物总发行权方面的突破。2012 年，新闻出版总署发布的《关于支持民间资本参与出版经营活动的实施细则》提出，继续支持民间资本投资设立出

① 中国文艺年鉴社．中国文艺年鉴：1983［M］．北京：文化艺术出版社，1985：70．
② 新闻出版署图书管理司．图书出版管理手册［M］．沈阳：辽宁大学出版社，1991：48．
③ 新闻出版署发行管理司．新编图书发行实用手册［M］．沈阳：辽宁大学出版社，1998：43．

版物总发行、批发、零售、连锁经营企业，从事图书、报纸、期刊、音像制品、电子出版物等出版产品发行经营业务。至此，在出版物发行领域，无论是零售、连锁还是批发、总发行等各种出版物营销行为，都出现了各种所有制形式共同发展的局面。

## 六、印刷媒介产品的定价

> **名词解释**
>
> **定价**　是媒体经营中的重要环节。一般来说，定价要经历六个步骤：选择定价目标、测定需求的价格弹性、估算成本、分析竞品的价格、选择合适的定价方法、确定最后价格。

媒介产品是一种特殊的商品，在市场经济环境下，具有自己独特的盈利模式和**定价**规则。① 正确合理的定价能帮助媒体在市场竞争中赢得优势，达到既定的经营目标，实现社会效益与经济效益的统一。不合理的定价则会影响媒体的长期经营，如果定价过低，媒体的广告收入可能无法弥补生产中的亏损；如果定价过高，发行量受到影响，广告收入可能会锐减。媒介产品的定价主要可分为一般定价方法和特殊定价方法两大类：一般定价方法是根据成本、价格弹性和市场竞争等因素决定媒介产品基础价格的方法；而在市场营销实践中，媒介企业还需考虑或利用灵活多变的定价策略，与具体市场情况相结合，修正或调整产品的基础价格。②

### （一）一般定价方法

**1. 按照成本及印张定价**

一般商品的价格是由商品的价值决定的。精神产品属于特殊商品，它的价格并不由产品价值直接决定。而根据马克思的劳动价值论，商品价值取决于社会必要劳动时间。但是，由于精神产品的劳动具有很强的个体创造因素和个性特征，常常无法判定其社会必要劳动时间。因此，精神产品的定价很难根据产品本身的价值，比如一本内容上乘的杂志与一般的杂志无法根据其价值进行区别定价，它们的价值只能通过其经济学上的外部性得到体现。但这并不意味着媒体定价无规律可循，它也有自身的定价规则和方法。

媒介产品在进行定价时，首先需要考虑的就是组织耗费的成本。传统媒介组织所耗费的成本主要有采编成本（或者组稿和编辑成本）、设计制作成本、印刷成本、发行成本、管理成本和其他成本。③

一般来说，成本是印刷媒介产品定价的最低经济界限，媒介产品的定价只有高于成本，传媒组织才能填补生产中产生的费用，获得利润以维持组织运转。成本费用的大小是传媒产品定价的重要依据，也体现着媒介组织的管理水平。定价过高，则发行量有限，广告收入会随之减少；定价过低，获得的广告收入可能无法弥补发行上的亏损。这两种情况都可能会导致传媒组织因为资金问题陷入无法持续经营的困境。总而言之，传媒产品的成本越低，市场定价的灵活性就越大；反之，成本越高，市场定价的灵活性就越小，会影响其他定价策略的运用，因此媒体要尽可能控制生产成本。

---

① 骆正林．传媒竞争与媒体经营：传媒经营与管理研究［M］．北京：中国广播电视出版社，2008：30．
② 郭国庆．市场营销学通论［M］．北京：中国人民大学出版社，2009：242．
③ 江萌．大众化报刊的定价策略分析［J］．新闻实践，2006（2）：21－22．

按照成本及印张定价就是使媒介产品的定价覆盖成本，进而再追求一定的利润。因此，成本导向性定价又可以分为完全成本定价和部分成本定价两种具体的方法。一般来说，在市场上占有一定垄断地位、以发行作为主要收入来源、实行差异化战略、替代性较弱、需求弹性较小的专业报刊会采用完全成本定价；以广告作为主要收入来源、实行成本领先战略、替代性较强、需求弹性较大的报刊则会采用部分成本定价，主要代表为差异化较小的都市报，而对于主要依靠广告收入的媒介产品甚至可以采取“负定价”，即低于成本定价的策略。

名词解释

**需求价格弹性** 指在一定时期内商品需求量的相对变动对于该商品价格的相对变动的反应程度。

**2. 按照有无价格弹性定价**

在经济学领域，价格弹性一般分为需求价格弹性和供给价格弹性两类。在买方市场时期，**需求价格弹性**是定价过程中更重要的考量因素，传媒产品的定价主要受需求价格弹性影响。

需求价格弹性通常用需求价格弹性系数表示：

需求价格弹性系数＝需求量变动的百分比（%）/价格变动的百分比（%）

一般来说，需求价格弹性系数＞1，代表需求富有弹性，即价格变动，需求量会有较大变化；需求弹性＜1，代表需求缺乏弹性，即价格降低，需求量变化不大，总收益趋于下降；需求弹性＝1，代表需求弹性中性，价格降幅和需求量增幅一致。[①] 需求弹性是影响传媒产品价格的一个重要因素，市场情况不同，媒介产品的需求弹性也不同，传媒组织选择的定价策略也不同。如果媒介产品需求富有弹性，媒体可以考虑降价以刺激需求，激发更多的消费者购买。反之，传媒市场需求也可能缺乏弹性：市场上没有替代品或者竞争者，或者消费者对价格不敏感，重视产品的内在价值胜过重视价格，不愿去积极寻找便宜的替代品，在这些情况下，降价以刺激需求的策略就没有明显的效果，价格的升降对销售的增减影响不大。

名词解释

**供求平衡** 指某种媒介产品的供给量与需求量在一定时期内保持平衡的状态。

**均衡价格** 在供求平衡的状态下形成的价格。

**撇脂定价** 又称撇油定价，指传媒组织把产品的价格定得很高，以获取最大利润，犹如从鲜奶中撇取奶油。

**满意定价** 又称中位定价，指投入市场的传媒产品以适中的、买卖双方均感到满意的价格销售产品，通过销售量长期稳定增长获得平均利润。

由此可见，市场供求关系决定了媒介产品的价格，传媒组织在给产品定价的时候要充分考察市场的需求状况及其特征。**供求平衡**是一种理想的状态，在这种状态下形成的价格，营销学上称为**均衡价格**。[②] 当媒介产品的价格低于市场均衡价格的时候，就会形成供不应求的局面；当媒介产品的价格高于其市场均衡价格时，就会导致供过于求。反

① 谭云明．传媒经营管理新论［M］．北京：北京大学出版社，2007：280.
② 方卿，姚永春．图书营销学［M］．太原：山西经济出版社，1998：256.

之，媒介产品的供求关系又会影响其价格。与价格水平的高、中、低相对应，媒介产品的定价策略可分为三种。

第一，**撇脂定价**。撇脂定价能帮助媒体迅速收回投资，在一定程度上减少经营风险，提高经济效益，一般适用于可替代性弱、受众期待值高的媒介产品。如我国财经类报纸入市时就是采用这种定价方法，《21 世纪经济报道》和《经济观察报》都是以高出当时周报普遍的价格来出售的。[①] 2017 年，财新传媒发布公告称自当年 11 月 6 日起开始全面收费，其中整合了财新网和《财新周刊》全线最强新闻产品的“财新通”定价为 498 元/年，主打专业数据库的“数据通”定价为 1 998 元/年。[②] 在众多传统纸媒倒闭的大背景下，财新传媒敢于如此定价，说明读者认可它输出高品质原创财经新闻、资讯、评论的价值，也符合财新目标受众的消费能力。

第二，**满意定价**。这一方法适用于需求弹性适中、销量稳定的媒介产品。操作上基于竞争者（市场通行）的价格水平定价，即传媒企业根据市场上同类媒介产品的平均价格水平来确定自己的媒介产品价格。

第三，**渗透定价**。这一方法一般适用于差异性较小、竞争激烈、需求弹性大、市场周期长的传媒市场，如都市报市场。

### （二）特殊定价策略：“负定价”

> **名词解释**
>
> **渗透定价** 又称薄利多销定价，指传媒组织在进入市场初期时将产品的价格定在较低水平，以吸引大量顾客，实现销量和市场占有率的最大化。
>
> **“负定价”** 指当传媒产品价格低于其平均成本（包括固定成本和可变成本）时的一种定价策略，其商业模式为依赖于广告的二次售卖。

在世纪之交，大量媒体在一个相对狭窄的市场空间里进行同质化竞争，频繁出现的报刊价格战就是采取**“负定价”**策略的极端例证。

1999 年 5 月 9 日，《江苏商报》以当时南京报业市场的最低价格，0.2 元/份打进南京的早报市场，点燃当地报纸价格战的导火索。同年 9 月，《江南市场报》改名为《江南时报》，以 0.2 元/份的价格跟进；10 月《现代快报》扩版，以 0.1 元/份的价格销售；年底《南京日报》推出了买《南京日报》送《金陵晚报》的政策……[③]除《扬子晚报》外，南京综合性都市报价格全部下降，价格战呈胶着状态。

如此的媒介产品“负定价”策略导致了南京报业大战，报纸低价倾销。为了扭转该不良局面，2001 年 2 月 22 日，江苏省委宣传部、省新闻出版局和省惩治腐败廉政建设领导小组办公室联合发出《关于进一步规范南京地区报纸价格的紧急通知》，该通知要求：自 2001 年 2 月 26 日起，南京地区报纸（4 开 16 版或对开 8 版）每份零售价最低为 0.3 元，凡低于此限价的报纸一律予以上调；各报纸不再实行相互搭售、“买一赠一”等“酬

---

① 向志强．报纸定价策略研究［J］．价格理论与实践，2006（7）：36－37.

② 财新通上线 两项超值新优惠限时抢购中［EB/OL］.（2017-11-06）［2022-05-26］. https://www. caixin. com/2017－11－06/101166254. html.

③ 施锦昌．南京报业大战引出的思考［J］．新闻大学，2000（2）：97－98.

宾”“优惠”变相降价的销售方式。该通知要求各有关报社严格执行上述规定，对违反纪律的新闻单位将视情节给予警告、停刊整顿等处罚，并追究报社领导的责任。在行政力量的介入下，南京报业的价格大战得以终结，市场秩序得以重新确定。

当然，媒介产品的“负定价”策略不一定是极端的低价销售行为，合理范围内的“负定价”是报纸类媒介内容产品普遍采用的定价策略。发行费用虽不能覆盖所有成本，却能刺激购买、增大发行量，以吸引更多的广告资源进行二次销售，不失为媒介组织特有的商业模式。

### （三）定价机制改革

新中国成立以后，随着出版体制的几次重大改革，我国的报刊和图书的定价机制随着市场经济的深入发展经历了由计划经济时期定价划归中央统一管理逐步更替为媒介组织自行定价的方式，符合市场经济体制的出版物定价机制在我国逐步建立。[①]

以图书的定价制度改革为例。随着20世纪80年代初物价改革的推进，纸张、油墨、装帧材料、印刷设备等价格都放开了，图书成本大幅度提高，但图书定价却还停留在1973年的水平，图书的价值和价格严重背离。在此情况下，1984年文化部报请中央批准了《关于调整图书定价的通知》。这次图书定价制度改革改变了过去由中央集中管理价格的制度，改为由中央和地方分级管理、以地方为主，同时提出了三条原则要求：一是出版社要贯彻“保本微利”的原则；二是定价标准要兼顾出版社和读者利益；三是要根据图书内容、读者对象、成本费用和发行量多少等因素考虑适当地分类定价。为了解决学术著作、科技图书印数低、销量少、亏损多的状况，1987—1988年新闻出版署对图书定价制度进行了第二次改革，改革的主要内容是：除了中小学课本和大中专教材外，一般图书按照保本微利的原则，采取控制图书利润率的办法定价，将图书利润率控制在5%～10%的幅度内；将学术著作、科技图书等图书的定价权下放到出版社，由出版社根据实际情况自行确定价格。1993年4月，国家物价局、新闻出版署联合发出《关于改革书刊价格管理的通知》，对图书定价制度进行第三次改革：除教材以及党和国家重要文献的定价纳入国家管理范围外，其他图书由出版单位自行制定定价标准；同时，要求新闻出版和物价主管部门加强对书刊价格的宏观管理，保持图书价格的相对稳定。[②] 2001年，国家又进一步对中小学教材价格做出规定：中小学教材的价格在价格主管部门规定的基准价及其浮动幅度内，由出版发行机构竞标产生。教材基准价按租型、出版、发行等环节发生的行业平均成本和5%的成本利润率核定，实行中央和省、自治区、直辖市两级管理。

2016年4月，国家发展改革委发布《关于废止教材价格和部分服务收费政策文件有关问题的通知》，将教材定价权下放省级管理，由省级价格主管部门会同同级政府有关部门制定教材价格，同时废止《关于印发中小学教材价格管理办法的通知》等一系列教材价格政策文件。至此，图书价格基本上交给市场由生产单位自行决定。

国家在对图书定价制度进行改革的同时，也对销售折扣、稿酬制度等进行了改革。

---

① 周蔚华．改革开放40年来出版体制改革着力解决的四大问题［J］．中国人民大学学报，2018（6）：22-32.

② 中华人民共和国新闻出版署政策法规司．中华人民共和国现行新闻出版法规汇编：1991—1996［M］．北京：人民出版社，1997：277.

1991年8月，新闻出版署发布《关于图书发行浮动折扣的试行办法》指出，国家规定的包销以外的图书，出版社、发货店可以在规定的幅度内实行浮动折扣（或批量折扣）。这实际上放开了发行折扣，按照市场和供求双方合同进行定价和折扣管理。

## 第三节 传统电子媒介产品的销售

传统电子媒体包括电视、广播、电台、电话、电动广告牌等一切电子形式的媒体，传统电子媒介产品有音像制品、电视节目、无线广播节目等等，这里我们主要讨论广播电视节目的销售。

对于广播电视而言，广电节目的生产者可以是独立的内容制作商，也可以是具有内容制作能力的电台、电视台本身。出于媒体的特殊属性和制播分离政策的出台，广播电视媒介身兼广电节目的生产者、消费者和销售者多重身份。作为生产者，广播电视媒介要制作新闻资讯类节目和一些其他类别的节目，一方面供给本台播出，另一方面进入节目市场交易；作为消费者，电台、电视台需要从市场上向社会节目制作公司购买大量非新闻类节目，如电视剧、综艺节目等，《中国好声音》《了不起的挑战》等多档知名综艺节目都是由上海灿星文化传播有限公司制作的，被浙江卫视、东方卫视、中央电视台等国内一线电视台购买播放；作为销售者，一方面将节目内容卖给听众或观众，另一方面将本台的注意力资源卖给广告主和投资商。目前，广播电视节目的销售是存在于节目的制作方、播出方以及中介方之间的交易行为。

根据国家广播电视总局统计数据，2021年全国制作广播节目时间812.71万小时，同比下降1.01%；播出时间1 589.49万小时，同比增长0.55%。制作电视节目时间305.96万小时，同比下降6.79%；播出时间2 013.99万小时，同比增长1.29%。广播电视行业总收入首次突破1万亿元，为11 488.81亿元，同比增长24.68%。其中，广播电视和网络视听业务实际创收9 673.11亿元，同比增长25.43%；传统广播电视节目销售收入438.24亿元，同比增长6.42%。[①]

### 一、传统电子媒介产品的销售

从1958年我国第一部电视剧诞生直至1983年，我国电视行业采取的是集内容策划、制作、播出于一体的单向生产方式，各个电视台之间可以进行电视剧集的交换并完成播放，无须遵照市场的运行规律。此外，由于拍摄设备和技术的限制，且电视并没有普及到每家每户，电视台对于电视剧题材的把控有着绝对的话语权，观众只是被动地收看有限的剧目内容。[②]

广播电视节目真正实现市场化运营，从“交流”转变为“交易”是在国家准许社会

---

① 2021年全国广播电视行业统计公报［EB/OL］.（2022-04-25）［2022-06-07］. http://www.nrta.gov.cn/art/2022/4/25/art_113_60195.html.

② 朱治衡．我国电视剧产业中的三种制播模式［J］．青年记者，2019（3）：76-77.

成立节目制作公司以后。1986 年，内地首个电视节“上海电视节”创办，1988 年第二届上海电视节推出了内地首个国际电视节目交易市场，用货币作为电视剧价格的衡量单位，我国电视节目至此告别了以物易物（节目互换）的交流模式，真正开始市场化。后来的制播分离政策要求电台电视台只制作新闻节目以及部分核心栏目，大部分节目（主要为娱乐类、社教类节目）由独立制作公司提供，向社会开放，市场化成为中国广电行业的新课题。①

### （一）广播节目交易

计划经济时期，为了丰富节目品种，加强地域交流，达到宣传目的，中央电台电视台与各省、市电台电视台经常制作一些节目无偿提供给其他电台电视台使用，这实际上是一种节目交流。例如 20 世纪 80 年代中央人民广播电台开办的《祖国各地》栏目，内容都是由各省市电台供稿，大多为制作精良的录音报道。②

广播节目的市场化逐渐从零散无序变为规模有序，由交流变为交易。目前我国广播节目的交易主要是指节目制作商与广播电台之间的节目交易，常见的交易形式有现金交易、贴片、交换、节目外包四种。③

（1）现金交易。现金交易指电台通过支付现金来购买节目制作公司制作的不带广告的节目。

（2）贴片。贴片指广播节目制作公司向电台提供带有广告的节目，电台以在节目播出的同时播放附带的广告为补偿，而不向节目制作商支付其他费用的交易形式。

（3）交换。一般发生在当地广播电台和当地节目制作公司之间，节目制作商以所制作的节目换取电台的广告时间，或不同电台之间相互交换各自制作的节目。

（4）节目外包。节目外包指电台将某一时段包给台外的节目制作公司，节目制作商以时段承包费交换电台该时段的内容和广告经营权。④

由于走向市场化的历史较短，我国的广播节目市场尚处于初级阶段，相对不成熟。目前常设的大型广播节目交易平台只有全国广播节目展销会和全国交通台广播节目交易会。全国广播节目展销会由国家广播电视总局批准、中国广播电视协会主办，开始于 2001 年，每年一届，由会员单位轮流协办，参展单位少，交易品种少，成交量小。

广播节目交易市场惨淡的主要原因是广播节目的制作公司少，与数千家电视节目制作公司形成鲜明对比。市场中的节目制作公司因为制作成本远超销售价格，无利可图而不愿制作广播节目。例如上海文广传媒集团旗下文艺频率播出的系列广播剧《刑警 803》，一集的制作成本超过 5 000 元，但在广播市场的售价仅为 80～100 元/集。⑤ 节目制作公司稀缺、节目交易平台匮乏，导致各家电台重新回到“自产自销”的老路上去。在广播节目市场化的趋势下，有必要健全价格机制，解决广播节目价格过低的问题，鼓

---

① 季宗绍．传媒经营与管理［M］．南京：南京师范大学出版社，2010：230.

② 马瑞峰．广播节目市场化的现状与机遇［J］．中国广播电视学刊，2004（8）：15－16，14.

③ 丁俊杰，黄升民．中国广播产业报告：产业发展与经营管理创新［M］．北京：中国传媒大学出版社，2005：77.

④ 陆桂生，邹迎九．媒介管理通论［M］．上海：复旦大学出版社，2008：208.

⑤ 同①232.

励节目制作商创作优秀节目，同时为电台和节目制作商提供良好的经营交易平台，使广播节目在市场上的流通渠道更加畅通。

### （二）电视节目交易

和广播节目一样，我国传统的电视内容流通方式是原始的产供销一条龙，大多数电视台节目内容是自产自销，因为电视节目的购买基本上是有行无市，几乎没有分销渠道。[①] 改革开放以后，市场竞争机制逐步引入传媒经济领域，我国的电视节目交易逐步市场化。制播分离提出后，独立制作公司逐渐成为各电视台主要节目来源，制作公司的节目进入市场主要通过直销和代理两个渠道。直销是卖方（社会节目制作公司）与买方（播出媒介）直接交易，略去中间环节以降低交易成本；代理是买卖双方通过中介（代理机构）进行交易，代理机构从中收取中介费用。节目制作公司是否需要借助中介代理，主要视节目内容而定。电视台节目外购的作业流程为：看试片—比价—购片—审核—宣传—播出监看—评估。相较于广播节目，电视节目的市场交易要活跃得多，除了直接交易外，还有节目交易网、节目交易会。另外，随着互联网和电子商务的兴起，电视剧网上交易平台也发挥出越来越大的作用。[②]

**1. 电视节目交易网**

最初，只有电视台才有资格拍电视剧，几乎所有具有电视剧制作能力的电视台都成立了电视剧部，然而无论如何，各台一年也只能拍一两部剧，远远跟不上播出的进度。1983 年，为了拓宽各电视台的节目源，丰富观众的荧屏选择，在中宣部和广电部的指导下，我国建立起首个具有市场属性的全国省级电视台节目交易网，该网采取物物交换、象征性收费的交易方式，各电视台可以从网内获取资源。1993 年，节目交易网开始实行节目交流、节目交易的双轨制，我国电视节目的生产销售开始走向市场化。但从目前实践看，省级电视台节目交易网的运作已不活跃。

**2. 电视节目交易会（电视节）**

电视节目交易会（电视节）是我国主要的电视节目交易渠道之一，目前国内成规模的电视节目交易平台有中国国际影视节目展、上海电视节、四川电视节等。

（1）中国国际影视节目展。该节目展是中国国际广播影视博览会的重要组成部分，创立于 2003 年，是由国家广播电影电视总局、中国广播电影电视集团共同主办的一年一次的国家级、国际性广播影视展览会，隶属于中国广播电影电视节目交易中心，节目展示规模居亚洲第一。

（2）上海电视节。前身是上海国际友好城市电视节，中国首个国际性电视节，创建于 1986 年，每年一届（2000 年前两年举办一次）。1988 年，上海国际友好城市电视节正式更名为“上海电视节”，推出我国首个国际电视节目交易市场，按质论价，现金交易。每届上海电视节上签署的电视节目合同数逐年增加，交易额不断提升。上海电视节是具有电视节目评奖、节目交易、新媒体暨设备市场、论坛等综合功能的国际性电视节，也

---

① 彭祝斌．中国电视内容产业链成长研究［M］．北京：新华出版社，2010：39.

② 周鸿铎，等．广播电视经营与管理［M］．北京：经济管理出版社，2005：136.

是亚洲最重要的国际电视交流、合作平台之一。上海电视节白玉兰奖与中国电视剧飞天奖、中国电视金鹰奖并称为中国电视剧三大奖项。

(3) 四川电视节。创办于1991年，两年一届，由国家新闻出版广电总局和四川省人民政府主办，四川省新闻出版广电局和四川广播电视台承办。四川电视节以"和平、友好、交流、合作"为宗旨，是一个综合性博览会，设有"金熊猫"奖国际电视纪录片评选。

在过去很长一段时间里，中国的电视剧市场是"平台为王"，平台的需求直接决定内容的制作，电视节目交易会（电视节）为影视公司提供了向主流平台推销自家作品的机会，使供销方可以深度交流、自由采买，是电视节目交易最主要的渠道。进入新媒体时代，影视公司有了更多对外宣传的渠道，不必只依赖于电视节。此外，平台方和内容制作方话语权正在转移，"平台为王"的时代已经被视频网站的强势加入战局终结，内容产业正在向着"内容为王"的方向进化，一些持优质内容的影视公司甚至会召开自己的年度大会，邀请平台方来选购作品。因此，现在电视节目交易会（电视节）的交易性质已经大大削弱，更多地被赋予了社交功能，虽然也有不少影视公司会带着作品参会，但它们的主要诉求已经从推销作品变成带有社交性质的自我宣传，电视节的交易功能逐渐让位于社交功能。

**3. 电视节目购销、代理公司**

社会影视公司生产的电视节目是电视台的重要节目来源，根据国家广播电视总局公布的数据，截至2021年底，全国开展广播电视和网络视听业务的机构约6万家。其中，广播电台、电视台、广播电视台等播出机构2 542家，从事广播电视节目制作经营机构超过5万家。①

在我国电视节目供需的巨大落差下，大量节目制作公司会直接向播出单位推销电视节目。我国许多电视台内部都设有电视节目购销部门，负责销售本台制作生产的电视节目和对外采购所需节目。此外，通过社会化的节目销售代理公司进行场外交易也是电视节目销售的重要渠道，其投资组建的节目销售网络往往覆盖全国或某个地区，以广播电台、电视台为点进行联结，建立及维护的成本都较高，但比较有价值。②

**4. 互联网交易平台**

我国第一个网上广播电视节目交易平台是2000年成立的北京电视娱乐节目交易网（简称京视交易网），它的成立标志着中国的电视节目市场进入了网络时代。电视媒介、其他节目制作单位、中介方包括广告公司等可以随时在网上发布、更新信息，并进行交易。互联网交易平台方便快捷，使影视制作行业节目交易快速走向数字化、便捷化和规范化。

## 二、传统电子媒介产品的定价

节目版权开发的最终目的有两个：一是出售版权；二是供播出销售广告。版权交易

---

① 2021年全国广播电视行业统计公报［EB/OL］.（2022-04-25）［2022-06-07］. http://www.nrta.gov.cn/art/2022/4/25/art_113_60195.html.

② 张辉锋. 传媒经济学：理论、历史与实务［M］. 3版. 北京：人民日报出版社，2015：165.

是指作品版权中全部或部分经济权利，通过版权许可或版权转让的方式，以获取相应经济收入的交易行为。它属于许可证贸易范畴，是无形资产权贸易。

目前国内电视剧节目成品每集价格在 100 万元至 800 万元；节目素材版权交易价格在每分钟 2 000 元至 1 万元之间，声音图像质量越好，素材价格越高。国内各类专题片、综艺片、电视剧的二轮版权交易价格，每集 3 000 元至 10 万元不等，销售到海外的每集版权售价 1 000 美元至 15 万美元不等。[①] 如此悬殊的价格差异，究竟由什么原因造成？影响广电节目销售价格的因素主要有以下几点：

### （一）按照节目成本定价

成本是影响价格的重要因素之一。广电节目的成本主要包括生产成本（原材料成本＋采制成本＋固定资产折旧）＋推广成本＋服务成本＋管理成本（人工成本＋纳税）＋预期利润率。[②] 明星片酬往往占据广电节目制作成本的大头，知名 IP 剧《如懿传》的制作成本超过 3 亿元，央视报道称，剧中两位主演周迅、霍建华就拿走了 1.5 亿元的片酬。[③] 2017 年，腾讯视频以 8.1 亿元购得《如懿传》独家网络播出权，单集价格为 900 万元，是六年前其姊妹篇电视剧《甄嬛传》单集网络版售价的 35 倍。2018 年 10 月 31 日，国家广播电视总局发布了《关于进一步加强广播电视和网络视听文艺节目管理的通知》，明确规定每部电视剧（含网络电影）全部演员片酬不超过制作总成本的 40%，其中主要演员不超过总片酬的 70%。[④] 在官方管控明星天价片酬后，节目质量愈加成为定价的核心依据。

### （二）按照节目质量定价

商品质量是价格的决定性因素。根据国家广播电视总局全国拍摄制作电视剧备案公示，2021 年我国电视剧备案数为 498 部 1.65 万集，相较于往年，已明显下降，但生产完成并获得发行许可的电视剧总量为 194 部 6 736 集，备案了而未能获得播放的电视剧比例达 60%。在第 19 届上海电视节上，《芈月传》的导演郑晓龙曾说："2012 年国产电视剧达到 17 703 集，这里面起码有 8 000 多集播不了，以每集投资 100 万元计算，也就是浪费了 80 亿！"[⑤] 这类质量低劣的节目不仅没有市场价值，反倒要制作公司倒贴大量资金。与之形成对比的是，2012 年的国产古装剧《甄嬛传》凭借优秀的编剧、导演和制作团队被多家电视台多轮播出均取得不俗的收视率，并在 2015 年登陆美国，在收费视频网站 Netflix 上播出，是中国电视剧首次在美国主流媒介平台上以付费形式播出。由此可见，即使在我国的电视节目市场供应充足的大环境下，各大卫视平台仍然采用重播经典的方法来应对"剧荒"，质量低的节目无法售出，面临挤压的命运，只有高质量的广电节目才

---

① 谢方．媒体多维产业与 AI 聚变［M］．北京：中国广播影视出版社，2018：154－155.

② 季宗绍．传媒经营与管理［M］．南京：南京师范大学出版社，2010：234.

③ 高小倩．优爱腾、六大制片公司联合声明抵制"天价片酬"，但症结到底在哪里？[EB/OL]．(2018-08-12)[2022-06-08]. https://mp. weixin. qq. com/s/SvEy7AjffWW1RAKQBUKiBw.

④ 国家广播电视总局关于进一步加强广播电视和网络视听文艺节目管理的通知［EB/OL］．(2018-11-09)[2022-06-08]. http://www. nrta. gov. cn/art/2018/11/9/art_113_39686. html.

⑤ 颜琨．"一年 8 000 集电视剧无法播出"，谁会成为压死骆驼的最后一根稻草？[EB/OL]．(2018-11-14)[2022-06-08]. https://baijiahao. baidu. com/s? id=1617095101203035430&wfr=spider&for=pc.

可能赢得高价，赢得市场。

### （三）按照播出方式定价

2015 年 1 月 1 日起，国家新闻出版广电总局对卫视综合频道黄金时段电视剧播出方式进行调整，内容包括同一部电视剧每晚黄金时段联播的卫视综合频道不得超过两家，“一剧两星”新政的推行终结了此前长达十年的“一剧四星”时代。[①] 至此，电视剧在电视台的播出方式包括独播、两家联合上星、二轮播出等，其中独播的价格最高，两家联合上星可以分摊购片费用，购买电视剧的二轮播出权的价格会比首播低不少。

独播剧是指某部电视剧的播出权被一家电视台垄断，买方拥有独家资源。2005 年，中央电视台率先提出这一概念并于 10 月初播出了中国电视史上第一部独播剧《宝莲灯》，另一部由央视豪掷 3 500 万元购买独播权的《京华烟云》，单集最高收视率达 12.92%。地方卫视方面，湖南卫视的独播韩剧《大长今》也取得了巨大成功，仅一轮播出就带来了 4 000 多万元的广告收入。[②] 如今独播已经成为各大电视台的收视法宝，平台需要花更多的钱去买断优质电视剧的独播权。

两家省级卫视联合上星播出电视剧，如 2019 年 3 月 1 日起在浙江卫视和江苏卫视双台黄金档联合播出的《都挺好》，单集首轮版权收入约为 1 450 万元[③]，其中两家卫视共同为《都挺好》的每一集付出 600 万元。联合上星虽然可以帮电视台将高额的费用分担下来，以相对低廉的价格买到高质量的好剧，但存在的问题是合买电视剧的电视台必须把剧目的档期和播出时间安排一致，否则就等于花首轮的钱播了二轮的剧。

### （四）按照播放平台定价

广电节目的播放平台，即电台、电视台的级别也决定着广电节目的交易价格。

以电视剧为例，中央电视台通常买断电视剧的全部版权，支付的价格最高。省级电视台、省会电视台和地市电视台的购片价格与该地的经济发展水平直接相关。另外，电视台的广告经营状况对此也有重大影响。省级电视台的平均购片价格一般高于省会电视台，地市电视台的购片价格则更低。但也有某些经济发达地区，如深圳、青岛等地电视台的购片价格会比经济欠发达地区的省级电视台的购片价格更高。[④]

此外，随着传统制播电视式微，视频网站日益成为电视节目播放的主要平台之一，电视剧的网络正版价格连年飙升。据报道，作为强势省级卫视的湖南、浙江、东方、北京、江苏五大卫视 2019 年的合计购剧预算或仅为 115 亿元，不及视频网站三巨头——腾讯视频、爱奇艺、优酷 700 亿元年度内容预算的 1/6。[⑤]

---

① 张国涛，张陆园．2015 年中国电视剧的生态与格局之变［J］．中国广播电视学刊，2016（3）：26－29．

② 电视台广告战硝烟弥漫 纷设“超人气”栏目［EB/OL］．(2006-04-06)［2022-06-28］．http://future.money.hexun.com/1597837.shtml.

③ 长视频的“氪金时代”［EB/OL］．(2021－06－13)［2022－06－28］．https://baijiahao.baidu.com/s?id=1702407117619546988&wfr=spider&for=pc.

④ 卜彦芳．传媒经济理论［M］．北京：中国广播电视出版社，2012：154．

⑤ 卡萝．五大卫视收入下滑！2019 购剧预算 115 亿，不及优爱腾 700 亿的 1/6［EB/OL］．(2018-11-15)［2022-06-28］．https://mp.weixin.qq.com/s/M2wYbKM4dzHjl6LntgnB5A.

## 三、传统电子媒介产品的促销

文化产品与其他产品相比，一个重要的特征在于它更依赖于欣赏需要。作为文化产品的电视剧进入市场以后，需要通过整合营销、内容定制等策略来充分挖掘价值，达到促销目的。

### （一）整合营销

电视剧促销已经突破开发布会走过场的形式，高明的影视制作公司会从电视剧拍摄前期就挖掘卖点、炒作话题，形成一个完整的营销过程。

**1. 剧本选择环节**

选择名著、知名 IP 作为剧本拍摄，或者对经典电视剧进行翻拍，这样电视剧项目启动之初就会得到广泛关注，形成话题。李少红版《红楼梦》翻拍的消息一出，自动引发媒体和观众的高度关注，后被安徽卫视和北京卫视购买上星首播权。近年，IP 受到影视圈和资本市场的追捧。影视公司和投资者普遍认为，自带大量原著粉和较高知名度的 IP 资源，不仅可以节约营销成本，同时还兼具风险小、回报高的特点，因而具备较高投资价值。数据显示，2019 年上线的热度排名前十位的剧集中，IP 改编剧占八成，截至 2020 年第一季度，网络文学在 IP 改编剧中占比超过九成，成为最大的内容来源。[①] 根据网络人气小说《知否知否应是绿肥红瘦》《庆余年》《如懿传》等改编的同名电视剧从开拍初始就受到书粉的密切关注，庞大的粉丝群在电视剧播出后自发转化为观众，并在网络上实现话题发酵。这类影视剧享受了剧本红利，从一开始就站在话题的风口浪尖，更要对品质严格把关，否则在播出以后很可能被负面舆论淹没。目前 IP 改编剧已进入新一轮发展周期，“大 IP＋流量明星”的粗放模式逐渐被“内容为王”取代，IP 改编剧将更加注重原著的还原度和内核的表达，实现 IP 价值和高质改编作品的深度协同。

**2. 演员选择环节**

2006 年，琼瑶为重拍《一帘幽梦》，与湖南卫视合作举办了《寻找紫菱》全国海选活动，征选女主角之一“汪紫菱”，从中脱颖而出的张嘉倪随后主演了湖南卫视的一系列自制剧。李少红版《红楼梦》在开拍之前也与北京卫视合作开展了《红楼梦中人》演员选秀活动，通过海选及比赛选出主要演员，宝黛钗花落谁家吸引了广大网友的关注。

海选演员成本较高，一般电视剧选角较少采用，但在选角阶段往往会多放几个烟幕弹，从而引发媒体和观众的关注。好的演员往往能成为电视剧质量的保证，能促进节目的销售。

**3. 拍摄全流程**

电视剧的拍摄周期一般为几个月，安排媒体探班是拍摄期间常见的宣传方式，这能有效挖掘新闻亮点，增加曝光度。此外，利用微博、贴吧、抖音等社交媒体对电视剧的拍摄进行持续揭秘也是一种重要的宣传促销手段。现在的电视剧通常在开拍之初就开通

---

① 爱奇艺用户生态赋能文学，IP 产业链现新思路［EB/OL］.（2020-11-20）［2022-06-28］. htpps：//36kr. com/p/974935807737344？ivk. sa＝1024320u.

官方微博、微信账号，在上面发布定妆照、拍摄花絮等，电视剧的演员、编剧、导演等的个人微博账号也会和官方微博账号实行关联互动，对剧目进行宣传，由此构建起一张社会化媒体的网络，进行社会化媒体营销。通过这些方式，电视剧增加了曝光度，积累了一批忠实粉丝，让观众产生了强烈的参与感，拉近了与观众之间的距离，这样具备话题度和粉丝基础的电视剧自然也会获得购剧平台的青睐。预告片是电视节目的简化版。一个好的预告片可以直接引起观众对节目的兴趣，使他们判断节目的质量、期待节目的内容等。相较于预告片，拍摄花絮更为有趣。很多节目在宣传期，会剪辑出很多版本的周边视频，作为拍摄花絮发布。在拍摄结束后，制作方通常会召开发布会进行宣传。

### （二）内容定制

内容定制是指制作方根据电视台的品牌特点、品牌形象量身打造电视剧，播出方和制作方形成制播联盟，共同创作，共同发行，大大降低了电视剧的发行成本。定制剧本质上是传统植入式广告的升级，专注于特定品牌，排他性强，厂商会在剧本创作期就介入其中，将剧情和品牌文化融合，潜移默化地向观众输出品牌理念，实现商业价值。2010 年播出湖南卫视自制剧《丝丝心动》和江苏卫视自制剧《无懈可击之美女如云》就是我国平台定制剧的先锋，都取得了不错的收视效果。

## 第四节　网络媒介产品的销售

网络媒体是借助互联网信息传播平台，以文字、声音、图像等形式来传播新闻信息的一种数字化、多媒体的传播媒介。网络媒体可以有多种分类方法，主要分为以下几种：

（1）工具型产品。为达到、完成或促进某一事物的手段，例如影音播放器、网络词典、搜索软件、图片处理软件等。

（2）媒体型产品。典型代表有四大门户网站、垂直性媒体、视频网站等。

（3）社区型产品。主要分为两大类：一类是内容型社区，典型代表为豆瓣网和大众点评网；另一类是关系型社区，也称社交媒体，是互联网上基于用户关系的内容生产与交换平台，典型代表为 Facebook、微博、微信。

（4）游戏型产品。包括网页游戏、客户端游戏、手机游戏等。

（5）平台型媒体。指既拥有媒体的专业编辑权威性，又拥有面向用户平台所特有的开放性的数字内容实体。单一性平台型媒体有聚合各大媒体新闻资讯的今日头条，聚合视频的 YouTube 等；综合性平台型媒体有百度、阿里巴巴、腾讯等。

网络媒体上所形成的产品称为网络媒介产品。网络媒介产品的销售分为传统媒体在网络平台的销售和新媒体产品的销售两种类型，下面我们分别予以介绍。

### 一、传统媒体的数字化经营

自 20 世纪 90 年代起，互联网技术的发展使传播环境发生了巨变，网络媒体的崛起给传统媒体带来了巨大的挑战：移动互联网的应用打破了传统媒体对渠道的垄断；社会化媒体的出现打破了传统媒体对内容的垄断；基于大数据的精准营销使传统媒体的广告收入大幅度下滑……传统媒体的用户大量流失，发行收入和广告收入持续下降。面对冲击，几乎所有纸质媒体和传统电子媒体都建立了自己的网络平台，借力新媒体，积极向数字化转型。

### （一）付费墙模式

> **名词解释**
>
> **付费墙**　传统印刷媒体为其网上数字内容建立的支付模式，对在线内容实行付费阅读的“准入”系统。
>
> **硬付费**　平台把读者和网络媒介产品完全隔离，在线支付以前读者看不到媒体发布的任何内容。
>
> **软付费**　平台允许读者阅读一部分内容后计时付费、计量付费，或是残缺吸引、捆绑订阅等。

成功应用**付费墙**模式实现盈利的典型代表是《纽约时报》。一般来说，付费墙分为**硬付费**和**软付费**两种付费规则。《纽约时报》选择的是多孔计量付费墙，这是一种免费与收费相结合的“篱笆墙”，既能吸引一般用户以维持网站的流量，又可以增加数字内容的发行收入，其具体做法如下：《纽约时报》印刷版订户可以在任何想用的设备上“全面免费获得该报的新闻、信息和观点”；非印刷版订户，每月可以免费阅读一定数量的在线内容，一旦超过限额，只有签约成为电子付费订户才能继续浏览。[①] 在免费数量上，《纽约时报》初始设定为每月可免费阅读 20 条新闻，2012 年 4 月起免费数量降为 10 条，并辅之以“漏洞式”的访问策略，即用户可通过 Facebook、Twitter 等社交网站链接免费访问《纽约时报》的付费新闻，或通过谷歌搜索限量访问付费页面，以此维持网站流量与品牌影响力，《纽约时报》也试图借此扩散部分优质文章，吸引 Facebook 等社交媒体上的用户成为读者并最终转变为付费订户。在付费价格的设定上，《纽约时报》根据不同平台制定了差异化的收费策略，如使用网站与手机 App 登录时，每周需缴纳 3.95 美元；使用网站与平板电脑 App 登录时，每周需缴纳 5 美元；使用网站、平板电脑 App 与手机 App 登录时，每周需缴纳 8.75 美元。除了灵活定价外，《纽约时报》还通过提供增值服务等促销手段吸引订户。2017 年初，《纽约时报》宣布凡购买一年数字内容订阅服务的用户均可免费享受流媒体音乐服务。[②] 2021 年底，《纽约时报》的数字报付费订阅用户接近 1 000 万，成为全球数字订户量最大的媒体。

不同报刊的数字内容的付费墙采取的规则虽有不同，但都大同小异。在中国，对付费墙模式应用得较为成功的是财新传媒。财新传媒于 2013 年 1 月首次采取“软付费”，对《新世纪》周刊、财新《中国改革》月刊的内容实行预览式付费墙，向用户免费提供每期 10 页财新网《新世纪》杂志电子版的内容预览，此后深度报道内容需要付费阅读。随着内容矩阵的壮大，财新网相继推出“财新数据＋”和“财新英文”等付费产品，需开通会员阅读，而发稿量最大的财新网里的内容可免费阅读。2017 年，财新传媒对内容

---

① 孙志刚，吕尚彬．《纽约时报》付费墙对中国报纸的启示［J］．新闻大学，2013（3）：109－114.

② 胡泳，崔晨枫，吴佳倢．中外报业付费墙实践对比及省思［J］．当代传播，2018（5）：26－30，35.

付费方式进行了二次改革，宣布自 11 月 6 日起开始全面收费，通过细分产品“数据通”“财新通”等满足读者的不同需求，财新网的主要新闻限时免费，发稿 48 小时内可免费阅读，后转入收费，而常规性新闻、视频、图片及部分观点评论保持免费。目前，财新网的收费产品包括：财新通，498 元/年；数据通，Lite 版 1 298 元/年，Pro 版 1 998 元/年。它们还根据不同的订购方式（订购时间长短、国内订户和国外订户等）进行区别定价。[①]

从整个大环境来说，由于纸媒上网初期实行的免费策略和国内对原创内容保护的不力，我国网络的免费文化盛行，网民的付费意愿不高，付费墙实践尚处于起步阶段。读者购买媒体内容产品的动力在于对优质的、稀缺的、深度的、独家的内容的追求，而在国内媒体竞争激烈、同质化严重的大环境下，可替代性强的综合型媒体难以在付费业务上取得突破，但对于深耕垂直领域的专业媒体来说，内容的差异化、报道的专业性、资源的聚合性等优势使其更容易解决付费这一难题。付费墙是中国传统媒体数字化与市场化进程中绕不开的“深水区”，要想在未来的数字化媒介产业中仍占有一席之地，传统媒体必须转变运营理念，降低可替代性，从内容提供者转型成为服务提供者，拓展出更多付费渠道和模式。

### （二）电视媒体的媒介融合经营

过去，电视媒体主要是作为电视节目的生产机构和播出平台，只需要持续用内容经营渠道，就可以通过广告实现盈利。随着视频网站、社交平台、移动应用等新媒体的崛起，观众持续向网络平台迁移，观众人均每日收视时长下降，尤其是青少年观众的收视时间大幅度缩短，整体观众流失严重，除一线卫视（湖南卫视、浙江卫视、东方卫视和江苏卫视等）以外的二三线卫视收视率更是下滑明显。[②] 面对受众分流、广告收入持续下降等挑战，电视媒体必须积极寻求转型。

初期，电视媒体的数字化转型仅限于渠道层面的拓展，例如创建门户网站、开设官方新媒体账号等，但这些新渠道往往只是传统电视台的附庸，没有任何新内容的深度拓展。电视媒体应该转变思维，与其他媒介组织、商业机构等进行全方位、深层次的互动与合作，整合渠道与资源，多元终端融合，从经营单一渠道向构建媒介融合生态圈转变。[③]

在媒介融合方面，湖南广播电视台是积极迎接信息化革命的先锋，所取得的经验值得借鉴。湖南广播电视台媒介融合实践可以分为金鹰网和芒果 TV 两个阶段。2004 年，湖南卫视创办旗下核心网络平台——金鹰网，增加了电视节目的发布渠道，提升了湖南卫视的影响力。2006 年，湖南广电集团成立芒果 TV，深耕网络视听领域。2014 年 4 月 20 日，金鹰网与芒果 TV 融合升级为新“芒果 TV”。芒果 TV 是湖南广播电视台旗下唯一互联网视频平台，独家提供湖南卫视所有栏目高清视频直播点播，并为用户提供各类热门电影、电视剧、综艺、动漫、音乐、娱乐等内容，目前业务涵盖在线视频、互联网

---

① 财新通上线 两次超值新优惠限时抢购中［EB/OL］.（2017-11-06）［2022-12-26］. https://www.caixin.com/2017-11-06/101166254.html.

② 2018 年中国网络视频用户规模、付费用户规模及未来发展趋势分析［EB/OL］.（2018-01-15）［2022-06-08］. http://www.chyxx.com/industry/201801/603777.html.

③ 蔡骐．媒介融合时代的电视媒体转型之路：以湖南广电的新媒体转型为例［J］. 现代传播，2015（11）：124-128.

电视、湖南 IPTV、手机电视等多个领域，“芒果传媒生态圈”初具规模。十几年间，芒果 TV 的股东几番变化，但拥有控制权的始终是湖南广播电视台。湖南卫视与芒果 TV 建立起电视平台和互联网视频平台的双向互动模式，除了湖南卫视对芒果 TV 予以内容支持之外，芒果 TV 的自制内容也对湖南卫视进行反哺，双方斥资共同打造湖南卫视的周播栏目剧，通过平台的联动促进内容的多元化升级。

作为广电系视频网站，目前芒果 TV 的盈利途径主要有三个，即广告收入、会员收入和增值服务，其中广告收入是最主要的盈利来源。年报数据显示，2021 年芒果 TV 约 53.35 亿元的广告收入来自和湖南卫视的合作招商，一个广告植入某档节目后会在湖南卫视和芒果 TV 同时播出，相当于投放了两个渠道，湖南卫视和芒果 TV 会按比例分配这笔广告收入。除了广告业务上的优势，芒果 TV 还拥有强大的内容优势。芒果 TV 的大部分内容来自湖南卫视及其下属单位，与电视台的高度绑定使得芒果 TV 在内容购买上的成本远远低于爱奇艺、优酷、腾讯视频等视频网站。2017 年 9 月，芒果 TV 与湖南卫视签署合作协议，湖南卫视将其于 2018 年至 2020 年期间播出的独家电视节目的网络版权分别以 4.51 亿元、4.96 亿元、5.46 亿元的对价出售给芒果 TV，这在成本高昂的视频 IP 行业可谓是物美价廉，芒果 TV 得以从 2017 年起连续多年成为业内唯一盈利新媒体视频平台。① 2021 年，公司核心主业互联网视频业务（广告＋会员＋运营商业务）仍然保持稳健增长，实现营业收入 112.61 亿元，同比增长 24.29%。

在视频付费方面，芒果 TV 目前实现会员制和单独点播两种付费方式，会员分为连续包月、连续包季、连续包年、非连续月卡、非连续季卡和非连续年卡六种，定价分别为 22 元、63 元、218 元、30 元、78 元和 248 元，单独点播主要针对电影，定价为 6 元一部影片。尽管如此，与爱奇艺、优酷、腾讯视频的视频经营相比，芒果 TV 的会员收入占比较小，在节目付费上明显落后于上述视频行业第一梯队。

值得一提的是，分销版权从不作为芒果 TV 营业收入的重要来源。2014 年 4 月芒果 TV 改版后，湖南广播电视台推出“芒果独播战略”，包括《花儿与少年》等在内的几档新节目将不再对外销售互联网版权，只在旗下的视频网站芒果 TV 独播。2022 年 4 月，湖南广播电视台决定将旗下的强 IP 综艺节目版权收归独播，不再分铺版权，由此可能损失 4 亿元分销收入。但仅半年时间，芒果 TV 的每日 PV（page view，即页面浏览量）却从 20 万猛涨到 1 400 万，增长 70 倍，移动端的用户数也攀升到 2 500 万，跻身国内互联网媒体前列。②

芒果 TV 作为湖南广播电视台的新媒体平台，是传统电子媒体向新媒体改革的成功标杆。从目前的情况看，即使是在国内较为领先的浙江卫视、东方卫视等电视台，它们虽有自己的视频网站，但多是将电视节目搬到网络上，以直播和录播形式提供给观众，内容和模式都相对单一，用户认知度较低、影响力较小，其自制综艺及影视剧多会把版权卖给其他视频网站，还有很大的改进空间。

---

① 郑坚，邢宇航．视频网站如何以互利共赢构建成熟广告生态：以芒果 TV 广告盈利现象为研究对象［J］．传媒观察，2019（9）：44－48．

② “独播”成就芒果生态：芒果 TV 增长 70 倍的天机［EB/OL］．（2022－10－22）［2022－11－20］．htpp：//www.diankeji.com/guandian/15022.html.

## 二、移动互联网媒介产品的销售

移动互联网是PC互联网发展的必然产物，即将移动通信和互联网二者结合起来，融为一体，它是互联网的技术、平台、商业模式和应用与移动通信技术结合并实践的活动的总称。① 以个人移动终端为平台，以人机之间、人人之间的互动为传播方式，以海量信息和高速普及的通信网络为依托的新兴媒体是基于报刊、广播、电视、互联网四大媒体的第五媒体。②

新媒体时代，移动互联网媒介产品的营销模式也在不断丰富，常见的有大数据营销、社群营销、社会化媒体营销等。

### （一）大数据营销

大数据（big data）有两层含义：一是其英文的直译，即“大的数据”。随着互联网技术的发展，智能终端的出现以及各种数字新媒体业务与服务的普及，每天会产生数以亿计的数据。二是大数据有一套自身的技术，能对海量数据进行分布式挖掘与分析，由于大数据体量过大，无法在可承受的时间范围内用常规软件工具进行捕捉、管理和处理，必须采用新的技术，所以对其有一套独特的分析技术。巨量资料加上配套分析技术，构成了大数据的完整内涵。③

大数据营销最大的优点在于精准。大数据能尽量发掘消费者的全部信息，并从中分析出促销信息（一般是广告）投放所需要的全部信息，包括消费者的属性及所处情境。消费者属性包括其自然属性，如年龄、性别、地域等，也包括其社会属性，如学历、婚姻情况、兴趣爱好等。情境是指消费者在接收到促销信息时的状态，如所处的物理环境、社会环境及身心状态等。这些信息对于媒介产品的销售非常重要，有了它们，促销信息可以实现精准投放。这是因为，首先通过对消费者各方面信息的辨析筛选，可以帮助媒体精准锁定目标消费者。其次，消费者情境可以实现信息在目标消费者接收广告的最佳状态时投放，这样能减少投放过程中的资源浪费，宣传效果最理想。例如大数据可以通过消费者的移动终端里GPS发出的定位信息、Wi-Fi的使用以及在社交媒体上发布的动态分析出消费者当下所处的地理位置、环境（如室内、室外）、状态（如工作、闲暇、饥饿、口渴）等，根据不同的情境有针对性地制定广告投放策略，使信息的推送时间、形式更符合需要，降低目标消费者的排斥心理，更容易达到促销效果。

总之，大数据能精准辨识目标消费者，精准选择最佳情境进行营销。今日头条把自己定位为一家具有传媒属性的技术公司，它依托人工智能技术，搭建起一个基于机器学习和大数据挖掘，以构建精准、高效的内容分发模式为核心的新型内容生态体系，真正实现信息分发的千人千面，其本身是一款基于数据挖掘的“个性化信息推荐引擎”。今日

① 王江汉．移动互联网概论［M］．成都：电子科技大学出版社，2018：1－20.

② 外界评论：搜狐掀起“第五媒体”浪潮［EB/OL］.（2002-10-02）［2022-11-02］. http://news. sohu. com/48/26/news203502648. shtml.

③ 张辉锋．转型与抉择：十字路口的传媒业［M］．北京：人民日报出版社，2016：54－55.

头条对大数据的应用分为两步：一是运用网络爬虫技术抓取各大门户新闻的内容，按“优先链接机制”对不同信息进行分类和排序后推送给用户；二是成立今日头条媒体实验室，运用大数据挖掘和分析用户每天的阅读行为信息，捕捉和预测新闻热点，并对用户进行画像，为媒体创作者的内容生产提供数据报告。通过“算法推荐＋机器反复学习”技术，今日头条形成了精准的用户画像，确定了用户的阅读习惯和阅读偏好，从而在移动互联网“信息爆炸”的环境下节省了用户搜集信息的成本，提高了用户黏性。

### （二）社群营销

社群是基于传播媒介聚合到一起，进行信息传播、情感交流、文化和价值共享的用户群体。互联网成为各种兴趣社群和粉丝社群的活跃场所，例如天涯社区、豆瓣小组，推动了粉丝社群和粉丝经济发展。移动互联网在互联网的基础上实现了随时随地的交互，并借助通讯录绑定、身份验证、位置定位等技术手段极大地提高了社交的真实性和信任感，使社群的功能不断延伸，价值不断放大，催生了“社群经济”。

微信是典型的移动社群平台，其突出“朋友圈”强关系网络，拥有便捷的建群、拉群等“群功能”、健全的服务号功能和支付渠道，极大地释放了社群平台的价值，得以成为移动社群快速商业化的土壤。微信社群运营一般遵循“媒体—社群—活动—创新项目”的模式。微信自媒体“罗辑思维”，由央视《对话》栏目前制片人和第一财经访谈栏目《中国经营者》前主持人罗振宇在 2012 年 12 月 21 日创立，通过推出阅读类脱口秀节目和运营微信社群，打造了拥有 400 多万粉丝和 5 万付费会员的“知识社群”，粉丝们一面消费着节目内容，一面自发组织各种“读书会”“美食会”和“相亲会”。高活跃度的社群带动着“罗辑思维”不断尝试会员定制的电商营销，比如面向会员定制和发售的图书礼包、中秋月饼等，仅 2014 年的会员费和定制产品销售就给“罗辑思维”带来了近 5 000 万元的收入。[①] 2015 年 11 月，“得到”App 上线，从单一 IP 转向平台化搭建，并成为最早一批试水知识付费的平台之一。2016 年，罗辑思维的营收近 3 亿元，净利润 4 462 万元。[②] 从 2018 年开始，罗振宇主持的跨年演讲每年收入超过 4 000 万元，从 2018 年到 2022 年仅该项活动就带来了超过 2 亿元的收入。

社群营销具有产销合一、体验至上的特点。移动互联网时代，社群平台和社群应用的普及，促进了用户参与和协作生产机制，形成了自组织的产营销一体化模式。用户基于社群互动进行表达分享、创意贡献、协作生产、口碑传播和主动消费，既是积极的“生产者”、热情的“传播者”，又是忠实的“消费者”。小米公司也是成功驾驭社群经济的典型，其以用户参与为核心，建造了“米粉”的自生产、自传播和自消费的循环式社群商业模式。此外，社群营销通常和体验营销相结合，情感体验和价值认同是社群的重要特征，因而形成了体验至上的消费模式，激发并满足社群成员的情感需求，制造独特的情感体验是社群运营的核心。例如“罗辑思维”微信公众号将其粉丝群体定位在有“读书、求知”需求的年轻人群体，以“有种、有趣、有料”为口号，每天推出罗振宇亲

① 金韶，倪宁．“社群经济”的传播特征和商业模式［J］．现代传播，2016（4）：113－117．

② “行业”罗振宇带着罗辑思维上市了，知识付费红海在哪？［EB/OL］．(2019-10-21)［2022-06-08］．https://mp. weixin. qq. com/s/FjvSAQQVTVVEb4MpYbPNFA.

自录制的 60 秒钟音频，罗振宇以渊博的知识、新颖的选题、自嘲的语言风格和亲切感性的个人魅力吸引了一大批忠实粉丝，传达了独特的阅读文化和情感体验。

### （三）社会化媒体营销

现在，你如果看 CCTV 新闻联播，就会发现节目最后主持人经常说的一句话带有很强烈的社交化味道：“欢迎关注央视的微博、微信和移动客户端。”人们越来越习惯交互性、自主选择性，并渴望实时分享、评论，电视与受众的单向属性正在被社会化媒体瓦解。

社会化媒体营销是一种基于社会化媒体的，在企业、影响者、信息搜寻者和消费者之间能够彼此简化对话形式并且实现内容分享的实践。由于社会化媒体的出现，消费者信赖的信息源有了很大的转变。从前，企业通过专家或名人背书的方式来建立品牌可信度，如今的消费者不再追随权威、相信广告，而是更愿意通过社会化媒体从同类型消费者中寻求意见。社会化媒体营销是决定网络口碑的重要一环。在我国，适合作为营销渠道的社会化媒体有微博、抖音、小红书等。其中，微博营销是社会化媒体营销中开始时间较早、运作得较为成熟的。它是指以微博为渠道，利用其物理技术特性以及在实际运作中积累的资源进行营销，最终实现推广、宣传、提升知名度和美誉度等效果。视频网站拍摄的网络自制剧经常利用微博平台进行营销推广，具体表现为专门为剧目建设官方微博进行宣传，剧目制片方、发行方、演员等借助微博进行宣传，发动粉丝在微博上进行口碑营销等。社会化媒体营销有利于媒介产品积聚知名度、美誉度与粉丝，达到营销目的。此外，游戏和应用平台也可以作为营销渠道的社会化媒体。这类平台不仅可以提高各平台节目的曝光率，还可以丰富节目宣传所达到的人群结构。随着智能手机的普及，移动终端已经成为消费者一天中接触时间最长的屏幕。因此，提高移动终端的曝光率无疑是节目营销的重点，运用社会化媒体进行宣传已经成为移动互联网媒介产品普遍采用的营销方式。

## 本章小结

1. 市场营销是指以满足人类各种需要和欲望为目的，通过市场变潜在交换为现实交换的一系列活动和过程。传媒市场营销就是在市场调研的基础上，实现传媒产品、服务以及信息从生产者向消费者流动的一切经营管理活动。

2. 市场营销理论包括 4P 营销理论、4C 营销理论、4R 营销理论和新零售理论等。

麦卡锡提出了 4P 营销组合策略。4P 分别代表：产品（product）、价格（price）、渠道（place）、促销（promotion）。4P 营销理论的核心要义是研究把适当的产品，以适当的价格，在适当的时间和地点，用适当的方法销售给尽可能多的顾客，以最大限度地满足市场需要。

劳特朋基于当时的市场环境以及消费者地位的转变，提出了以消费者为中心、以追求顾客满意为目标的 4C 营销理论，即关注客户（customer）、成本（cost）、便捷性（convenience）、沟通（communication）四个基本要素。

舒尔茨提出了4R营销理论，该理论的营销四要素是关联（relevancy）、反应（reaction）、关系（relationship）、回报（reward）。4R营销理论强调，在企业与顾客之间要建立起新型的长期而稳定的关系，提高对市场的反应速度，重视与顾客的互动关系，回报是营销的源泉，从而实现双赢。这一理论适应了互联网环境下的互动、反应、关联等。

新零售营销理论是以互联网为依托，通过运用大数据、人工智能等先进技术手段，对商品的生产、流通与销售过程进行升级改造，进而重塑业态结构与生态圈，并对线上服务、线下体验以及现代物流进行深度融合的零售新模式。

3. 发行，是将印刷媒介产品传递到受众的流通过程，是生产流程的最后一个环节，实质上是将媒介组织生产的内容产品销售给读者的商业性活动。

4. 我国印刷媒介产品的发行方式综合起来可分为两个大类：无偿发行和有偿发行。无偿发行指通过赠阅的方式进行宣传和推广；有偿发行分为订阅、批发和零售三种形式。

新中国成立以来，我国报刊发行可以分为三种方式——“邮发合一”“自办发行”和“多渠道发行”。我国图书发行经历了国有新华书店单一发行体制、“一主三多一少”的发行体制、“三建一转”发行改革、多种所有制形式共同发展等几个不同发展阶段。印刷媒介产品的定价方法包括按照成本及印张定价、按照有无价格弹性定价以及特殊的“负定价”等。

5. 传统电子媒介产品的销售方式包括广播节目交易（现金交易、贴片、交换、节目外包）、电视节目交易（直销、代理、交易会、交易网络平台等）等。传统电子媒介产品的定价方式包括按照节目成本定价、按照节目质量定价、按照播出方式定价和按照播放平台定价等。

6. 网络媒介产品的销售分为传统媒体在网络平台的销售和新媒体产品的销售两种类型：传统媒体在网络平台的销售包括付费墙模式、电视媒体的媒介融合经营；新媒体产品销售包括大数据营销、社群营销、社会化媒体营销等。

## 复习思考题

1. 请简要论述几种不同的营销理论，并进行比较分析。

2. 请对不同类型的传统媒介营销方式进行简要叙述。

3.《纽约时报》“付费墙”项目取得了巨大的成功，而与此同时，许多日报始终供用户免费浏览。你认为“付费墙”是纸媒转型成功的关键吗？为什么？

4. 互联网时代越来越多人选择通过社交媒体搜索健康方面的信息，请谈谈目前较为流行的健康信息传播平台及其能够吸引用户的原因。

第八章

# 广告经营与管理

2022年5月，一条关于某明星代言广告被重罚722.12万元的消息登上了热搜。消息称，国家市场监督管理总局广告监测发现演员景某广告代言涉嫌违反广告法有关规定，按工作流程将有关线索派发广东省广州市市场监管部门依法核查处理。广州市市场监管部门随即组织力量对相关线索进行核查并立案调查。经查明，广州某公司选用景某为其生产经营的“果蔬类”食品做广告代言，相关“果蔬类”食品为普通食品，该公司无有效证据证实其具有“阻止油脂和糖分吸收”功效。景某在应知法律法规规定普通食品依法不得进行治疗、保健等功效宣传，且未经有效途径对代言商品有关功效进行核实的情况下，仍以自身名义和形象在广告中宣称代言商品具有“阻止油脂和糖分吸收”功效，其行为已违反广告法有关规定。景某上述广告代言违法所得共计257.9万元。广州市市场监管部门对景某作出没收违法所得、罚款464.22万元（罚没金额合计722.12万元）的行政处罚决定。对于广州某公司相关违法行为，广州市市场监管部门已按照有关法律规定处理。

在这一案例中，市场监管部门对演员景某及她所代言的产品所属公司都进行了严厉处罚。他们违反了什么法律规定，这样的处罚依据何在？而且，在市场经济条件下，广告无所不在、无时不有，已经成为我们生活的一个重要部分，法国广告评论家罗贝尔·格兰（Robert Grand）不无调侃地说：“我们呼吸的空气由氧气、氮气和广告组成。”那么，巨大的广告产业对媒介会产生什么影响？广告有哪些主题和要素？媒介如何对广告进行经营？国家对广告管理有哪些法律规定？这些问题是我们在从事媒介经营时经常会遇到的，也是我们必须解决的。本章将对这些问题给予回答。

**学习目标：**

阅读和学习本章后，你应该能够：

1. 了解广告的主体和要素。
2. 了解广告的功能。
3. 了解广告的类别及不同特点。
4. 了解广告的产业现状与发展趋势。
5. 了解媒介广告资源如何开发。

6. 了解媒介广告的定价方式。
7. 了解广告管理的主体及客体。
8. 掌握对广告内容有哪些管理要求。
9. 了解广告行为有哪些规范要求。
10. 思考互联网时代广告管理的思路。

## 第一节　广告及其在媒介经营中的作用

从事媒介经营，经常会遇到与广告相关的各种问题。随着媒介技术的发展与时代的变迁，广告的内涵也在不断发生变化。广告主（广告客户）、广告公司、广告媒介构成了广告市场和广告业的三大主体，再加上广告信息和广告受众，构成了广告的五大要素。受媒体环境、技术环境变化以及广告主营销需求升级的影响，整个广告业都在发生变化，广告公司的业务也在发生变化。

### 一、广告概述

#### （一）广告的概念、类别与功能

“广告是什么”是一个既简单又复杂的问题，目前学术界并没有公认的定义。

美国学者威廉·阿伦斯（William Arens）曾提出颇有影响力的“广告”定义：广告是由可识别的出资人通过各种媒介，通常是有偿的、有组织的、综合的和非人员性劝服的，对有关产品（商品、服务和观点）信息的传播活动。[①]

美国学者威廉·维尔斯（William Wells）等认为，广告是“使用非个性化的大众媒介和其他互动传播形式传播信息给广大受众，从而把可识别的出资人与目标受众连接起来的说服性、有偿性的传播方式”[②]。

还有学者通过德尔菲法调查广告专家，认为广告是指由可确认的来源所进行的，旨在劝服接受者现在或将来采取行动付费的，通过媒介完成的传播活动。[③]

美国广告协会对于“广告”的定义是：付费的大众传播，其最终目的是传递情报，改变人们对广告商品的态度，诱发其行动从而使广告主得到利益。

我国学者罗雁飞认为，广告是由广告主通过各种媒体，就其观念、形象、产品或服

---

① 阿伦斯．当代广告学：第7版［M］．丁俊杰，程坪，苑菲，等译．北京：华夏出版社，2000：7.

② 维尔斯，莫里亚提，伯奈特．广告学原理与实务：第7版［M］．桂世河，王长征，译．北京：中国人民大学出版社，2009：5.

③ RICHARDS J，CURRAN C. Oracles on “Advertising”：Searching for a Definition［J］．Journal of Advertising，2002（2）：63－77.

务对特定目标人群所做的有偿信息传播。[①] 陈培爱认为，广告具有广义和狭义之分，广义的广告包括经济广告和非经济广告。他从广义的角度对“广告”进行了概括：现代广告是一种由广告主付出某种代价，通过传播媒介将经过科学提炼和艺术加工的特定信息传达给目标受众，以改变或强化人们的观念和行为为目的的、公开的、非面对面的信息传播活动。[②]

《中华人民共和国广告法》（简称《广告法》）对广告的界定是：广告活动是商品经营者或者服务提供者通过一定媒介和形式直接或者间接地介绍自己所推销的商品或者服务的商业活动。

虽然定义各有不同，但我们仍可以从中总结出广告的特性。其一，广告是公开的，需要借助一定的媒介向广大公众传播特定的信息。同时这也意味着广告行为实则受到公众与社会的监督。其二，广告是非个人的传播，是有组织的、有偿性的传播，因此广告需要有广告主——为广告付费的主体，也是对广告行为负责的主体。其三，广告具有说服劝导的目的性，通常通过特定的传播内容和技巧，以影响人们关于产品（包括商品、服务和观点）的观念或行动，达到特定的传播效果。

当然，随着媒介技术的发展与时代的变迁，广告的内涵也在不断发生变化：对于传统广告而言，其往往通过大众媒介进行传播，具有非人际传播的特点；但随着各种互动媒介的出现，这一特征也在逐渐被改变，随着社交媒介的兴起，口碑传播也变得尤为重要，广告的范畴也在拓展。广告是为了刺激特定的商品或服务消费而设计的，其本身是营销组合的一部分，无法被孤立看待，它往往与一系列的营销传播活动相伴随，广告主的目的在于，通过一系列的营销传播活动维护品牌形象，促进产品销售。

随着数字媒介的发展，消费者拥有更大的自主权，品牌传播者与受众之间有了实现平等对话的机会，受众不再是被动、受控的广告对象。因此，对广告的认识也应该摒弃“俘获消费者”的理念，转向更大的范畴——整合营销传播，这里的“传播”不再是单向灌输式的广告传播，而是通过持续的互动加强品牌与受众之间的相互理解和信任，在二者之间建立、维护和巩固关系。

### （二）广告的分类

广告具有丰富的内涵，而根据不同的标准，广告也有多种分类。例如：按呈现形态分类为声音广告、平面广告、视频广告；按信息传达方式分类为硬广告和软广告（传达形式相对隐蔽的广告，如植入式广告、软文）；而按照广告的传播区域范围可以分为地区性广告、全国性广告、国际性广告等。下面介绍几种主要的分类方式：

**1. 按广告性质与目的分类**

根据广告的性质，可以划分为营利性广告和非营利性广告。

（1）营利性广告。

营利性广告即以营利为目的的广告，也就是商业广告，常见的、狭义上的广告。具

---

① 罗雁飞．广告学概论［M］．武汉：武汉大学出版社，2013：3.
② 陈培爱．广告学概论［M］．北京：高等教育出版社，2004：5－6.

体来看，还可以根据广告目的将商业广告进一步细分为商品广告、品牌广告、企业广告、观念广告等。

商品广告，也就是产品广告，即以宣传产品卖点、促进产品销售为目的的广告。

品牌广告，即以树立品牌形象、提升品牌市场占有率为目的的广告，主要以品牌为传播重点，重视品牌的个性塑造。

企业广告，也就是企业形象广告，以树立企业的良好形象为目的，面向公众宣传企业的宗旨、理念、历史、经营状况等，提升企业知名度和美誉度，以达成企业的长远目标。

观念广告，指以影响公众舆论、政府立法或制定有利于本行业发展的政策法规为目的，或者是以建立、改变某种消费观念和消费习惯为目的的广告，这类广告有利于企业获得长远利益。

（2）非营利性广告。

非营利性广告则是不以谋求利润为目的的广告，包括公益广告、社会服务性广告、政治广告等。

公益广告，顾名思义就是以公益为目的，主要围绕维护社会公德、帮助改善或解决社会公共问题等具体目的而开展的广告活动。其主体往往非常宽泛，如呼吁环保、慈善扶贫等，也可以是提倡和平、种族平等等。公益广告的主体可以是政府、非营利组织，也可以是企业、个人。

社会服务性广告是指向社会提供福利、服务等内容的广告，如寻人启事、会议通知、公告、挂失等。

政治广告则是指公安、交通、法院、卫生、财税等部门的公告，以及国外的政治竞选广告等。

**2. 按广告媒介类型分类**

按广告媒介的类型分类是一种较为常见的分类方式，具体可以分为：

（1）印刷媒介广告。

印刷媒介广告是刊登在平面媒体上的广告，包括报纸、杂志、海报、招贴、宣传单、包装等媒介上的广告。

（2）电子媒介广告。

电子媒介广告是以电子媒介为传播载体的广告，如广播广告、电视广告、电影广告等。

（3）户外媒体广告。

户外媒体广告包括传统户外广告和数字户外广告。传统户外广告即利用路牌、交通工具等户外媒介作为传播载体的广告。随着数字媒介的发展，目前也有了数字户外广告，即以电梯、影院商场、公交站、机场等户外公共场所的电子屏为传播载体的广告，例如电梯视频广告等。

（4）直邮广告。

直邮广告是指通过邮寄途径将传单、商品目录、产品信息等形式的广告直接传递给特定的组织或者个人。

（5）销售现场广告。

销售现场广告又称为售点广告或POP广告（point of purchase），即在商场或展销会等场所，通过实物展示、演示等方式传播广告信息的方式，例如橱窗展示、商品陈列、展板、横幅、模特表演等。

（6）互联网媒介广告。

互联网媒介广告是指利用互联网（包括PC互联网和移动互联网）作为传播载体的新兴广告形式之一，具有针对性和互动性强、传播范围广、反馈及时、传播效果相对可测等特点。

（7）OTT/IPTV广告。

OTT即over the top的缩写，指通过互联网传送的任何类型的流媒体内容。它包括基于订阅的流媒体服务，消费者可以通过这些服务按需访问内容，而无须通过传统的卫星或有线电视提供商。IPTV即网络协议电视或交互式网络电视，是一种利用宽带有线电视网，集互联网、多媒体、通信等多种技术，向家庭用户提供包括数字电视在内的多种交互式增值业务服务的新兴技术。

就目前而言，OTT的广告形式更加丰富。OTT广告分为系统层广告和内容层广告，其形式主要有开关机、弹窗、屏保、品牌专区、垂直频道、定制皮肤、贴片、角标、暂停等，具有强曝光、强触达、定制化、互动性强、与内容强关联等特点。而IPTV广告仍以开机为主，由于IPTV各省系统建设、广告发展成熟度具有较大差异，除开关机类型外，频道切换、音量条、暂停、弹出等广告类型还存在较大差异，在精细化、标签化投放方面尚存在不足，目前仍主要通过包段的形式售卖产品。因此，IPTV＋OTT协同运营模式获得广告主的参与与认可，家庭大屏全域营销成为新的探索方向。

综上所述，因各种媒介的特点不同，使用不同媒介的广告也拥有了不同的特性（见图8－1）。

| | 电视 | 纸媒 | 广播 | 传统户外 | 数字户外 | PC互联网 | 移动互联网 | OTT/IPTV | 内容营销 | 体育营销 | 社会化媒体营销 | 电商广告 |
|---|---|---|---|---|---|---|---|---|---|---|---|---|
| 精准投放 | 4 | 13 | 24 | 13 | 23 | 48 | 60 | 31 | 25 | 38 | 34 | 52 |
| 互动性强 | 2 | 1 | 6 | 4 | 14 | 31 | 55 | 10 | 47 | 16 | 58 | 19 |
| 二次传播力 | 6 | 11 | 5 | 9 | 8 | 21 | 39 | 6 | 56 | 17 | 59 | 10 |
| 效果可量化/积累 | 14 | 4 | 8 | 9 | 12 | 33 | 31 | 14 | 16 | 9 | 20 | 38 |
| 创意灵活 | 7 | 5 | 8 | 8 | 25 | 40 | 53 | 19 | 64 | 16 | 55 | 19 |
| 覆盖广泛 | 72 | 18 | 39 | 29 | 31 | 44 | 44 | 23 | 13 | 13 | 23 | 21 |
| 投资回报率高 | 5 | 2 | 6 | 5 | 4 | 6 | 10 | 3 | 9 | 2 | 8 | 22 |
| 销售转化能力强 | 8 | 5 | 9 | 10 | 8 | 13 | 21 | 5 | 19 | 6 | 13 | 58 |
| 提升品牌形象 | 72 | 35 | 19 | 51 | 37 | 17 | 16 | 21 | 34 | 47 | 23 | 12 |
| 价格便宜 | 2 | 31 | 41 | 12 | 8 | 12 | 9 | 11 | 9 | 2 | 10 | 8 |
| 广告可见性强 | 42 | 16 | 7 | 60 | 40 | 18 | 27 | 27 | 9 | 18 | 12 | 17 |
| 广告干扰度低 | 9 | 18 | 28 | 24 | 18 | 4 | 7 | 26 | 12 | 13 | 5 | 5 |
| 说不清 | 4 | 19 | 12 | 7 | 11 | 7 | 2 | 22 | 3 | 16 | 4 | 5 |

**图8－1　使用不同媒介的广告特性**

数据来源：CTR《2018广告主营销趋势报告》。该调研时间为2017年12月—2018年3月，调查对象为2017年有媒体营销和广告投放行为的企业，被访者为企业中负责营销或广告投放的中高层管理人员，定量样本共计308份问卷，支持不同媒介所具备的广告特性的人数如图所示。

**3. 按广告诉求分类**

广告诉求方式也就是广告的表现策略、表达方式，也就是“怎么说”的问题。按照诉求方式，广告可以分为感性诉求广告、理性诉求广告和感性诉求与理性诉求相结合的广告。

感性诉求是采用感性的方式，通过共情引发“心同此理”、同情心等方式，对受众“动之以情”，使广告物占据人们心智的一部分，使受众对产品或品牌产生好感，从而激发其购买行动。

理性诉求就是摆事实讲道理，通过向受众提供信息，有理有据地论证产品给人们带来的好处，“晓之以理”，以说服受众进行购买决策。

第三种则是理性诉求与感性诉求相结合的广告。随着广告的发展，受众愈发成熟，对广告说服的要求越来越高，因而广告的表达方式也越来越复杂多样，理性诉求与感性诉求相结合的广告就是一种体现。

### （三）广告的功能

从功能的角度看，广告具有经济功能和非经济功能。

从经济功能来看，广告是企业的营销手段之一，企业以广告来实现获利；同时，广告业也是经济中的一大产业，广告的发展也被称为经济发展的晴雨表。

而从非经济功能来看，作为一种公开的信息传播活动，广告的内容也在潜移默化地影响着公众，影响着社会观念和公众行为，具有教育、引导等社会功能，同时广告尤其是户外广告很多时候还具有美化环境的功能。正因为广告具有很多社会功能，这些功能如果发挥得好可以促进社会发展及社会和谐，如果发挥得不好就会对社会产生不良影响，因此需要对广告行为进行监督和规范，也就是要加强广告管理。

## 二、广告的发展及演变

广告的历史几乎和商品的发展历史一样久远。据考证，世界上最早的文字广告是公元前 1 000 年左右古埃及的一则书写在莎草纸上寻找逃亡奴隶的广告。但是广告在当时没有成为一种独立的行业。广告业的真正发端是在 19 世纪。19 世纪中叶，报纸、杂志加速向大众化发展，成为主要的广告媒介，专业的广告公司也逐渐兴起。1841 年世界上第一家广告公司在美国费城产生。1864 年沃尔特・汤普森创建智威汤逊广告公司，该公司也是现存最古老的广告公司。1865 年，乔治・罗维尔在波士顿创办了与如今的广告（代理）公司相似的媒介掮客公司，从事报纸的广告版面代理，成为第一家广告销售代理商。随着广告主和营销者对有效广告的关注越来越多，广告职业逐渐形成。20 世纪早期，由大广告公司组建而成的专业性组织开始显现广告的职业特征。美国也成为世界上广告业最发达的国家，是现代广告的发源地。

而社会经济与媒体环境的变化以及广告业本身的发展，也推动着广告理论的不断发展。从 19 世纪末的 AIDA（attention，即引起注意；interest，即诱发兴趣；desire，即刺激欲望；action，即促成购买行动）理论到 20 世纪 50 年代的 USP（unique selling proposition，即独特销售主张）理论，再到20世纪后半叶的定位理论、品牌理论、整合营销理论，每个时期的理论都有鲜明的时代印记，同时也深受当时其他学科的影响，例如市场营销学、心理学、社会学等学科，这些学科也为广告理论的发展提供了动力。以下针对不同时期代表性广告理论进行简要介绍。

### （一）产品推销时期

19世纪末，西方市场整体处于供不应求的生产阶段，企业在市场中占据优势地位。而在20世纪初至20世纪四五十年代，经过了世界性经济危机、第二次世界大战，市场格局逐渐由卖方市场转变为买方市场，推销的观念开始占据上风，进入了产品推销时期。这一时期主要存在“硬性推销派”“软性推销派”和“科学推销派”三大广告理论派别，但三者都以产品推销为核心主张。其中最具代表性的理论则是“科学推销派”的USP理论。

USP理论，由罗瑟·瑞夫斯（Rosser Reeves）于20世纪50年代提出，其核心主张在于发现产品独一无二的优点，并将其有效地转化为广告传播的独特利益承诺，进而诱导消费者购买，促进商品销售。瑞夫斯认为USP具有三个特点：第一，广告必须具有明确的销售主张，也就是对消费者提出一个利益承诺，明确商品可以带来的特定效用。第二，销售主张必须具有独特性，也就是对消费者明确商品独一无二的“卖点”，这一卖点不能是同类竞争对手提出过的。第三，广告提出的独特销售主张必须具有实效性，能吸引广大消费者群体，促进商品的销售。

该理论重视产品，将产品推销作为出发点，以产品及产品的推销为核心诉求，在20世纪50年代成为最主要的广告理论，罗瑟·瑞夫斯也可以说是广告学领域强调个性化、差异化广告诉求的第一人。

虽然后来随着市场环境的变化，USP理论的主流地位在减弱，但讲求实际效益、给予消费者明确利益承诺的理性广告诉求仍然具有一定的影响力，不少品牌仍使用USP理论来突出自己的独特卖点。

例如：

王老吉：“怕上火就喝王老吉。”
M&M：“只溶在口，不溶在手。”
海飞丝：“去屑实力派，当然海飞丝。”
农夫山泉：“农夫山泉有点甜。”
“白加黑”：“白天服白片不瞌睡，晚上服黑片睡得香。”

上述广告就是突出了这些商品的独一无二之处，彰显其独特性。

### （二）创意革命时期

20世纪50年代以来，随着西方经济的进一步发展，新产品不断涌现，同类产品的市场竞争愈发激烈，强调产品间的差异、提出“独特的销售主张”变得越来越困难。此外，随着经济的进一步发展，社会需求也在发生改变，人们的消费需求不仅仅停留在物质上，追求更高层次的心理、精神满足的需求也在影响着消费者的购买行为。

此时，不少广告人提出了以“树立品牌形象”为核心的广告思想，代表人物有李奥·贝纳（Leo Burnett）、大卫·奥格威（David Ogilvy）和威廉·伯恩巴克（William Bernbach）。20 世纪 60 年代也被称为美国广告史上的“创意革命时代”，一个“品牌至上”“形象至上”的时代。其中，代表性理论就是大卫·奥格威的“品牌形象理论”。

大卫·奥格威认为，价格促销无法为品牌建立牢不可破的形象，形象才是唯一能使品牌融入人们生活的不二法门，每一个广告都是对品牌形象的长期投资。品牌形象的核心是个性，要聚焦特定群体，传播一种独特的个性，并且持之以恒。

这一时期，比较有影响的理论还有前面已经介绍过的艾·里斯和杰克·特劳特的定位理论，其核心在于使商品在潜在消费者的心智中占据一定的位置。

### （三）整合营销时期

随着数字时代的到来，营销传播可选择的媒体变多，受众呈现分众化的特点。因此，广告营销活动需要借助不同的传播工具，触达不同的人群，传递差异化的信息，整合营销传播应运而生。

整合营销传播（integrated marketing communication，IMC）是 20 世纪 80 年代企业管理者开始采用的方法，其目的是更好地协调使用品牌传播工具。整合营销传播理论的先驱唐·舒尔茨指出，整合营销传播是一个业务战略过程，是指制订、优化、执行并评价协调的、可测度的、有说服力的品牌传播计划，这些活动的受众包括消费者、顾客、潜在顾客、内部和外部受众及其他目标。这一理论对广告学理论产生了巨大影响，成为广告活动的重要理论基础。

## 三、广告的产业现状及发展趋势

### （一）广告业的三大主体

广告包含三大主体五大要素[①]，其中，广告主是广告的发起者，广告信息是广告传递的内容，广告媒介是广告的传播载体，广告（代理）公司是广告的经营者，而受众是广告的接收者。这些要素也构成了广告市场——与广告运作相关的各种组织、个人和其他元素的集合。

广告主（广告客户）、广告（代理）公司、广告媒介构成了广告市场和广告业的三大主体。由于广告活动的复杂性，再全面的广告（代理）公司也很难独立完成繁杂的广告活动，因此就有了广告行业的第四参与者——专门的供应商和顾问，如专门的市场调查公司、创意工作室等，它们既可以直接服务于广告主，也接受广告（代理）公司的委托，可以提供某个领域的专门技术或知识服务，或者解决广告（代理）公司不愿因聘用专职

① 业界也有学者认为广告包含四大主体七大要素：四大主体包括广告主、广告公司、广告媒介、广告受众；七大要素是除了上述四大主体外，还有广告信息、广告效果和广告费用。

人员而增加人力资源成本的问题。

名词解释

**广告主** 也就是广告客户，是广告活动的出资者，因其广告需求才有了广告活动的开始与广告公司、广告媒介的参与。

**1. 广告主**

从规模大小和地域性来看，**广告主**可以分为地方性广告主、全国性广告主、跨国广告主等几种类型；按经营业务的种类来看，广告主则主要有制造商、服务型企业、中间商、政府机构、非政府组织和个人等类型；按照行业可以分为化妆品、饮料、食品、药品、家电等各种行业类型。

名词解释

**自我执行** 企业设立功能齐全的广告部门，使其承担自身广告运作的一切工作和职能。

**委托代理执行** 通过“招标”（常使用“比稿”的方式）选择满意的广告（代理）公司，帮助企业完成广告活动运作。

广告运作的方式包括**自我执行**和**委托代理执行**两种。

采取自我执行方式运作广告的，一般是大企业。大的广告主往往会在其组织内部设立广告部门，或者通过自身组建的广告公司或内部代理机构来管理广告活动，具体包括：根据企业战略和市场调研预测进行广告决策，确立企业广告的目标；根据企业发展战略及目标市场情况，制订切实可行的广告计划，包含广告目标、广告预算、广告策略等；对广告计划进行组织实施。

现实中，企业要做到完全自我执行难度较大，而广告（代理）公司往往在广告活动执行上相对更高效和专业。因此，企业有必要选择部分业务委托代理执行，也就是将自身难以独立完成的广告运作环节，如广告策划与制作等委托给专业的广告（代理）公司。委托代理执行的方式能提高企业广告效率，加大企业广告的投入产出比，是现代广告发展的需要，也符合企业利益。①

名词解释

**广告媒介** 指被用来向消费者传递商品或品牌信息的媒介或媒介组织。

**2. 广告媒介**

**广告媒介**的含义比较宽泛。一般来说，我们在讨论广告媒介的概念时，常将它看作一种传播的工具；在制定广告媒体投放策略时，则会具体涉及某些传播媒介机构。这里主要将其作为一种广告的传播工具来讨论。

广告对媒介这一传播载体有高度的依赖性。不同的广告媒介有不同的属性与特点，每一次媒介技术的更新迭代，都会给广告的形式表现带来新的生命力。目前来看，广告媒介既包括报纸、杂志、电视、广播等传统大众媒体，也包括门户网站、搜索引擎、社交媒体、视频网站、电子商务网站、移动应用程序（App）等新媒体，还包括路牌、公交站牌、交通工具外观、灯箱、霓虹灯等传统户外媒介和电梯、电影院、广场等公共场所的数字户外媒介。

值得一提的是，随着媒介的分化、广告市场竞争的激烈化，很多原本不具备广告发

① 陈培爱. 广告学概论［M］. 3版. 北京：高等教育出版社，2014：167.

布功能的载体也被逐步纳入广告投放的范围内，几乎任何有形的、能承载文字或图像信息的物体都可以成为广告载体，例如飞机票、演出票、手推车、公共餐厅的桌椅等。

（1）大众媒体。

大众媒体指的是报纸、杂志、广播、电视、电影等面向大众的传播工具，尤其是前四种媒体的使用频率较高，被称为“四大广告媒体”。这些大众媒体，其共性在于受众面广、相对权威。但其劣势表现在，随着受众的分众化、个性化加强，大众媒体的用户在慢慢流失，在此类媒体上投放广告，也存在广告投放过于粗放、精准度不足等问题。

（2）小众媒体。

小众媒体以户外媒体、交通广告、POP广告等为代表。这里主要介绍户外媒体。

户外媒体即受众在公路、商场、楼宇建筑等各种户外场所所能看到的各种广告的载体，例如广告牌、灯箱、交通工具外表面等等。户外媒体位置相对灵活，能广泛覆盖地方市场。由于户外广告的购买周期往往是30天，因此受众能在同一地方频繁接触某广告，接触频率高。因此，与其他媒体相比，户外媒体的千人成本非常具有竞争力，成本效率也相对较高。但其劣势在于：第一，它在很大程度上会存在到达率浪费的问题，可能大多数经过户外广告的受众并非都是目标受众；第二，受众多是快速经过某处户外媒体，因此户外广告在短时间内可传递的信息有限；第三，户外广告的制作费用相对高昂，且存在被大风吹毁的风险；第四，广告到达率等广告效果难以评估。

随着数字媒介技术的发展，电梯海报和电视、影院大屏、交通类电视等数字户外媒体有着较好的发展前景。相较于传统的户外媒体，数字户外媒体拥有更多元的表现形式，甚至可以拥有交互功能，场景感更强。未来借助传感器、大数据技术，数字户外媒体的广告效果评估问题能得到解决。

（3）网络新媒体。

传统互联网时代，以互联网作为载体的网络广告，常见形式有网页广告、电子邮件广告、关键词搜索广告等。

如今随着互联网自身的更新迭代，移动互联网崛起，社交媒体（包括微博、微信、SNS）、电子商务网站、视频网站、移动应用程序的用户不断上涨，移动网络广告的规模也因此不断上升：广告形式上，除了网络广告常见的展示广告（如开屏广告、条幅广告、弹出式广告等）外，还有比较新的广告形式，如信息流广告，可以相对隐蔽地隐藏在信息流当中，与内容并行，打扰性较低，用户接受度相对较高。

新兴媒体有着传统媒体难以媲美的特点和优势，主要体现如下：

第一，精准定向。基于大数据技术和算法，新媒体可以通过用户属性、位置数据、使用行为数据、交易数据等描绘用户画像，更加精准地锁定受众，进行精准的广告投放。

第二，互动性强。相较于传统媒体广告的单向传播，新媒体广告往往拥有更丰富的媒体形态，并可以实现与用户的互动，以此提升用户参与程度，增强广告效果。

第三，投放便捷。目前的网络广告可以通过广告交易平台实现程序化购买、快速排期、实时竞价、即时投放，且广告资源丰富多样，包括大量的长尾广告资源。竞价排名广告、网盟广告、信息流广告、公众号广告等投放门槛低，大量中小广告主也可以自主投放。

第四，广告效果可测量。通过流量检测、嵌入代码检测、Cookie 监测等方法，广告主可以实时了解广告的曝光、点击、互动、转化、成本等数据，从而有效评估广告效果，进一步对广告投放进行调整和优化。①

表 8-1 比较了不同媒介广告的优点和缺点。

**表 8-1　不同媒介广告优缺点比较**

| 广告媒介 | | 优点 | 缺点 |
|---|---|---|---|
| 大众媒介 | 报纸、杂志、广播、电视 | 受众面广、相对权威 | 难以做到分众化和个性化 |
| 小众媒介 | 传统户外媒体（如公交站牌、交通工具等）、直接邮寄、售点（POP）、数字户外媒体（电梯电视、影院视频） | 广泛覆盖地方市场，曝光频率高 | 可能存在达到率浪费；目前广告效果评估较难 |
| 网络新媒体 | 门户网站、搜索引擎、社交媒体（包括微博、微信、SNS）、电子商务网站、视频网站、移动应用程序 | 传播范围广、速度快、形式多样、广告效果可测量 | 监管难度大，质量参差不齐，容易出现低俗、虚假广告 |

在传统媒介环境中，只需要选择三到五种媒介进行组合搭配，就能使广告投放覆盖大部分人群。而在新媒体时代，媒介选择不断增多，数字电视、报纸、网络、IPTV、移动电视、智能手机的受众呈现日益细分又不断交融的状态。如何实现传统媒介之间、传统媒介和新兴媒介的组合以及新兴媒介内部的联动与互补，同时避开不必要的资源重复与浪费等等，这些都需要进行严谨的科学调查和详细的数字分析，往往需要借助高级计算机软件程序才能完成。广告传播媒介的增多以及媒介选择时操作过程的复杂化，对传统广告公司提出了挑战。②

**名词解释**

**广告（代理）公司**　专门从事广告代理经营的服务性组织。根据服务的范畴进行分类，广告（代理）公司可分为全面型广告（代理）公司和专业型广告（代理）公司两种。广告公司一般有三种收入来源：佣金、酬金和劳务费。

**3. 广告（代理）公司**

根据美国广告协会的定义，**广告（代理）公司**是指专门从事广告、营销策划、广告作品以及其他促销工具的准备与制作的创意人员和经营者组成的独立机构。

（1）根据服务范畴的不同分类。

根据服务的范畴进行分类，广告（代理）公司可分为全面型广告（代理）公司和专业型广告（代理）公司两种。

第一类是全面型广告（代理）公司，其业务代理范围包括广告调查、广告策划、广告设计和制作、广告媒介投放与发布、广告效果测量和评估以及广泛的公共关系活动、渠道终端促销等各类广告业务。

目前，全面型广告（代理）公司大多为国际性广告公司，例如奥美、电通、智威汤逊等，它们往往从属于更大的广告传播集团，这些广告传播集团通过旗下专攻不同

① 黄河，江凡，王芳菲. 新媒体广告［M］. 北京：中国人民大学出版社，2019：27-28.

② 杨魁，林媛熹. 新媒介环境下广告产业链的变革及中国广告产业的发展取向［J］. 广告大观（理论版），2011（6）：30.

业务的子公司，提供不同环节的广告代理业务，甚至是覆盖公共关系、游说、品牌形象与沟通等更加广泛的服务。例如，WPP集团拥有扬·罗必凯、奥美、智威汤逊等三家全球运作的全资代理商，阳狮集团旗下拥有阳狮、盛世长城、李奥贝纳等广告（代理）公司。

第二类是专业型广告（代理）公司，其业务范畴则是专门代理某个行业、某类特定媒体、某种商品或服务的广告，或者专门代理广告活动中的某个环节业务的广告，典型代表如媒介购买公司。

媒介购买公司是专门从事媒介研究、媒介策划与实施、媒介购买等媒介相关业务的广告公司。这类公司往往对媒介特性、媒介资讯有较多的了解，拥有较强的媒介购买力和价格优势，能帮助广告客户选择并合理配置有效的媒介资源。① 在全球范围内，独立的媒介公司及媒介购买公司呈现快速发展趋势，媒介集中购买成为大的趋势。国际性媒介购买公司一般都是由同一集团旗下几家广告公司的媒介业务合并后独立出来形成的，由此节省了一笔可观的运营成本，而且合并后庞大的媒体购买量使媒介购买公司获得了更有力的谈判优势，能向客户提供有较大折扣的广告价格。我国第一家专业媒介购买公司是1996年由盛世长城与达彼思广告两家公司的媒介部合并成立的"实力媒体"。2006年以来，海外媒介购买公司加大整合力度，在中国市场进一步扩张。目前，国内市场上较有影响力的媒介购买公司有阳狮集团旗下的博睿传播、WPP集团旗下的群邑集团（包括竞立、传立以及蔚迈在内的WPP旗下媒体公司整合而成的母公司）等。值得一提的是，随着互联网的发展，一些互联网大厂的广告业务发展势头强劲，也凭借自身的技术优势搭建起线上广告交易平台，这也在一定程度上挤压了媒介购买公司的业务。

（2）根据经营主体的不同分类。

根据经营主体的不同，还可以将广告（代理）公司分为四种类型。

第一类是专门的广告（代理）公司（也就是第三方），也就是上述提到的广告公司，这里不再展开。

第二类是由广告主/企业（也就是买方）自营的广告公司，大多是企业，尤其是大型国有企业内部负责广告业务的班底组建起来的公司，比如铁路、民航、城市公交、地铁等公司组建的广告公司，部分公司也将业务延伸到创意制作环节。这类广告公司除了主要承担母公司的内部广告业务，也会承揽外来业务，且外来业务呈现逐年递增的态势。

第三类是由广告媒介的广告部门（也就是卖方）演变而成、代表媒体进行广告时段和版面销售的广告公司，其通常垄断了经营媒体的广告资源。部分公司会将业务延伸到创意制作等综合性服务。目前，不少主流媒体的广告经营大都采取广告部与广告公司"一套人马，两块牌子"的运行模式。

第四类是下游广告制作公司，即为广告行业提供服务的机构，例如影视制作公司、创意工作室等。这类广告公司专注于专业广告制作的某些环节，与广告代理相分离。它们可以直接为广告客户提供专门性的服务，也可以接受广告（代理）公司的委托，其优势在于设备精良和人员技术的专门化。

---

① 陈培爱．广告学概论［M］．3版．北京：高等教育出版社，2014：165.

广告公司一般有三种收入来源：佣金、酬金和劳务费。佣金制是较为传统的报酬方式，广告公司往往按照媒介刊播费的15%提取佣金。但这种做法现在较少使用，佣金的比率也往往少于15%，由广告公司与客户共同协商决定。目前多数广告主采用酬金制，即客户与广告公司之间商定每小时的酬金或比率，或者就某个具体项目协商费用。另外，广告公司也可以以月或年为周期，按照项目工作量及小时费率来结算劳务费，这也是大多数公共关系公司采用的结算方式。①

> **名词解释**
>
> **广告代理制** 是指广告代理方（广告经营者）在广告客户的授权范围内开展一系列广告活动，从而在广告客户、广告（代理）公司与广告媒介之间确立以广告公司为核心和中介的广告运作机制，它是一种国际通用的广告经营与运作机制。②

### （二）广告代理制

**广告代理制**是广告业现代化的主要标志之一。广告公司的代理业务主要包括客户代理和媒介代理，具有双重代理、双向服务的性质。一方面，广告公司可以接受广告主委托，全面代理广告客户的广告事务，为实现广告客户的广告目标而提供市场调查、广告策划、广告创作和媒介投放等服务，也就是“客户代理”。另一方面，广告公司也可以接受广告媒体的委托，代理媒介广告时间和广告版面的销售，也就是“媒介代理”。

在这个过程中，广告公司的劳动收入主要来源于媒介出售广告版面和广告时段而获取的佣金，也就是传统的佣金制。

按照国际惯例，大众传播媒介的佣金比率是广告刊播费的15%，户外媒介的佣金比率是16.7%。在我国，承接国内广告业务的代理费通常为广告刊播费的10%，承办外商来华广告的代理费为广告刊播费的15%。另外，广告客户除了如数提供给广告公司各项广告制作支出费用外，还需要给广告公司17.65%的加成作为广告公司代理广告制作的报酬。但由于媒介刊播费用越高，广告公司获得的佣金越多，因此，为缓和广告客户与广告公司之间的矛盾，此后又出现了协商佣金制、实费制、议定收费制、效益分配制等几种新的收费制度。③

**1. 协商佣金制**

协商佣金制即由广告客户与广告公司共同协商出一个低于15%的佣金比率，广告公司在从媒介处获取15%的佣金后需将超出协议佣金的部分退还给广告客户，这在一定程度保护了广告客户的利益。该收费制度主要适用于媒介支出费用较大的广告代理业务。

**2. 实费制**

实费制即按照广告公司在代理广告业务时实际支出的成本和劳务来计算广告代理费。广告公司需要提供各项支出的凭证向广告客户报销，并根据各项业务花费的时间获取相应的劳务报酬。广告公司在从媒介处获取15%的佣金后需将超出实际劳务费用的部分退

① 维尔斯，莫里亚提，伯奈特．广告学：原理与实务：第9版［M］．桂世河，王长征，译．北京：中国人民大学出版社，2013：23.

② 陈培爱．广告学概论［M］．3版．北京：高等教育出版社，2014：169.

③ 同②170－172.

还给广告客户。反之，如果15%的媒介佣金不足以支付实际的劳务费用，则由广告客户补齐。

**3. 议定收费制**

议定收费制即广告客户与广告公司针对具体个案，在预估广告代理成本的基础上商定一个包含代理酬金在内的总金额，由广告客户向广告公司一次性付清。之后，在实际业务操作过程中，由广告公司自负盈亏，由此避免双方之间可能产生的付费纠纷。这是实费制的补充形式。

**4. 效益分配制**

效益分配制即广告公司按一定比例从代理广告的实际销售额中提取相应的利润，如果广告公司的广告代理活动不能促进销售，其就无法从中获取收益。由此，将广告公司与广告客户的利益绑在一起，使广告公司也承担一定的风险，强化了广告代理的责任。

### （三）广告业发展趋势

技术的不断更新迭代，推动了新媒介的发展，完善了广告投放和监测环境，为媒体投放、产品形态、代理服务等方面的创新和发展提供动力，也深刻地改变了整个广告行业的现状与发展方向。

**1. 广告主营销需求变革与升级**

受经济下行压力和外部环境变化影响，广告主面临着营销成本走高、投资回报降低、传播造势困难、销售转化乏力等痛点，其对于“品效合一”的需求越来越明显，希望广告营销在打造品牌的同时也能提升实际的销量。在压力之下，“全营销”的需求应运而生。所谓“全营销”，即以消费者为中心，以触发情感共鸣的内容为原动力，以利益牵引加社交驱动刺激扩散；通过标签优化、算法赋能，精准匹配商品、营销物料和消费者场景需求，进行全网域信息分发；同时建立有效的销售承接机制，对销售促进相关的资源要素整合利用，实现商品同步流通与转化，从而提升企业经营效率。相较于传统营销模式，全营销呈现出以下四个鲜明特点：一是数据和算法赋能；二是品效合一，促进销售转化；三是场景匹配，全域分发；四是内容牵引，利益驱动。① 在广告主营销需求变化的背景下，广告公司、广告媒体的生存环境也自然而然发生了变化，都需要为生存与发展而进行业务调整。

**2. “大广告”化与去机构化**

随着市场环境和传播环境的变化，企业对于广告公司的需求不再是简单的广告业务代理，而是包括公关、促销、网络营销甚至是整合营销传播等偏“营销”范畴的服务。广告公司也在根据广告市场环境调整广告公司的核心业务，突破传统广告业的藩篱，使广告运作往“大广告”的方向发展：除了广告策划、创意、媒介投放等传统广告业务外，事件营销、互动营销、网络营销、终端促销等营销意义上的理念和操作方式开始被频繁使用，广告业务的参与主体变得更加多元。

随着短视频、直播等新媒体平台的爆发式发展，自媒体、KOL（key opinion leader，

---

① 崔保国，徐立军，丁迈．中国传媒产业发展报告：2020［M］．北京：社会科学文献出版社，2020：113.

即关键意见领袖）受到更多广告主的关注，传统广告业经营形态不断升级，广告业部分业务面临着“去机构化”及“去大集团化”的趋势。越来越注重个性化、精准化、快速反应和创意灵活的移动广告，使规模较大的广告（代理）公司的长流程和劳动密集型结构被消解，部分大团队向小团队甚至向个体作业方向转型。而AI、大数据和自动化投放等技术的广泛应用，更是加快了重复手工作业被替代的进程，创意人员的价值彰显。

**3. 技术驱动下的数字营销**

早期，广告主向媒体买定媒体资源位，在固定位置展示广告，无法跟踪广告效果。正如百货业大亨约翰·华纳梅克曾说过：“我知道我的广告费浪费了一半，但问题是，我不知道哪一半被浪费了。”

而随着媒体竞争的激烈化，尤其是移动互联网应用的崛起，用户分散在各个媒体平台，从搜索竞价广告到程序化广告，再到原生广告，大数据、算法在营销中的参与程度越来越高，借助用户画像、LBS（location based services，即基于位置服务）、关系链等维度的大数据计算，就能更有效地触达不同人群，实现广告投放的灵活精准定向、实时竞价、及时投放以及广告效果的监测追踪。在网络媒介的投放成为广告市场中的主流，数据和用户流量成了广告市场中的核心要素。此外，在技术驱动下，广告的程序化购买得以实现，也吸引中小企业加入广告投放行列，充分撬动了长尾市场。

因此，广告业也呈现出新的发展趋势：广告与用户的匹配趋于精准化；广告的场景化趋势凸显；内容与广告趋于融合；数据将成为广告业的基础资源；人工智能技术将得到普遍应用；个人层面的行为改变将成为广告效果的核心；广告运作将从“以媒体价值为中心”转向“以用户为中心”。①

**4. 广告公司面临多重打击，向数字化转型**

受媒体环境、技术环境变化以及广告主营销需求升级的影响，整个广告业在发生变化，广告公司的业务也在发生变化。早期，广告公司以媒介代理为主，以收取佣金为主要收入，市场竞争不激烈，对广告代理服务的专业化水平要求不高。如今，新媒体崛起，渠道日益多样化，用户分流、注意力稀缺，且对信息的主动选择权更大，广告主对广告效果要求更高，因而传统的硬广告、强制性广告不再完全适用，广告公司由单纯的媒介代理转向整合营销传播，也有不少公司通过资本运作的方式并购新媒体公司，提升公司的整合营销水平，为广告主提供“全媒体”的广告服务。② 当前，很多广告公司对原有业务进行数字化重塑，将多方数据接入，对消费者进行精准洞察；纷纷成立数字营销部门，积极利用数字渠道进行营销传播。还有部分广告公司在原来的价值链条中增加新业务，为客户提供电商、客户关系管理等服务。图 8－2 对比了 2018—2019 年中国广告公司业务分布的变化。相关数据显示，近年来，提供数字媒体策划和技术支持、广告监测及效果评估业务的广告公司比例陡增，广告监测及效果评估业务也大都集中在数字媒体和数字营销领域。

---

① 易红发．广告业发展趋势：标准化 场景化 社会化［J］．新闻战线，2018（5）：109－111.

② 倪宁，王芳菲．新媒体环境下中国广告产业结构的变革［J］．当代传播，2014（1）：88－90.

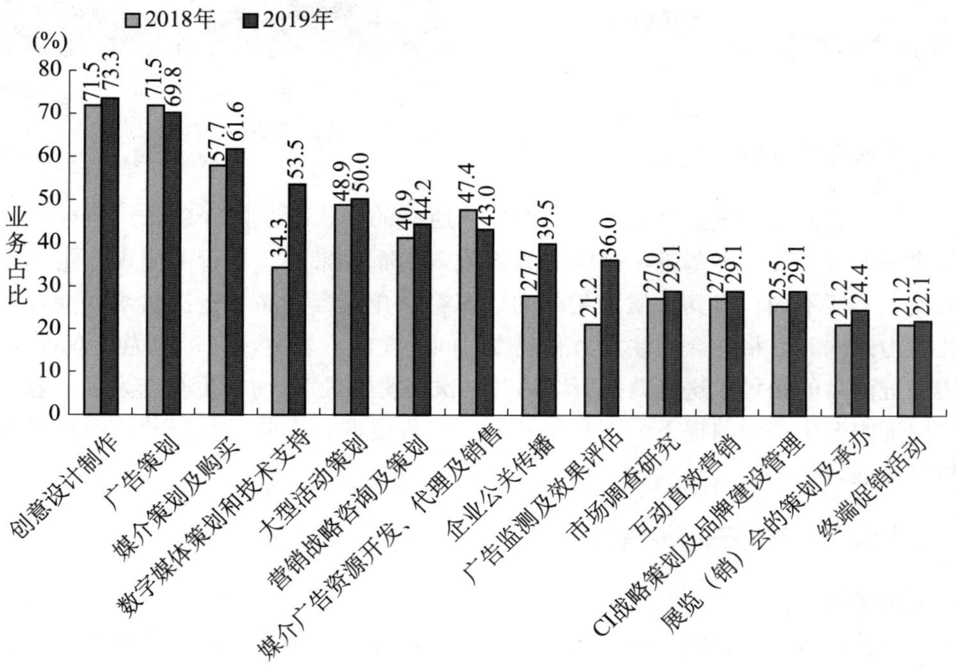


**图 8－2　2018—2019 年中国广告公司业务分布**

尽管广告公司奋力实现数字化转型，但发生巨大变化的环境仍然让广告公司遭遇了来自多方的打击，经营和生存空间受到空前的挤压：一是在广告主对内容的强需求下，媒体凭借自身的优质内容和把握受众接触习惯的特点可以跳过广告公司，直接对接广告主，提供相关服务，使众多媒体代理类广告公司业务骤减；二是直播营销等新媒体营销形式成为广告主新宠，拉新、种草、卖货能力显著，也对广告公司的策划、设计和终端促销等业务形成巨大冲击；三是咨询公司、技术公司以及互联网公司正加快进入广告行业，成为广告行业的重要“搅局者”，例如：埃森哲、普华永道等咨询公司凭借自身市场调查的优势开始从事代理业务，其中埃森哲还在全球范围内收购了独立创意机构，进一步渗透创意领域；而腾讯、阿里巴巴、字节跳动、百度等互联网大公司依托资本和技术优势，拓展广告业务，搭建广告交易平台，广告业务已成为其重要收入来源。因此，广告公司只有不断适应不断变化的内外部经营环境，才能够在广告市场竞争中赢得主动权。

## 第二节　媒介广告经营

广告媒介作为广告市场的三大主体之一，与广告行业关系密切。广告的投放需要以媒介为载体，广告业随着媒介发展而逐渐成熟。而媒介则借助广告实现创收，目前广告仍然是大多数媒介组织的主要收入来源。

## 一、媒介广告概述

**名词解释**

**媒介广告** 即投放在广告媒介上、由媒介组织经营的广告。

### （一）媒介广告的含义与作用

广告是市场活动的重要组成部分，但并非所有的广告都是媒介广告。媒介广告的经营以广告资源（产品）为基础，是媒介组织收入的重要来源。尽管不同媒介组织在广告经营策略上有所不同，但其本质是相同的，即将媒介内容产品免费提供给受众，在吸引受众注意力的同时，将受众的注意力和观看时间售卖给广告主，广告主为受众观看买单，以期望促进商品的销售，这也就是所谓的“二次售卖模式”。为了生存与发展，媒介组织必须在保证内容生产的前提下，不断创新开发广告资源，以此进行经营，促进媒介组织的可持续发展。

### （二）媒介广告的三种经营方式

**1. 媒体自营**

媒体自营广告，即媒体自行组建广告团队，培养广告销售人员，拓展广告业务，并建立售后服务体系。早期，媒体内部没有设立专门的广告部门，后来随着媒体的体制改革和经营创收的需求增长、广告数量的提升，媒体内部开始设立专职的广告经营部门，其广告业务日益系统化、规模化。广告经营部门的常规职能在于及时准确地发布广告、监督修正广告内容与形式、协助编辑部门及其他经营部门、向客户提供信息服务等。

另外，随着媒体竞争越来越激烈，为提升自身广告业务的竞争力，媒体内部广告部门的专业研究职能和广告创意开发职能在增强，其人员开始承担起行业调查与策略研究、开发新业务渠道和广告资源、探索广告合作新模式以及拓展新型广告阵地等任务。例如，中央电视台、湖南卫视等电视媒体以及头部视频网站每年或每个季度都会召开招商会，整合各种广告资源，面向社会企业客户招商。

**2. 委托代理**

媒体的广告代理是指媒体将广告业务委托给专业的广告公司，由一家广告公司（独家代理）或多家广告公司（多家代理）在其授权范围内从事广告经营活动。借助广告公司丰富的广告客户资源和市场投放经验，媒体的广告业务能更加专业、高效。

在传统的广告购买模式下，广告主需要直接与媒体洽谈或通过广告代理来实现媒体资源购买。而随着媒体数量的激增与分化，除了一些体量较大的主流媒体资源外，还产生了众多中小媒体流量与广告资源。在互联网广告的兴起与大数据技术发展的背景下，数字广告交易平台这一新型的媒介代理商应运而生。广告交易平台可以对接中小广告主与中小广告媒介，帮助其完成广告资源的销售，充分撬动了互联网广告的长尾市场。

**3. 自营与代理混合**

这是前两种模式的混合，使媒体既能有效掌握广告经营的主动权，也能借助广告（代理）公司的专业性，更加灵活、高效地针对市场状况调整广告价格与广告策略，提升自身在广告市场上的竞争力和议价能力。例如，央视既有每年的广告招标会，也有广告

（代理）公司来代理其部分广告销售业务。

## 二、媒介广告资源的开发与经营

### （一）媒介广告资源的开发

不同类型的媒介各有其特性，因此有着不同的广告资源与广告表现形式。

**1. 传统媒介的广告资源及运作**

报纸以文字和图片为主要传播形式，是较早发布广告的传统媒介，其广告形式主要有三类：分类广告、展示广告和增刊/专刊广告。分类广告是版面位置相对固定的一组短小广告的集合，通常包含各种商业信息，并根据性质进行分类，例如“求助”“汽车”“家教”“招商加盟”“出租转让”等。展示广告是报纸广告最重要的形式，可以占据编辑区外的任何版面，篇幅有跨页、全版、半版、四分之一版等。报纸广告的优点主要在于其权威性强、可信度较高，时效性强，制作费用相对低廉。但其缺点在于时效性差，不利于长期传播，且印刷效果较为单调。

杂志广告除了占据封面或内页一定版面的常规性展示类广告外，还有赠品广告（在杂志内夹带赠品）、隐形广告（采用热敏印刷技术制作的互动型广告）等广告形式。同为印刷媒介，与报纸不同的是，杂志印刷精美、图文并茂，且被读者保存的时间较长，细分程度较高，因此杂志广告具有印刷精美、有效期长、针对性强的特点。

广播是通过无线电波或导线传送声音的新闻传播工具，因此，广播的广告资源在于时间，而非版面，常见的有 10 秒、15 秒、20 秒、30 秒等时长的声音广告，此外还有栏目冠名、报时提醒等特殊形式的广告。其特点在于，伴随性强、传播速度快、覆盖面较广、成本低，但也有不易保存、无视觉冲击力等局限性。

电视和广播一样，都主要依靠出售时间资源来获取广告收入。常见的电视广告形式有插播广告、冠名广告、赞助广告、字幕广告、植入式广告等，具有辐射面广、渗透性强、视听兼具、煽动力强、表现手法多样的特点，但也具有不易保存、精准性不足、广告密集导致观众生厌等局限性。此外，电视广告的制作与发布费用昂贵，从策划、拍摄、到后期制作都需要花费较高的费用，广告发布费用更是高昂，例如央视一套 5 秒的广告需要 10 万元左右。

对传统媒介而言，在广告资源既定的情况下，面临的最大挑战是在存量市场下如何做增量。这就需要传统媒介在媒体融合中创新开发出更多的广告资源和广告形式。例如，在媒体融合的过程中，央视已打造了多元的产品矩阵，如央视网、央视新闻 App、央视影音 PC 端和 App 端、微信、微博、微视等，并在此基础上形成了丰富的广告资源。

**2. 网络媒介的广告资源及运作**

网络媒介广告，也就是互联网广告，泛指企业在互联网上发布的一切产品宣传信息。

我国第一条互联网广告出现于 1997 年，被视为新媒体广告的发端。随着媒介技术的不断发展，如今的网络媒介广告形式多样，除了最初的按钮式广告、横幅广告、文字链广告，以及后来的电子邮件广告、关键词搜索广告、富媒体广告、植入式广告，还有随移动应用程序日益兴起的开屏广告、插屏广告、信息流广告等。下面按照不同媒介平台介绍几种主要的网络媒介广告。

(1) 网站广告。

网站广告即发布在网站上的广告，主要形式有按钮式广告、文字链广告、横幅/通栏广告、弹窗广告、电子邮件广告等等，主要按照广告效果（点击率、浏览量等指标）付费。

(2) 搜索引擎广告。

搜索引擎广告是指投放在搜索引擎上的所有广告形式，主要形式包括关键词广告、展示类广告、网络联盟广告等，其中以关键词广告为主导。

所谓关键词广告，即广告主根据自己的产品或服务的内容、特点等确定相应的关键词，撰写广告内容并自主定价投放在搜索引擎上的广告。当用户搜索到广告主投放的关键词时，相应的广告就会展示在搜索结果里，搜索引擎采取按点击计费的方式，只有在用户点击广告后才会按照一定价格进行收费。这里涉及两种运作方式：一种是固定排名广告，即将广告主的网站放在搜索结果页面的固定位置进行展示，并在用户点击广告后才按照预定的价格向广告主收费；第二种则是竞价排名，搜索引擎并没有给关键词设置特定的点击价格，而是由广告主自行出价，搜索引擎再辅以一定的规则对每个广告主的广告加以排位。例如百度会根据广告客户的信用情况、关键词链接的广告质量、点击率预测、关键词的出价等因素对广告进行排位，并确定每个关键词的“点击价格”。①

搜索引擎广告的优势在于，以用户主动输入的搜索词为定向标签，更能匹配用户的需求，页面左侧广告与搜索结果自然混排，用户的搜索体验不被打扰；右上方为资源位，其基于广告搜索词为用户推荐相关广告，引导激发用户需求，变现能力也比一般的展示类广告要高。竞价广告的好处在于对于广告主来说，如果想在显著位置出现本企业的广告，就必须有比其他同类企业更多的投入，这可以大幅度增加媒介组织的收入，但由于这种方式仅仅依据广告费的多寡来进行排位，容易对消费者造成误导，让那些肯出大价钱但品质不高的产品或服务获得更容易受到关注的位置，形成劣币驱逐良币的状况。

(3) 在线视频平台广告。

在线视频平台广告，顾名思义就是发布在在线视频平台上的广告形式。国内的在线视频平台主要以抖音、爱奇艺、腾讯视频、优酷、芒果 TV、B 站等为代表，基本覆盖了 PC 端、手机端、平板电脑端和 TV 端。国外的典型在线视频平台有 YouTube、Netflix 等。在这类在线视频平台刚出现时，主要参考卫视影视综艺节目播映前中后插播广告的形式，以贴片广告（见图 8-3）、赞助广告或冠名广告为主要广告形式；随后，在烧钱圈地之后，自制时代开启，各大在线视频平台开始自制内容，在广告招商方面拥有更多话语权，广告形式创新越发多样，出现了信息流视频广告、压屏条广告、角标广告、植入式广告、创意中插广告等几种典型的原生广告形式。如今，在 AI 视觉识别技术的驱动下，互动视频广告、“边看边买”的广告营销创新在不断出现。

---

① 黄河，江凡，王芳菲. 新媒体广告［M］. 北京：中国人民大学出版社，2019：152.

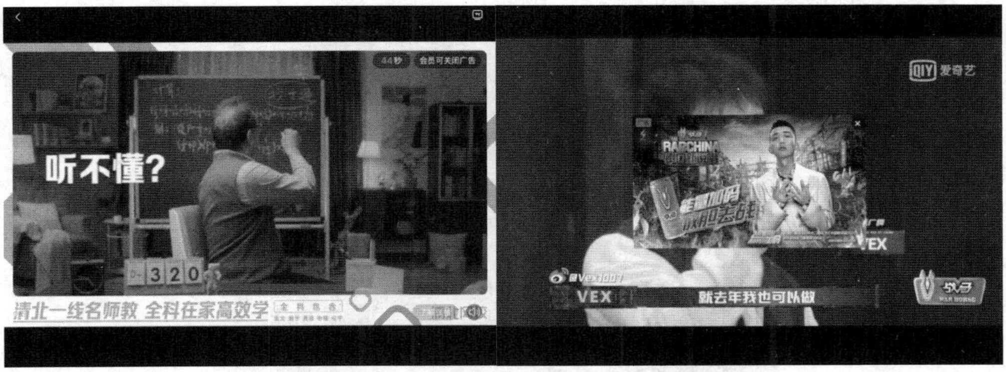


图 8－3　视频贴片广告（前/后贴、暂停贴）

第一，视频贴片广告。

视频贴片广告即在视频片头、中间或片尾出现的广告，有不同的时长。这种广告是视频网站诞生初期效仿电视媒体推出的广告形式，也是视频网站最重要的广告形式。一般两分钟的视频，广告时长不超过 20 秒，超过 10 分钟的视频，广告时长在 45 秒至 120 秒不等。

随着视频贴片广告的广告价值被认可、投放量提升，视频网站对于贴片广告的开发在不断深化。以往视频播放中只有用户暂停播放时会出现暂停贴片广告，而如今不少视频网站也出现了中插视频贴片广告。会员用户一般可以跳过片头片尾的广告，但会被强制观看中插视频贴片广告；非会员用户则会被强制观看广告，或者在一定时长后可选择关闭广告。

第二，赞助广告、冠名广告。

赞助广告是指广告主通过提供资金、物品等方式赞助某类网络视频节目或栏目，视频网站在视频内容中以视频片头标版（节目开始时出现字幕并配音）、主持人口播、滚屏字幕鸣谢、视频内容嵌入广告元素（如产品陈设、演播室展现品牌 Logo）等方式对广告主的品牌或产品进行宣传的一种广告形式。一档节目往往可以由多个广告主联合赞助。

当广告主资助的费用较高时，视频网站还会以品牌或产品名称作为视频节目或栏目的名称前缀，也就是冠名广告。这类广告不易被观众跳过或忽视，曝光度高；有时因主持人口播的巧妙能更好地为用户所接受。例如，爱奇艺的自制综艺节目《奇葩说》因为主持人马东口播广告的趣味性而使广告接受度大大提升。

第三，角标广告、压屏条广告、弹幕广告。

角标广告原是指与电视广告相似、在视频播放过程中出现在屏幕右下角的广告标识。这类广告形式占据屏幕的面积小，播放时间长，到达率高，对用户的打扰度低且广告费用相对较低。

近年来，视频网站为了提高广告的趣味性和用户接受度，对角标广告不断进行创新，出现了压屏条广告（见图 8－4）、弹幕广告等新形式。压屏条广告是依据剧情发展，以压屏条的形式出现在屏幕中，广告文案与视频内容契合的广告。这种情景植入式广告贴合剧情、简短有趣，有利于提高广告的用户接受度。

**图 8-4 压屏条广告**

弹幕广告是伴随着弹幕文化的形成而产生的新广告形式，它出现在视频上方的弹幕中，用户将鼠标移至弹幕广告处可以放大，点击后可以跳转其他活动页。

第四，植入式广告。

植入式广告是指广告主通过提供免费的产品或服务、直接付费等方式，有意识地使商品或服务及品牌名称、标识等信息隐匿在媒介中，以影响消费者的一种广告形式。相较于赞助广告或冠名广告而言，植入式广告的特点在于广告的隐蔽性，不易招致用户的抵触，又能潜移默化地影响用户。

随着新技术的发展，视频网站的植入式广告在不断优化：第一，借助 AI 技术和视频内嵌广告技术，在视频中自动搜索适合植入广告的视频内容点位，并将商品海报、实体等广告信息植入特定位置，从而实现在后期内容制作甚至是播出环节中动态插入广告，而非必须在视频前期拍摄和制作过程中进行广告植入；第二，借助 AI 技术，自动识别视频中出现的产品、明星等内容触发点，并以浮屏、电商页面等形式出现，用户点击后可进入电商页面进行相关商品的购买，从而实现广告植入与购物网站的链接，缩短用户消费决策的过程，提高广告转化率；第三，以“创意中插”的形式植入广告，即在视频播放的过程中插入由剧中主创人员拍摄的、与剧情有一定关联的广告创意短片，如网剧中的“小剧场”广告（见图 8－5）。[①]

**图 8－5　影视剧《延禧攻略》小剧场广告**

## 案　例

### 爱奇艺的原生广告创新——互动视频广告

原生广告成为一种趋势，是近几年视频广告行业创新的重点领域。原生广告可分为形式原生和内容原生两种。其中形式原生是指广告与载体形式保持一致，如搜索信息流、搜索关键词等。内容原生即广告与载体在内容上保持一致或具有相关性，如创意中插，原创内容植入等。

如今的原生视频广告面临着一个更具发展潜力的市场，同时也需要不断创新来创造更多的增量，基于视频内容和场景的原生创意是行业关注的重点。爱奇艺的互动视频广告正是在当前原生广告创新背景下的产物。在 2019 年 8 月《中国新说唱》第八期节目中，爱奇艺上线了行业首支互动视频广告，这支由两名节目人气选手联合演绎的洗发水互动视频原生广告，首次将互动技术运用到娱乐商业广告层面，开启了营销互动时代的大门。

在广告开始，出现互动选项（屏幕下方的两个文字按钮），用户可根据个人喜好选择不同的广告剧情，随后进入内容分支。

从用户的角度，互动视频广告这种新颖的形式能够充分调动用户的好奇心，使其主动地选择观看广告内容，从而大大降低了用户对广告的主观排斥心理。广告不再是强制观看的干扰信息，这也是对用户体验的一种优化和提升。

而从广告主的角度，互动视频广告作为一种趣味性的广告形式，在用户触达上可覆盖到更广泛人群；同时，互动带来的参与感和趣味性能够更好地感染用户，提升用户对广告和品牌的好感度。此外，用户对不同广告选择的倾向性，也便于广告主收集相关数据用以优化广告创意。

---

① 黄河，江凡，王芳菲．新媒体广告［M］．北京：中国人民大学出版社，2019：297.

由于巨大的存储体积和带宽要求，目前互动视频广告并不普及。但5G传输极大的容量和极低的时延将会改变这一现状。未来，5G时代的互动视频广告不仅仅是通过点击屏幕按钮进行的页面互动，还能在VR、AR、全息投影等技术的支持下，给消费者带来充满沉浸感的互动体验。譬如虚拟开箱、虚拟试衣等。在热门综艺《潮流合伙人》上线前，爱奇艺就曾推出互动短视频，鼓励用户通过互动解锁九种结局。可见，广告不仅仅是单方面的信息触达，更多会变成一场好玩的互动游戏。

（4）App广告。

App是指通过预装、下载等方式获取并运行在移动智能终端（如手机、平板电脑）上向用户提供信息服务的应用软件。近十年来移动终端、通信技术的发展，为App的发展创造了良好的空间。App有多种类型，如新闻类、社交类、购物类、摄影与录像类、教育类、娱乐类、游戏类、效率类、美食类等等，在苹果手机App Store中的类别就多达26类，涉及方方面面。其中具有明显媒体属性的典型代表有以微信、微博为代表的社交媒体App，以腾讯新闻、今日头条、人民日报客户端等为代表的新闻资讯类App，以抖音、快手等为代表的短视频App等。

App广告则是指广告主投放在App上的广告形式，除了传统的横幅广告、弹窗广告等形式外，还有App特有的开屏广告（见图8-6）、与内容混排在信息流中的信息流广告（见图8-7）等。

**图8-6 开屏广告**

图 8-7　信息流广告

不同 App 也会根据自身特点开发特有的广告资源，例如，微信的朋友圈广告、抖音的视频信息流广告（见图 8-8），本质上也是展示类广告，但同时具有 App 自身的特性。

图 8-8　微信朋友圈广告、抖音广告、微博信息流广告

用户在移动终端上的使用时长越长，App 广告的市场就越广阔。由于当下 App 的数量庞大，而用户的时间和注意力有限，不少 App 争夺用户使用时长，并不断创新广告形式，来为广告创收提升空间。

在互联网用户增长放缓、整体互联网广告市场流量红利触顶的背景下，依靠数据和技术激活现有存量市场、拓展广告收入成为多数互联网媒体的选择。例如，搜索广告业务增长放缓的百度，用AI技术驱动催生“搜索+信息流”的模式——虽然百度的广告业务以搜索引擎关键词广告起步，但随着移动互联网时代的到来和大数据、AI等新技术的发展，其广告产品在不断开拓，从搜索引擎的搜索广告、展示类广告到App的开屏广告、信息流广告等多种形式，覆盖百度搜索、百度地图、百度贴吧、好看视频、小度App等百度系产品以及网络联盟等广告资源。其中，技术的参与程度不断提升，从数据统计分析、用户精准定向、创意营销等方面为广告主提供全面的营销解决方案和服务。

另外，由于广告投放方式更加灵活的特点与盈利的目标，网络媒介在广告资源创意开发上也比传统媒介更有优势。例如，腾讯视频、优酷、爱奇艺、抖音等视频网站（视听媒介）在用户红利触顶的背景下向自制内容发力，并将广告营销环节置入节目的开发环节，探索出小剧场广告等新的广告形态，即综艺或网剧正片的中间穿插由主创人员出演的小剧场广告，给予观众更多新意。

### （二）媒介广告的定价

**1. 媒介广告定价的方式**

（1）媒介广告刊例价。

媒介广告的价格基础是刊例价，也就是媒介广告的报价，通常会按照广告时长、版面位置等列出常规广告的价格说明。以此为基础，媒介组织还会根据市场情况、与广告商的关系等因素设置折扣价，既有统一公开发布的折扣价，也有面向特殊客户或特殊情况、不公开发布的特殊折扣价。特殊的广告形式或节目赞助，通常由媒介组织与广告客户根据具体情况商定最终价格，或者通过招标的方式进行广告销售。

不同的媒体有不同的广告资源，具体价格也不尽相同，往往因广告位置、时长等因素而变化。例如，电视台主要以时段为广告资源，广告时长按“秒”计费，时间越长，定价越高；时段越好，定价也越高。而广告的单价与电视台的影响力和节目的收视率直接挂钩，如中国中央电视台CCTV-1频道，黄金档剧场时段的广告，5秒时长广告刊例价就为10万元左右（见图8-9）。

随着微信公众号的发展，自媒体也在广告媒介市场中占据了重要的位置。相较于传统媒体，自媒体的内容更加活泼，形式更加灵活，不少自媒体形成个人IP，拥有众多粉丝，也受到广告主的青睐。越来越多的广告主偏好在有影响力的自媒体上投放软文广告，借助KOL的影响力来提升广告曝光度，不少自媒体广告的价格便跟着水涨船高。例如，被称为“国内最值钱的公众号”的“GQ实验室”，配以有趣文案的手绘漫画已经成为其标志性内容形式，几乎每篇公众号文章阅读量都达到10万+，多篇文章达到100万+的阅读量，如今其头条软文刊例价高达130万元。星座类公众号“同道大叔”、时尚类公众号“黎贝卡的异想世界”、财经类公众号“吴晓波频道”、生活类公众号“视觉志”等，其头条定制广告刊例价也在30万～90万元不等。此前大热的自媒体人“咪蒙”被封号前，微信公众号粉丝达1 400万，其头条广告刊例价达到每条80万元。

（2）按市场需求定价。

招标是一种由市场需求来决定商品售出价格的销售方式，能充分体现商品在购买者心目中的价值。在广告版面、时段资源紧缺、供不应求的情况下，媒体广告经营部门将

有效期：2020年1月1日-2020年12月31日（不含春节期间1月24日-2月8日）　　单位：人民币元/次

| 名称 | 播出时间 | 5秒 | 10秒 | 15秒 | 20秒 | 25秒 | 30秒 |
|---|---|---|---|---|---|---|---|
| 广告001 | 约5:55 | 20,100 | 30,400 | 38,000 | 51,700 | 60,800 | 68,400 |
| 生活圈中插1 | 周一至周五，08:33-09:20间 | 20,700 | 31,200 | 39,000 | 53,000 | 62,400 | 70,200 |
| 生活圈中插2 | 周一至周五，08:33-09:20间 | 20,700 | 31,200 | 39,000 | 53,000 | 62,400 | 70,200 |
| 广告002 | 周六、日，约09:21 | 20,100 | 30,400 | 38,000 | 51,700 | 60,800 | 68,400 |
| 上午精品节目前 | 约09:23 | 20,100 | 30,400 | 38,000 | 51,700 | 60,800 | 68,400 |
| 第一精选剧场第一集贴片 | 9:25-11:00间 | 23,900 | 36,000 | 45,000 | 61,200 | 72,000 | 81,000 |
| 第一精选剧场第二集贴片 | 9:25-11:00间 | 29,200 | 44,000 | 55,000 | 74,800 | 88,000 | 99,000 |
| 第一精选剧场第三集贴片 | 9:25-11:00间 | 32,900 | 49,600 | 62,000 | 84,300 | 99,200 | 111,600 |
| 上午精品节目后 | 约11:54 | 47,300 | 71,400 | 89,300 | 121,400 | 142,900 | 160,700 |
| 新闻30分前 | 约11:57 | 47,300 | 71,400 | 89,300 | 121,400 | 142,900 | 160,700 |
| 今日说法前 | 约12:32 | 52,500 | 79,200 | 99,000 | 134,600 | 158,400 | 178,200 |
| 今日说法中插1 | 周一至周五12:36-13:16间；<br>周六日12:35-13:30间 | 57,200 | 86,400 | 108,000 | 146,900 | 172,800 | 194,400 |
| 今日说法中插2 | 周一至周五12:36-13:16间；<br>周六日12:35-13:30间 | 57,200 | 86,400 | 108,000 | 146,900 | 172,800 | 194,400 |
| 今日说法后 | 周一至周五约13:18；<br>周六日约13:31 | 46,600 | 70,400 | 88,000 | 119,700 | 140,800 | 158,400 |
| 下午精品节目前 | 周一至周五约13:20；<br>周六日约13:33 | 40,300 | 60,800 | 76,000 | 103,400 | 121,600 | 136,800 |
| 第一情感剧场第一集贴片 | 14:00-16:00间 | 32,900 | 49,600 | 62,000 | 84,300 | 99,200 | 111,600 |
| 第一情感剧场第二集贴片 | 14:00-16:00间 | 31,500 | 47,600 | 59,500 | 80,900 | 95,200 | 107,100 |
| 第一情感剧场第三集贴片 | 14:00-16:00间 | 30,200 | 45,600 | 57,000 | 77,500 | 91,200 | 102,600 |
| 下午精品节目(一~五) | 16:00-17:48间 | 28,400 | 42,900 | 53,600 | 72,900 | 85,800 | 96,500 |
| 18点精品节目前 | 约17:58 | 36,300 | 54,700 | 68,400 | 93,000 | 109,400 | 123,100 |
| 黄金档剧场第一集前情提要前 | 约19:59 | 106,000 | 160,000 | 200,000 | 272,000 | 320,000 | 360,000 |
| 黄金档剧场第一集贴片 | 周一至周五约20:01；<br>周六日20:00-22:00间 | 104,400 | 157,600 | 197,000 | 267,900 | 315,200 | 354,600 |
| 黄金档剧场第一集下集预告前 | 周一至周五约20:52；<br>周六日20:00-22:00间 | 98,100 | 148,000 | 185,000 | 251,600 | 296,000 | 333,000 |
| 黄金档剧场集间 | 周一至周五约20:55；<br>周六日20:00-22:00间 | 94,900 | 143,200 | 179,000 | 243,400 | 286,400 | 322,200 |
| 黄金档剧场第二集贴片 | 周一至周五约21:01；<br>周六日20:00-22:00间 | 96,500 | 145,600 | 182,000 | 247,500 | 291,200 | 327,600 |
| 黄金档剧场第二集下集预告前 | 约21:52 | 86,900 | 131,200 | 164,000 | 223,000 | 262,400 | 295,200 |
| 黄金档剧场后 | 约21:53 | 82,200 | 124,000 | 155,000 | 210,800 | 248,000 | 279,000 |
| 晚间新闻前 | 约21:58 | 77,900 | 117,600 | 147,000 | 199,900 | 235,200 | 264,600 |
| 晚间新闻后 | 约22:31 | 63,600 | 96,000 | 120,000 | 163,200 | 192,000 | 216,000 |
| 22:30精品节目前 | 约22:36 | 63,600 | 96,000 | 120,000 | 163,200 | 192,000 | 216,000 |
| 22:30精品节目中插1 | 22:38-23:30间 | 61,000 | 92,000 | 115,000 | 156,400 | 184,000 | 207,000 |
| 22:30精品节目中插2 | 22:38-23:30间 | 61,000 | 92,000 | 115,000 | 156,400 | 184,000 | 207,000 |
| 23:30精品节目前 | 约23:35 | 41,300 | 62,400 | 78,000 | 106,100 | 124,800 | 140,400 |
| 23:30精品节目中插1 | 23:36-24:30间 | 41,900 | 63,200 | 79,000 | 107,400 | 126,400 | 142,200 |
| 23:30精品节目中插2 | 23:36-24:30间 | 41,900 | 63,200 | 79,000 | 107,400 | 126,400 | 142,200 |
| 夜间精品节目一 | 约24:32 | 27,100 | 41,000 | 51,200 | 69,600 | 81,900 | 92,200 |
| 夜间精品节目二 | 约25:30 | 24,400 | 36,800 | 46,000 | 62,600 | 73,600 | 82,800 |

**图 8-9　中央电视台 CCTV-1 视频 2020 年的广告刊例价**

广告版面、时段作为标的物，吸引广告主竞标购买。这是一种特殊的定价方式，如果应用得当、操作得法，可以为媒体带来可观收益。

例如，一年一度的中央电视台黄金时段广告招标活动曾经是广告业每年的新闻热点，经招标确定的广告主所带来的广告时间销售收入在央视广告收入中占了相当大的比重。近年来，一些媒体借鉴中央电视台的做法，将招标会纳入广告版面、时段的营销活动体系。央视招标活动的成功是基于其具有对特别优质的“黄金时间”资源的特殊垄断地位。不具备突出的卖方优势的媒体，其招标活动未必能取得成功。一般的电视广告时段资源不宜以招标方式出售。

## 案　例

### 央视黄金广告资源招标会的发展

央视黄金广告资源招标会开始于 1994 年，一度被誉为“中国经济的晴雨表”。随着电视广告竞争的激烈化以及互联网的快速发展，2015 年起，央视广告招商开始转型。

首先，调整招标方式。2014 年至 2016 年，央视现场招标的比例从 2/3 降到 1/3，大部分的广告资源由原先的现场招标改为预售。这样的调整既可以分散风险，给企业减少压力，也让企业在竞标的过程中变得更为理性。

其次，内容向全媒体转化。在 2016 年的招标会上，央视首次对央视新闻客户端进行招标。同时，含金量最高的《新闻联播》后的广告中标金额略有下降。

最后，央视的招标会由原来高调的“豪门盛宴”转变为低调的闭门会议。2016 年度的招标会不仅没有透露招标总额，甚至禁止媒体入场。在对外口径上，出于保护企业的考虑，也不再出现“标王”字眼。

2017 年至今，央视标王价格回升。在中国经济进入新常态、广告营销将进入全媒体时代之际，曾经被神化的央视招标会逐渐成为一场普通的媒体售卖会。

（3）按评估指标计费。

对于网络新媒体而言，更多按照广告效果评估指标来计算广告费，涉及的评估指标有点击数、浏览量/观看量、实际销售量、用户使用时长等等。互联网发展初期，主要采取合约广告的形式，通过广告位售卖，确保某些广告位在某些时间内为指定的广告主所有，广告费用按时段结算。随着搜索广告的出现，广告与自然搜索结果混排，也开始有了按点击量的计费方式。

目前常见的网络广告计费方式主要有以下几种。[①]

第一，按展示计费。

CPM（cost per mille），即按广告展示次数计费，一般以千次展示为单位。其中，广告展示次数按照网站的页面访问次数（page views，PV）或者独立访问量（unique visitor，UV）估算。网络媒体会根据网页的层级和热门程度制定出不同的收费标准。采用 CPM 模式时，计算广告价格的公式为：“广告价格＝网站的 CPM×展示次数/1 000。”例如，某网站的 CPM（千人成本）为 100 元，广告主如果想获得播放 100 000 次的效果，应该支付的广告费用为 100×100 000/1 000＝10 000 元。按 CPM 收费曾经一度是比较通用的方法，广告活动的各方都比较容易操作。网站的广告经营者只需考虑广告显示次数，无须关注点击率或者统计有多少比重访问者对广告产生兴趣。广告主获得一定次数的广告展示机会，但无法获知广告效果，因此随着广告主对广告实际效果的注重程度不断提高，采用 CPM 模式收费的网站数量呈下滑趋势。

CPT（cost per time），即按广告的展示时段计费。这种模式参照电视广告，把每天、每周乃至每月作为时间单位，将广告资源按照投放位置的不同层级（首页、频道页等）出售，广告主通过购买广告的展示时间来加强品牌曝光，适用于拥有较高知名度和较大用户规模的大型门户网站。目前，很多国内网站，如新浪、搜狐，按天数出售广告位。按天数购买的广告，以“全流量”方式发布，即一天 24 小时发布同一则广告。另外，也有基于“全流量”方式按小时数的广告计费方式。[②]

---

① 黄河，江凡，王芳菲．新媒体广告［M］．北京：中国人民大学出版社，2019：142－143.
② 屠忠俊．现代传媒经营管理［M］．武汉：华中科技大学出版社，2011：263.

第二，按效果计费。

CPC（cost per click），即按点击次数计费，以1 000次点击为计价基准。例如，一个横幅广告的CPC是10元，广告主支付100元，该横幅被点击的次数要达到100/10×1 000=10 000次。这种模式是互联网最早的计费方式，能直观反映受众对于广告的兴趣，广告主只需为用户的点击行为付费。网站的广告经营者不但必须吸引更多网民来访问网站以展示广告，而且必须设法提高点击率，使更多网民来点击广告。因此，CPC价格要比CPM价格高。新媒体广告发展早期，点击量很容易作弊，广告主对此模式并不信任，但随着点击率限制等防作弊技术的不断成熟、广告监控能力的提升，网民的每一次点击就会为广告主带来真实的流量或是潜在消费者，CPC的计费方式重新流行起来，成为常见的网络广告收费方式之一。

CPA（cost per action），即按照实际发生的网民与广告主的交互行为次数收费。只有网民点击了广告，并以填写一份有效问卷、注册一个账号、完成一次交易或是产生一次下载行为等方式作出有效回应后，广告主才承认广告发布取得了效果，并为此向发布广告的网站支付费用。这种方式尤其受到游戏类、电商类广告主的喜爱。广告媒体与广告客户可以商定一个双方认可且可以获取监测数据的广告效果指标（例如订单数、注册数等），并以此为依据进行计费。使用CPA模式，广告主的风险和成本大为降低；网站则承担了广告无效的风险；其收费标准也比CPM模式要高很多；若广告发布成功，网站的收入也比CPM模式下的收入高很多。

CPS（cost per sale），即以实际销售量来计费。广告主为规避广告费用风险，按照广告点击之后产生的实际销售额与网络媒体按一定比例分账。常见的收益计算方式有两种：一是按照订单额的比例计算；二是不区分订单额，每个订单设有固定价值，订单固定价值乘以订单数即为收益。[①]

**案　例**

### 爱奇艺的广告计费模式

爱奇艺广告支持多种计费方式，按CPC、CPM、CPV方式计费，采用竞价模式进行广告展现：可以满足不同需求企业投放广告，广告主可以根据需要选择适合自己企业的广告计费方式，使得广告投放费用更少，广告效果更好。

1. CPM表示按千次曝光计价，每CPM的竞价底价为5元，CPM模式出价上限为1 000元，出价越高，获得曝光的机会就越大，出价低则会降低广告展现的机会。

2. CPC表示按点击次数计费，CPC模式的起拍价是单次点击0.5元，CPC模式出价上限为500元。

3. CPV表示按观看次数计费，CPV模式的竞价底价为0.2元。

4. 不同广告位的广告出价都应大于该广告位的底价。

5. 每日预算100元起：已创建的广告支持随时修改每日预算，若当日消耗超出修改

---

① 黄河，江凡，王芳菲. 新媒体广告［M］. 北京：中国人民大学出版社，2019：142-143.

后预算的最大值，则会停止当日的投放。

6. 总预算500元起：已创建的广告支持随时修改总预算，若账号内资金已消耗完（未达到预算），则会停止当时的投放。

**2. 媒介广告定价的影响因素**

根据二次售卖模式，广告的标的物实际上是受众，因此受众的数量和质量直接影响着广告的价格，体现着媒介的商业价值。受众的数量主要体现在广告媒介的发行量、收视（听）率、浏览量、活跃用户数等量化指标上，而受众的质量则与广告媒介的定位、调性、影响力等因素相关。

（1）发行量、收视（听）率或浏览量。

对于印刷媒介广告而言，发行量是衡量这类媒介商业价值的重要指标，直接影响其广告价值。

对于电视、广播广告而言，受众的数量主要体现在收视（听）率上。例如，央视每年的招标会上都有标王以较高的价格买下央视黄金时段的广告位，这很大程度上是因为央视尤其是《新闻联播》的影响力大，受众面广，黄金时段的收视率较高。

而对于新媒体而言，浏览量、点击率、日活跃用户数、月活跃用户数等量化指标也影响着广告定价。

PV，即页面浏览量/访问次数，是某个特定时段内用户打开网页的总次数。页面浏览量是评价网站流量最常用的指标之一，PV值对于网站而言，就相当于电视的收视率，从某种程度上已成为投资者衡量商业网站价值的重要尺度。UV，即独立（IP）访问量/用户数。PV和UV常被混淆，两者的区别在于，对于同一个IP地址而言，独立（IP）访问用户数是不重复计算访问次数的。例如，某访客一天内从同一个IP地址来访问某网站$n$次，那么访问次数（PV）计作$n$，独立访问用户数（UV）则计作1。

DAU（daily active users）和MAU（monthly active users）目前也已成为衡量一个网站或者App的核心指标。DAU指网站、App或网络游戏的每日活跃用户数量，通常为一日之内登录或使用了某个产品的用户数（去除重复登录的用户），反映了网站、App或网络游戏等的运营情况。MAU指网站、App或网络游戏的每月活跃用户数量（去除重复用户数）。这两个指标一般会结合在一起使用，用来衡量产品或服务的用户黏性以及衰退周期。

（2）媒介的影响力。

媒介的商业价值不仅仅体现在量化指标上，还有一些质性指标，例如媒介影响力、媒介的受众结构及其与广告目标受众的契合度等，这些都会影响广告投放的效果。如头部的卫视和视频网站，用户数量庞大，备受广告主（品牌）青睐。以综艺广告为例，2021年中国综艺节目合作品牌数量前十位依次为《披荆斩棘的哥哥》《青春有你第三季》《这！就是街舞第四季》《极限挑战第七季》《创造营2021》《乘风破浪的姐姐第二季》《青春环游记第三季》《新相亲大会第五季》《拿来吧！小芒》《中国好声音2021》。在2021年综艺市场赞助大盘中，现场植入的时长占比为45.82%，相比2020年上涨了6.2个百分点；后期植入的时长占比为39.62%，较2020年减少了6.2个百分点。

具体到媒介产品，如电视节目，广告价位也会因为节目的定位、内容、受众群、影响力等有所变动。例如已经具有一定知名度的综艺节目，招商价格往往更高。

这些都是广告主投放广告时考虑的因素，以此来选择划算的广告媒介；而对于媒介经营管理部门而言，也需要考虑这些因素以制定合理的广告价格、评估比较市场中其他竞争媒体的广告定价，并灵活调整自身的广告价格以提升竞争力。

### （三）媒介广告销售渠道与广告服务

#### 1. 媒介广告销售渠道

在欧美国家，广告代理制成熟，广告销售主要由广告公司代理。与欧美相比，我国的广告代理制度发展相对滞后，媒介处于一个较为强势的地位，因此媒介广告的销售渠道实际上是多元混合的，其中媒介广告自营占据主导地位。具体的媒介广告销售渠道主要包括人员推销、推介会、广告宣传、广告交易平台等。

(1) 人员推销。

业务员是媒介广告队伍中的重要组成部分。一般由业务员主动联系客户，业务员借助广泛的社会关系与较强的社交能力联系客户，登门拜访，倾听客户需求，敏锐地察觉客户需要什么样的广告服务、怎样才能促使客户购买更多版面时段等方面的信息，向客户提供具有专业水平的建议，从而帮助媒体完成广告资源销售，获取分成。完成销售后，业务员还需要为客户提供周全的售后服务，听取客户意见，与客户保持联系，维持良好关系，以期与广告客户达成长期合作。

(2) 推介会。

举办推介会或招商会是媒体招商的重要方式。每年 10 月、11 月是一年一度的招商会举办时间，这时以电视台、视频网站为代表的媒体公司常常会通过招商会有计划地邀请一些广告公司，推介自身在第四季度乃至下一年度的内容产品和广告资源，加深广告客户对媒体广告产品价值和广告经营规范的了解，及时回答客户问题，为信息的充分、有效沟通提供便利，也为广告销售做铺垫。

推介会的形式和规模，根据具体情况确定，可以是小型的圆桌会议，或者信息发布会性质的大型会议，也可以是沟通交流为主的酒会等。推介会通常由 1～2 人主持，可邀请知名度较高的主持人或演员担任主持人，为调节气氛也可穿插播放宣传片或表演文艺节目。

以湖南卫视为例，招商会一年举办一次，由台内著名主持人或主持团队主持，会上往往会介绍卫视下一年度拟播或者拟拍摄的电视剧、综艺节目片单以及拟邀明星阵容等，宣传其广告资源的商业价值，并介绍广告销售政策以及优惠方案以吸引广告客户。再如，江苏卫视在 2019 年广告招商年会上宣布了融媒体新动作，未来三年所有自制内容将在优酷同步播出，在扩大节目影响力的同时，所有合作伙伴的广告植入权益也将同时在江苏卫视和优酷双平台完整呈现。这种“一次投入双频播出，效果加倍”的方案也能得到广告主的青睐。

(3) 广告宣传。

广告宣传指媒体主要通过自己的媒介资源或者其他媒介，向企业、广告公司宣传自身的内容产品的特色和广告资源的价值，从而促进自身广告资源的销售。例如，芒果超媒连续推出“哥哥”系、“姐姐”系及《声生不息》等爆款系列节目，并持续在自己的媒体上加以宣传。

对广告资源的宣传要讲究专业性。媒介的发行量、收听率、收视率等数据，以及媒介发布广告的刊例价格和优惠条件等资料是客户的关注焦点，应该以有效方式将这些数据、资料传达给销售主管、媒介总监这样的关键人物。

（4）广告交易平台。

目前，网络广告可以通过广告交易平台实现程序化购买，实时竞价（real time bidding，RTB），即时投放。所谓程序化购买，是区别于传统的人工购买的一种广告投放方式，具有数字化、自动化、系统化的特点（见图8-10）。[①] 广告实时交易平台（ad exchange）相当于一个“市场”，在数据技术的支持下，将需求方平台（demand side platform，DSP）和供应方平台（supply side platform，SSP）对接起来，并借助用户数据的导入，实现广告的自动化采买、精准投放。

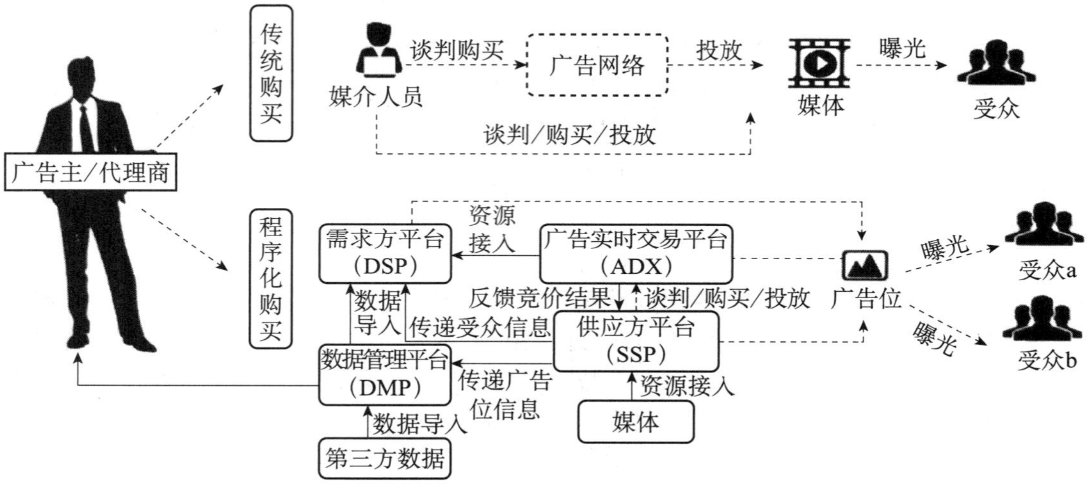


注：虚线代表广告投放和现金流的方向，实线代表广告服务和数据提供的方向。

**图8-10 程序化购买流程与传统广告购买流程的区别**

以腾讯广告实时交易平台为例，其承载腾讯资讯、娱乐、社交资源，国内外优质DSP可以根据客户营销需求，在腾讯广告实时交易平台灵活选择交易模式，透明、自动、高效地采买媒体曝光，帮助客户深度覆盖优质用户、精准触达目标人群，从而提升广告效果和投资回报率（return on investment，ROI）。该平台支持程序化直采（programmatic direct buying，PDB，价格固定，承诺曝光）、优选购买（preferred deal，PD，价格固定，不承诺曝光）和实时竞价（价格不固定，不承诺曝光）三种交易模式。

以实时竞价为例，用户访问媒体产生曝光机会时，腾讯广告实时交易平台将广告请求发给所有DSP，DSP根据曝光上下文以及用户属性实时地评估曝光价值并选择出价或不出价以及给出报价，经过腾讯广告实时交易平台比价后最终获胜的广告主赢得此次曝

① 黄河，江凡，王芳菲．新媒体广告［M］．北京：中国人民大学出版社，2019：264-267.

光机会（见图 8－11）。

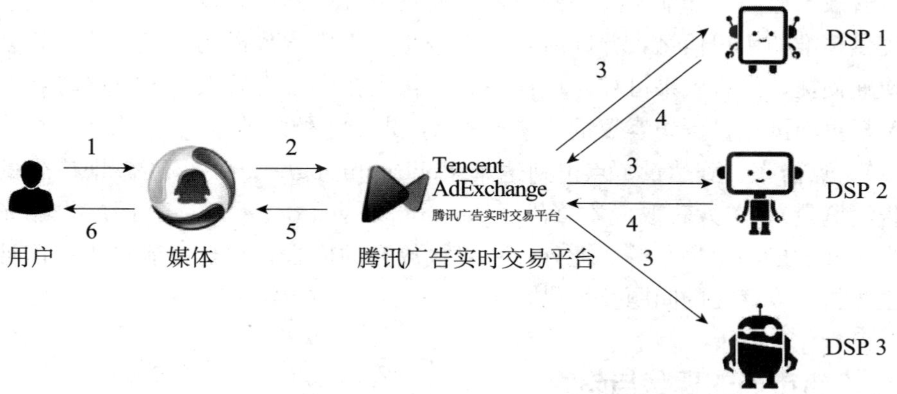


**图 8－11　腾讯广告实时交易平台流程**

第一，用户向媒体发起访问请求。

第二，产生广告请求时，媒体将携带用户标识（一般是 Cookie 或设备号）的流量发送到腾讯广告实时交易平台。

第三，腾讯广告实时交易平台向所有 DSP 并行发起曝光竞标请求。

第四，DSP 评估后决定是否参与出价并给出此次曝光的报价，腾讯广告实时交易平台集齐 DSP 报价返回后进行拍卖。

第五，腾讯广告实时交易平台按照媒体广告模板进行样式渲染后，将获胜 DSP 的广告返回给用户展示。

第六，用户浏览页面，看到广告，广告产生曝光。

**2. 媒介广告服务**

广告服务是媒体广告产品销售中附带的，包括售前、售中、售后服务。高质量的广告服务能在一定程度上提升媒体广告产品的价值，增强广告主对媒体的好感度，使媒介组织在广告市场竞争中占据优势。

在广告整体市场规模增速放缓的情况下，各种广告形式之间的存量博弈成为新常态。在这种行业状况下，广告形式和模式的创新，以及用户到达率、转化率和体验感等就成为决胜因素，而贴近广告主需求的广告服务则可以在激烈的广告市场竞争中脱颖而出。

如今的广告主在打造品牌的同时愈加注重广告效果，强调品效协同，因而媒体若想在市场竞争中获取优势，就需要创新自身的广告经营，提高广告服务的水平，适应广告主的需求变化，以增加广告产品的附加值。例如，关注到广告主对于品牌的重视，一些头部卫视、视频网站纷纷创新各种广告方案与广告形式，开发了多种品牌植入的新原生广告形态，满足广告主打造品牌力的需求。此外，为了满足广告主对于广告效果的强需求，一些综艺节目还开发了“边看边买”的广告模式，实现广告-购买决策的快速连接。而从更长远来看，通过增加品牌诊断、智库打造、舆情咨询等多元业务，协同助力广告主提升品牌动员力将成为媒体的一门必修课。

在附加的广告服务方面，互联网媒体相较于传统媒体有更加明显的技术优势。借助大数据、算法技术，互联网媒体可以为广告主提供用户画像，实现广告的定向投放，同时提供广告效果监测。如前文提到的程序化购买流程，其中涉及的广告服务就包括：为广告主提供精准的用户信息，并即时给予广告主关于广告数据的反馈，让广告采买和投放更加快速便捷，广告效果可控、可评估。广告主在广告交易系统上可以查看广告效果数据，包括页面浏览量、访客数量、曝光量（广告展示的总数量）、点击量（广告被点击的总数量）、点击率、到达量、点击到达率（click-through-rate，CTR，即广告的点击量除以广告浏览量）、单人获取成本（cost per unique visitor，CPUV，即广告曝光中获取一个用户访问的成本价格）等。此外，针对投放完的广告，平台还能提供智能诊断，帮助广告主分析广告存在的问题及优化方向等。

## 三、媒介广告市场的现状与趋势

### （一）广告资源向互联网领域加速流动

广告资源向互联网领域加速流动一直是传统媒体近年来面临的严峻现实挑战。随着新媒体对于传统媒体的用户分流、大数据等技术的发展和广告产品形态的创新，广告主更青睐于易于定向投放、测量广告效果的新媒体广告。受新媒体分流的影响，传统媒体广告收入出现明显下跌，尤其是纸质媒体广告收入出现断崖式下降，新媒体广告收入不断攀升，并已经在广告市场上占据主要地位。

目前中国广告市场中，传统媒体、数字媒体与包括户外及生活圈媒体在内的其他媒体三分天下。三大阵营中，互联网媒体的广告经营额表现最为亮眼，自从2015年广告经营额首度超过电视占据中国广告经营额分类排行榜榜首以来，互联网广告开始扛起中国广告市场的大旗。2016年，中国互联网广告经营额就一举超过四大传统媒体广告经营额的总和，在中国广告市场中的占比逐年增长。

2022年2月，中国互联网络信息中心（CNNIC）发布《第49次中国互联网络发展状况统计报告》，报告显示，截至2021年12月，我国网民规模达10.32亿，较2020年12月增长4 296万，互联网普及率达73.0%。中国已形成全球规模最大、应用渗透性最强的数字社会，互联网应用和服务的广泛渗透构建起数字社会的新形态：8.88亿人看短视频、6.38亿人看直播、8.12亿人网购、4.69亿人叫外卖、3.25亿人用在线教育、2.39亿人用在线医疗……网络流量增速正逐年放缓，新增流量红利趋弱，互联网流量价值已由追求增量转向盘活存量，结构性创新已经成为互联网营销必须深入探寻的发展方向。

### （二）媒介广告市场的马太效应将继续加剧

万物皆媒时代的到来，使广告主对于媒体的界定泛化，倾向于将所有具有一定用户规模并且能有效触达消费者的载体视为媒体，如电竞游戏、矿泉水瓶身、共享单车等，广告媒介的选择面变广了。

但不可忽视的是，广告主的营销需求出现了变革与升级，广告主对于“品效协同”

的需求，促使其一方面偏好选择具有大数据资源、可实现数据深度挖掘与分析、具有互动性的新媒体，另一方面随着互联网碎片化传播对于权威、公信等品牌势能的消解以及互联网环境下品牌负面舆情风险的增多，近年来广告主广告投放呈现向以电视媒体为代表的具有高品牌信誉背书能力的媒体回归。①

因此，在全营销变革驱动下，媒介广告市场的马太效应将继续加剧。短视频平台在完成用户积累后，广告变现模式将更加成熟，有望在广告营收上实现爆发式增长；数字户外广告凭借场景匹配、与线上流量的协同发力等优势，成为大中型广告主的规定动作；央视、一线卫视、党媒党刊等公信力较强的媒体有望凭借强品牌背书能力脱颖而出。而相反，另一部分媒体则必须直面生死存亡：二三线卫视如若不能实现广告经营模式的创新，就可能在广告主的广告费用向“品”与“效”两级分流的背景下遭到抛弃。②

以广电媒体为例，中央级频道不再一家独大，湖南卫视、浙江卫视、江苏卫视、东方卫视、北京卫视等各省级卫视也在市场中占据重要位置；以中央广播电视总台和部分一线卫视为代表的优质媒体资源，是企业主青睐的投放对象，依旧占据广告行业的重要地位，而那些知名度低、用户基数小、收视率不高的弱势媒体则少有企业问津。电视媒体强弱分化越趋明显，广告投放集中在头部，缺乏竞争优势的二三线电视台的广告竞争压力加大，电视媒体广告市场呈现明显的长尾效应。

而在互联网媒体内部同样存在分化，传统网站、搜索引擎广告仍占据一定份额，但随着各类移动平台的兴起，移动广告异军突起，增势迅猛，互联网广告格局由 PC 端向移动端倾斜。2021 年中国互联网广告从广告形式收入占比情况看，电商广告维持了 2020 年的市场份额，展示类广告近五年来首次出现 6.58%的下降，市场份额也由 2020 年的 34%下滑至 2021 年的 29%；搜索类广告持续式微，市场占比连续三年下滑至 11.9%；由于视频直播市场的持续火爆，视频类广告继续强势增长，市场占比已达 20.4%，年增速也较 2020 年进一步提高，达 52.68%。从 18 家头部互联网企业广告营收情况看，这些企业在广告市场上居于绝对主导地位，而且这种集中趋势还在加速，尽管 2021 年也有个别互联网头部企业广告收入下降，但绝大多数互联网头部企业广告收入都有较大幅度增长，例如排在第一位的阿里巴巴集团的广告收入同比增长 24.75%，排在第五位的拼多多的广告收入同比增长 51.32%，而哔哩哔哩同比增长更是高达 145.47%，呈现出非常明显的马太效应趋势。

在直播带货风潮正旺的背景下，互联网广告与营销的边界得到进一步的融合与拓展，昔日电商的价格战已变为以构建消费场景为主要营销手段的能力比拼。直播行业在游戏和秀场内容逐渐遇到天花板后，发挥自己隐藏的互联网“工具”功能，与电商相结合，挖掘出全新的变现途径和发展方向。而电商行业在遇到直播这种能立体展现商品属性、堪比线下促销环境的商业场景后则一改以往销售略显疲软的状态，重新回到新闻和话题的巅峰。因此，电商与视频平台成为两个广告收入超千亿的媒体平台类型。值得关注的是，当前直播电商生态圈呈现寡头垄断的格局，而监管部门已开始着手治

---

① 崔保国. 中国传媒产业发展报告：2018 [M]. 北京：社会科学文献出版社，2018：199-204.

② 邵华冬，齐彦丽，郭富强. “超限战”下的三重突围：2019—2020 年媒体广告市场现状与趋势 [J]. 新闻与写作，2020 (2)：33-41.

理野蛮生长的乱象，预计行业未来头部集中的局面将逐渐被打破，整个生态发展更健康、更平衡。

### （三）媒体内容生产力仍是存活关键

在大数据时代下，互联网广告迅速发展起来，与传统广告不同的一点在于，广告效果变得可测量，广告的精准性在不断提升。未来的广告业，对受众的分析、效果的监测、广告的精准投放等都离不开大数据的支持。也正因为这样，新兴的互联网科技公司因拥有庞大的大数据资源，开始经营起广告业务，主要有几类机构：拥有大量用户在线交易数据的电子商务公司，如淘宝、京东；拥有大量用户搜索数据的搜索引擎公司，如百度、搜狗；拥有大量用户社交数据的互联网服务提供商，如腾讯；拥有大量用户通信数据的电信运营商；拥有大量用户浏览信息数据的互联网内容提供商，如今日头条等资讯平台。这些公司凭借大数据技术和价值巨大的数据资源优势为广告主的广告、营销提供服务，对传统的广告代理机构和传统媒体都造成了威胁。

在当前消费者媒介接触高度碎片化、注意力稀缺的背景下，优质内容成为打通各类媒体渠道、吸引消费者的有效手段；此时，优质内容更能成为连接消费者心智的抓手，能使消费者从注重产品性能和价格过渡到注重品牌文化、产品体验及符号意义等附加值。在内容与品牌的关系上，为品牌定制内容成为媒体的突破方向，例如湖南卫视在2020年招商方案中提出四类品牌定制内容。

广告主在营销中关于“品牌”和“效果”之间的权衡，未来几年都将继续。2019年的“效果热”让一部分广告主和媒体尝到了甜头，但缺失品牌的吸引力和护城河效应，瞄准效果的投资部分陷入“竹篮打水一场空”的困境。调整品牌与效果投资比例，对于媒体来说，通过增加品牌诊断、智库打造、舆情咨询等多元业务，协同助力广告主提升品牌动员力成为一门必修课。①

对于所有媒体而言，及时响应广告营销需求的变革，是生存之本。媒体要在市场竞争中赢得一席之地，就必须直面当前的媒体环境变化与广告主营销需求的发展变化，提升自身的内容产品价值，实现广告经营模式的与时俱进，同时提供更加完善的广告服务，以响应广告客户的营销需求（例如对“品效合一”的诉求），提升自身的竞争优势。唯有不断突破自身经营天花板，打破运营思维的桎梏，才能在激烈的市场竞争中立于不败之地。

## 第三节　媒介广告管理

广告作为一种社会性经济活动、传播活动，对社会有重要影响，因此，广告活动需要遵循相应的法律法规。许多国家和地区都制定了广告法规来规范广告行为。我国也于1994年正式颁布了《广告法》（该法分别于2015年、2018年和2021年修订或修正），

① 崔保国．中国传媒产业发展报告：2020［M］．北京：社会科学文献出版社，2020．

2016 年颁布了《互联网广告管理暂行办法》等相关法律法规，使广告管理活动有法可依。

## 一、广告管理概述

本节介绍的主要是狭义的**广告管理**，也就是对广告的社会管理。广告的社会管理是一个多主体参与的机制，主要包括三个层次：其一是政府职能部门对广告的行政管理；其二是广告行业的自律；其三则是社会大众及媒体的监督管理。[①]

### （一）广告行政管理

广告行政管理指的是通过一定的行政干预或者按照一定的广告管理的法律法规和有关政策规定对广告行业及广告活动进行监督、检查、控制和指导。在我国，广告行政管理的主体是各级市场监督管理部门（原工商行政管理部门），主要根据《广告管理条例》《广告管理条例施行细则》《广告法》《互联网广告管理暂行办法》等以及国务院的有关授权，对广告活动进行监督管理。广告行政管理主要负责广告法规的起草和解释，对广告经营单位的广告经营资格和经营范围进行审批，对广告主和广告经营者进行监督和指导，对广告违法案件进行查处和复议，以及协调各级广告管理机关的工作。

> 名词解释
>
> **广告管理**　广告管理有广义和狭义之分。广义的广告管理除了对广告行业及广告活动的社会管理外，还包括广告公司对自身内部及广告经营活动的管理。狭义的广告管理，专指政府职能部门、广告行业自身和社会监督组织等外部组织对广告行业及广告活动的社会管理，包括指导、监督和控制，是对广告本身的管理。

另外，为保证广告的真实性、合法性，世界上大多数国家都建立起了不同形式的广告审查制度。所谓广告审查制度，指的是广告审查机关在广告交付设计、制作、代理和发布前，对广告主主体资格、广告内容及其表现形式和有关证明文件或材料的审查，并出具与审查结果和审查意见相应的证明文件的一种广告管理制度。广告的前置审查部门（如医药卫生、农业农村、医疗器械、教育等主管部门）也属于广告行政管理的范畴。我国目前主要建立起以广告经营者为主体的广告审查制度，除了广告审查机关的审查之外，广告主、广告经营者和广告发布者都需要进行广告的自审自查。

### （二）广告行业自律

广告行业自律也就是广告行业的自我管理，指广告业从业者通过章程、准则、规范等形式进行自我约束和管理，使自己的行为更符合法律、社会道德和职业道德要求的一种广告自我管理制度。这种制度主要以广告行业的职业道德为依据，由行业自律组织通过行规和舆论来制裁违约者，使违约者失去信誉，但不具有行政权和司法权，且管理范围仅限于自愿加入行业组织者。

---

① 陈培爱．广告学概论［M］．3 版．北京：高等教育出版社，2014：281－288.

广告行业自律是广告业发展到一定程度的产物，可以为广告的行政管理提供补充，对于提高广告行业的服务水平、维护广告活动秩序具有积极的作用。

### （三）社会监督管理

社会监督管理是指广大消费者和社会舆论依据国家广告管理的各种法律法规对广告活动进行监督，举报各种违法、虚假广告的一种广告管理方式，其目的在于限制或制止虚假广告、违法广告对消费者权益乃至社会的伤害，以维护消费者的权益和广告市场的健康有序。

在社会监督管理机制中也存在多层次的主体：一是广大公众。他们在某种意义上是广告推销商品或服务的消费者，这一群体直接面向各种广告，能及时发现并向社会监督组织举报虚假、违规广告；广告一经发布，就直接面向广大公众，接受公众的全方位监督。二是广告社会监督组织。在中国这主要是指中国消费者协会和各地设立的消费者协会，它们代表消费者对广告行使监督功能。三是新闻媒体。它们可对虚假、违规广告及其责任人进行曝光，这一做法可以借助社会舆论力量防止虚假、违规广告的出现或者进一步蔓延。

## 二、广告管理的内容

广告行政管理主要以广告管理相关法律法规为依据，这些法律法规主要涉及对广告活动主体的管理、对广告内容的管理以及对广告行为的规范等。

### （一）对广告活动主体的管理

广告活动的主体主要有广告主、广告经营者、广告发布者和广告代言人。

**1. 对广告主的管理**

《广告法》中对“广告主”的定义是：为推销商品或者服务，自行或者委托他人设计、制作、发布广告的自然人、法人或者其他组织。

根据《广告法》规定，对广告主的管理主要包括以下方面：

（1）广告主从事广告活动，应当遵守法律法规，诚实守信，公平竞争。

（2）广告主应当对广告内容的真实性负责。发布虚假广告，欺骗、误导消费者，使购买商品或者接受服务的消费者的合法权益受到损害的，由广告主依法承担民事责任。

（3）广告主发布互联网广告需具备的主体身份、行政许可、引证内容等证明文件，应当真实、合法、有效。

（4）广告主委托设计、制作、发布广告，应当委托具有合法经营资格的广告经营者、广告发布者。

（5）在广告中使用他人名义或者形象的，应当事先取得其书面同意；使用无民事行为能力人、限制民事行为能力人的名义或者形象的，应当事先取得其监护人的书面同意。

（6）法律、行政法规规定禁止生产、销售的产品或者提供的服务，以及禁止发布广告的商品或者服务，任何单位或者个人不得设计、制作、代理、发布广告。

（7）广告主申请广告审查，应当依照法律、行政法规向广告审查机关提交有关证明文件。

（8）不得利用不满十周岁的未成年人作为广告代言人。对在虚假广告中作推荐、证明受到行政处罚未满三年的自然人、法人或者其他组织，不得利用其作为广告代言人。

**2. 对广告经营者的管理**

《广告法》中对“广告经营者”的定义是：接受委托提供广告设计、制作、代理服务的自然人、法人或者其他组织。这里的广告经营者就是我们上面所说的“广告（代理）公司”。

根据《广告法》《广告管理条例》等规定，对广告经营者的管理主要包括以下方面：

（1）广告经营者从事广告活动，应当遵守法律法规，诚实守信，公平竞争，不得在广告活动中进行任何形式的不正当竞争。

（2）经营广告业务的单位和个体工商户（简称广告经营者），应当按照有关法律法规的规定，向工商行政管理机关申请，分别情况办理审批登记手续：

- 专营广告业务的企业，发给《企业法人营业执照》。
- 兼营广告业务的事业单位，发给《广告经营许可证》。
- 具备经营广告业务能力的个体工商户，发给《营业执照》。
- 兼营广告业务的企业，应当办理经营范围变更登记。

（3）法律、行政法规规定禁止生产、销售的产品或者提供的服务，以及禁止发布广告的商品或者服务，任何单位或者个人不得设计、制作、代理广告。

（4）广告经营者应当按照国家有关规定，建立、健全广告业务的承接登记、审核、档案管理制度。依据法律、行政法规查验有关证明文件，核对广告内容。对内容不符或者证明文件不全的广告，广告经营者不得提供设计、制作、代理服务。

（5）在广告中使用他人名义或者形象的，应当事先取得其书面同意；使用无民事行为能力人、限制民事行为能力人的名义或者形象的，应当事先取得其监护人的书面同意。

（6）广告经营者应当公布其收费标准和收费办法。

（7）广告经营者明知或者应知广告虚假仍设计、制作、代理、发布或者作推荐、证明的，应当与广告主承担连带责任。

**3. 对广告发布者的管理**

《广告法》中对“广告发布者”的定义是：为广告主或者广告主委托的广告经营者发布广告的自然人、法人或者其他组织。广告发布者包括：一是新闻媒体，即利用电视、广播、报纸、网页等新闻媒体发布广告的电视台、广播电台、报社、网站等；二是具有广告发布媒介的企业、其他法人或者经济组织，如利用或者自制音像制品、图书、橱窗、霓虹灯等发布广告的出版社、商店、展览馆、影剧院、机场、车站等。从这个意义上看，对于广告发布者的管理实则也包括了对媒介广告的管理。

《广告法》《广告管理条例》等相关法律法规规定：

（1）广告发布者从事广告活动，应当遵守法律法规，诚实守信，公平竞争。

（2）新闻单位刊播广告，应当有明确的标志。新闻单位不得以新闻报道形式刊播广告，收取费用；新闻记者不得借采访名义招揽广告。

**案　例**

## 国家工商行政管理局关于认定利用新闻报道形式发布医疗广告问题的答复

工商广字〔2001〕第 57 号

江苏省工商行政管理局：

你局《关于如何认定利用新闻报道形式发布医疗广告的请示》（苏工商广〔2001〕75 号）收悉。经研究，答复如下：

大众传播媒介利用新闻报道形式介绍医疗机构及其服务，如出现医疗机构的地址、电话号码或其它联系方式等内容的；在发表有关医疗机构报道的同时，在同一媒体同一时间（时段）发布该医疗机构广告的，即使发布者声称未收取费用，也应认定为利用新闻报道形式发布医疗广告。

二〇〇一年三月一日

---

（3）禁止利用广播、电视、报刊为卷烟做广告。获得国家级、部级、省级各类奖的优质名酒，经工商行政管理机关批准，可以做广告。

（4）广播电台、电视台、报刊音像出版单位、互联网信息服务提供者不得以介绍健康、养生知识等形式变相发布医疗、药品、医疗器械、保健食品广告。

（5）广告发布者应当按照国家有关规定，建立、健全广告业务的承接登记、审核、档案管理制度。依据法律、行政法规查验有关证明文件，核对广告内容。对内容不符或者证明文件不全的广告，广告发布者不得发布。

（6）大众传播媒介不得以新闻报道形式变相发布广告。通过大众传播媒介发布的广告应当显著标明“广告”，与其他非广告信息相区别，不得使消费者产生误解。广播电台、电视台发布广告，应当遵守国务院有关部门关于时长、方式的规定，并应当对广告时长作出明显提示。

（7）广播电台、电视台、报刊出版单位从事广告发布业务的，应当设有专门从事广告业务的机构，配备必要的人员，具有与发布广告相适应的场所、设备，并向县级以上地方市场监督管理部门办理广告发布登记。

（8）广告发布者应当公布其收费标准和收费办法。

（9）广告发布者向广告主、广告经营者提供的覆盖率、收视率、点击率、发行量等资料应当真实。

（10）广告发布者明知或者应知广告虚假仍设计、制作、代理、发布或者作推荐、证明的，应当与广告主承担连带责任。

针对日益兴盛的互联网广告，2016 年 9 月 1 日《互联网广告管理暂行办法》施行，该办法进一步明确了互联网广告的相关法律问题。其中针对互联网广告的特性，对互联网广告发布的相关细节作了进一步规定：

（1）互联网广告应当具有可识别性，显著标明“广告”，使消费者能够辨明其为广告。

（2）付费搜索广告应当与自然搜索结果明显区分。

（3）利用互联网发布、发送广告，不得影响用户正常使用网络。在互联网页面以弹出等形式发布的广告，应当显著标明关闭标志，确保一键关闭。

（4）不得以欺骗方式诱使用户点击广告内容。

（5）未经允许，不得在用户发送的电子邮件中附加广告或者广告链接。

（6）互联网广告发布者、广告经营者应当配备熟悉广告法律法规的广告审查人员；有条件的还应当设立专门机构，负责互联网广告的审查。

**4. 对广告代言人的管理**

《广告法》中，广告代言人是指广告主以外的，在广告中以自己的名义或者形象对商品、服务作推荐、证明的自然人、法人或者其他组织。

（1）广告代言人在广告中对商品、服务作推荐、证明，应当依据事实，符合本法和有关法律、行政法规规定，并不得为其未使用过的商品或者未接受过的服务作推荐、证明。

（2）广告代言人明知或者应知广告虚假仍设计、制作、代理、发布或者作推荐、证明的，应当与广告主承担连带责任。

## （二）对广告内容的管理

对广告内容的规范也是广告管理的重要组成部分。《广告法》《互联网广告管理暂行办法》等法律法规都对广告内容准则进行了规定，主要强调了广告内容的合法健康、真实、可识别等。例如《广告法》第三条规定：广告应当真实、合法，以健康的表现形式表达广告内容，符合社会主义精神文明建设和弘扬中华民族优秀传统文化的要求。第十条规定：广告不得损害未成年人和残疾人的身心健康。第十三条规定：广告不得贬低其他生产经营者的商品或者服务。

具体规定还包括以下几个方面：

**1. 广告不得含有法律禁止的内容**

《广告法》第九条规定，广告不得有下列情形：（1）使用或者变相使用中华人民共和国的国旗、国歌、国徽，军旗、军歌、军徽；（2）使用或者变相使用国家机关、国家机关工作人员的名义或者形象；（3）使用“国家级”（见图 8－12）、“最高级”、“最佳”等用语；（4）损害国家的尊严或者利益，泄露国家秘密；（5）妨碍社会安定，损害社会公共利益；（6）危害人身、财产安全，泄露个人隐私；（7）妨碍社会公共秩序或者违背社会良好风尚；（8）含有淫秽、色情、赌博、迷信、恐怖、暴力的内容；（9）含有民族、种族、宗教、性别歧视的内容；（10）妨碍环境、自然资源或者文化遗产保护；（11）法律、行政法规规定禁止的其他情形。

国家市场监督管理总局
State Administration for Market Regulation
国务院食品安全委员会 国务院反垄断委员会
国家认证认可监督管理委员会 国家标准化管理委员会
请输入要查询的内容
首页 机构 新闻 政务 服务 互动
你的位置：首页 > 新闻 > 要闻 > 总局

市场监管总局就“CCTV国家品牌计划”涉嫌广告违法问题约谈中央广电总台

发布时间：2019-01-17 15:56 信息来源：市场监管总局

针对群众反映强烈的“CCTV国家品牌计划”广告用语涉嫌违反《广告法》问题，1月17日，市场监管总局约谈中央广电总台。目前，总局已责成北京市市场监管局依法立案调查。

**图 8-12 国家市场监督管理总局就使用“国家品牌”名义约谈中央广播电视总台**

**案　例**

2019 年，广东潮州市奕彩纸塑包装厂因印制带有国家领导人卡通图像的奶茶封口膜，用于其经营的奶茶店和加盟店，且广告印制量多、散布广，造成了不良的社会影响，被罚款 80 万元。

除此之外，《广告法》第九条规定的第一点中虽然没有明确提出，但在实际执行中也包含了不得使用或者变相使用中国共产党党旗、党徽的内容。

**2. 要求广告内容真实准确、可识别**

《广告法》第八条规定：法律、行政法规规定广告中应当明示的内容，应当显著、清晰表示。第十四条规定：广告应当具有可识别性，能够使消费者辨明其为广告。

而《广告法》第四条规定：广告不得含有虚假或者引人误解的内容，不得欺骗、误导消费者。广告主应当对广告内容的真实性负责。《广告法》第二十八条对虚假广告作了进一步界定：广告以虚假或者引人误解的内容欺骗、误导消费者的，构成虚假广告。广告有下列情形之一的，为虚假广告：（1）商品或者服务不存在的；（2）商品的性能、功能、产地、用途、质量、规格、成分、价格、生产者、有效期限、销售状况、曾获荣誉等信息，或者服务的内容、提供者、形式、质量、价格、销售状况、曾获荣誉等信息，以及和商品或者服务有关的允诺等信息与实际情况不符，对购买行为有实质性影响的；（3）使用虚构、伪造或者无法验证的科研成果、统计资料、调查结果、文摘、引用语等信息作证明材料的；（4）虚构使用商品或者接受服务的效果的；（5）以虚假或者引人误解的内容欺骗、误导消费者的其他情形。

**3. 关于特殊产品广告活动的针对性规定**

对于如医疗、药品、医疗器械、保健食品、酒类、农药、饲料、烟草、教育培训、房地产等国家实行特殊管理的产品或服务，相关法律法规对其广告活动进行了针对性的规定和要求。

例如《广告法》第十五条规定：麻醉药品、精神药品、医疗用毒性药品、放射性药品等特殊药品，药品类易制毒化学品，以及戒毒治疗的药品、医疗器械和治疗方法，不得做广告。前款规定以外的处方药，只能在国务院卫生行政部门和国务院药品监督管理部门共同指定的医学、药学专业刊物上做广告。

第十六条规定，医疗、药品、医疗器械广告不得含有下列内容：（1）表示功效、安全性的断言或者保证；（2）说明治愈率或者有效率；（3）与其他药品、医疗器械的功效和安全性或者其他医疗机构比较；（4）利用广告代言人作推荐、证明；（5）法律、行政法规规定禁止的其他内容。

第十八条规定，保健食品广告不得含有下列内容：（1）表示功效、安全性的断言或者保证；（2）涉及疾病预防、治疗功能；（3）声称或者暗示广告商品为保障健康所必需；（4）与药品、其他保健食品进行比较；（5）利用广告代言人作推荐、证明；（6）法律、行政法规规定禁止的其他内容。保健食品广告应当显著标明“本品不能代替药物”。

第二十三条规定，酒类广告不得含有下列内容：（1）诱导、怂恿饮酒或者宣传无节制饮酒；（2）出现饮酒的动作；（3）表现驾驶车、船、飞机等活动；（4）明示或者暗示饮酒有消除紧张和焦虑、增加体力等功效。

第二十四条规定，教育、培训广告不得含有下列内容：（1）对升学、通过考试、获得学位学历或者合格证书，或者对教育、培训的效果作出明示或者暗示的保证性承诺；（2）明示或者暗示有相关考试机构或者其工作人员、考试命题人员参与教育、培训；（3）利用科研单位、学术机构、教育机构、行业协会、专业人士、受益者的名义或者形象作推荐、证明。

第二十五条规定，招商等有投资回报预期的商品或者服务广告，应当对可能存在的风险以及风险责任承担有合理提示或者警示责任，并不得含有下列内容：（1）对未来效果、收益或者与其相关的情况作出保证性承诺，明示或者暗示保本、无风险或者保收益等，国家另有规定的除外；（2）利用学术机构、行业协会、专业人士、受益者的名义或者形象作推荐、证明。

### （三）对广告行为的规范

对广告行为的规范就是要规范广告活动主体的行为，如要求广告主、广告经营者、广告发布者从事广告活动，应当遵守法律法规，诚实守信，公平竞争，不得在广告活动中进行任何形式的不正当竞争。广告主、广告经营者、广告发布者之间在广告活动中应当依法订立书面合同。

在业务管理方面，要求广告经营者、广告发布者应当按照国家有关规定，建立、健全广告业务的承接登记、审核、档案管理制度。广告经营者、广告发布者依据法律、行政法规查验有关证明文件，核对广告内容。对内容不符或者证明文件不全的广告，广告经营者不得提供设计、制作、代理服务，广告发布者不得发布。广告经营者、广告发布者还应当公布其收费标准和收费办法。而广告发布者向广告主、广告经营者提供的覆盖率、收视率、点击率、发行量等资料也应当真实。

比如，在广告内容发布上，《广告法》规定：禁止在大众传播媒介或者公共场所、公共交通工具、户外发布烟草广告；禁止向未成年人发送任何形式的烟草广告。不得在中小学校、幼儿园内开展广告活动，不得利用中小学生和幼儿的教材、教辅材料、练习册、文具、教具、校服、校车等发布或者变相发布广告，但公益广告除外。在针对未成年人的大众传播媒介上不得发布医疗、药品、保健食品、医疗器械、化妆品、酒类、美容广告，以及不利于未成年人身心健康的网络游戏广告。任何单位或者个人未经当事人同意或者请求，不得向其住宅、交通工具等发送广告，也不得以电子信息方式向其发送广告。以电子信息方式发送广告的，应当明示发送者的真实身份和联系方式，并向接收者提供拒绝继续接收的方式。用互联网发布、发送广告，不得影响用户正常使用网络。在互联网页面以弹出等形式发布的广告，应当显著标明关闭标志，确保一键关闭。公共场所的管理者或者电信业务经营者、互联网信息服务提供者对其明知或者应知的利用其场所或者信息传输、发布平台发送、发布违法广告的，应当予以制止。

此外，具体到广播电视这一媒体，在《广播电视广告播出管理办法》中，国家广播电影电视总局针对电视剧中插播广告的时间、长度以及广告类型等作出了一系列规定。播出机构每套节目每小时商业广告播出时长不得超过12分钟。其中，广播电台在11：00至13：00之间、电视台在19：00至21：00之间，商业广告播出总时长不得超过18分钟。在执行转播、直播任务等特殊情况下，商业广告可以顺延播出。播出机构每套节目每日公益广告播出时长不得少于商业广告时长的3%。其中，广播电台在11：00至13：00之间、电视台在19：00至21：00之间，公益广告播出数量不得少于4条（次）。播出电视剧时，不得在每集（以四十五分钟计）中间以任何形式插播广告。

## 三、互联网时代的广告监管与广告伦理

在技术的驱动下，传统媒体时代广告传播中的伦理问题在一定程度上得到了缓解，例如算法驱动下的广告投放由粗放转向精细，目标定位由大众转为“窄众”，媒介的溢出现象减弱，但新广告形式的出现，也带来了新的广告监管与伦理问题，并且使整个广告监管与伦理问题呈现更加复杂的发展态势。

### （一）互联网时代的广告监管困境

近年来，互联网飞速发展，成为一个庞大的流量池，互联网广告随之野蛮生长，乱象横生，虚假广告、低俗色情、不正当竞争、侵犯用户隐私权等问题层出不穷。其中的一部分原因在于，广告市场上部分经营主体过度追逐经济利益，互联网广告相关法律法规不够完善和细化，部分互联网广告监管工作不到位等。但不可否认，互联网广告市场规模大，涉及的主体多元复杂，广告形式多样、数量繁多，广告呈现时间不受束缚等特性，也在很大程度上阻碍了互联网广告监管的有效实施，导致互联网广告监管存在诸多难点、盲点。相较于传统媒体广告而言，互联网时代的广告监管仍存在监管主体不明确、广告内容审查难、监管难度大、调查取证难等问题。

### （二）大数据时代的广告伦理问题

如今的广告营销越来越强调精准与效果，因此，大数据对于广告投放的参与度越来越高，其中不可避免涉及用户的隐私保护问题与技术伦理问题。

一方面，数据驱动下的广告存在着侵犯用户隐私的风险。如今的互联网媒体及其应用中，不少都提供免费服务给用户使用，但用户要想免费获得服务，就必须同意授权声明，让渡自身的个人信息甚至是敏感信息，为网站或应用提供“注意力变现”的机会。在这个过程中，软件在获取用户个人信息的深度方面存在灰色地带：软件通过算法技术持续追踪、记录用户行为，深度挖掘个人信息，形成更精准的用户画像以供程序化购买，但与此同时，也会导致用户的个人信息被过分获取，用户隐私面临被侵犯的风险。

另一方面，广告的可识别性作为法律规定的硬性要求，却逐渐演变为数字时代的广告传播伦理问题。数字时代，为减少消费者对硬广告的抗拒心理，原生广告越来越多，广告信息越来越隐蔽。尤其是随着社交媒体的发展，不少 KOL 也成为广告主青睐的对象，广告主付费将广告信息植入 KOL 的日常博文中，让消费者在不知不觉中走入广告主和意见领袖共同设立的消费陷阱中，这也在一定程度上伤害了消费者对广告的知情权。

### （三）互联网时代的广告管理思路

2016 年“魏则西事件”① 后，国家进一步加强对互联网广告的监管，《互联网广告管理暂行办法》颁布，这是首部专门规范新媒体广告的法律规章。2017 年 9 月，全国互联网广告监测中心启用，实现了对全国 1 004 家重点网站及百度、贝贝网、蘑菇街、盘石等四家广告联盟和电商平台广告数据的监测，覆盖了约 95%的互联网广告经营额。2018 年，互联网整治更是成为全年广告监管的重头戏，原国家工商总局联合各级部门开展了为期 10 个月的专项整治工作，这也是首次全国范围内的互联网广告整治活动……可以看到，监管层面已经对于广告管理比较重视。但是，互联网最大的特点在于“即时”和“庞杂”，这也给广告监管带来了非常大的挑战，意味着互联网时代的广告管理也需要与时俱进。

面临广告监管困境与广告伦理问题时，就要从根源着手，分别从政府监管、行业自律和社会监督等三大方面加以努力，各方通力合作，建立和完善互联网广告公共管理体制，才有望使互联网广告行业走上良性可持续发展之路。

作为广告活动主体，广告主、媒体、广告公司等组织应该加强自律，兼顾社会效益与经济效益，制定行业规范并严格执行，加强从业人员培训教育，才能从源头上遏制广告乱象。

社会层面，公众要提高自身的信息辨识能力，并积极对广告活动进行监督。政府部

---

① 2014 年 4 月，西安电子科技大学读大二的魏则西检查出滑膜肉瘤，当时没有有效的治疗手段，生存率极低。魏则西在百度上搜索滑膜肉瘤，并通过推广找到武警北京第二医院的生物免疫疗法。此后，魏则西先后在武警北京第二医院进行了 4 次生物免疫疗法的治疗，花了 20 多万元，治病的巨额花费将家里积蓄掏空。2016 年 4 月 12 日，魏则西在咸阳家中去世。这一事件引起了网络上对百度竞价排名的讨论和谴责。2016 年 5 月 2 日，国家网信办会同国家工商总局、国家卫生计生委成立联合调查组进驻百度公司，对此事件及互联网企业依法经营事项进行调查并依法处理。该事件被称为“魏则西事件”。

门也可以推出如有奖举报等机制以鼓励公民参与监督。

而对于政府部门而言，需要与时俱进，研究互联网广告监管的重点、难点、热点，不断完善、细化广告监管法律法规，使法律法规能落到实处。同时，也需要不断创新广告管理模式，学习借鉴国外经验，并进一步完善广告监管科学技术，探索更加合理高效的监管方式。

## 本章小结

1. 广告是由可识别的出资人通过各种媒介，通常是有偿的、有组织的、综合的和非人员性劝服的，对有关产品（商品、服务和观点）信息的传播活动。广告的特性主要包括：广告是公开的，需要借助一定的媒介向广大公众传播特定的信息；广告是有组织的、有偿性的传播；广告具有说服劝导的目的性。

2. 按照不同的分类标准，可以对广告进行不同的分类：按照广告的性质，可以划分为营利性广告和非营利性广告；按照广告媒介的类型，可以划分为印刷媒介广告、电子媒介广告、户外媒体广告、直邮广告、销售现场广告、互联网媒介广告、OTT/IPTV 广告等；按照诉求方式，可以划分为感性诉求广告、理性诉求广告以及感性诉求与理性诉求相结合的广告。

3. 从功能的角度看，广告具有经济功能和非经济功能。从经济功能来看，广告既是企业的利润来源，又是经济中的一大产业；从非经济功能来看，作为一种公开的信息传播活动，广告的内容也在潜移默化地影响着公众，影响着社会观念和公众行为，具有教育、引导等社会功能，同时广告尤其是户外广告很多时候还具有美化环境的功能。

4. 广告包含三大主体五大要素。广告主（广告客户）、广告（代理）公司、广告媒介构成了广告市场和广告业的三大主体。除了这三大要素外，再加上广告信息和广告受众，构成了广告的五大要素。

5. 广告（代理）公司是专门从事广告代理经营的服务性组织。根据服务的范畴进行分类，广告（代理）公司可分为全面型广告（代理）公司和专业型广告（代理）公司两种。广告公司一般有三种收入来源：佣金、酬金和劳务费。

6. 广告代理制，是指广告代理方（广告经营者）在广告客户的授权范围内开展一系列广告活动，从而在广告客户、广告（代理）公司与广告媒介之间确立以广告公司为核心和中介的广告运作机制，它是一种国际通用的广告经营与运作机制，是广告业现代化的主要标志之一。广告公司的代理业务主要包括客户代理和媒介代理，具有双重代理、双向服务的性质。

7. 媒介广告，即投放在广告媒介上、由媒介组织经营的广告。媒介广告的经营以广告资源（产品）为基础，是媒介组织收入的重要来源。媒介广告有三种经营方式：媒体自营、委托代理、自营与代理混合。

8. 媒介广告通常会按照广告时长、版面位置等进行定价，还可以按照市场需求、广告效果评估指标等进行定价。影响定价的主要因素是受众的数量和质量：受众的数量主要体现在广告媒介的发行量、收视（听）率、浏览量、活跃用户数等量化指标上；而受众的质量则与广告媒介的定位、调性、影响力等因素相关。

9. 媒介广告的营销渠道包括人员推销、推介会、广告宣传、广告交易平台等；媒体的广告服务包括售前、售中、售后服务。高质量的广告服务能在一定程度上提升媒体广告产品的价值，增强广告主对于媒体的好感度，能使媒体在广告市场竞争中占据优势。

10. 广告管理有广义和狭义之分。广义的广告管理除了对广告行业及广告活动的社会管理外，还包括广告公司对自身内部及广告经营活动的管理。狭义的广告管理，专指政府职能部门、广告行业自身和社会监督组织等外部组织对广告行业及广告活动的社会管理，包括指导、监督和控制，是对广告本身的管理。这里介绍的主要是狭义的广告管理，也就是对广告的社会管理，主要包括三个层次：其一是政府职能部门对广告的行政管理；其二是广告行业的自律；其三则是社会大众及媒体的监督管理。

11. 广告管理的内容包括对广告活动主体的管理、对广告内容的管理以及对广告行为的规范等。对广告活动主体的管理就是要求广告经营者必须具有相应的营业资质。对广告行为的规范就是要规范广告活动主体的行为，如要求广告主、广告经营者、广告发布者从事广告活动时应当遵守法律法规，诚实守信，公平竞争，不得在广告活动中进行任何形式的不正当竞争；广告主、广告经营者、广告发布者之间在广告活动中应当依法订立书面合同等。在广告内容的管理方面，主要有以下的规定：广告内容要真实、合法，符合社会主义精神文明的要求；广告不得含有法律禁止的内容；广告内容要真实准确、可识别；对于如医疗、药品、医疗器械、保健食品、酒类、农药、饲料、烟草、教育培训、房地产等国家实行特殊管理的产品或服务，相关法律法规对其广告活动进行了针对性的规定和要求；广告要符合语言文字的规范和要求等。

## 复习思考题

1. 结合近年来传播环境与市场环境的变化，谈谈媒介广告市场的发展趋势。
2. 广告的主体和要素有哪些？
3. 广告管理机关对于广告发布者实施管理的主要内容包括哪些方面？
4. 互联网环境下，如何遵守广告伦理，抵制“三俗”？

第九章

# 媒介资本运营与管理

1994 年，上海东方明珠（集团）股份有限公司在上海证券交易所挂牌上市，标志着我国传媒资本市场的发轫。1999 年，电广传媒在深圳证券交易所挂牌上市，是最早以传媒业务登陆 A 股的上市公司，被誉为“中国传媒第一股”。同年，《成都商报》通过控股博瑞投资有限责任公司成功上市，成为中国传媒“借壳上市”的典型。2007 年，中影集团发行 5 亿元企业债券，这是国内首家获准发行企业债券的文化传媒企业。2009 年，凤凰出版传媒集团发行了规模为 20 亿元的中期票据，这是中国出版行业第一次发行票据。2010 年，华人文化产业投资基金完成了首期 20 亿元的募资，这是国内首只专注文化与传媒行业的人民币私募股权基金。2013 年，华策影视以现金和发行股份相结合的方式购买克顿传媒 100%股权。2018 年，芒果超媒收购快乐阳光、天娱传媒等 5 家公司 100%股权，完成资产重组。

上述借壳上市、上市融资、债券融资、私募融资、风险投资、资产重组、兼并收购等传媒产业资本运营形式越来越受到关注，并成为推动传媒企业快速发展的强大动力。本章我们对媒介组织的资本运营相关知识进行介绍。

**学习目标：**

阅读和学习本章后，你应该能够：

1. 了解资本运营的概念、特点和功能。
2. 了解中国的资本市场。
3. 掌握媒介资本运营的特点。
4. 了解媒介融资的方式和手段。
5. 了解传媒企业风险投资的流程。
6. 了解传媒企业并购的概念和类型。
7. 了解传媒企业上市的意义。
8. 掌握传媒企业上市的方式和流程。

## 第一节　资本与资本市场

要了解媒介如何进行资本运营，需要先从何为资本、何为资本运营讲起。本节介绍了资本和资本运营的概念、特点、功能和分类，并对我国的资本市场做了介绍与分析。

## 一、资本

“资本”是一个古老的概念。我国古代就使用过“资本”这一概念，据《辞源》释，其最早见于元曲《杀狗劝夫》：“从亡化了双亲，便思营运。寻资本，怎得分文?”又见《清平山堂话本》之《错认尸》：“有三五万贯资本，专一在长安、崇德收丝，往东京卖了。”可见其意指“本钱”或“本金”。

在国外，根据法国历史学家费尔南·布罗代尔的考察，“资本”源自拉丁语 caput 一词，于12—13世纪出现。① 最初和利息相对，表示贷款的本金，与“生息金额”同义。之后，人们逐渐认识到产生利息的真正的“本钱”不是货币，而是可用其换得的财货，资本概念除了包括货币外，还应包括财货。杜尔阁在《关于财富的形成和分配的考察》一书中指出：“这些储存的财货，就是人们所谓的资本。”亚当·斯密进一步修正杜尔阁的定义，认为“储存”的财货中可以给所有者带来一笔收入的部分才可称之为资本②，将资本定义为“为了生产的目的而积累的资产储备”③，强调资本在生产中的作用，生产需要用资本形式来促进。新古典经济学的创始人阿尔弗雷德·马歇尔将资本定义为为了生产物质货物和获取收入利益而准备的一切储备，通常由土地、劳动和资本三类共同构成生产要素。④ 新古典综合学派的代表人物萨缪尔森认为，“美国等发达工业经济大量使用建筑物、机器和计算机等等，这些生产要素称为资本，即一种被生产出来的要素，一种本身就是由经济过程产出的耐用的投入品”⑤。在马克思主义政治经济学中，资本是能够带来剩余价值的价值，具有自然属性和社会属性。首先，作为生产要素，资本具有自然属性，是一种可以带来剩余价值的价值，即资本可以用价值形式表示，其本能在于实现价值增值。其次，从社会属性来看，资本的实质是体现在物上的生产关系。马克思指出，在资本主义条件下“生产资料和生活资料，作为直接生产者的财产，不是资本。它们只有在同时还充当剥削和统治工人的手段的条件下，才成为资本”⑥。

《新帕尔格雷夫经济学大辞典》将“资本”分为“作为一种生产要素的资本”和“作为一种社会关系的资本”来分别作解释。⑦ 资本的基本功能如下：一是用以创办企业并维持运营；二是要求高回报；三是用以形成相应的负债能力；四是体现所有权，按照出资的多少体现对企业的控制力。⑧ **资本**的表现形式也不断丰富，从货币、厂房、机器、原料、

① 布罗代尔．十五至十八世纪的物质文明、经济和资本主义：第2卷：形形色色的交换［M］．顾良，施康强，译．北京：商务印书馆，2017：263.

② 庞巴维克．资本实证论［M］．陈端，译．北京：商务印书馆，2017：52-53.

③ 索托．资本的秘密［M］．于海生，译．北京：华夏出版社，2012：30.

④ 马歇尔．经济学原理［M］．朱攀峰，徐宏伟，编译．北京：北京出版社，2012：52.

⑤ 萨缪尔森，诺德豪斯．微观经济学：第16版［M］．萧琛，等译．北京：华夏出版社，1999：26.

⑥ 马克思恩格斯全集：第23卷［M］．北京：人民出版社，1972：835.

⑦ 伊特韦尔，米尔盖特，纽曼．新帕尔格雷夫经济学大辞典：第1卷 A—D［M］．陈岱孙，主编译．北京：经济科学出版社，1996：356-365.

⑧ 曹尔阶．资本是个好东西［M］．北京：中国人民大学出版社，2012：398.

> **名词解释**
>
> **资本** 是人类创造物质财富和精神财富的各种社会经济资源的总称，包含一切投入再生产过程的有形资本、无形资本、金融资本和人力资本等。

商品等一定的有形资本扩展到专利权、专利技术、商标、著作权、特许经营权、土地使用权、商誉等无形资本，在知识经济逐渐兴起的 20 世纪 90 年代，由人力资本、结构资本和顾客资本三者构成的知识资本在企业核心竞争力中的作用日益重要。

## 二、资本运营

### （一）资本运营的概念

我国对资本运营的认识是有一个过程的。党的十一届三中全会以后，中国的经济体制和运行机制发生了深刻的变化，从计划经济走向市场经济。人们开始摆脱思想禁锢，在 20 世纪 80 年代后期提出以企业兼并实现产业整合的问题，但是讳言产权流动和资本重组。1995 年中共中央通过《关于制定国民经济和社会发展“九五”计划和 2010 年远景目标的建议》，提出“依靠市场竞争，促进现有资产合理流动和优化重组”，“通过存量资产的流动和重组，对国有企业实施战略性改组”[①]。1997 年党的十五大明确提出注重发展资本等要素市场，允许和鼓励资本等生产要素参与收益分配等问题。自此，资本运营成为资本市场的热门话题。

> **名词解释**
>
> **资本运营** 又称“资本运作”，是指运用市场法则，通过资本本身的技巧性运营实现价值增值和效益增长的一种经营方式。

从广义来看，**资本运营**是以资本增值为目的的经营活动。资本运营涵盖整个生产和流通过程，商品或产品的生产和经营自然包括在其中。但若从其在我国产生及使用的背景来看，资本运营则是作为与生产经营相对应的一个概念提出并加以利用的。从这一意义上讲，目前我们通常所说的资本运营是一个狭义的概念，其主要是独立于生产经营而存在的。具体地说就是公司对自身所拥有的一切有形与无形的资本，通过流动、裂变、组合、优化配置等各种方式进行有效运营，以最大限度实现增值。资本运营的主体可以是资本所有者，也可以是资本所有者委托或邀约的经营者，由他们承担资本运营的责任。资本运营的对象，既可以是一种形态的资本，也可以是两种形态及以上的资本。资本运营的目的是获取利润，使资本增值。

### （二）资本运营的功能

从宏观上讲，资本运营是市场经济条件下资源优化配置的一种重要方式。通过建立资本市场推动资本的资源流动，能够很好地引导资本流向优势企业或产业，以优化社会的资源配置结构。

---

① 中国共产党第十四届中央委员会第五次全体会议文件［M］. 北京：人民出版社，1995：48－51.

从微观上讲，资本运营是企业利用市场法规，通过资本本身的技巧性运营，盘活存量资产、扩张资本规模和优化资本结构，以达到资本增值和效益增长目的的一种运营方式。

### （三）资本运营的特点

资本运营具有以下几个突出特点：

**1. 资本运营的增值性**

增值性是资本运营的内在本质，实现资本增值是资本运营的根本目的。它要求企业在利润最大化原则下，通过对其所拥有和控制的资本进行有效的运营，以最少的资本成本获取最多的资本收益，使资本在参与企业再生产过程中实现增值。

**2. 资本运营的流动性**

资本运营是通过并购、重组、租赁等形式盘活沉淀和闲置资本，使资本从效益低下的地方流向效益丰厚的地方，以最大限度地实现资本增值。因此，资本只有在流动中才能实现资源的优化配置和资本的增值。资本的流动不是单向性的，而是表现为循环往复的流动，资本流动的速度直接影响到资本运营的效益，在不断更新的流动中才能实现价值增值。

**3. 资本运营的风险性**

在现代市场经济条件下，风险存在于资本运营的全过程，在资本运营过程中不但有经济风险、财务风险、经营风险、行业风险、管理风险和技术风险，还有政策风险、体制风险、社会风险等，所以企业资本运营的收益都有着不确定性，面临如何使效益最大化风险最小化的问题。因此，企业的所有者、经营者和管理者必须具备风险意识，充分考虑资本运营过程中可能存在的风险并做好风险应对预案。

**4. 资本运营的趋利性**

资本的增值性使资本的运营不断追求利润最大化，以期用最小的投资获得最大的产出，具有很强的趋利性。这种趋利性体现为资本追求利润最大化的天然本能，促使大量资本必然寻找投资回报率高、增值潜力大的行业，流向能够获得高额回报的领域。

**5. 资本运营的多样性**

从内容和形式来看，资本运营包括实业资本运营（将资本直接投放至产品经营活动所需的固定资产和流动资产中）、金融资本运营（以有价证券为表现形式，如债券、股票、期权、期货等）、产权资本运营（法定主体进行产权体系即财产所有权、使用权、收益权和处分权的全部或部分转移及生产要素的流动，如兼并、收购、资产重组、股份制改造等）、无形资本运营（不具有实物形态、非物质化的资本，如专利、技术、品牌、商誉等）等，不同的资本运营类型有其自身独特的属性和特点，因此，需要经营者采取不同的方式进行运营。

### （四）资本运营的分类

**1. 按照资本运营的扩张和收缩方式**

（1）扩张型资本运营。

扩张型资本运营即在当前的资本结构下，通过内部积累、追加投资、吸纳外部资源

（兼并或收购）来扩大企业的资本规模。这种资本运营方式主要包括以下几种类型：

横向资本扩张：资本在同一产业或同一部门内运营以扩大企业生产经营规模。

纵向资本扩张：资本在产品或产业的上下游、前后工序、生产和经营的不同阶段进行运营以实现企业产业一体化。

混合型资本扩张：资本在没有直接投入产出关系、没有技术经济联系的产品或产业间运营以实现企业多元化经营战略。

（2）收缩型资本运营。

收缩型资本运营即企业把自己拥有的部分资产、子公司、某部门或分支机构转移到公司之外，从而缩小资本规模以最大化提高效率。具体包括以下几种类型：

资产剥离：企业将其所拥有的资产、产品线、部门、子公司出售给第三方，并获得现金或与之相当的回报。

公司分立：公司通过依法签订分立协议，将其经营系统分为两个以上公司的行为，原公司要么经清算程序而解散，要么以被缩小的状态继续存在。

股份回购：公司将自己发行在外的股份进行回收，以减少公司的股本和资产规模。①

分拆上市：广义的分拆上市是指已上市公司或者未上市公司将部分业务或某个子公司从母公司独立出来单独上市；狭义的分拆上市指的是已上市公司将其部分业务或者某个子公司独立出来，另行公开招股上市。②

**2. 按照资本运营的内涵和外延方式**

（1）内涵式资本运营。

内涵式资本运营即企业通过挖掘现有资源潜力，优化内部资本配置，改善资本使用形式，以提高资源利用效率。这种资本运营方式主要包括实业投资、融资、内部业务重组等。实业投资是指面向工、商、农等传统产业的投资。融资是为获取大规模资金以解决资金短缺的资本运营手段，如股票融资、债券融资、项目融资、产业基金等。内部业务重组是指企业对产业结构的内部优化和调整。

（2）外延式资本运营。

外延式资本运营即将企业的资源与外部优质的资源进行流动配置，实现内外部资本的有序转化和流动，以寻找新的发展机会、拓展生存空间。外延式资本运营主要包括兼并收购、战略联盟、风险投资和金融投资等，其中兼并收购是外延式资本运营的核心模式。兼并是指两家或多家独立企业合并组成一家企业，通常由占优势的公司吸收一家或是多家公司。收购指一家企业用现金或者有价证券购买另一家企业的股票或者资产，以获得对该企业的全部资产或者某项资产的所有权，或对该企业的控制权。③

**3. 按照资本运动状态**

按照资本运动状态，可分为存量资本运营与增量资本运营。

存量资本运营是指投入企业的资本形成资产后，企业对现有资产以增值为目标而进行的经济活动。通常通过企业联合、兼并、收购、资产剥离、企业分立、租赁、破产等

---

① 戴娟萍．高级财务管理［M］．2版．厦门：厦门大学出版社，2019：108－123.

② 黄飞，褚笑清．资本运营理论与实务［M］．北京：中国传媒大学出版社，2016：254.

③ 任志安．公司经济学［M］．合肥：中国科学技术大学出版社，2019：245.

方式进行。

增量资本运营是指企业的投资行为，包括投资方向选择、投资结构优化、筹资与投资决策、投资管理等。

### （五）资本运营和生产运营的区别

资本运营和生产运营之间有很大的差异，具体如表 9-1 所示。

**表 9-1 资本运营和生产运营对比**

| | 资本运营 | 生产运营 |
|---|---|---|
| 经营对象 | 企业的资本以及运动，侧重于企业经营过程的价值方面，追求价值增值 | 产品以及生产销售过程，经营的基础是厂房、机器设备、产品设计等，侧重于企业经营过程的使用价值方面 |
| 经营领域 | 在资本市场上运作（资本市场包括证券市场和非证券的产权交易市场等） | 主要是在生产资料市场、劳动力市场、技术市场和商品市场上从事产品生产、原材料采购和产品销售等活动 |
| 经营方式和目的 | 通过资本的流动、裂变、组合、优化配置，以实现资本增值 | 通过商品销售或提供劳务，以实现利润最大化 |
| 经营导向 | 受资本市场的制约和资本回报率的限制 | 受价格信号的控制 |
| 经营风险 | 生存和发展建立在一个或多个产业上，应及时退出风险大的产业，以规避风险 | 生存和发展维系在一个或多个产品上，如市场需求发生变化，则会直接影响企业的生存和发展 |
| 发展方式 | 注重企业自身的内部积累，更重要的是通过资本外部扩张的方式，使企业发展壮大 | 依赖企业自身的积累，通过创造更多的利润并使之转化为资本，增加生产要素和提高生产能力而获得发展 |

## 三、资本市场

名词解释

**资本市场** 也称为长期资金市场，通常是指进行中长期（一年以上）资金（或资产）借贷融通活动的市场。

### （一）资本市场的概念

金融市场包括货币市场、**资本市场**、外汇市场和黄金市场，资本市场是金融市场的重要组成部分。

### （二）资本市场的功能

**1. 融资功能**

融资功能是资本市场的基本功能。通过资本市场，资金供给者可以根据不同金融工具的特点及收益率来选择最佳的资金供给结构，资金需求者同样也可以选择成本低的最佳融资结构，以降低双方寻找资金出路的交易成本。

**2. 价格发现功能**

价格发现即市场参与者引导资本工具价格的形成及未来趋势的功能。资本市场参与者的相互作用决定了资本的真实价值，资本唯有投入市场，经过广大参与者反复交易这一社会评价过程，其价值才能得到充分体现。

**3. 优化配置功能**

资本市场的优化配置功能是指资本市场通过对资本流向的引导，使其在供给者和需求者之间得到效率最大化的配置，从而对资源配置发挥导向型作用。

**4. 分散风险功能**

金融工具和金融结构的多样化，既为融资者分散经营风险提供了安排，投资者也可以利用多样化的资本组合来降低和防范风险。而从宏观层面来看，整个社会的资本分散在具有不同风险的投资机会上，可以提高整个社会的风险承受能力。

**5. 产权功能**

产权功能是资本市场的衍生功能，即资本市场对市场主体的产权约束和充当产权交易中介方面所发挥的功能。资本市场通过对企业经营机制的改造，为企业提供资金融通、传递产权交易信息和提供产权中介服务。①

### （三）资本市场的特点

**1. 融资期限长**

融资期限至少在 1 年以上，也可以长达几十年，甚至无到期日。例如：中长期债券的期限都在 1 年以上；股票没有到期日，属于永久性证券；封闭式基金存续期限一般都在 15～30 年。

**2. 流动性相对较弱**

在资本市场上筹集到的资金多用于解决中长期融资需求，故流动性和变现性相对较弱。

**3. 风险大而收益较高**

由于融资期限较长，发生重大变故的可能性就大，市场价格容易波动，投资者需承受较大风险。同时，作为对风险的报酬，其收益较高。②

**4. 资金借贷量大**

资本市场上的参与者主要是机构，资金借贷量大，以满足长期投资项目的需要。

**5. 价格变动幅度大**

与短期金融工具相比，作为资本市场交易工具的有价证券，价格变动幅度大，有一定的风险性和投机性。③

### （四）我国资本市场的现状

我国资本市场从 20 世纪 90 年代开始发展，由**场内市场**和**场外市场**两部分构成。其中场内市场的**主板市场**（含中小板）、**创业板市场**（俗称二板）和场外市场的全国中小企业股份转让系统（俗称新三板）、区域性股权交易市场构成我国多层次资本市场体系。

---

① 李奕滨，郭英，阮青松．货币金融学［M］．上海：立信会计出版社，2018：171－172.

② 颜军梅．金融学［M］．武汉：武汉大学出版社，2018：97.

③ 崔满红．货币银行学原理［M］．北京：中国金融出版社，2015：173.

名词解释

**场内市场** 即证券交易所市场，有固定的交易场所和一定的交易时间，投资者通过证券经纪商在交易所买卖证券。

**场外市场** 没有集中统一的交易制度和场所，在交易所外利用网络或电话等进行证券买卖的市场。

**主板市场** 也称为一板市场，指传统意义上的证券市场（通常指股票市场），是证券发行、上市及交易的主要场所。

**创业板市场** 又称为二板市场，是地位次于主板市场的二级证券市场。

**1. 主板市场**

主板市场对发行人的营业期限、股本大小、盈利水平、最低市值等方面的要求标准较高。在该市场上市的企业多为已经发展成熟的大型企业，这些企业具有较大的资本规模以及稳定的盈利能力。主板市场是资本市场中最重要的组成部分，有“国民经济晴雨表”之称，很大程度上能够反映国民经济发展状况。中国大陆主板市场的公司在上交所和深交所（含中小企业板）两个资本市场交易中心上市。

**2. 创业板市场**

创业板市场以纳斯达克（NASDAQ）市场为代表，在中国特指深圳创业板。其定位是为高成长性的中小型企业和高科技企业提供融资服务，在上市门槛、监管制度、信息披露、交易者条件、投资风险等方面和主板市场有一定差距。其功能在于为自主创新国家战略提供融资平台并为风险投资和创投企业提供正常的退出机制，是我国多层次资本市场体系建设的一项重要内容。

**3. 三板市场**

为解决主板市场退市公司与两个停止交易的法人股市场公司的股份转让问题，由中国证券业协会出面，协调部分证券公司设立代办股权交易系统，该系统称为“老三板”。其由于市场关注度低、交易十分不活跃，未能发挥融资功能。

为解决这一问题，落实国家自主创新战略，我国于 2006 年 1 月正式启动中关村代办股份转让试点，逐步建立中小企业股份转让系统，主要服务对象为创新型、创业型、成长型中小微型企业，又称“新三板”。新三板已经逐渐成为新兴的中小微型企业募集资金、股权顺畅流转的重要平台，同时成为多层级资本市场上市资源的“孵化器”。

**4. 四板市场**

四板市场即区域性股权交易市场，是我国多层次资本市场的重要组成部分，是为特定区域内的企业提供股权、债券转让和融资服务的私募市场，由省级人民政府批准成立并监管。该市场对于促进企业特别是中小微型企业股权交易和融资服务发展，鼓励科技创新和激活社会资本，加强对区域实体经济薄弱环节的支持，合理积聚和配置地方资源，起到了较为重要的作用。

**5. 三大资本市场交易中心**

（1）上海证券交易所。

1990 年 11 月 26 日，经国务院授权，中国人民银行批准，上海证券交易所（见图 9-1）正式宣布成立，同年 12 月 19 日开业。这是新中国成立以来第一家证券交易所，受中国证监会监督和管理，是为证券集中交易提供场所和设施、组织和监督证券交易、实行自律管理的会员制法人。经过 30 多年的发展，目前上交所已经成为全球第三大证券交易所和全球最活跃的证券交易所之一。截至 2021 年末，上交所上市公司数为 2 037 家，股票总市值高达 519 698 亿元。

**图 9-1 上海证券交易所**

（2）深圳证券交易所。

深圳证券交易所（见图 9-2）是经国务院批准设立的全国性证券交易场所，是实行自律管理的会员制法人，受中国证监会监督管理。深交所于 1990 年 12 月 1 日开始试营业，1991 年 4 月 11 日获中国人民银行正式批准成立，是继上海证券交易所之后中国成立的第二家证券交易所。截至 2021 年 12 月 31 日，深交所共有上市公司 2 578 家，总市值约 40 万亿元；挂牌债券（含资产支持证券）9 853 只，挂牌面值 2.9 万亿元；挂牌基金 540 只，资产规模 3 351 亿元；沪深 300ETF 期权累计成交 1.5 亿张，成交面值 7.3 万亿元。2021 年，深交所股票成交金额 144 万亿元，股票融资额 7 756 亿元，固收产品融资额 1.8 万亿元。

**图 9-2 深圳证券交易所第一次会员大会会场**

（3）北京证券交易所。

北京证券交易所（简称北交所，见图 9-3）于 2021 年 9 月 3 日注册成立，是经国务院批准设立的我国第一家公司制证券交易所，受中国证监会监督管理，经营范围为依法为证券集中交易提供场所和设施、组织和监督证券交易以及证券市场管理服务等业务。北交所是从全国中小企业股权转让系统发展而来，服务于专精特新中小企业的资本市场专业化发展平台，其成立有利于统筹协调多层次资本市场发展布局，推动健全资本市场服务中小企业创新发展的全链条制度体系。

图 9－3　北京证券交易所办公大楼场景

## 第二节　媒介资本运营

媒介资本运营，指的是媒体对其拥有的可经营性资产部分，如人力资本、实物形态资本、价值形态资本和无形资本等进行的有效经营。

> **名词解释**
>
> **媒介资本**　又称“传媒资本”，指的是传媒所拥有的可经营性资产，包括人力资本、实物形态资本、价值形态资本和无形资本等形式。

### 一、媒介资本

**媒介资本**具体包括以下几个类型：

#### （一）人力资本

人力资本是指传媒产业中劳动者所具有的知识、技能等有助于其价值发挥与实现的诸多因素组合，是投资的结果。

#### （二）实物形态资本

实物形态资本是为保证传媒功能实现而投资建设的各类基础设施、机器设备等以及可供传媒产业开发的各类物质资源。

### （三）价值形态资本

价值形态资本包括货币资本和金融资本。前者包括国家和主管部门的财政拨款、传媒产业各部门经营收入中的现金部分、固定资产的折旧费用以及其他以货币形式存放的资金。后者包括传媒产业部门为获取盈利而购买的各种债券和股票、传媒产业部门利用的各类社会闲散资金与媒介资本相融合而形成的资本、企业或其他经济实体给传媒的投资。①

### （四）无形资本

无形资本是具有资本形态的无形资产，包括品牌、商誉、版权、经营机制、关系渠道、营销网络、频道资源等。

## 二、媒介资本运营

### （一）媒介资本运营的意义

**1. 媒介资本运营是产业竞争不断加剧的必然选择**

中国传媒产业面临着残酷的竞争态势。中国加入 WTO 后，国外传媒集团通过各种方式逐渐向我国登陆并渗透；伴随着新媒体的蓬勃发展，国内传统媒体面临在式微中寻求生存的境况；传媒产业内部各子行业同种媒介之间的竞争趋向白热化。面对激烈的市场竞争，通过**媒介资本运营**提高企业整体核心竞争力，进一步做大做强，是传媒产业发展的客观要求和必然选择。

**2. 媒介资本运营是盘活资本资产的重要手段**

经过多年的建设与发展，我国传媒产业已经积累一定规模的资产。传媒产业可以通过资本运营，将核心业务资产同非核心业务资产有效统合，从而盘活资产，从整体上提升产业的资产运作效率并促进产业整合升级。此外，传媒产业可以通过整合有形和无形资产，进行有效开发与运作以充分延伸产业链，实现产业规模的扩大和运营效益的倍增。

> **名词解释**
>
> **媒介资本运营** 将媒体所拥有的可经营性资产部分，通过价值资本的流动、兼并、重组、参股、控股、交易、转让、租赁等途径进行运作，优化媒介资源配置，扩张媒介资本规模，进行有效经营，以实现最大限度增值目标的一种经营管理方式。②

**3. 媒介资本运营推动传媒运营机制的改变**

媒介进入资本市场，是对我国原有传媒运营机制的突破。1994 年上海广电总局下属的上海东方明珠（集团）股份有限公司上市，成为我国第一家由媒体发起设立的股份有限公司。1999 年 3 月，湖南电广传媒股份

---

① 张军，何曼．传媒产业无形资产管理［M］．北京：中国经济出版社，2018：78.
② 周鹍鹏．传媒经营与管理［M］．2 版．郑州：郑州大学出版社，2012：196.

有限公司在深交所挂牌上市，成为国内传媒行业第一家上市公司。同年，《成都商报》通过控股博瑞投资有限责任公司实现成功上市，成为中国传媒“借壳上市”的典型。此后，陆续有传媒在政策允许的范围内尝试通过资本运营转换经营机制，倒逼建立产权清晰、政企分开、管理科学的现代企业制度，使自身的传媒运营机制更为规范。

**4. 媒介资本运营拓展盈利模式**

媒介资本运营是一种开放式的运营模式，既包括实业投资、上市融资、内部业务重组等内部资本的配置与优化，也包括兼并收购、战略联盟、风险投资和金融投资等外部资本的流动与转化。因此，依赖资本运营的迅速扩张与优化配置，可以克服其产业结构单一、经营空间狭小、收入来源集中的缺陷，提高产业资本利用率，优化资本结构，拓展盈利模式。

**5. 媒介资本运营增强传媒企业竞争能力**

通过资本运营，可以盘活媒介的可经营性资产；可以在短期内筹集产业发展所需的大量资金；可以提高媒介的抗风险能力和竞争力；能够促进传媒企业改革内部运行机制，加强内部企业化管理。例如，2018 年，阿里巴巴以约 150 亿元战略入股分众传媒，芒果超媒收购快乐阳光、天娱传媒、芒果影视、芒果娱乐和芒果互娱五家公司 100%股权，完成资产重组。2019 年，世纪华通斥资 298 亿元收购盛跃网络 100%股权，万达电影以 105.24 亿元收购万达影视 95.77%股权。2020 年，字节跳动入股风马牛文化传媒有限公司，布局 MCN 领域；上海报业集团、上海东方网股份有限公司实施联合重组，在内容建设、技术应用、平台管理等方面探索融合发展的路径。2021 年，字节跳动与沐瞳科技达成战略收购协议，交易对价 40 亿美元，以补足在中重度游戏领域的短板；腾讯音乐娱乐集团收购懒人听书 100%股权，实现在长音频领域的发力。

## （二）媒介资本运营的特点

**1. 效率性**

媒介资本运营是以资本导向为中心的运作机制，传媒企业在经济活动中始终以资本的保值增值为核心，从这一角度看，传媒企业提升资本运营效率是一种必然的需求。企业要把自身资本的活力充分地调动起来，大力提升资本运营效率以提高资源配置的科学化水平，确保资本能够在市场的合理运营之下强化增值能力。

**2. 流动性**

媒介资本运营注重资本的流动性，资本闲置和沉淀是资本最大的流失原因。在媒介资本运营中，企业通过兼并、收购、重组等形式盘活沉淀和闲置资本，使资本从效益低下的地方流向效益丰厚的地方，在流动中获取更多的增值机会，最大限度地实现资本增值。

**3. 创新性**

面对内外复杂的环境，传媒企业的资本运营存在着诸多的风险，高风险往往伴随着高收益，具有高风险预期与高收益预期并存的基本特征。因此，媒介资本运营应以创新的观念和思维突破传统的企业经营方式，创新资本运营模式与体系，使资本能够与其他生产要素共同发挥作用，为企业创造更加丰厚的价值。

**4. 人本性**

人力资源的竞争是传媒业显著的时代特点，人力资源已成为传媒组织立于不败之地的重要条件。传媒企业确立“以人为本”的理念，积极致力于挖掘、投资并开发人力资源，激发其创造能力并促进其合理流动，通过人力资源的竞争力创造经济效益并构建核心竞争力。

名词解释

**融资** 企业资金筹集的行为与过程，主要方式有债务融资、股权融资两种方式。

## 三、传媒企业融资

企业要发展壮大，不可避免会遇到**融资**问题。企业会根据自身的生产经营状况、资金拥有状况，以及公司未来经营发展需要，通过科学的预测和决策，采用一定的方式，从一定的渠道向公司的投资者和债权人筹集资金，组织资金的供应，以保证公司正常生产需要、经营管理活动需要的理财行为。

按照融资各方当事人所拥有的权益，融资主要包括债务融资、股权融资两种方式。

### （一）债务融资

债务融资是指企业通过借款承债方式向个人、团体或金融机构借来资金，以用于企业生产运营或发展建设，资金出借方成为公司的债权人，并获得该企业还本付息的承诺。

**1. 银行贷款**

银行贷款是指银行在国家政策许可的范围内，在一定期限内以一定利率将资金贷放给客户的借贷行为，主要包括流动资金贷款、固定资产贷款、专项贷款三类。银行贷款作为风险最小、成本最低的融资方式，是企业融资最重要的手段。传媒业日常流动资金出现困难时，向银行申请贷款是较为适宜的选择。但是，在进行长期投资时，因银行贷款的期限和项目投资期往往不匹配，申请银行贷款的比例与额度需要进行控制。

**案　例**

#### 北京银行的“影贷”模式

《长津湖》项目作为中国影史投资规模最大的影片之一，面临巨大的筹资压力。北京银行得知拍摄计划后，第一时间与博纳影业集团开展了专项对接，了解其金融服务需求，随后发放1.4亿元的专项贷款资金。然而，在影片制作中期，《长津湖》的成本发生了变化。考虑到总投资的增长让企业承担了极大的压力，北京银行再次给博纳影业集团多增加了1亿元的授信支持，帮助企业顺利开展影片的制作发行。

作为《长津湖》的主出品方，博纳影业集团自1999年成立之初即与北京银行开展业务合作。二十多年来，北京银行从账户管理、资金结算、投融资业务等方面为博纳影业集团打造多维度金融服务生态，满足企业全周期、全场景的金融服务需求。除助力博纳影业集团推出“中国胜利三部曲”献礼巨制——《中国医生》《长津湖》《无名》外，北京银行还支持了博纳影业集团的《中国机长》《烈火英雄》《红海行动》《建军大业》等数十部影片的制作与发行。

北京银行2006年开始着眼于文化产业，除博纳影业集团外，先后支持了新丽传媒、光线传媒、猫眼等高成长影视企业。目前中国影史票房前三影片《长津湖》《战狼2》《你好，李焕英》背后均有北京银行金融支持，北京银行已累计为千余家电影企业发放贷款超过240亿元。北京银行开创了诸多影视行业创新融资模式。2006年，北京银行以“版权”为核心质押品，结合影视行业特点为企业提供1亿元影视项目“打包贷款”，开创国内影视剧打包贷款融资先河。2012年，北京银行与博纳影业集团签署战略合作协议，为企业提供5亿元意向性授信，成为当时我国民营电影企业获得的最大额度单笔授信。2019年，北京银行发布了影视全产业链专属产品“影视贷”，为电影产业企业提供全链条金融服务。2021年，在北京国际电影节上，北京银行创新推出“电影＋”版权质押贷款产品。

**2. 债券融资**

债券融资是企业依照法定程序发行、约定在一定期限内还本付息的有价证券，表示发债企业和投资人之间是一种债权债务关系。债券融资包括短期融资券、中期票据、企业债券、可转换债券等在内的各类债券都已登陆我国债券市场。债券融资不会削弱现有股份持有者的相对平衡权利，但是，发行债券会提高传媒企业的资本负债比率，其直接反映于资本负债表，不利于传媒企业再融资。

短期融资券是指依照规定的条件和程序在银行间债券市场发行和交易并约定在一定期限内还本付息的有价证券，是企业筹措短期（1年以内）资金的直接融资方式。作为率先利用资本市场发展的“中国传媒第一股”，湖南电广传媒2021年初完成年度第一期超短期融资券发行，该期发行规模为人民币5亿元，期限270天，每张面值100元，票面利率为3.08％。

中期票据是指期限通常在5～10年的票据，通常通过单一发行计划，多次发行期限可以不同的票据，以契合公司的融资需求。发行中期票据是我国传媒企业比较青睐的一种融资方式。通过发行中期票据募集资金的传媒企业一部分是大型的上市公司，比如凤凰出版传媒集团、中文天地、华闻传媒投资集团、万达集团等，这些公司的发行金额相对较大；另一部分则是资产实力相对雄厚或信用状况良好的非上市但具有一定知名度的企业，如地方广电等，这些企业因为具有资金运转和企业信用方面的优势，也选择发行成本相对较低的中期票据来募集资金。2009年，凤凰出版传媒集团发行了规模为20亿元的中期票据，这是中国出版行业第一次发行票据。通过这次债券市场融资，凤凰出版传媒集团平稳度过了金融风暴的不稳定期，并为最终成功上市做了有效的资本铺垫。

企业债券是由中央政府部门所属机构、国有独资企业或国有控股企业发行的债券，其用途主要限制在固定资产投资和技术革新改造方面，并与政府部门审批的项目直接关联。较早通过企业债券融资的传媒企业是中国电影集团。2007年12月，中国电影集团发行了5亿元企业债券，成为中国传媒行业在企业债券市场融资的先例。中国电影集团本次债券的主承销商为招商证券股份有限公司，债券期限为7年，中国建设银行股份有限公司授权北京分行成为此次债券的担保方，募集资金主要用于投资国家电影数字制作基地工程、发展数字影院、新建及改造影院等项目，计划总投资约 20.08 亿元。

可转换债券是兼具股票和债券双重特性的创新金融产品，持有者可以按照约定的条件将债券转换成公司的普通股票，如果债券持有者不想转换，则可继续持有债券，直到偿还期满时收取本金和利息，或者在流通市场出售变现。

**案 例**

### 凤凰出版传媒集团的可转换债券融资之举

2016 年起，凤凰出版传媒集团走向大规模战略转型之路，从基础的印刷运输和书本销售转化为重视投资、财务、研发和基建的大型综合集团。为实施转型，企业不断扩大项目和经营规模，导致资金需求日益加大。2016 年 10 月 31 日，集团向合格投资者公开发行凤凰 EB 公司债券，发行规模为 50 亿元，票面金额为 100 元，按面值发行，标的股票为凤凰出版传媒股份有限公司股票。该债券在票面利率 1%的固定利率基础上，采用五年发行期发行，利率采用单利计算，2016 年 10 月 31 日为起息日，2017 年 10 月 30 日为计息日，从 2017 年 10 月 31 日至 2021 年 10 月 30 日为转股期间，对于在转股期内没能实现转股的可转换债券，发行方将以 105 元每张的价格赎回所有债券。凤凰出版传媒集团此次募集资金的使用方向为调整公司资本结构和补充公司经营流动资金，其中 30 亿元用于偿还到期债务，20 亿元作为日常经营流动资金。截至 2016 年 11 月 3 日，成功募集 50 亿元，实现融资偿还债券并补充流动资金。

#### 3. 融资租赁

融资租赁是一种特殊的债务融资方式，指出租方根据承租方的需求和选择，与供货方订立购买合同，与承租方订立租赁合同，将购买设备出租给承租方使用，在租赁期间，由承租方按照合同规定分期向出租方交付租金，租赁设备所有权属于出租方，承租方在租赁期间对该设备享有使用权，租赁期满时，设备可由承租方按照合同规定留购、续租或退回出租方。融资租赁的目的是融通资金，即以获取资产的使用价值为手段而达到融资的目的。

媒介公司业务租赁范围包括固定资产标的物和文化无形资产标的物。固定资产标的物指高端印刷设备、新型电影放映设备、电影综合管理系统、先进的舞台灯光设备、文化行业科技创新软硬件设备等。文化无形资产标的物是指电影、电视剧、动漫的版权、专利及专有技术使用权，特许经营权，合同权益，网络游戏著作权及运营权等。

## （二）股权融资

股权融资是指公司通过出售或者以其他方式交易公司的股份（或股票）获得企业生产经营和发展资金的融资方式。股权融资与其他融资方式的本质区别就是发生了公司的股权变化，资金提供者通过购买公司股权而成为公司的股东，享有股东权利，履行股东义务。由于股权融资所筹资金具有永久性、无到期日，不需归还，没有还本付息的压力，因此其筹资风险较小。此外可以提高企业知名度，为企业带来良好的声誉。但是其存在资本成本较高、上市时间较长、控制权容易分散等缺陷。按照融资的渠道和开放程度，股权融资可分为公募发售和私募融资。

**1. 首次公开发行上市**

传媒企业经过转企改制，对企业进行股份制改组，成立股份有限公司，**首次公开发行上市**（initial public offerings，IPO）进入资本市场，成为传媒企业融资的主要方式之一。歌华有线、电广传媒、新华文轩、出版传媒、皖新传媒、凤凰传媒、中南传媒等传媒企业就是采用这种方式成功实现上市的。这种方式上市周期较长，主要包含重组改制、尽职调查与辅导、申请文件的制作与申报、发行审核、路演询价与定价及发行与挂牌上市等阶段。一般来说，选择这种方式至少需要花费三年的时间才能成功上市。

> **名词解释**
>
> **首次公开发行上市**　是指一家股份有限公司第一次将它的股票向公众出售。只有首次公开上市完成后，公司才可以申请到证券交易所或报价系统挂牌交易。
>
> **借壳上市**　即重组上市，指一家私人公司通过把资金注入一家市值较低的已上市公司（壳），得到该公司的控股权，利用其上市公司地位，使母公司的资产得以整体上市。

**2. 借壳上市**

**借壳上市**是整体上市的一种，通常该公司会被改名。[①] 与直接上市相比，其审核条件相对宽松，上市时间较快，因而，当一些公司达不到 IPO 上市的标准时，就会退一步转向借壳上市。华闻传媒、博瑞传播、赛迪传媒、时代出版、中文传媒、大地传媒、长江传媒、浙报传媒、杭报集团等传媒企业就是采用这种方式成功实现上市的。但在借壳上市中也出现一些不规范行为，针对这种情况，2016 年，中国证监会对《上市公司重大资产重组管理办法》进行了修订，此次修订对重组上市行为（即“借壳”）在实际控制人的认定、交易资产的标准、限售股的期限、权责追溯机制等诸多方面提出了更严格的监管要求，对借壳上市的融资行为做了进一步规范。

**案　例**

### 新华传媒的借壳上市之路

2003 年，上海新华发行集团有限公司开始筹备改制事宜。2004 年 9 月，公司完成由国有独资向国有多元的股份制企业转变：上海精文投资有限公司、解放日报报业集团、上海文化广播影视集团、上海世纪出版集团、上海文艺出版总社五家国有独资单位成为上海新华发行集团有限公司的股东。在改制之后，新华发行集团进一步吸收业外国有资本，通过投标竞价，同样拥有国资背景的上海绿地（集团）有限公司成为上海新华发行集团的新股东，持有该公司的 49%的股份。上海新华发行集团最初的计划是实现 IPO 新股上市，但是由于 2005 年 5 月股权分置改革启动，新股发行暂时停止，公司决定转道“借壳上市”。2006 年 5 月，上海新华发行集团有限公司与上市公司华联超市的大股东签订协议，以现金收购

① 莫林虎．传媒资本市场和资本运营［M］．北京：中国经济出版社，2020：61.

方式受让百联集团有限公司、上海百联集团股份有限公司、上海友谊（集团）有限公司、上海一百（集团）有限公司合计持有的华联超市的1.18亿股（占总股本的45.06%），成为公司第一大股东。2006年8月，上海新华发行集团将其直接和间接持有的股权与华联超市全部资产、负债及业务进行置换，上市公司的主营业务也由经营连锁超市变更为文化传媒业务，公司名称变更为“上海新华传媒股份有限公司”。新华传媒作为“图书出版发行第一股”，于2006年10月在上交所正式挂牌登陆资本市场。

**3. 股票市场其他融资方式**

企业首次发行股票融资后，并不意味着企业在资本市场已取得成功，更重要的是企业可以不断在资本市场上发行各种金融工具，进行持续的融资。已上市公司可以通过向原股东配售股票和向公众发售股票的方式进行再融资。其中，前者称为“配股”，是指上市公司根据发展需要，依照有关规定和相应程序，向原股东进一步发行新股以筹集资金的行为。后者称为“增发”，是指上市公司以原有股本为基础，面向原有股东和其他投资者再次筹集资金增加股本的行为。[①]

名词解释

**私募融资** 指融资人通过协商、招标等非社会公开方式，向特定投资者出售股权进行的融资，包括各种组建企业时的股权筹资和随后的增股扩股。

**4. 私募融资**

对于传媒企业而言，**私募融资**不仅为企业提供稳定的资金来源，同时会提供高附加值的服务，私募股权基金的合伙人都是非常资深的企业家和投资专家，他们的专业知识、管理经验以及广泛的商业网络能够带来新理念、新技术和新的管理模式等。私募股权基金管理公司作为连接传媒企业和出资人的桥梁，在选择投资项目时，主要考虑盈利能力、治理能力、上市潜力、退出风险等因素。2010年，由上海东方传媒、国家开发银行等机构发起的华人文化产业投资基金完成了首期20亿元的募资，正式投入运营，这是国内首只专注于文化与传媒行业的人民币私募股权基金。

名词解释

**众筹融资** 国际上的界定较为宽泛，指一种互联网融资途径，包括捐赠、预售、借贷、股权、产权五种形式。国内众筹融资是指捐赠、预售、债券、股权四种形式，而将借贷众筹归为网络借贷下的个体网络借贷。

**5. 股权众筹融资**

国内**众筹融资**的四种形式中，股权众筹融资为核心。2015年7月，中国人民银行等十部委印发的《关于促进互联网金融健康发展的指导意见》中，将股权众筹融资界定为“通过互联网形式进行公开小额股权融资的活动”，具体包括个人直接股东模式、基金间接股东模式和集合股东模式。个人直接股东模式是指投资者直接在众筹平台上浏览列出的可投资项目，然后挑选其认为有潜力的企业进行投资。基金间接股东模式是指投资者直接在众筹平台上浏览可投资项目，挑选其认为有潜力的项目进行投资，将资金转入一家风投基金，持有相应的基金份额，由风

① 周荣江．现代企业融资实务［M］．济南：山东人民出版社，2011：81－82.

投基金对项目公司进行投资。集合股东模式又被称为“领投＋跟投”模式，通常指定一名投资经验丰富、专业知识较强的人作为领投人，其他投资人跟随领投人进行投资，这一模式是世界上股权众筹融资平台应用最广、最为普遍的运营模式，其不仅能降低普通投资者面临的投资风险和信息不对称，还能帮助创业者获得除资金以外更多的行业资源、管理经验等附加价值。①

## 四、传媒企业风险投资

> 名词解释
>
> **风险投资** 简称风投，又称创业投资，主要是指向初创企业提供资金支持并取得该公司股份的一种融资方式。

### （一）风险投资

对于风投公司来说，其**风险投资**（venture capital）的资金大多用于投资新创事业或未上市企业，并不以经营被投资公司为目的，而仅仅提供资金及专业上的知识与经验，以协助被投资公司获取更大的利润，所以是一项追求长期利润的高风险高报酬事业。②

### （二）风险投资的特征

**1. 投资对象主要是高新技术、高成长潜力的初创企业**

风险投资不是投入到一般的创业企业，而是投入到具有巨大成长潜力、能够给风险投资者带来丰厚利润的企业。由于高新技术企业存在较大的不确定性以及风险性，一般的投资资本普遍不愿介入，而基于高额回报的预期，风险投资机构往往愿意将资金投资于高新技术企业，在资本与高新技术之间架起桥梁，为高新技术产业化注入活力。近年来，风险投资也开始向传统产业领域扩张，这些传统企业由于推动产品、技术、商业模式的创新升级而具有高成长的潜力，成为风险投资关注的领域。

**2. 具有高风险和高预期回报**

与一般企业而言，上述初创企业在技术、财务、管理、市场、政策等方面具有更大的不确定性，从而使企业具有很高的风险性。风险投资的高风险性是确定的，而其高收益却是不确定的。高风险并不一定必然产生高回报，其对应的是高回报的预期，风险背后蕴藏的预期高生长和高增值是其投资的动因。风险投资所追求的回报，一般不体现为红利，而体现为风险资本退出时的资本增值。

**3. 投资决策专业化、程序化**

风险投资的项目要求高度的专业化和程序化，从初步筛选审查商业计划书、访谈创业者、尽职调查、确定决策项目、风险投资交易设计、投资后的管理监控和“增值性管理”服务、企业发展到成熟阶段的退出等必须按照规范的投资程序进行，以尽可能锁定投资风险。

**4. 融资和融智结合**

刚起步或尚未起步的高新技术企业没有固定资产或资金作为贷款的抵押和担保，无

---

① 苗文龙，严复雷．众筹融资：模式与监管［M］．北京：经济管理出版社，2018：1，2，93，94．

② 赵林如．中国市场经济学大辞典［M］．北京：中国经济出版社，2019：618．

法从传统融资渠道获取资金。风险投资主要投向极具潜能的初创高新技术企业，一定程度上缓解了融资压力，拓宽了企业的融资渠道。此外，风险投资家以其专业技术知识背景、丰富的企业运营经验、渠道畅通的关系网等积极参与企业的各项业务，包括制定企业发展策略、建立良好的预算机制、参与重大问题决策、提供管理咨询建议、帮助企业拓展市场销路、监督管理层以及处理危机事件等一系列增值服务。

**5. 阶段性投资与退出**

风险投资必须遵守严格的预算管理，随着企业的发展不断地分期分批投入，一般做法是每期只提供确保企业发展到下一阶段的资金，在对风险企业的经营状况和发展潜力进行调查评估的基础上决定后期是否进一步投资。这样做既可以有效控制投资风险，也有助于资金的合理运转和提高使用效率。当企业从种子期、创建期、成长期进入成熟期，与高风险相伴的高收益逐渐转化为常规收益时，风险资本开始考虑依托资本市场，通过上市、并购或其他股权转让方式撤出资本以实现资本增值。

### （三）传媒产业与风险资本运营

**1. 传媒产业的风险投资**

技术性、创意性、人力资本依赖性三大特点决定了传媒产业与风险投资的高度契合性。传媒产业是与技术密切相关的产业，近年来，人工智能、区块链、云计算、大数据等高新技术的应用，深刻地改变了传媒产业的竞争格局和发展方向。技术从资源配置、内容生产、组织形态、产业生态等方面对于传媒产业的创新探索，需要风险投资的支持与帮助。

传媒产业作为一种内容创意产业，意在通过传媒产品和服务内容的创新创意吸引用户做到保值增值，而拥有创意基因、创意血液、创意产品的传媒产业，面临着聚焦创意和创新的高失败率和高风险性，需要大力引进风险投资。

传媒产业是高度依赖人力资本的产业，知识与技能及其在传播活动中的运用是传媒核心竞争力形成的基础，而对于人力资本的界定、评估、转让、交换与实现相较于实物形态资本十分复杂，具有很大的不确定性。风险投资认为投资传媒产业可以降低对人力资本评估的风险，因而，传媒产业更容易获得风险投资的青睐。

**案　例**

#### 《大圣归来》的组合式投融资策略

电影投资人路伟在接手《大圣归来》项目后，确定了组合式投融资策略。其首先用自己创办的北京天空之城投资有限公司买断该项目，并联合浙江横店影视、北京燕城十月、北京微影时代、山东高路动画、北京恭梓兄弟、世纪长龙、山东影视、东台龙行盛世、淮安西游产业集团、浙江永康壹禾等公司作为联合出品方。正是有了上述联合出品方的投资，该项目进入快速推进的阶段。电影制作完成后，路伟在微信朋友圈发布消息，为这部影片众筹宣发经费，众筹的尝试招徕了 89 位投资人介入。该众筹项目最终共计筹集 780 万元投资，从投资额度来看，少则一两万元，多则数十万元，他们以个人名义直接入股《大圣归来》的领衔出品方“天空之城”，在《大圣归来》片尾，这些投资人均以“众筹出品人”的身份署名于上。股权众筹的机制让这89名投资人深度参与到了这部电影的宣发过程中，每一天大家都在群里出谋划策、贡献资源。他们成为电影的第一批“铁粉”，不仅在电影上映初期包了200多场，还充分调动各自的资源为电影推广出力，部分投资人在北京、上海等一线城市，为该片提供了长时间的免费户外广告。在此次众筹项目中，投资人不仅可以获得票房分账收益，还将分享《大圣归来》未来的所有收益，包括游戏授权、新媒体视频授权、海外收入分账等带来的收入。

**2. 传媒风险投资项目决策**

传媒产业的投资项目决策过程主要包括项目筛选、签署投资意向书、尽职调查、价值评估、谈判和签约等环节。

（1）项目筛选。

项目筛选在很多情况下是根据创业企业提供的商业计划书进行的。风险资本对商业计划书进行初步分析，选出符合基本标准的项目，建立项目库，分类入库。商业计划书包括摘要、企业介绍、产品和服务、市场营销、风险和收益、管理团队、融资需求等内容。

基于商业计划书，传媒风险资本重点筛选以下内容：

第一，市场情况。风险资本在对传媒企业的风险投资项目进行筛选时，项目的市场潜力和市场空间是首要考虑因素，即确定赛道，赛道定位考虑的主要是市场空间、行业竞争态势和未来可能的竞争态势。因此，风险资本需要充分考察传媒企业在市场上的竞争能力、新的竞争对手入侵、替代品的威胁、买方议价能力、卖方议价能力以及现存竞争者的竞争等。

第二，创始人及创业团队。“全球风险投资之父”多里特（George Doriot）有一句名言：“我更喜欢拥有二流创意的一流创业者和团队，而不是拥有一流创意的二流创业团队。”传媒企业作为高度依赖人力资源的行业，风险投资十分看重人力资本的内在价值：首先，从整个管理体系的角度，包括对管理组织结构的完整性、组织结构类型、分配与激励机制等方面的审查；其次，包括对创始人个人能力、创新精神、素质和道德等方面的审查。

第三，产品、服务和技术。一家企业能否获得收益，关键在于其产品或服务是否具有独特性以及是否拥有强大的现实或潜在的市场需求。因此，风险资本在投资传媒企业时，十分关注其产品或服务能否为用户提供差异化的价值、是否具有竞争优势以及能否为市场所接受和被市场接受的程度。此外，传媒企业的产品或服务愈发依托创新技术的研发与应用，技术成为风险投资最关心的问题之一。产品或服务在技术上独具匠心，才能提高市场进入壁垒，并拥有巨大的盈利前景。

第四，商业模式。企业如何在组织结构、业务流程、合作伙伴等要素和资源的作用下获取盈利的商业模式是风险投资关注的核心问题之一。风险投资通常从经营系统、盈利模式、价值主张等方面分析传媒企业商业模式的建构与创新。移动互联时代，传媒企业在传统的内容出售和广告收入之外，提供更为多样的其他有偿服务成为更具市场发展潜力的创新模式，如衍生品经营、网络直播、网络电商等，因此风险投资更加注重对于其他有偿服务板块的审查。

第五，财务状况。为防止风险投资被置于商业风险大于商业机会的境地，风险资本重点关注财务现状和计划。风险资本着重审查现有的资本结构，包括传媒企业近三年的资产负债表、现金流量表、损益表和年度财务报表，以对企业的财务现状作较为全面的分析。同时重点关注资金使用计划、利润预测与资本收益分析、投资者回收资金的可能方式等，以对投资的可行性、投资相关风险作出评价。

（2）签署投资意向书。

意向书一般包括优先股股东、创始人的期权股、注资周期、对赌条款、核心团队非竞争条款、团队期权、清算优先权、独家谈判权、注资条件等内容。

意向书只是投资备忘录，为双方协商的结果，包括双方均可接受的条款，对双方并无事实上的约束力。

（3）尽职调查。

尽职调查又称谨慎性调查，是指投资人在与目标企业达成初步合作意向后，投资人对目标企业一切与本次投资有关的事项进行现场调查、资料分析的一系列活动。

一般而言，风险投资机构会通过与管理人员交流、查询相关人士和参观风险企业等方法调查和搜集相关信息，主要调查范围包括业务、财务、法律三大部分。

（4）价值评估。

价值评估是对企业整体经济价值进行判断、估计的综合性资产评估。风险投资机构根据获得的投资项目信息，运用科学的数据、市场信息、假设和估计，对项目质量进行细致的评定，分析和衡量企业的公平市场价值，以便投资者决定是否投资、投资规模的大小、投资策略的安排。

（5）谈判和签约。

经过上述环节，如果该申请项目被评定为有一定发展前景，将在会计师和律师等专业人员的帮助下，就投资形式、融资情况、资金使用、股本结构、股权转化价格、股权注册权限、其他股东义务、上市、董事会组成、核心人员招募、财务状况披露、股份购买协议等内容进行谈判，最终确定成交价值，签订协议。协议签订后，此项投资即生效。

**3. 投资后管理**

“三分选项目，七分靠管理。”在风险投资过程中，风险投资机构对于企业的管理监控与风险投资项目决策同样重要。一般而言，风险投资家参与较多的是决策和监控方面的工作，包括组建董事会，物色和调整高级管理人员，为高级管理层提供培训服务，协助制定市场定位和发展战略，介绍战略合作伙伴，引进技术、市场和管理经验，对技术和市场发展趋势进行研究和预测，帮助企业明晰产权关系以及改善资本结构，监督企业财务管理活动并提供相应的财务服务等。

按照风险企业种子期、创建期、成长期、成熟期四个阶段，风险投资具有不同的投资策略和管理内容。

（1）种子轮和天使轮投资阶段。

这一阶段的投资策略和管理内容包括：加强团队建设、完善股权结构；完善技术与产品，明晰商业模式；提供融资服务。

（2）A 轮到 C 轮投资阶段。

这一阶段的投资策略和管理内容包括：协助开拓产品市场，完善营销战略；完善商业模式，打通变现渠道；引入战略合作伙伴，为战略融资提供有效支持。

（3）D 轮到 Pre－IPO 阶段。

这一阶段的投资策略和管理内容包括：进一步强化企业核心竞争力，以保持业内领先地位；为风投资本退出做准备。

**4. 风险资本的退出**

传媒风险投资的退出是风险资本运作的最后一个环节，也是获取高额投资回报、实现投资目的的关键环节。传媒风险企业发展到成熟阶段以后，风险投资机构通过一定渠道实现股权变现，将投资由股权形态转化为资金形态。风险资本的主要退出方式如下：

（1）首次公开上市。

传媒风险企业向公众公开发行股票，使得风险投资机构的股份（股权）得以出售变现而实现退出。

（2）借壳上市。

由于 IPO 需要企业具备较高的条件，真正能够通过 IPO 方式实现退出的传媒风险资本比例极为有限，因此，借壳上市是传媒风险资本退出的次优选择。

（3）兼并与收购。

当传媒风险企业发展到一定阶段时，如果想取得进一步的发展，需要追加更大的投资。风险投资机构在不愿意追加投资的情况下，通过并购市场实现股权转让收回投资，可以成功实现退出。

（4）股份回购。

投资期满后，由传媒企业管理层或员工以现金或可流通证券的形式购回风险投资机构所持有的公司股票。对于风险资本而言，这种退出方式保障了风险投资至少可以获取协议回购价格的收益；对于传媒企业而言，回购企业股权，可以重新获得已壮大的企业的所有权和控制权。

（5）清算退出。

清算退出即当传媒风险企业因经营不善而陷入财务困境时，风险投资机构通过启动清算程序而获得财产清偿，以收回部分或全部投资的退出方式。

## 五、传媒企业的兼并与收购

### （一）并购概念

**并购**指的是**兼并**与**收购**，二者都是企业

> **名词解释**
>
> **并购**　狭义的并购是指企业的兼并和收购。
>
> **兼并**　是指两家或多家独立企业合并组成一家企业，通常由占优势的公司吸收一家或是多家公司。
>
> **收购**　是指一家企业用现金或有价证券购买另一家企业的股票和资产，以获得对该企业的全部资产或某项资产的所有权，或对该企业的控制权。

谋求自身发展所采取的外部扩张战略，都是一种企业产权的交易，其实质是企业权利主体依据企业产权做出的制度安排而进行的权利让渡行为。因此其产生动因、交易对象以及运行中所起的作用没有太大差别，所以通常将二者并提，简称为“并购”。

### （二）传媒企业并购类型

> **名词解释**
>
> **横向并购** 指并购双方处于相同或横向相关行业，生产经营相同或相关产品的企业之间的并购，即交易双方属于同一产品或部门，产品相同或相似，为了实现规模经营而进行的产权交易。

#### 1. 横向并购

对于传媒企业而言，**横向并购**是对媒介产业链上同一环节的并购行为，可以降低媒介产品生产成本，扩大市场份额，充分发掘规模经济的效应，还能够遏制竞争对手的扩张，提高市场集中度和市场进入门槛，从而增加自身的竞争优势。

**案　例**

**华纳传媒和探索传媒的并购案**

2022 年 4 月 8 日，Discovery（探索）传媒集团和华纳传媒的合并案正式完成。Discovery 将以 430 亿美元从美国电信业巨擘 AT&T 手中买下华纳传媒 29%股权。合并后组建的新公司为华纳兄弟探索，该公司定位为“娱乐和流媒体领域的全球领导者”，涵盖电视、电影、流媒体和游戏等内容。华纳兄弟探索旗下将包括华纳兄弟电影、DC 影业、流媒体 HBO Max、HBO 频道、CNN 频道和探索频道等知名影视平台，这些影视平台拥有《权力的游戏》、《哈利·波特》、DC 英雄电影和探索频道纪录片等国内观众熟知的影视 IP。

截至 2021 年底，HBO Max 和 HBO 频道的全球付费订阅用户达 7 300 万，Discovery 旗下的探索频道和流媒体则拥有 2 200 万用户。合并以后，拥有将近 1 亿订阅用户的华纳兄弟探索将有实力叫板目前流媒体行业的两家巨头 Netflix（订阅用户 2.2 亿）和 Disney+（订阅用户 1.3 亿），流媒体市场将迎来一位巨头玩家。

在官宣合并完成的同时，AT&T 和 Discovery 还宣布新公司华纳兄弟探索将于当地时间 4 月 11 日开始登陆纳斯达克进行交易。

> **名词解释**
>
> **纵向并购** 指生产和销售过程处于产业链的上下游，或者前后关联的企业之间的并购。纵向并购通常会导致某一产品劳务生产的产供销一体化。

#### 2. 纵向并购

对于传媒企业而言，**纵向并购**是对媒介产业链上不同环节的并购行为，其可以消除媒介市场竞争的不确定性，降低交易成本，提高交易效率，有利于不同环节相互融合，发挥综合协作优势，形成完整的传媒产业价值链。

**案　例**

### B站全资收购有妖气

2021年11月19日，奥飞娱乐发布公告称，B站已全资收购奥飞娱乐旗下的原创漫画平台——有妖气，本次收购价格为6亿元。

有妖气成立于2009年，是中国最早的网络原创漫画平台之一，其主营业务包括“有妖气原创漫画梦工厂”网站及“有妖气漫画”App运营、网络漫画发表、网络动画制作、动漫版权运营等。

B站自成立之初便与动画密不可分，且从未停止相关业务的布局。艾瑞2020年中国动漫产业研究报告显示，B站在2017年至2019年三年时间内，投资了26家动漫相关企业。同时，有妖气旗下多个头部漫画IP改编的动画作品也在B站同步播出，其中《镇魂街》第二季在B站独播的播放量突破3亿。

有妖气的加入将丰富B站国创区的内容库，助力其国创内容发展。B站通过丰富的资源和成熟的IP变现商业模式，推动头部IP在B站内容生态中获得多元化的呈现，以夯实其在国创动画市场的地位。2021年11月20日，B站就在其2021—2022国创动画作品发布会上宣布，将对有妖气旗下多部人气漫画进行动画化开发和改编。

**3. 混合并购**

**混合并购**的主要目的在于防范经营风险，优化企业的经营结构，进行多元化经营，发挥范围经济效应。实力强大的传媒企业为扩大自身的规模，提高市场占有率，可以超出本系统范围实施兼并。

> **名词解释**
>
> **混合并购**　是指处于不同产业领域、产品属于不同市场，且其产业部门不存在特定的生产技术联系的企业之间的并购。并购各方既非商业上的竞争对手，也非生产经营上的上下游关系。

**案　例**

### 时代出版收购江苏名通及数智源，布局网游及教育行业

2008年9月18日，经中国证监会正式批复核准，安徽出版集团以其所持有的出版、印刷等文化传媒类资产，重组科大创新，在全国率先以出版业务整体上市，并更名为时代出版传媒股份有限公司。11月18日，公司正式成立，以一系列创新举措开启了传统出版的产业化之路。截至2022年，公司现有全资和控股一级子公司23家（其中9家出版社），主营业务涉及图书、期刊、印刷、新媒体、传媒科技研发、股权投资等不同板块。

2017年，上市公司时代出版以15.02亿元收购江苏名通信息科技有限公司100%股权，以4.3亿元收购北京数智源科技股份有限公司100%股权，同时拟定向发行股份募集配套资金不超过9.75亿元。

江苏名通是一家集网络游戏研发和运营为一体的综合性网络游戏公司，主要从事网页游戏和手机游戏的研发和运营，连续开发出多款正版授权改编的网络游戏，如《热血

江湖传》《奇迹来了》等具有一定影响力和知名度的网页游戏，以及《暗黑王座》《热血江湖》等手机游戏。

北京数智源为专业提供监控系统解决方案的服务商，主要为政府和教育、交通等行业客户提供监控系统解决方案，以及与监控相关的软硬件产品。北京数智源在视频大规模联网、视频融合应用、智能视频应用、视频云处理等方面拥有较为完整的技术体系，同时在智慧教育行业拥有丰富的产品线。

收购江苏名通后，时代出版围绕游戏版权做内容衍生，拟打造动漫、电影、玩具、图书等产品，形成基于核心产品的立体化产业链条。北京数智源也同样弥补了时代出版的短板。时代出版已经积累了大量的文档、图片、音频、视频及动画等多媒体教育资源，北京数智源在视频资源管理、云计算平台、结构化视频处理方面的技术积累可以为时代出版海量教育资源建立技术平台，实现“平台＋内容”的产业协同效应。

### （三）并购后的整合

并购后整合是并购双方在并购战略目标的驱动下，通过采取一系列战略措施、手段和方法，对业务要素进行系统性融合和重构，并以此来创造和增加企业价值的过程。[①] 对于传媒企业而言，通过一系列程序获得目标企业的资产所有权、股权或经营控制权只完成了并购目标的一半，最重要的是对目标企业进行有效整合，使其与企业的整体战略经营相一致。并购后整合具体内容如下：

**1. 媒介战略整合**

企业并购中的战略整合是对并购之后企业的方向性调整，可能决定未来公司的发展定位。传媒企业通常根据并购双方的具体情况和外部环境，将目标传媒纳入其自身发展后的战略安排或是对并购后的传媒整体经营战略进行重新设计，以形成新的竞争优势和协同效应。

**2. 组织管理整合**

在传媒企业并购中，组织与管理整合对企业并购的最终成功有很大影响，其目标是在企业并购后形成统一有序的组织结构和管理制度体系，以尽快实现企业的稳定经营。组织结构的整合必须在传媒企业发展战略的指导下进行，因此，如果传媒企业并购后拟定了新的战略规划，并购公司的管理者必须重新设计能够适应新的发展战略所需要的组织结构。在整合阶段，对于那些组织完整、业绩优良、财务状况良好的被并购方，可不改变其管理制度，以尽量保证制度的稳定性和连续性。对于管理不善、机制陈旧的被并购方，一般都将自己良好的制度予以植入，以提高其内部管理效率。

**3. 财务体系整合**

并购的初始动机总是与节约财务费用、降低生产经营成本联系在一起的，财务体系整合是企业实现并购战略目标的首要保障手段。传媒企业并购的初始动机总是与并购方获得被并购方可用资产，或是被并购方摆脱经营困境联系在一起的。传媒企业的财务体

① 欧阳芳. 资本运营理论与实务［M］. 北京：北京邮电大学出版社，2016：83.

系整合实质上是经过对财务资源、财务制度、财务组织的整合，建立财务制度运行一体化的财务管理和运作体系，以实现并购行为的利益最大化。

**4. 人力资源整合**

传媒企业作为高度依赖人力资源的行业，防止人力资源的流失成为人力资源整合的首要问题。人力资源整合受到个体内在的心理、激励、人际、价值观、行为方式等无形因素的影响。这需要采取相应的管理办法消除并购带来的心理冲击和消极情绪；增进双方的信任与协作，使并购双方人力资源有效地融为一体；设立平衡双方的绩效考评和利益分享机制，充分调动员工的积极性、能动性和创造性，最终达到提高媒介组织生产效率、赢得和保持媒介组织的市场竞争优势的目的。

# 第三节 传媒企业的公开上市

传媒企业的发展，需要强有力的资金支持。如果取得上市地位，传媒企业就可以获得比银行贷款或私募股权融资数量更大的资金，通过上市发行股票筹得的资金是传媒企业的自有资金，其使用资金的自主性较大，所筹资金可以给企业发展与扩张提供强有力的支持。因此，很多传媒企业都力图使本企业公开上市，以在资本市场分一杯羹。

## 一、上市的概念

狭义的上市即首次公开发行上市或公开募股（IPO），指企业通过证券交易所首次公开向投资者发行股票，以期募集用于企业发展资金的过程。

广义的上市除了公司公开（不定向）发行股票，还包括新产品或新服务在市场上发布或推出。2011 年开始，国务院就明确提出建设以第一级主板（含中小板）、第二级创业板、第三级全国中小企业股份转让系统（新三板）和第四级区域性股权交易市场为构架的多层次资本交易市场。因此，广义的上市还包括在中国多层次资本交易市场挂牌交易。

## 二、传媒企业上市利与弊分析

和任何事情都有两面性一样，传媒企业上市融资也有利有弊，但总体上说是利大于弊。

### （一）传媒企业上市之利

**1. 有利于传媒企业获得长期稳定的低成本资金**

传媒企业上市的主要目的是获得融资机会，当取得上市地位后，可以获得比银行贷款或私募股权融资数量更大的资金。而且这种直接融资的方式成本相对较低，没有到期日，可以永久性使用，不需归还，且没有任何附加条件的约束，没有固定的利息负担。通过上市发行股票筹得的资金是传媒企业的自有资金，其使用资金的自主性较大，所筹资金可以给企业发展与扩张提供强有力的支持，也可以用来偿还债务或进行产品或服务的开发。

定向增发，是上市企业再融资的重要形式，指上市公司向符合条件的少数特定投资者非公开发行股票的行为，其主要用于补充资金、并购重组、引入战略投资者等。2021年中国A股传媒类企业通过定向增发方式融资10次，其中实际募资最低总额为华扬联众3.84亿元，最高为芒果超媒45亿元（见表9－2）。

**表9－2　2021年中国A股传媒类企业定向增发一览表**

| 名称 | 发行日期 | 发行价格（元） | 预计募集资金总额（亿元） | 实际募集资金总额（亿元） | 发行对象 | 认购方式 | 增发目的 |
|---|---|---|---|---|---|---|---|
| 盛天网络 | 2021－11－15 | 15.36 | 4.86 | 4.86 | 机构投资者、境内自然人 | 现金 | 项目融资 |
| 奥飞娱乐 | 2021－09－28 | 4.48 | 11.03 | 5.44 | 机构投资者、境内自然人、境外机构投资者 | 现金 | 项目融资 |
| 星期六 | 2021－09－16 | 17.90 | 29.72 | 29.72 | 机构投资者、境内自然人 | 现金 | 项目融资 |
| 华扬联众 | 2021－09－06 | 14.26 | 9.09 | 3.84 | 机构投资者、境内自然人、境外机构投资者 | 现金 | 项目融资 |
| 芒果超媒 | 2021－08－03 | 49.81 | 45.00 | 45.00 | 机构投资者、境内自然人 | 现金 | 项目融资 |
| 华策影视 | 2021－04－12 | 5.00 | 8.00 | 7.27 | 机构投资者、境内自然人 | 现金 | 项目融资 |
| 返利科技 | 2021－03－12 | 5.19 | 30.20 | 30.20 | 机构投资者、境外机构投资者 | 资产 | 公司间资产置换重组 |
| 三七互娱 | 2021－02－04 | 27.77 | 42.96 | 29.33 | 机构投资者、境内自然人 | 现金 | 项目融资 |
| 掌阅科技 | 2021－02－01 | 28.00 | 10.61 | 10.61 | 机构投资者、境内自然人 | 现金 | 项目融资 |
| 凯撒文化 | 2021－01－29 | 6.30 | 9.00 | 9.00 | 机构投资者、境内自然人 | 现金 | 项目融资 |

**2. 有利于传媒企业建立和完善现代企业制度**

传媒企业拟向公众首次公开发行股票并上市，必须依据国家法律法规和监管部门的有关规章和规定进行股份制改造，建立起规范的企业组织制度和公司治理结构，以具备发行上市的形式和实质要件。传媒企业上市后，需要满足法律法规对于上市公司关联交易、资金运用、薪酬制定、财务审计等多方面的严格要求，促使企业完善现代企业制度，规范治理结构，提高企业运行质量和市场竞争力。

**3. 有利于传媒企业资源整合**

在传媒跨媒介、跨行业、跨地区资源整合的趋势下，传统方式的竞争发展中，其价值链的形成与延伸往往依托企业自有资金和自有力量，需要付出高昂的成本与代价。而传媒企业上市后，成为一个重要的资本运作和资源整合平台，企业可以通过并购、换股等手段，推动有效资源的整合和合理配置以实现传媒发展产业链的延伸，其成本和代价较低。

**4. 有利于提高传媒企业的知名度和影响力**

公开上市具有很强的品牌传播效应，将提升传媒企业的行业知名度和影响力。传媒企业的上市表明投资者对企业的经营管理、市场潜力、发展前景等给予积极评价，上市后将获得众多投资者的关注和青睐，对于企业拓展业务、提升形象、品牌建设起到积极作用。同时，上市公司的运作较为透明，为传媒企业展示其品牌与形象提供宣传舞台，使公众了解到企业的实力和发展战略，从而增强公众对企业的信心。

**5. 有利于社会对企业经营进行监督**

传媒企业上市后，要接受证监会、证券交易所等证券监管部门的监管，还会受到媒体和社会舆论的广泛监督，以及保荐机构等中介机构的持续督导。传媒企业上市后，对上市公司的财务状况和经营成果等详尽信息的披露有严格的要求，上市需要传媒企业将股权安排、经营模式、财务状况、重大事件公之于众，有利于传媒企业接受外部严格监督，提高资本运作透明度，激励并监督传媒企业的发展。

### （二）传媒企业上市之弊

**1. 传媒企业上市过程需要支付高额的融资成本**

传媒企业上市融资必须迈过股票发行条件和股票上市条件两道门槛，需要付出高昂的成本，包括承销费用、会计师费用、律师费用、评估师费用、路演费用、保荐费用、信息披露费用等。传媒企业上市后，除日常的中介机构费用、市场运作费用外，其盈利的相当一部分需要支付股息红利。因此，传媒企业上市需要衡量其与银行贷款、债券融资、私募融资等的成本高低。

**2. 信息公开对公司经营可能产生负面影响**

传媒企业上市之后需要接受更加严格的监管，按照法律法规及时披露信息，包括财务信息、交易关系和股本变化等内容。其中，必须公布公司战略、业务经营数据和市场策略等近乎商业机密的经营细节，容易让竞争对手了解企业运行状况及商业决策，被其模仿或是采取相应的竞争手段。此外，在极其公开透明的信息披露体系下，经营管理状况一旦出现问题，公众将迅速了解且容易放大危机，导致企业声誉受损和市场价值降低，影响传媒企业再融资的可能性。

**3. 传媒企业上市平衡股东利益和社会效益的难度大**

上市企业应以股东的价值最大化为最终目标，但是传媒企业的公共性和文化产业性决定其经营必须优化社会效益，担负起正确引导舆论、传播先进文化、发挥舆论监督等维护和实现公共利益的责任。在股东利益同社会效益发生冲突时，传媒企业面临如何做到股东利益和社会效益有机结合、有机统一的难题。

## 三、我国传媒企业上市融资发展历程

### （一）初始阶段（1994—2002）

党的十四大明确建立社会主义市场经济体制，在市场经济条件下，传媒的市场化行为开始走向自觉，加快资本运营步伐是传媒业自身发展的必然要求。

1994 年，上海东方明珠（集团）股份有限公司在上海证券交易所挂牌上市，经营业务包括视频内容、文化产品、娱乐产业、旅游服务、网络游戏、数字传媒等，这标志着我国传媒资本市场的发轫。随后，中视传媒股份有限公司于 1997 年在上海证券交易所挂牌上市，该公司为中央电视台控股的传媒类 A 股上市公司，主营影视、旅游、广告三大主业。电广传媒于 1999 年 3 月在深圳证券交易所挂牌上市，是最早以传媒业务登陆 A 股的上市公司，被誉为“中国传媒第一股”，公司业务覆盖有线电视网络运营、创业投资、影视节目内容、广告、移动新媒体等产业。同年，聚友网络借壳成都泰康化纤股份有限公司成功上市，主营业务转向有线电视网络。1999 年 7 月，博瑞传播借壳四川电器成功登陆上海证券市场，成为内地报业上市第一股。2000 年 4 月，中国华闻事业发展总公司借壳燃气股份上市，上市初期主要进行房地产、金融、高速公路等资本运作，后于 2006 年注入传媒资产。2001 年 4 月，中国证监会发布新版《上市公司行业分类指引》，将传播与文化产业定为上市公司的 13 个基本门类之一。其中，传播与文化产业主要分为出版、声像、广播电影电视、艺术、信息传播业五个大类，这是上市公司首次将传媒企业作为一个门类予以规范，传媒进入证券市场得到制度层面的认可。同年，先后有歌华有线 IPO 上市、赛迪传媒借壳 ST 港澳上市、广电网络借壳 ST 黄河上市。

### （二）快速发展阶段（2003—2009）

2003 年国家启动文化体制改革，国务院颁发《文化体制改革试点中支持文化产业发展的规定》和《文化体制改革试点中经营性文化事业单位转制为企业的规定》，指出重要新闻传媒经营部分剥离转制为企业，允许在国家绝对控股的前提下吸收社会资本。随后，新闻出版总署明确打破传媒投资只允许国有资本进入的限制，认同各类资本都可以参与传媒经营，拓宽传媒投融资渠道。2005 年，国务院发布《关于非公有资本进入文化产业的若干决定》，允许非公有资本进入出版物印刷、刻录类光盘生产等文化行业和领域。伴随着传媒“事业与企业”两分开的文化体制改革和政策方面的松动，传媒产业在资本市场上表现尤为突出。2004 年，北青传媒在香港联合交易所 H 股上市。2005 年，分众传媒在美国纳斯达克挂牌上市。2006 年，新华传媒借壳“华联超市”实现上市，成为我国出版发行企业中第一家 A 股上市公司。2005 年 12 月，中共中央、国务院颁发了《关于深化文化体制改革的若干意见》，明确划分文化事业和文化产业的范围和界限，提出规范国有文化事业单位的转制，加快产权制度改革，推动股份制改造，实现投资主体多元化，完善法人治理结构，符合上市条件的经批准可申请上市。党的十七大明确利用资本市场发展文化产业的指导思想，为传媒产业深化改革提供理论支持和发展方向，而上市成为深化改革的重要突破口。出版传媒于 2007 年 12 月在上海证券交易所挂牌上市，成为国内第一家实现编辑业务和经营业务整体上市的出版企业，继出版传媒之后，我国传媒业掀开了上市及整体上市的热潮。同年，粤传媒在深圳证券交易所挂牌上市，新华文轩在香港交易所主板上市，新华财经媒体、航美传媒、华视传媒在美国纳斯达克挂牌上市。2008 年，时代出版在全国率先以出版业务整体上市，天威视讯在深圳证券交易所挂牌上市。2009 年，华谊兄弟率先登陆创业板，被称为“中国影视娱乐第一股”。

### （三）高潮阶段（2010—2017）

2010 年被称为中国移动互联网元年，从这一年开始，用户快速向移动互联网转移，基于庞大的用户规模，网络媒体以及移动互联网成为传媒业的重要力量，在传媒市场变革和政策利好的推动下，我国传媒业迎来了企业上市高潮。2010 年，人民网、新华网、央视网等 10 家新闻网站完成转企改制，成为首批选定登陆 A 股的新闻网站上市对象。2011 年，浙报传媒借壳白猫股份在上海证券交易所挂牌上市，成为国内首家经营性资产整体上市的报业集团，此外，凤凰出版传媒和湖北长江出版集团等也成功实现上市。2012 年，全年在国内 IPO 上市（含借壳）的传媒类企业有 9 家，其中借壳上市 3 家，分别是华数传媒、长江传媒和湖北广电。2013 年，全国共有 10 家文化企业实现境外上市，其中 4 家在香港上市，6 家在美国上市。2014 年，传媒业领域有 5 家新上市公司，其中在国内上市 4 家，境外上市 1 家，借壳上市 1 家。2015 年，万达院线、中文在线、读者传媒、江苏有线等通过 IPO 实现上市融资，有些在主板和创业板不能上市的传媒企业纷纷选择在新三板挂牌，2015 年可以被称为媒介公司的“新三板元年”。2016 年，南方传媒、中国电影、广西广电、上影股份、新华网和贵州广电等成功实现上市。2017 年，山东出版、中国出版、中国科传、世纪天鸿、金逸影视、创业黑马、掌阅科技、横店影视、风雨筑、中广天泽、宣亚国际、阅文集团等成功实现上市。随着我国资本市场规模的快速发展以及互联网企业加强监管等因素的推动，海外上市公司选择通过私有化退市并积极谋求国内上市，如巨人网络完成私有化后借壳世纪游轮在国内成功上市，分众传媒完成私有化后借壳七喜控股在国内成功上市。

### （四）增速放缓时期（2018年至今）

2018 年以来，由于经济增速放缓、金融去杠杆、税收严征收、监管趋严等多重因素，整体资本市场较为低迷，传媒业上市步伐开始放缓。

2018 年，中国 IPO 传媒企业达到 14 家，全为境外上市，主要为游戏、广告服务、视频、直播等类型企业，包括爱奇艺、芒果 TV、虎牙直播、映客直播、趣头条、腾讯音乐、指尖悦动、第七大道等。2019 年，据不完全统计，传媒类企业在香港交易所上市的有阿里巴巴、中手游、微盟、猫眼娱乐、兑吧、羚邦星艺等 6 家，在美国纳斯达克上市的有如涵控股、斗鱼直播、36 氪 3 家，在美国纽约证券交易所（简称纽交所）上市的有网易有道 1 家，在深交所上市的有新媒股份、中信出版、因赛集团、米奥会展、壹网壹创、电声股份、值得买等。2020 年，据不完全统计，传媒企业在香港交易所上市的有煜盛文化、九尊互娱、力天影业、华夏视听、新娱科控股、祖龙娱乐、乐享集团等 7 家，在新加坡交易所上市的有长信传媒1家，在美国纳斯达克上市的有荔枝、蓝城兄弟、一起教育科技3家，此外还有三人行在上交所上市，天地在线在深交所上市等。2021年，川网传媒、读客文化、浙版传媒、龙版传媒、果麦文化、内蒙新华等成功在上交所或深交所实现上市。截至2021年底，沪深AB股上市企业中，属于中国传媒行业的共148家。

## 四、传媒企业上市的方式

### （一）按照上市地划分

按照上市地，传媒企业上市可以分为境内上市和境外上市。境内上市具有上市成本较低、发行风险较低、发行价格较高、融资较容易等优势，同时面临着上市标准过高、审核程序漫长等不利因素。境外上市具有上市门槛较低、筹资周期较短、市场相对成熟、提升国际形象等优势，同时面临着上市及维持上市成本较高、发行市盈率较低、政策和法律风险较大等劣势。

### （二）按照发行方式划分

传媒企业主要有直接上市和间接上市两种上市方式。

直接上市是指首次公开募股（IPO），即企业通过证券交易所首次向公众公开招股的发行方式。其有助于传媒企业募集大量资金、规范管理体制、完善治理结构、提高品牌价值等。但其面临着上市周期较长、审核程序严格等弊端。

间接上市是指企业获得一家现有上市公司的控制权，通过剥离原有不良资产或不相关资产，并注入其他拟上市的资产，从而实现间接上市。间接上市具有手续相对简便、节约时间成本、保守商业秘密、规避政策风险等优势。然而，间接上市过程中如何保证人、财、物的平稳过渡涉及一定的风险，且要耗费大量的精力，处置原有壳公司的不良资产和遗留问题必然会影响到现有公司的业绩。

### （三）按照上市资产和业务的完整性程度划分

按照上市资产和业务的完整性程度，传媒企业上市可分为整体上市和分拆上市。

整体上市是指一家公司将其主要资产和业务整体改制为股份公司进行上市的做法。传媒企业的整体上市多为将采编等核心业务同商业经营业务一起上市的做法。整体上市能体现出产业的整体性，提升传媒产业链的运作效能和竞争优势；有利于将企业之间的关联交易内化为整体上市企业部门之间的交易；有利于传媒上市企业获取规模经济效应，构筑核心竞争力，实现企业的可持续发展。然而，传媒企业整体上市面临着股份被稀释、丢失控股权的风险。

广义的分拆上市是指已上市或尚未上市的集团公司将部分业务从母公司分离出来单独上市。狭义的分拆上市是指已上市公司将其部分业务或者某个子公司独立出来，另行公开招股上市。传媒企业的分拆上市，在较长一段时间内，主要是指基于采编核心业务同经营两分开，将广告、发行、印刷等可经营性资产剥离出来成立具有独立法人地位的新公司再上市。2007年之前，博瑞传播、赛迪传媒、北青传媒、新华传媒等上市公司均只有经营性资产，属于典型的分拆上市公司。2007年之后，政府支持出版机构、报业企业和主流新闻类网站上市，并不再要求将编辑业务与经营业务拆分，而是鼓励整体上市，国有传媒企业整体上市逐渐成为普遍现象。传媒企业的分拆上市有利于其核心业务和投资概念更显清晰，避免业务多元化产生的负协同效应，以实现主体业务的专业化管理和发展；有利于独立出来的经济实体公开相关信息并集中优势业务，对其经营业绩产生正面的影响，提高其同母公司的市场价值；对以风险投资形式参与的高成长性和技术性项目进行分拆上市，项目风险由母公司、新的合作伙伴和其他公众投资者共同分担，起到分散投资风险的作用。然而，传媒企业的分拆上市实质上人为割裂了产业链中密不可分的环节，导致各环节和各部门的沟通和协调成本高昂，给传媒企业的可持续发展和正常运作带来很多难以解决的问题和困难；传媒企业剥离上市后，改制后余下资产所组成的集团公司成为上市公司的控股股东，这就不可避免地引发了大量的关联交易，且面对市场的竞争时受到旧有体制的约束。

**案　例**

### 分众传媒的上市之路

分众传媒创立于2003年，其主要产品是分布在商业楼宇、公寓电梯、卖场终端、电影院线、户外等地方针对广大群体并且关联度较高的以视频、广告等形式展现的网络媒体。

2005年7月，分众传媒成功登陆美国纳斯达克，成为海外上市的中国纯广告传媒第一股，并以1.72亿美元的募资额创造了当时的IPO记录。

2011年11月，美国做空机构浑水公司发布报告谣传分众传媒存在高价收购以掩盖亏损、内部关联交易、虚报利润等问题，建议投资者卖出所持股票。报告发布当天，分众传媒股票价格下跌至8.79美元，降幅高达65.53%，创下52周新低，最终报收15.43美元，跌幅39.49%，市值缩水13.6亿美元。2012年，分众传媒采用要约收购的方式实行私有化退市，与光大控股、中信资本、方源资本、凯雷集团等企业一同发起私有化要约，最终于2013年5月完成退市。

2015年8月31日，七喜控股宣布与分众传媒达成协议，将进行重大资产重组。七喜控股置出全部资产及负债与分众传媒全体股东持有的分众传媒100%股权的等值部分进行置换，其中分众传媒置入资产作价457亿元，七喜控股置出资产作价8.8亿元，两者差额448.2亿元以现金和发行股份的方式结清。2015年12月28日，分众传媒顺利借壳七喜控股，成功登陆深圳证券交易所中小板，成为首家成功完成境外退市和中国境内借壳上市的中概股企业。

2021年11月4日，分众传媒审议通过《关于发行H股股票并在香港联合交易所有限公司主板上市及转为境外募集股份有限公司的议案》，计划发行境外上市外资股（H股）并申请在香港联合交易所主板挂牌上市。对于赴港上市，公司称旨在深入推进公司国际化战略、增强公司核心竞争实力、拓宽融资渠道。

## 五、境内上市的条件和流程

### （一）主板上市的主要条件

关于境内上市，《中华人民共和国证券法》《中华人民共和国公司法》《国务院关于进一步提高上市公司质量的意见》《首次公开发行股票并在创业板上市管理办法》《关于修改〈首次公开发行股票并在创业板上市管理办法〉的决定》等相关法律法规对企业主板上市和创业板上市都做出了详细的规定，见表 9－3、表 9－4。

**表 9－3　关于境内企业主板上市条件一览表**

| | |
|---|---|
| 主体资格 | 1. 合法存续的股份有限公司。<br>2. 自股份公司成立后，持续经营时间在三年以上，但经国务院批准的除外。<br>3. 最近三年内主营业务和董事、高级管理人员没有发生重大变化，实际控制人没有发生变更。 |
| 独立性 | 1. 具有完整的业务体系和直接面向市场独立经营的能力。<br>2. 发行人完整披露关联方关系并按重要性原则恰当披露关联交易。<br>3. 不存在涉及主要资产、核心技术、商标等的重大权属纠纷，重大偿债风险，重大担保、诉讼、仲裁等或有事项，经营环境已经或者将要发生重大变化等对持续经营有重大不利影响的事项。 |
| 公司治理 | 1. 依法建立健全股东大会、董事会、监事会、独立董事、董事会秘书制度，相关机构和人员能够依法履行职责。<br>2. 内部控制制度健全且被有效执行。<br>3. 公司章程明确对外担保的审批权限和审议程序，不存在为控股股东、实际控制人及其控制的其他企业进行违规担保的情形。<br>4. 有严格的资金管理制度，不得有资金被控股股东、实际控制人及其控制的其他企业以借款、代偿债务、代垫款项或者其他方式占用的情形。 |
| 相关主体合规性 | 1. 发行人及董事、监事和高级管理人员最近 36 个月内无重大违法违规行为，或严重损害投资者合法权益和社会公共利益的其他情形，或者最近 12 个月内没有受到证券交易所公开谴责。<br>2. 发行人生产经营符合法律、行政法规的规定，符合国家产业政策。 |
| 财务指标 | 1. 最近三个会计年度净利润均为正数且净利润累计超过 3 000 万元，净利润以扣除非经常性损益前后较低者为计算依据。<br>2. 最近三个会计年度经营活动产生的现金流量净额累计超过 5 000 万元；或最近三个会计年度营业收入累计超过 3 亿元。<br>3. 发行前股本总额不少于 3 000 万元；最近一期末无形资产占净资产的比例不高于 20％；最近一期末不存在未弥补亏损。<br>4. 内部控制在所有重大方面有效，会计基础工作规范，财务会计报告无虚假记载。<br>5. 不存在影响发行人持续盈利能力的情形。 |
| 股本及发行比例 | 发行后总股本＜4 亿股，公开发行比例须≥25％；发行后总股本＞4 亿股，公开发行比例须≥10％。 |

表 9-4 关于境内企业创业板上市条件一览表

| | |
|---|---|
| 主体资格 | 1. 发行人是依法设立且持续经营三年以上的股份有限公司，具备健全且运行良好的组织机构，相关机构和人员能够依法履行职责。<br>2. 有限责任公司按原账面净资产值折股整体变更为股份有限公司的，持续经营时间可以从有限责任公司成立之日起计算。 |
| 独立性 | 1. 主营业务、控制权和管理团队稳定，最近二年内主营业务和董事、高级管理人员均没有发生重大不利变化；控股股东和受控股股东、实际控制人支配的股东所持发行人的股份权属清晰，最近二年实际控制人没有发生变更，不存在可能导致控制权变更的重大权属纠纷。<br>2. 发行人业务完整，具有直接面向市场独立持续经营的能力：资产完整，业务及人员、财务、机构独立，与控股股东、实际控制人及其控制的其他企业间不存在对发行人构成重大不利影响的同业竞争，不存在严重影响独立性或者显失公平的关联交易。<br>3. 不存在涉及主要资产、核心技术、商标等的重大权属纠纷，重大偿债风险，重大担保、诉讼、仲裁等或有事项，经营环境已经或者将要发生重大变化等对持续经营有重大不利影响的事项。 |
| 公司治理 | 1. 发行人会计基础工作规范，财务报表的编制和披露符合企业会计准则和相关信息披露规则的规定，在所有重大方面公允地反映了发行人的财务状况、经营成果和现金流量，最近三年财务会计报告由注册会计师出具无保留意见的审计报告。<br>2. 发行人内部控制制度健全且被有效执行，能够合理保证公司运行效率、合法合规和财务报告的可靠性，并由注册会计师出具无保留结论的内部控制鉴证报告。 |
| 相关主体合规性 | 1. 发行人生产经营符合法律、行政法规的规定，符合国家产业政策。最近三年内，发行人及其控股股东、实际控制人不存在贪污、贿赂、侵占财产、挪用财产或者破坏社会主义市场经济秩序的刑事犯罪，不存在欺诈发行、重大信息披露违法或者其他涉及国家安全、公共安全、生态安全、生产安全、公众健康安全等领域的重大违法行为。<br>2. 董事、监事和高级管理人员不存在最近三年内受到中国证监会行政处罚，或者因涉嫌犯罪正在被司法机关立案侦查或者涉嫌违法违规正在被中国证监会立案调查且尚未有明确结论意见等情形。 |
| 财务指标 | 1. 发行人为境内企业且不存在表决权差异安排的，市值及财务指标应当至少符合下列标准中的一项：（一）最近两年净利润均为正，且累计净利润不低于 5 000 万元；（二）预计市值不低于 10 亿元，最近一年净利润为正且营业收入不低于 1 亿元；（三）预计市值不低于 50 亿元，且最近一年营业收入不低于 3 亿元。<br>2. 红筹架构、存在表决权差异企业，市值及财务指标应当至少符合下列标准中的一项：（一）预计市值不低于 100 亿元，且最近一年净利润为正；（二）预计市值不低于 50 亿元，最近一年净利润为正且营业收入不低于 5 亿元。 |
| 股本及发行比例 | 1. 发行后股本总额不低于 3 000 万元。<br>2. 公开发行比例须≥25%；发行后总股本>4 亿股，公开发行比例须≥10%。 |

## （二）境内上市的流程

### 1. 改制与设立股份公司

企业拟定改制方案，聘请证券中介机构对方案进行可行性论证；对拟改制的资产进行审计、评估，签署发起人协议，起草公司章程等文件；设置公司内部组织机构，设立股份有限公司。

**2. 尽职调查与辅导**

向当地证监局申报辅导备案；保荐机构和其他中介机构对公司进行尽职调查、问题诊断、专业培训和业务指导；完善组织机构和内部管理，规范企业行为，明确业务发展目标和筹集资金投向；对照发行上市要求对存在的问题进行整改，准备首次公开发行申请文件；当地证监局对辅导情况进行验收。

**3. 申请文件的申报与审核**

（1）申请文件的申报。

企业和证券中介按照证监会或证券交易所的要求制作申请文件，保荐机构进行内核并向证监会或证券交易所尽职推荐。

（2）申请文件的审核。

对于申请文件的审核，主板与创业板有不同的要求，下面分别予以介绍。

主板申请文件的审核：证监会对申请文件进行初审，符合申报条件的，在5个工作日内受理申请文件；证监会向保荐机构反馈意见，保荐机构组织发行人和中介机构对相关问题进行回复；证监会根据反馈回复继续审核，预披露申请文件，召开初审会；证监会发行审核委员会召开会议对申请文件和初审报告进行审核，对发行人上市申请做出决议；依据发行审核委员会审核意见，证监会对发行人申请作出决定。

创业板申请文件的审核：交易所对申请文件进行核对，符合申报条件及要求的，在5个工作日内受理；受理后20个工作日内，交易所通过问询的方式向保荐机构反馈意见，保荐机构组织发行人和中介机构对审核意见进行回复；交易所根据回复情况，可进行多轮问询。如无须进一步问询，交易所出具审核报告；交易所发布上市委员会会议通知，组织上市委员会会议，上市委员会审议发行人是否符合创业板的发行条件、上市条件、信息披露要求；如符合，交易所向证监会提交注册申请，证监会接受注册申请后20个工作日内反馈注册结果。

（3）路演、询价与定价。

发行人在证券交易所官网及符合证监会规定的媒体全文披露招股说明书及发行公告等信息；主承销商与发行人组织路演，向投资者推介；主承销商与发行人通过直接定价或询价定价的方式确定发行价格。

（4）发行与上市。

向证券交易所提交发行与承销方案备案材料（创业板适用）；根据证监会规定的发行方式公开发行股票或根据发行方案备案的发行方式公开发行股票；在登记结算公司办理股份的托管与登记；挂牌上市；提交发行承销总结（创业板适用）。

通过上面的论述可以看出，传媒对接资本所产生的发展力量，成为越来越多传媒业人士的共识。但是，我国传媒业既是社会主义文化建设的重要组成部分，又是党的主流思想舆论阵地，坚持正确导向、履行社会责任是传媒业应有的担当和使命。传媒业人士应坚守传媒业的公共利益和社会责任，用资本而不为资本所用，防止西方社会那样将传媒变成资本的奴隶。

## 本章小结

1. 资本是人类创造物质财富和精神财富的各种社会经济资源的总称，包含一切投入再生产过程的有形资本、无形资本、金融资本和人力资本等。资本的基本功能，一是用以创办企业并维持运营；二是要求高回报；三是用以形成相应的负债能力；四是体现所有权，按照出资的多少体现对企业的控制力。

2. 资本运营又称“资本运作”，是指运用市场法则，通过资本本身的技巧性运营实现价值增值和效益增长的一种经营方式。具体地说就是公司对自身所拥有的一切有形与无形的资本，通过流动、裂变、组合、优化配置等各种方式进行有效运营，以最大限度实现增值。资本运营具有增值性、流动性、风险性、趋利性和多样性等突出特点。

3. 资本运营按照不同的分类标准可以分为扩张型资本运营和收缩型资本运营、内涵式资本运营和外延式资本运营、存量资本运营与增量资本运营等不同的类型。

4. 资本市场也称“长期资金市场”，通常是指进行中长期（一年以上）资金（或资产）借贷融通活动的市场，它是金融市场的有机组成部分。资本市场具有融资、价格发现、优化配置、分散风险和产权等功能。资本市场主要有融资期限长、流动性相对较弱、风险大而收益较高、资金借贷量大、价格变动幅度大等特点。

5. 我国资本市场从 20 世纪 90 年代开始发展，由场内市场和场外市场两部分构成。场内市场，即证券交易所市场，有固定的交易场所和一定的交易时间，投资者通过证券经纪商在交易所买卖证券。场外市场是指没有集中统一的交易制度和场所，在交易所外利用网络或电话等进行证券买卖的市场。其中场内市场的主板市场（含中小板）、创业板市场（俗称二板）和场外市场的全国中小企业股份转让系统（俗称新三板）、区域性股权交易市场构成我国多层次资本市场体系。

6. 媒介资本又称“传媒资本”，指的是传媒所拥有的可经营性资产，包括人力资本、实物形态资本、价值形态资本和无形资本等具体形式。

7. 媒介资本运营是将媒体所拥有的可经营性资产部分，通过价值资本的流动、兼并、重组、参股、控股、交易、转让、租赁等途径进行运作，优化媒介资源配置，扩张媒介资本规模，进行有效经营，以实现最大限度增值目标的一种经营管理方式。媒介资本运营具有效率性、流动性、人本性、创新性等特点。

8. 融资是企业资金筹集的行为与过程，按照融资各方当事人所拥有的权益可划分为债务融资、股权融资和其他融资三种方式。

9. 企业风险投资，主要是指向初创企业提供资金支持并取得该公司股份的一种融资方式。风险投资的投资对象主要是高新技术、高成长潜力的初创企业，风险投资具有高风险、高预期回报，投资决策专业化、程序化，融资和融智结合，阶段性投资与退出等特点。传媒产业作为一种内容创意产业，意在通过传媒产品和服务内容的创新创意吸引用户做到保值增值，而拥有创意基因、创意血液、创意产品的传媒产业，面临着聚焦创意和创新的高失败率和高风险性，需要大力引进风险投资。

10. 传媒企业的并购，是指传媒企业的兼并与收购。兼并是指两家或多家独立企业合并组成一家企业，通常由占优势的公司吸收一家或是多家公司。收购是指一家企业用现金或有价证券购买另一家企业的股票和资产，以获得对该企业的全部资产或某项资产的所有权，或对该企业的控制权。传媒企业并购类型包括横向并购、纵向并购、混合并购。媒介并购后还需要进行战略整合、组织管理整合、财务体系整合以及人力资源整合等后期整合。

11. 狭义的上市即首次公开募股，指企业通过证券交易所首次公开向投资者发行股票，以期募集用于企业发展资金的过程。广义的上市除了公司公开（不定向）发行股票，还包括新产品或新服务在市场上发布或推出。上市有利于传媒企业获得长期稳定的低成本资金，有利于传媒企业建立和完善现代企业制度，有利于传媒企业资源整合，有利于提高传媒企业的知名度和影响力，有利于社会对企业经营进行监督；但也有需要支付高额的融资成本、信息公开对公司经营可能产生负面影响、难以平衡股东利益和社会效益等弊端。因此，传媒企业是否选择上市融资需要根据各种情况进行综合评估和分析。

12. 按照上市地，传媒企业上市可以分为境内上市和境外上市；按照发行方式，传媒企业上市主要分为直接上市和间接上市；按照上市资产和业务的完整性程度，传媒企业上市可以分为整体上市和分拆上市。境内上市流程包括改制与设立股份公司、尽职调查与辅导、申请文件的申报与审核等相关程序。

## 复习思考题

1. 试述资本运营和媒介资本运营的含义。
2. 简述传媒企业投融资的方式。
3. 简述传媒风险投资项目决策过程。
4. 简述传媒企业并购类型。
5. 简述传媒企业上市的方式、条件与流程。

第十章

# 媒介品牌管理

世界品牌实验室（World Brand Lab）是世界领先的独立品牌评估及行销策略咨询机构。在该机构2021年根据品牌的世界影响力（市场占有率、品牌忠诚度、全球领导力）发布的《世界品牌500强》分析报告中，传媒行业入选的品牌有28个，占总体的5.6%。其中迪士尼位居传媒品牌的榜首，位列总排行榜的第25位。同年在北京发布的《中国500最具价值品牌》分析报告中，中国传媒行业中的品牌共有33个入选，占总体的6.6%。其中位居传媒品牌前两名的分别是中央广播电视总台（CCTV）（排名为第11位）和《人民日报》（排名为第56位）。值得注意的是，这两个传媒品牌同时也入选了世界品牌500强，排名分别是第61位和第343位（具体排名状况见表10-1）。从这些数据中可发现媒介品牌是品牌世界中的组成部分，但其数量无论是在世界上还是在国内均不占优势。因此，品牌的塑造同其他行业一样成为媒介组织的努力方向和日常管理事务中的重要工作。那么媒介组织该如何认识品牌，又该如何建立、维护以及延伸品牌等将是本章所要探索的问题。

**表10-1　2021年中国品牌500强和世界品牌500强中的传媒品牌**

| 2021年中国最具价值品牌500强中的传媒品牌 | | 2021年世界品牌500强中的传媒品牌 | | |
|---|---|---|---|---|
| 排名 | 品牌名称 | 排名 | 品牌名称 | 国家 |
| 11 | CCTV | 25 | 迪士尼 | 美国 |
| 56 | 人民日报报业集团 | 49 | 第二十电视公司 | 美国 |
| 67 | 湖南广播影视集团有限公司 | 61 | 中央电视台 | 中国 |
| 76 | 凤凰卫视 | 62 | 奈飞 | 美国 |
| 93 | 江苏省广播电视总台（集团） | 73 | HBO | 美国 |
| 102 | SMG（上海广播电视台、上海文化广播影视集团有限公司） | 87 | 汤森路透 | 加拿大 |
| 114 | 《参考消息》 | 101 | 时代华纳 | 美国 |
| 116 | 浙江传媒控股集团有限公司 | 102 | 彭博 | 美国 |
| 120 | 《南方日报》 | 177 | 《华尔街日报》 | 美国 |
| 128 | 《广州日报》 | 197 | 美联社 | 美国 |
| 142 | 北京广播电视台 | 204 | 《纽约时报》 | 美国 |
| 144 | 广东广播电视台 | 217 | 新闻集团 | 美国 |
| 154 | 《南方都市报》 | 228 | 时尚 | 美国 |
| 158 | 《羊城晚报》 | 235 | 法新社 | 法国 |

续表

| 2021 年中国最具价值品牌 500 强中的传媒品牌 | | 2021 年世界品牌 500 强中的传媒品牌 | | |
|---|---|---|---|---|
| 排名 | 品牌名称 | 排名 | 品牌名称 | 国家 |
| 164 | 《新民晚报》 | 256 | 《时代周刊》 | 美国 |
| 167 | 《扬子晚报》 | 259 | 英国广播公司 | 英国 |
| 187 | 《读者》 | 264 | 维亚康姆 | 美国 |
| 198 | 中央人民广播电台 | 308 | 《财富》 | 美国 |
| 203 | 《半月谈》 | 319 | 美国广播公司 | 美国 |
| 208 | 《南方周末》 | 330 | 全国广播公司 | 美国 |
| 218 | 《环球时报》 | 331 | 贝塔斯曼 | 德国 |
| 222 | 《经济日报》 | 343 | 《人民日报》 | 中国 |
| 228 | 江苏有线 | 362 | 新华社 | 中国 |
| 263 | 华西都市报-封面新闻 | 413 | 哥伦比亚广播 | 美国 |
| 323 | 《新华日报》 | 417 | 英国天空广播 | 英国 |
| 352 | 《齐鲁晚报》 | 441 | 华纳兄弟 | 美国 |
| 355 | 楚天都市报-极目新闻 | 448 | NBC 环球 | 美国 |
| 356 | 东南卫视 | 458 | 福布斯 | 美国 |
| 357 | 《大河报》 | | | |
| 381 | 《中国汽车报》 | | | |
| 387 | 《半岛都市报》 | | | |
| 390 | 中影集团 | | | |
| 461 | 《燕赵都市报》 | | | |

注：品牌仅涉及传媒业，不涉及信息技术、广告、互联网行业。
资料来源：世界品牌实验室官方网站。

**学习目标：**

阅读和学习本章后，你应该能够：

1. 了解媒介品牌的含义及本质。
2. 掌握媒介品牌的资产管理内容。
3. 熟悉媒介品牌建立的核心理念。
4. 了解媒介品牌建立有哪些具体维度。
5. 掌握媒介品牌维护的基本方法。
6. 学会媒介品牌的危机管理。
7. 了解如何更好地延伸品牌。

## 第一节　媒介品牌与社会资本

品牌是媒介组织在从事经营管理的过程中必不可少的一个重要事项。它是市场竞争力的重要体现，也是媒介组织在市场活动中获得社会价值的主要方式。媒介品牌因媒介组织的特性相较于其他品牌而言，既有品牌的普遍特征，也有一定程度的特殊性。

## 一、媒介品牌的界定及类别

> **名词解释**
>
> **品牌**　企业在受众群体心里建立有别于其他同类产品或服务印象的集名称、术语、设计、符号于一体的抽象化复杂系统。

### （一）媒介品牌的定义

不同的组织机构或学者对**品牌**的界定各有侧重。邵一明指出品牌是“一个系统，是产品或企业市场属性的综合体现，是企业与顾客之间的关系性契约”①；主体要素是品牌名称、标记、包装设计等；由顾客对品牌信誉、信任度、美誉度评价的认知维度组成；在质量、服务、性能、品种等方面具有区别于其他企业产品的特征。媒体品牌作为品牌类型中的一个类别，它是“能够给拥有者和受众带来溢价、产生增值的一种无形资产，它的载体是用以和其他竞争媒体的产品相区分的名称、术语、象征、记号或设计及其组合，增值的源泉来自消费者心智中形成的关于其载体的印象”②。在此，需要注意的是媒介品牌和媒体品牌在内涵上有着一致性，但媒介品牌的外延更大。在泛媒体化的传媒生态环境中媒介品牌的指代范围更宽广，也更符合人们的认知范畴。为此，汤莉萍借鉴薛可和余明阳关于媒体品牌的定义将媒介品牌定义为：“用以与其他媒介产品或服务相区分的名称、术语、设计、符号或这些元素的组合，它增值的源泉来自受众对其的印象，它是给媒介所有者带来溢价、价值增值的一种无形资产的来源。”③

忠诚度与美誉度是所有类型品牌的关键特征，但相较于其他企业品牌而言，媒介品牌的特殊性在于媒介组织的公信力和影响力。这两种特性使得媒介品牌在经营管理方面有着更多的限制和挑战。简而言之，媒介品牌就是媒介组织通过媒介产品来形塑自身形象的一种产物。与其他品牌一样，媒介品牌的主体主要由品牌名称、标识以及标语等要素构成。品牌名称主要承担着媒介产品进入受众（媒体用户）心智的文字载体，故而其命名十分重要并且需要具有稳定性。例如，当媒体用户接触到人民日报社、商务印书馆等具有悠久历史传统的媒介品牌名称时，他们的脑海里自然而然地会联想到其权威、专业、可信赖等品牌特性。品牌标识是通过品牌 Logo 来实现受众记忆塑造的视觉载体。媒介品牌的 Logo 通常文化气息比较浓厚，对各类媒介载体的拟物性较强，例如中华书局的品牌标识主体是一本书。品牌标语是媒介品牌的理念载体，通常以简短的一句话来传达媒介组织的经营理念。例如“今日头条”最初的品牌标语“你关心的，才是头条”和后来的“信息创造价值”，均在强调自身利用信息来服务媒体用户的理念。这些品牌元素以媒介产品为载体共同作用于受众的心智，进而影响其消费行为。各类媒介品牌的组成要素详见表 10－2。

① 邵一明．品牌延伸战略研究：基于企业多元化视角［M］．北京：经济管理出版社，2008：55．

② 薛可，余明阳．媒体品牌［M］．上海：上海交通大学出版社，2009：8－9．

③ 汤莉萍．媒介品牌经营［M］．北京：中国传媒大学出版社，2014：19．

**表 10－2　媒介品牌的组成要素**

| 类别 | 品牌机构 | 具体品牌 | 品牌标识 | 品牌标语 |
| --- | --- | --- | --- | --- |
| 新闻业 | 上海报业集团 | 澎湃新闻 | 澎湃 THE PAPER | 专注时政与思想 |
| 出版业 | 中华书局股份有限公司 | 中华书局 |  | 弘扬传统、服务学术、传承文明、创新生活 |
| 互联网电视 | 湖南广播电视台 | 芒果 TV | 芒果tv | 看见好时光 |
| 电影 | 华谊兄弟传媒股份有限公司 | 华谊兄弟 | H.BROTHERS 華誼兄弟 | 华谊兄弟·精彩不止所见 |
| 聚合平台 | 北京字节跳动科技有限公司 | 今日头条 | 头条 今日头条 信息创造价值 | 信息创造价值（2018 年 5 月以前为“你关心的，才是头条”） |

## （二）媒介品牌的作用

媒介组织之所以要塑造品牌，是因为在当下物质文明极为发达的市场环境中，品牌能够对媒体受众的消费行为和效用产生直接的影响。品牌本身是品质的代名词，在此基础上媒介品牌的拥有意味着媒介组织有着较大的产品溢价能力。品牌产品相对于其他一般产品而言，最直观的一个区别要素是价格往往更高。媒介品牌的这种溢价能力可以在广告产品中得到直观的体现。中央电视台是我国电视业中最知名的品牌，因此其在广告的溢价方面也是最高的，其中新闻联播前的广告价格最高（其余时间的价格详见图 10－1）。在中央电视台的产品溢价中，春节联欢晚会是最为典型的。中央电视台春晚是我国著名的电视品牌节目，春晚期间的广告费用更是堪称天价，但企业仍趋之若鹜，正是这种媒介品牌作用的直接体现。媒介品牌的作用除了提升媒介组织的溢价能力外，还体现在品牌对受众的网络效应方面。媒介产品主要是信息内容产品，因此媒介品牌的建立，能够有效地吸引受众在众多同类媒介产品中选择出优势品牌的产品进行信息消费。随着品牌影响力的提升，媒介产品的消费者数量就越大，消费者的效用也就越大。

| CCTV-1《新闻联播》前 | | | | | | |
|---|---|---|---|---|---|---|
| 周一 | 周二 | 周三 | 周四 | 周五 | 周六 | 周日 |
| 18:50<br>《新闻联播》 | 18:50<br>《新闻联播》 | 18:50<br>《新闻联播》 | 18:50<br>《新闻联播》 | 18:50<br>《新闻联播》 | 18:50<br>《新闻联播》 | 18:50<br>《新闻联播》 |
| 刊例价格：5秒120 000元　10秒178 000元　15秒215 000元 | | | | | | |
| CCTV-1《朝闻天下》后 | | | | | | |
| 周一 | 周二 | 周三 | 周四 | 周五 | 周六 | 周日 |
| 08:30<br>《朝闻天下》 | 08:30<br>《朝闻天下》 | 08:30<br>《朝闻天下》 | 08:30<br>《朝闻天下》 | 08:30<br>《朝闻天下》 | 08:30<br>《朝闻天下》 | 08:30<br>《朝闻天下》 |
| 刊例价格：5秒30 450元　10秒44 100元　15秒54 600元 | | | | | | |
| CCTV-1《新闻30分》后 | | | | | | |
| 周一 | 周二 | 周三 | 周四 | 周五 | 周六 | 周日 |
| 12:32<br>《新闻30分》 | 12:32<br>《新闻30分》 | 12:32<br>《新闻30分》 | 12:32<br>《新闻30分》 | 12:32<br>《新闻30分》 | 12:32<br>《新闻30分》 | 12:32<br>《新闻30分》 |
| 刊例价格：5秒52 500元　10秒79 200元　15秒99 000元 | | | | | | |

**图10-1　中央广播电视台CCTV-1各时段的广告价格**

资料来源：央视一套广告收费［EB/OL］.［2022-04-06］. http://www.cctvzshl.com/intro/41.html.

### （三）媒介品牌的类别

媒介品牌过去常以具体的媒介载体类型来划分，但随着媒介的深度融合发展，这样的划分难免碎片化。为此，媒介品牌可从整体性视角划分为媒介产品品牌和媒介组织品牌两大类。媒介产品品牌主要是指各媒介组织所塑造的具体产品品牌，例如报业知名品牌《人民日报》和“澎湃新闻”、新媒体知名品牌“抖音”等具体的产品品牌。媒介组织品牌是指以组织机构作为单位的品牌，例如出版业中知名的出版社商务印书馆、中华书局以及三联书店等或是电影产业中知名的机构华谊兄弟传媒、光线传媒、博纳影业等。媒介产品品牌与媒介组织品牌有着一定的重合度，媒介组织品牌一般会拥有多个产品品牌，媒介产品品牌是媒介组织品牌的前提。例如人民日报社是我国报业中最著名的媒介组织品牌，而它旗下拥有《人民日报》、人民网、杂志、行业报等近50个知名品牌。人民日报社的整体媒介品牌为这些具体的产品品牌建设提供了便利，这些具体产品品牌的建设则又构成和提升了人民日报社这一整体媒介组织品牌的影响力。

## 二、媒介品牌的本质

媒介组织自进入市场经济进行内容产品的生产与流通之后，品牌的建立、维护与延伸就成为其经营管理的一项重要内容。从媒介品牌的作用来看，媒介品牌与社会资本这一概念有着天然内在联系。

“社会资本”是法国社会学家布尔迪厄提出的一个基于关系而组成的有别于文化资本和经济资本的资源集合的资本概念。他指出：“社会资本是实际或潜在的资源的集合体，那些资源是与对某种持久网络的占有密不可分的。这一个网络是大家共同熟悉的，得到公认的，而且是一种体制化的关系网络，换句话说，这一网络是与某种团体的会员制相联系的，它从集体性拥有资本的角度为每个会员提供支持，提供他们获得声望的‘凭证’，而对于声望则可以有各种各样的理解。”[①]

社会资本的概念可以应用在个体和组织两个层面上。

个体层面的社会资本在科尔曼（James Coleman）、林南等学者的理论体系中得以完善和延伸。科尔曼认为社会资本是指“个人拥有的以社会结构资源为特征的资本财产，社会资本由构成社会结构的各个要素构成，存在于人际关系的结构中，为结构内部的个人行动提供便利”[②]。而林南认为社会资本是通过社会关系获得的资本，并将其操作化为“行动者在行动中获取和使用的嵌入在社会网络中的资源”[③]，该定义主要强调社会资源是社会资本的核心。

组织层面社会资本理论的代表人物是普特南（Robert Putnam），他认为社会资本是指“社会组织特征，例如信任、规范和网络，它们通过推动协调和行动来提高社会效率。社会资本提高了物质资本和人力资本的收益”[④]。将这种组织层面的社会资本运用于媒介组织，可发现媒体的社会资本是指“媒体在一定的社会环境中通过与其他行为主体长期互动形成的社会网络，以及在其中所积累的共享的规范、信任、认同、互利等合作机制”[⑤]。同时从品牌的定义来看，作为企业与消费者关系性契约的品牌和组织层面的社会资本有着较高的契合度。为此，社会资本在某种程度上可以视为媒介品牌的一种本质属性。品牌是媒介组织的一种社会资本，其类别归属于认知型，故而“媒体品牌是媒体社会资本尤其是认知型社会资本的集中化，是媒体与其利益关系者之间所建立的认同、互惠、互信关系的形象化，如果在市场交换的过程中，则是社会资本的商业化”[⑥]。

在社会资本的视域下来看媒介品牌，当媒介组织拥有媒介品牌时，意味着媒介组织拥有了庞大媒体用户的关系网络。这种受众关系网络的社会资本将通过口碑效应来对媒体产品的传播与接受产生影响。比如，随着中国电影产量的提升，各种类型的大片相继问世，并且在影院排片上经常出现扎堆现象，一部电影作品在预售期和热映期吸引观众进行消费的一个关键因素就是口碑。在预售期电影口碑主要来自导演和电影公司的口碑，这种口碑主要依托于导演和电影公司以往作品累积起来的反馈。“坏猴子影业”是由导演宁浩于 2012 年成立的电影公司，该公司自成立以来所推出的《无人区》《心花路放》《绣春刀Ⅱ·修罗战场》《我不是药神》等影片均是口碑较好的作品。尤其是 2018 年推出的

---

① 布尔迪厄．文化资本与社会炼金术：布尔迪厄访谈录［M］．包亚明，译．上海：上海人民出版社，1997：202.

② 科尔曼．社会理论的基础［M］．邓方，译．北京：社会科学文献出版社，1999：354.

③ 林南．社会资本：关于社会结构与行动的理论［M］．张磊，译．上海：上海人民出版社，2005：24.

④ PUTNAM D. Tuning in，Tuning out：The Strange Disappearance of Social Capital in American ［J］． Political Science and Politics，1995（4）：664－684.

⑤ 刘年辉．中国报业集团核心竞争力：创新策略与提升路径［M］．北京：中国传媒大学出版社，2012：191.

⑥ 同⑤132.

《我不是药神》最终票房超过 30 亿元，并在第 42 届蒙特利尔国际电影节、第 14 届中国长春电影节以及第 55 届台湾电影金马奖等电影节及奖项中屡屡获奖。因此“坏猴子影业”在电影行业内已成为一个知名品牌，这种知名品牌的口碑效应在 2019 年春节档推出的《疯狂的外星人》的电影票房预售上得到了直接反映。相关统计数据显示，在 2019 年春节黄金档《疯狂的外星人》与《飞驰人生》《新喜剧之王》《流浪地球》等佳作同时上映，而《疯狂的外星人》在预售票房方面则位居前列。之所以会出现这种情形与“坏猴子影业”的良好口碑有着密不可分的关系。

根据影院的票房数据可发现，大多数电影作品在上线一周以后通常会出现大幅度的票房下滑，但有的电影票房则会持续上涨。在热映期电影的票房之所以能够持续上涨，很大一部分原因就是源自内容的高口碑。观众在观影后，通过人际传播的方式进行口碑扩散，影响周边人群的观影欲望，从而促进了票房数据的持续上升。

此外，当媒介组织拥有媒介品牌时也意味着其拥有了庞大的传媒资源。媒介组织在进行产品生产时，资金、创作人员以及优质的信息素材都是需要考虑的内容。媒介品牌的拥有将使得媒介组织在进行融资时具有更好的说服力。品牌作为一种无形的资产，可以作为媒介组织在融资时的抵押保障，有助于提高融资的效率与额度。同时，媒介品牌也有助于媒介组织吸纳更多更优秀的传媒人才加入。人才是媒介组织进行产品创新的基础，拥有媒介品牌的组织机构将是优秀人才选择就业单位时的重要参考依据。由此可见，媒介品牌的建立与拥有将有助于媒介组织在传媒资源方面获得较多的社会资本积累。

## 三、媒介品牌的资产管理

媒介品牌与媒介产品的版权一样均是媒介组织的重要资产，也是其在经营管理过程中的重要业务范畴。品牌资产管理专家戴维·阿克（David Aaker）指出，品牌资产是“与品牌、品牌名称和标志相联系的，能够增加或减少企业所销售产品或提供服务的价值和（或）顾客价值的一系列品牌资产与负债”[①]，它主要由品牌知名度、品牌忠诚度、品质认知度、品牌联想、品牌资产的其他专有权（专利权、商标、渠道关系）构成。

> **名词解释**
>
> **媒介品牌资产**　指一系列与媒介品牌名称和标志相关的资产（或负债），它能够增加（或减少）产品或服务带给媒介或媒介受众的价值。[②]

将阿克关于品牌资产的定义移植到传媒领域中，就得到了媒介品牌资产的定义。与其他品牌资产一样，**媒介品牌资产**也是由品牌忠诚度、品牌知名度、品质认知度、品牌联想以及其他品牌资产构成的。为推动媒介组织的经济增长和充分发挥其媒介功能，媒介品牌的资产管理同样涉及这几个方面。品牌资产管理是赢得客户忠诚度与利润的一种有效途径，其流程主要涉及制定品牌愿景、制定品牌图景、制定品牌资产管理战略、支持品牌资产管理的文化这四个主要阶段，并

① 阿克．管理品牌资产［M］．吴进操，常小虹，译．北京：机械工业出版社，2012：13－14．

② 汤莉萍．媒介品牌经营［M］．北京：中国传媒大学出版社，2014：127．

可通过 11 个具体步骤来实现，见表 10－3。① 斯科特·戴维斯（Scott Davis）的品牌资产管理流程在媒介组织进行品牌管理中有着较好的适用性，其中媒介组织尤为需要注意的是建立支持品牌资产管理的文化，在日常的品牌管理中形成对品牌投资回报衡量的常态化和在媒介组织高管中形成品牌意识。

**表 10－3 斯科特·戴维斯的品牌资产管理流程**

| 阶段 | 步骤 | 具体内容 |
| --- | --- | --- |
| 制定品牌愿景 | 愿景要素 | 品牌目标、服务的客户、提供的独特利益 |
| 制定品牌图景 | 品牌形象 | 顾客对品牌的联想、品牌的“角色” |
| | 品牌契约 | 品牌对消费者做出的承诺 |
| | 建构消费者模型 | 消费信仰、消费行为 |
| 制定品牌资产管理战略 | 品牌定位 | 目标市场、参与竞争的商业领域、差异点/关键利益陈述 |
| | 拓展品牌 | 制定拓展战略、探索存在问题和机遇的领域、进行基于品牌的新产品创意、开发品牌导向的概念并进行商业分析 |
| | 宣传品牌定位 | 制定和实施品牌传播战略——整合营销传播 |
| | 实现渠道影响最大化 | 渠道变化——互联网 |
| | 溢价定价 | 价格的溢价 |
| 支持品牌资产管理的文化 | 衡量品牌投资回报 | 品牌绩效的测量：定性测评指标（品牌认知、定位理解、形象识别、契约履行）/半年；定量测评指标（品牌赢得的消费者、带来的消费者的维系和忠诚、带来的渗透和频率、财务价值）/每年 |
| | 建立基于品牌的文化 | 高级管理者的领导、员工参与和激励、内部沟通和培训 |

# 第二节 媒介品牌的建立

媒介组织在管理媒介品牌时，品牌的建立是从零到一的过程，它直接体现了媒介组织在经营管理方面的理念与创新性。在打造一个有着明显自身形象印记的媒介品牌时，媒介组织与其他企业组织在性质上存在一定的差异，其媒介品牌的建立有着自身的独特方式。

## 一、从媒介影响力到品牌的建立

媒介组织作为一种公共性较强的组织机构，媒介品牌的建立与媒介组织的社会影响力是相辅相成的。媒介组织在信息内容的传播方面有着较好的资源和政策优势，为此相较于其他企业组织而言有着较大的社会影响力，而这种社会影响力则又为媒介组织建立品牌提供了便利。

① 戴维斯．品牌资产管理：赢得客户忠诚度与利润的有效途径［M］．刘莹，李哲，译．北京：中国财政经济出版社，2006：16.

从经济学的角度而言，媒介品牌的建立离不开媒介产业的本质是影响力经济这一理论依据。[①] 媒介组织能够通过特有的信息传播渠道对受众的心智和行为产生巨大的影响。媒介的这种影响力与品牌的影响力在一定程度上高度契合。由此可见，除了刚成立的媒介组织外，大多数的媒介组织媒介品牌的建立，就其本质而言，就是将媒介组织的社会影响力转换为品牌影响力。而这种影响力的转换则需要建立在受众对媒介产品满意的基础上。顾客满意理论是品牌建设的基础理论之一，它强调了品牌建设的基础是受众对产品或服务的主观感受。顾客满意主要是指“顾客对一个组织所提供的全部产品，包括服务、活动、情况、过程等的可感知效果与其期望值比较后所形成的感受状态”[②]。

媒介品牌的建立本身就是媒介组织自身社会影响力的建立或是媒介组织社会影响力转换为产品影响力的一个过程。这种转换过程的终端是媒体用户，因此他们对媒介组织或媒介产品的满意度是影响力积累的基础，也是品牌建设的关键。媒介产业经济的影响力经济本质最终的落脚点是受众，而媒介品牌的最终落脚点同样是受众，均需要满足受众对内容消费的满意度。

在提升受众对品牌产品的满意度方面，媒介组织需要满足媒体用户对产品或服务在个性化、品质化、实用化方面的心理预期。媒介产品的个性化既是社会分工专业化要求，同时也是彰显媒介组织市场竞争力的方式。同质化产品或服务难以满足媒体用户的信息消费需求，而具有媒介组织自身独有特征的产品则能够吸引受众的注意力。品质化是媒体用户对媒介产品或服务测评的基本要素，只有当产品品质符合受众的心理预期时，其消费体验才能保障受众对产品的满意。实用化是媒介产品使用时的重要影响因素，如果媒介产品不能解决受众所面临的问题，那么产品的使用成本与时间成本都将扩大心理预期与产品间的落差，导致满意度的降低。

## 二、媒介品牌建立的核心理念

媒介组织在进行媒介品牌建构时离不开产品本身与营销这两个维度，媒介产品是以产品质量为核心，而营销则以叙事为核心。在同品质的产品市场中，媒介品牌建构的关键实践理念主要体现在品牌叙事的营销维度上。

### （一）品牌叙事：媒介品牌建立的必经之路

品牌并非先天存在的，而是人为建构出来的一种商品经济现象。品牌叙事是品牌建构的直接方式，它能够通过故事的方式快速高效地在消费者心智中完成品牌接受的说服。品牌叙事主要包括情节、人物、主题、美学四个要素，其中情节主要由体裁、核心结构、事件等构成，人物由主角、反英雄、导师、联盟等构成，主题由超叙事、价值、原因等构成，美学主要由影像、措辞、声音等构成（见图 10－2）。[③] 有传媒学者在此基础上加以

① 喻国明．影响力经济：对传媒产业本质的一种诠释［J］．现代传播，2003（1）：1－3.

② 孙丽辉．顾客满意理论研究［J］．东北师大学报（哲学社会科学版），2003（4）：18－24.

③ 维森特．传奇品牌：诠释叙事魅力，打造致胜市场战略［M］．钱勇，张超群，译．杭州：浙江人民出版社，2004：125.

改造，提出了一个由情节、人物、主题、场景（地点、接触方式、传播途径）、效果（感动、爱、美学效果）构成的媒介品牌叙事五要素。① 在媒介品牌叙事五要素中，最关键的是情节和主题，它们是品牌叙事的主体部分，而人物和场景、效果在品牌叙事中则是灵活运用的要素。

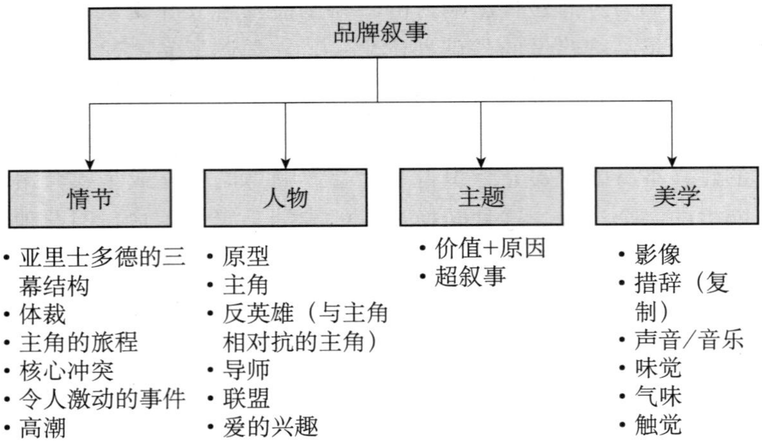


**图 10-2　品牌叙事四要素**

在媒体融合环境下，单一媒介的品牌叙事并不能满足受众的信息接收习惯，为此媒介组织进行品牌叙事时跨媒介叙事是一个能提升品牌建立效率的方式。跨媒介叙事并非新兴的叙事方式，而是自多种媒介共生时就已经存在。例如，历史上《圣经》由文字版本转述为口语、圣歌、彩绘玻璃，“读画诗”经诗人诠释图像后转述为诗歌，近代以来图像改编为影像的文学研究探索历程，当下文化创意产业的改编热都是跨媒介叙事的具体表现。② “跨媒介叙事”概念是亨利·詹金斯（Henry Jenkins）用以指代一种综合运用多媒介平台进行叙事的全新方式。③ 需注意的是，对于跨媒介的英文 transmedia、crossmedia、multimedia 多有混用的情况。出现这种现象的原因是跨媒介的核心在于“媒介间性”（抑或媒介互文性），即在同类媒体或跨媒体平台上，通过混搭、重组、改编、融合、综合等手段实现各种渠道或平台上内容间的互文指涉。④ 由于“媒介互文性”的存在，因此在跨媒介叙事的过程中，内容生产与叙事传播有着内在的同一性。在叙事过程中既会产生新的叙事内容，同时又通过不同的媒介平台扩展其传播渠道。这种“媒介互文性”为媒介品牌的建立在叙事方面则提供了内容和渠道方面的便利，也更符合当下媒介受众的日常媒介使用习惯。

### （二）品牌故事：媒介品牌叙事的核心基础

媒介组织在对品牌进行跨媒介叙事时可通过故事化和诉诸情感的叙事策略来实现叙

---

① 陈兵．媒介品牌论 [M]．北京：中国传媒大学出版社，2008：187.

② 赖玉钗．跨媒介叙事与扩展“叙事网络”历程初探：以国际大奖绘本之跨媒介转述为例 [J]．新闻学研究（台北），2016（126）：133-198.

③ JENKINS H. Transmedia Storytelling：Moving Characters from Books to Films to Video Games can Make Them Stronger and More Compelling [J]. Technology Review，2003（1）：17-24.

④ 朱松林．论跨媒体叙事中的粉丝经济 [J]．编辑之友，2015（2）：51-54.

事的传播力的提升。任何企业组织在进行品牌叙事时都需要经历创造品牌故事（创造故事时需要符合造梦的主题，且符合共识、真实可信，能诱发情感、改变承诺）和传播品牌故事（需要结构化、系统化、差异化、简洁化地讲故事）这两个方面（见图10-3）。[①]在进行故事化品牌叙事时，媒介组织要通过符合现实逻辑和适应受众心理需求的真实故事来突出品牌承诺，为受众提供一个美好的愿景。同时媒介组织还需要利用既有的传播渠道跨媒介进行结构化和系统化的品牌故事讲述，并在各类媒介渠道中简洁且差异化地传播该品牌故事。相较于其他企业组织而言，媒介组织的核心业务范畴是信息内容的编辑加工与创意生产，因此其在媒介品牌的故事化方面有着较强的生产力、叙事力及传播力。

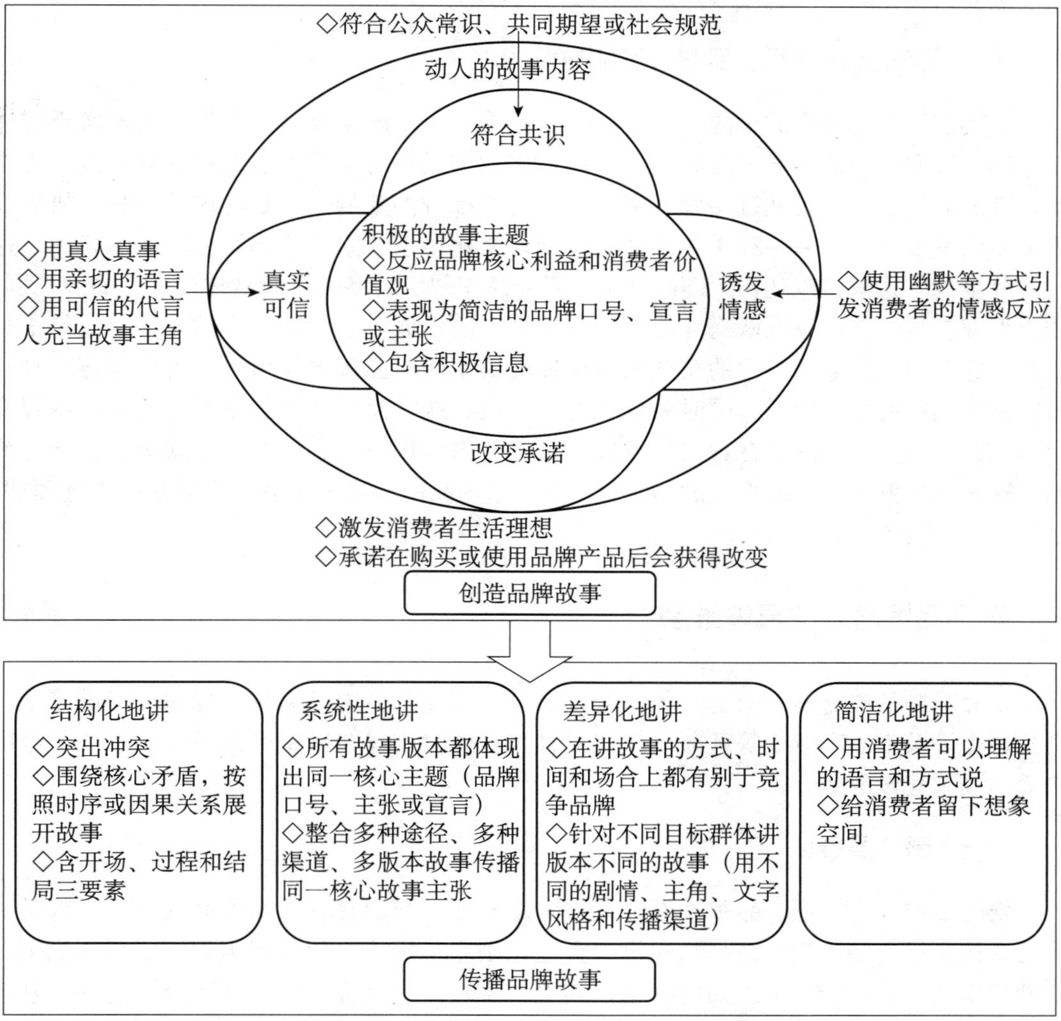


**图 10-3　品牌故事的建构与传播的综合模型**

① 汪涛，周玲，彭传新，等．讲故事 塑品牌：建构和传播故事的品牌叙事理论：基于达芙妮品牌的案例研究[J]．管理世界，2011（3）：112-123.

微信作为当下中国社交媒体用户数量最多的媒体产品，也是腾讯公司旗下除了腾讯QQ外最重要的媒介品牌。在微信的品牌宣传片中，这种故事化的叙事策略被广泛应用。例如在《我微信你》这一宣传片中细致地讲述了一个由微信串联起来的品牌故事。在该故事中微信在出行、购物、社交、沟通、自我展示等日常生活场景中被广泛应用，突出了微信这一媒介产品在即时通信应用工具中“连接我们”和“改变生活”的品牌效果。品牌叙事故事化策略的另一种呈现方式是讲述品牌的历史故事，这一方式主要运用于讲述整个媒介组织品牌的故事，由人物故事和事件故事组成。商务印书馆、新华社、人民日报社等历史悠久的媒介组织品牌在发展过程中有着诸多值得讲述的人物故事，正是这些人物引领着媒介组织得以发展到现在。同时，在悠久的发展历程中媒介组织也经历了诸多重要的文化事件，这些事件是品牌叙事内容的主要素材。

### （三）媒介品牌社群：品牌叙事的目标

人类能够通过共享故事的方式形成一个民族、一个国家或一个宗教，从而实现群体化生存。媒介组织能够通过品牌故事的讲述来建构受众对品牌的忠诚度、知名度、美誉度，其最终的目标还是通过品牌叙事来实践品牌社群的建构。人是群体性动物，故事在人类协同发展过程中是一种重要的联结纽带，文化传承、宗教信仰乃至产品品牌均可通过讲故事的方式来得以建构。商品经济中媒介品牌叙事的终极目标是建构一个品牌社群，用以形成社群经济。在互联网环境下，品牌社群的形成对于品牌建设的效率与效果十分重要，它能通过社群互动中的从众效应快速凝聚受众对品牌的认可，同时也能将这种认可转换为实际的品牌消费。同时品牌社群的形成，能够使得品牌叙事不再以单一的媒介组织生产与传播的形式存在，它还可以通过社群内部用户内容生产的方式进行生产与传播。这种在社群内部自发形成的品牌叙事所塑造的品牌形象更容易符合受众的心理预期，品牌忠诚度将更高。

## 三、媒介品牌建立的具体维度

媒介品牌的建立是一个复杂的系统性活动，既涉及品牌的名称、标识、标语等主体要素，也涉及产品和营销等环节。在建立媒介品牌时，媒介组织可以通过以下几个维度来提高品牌建设的效率。

### （一）感官层维度

媒介组织在进行媒介品牌建设时，首先需要从品牌的感官认知方面入手。品牌是一个复杂的信息认知系统，在品牌建设中企业识别系统理论（包括行为识别、视觉识别以及理念识别）是一个广为人知的理论，其中最直观的是品牌视觉识别系统。这一识别系统主要是将品牌建设诉诸视觉这一感官，形成独特的视觉感受，是众多企业品牌建设的中心所在。马丁·林斯特龙（Martin Linstrom）在经过大量的案例研究后发现突破视觉和听觉的局限，在品牌策划和营销中发挥声音的情绪情感调动能力、视觉的品牌第一印象塑造能力、触觉的心理认知决定能力、嗅觉的品牌独特性维系能力[①]，给消费者全面的感官和情感体验，更容易让消费者对品牌产生认同，从而建立品牌忠诚度。媒介品牌的形象建设同样需要借鉴这种感官品牌策略，尤其是在虚拟现实技术逐步发展的当下，这种感官品牌策略有了实施基础。在媒介品牌的视觉设计方面，能在受众心智里建立第一印象的超级符号是一个必不可少的关键要素。微信作为腾讯旗下的媒介品牌在视觉设计方面的超级符号除了 App 应用的图标外，当属一个人在凝视着地球的那一幅图（见图 10－4）。该图的一个经典解读是：人类在宇宙中是渺小而孤单的，每个人的内心深处永远是孤独的，而微信的使命则是沟通连接。当人们在使用微信这一媒介产品时，它将通过视觉呈现的方式揭示微信作为社交沟通媒介的即时通信工具的品牌印象。

**图 10－4 微信应用程序的图片**

### （二）心理层维度

媒介品牌在通过形象设计之后需要面对受众进行营销推广，从而获得认同感。媒介组织在同类媒介产品中建设自身的媒介品牌时，可以通过诉诸受众心理情绪的方式来实现。这种诉诸心理情绪的媒介品牌方式主要包括诉诸积极情绪和负面情绪两种。正面的情绪在媒介品牌的建设中主要体现在，其品牌产品能够为受众带来更强的使用满足感和愉悦感。例如“抖音”这样的音乐短视频媒介产品，通过用户内容创作和分享从而获得自我展示和经济效益双重收获，而其他受众也能在观看的过程中达到自我认同或休闲娱乐的目的。

相较于正面情绪的心理维度，诉诸负面情绪的方式在营销实践中使用较多。品牌专家马丁·林斯特龙认为负面情绪中的恐惧和同侪压力是世界著名品牌在市场营销中用来进行品牌洗脑的两种重要的秘密手段。[②] 恐惧是人类情绪中的一种负面情绪。在市场营销领域，恐惧策略被广泛应用，这是因为人们为了消除对某一事物的恐惧感通常会更容易进行消费行为。媒体用户之所以关注财经新闻，是因为其信息内容与自身的经济利益切身相关，尤其是证券和股市信息。为此相应的付费新闻内容和服务在很大程度上就是利用了媒体用户害怕错过最新财经信息的恐惧心理来实现其流量积累和品牌建设的。在市场营销中除了被广泛应用的恐惧情绪外，负面情绪层次相对较低的压力情绪也得到了广泛应用。压力尤其是来自同侪的竞争压力能够使受众为了消弭这种压力而进行消费。同侪压力是一种心理学现象，既是一种竞争心理也是一种从众心理。知识焦虑是当下中产阶层中普遍存在的一个社会现象。针对这一现象自媒体企业“罗辑思维”所推出的知识服务产品“得到”App，以知识服务的口号充分利用碎片化时间进行知识充电为理念，深受中产阶层用户的喜爱，并迅速成为传媒业中知识服务的知名品牌。

---

① 林斯特龙．感官品牌［M］．赵萌萌，译．天津：天津教育出版社，2011：96－125．

② 林斯特龙．品牌洗脑：世界著名品牌只做不说的营销秘密［M］．赵萌萌，译，北京：中信出版社，2013：21－24，97－101．

### （三）技术层维度

在新信息传播技术日新月异的传媒生态环境下，大数据、区块链、人工智能、VR/AR、元宇宙等技术正不断地重塑着传媒业态。媒介组织结构在新技术的冲击下要么快速衰落，要么借势腾飞再上一层楼。技术发展也同时作用于品牌建立的内容产品和营销两个方面。在内容层面，区块链的加密技术和可溯源功能为媒介产品的保密和真实性提供了保障，而虚拟现实和增强现实技术则为媒介产品的感官体验提供了新的发展方向，元宇宙更是利用人们的沉浸体验感受将现实世界映射和交互到虚拟世界中再造一个全新的世界。这些技术应用于媒介产品，能够让媒介组织在新的信息传播环境中快速建立新的媒介品牌。在品牌营销方面，大数据和人工智能的出现为品牌建立提供了精准营销的技术红利。大数据的挖掘和整理为品牌的目标受众定位提供了技术支持，人工智能的个性化算法推荐为品牌建立提供了精准化服务。因此，技术发展对于品牌建立的投入产出及效率改善等方面都有很大的影响。

在新技术应用中，新兴媒介组织因其互联网基因能够更好地借助技术红利进行媒介品牌的建设。以北京字节跳动科技有限公司为例，这家成立于2012年的互联网科技公司借助信息的聚合与分发成功地打造了一款移动资讯客户端产品“今日头条”，并使之迅速成为传媒业中的知名媒介品牌。“今日头条”作为一家新闻聚合平台，之所以能够迅速在新闻业中崛起并成为一个知名媒介品牌，关键就在于其采用了“算法推荐”的信息分发技术。算法推荐颠覆了以往新闻组织机构的信息分发模式，它通过海量信息采集、深度数据挖掘和用户行为分析，为用户智能推荐个性化信息，从而开创了一种全新的新闻阅读模式。这种个性化的算法推荐技术，通过符合个人阅读习惯的智能信息推送服务让受众的新闻阅读跳过了自身寻找的过程，直接进入了感兴趣的内容阅读阶段，故而它能迅速改变受众的新闻消费习惯并牢牢地占据其心智。

“今日头条”在人工智能技术方面也有着一定的尝试，它与北京大学王选计算机研究所万小军团队产学合作开发了写作机器人“Xiaomingbot”。“Xiaomingbot”在2016年投入使用，并对里约奥运会进行了赛事简讯写作。在整个里约奥运会期间，其撰写的稿件赢得了一百多万的阅读量，平均阅读率接近整个奥运会期间体育频道的阅读率；此后它还对欧洲冠军联赛、意大利足球甲级联赛和美国职业篮球联赛等各类体育赛事进行了报道，同样取得了不错的成绩。① 这种人工智能技术在机器新闻方面的应用同样为“今日头条”的媒介品牌提供了技术支持。

## 四、媒介品牌建设的方向

信息沟通是媒介品牌建设的主要发展方向。媒介组织作为专业的信息传播者，其独特属性决定了媒介产品的特性在于信息沟通。因此无论是传统媒体的上传下达，还是新

① 陈炳宇．符号学视角下对机器新闻写作的批判性解读：以今日头条“Xiaomingbot”为例［J］．视听界，2019（2）：68－71．

媒体的资本化运营，其品牌建设发展方向都应回归到媒介的价值本质。媒介品牌的价值本质在于让人们更好地掌握信息，让信息更有价值，让沟通更便捷、更有效。例如，“今日头条”这一媒介品牌将原来的品牌标语“你关心的，才是头条”更换为“信息创造价值”，正是这种回归媒介品牌本质实践的方式。这说明“今日头条”已经认识到了其自身的品牌价值不仅仅局限于个体关注信息的重要性，它已将品牌的定位放到了媒介本体的信息价值层面，这是一种质的飞越，也是媒介品牌得以升华的体现。

媒介组织在建立品牌时应围绕媒介的特性基于自身组织的内在文化基因坚持正确价值观，树立一个真品牌使命并认真践行品牌愿景。媒介品牌的社会使命是为公共利益服务，其理论根源是媒体的社会责任理论，因此媒介品牌的使命需要真正履行社会责任而非打着社会责任大旗过度商业化。同时，媒体的社会责任理论也决定了媒介品牌的价值观是为公众服务，在为公众服务时媒介组织应区分哪些服务是正确且需要积极提供的，而哪些服务是不合时宜且需要抵制的。媒介品牌的愿景是比使命和价值观更深远的品牌发展理念，媒介组织需要在使命和价值观的基础上践行媒介品牌的承诺并推动社会信息服务的美好发展。

## 第三节 媒介品牌的维护

品牌和产品一样有着生命周期，因此，媒介组织在建立品牌之后还须对之后的品牌发展进行维护与管理。在品牌维护管理阶段，媒介组织需要为品牌发展提供稳定性，用以维持媒介品牌在媒体用户心智中的特殊印象、市场份额以及品牌价值。为此，媒介组织需要对媒介品牌维护管理的实质以及内容有着清晰的理解与掌握。

### 一、媒介品牌维护的必要性

从受众的心理空间视角来看媒体品牌的发展，它会经历出生（媒体品牌创立）、发育（媒体品牌传播）、繁殖（媒体品牌延伸）、衰亡（媒体品牌衰落）这样一个生命周期。[①]在品牌建立完成后，媒介组织需要对初步建立的品牌进行培育，即维护管理，从而保障品牌效应能够持续发挥作用。为此，媒介品牌的维护与完善对媒介组织的可持续发展是十分必要的。

首先，在前期媒介品牌建设中需要避免资源浪费。一个媒介品牌的建立是需要投入大量的传媒资源和时间来进行塑造的，但其毁灭仅需要一点点的失误。如果对已建立好的媒介品牌不进行维护与完善，那么前期投入的成本将会迅速地消失在同类品牌市场之中，对媒介组织造成巨大的资源浪费与经济损失。

其次，在中期要为媒介组织影响力的保持与增长提供持续不断的支持。媒介组织品牌建设的根基在于媒介影响力的维护与增长，因此当媒介品牌初步建立以后，它与媒介

① 薛可，余明阳．谈媒体品牌的延伸模式［J］．国际新闻界，2006（7）：64－68．

组织的社会影响力将呈现出相辅相成、一荣俱荣一损俱损的伴生关系。为此，对媒介品牌的维护与管理，推动其产品的市场占有率和品牌价值的提升，就意味着媒介组织的社会影响力也将得到提升。

最后，还需要保障受众心智中品牌形象的稳定性。品牌产品或服务与受众心理预期形象的波动关乎着媒介品牌的稳定性。媒介组织的品牌维护就是为了保障受众心目中的品牌形象能够长期稳定。如果媒介组织不对品牌进行日常维护，那么媒介品牌形象将受到剧烈的冲击进而坍塌。

媒介品牌维护的关键在于对其影响力进行防微杜渐的管理。为达成这一管理目标，媒介品牌的维护管理在具体的实践过程中，需要产品的品质保障和营销推广两方面齐头并进。在产品的品质保障方面需要媒介组织在品牌产品的生产中加强对质量管理的重视与把关。在营销推广方面，关于品牌的广告宣传需要持续投放。值得注意的是，媒介品牌在创建期和维护期的营销推广在内容和形式方面应各有侧重并进行差异化落实。在媒介品牌维护期，营销推广的重点在于保持持续的品牌曝光度、重视品牌的口碑稳定性。

## 二、媒介品牌的老化与复兴

媒介品牌的发展不可避免地会进入成熟期与衰退期。媒介组织在进行品牌维护时的核心问题之一是品牌老化，为此，对于品牌的维护管理就在于尽可能地延迟品牌老化周期和对老化的品牌进行复兴。

### （一）防止媒介品牌老化

品牌老化是一个不可逆转的品牌发展趋势，其原因主要与缺乏品牌战略规划、市场竞争加速了品牌的优胜劣汰以及消费者需求的变化对品牌构成挑战相关。因此，外部环境的变化以及企业组织自身的问题共同导致了品牌的老化。外部环境的变化主要涉及技术变革带来的经济新趋势和消费文化的变迁。企业自身的问题则涉及企业提供的产品或服务、目标市场以及品牌传播这三个方面（见表 10 - 4）。①

**表 10 - 4　品牌老化的企业因素**

| 企业提供的产品或服务 | 目标市场 | 品牌传播 |
|---|---|---|
| 过时的消费者满意承诺 | 消费者人数减少 | 随着时间的推移，传播预算减少 |
| 产品调研和开发滞后 | 目标市场没有更新换代 | 品牌提升率降低 |
| 创新缓慢 | 消费者的平均年龄偏高 | 包装过时 |
| 专利日益减少 | 新产品因不符合消费者需求而推广失败 | 传播创造力减弱 |
| 生产过程陈旧 | 品牌极少或不为青年消费者所知 | 媒体计划缺乏针对性 |
| 产品或服务丧失竞争力 | | 传播内容过时 |

① 卢泰宏，高辉．品牌老化与品牌激活研究述评［J］．外国经济与管理，2007（2）：17 - 23.

续表

| 企业提供的产品或服务 | 目标市场 | 品牌传播 |
| --- | --- | --- |
| 技术明显落后 | | 频繁更换广告代理，导致核心信息模糊 |
| 生产方法不能达到目前的要求水准 | | 代言人形象"老化"或适应性差 |
| 样式、设计和颜色过时 | | 忽略了时尚因素，而被竞争对手巧加利用 |
| 品牌分类存在问题 | | |

针对这些品牌老化的原因，品牌维护需要做到以下几点：

首先，媒介组织需要让其所提供的产品或服务与时俱进。媒介产品或服务是媒介品牌的直接载体，只有当媒体用户对产品或服务的使用感到满足和满意时品牌的价值才能得到体现。为此，根据外在技术、市场等环境的变化，及时对媒介内容产品或服务进行更新迭代，就成为品牌管理的首要任务。这需要媒介生产者在内容的时效性、表达方式以及产品形态方面都具有可迭代性特质。

其次，媒介组织需要扎根于分众化的社群。新信息传播技术使得网络社会中的媒体用户群体呈现出以兴趣爱好为主旨自发组成的各种社群。这些基于趣缘而建立起来的社群有着较强的互动性和行动号召力。为此社群经济得以快速发展，并成为网络经济中重要的组成部分。而这种分众化的目标市场也成为媒介组织进行品牌建设的发展方向。例如：立志于文化重建的期刊品牌《文化纵横》，其目标读者群是高学历高收入的精英知识分子，并以建设国内一流的思想评论类媒体平台作为定位；基于知识服务的"罗辑思维"的网络社群主要扎根于中产阶层知识分子市场，以在碎片化时间中进行知识服务的知识社区作为定位；短视频应用"抖音"主要扎根于一二线城市的年轻用户市场，并以"年轻人的音乐短视频社区"作为定位。

最后，媒介组织需要变革品牌传播方式。品牌传播是防止品牌老化的传达方式，其内容和形式既要符合产品的特征和定位，也要符合目标受众群体的信息接收习惯。随着传播技术的变革，受众的媒介信息接收主要集中于新媒体渠道，为此媒介品牌的传播方式需要转变以往的僵化思维，在内容创意和表达方式方面都需要符合智能传播时代的需求，借助新的传播技术以更加独特的创意进行品牌传播。在这方面，网易云音乐的创意营销方式尤为值得其他媒介品牌在品牌传播方面进行借鉴。网易云音乐作为网易旗下的音乐品牌，在品牌传播方面以善用社交闻名。例如 2017 年 3 月网易云音乐和杭港地铁联合推出了"乐评专列：看见音乐的力量"，网易云音乐在杭州地铁 1 号线的地铁列车上全部装饰上各种精选出来的网易云音乐乐评，并积极在各种社交媒体上进行互动与推广此次线下活动（见图 10－5）[①]，从而不仅在线下激起了市民的活动热情，同时还在社交媒体上引发了媒体用户对网易云音乐这一知名品牌的再度关注。网易云音乐的品牌传播方式充分地发挥了移动互联网时代用户内容生产的传播特征，通过精选出能够引发社交共

① 何佳讯．长期品牌管理［M］．上海：格致出版社，2016：19.

鸣的音乐评论来作为内容信息来源，并以城市公共媒介——地铁作为承载空间，再辅以社交媒体作为讨论工具，从而搭建了一个完整的品牌叙事网络，提高了整体的品牌传播效果。

**图 10-5 网易云音乐在杭州地铁 1 号线的品牌营销活动**

## （二）媒介品牌的复兴

防止媒介品牌老化问题的另一个管理内容是将品牌激活并使之再次复兴。媒介品牌的复兴是媒介组织品牌管理中必不可少的一个环节。品牌复兴与品牌活化有着接近的内涵，均指向品牌重新焕发生机。品牌活化的理论资源主要涉及认知心理学和社会心理学两种不同的视角，为此在品牌活化的目标、机理、途径以及策略各方面有所差异，见表 10-5。媒介组织在进行品牌复兴时借鉴品牌活化中社会心理学视角的改善关系质量、挖掘老品牌元素、再造理想化的品牌社群将是一个有效的实践方式。

**表 10-5 品牌活化原理两个视角的比较**

| 对比 | 认知心理学的视角 | 社会心理学的视角 |
|---|---|---|
| 活化目标 | 提升品牌资产 | 提升消费者-品牌关系质量 |
| 活化机理 | 改变消费者认知 | 唤起消费者的怀旧情感 |
| | 置入新的元素 | 挖掘老品牌元素 |
| 活化途径 | 品牌意识、品牌形象 | 品牌故事、品牌精神、理想化的品牌社群 |
| 策略指引意义 | 新老品牌共有 | 老品牌独有 |

### 1. 重新定位目标受众群体

在媒介品牌复兴实践中，立足于既有媒介品牌的经典元素用来改善受众对品牌产品的满意度，进而再造品牌社群是传媒业中的主要方式。《变形金刚》是 20 世纪 80 年代全球知名的动画作品，深受儿童观众群体的喜爱。为了将这一媒介品牌再次复兴，影视公司开始尝试将其进行真人电影化制作，并且将其目标受众拓展到成年人群体。为此，美国的电影巨头派拉蒙影业公司自 2007 年开始推出“变形金刚”系列电影，到 2017 年已经推出了五部电影作品，成功地打造了一个知名的“变形金刚宇宙”电影品牌，在美国国内以及全球电影市场中都取得了不错的票房成绩。这种基于目标受众重新定位的影视品牌激活方式，在美国的影视巨头迪士尼电影公司的真人电影发展方向上同样得到体现。迪士尼电影公司长期以来积极将影片受众拓展到成年人群体，目前已拥有众多深入人心的品牌真人电影作品，如《爱丽丝梦游仙境》（2010）、《灰姑娘》（2015）、《奇幻森林》（2016）、《美女与野兽》（2017），此外还有一系列的经典品牌电影将被翻拍为真人电影。

**2. 基于经典品牌元素进行内容创新**

仍以"变形金刚"系列电影为例，在这一电影品牌的成长过程中，受作品内容陈旧或观众审美疲劳等因素的影响，该系列电影的票房和口碑出现明显的波动，这显示了该电影品牌也有着一定程度的老化趋势。故而派拉蒙影业公司于2018年推出了《大黄蜂》这一电影作品，并用来测试市场的反响效果，意在重启"变形金刚宇宙"，从而推动该电影品牌的复兴。此外，在电影业中，怪兽电影一直是电影发展史中的常客，也是观众最喜欢的电影题材之一，故而哥斯拉、金刚等怪兽形象反复出现在电影银幕之中。但由于内容缺乏新意和观众审美疲劳等原因，市场反响一般，这些电影品牌也呈现出老化趋势。而美国的传奇影业公司则宣布打造"怪兽电影宇宙"重启哥斯拉、金刚这些电影品牌，并使其各种品牌形象进行交互，满足受众的心理需求。目前该系列电影推出了《哥斯拉》（2014）、《金刚：骷髅岛》（2017）、《哥斯拉2：怪兽之王》（2019）和《哥斯拉大战金刚》（2021）。其中《哥斯拉大战金刚》再次将"哥斯拉"和"金刚"这两大怪兽进行互动，这种基于既有经典元素进行的内容创新对观众的吸引力尤为强大。无论是"变形金刚"系列电影中的"大黄蜂"还是"怪兽电影宇宙"中的"哥斯拉"大战"金刚"，都源自经典媒介品牌中的经典元素。对这些经典品牌元素的改编、重启以及混搭都有助于处理好媒介品牌老化的问题，使品牌焕发出新的活力。

改版是新闻业中媒体生产者为适应新环境、受众新偏好，提升传播效果而进行自我调适的一种行为。当各类新闻媒体品牌面临老化问题时，改版是使其品牌复兴的一个必然选择。

中央电视台是我国电视节目品牌中的常青树，这种品牌活力的持久性与其不断进行节目改版有着密切的关联。在央视的改版历程中，2003年、2009年、2013年的改版是其中变革程度较大的几次改版活动。这些改版实践是适应时代发展和观众需求的自我更新，维持了品牌的健康发展。央视通过改版来保持品牌活力的实践还可从旗下各个子频道的子品牌节目的更新得到体现，例如财经频道的《第一时间》。该栏目是2003年央视二套改版之际所创办的一档早间新闻资讯服务节目，2004年新增了一个周末版，2009年迎来改版，2015年再次全新改版，2016年再次改版，在改版历程中强化了"服务性"意识，创新了新闻播报意识，并增加了互动形式以及加强了节目娱乐性。①

**3. 怀旧营销激发经典品牌活力**

怀旧营销是"基于人们存在的这种怀旧心理，营销人员重新组合老元素，然后给予消费者一定的怀旧元素刺激，激发消费者的怀旧情怀，勾起他们记忆深处的共同记忆符号，以此来引发购买行为"②。这种基于情感体验的营销方式主要适用于文化、娱乐产业。

---

① 简彦超．电视新闻栏目：央视《第一时间》改版探析［J］．今传媒，2017（10）：104－105．

② 杜翼．怀旧营销研究［D］．哈尔滨：黑龙江大学，2014：15．

媒介组织通过怀旧营销来处理品牌老化问题的主要应用领域之一是影视产业。这种影视品牌复兴的直接体现是将过去的经典电影进行技术化处理再次播映。例如导演王家卫拍摄的《阿飞正传》于1990年在香港上映，该片以20世纪60年代初期一位孤傲、叛逆青年（张国荣饰演）的内心世界和情感纠葛真实再现了香港普通青年的生活环境和社会状况。该影片无论是内容主题还是演员演技都在电影史上有着重要的地位和社会影响力，加之主演张国荣的逝世使得广大影迷有着强烈的怀旧情怀。为此，该影片在2008年曾以“张国荣逝世五周年”为由头，在韩国再次进行公映。2018年，该片的数字修复版又以《欲望之翼》为名在日本公映；同年，该影片在时隔28年后再次在中国内地重映。随着3D视觉技术的发展，有的电影公司将过去的经典电影进行技术转换再次放映，用以激活过去影视品牌在观众心中的印象。例如美国二十世纪福克斯电影公司、派拉蒙影业公司出品的由詹姆斯·卡梅隆执导，莱昂纳多·迪卡普里奥、凯特·温斯莱特领衔主演的经典爱情片《泰坦尼克号》于1998年在中国内地上映，2012年中国内地则重映了《泰坦尼克号》的3D版。

通过怀旧营销方式处理品牌老化问题的方式也得到出版企业的重视。出版企业通常会在重大的周年纪念日中，例如重要历史事件或者某位著名作家的纪念日重印相关的品牌图书。这种重印书既是对既有资源的利用，又能紧跟时事热点刺激图书品牌的活力，还能推动相应社会议题设置的出现，引导相应的社会舆论宣传。

## 三、媒介品牌的危机管理

### （一）媒介品牌危机的破坏性

市场环境中有着诸多不确定性，尤其是随着技术发展进入风险社会后，这种不确定性带来了诸多风险。媒介品牌在发展过程中面对不确定的市场风险往往会因为产品质量、品牌代言人、员工言行等某些偶发因素而陷入品牌危机。既有的研究文献把品牌危机主要分为能力型品牌危机（企业的业务能力的缺乏导致产品或服务出现问题的危机）和道德型品牌危机（企业由于违反社会道德标准或价值观引发的危机）两大类。[①] 在媒介品牌中能力型品牌危机主要体现在假新闻、内容质量低劣、产品服务体验差等方面，道德型品牌危机主要体现在信息产品涉嫌抄袭、侵权、知名主持人生活作风不检点或言行不当等方面。这些危机爆发后，媒介组织如果处理不当将会导致品牌形象的崩溃，进而致使整个品牌毁灭。在传媒娱乐行业中，道德型品牌危机对媒介品牌的影响最大，同时也是品牌危机爆发的常见因素。2018年知名演员吴某某因私人生活作风问题，引起了社会的广泛关注，进而导致其参演的电影《情圣2》未能如期上映，同时他参演的多部电视剧和电视综艺节目均受到冲击。2019年知名演员赵某某因就日本侵华时期没有抢故宫文物的不当言论引发了诸多社会热议，这也使得由他参演的诸多电视剧和电视节目遭到查禁

---

① 韩冰，王良燕，余明阳．社会阶层与品牌危机类型对品牌评价及购买意愿的影响探究［J］．管理评论，2018（2）：212－221.

或抵制。这种由个人道德和社会价值观引发的危机使其所在的媒介组织及该媒介组织制作的品牌产品受到了巨大的名誉和经济损失，并且正日渐成为传媒业中的常态，为此媒介组织应加强对预防该方面危机的重视。

### （二）媒介品牌危机的管理目标

修复用户与品牌之间的关系是媒介组织在品牌危机管理中的核心目标。品牌危机产生的源头是外在因素导致了受众与品牌之间的信任出现裂痕。在进行品牌与用户关系修复时，利益策略与情感策略是两种有效的方式。有研究发现：在高品牌关系承诺当中，情感策略比利益策略引起的品牌关系再续意愿更强；在低品牌关系承诺当中，利益策略比情感策略引起的品牌关系再续意愿更强。① 媒介品牌作为特殊类别的品牌类型，传统媒介组织的公信力和影响力决定了它与用户之间的品牌关系处于高品牌承诺状态。因此在品牌危机发生时，媒介组织应积极采用诉诸情感的修复策略去引导媒体用户，再造品牌信任从而修复品牌关系。由于泛媒体环境的出现，诸多新媒体因成立时间短，主要从事商业化信息产品服务，加之公信力和影响力远不如传统媒体，因此其品牌与用户关系大多处于低品牌承诺状态。在品牌危机发生时，这些新媒体则可通过直接的利益策略来获得用户的信任，从而消除品牌与用户之间的隔阂，重拾品牌形象。

### （三）媒介品牌危机的管理流程

首先，善用自身媒介组织的传播渠道。新闻报道是企业组织处理公共关系时最重要的信息渠道，在危机公关时媒体的信息传播渠道尤为重要。在自媒体时代，媒介组织作为信息渠道的拥有者，虽然在信息渠道掌控及信息发布权等方面受到剧烈冲击，但相较于其他企业组织而言，它们仍有着较大的专业优势。在处理品牌危机时，媒介组织应借助相应的信息传播机制，针对品牌危机的原因以真诚的态度及时为媒体用户表达自身对危机处理的坚定决心，及时通报进展状况。在对媒体用户发布相应信息时，应遵循及时和客观的原则回应社会关切，而非以遮掩逃避责任或盛气凌人的态度进行所谓的“公关”，激发用户群体的逆反心理，导致次生舆情的发生。

其次，系统处理问题。媒介品牌危机的处理，关键还是需要落实到危机爆发原因的问题解决上。媒介组织应积极针对媒体用户所关注的主要问题进行处理，然后再审视产品或服务中是否存在其他隐患问题并给予解决。在处理问题的过程中，媒介组织还需要启动相应的追责程序，对问题产生的相应责任人进行追责处理，从而达到对外平息媒体用户情绪和对内警示的作用。

最后，弥补过错，取得用户谅解。媒介组织要消除用户群体与自身品牌的隔阂，除了解决问题外还需要获得用户的谅解。媒介组织获得用户谅解的前提是弥补自身的过错和赔偿用户的损失，即直接采用利益策略。赔偿用户的损失是品牌危机管理的必然选择，但赔偿的方式则需要根据不同情况做出不同的选择。为此选择一种双方都能够接受且成

---

① 李蔚，贺雅文，王虹．两类修复策略对品牌关系再续意愿的影响研究：品牌关系承诺的调节作用［J］．西南民族大学学报（人文社会科学版），2018（10）：129－133．

本最小的赔偿方式，需要媒介组织根据自身的产品状况和用户损失状况进行综合考量。此外，媒介组织除了直接的利益赔偿外，还需要重视对媒体用户的心理安慰，即情感策略。

### （四）媒介品牌危机的管理事项

在风险社会中，媒介品牌危机的产生日益常态化，为此媒介组织应建立一套品牌危机管理的预警机制。媒介品牌危机的预警机制应针对品牌危机产生的类型及原因进行设计，其预警系统涉及产品质量把关、市场环境监测、道德自律与监察。媒介组织在品牌预警时需要对市场环境和品牌产品进行监测与把关，就可能出现的危机状况以及概率作出预判，从而形成预警报告和对策报告。此外，媒介组织还应将品牌危机管理的流程和注意事项形成制度化设计。品牌危机管理的制度化设计有助于媒介组织在遭遇品牌危机时能够第一时间直接按照相应的制度和预案措施进行品牌关系修复，从而减少各种不必要的损失。

# 第四节 媒介品牌的延伸

媒介品牌要想进入成熟期，除了品牌的维护管理外还需要对其进行扩展管理，即品牌延伸。媒介品牌的延伸需要遵从一定的战略规划，可以从横向的数量拓展和纵向的种类扩展两方面来进行。

> 名词解释
>
> **品牌延伸**　在已经确立品牌地位的基础上，将原有品牌运用到新的产品或服务上，从而期望减少新产品进入市场的风险，以更少的营销成本获得更大的市场回报。[①]

## 一、关于媒介品牌延伸的认知

### （一）媒介品牌延伸的必要性

媒介的**品牌延伸**是媒介组织利用既有品牌资源进行自我发展的一种方式，是媒介组织适应市场竞争、提高媒介影响力的必要举措。

**1. 品牌发展的自身需求**

媒介组织的品牌发展在市场竞争中有着自身的演进逻辑，即利用既有毗邻传媒资源进行自我演进从而提升整体品牌实力。在复杂的市场经济系统中，单一的媒介品牌并不具有较强的市场竞争力，也不利于媒介组织的可持续发展。一个媒介品牌，是众多传媒资源的集合体，因此在该媒介品牌的周围有着诸多相近的可拓展延伸的传媒资源，这些资源将是媒介品牌进行自我延伸与发展的重要链接点。为此，媒介品牌在市场竞争中出于自身生存与发展的需要，通常会以周边的传媒资源为链接点进行延伸，通过集群化的方式存在以保障自身的稳定发展。

---

① 薛可．品牌扩张：路径与传播［M］．上海：复旦大学出版社，2008：138.

**2. 减缓市场竞争的压力**

市场竞争的压力是媒介品牌延伸的重要影响因素。在市场竞争日趋激烈的传媒生态中，媒介品牌的延伸是媒介组织的主要应对措施。新信息技术的发展使得媒介产品的品牌化建设成本大幅降低，媒介品牌竞争日益激烈。这一现象直接导致了单一化的品牌在媒介市场中丧失了竞争优势。基于品牌延伸而形成规模化和差异化的多品牌集群，能够帮助媒介组织有效地应对当下的市场竞争压力，分散市场风险，保障品牌市场占有率的提升，并实现利用最小的资源投入达成收益最大化的目标。

**3. 组织多元化战略的选择**

在信息大爆炸的移动互联网时代，受众的注意力以及兴趣呈现出多元化的特征。这一特征决定了单一的媒介品牌并不能满足既定受众群体的多元化信息需求。为此，媒介组织在市场竞争过程中必须采取多元化战略。品牌延伸是品牌多元化战略中成本较小的一个发展方向。通过既有的品牌资源延伸出相关的其他品牌产品，既可以扩充媒介组织的产品类别，丰富经营层面的多样性，从而适应媒介组织的长期战略发展规划，同时也可以满足受众的多元需求，维护品牌形象，并提升品牌使用的满意度和忠诚度。

### （二）创新力是媒介品牌延伸的关键

> **名词解释**
>
> **品牌创新**　企业根据市场的变化和消费者的需求偏好，对品牌内涵或形状重新进行设计，从而建立新品牌、新应用的管理活动。通过这种管理活动可以提升科技含量、服务质量，扩大市场，满足消费者新需求，并维持和发展品牌。

媒介组织在进行品牌延伸时，其实质是基于既有品牌的特性，借助其认知度和忠诚度来形成新的媒介产品品牌。因此，媒介组织的**品牌创新**能力是其品牌种类延伸的关键。

北京字节跳动科技有限公司作为一家互联网科技公司在传媒领域取得了优异的成绩，创办了诸多知名的媒介品牌。2012 年 8 月，字节跳动推出了第一款媒介产品“今日头条”，该产品是一款能够依据个性化智能进行内容推荐的新闻资讯分发产品。2016 年，推出了以年轻人为用户群体的可以拍短视频的音乐创意短视频社交软件“抖音”。同年又推出了西瓜视频（原名为头条视频），该产品立足于人工智能的算法推荐，定位是“个性化推荐短视频平台”。字节跳动在媒介产品品牌的拓展方面掌握了差异化发展的精髓，分别从新闻、音乐短视频、生活短视频各领域进行媒介品牌的打造，从而形成复合型媒介品牌矩阵，充分体现出较强的品牌创新能力。

媒介组织在进行品牌创新和延伸时可借助同一品牌内容进行跨媒介延伸，形成同一个超级 IP 的不同媒介内容，从而建构一个集合图书、电影、电视剧、戏剧等的多媒体产品集群。媒介组织可以通过跨界经营来实现不同行业间的品牌延伸。这种跨界经营的品牌创新能力可以在长影集团得到一定的体现。长影集团作为一家大型国有电影集团（前身为长春电影制片厂），拍摄了《皇帝梦》《瓮中捉鳖》《预防鼠疫》《刘三姐》等知名影片，在电影产业中形成了“长影”品牌。长影集团在媒介品牌的种类扩展方面，推出了长影世纪城（电影主题公园）、长影旧址博物馆（包括艺术馆、摄影棚展区、文化街区等）、长影电影院（高端艺术主题影院）、长影乐团（国家级交响乐团）等知名的媒介品牌。①

### （三）媒介品牌延伸的影响因素

品牌延伸作为企业组织多元化战略的选择，其影响因素包括品牌竞争力、延伸产品与母品牌的相似度、消费者品牌知识、市场外部环境、品牌管理能力等，这些因素共同构成品牌延伸的理论模型。② 传播学者薛可和余明阳在西方学者的三因子基本假设基础上，通过62个专家访谈样本分析指出了决定品牌延伸的因子主要是品牌强势度（美誉度、定位度、知名度等）、核心品牌与延伸品牌的相关性、品牌的环境因素（市场环境、企业营销能力）。③

综合上述观点可发现，媒介品牌的延伸有着诸多的限制条件，这一过程中涉及媒介组织、受众行为主体和品牌自身特性以及市场环境等外在影响因素。媒介组织层面的品牌延伸，其关键在于市场营销能力；受众层面的品牌延伸，其关键在于品牌知识储备；品牌自身层面的品牌延伸，其关键在于可延伸的传媒资源链接点的多与少和发展空间的大与小；市场环境层面的品牌延伸，其关键在于信息文化消费的习惯。在这些媒介品牌影响因素中，最关键的当属于媒介品牌自身特性。媒介组织进行媒介品牌延伸时，品牌延伸管理的营销能力是基于媒介品牌自身特性的发展空间展开的，同时受众的媒介品牌知识储备和信息文化消费习惯也受制于媒介品牌自身特性。为此，媒介组织在进行品牌延伸管理时，首先需要确认既有品牌的可延伸潜力，然后再在此基础上选择延伸策略和发展方向。

## 二、媒介品牌延伸的方式

媒介品牌的延伸主要分为横向延伸（品牌数量增加）和纵向延伸（品牌种类增加）两个发展方向。媒介组织可以通过产品复制、授权、并购等方式来实现品牌数量和种类的增加。

### （一）媒介品牌的复制

媒介组织在进行品牌横向延伸时，基于既有的传媒资源，以既有成功的媒介品牌产品为范例进行复制，创办相似的品牌，是一种成本相对较低的延伸方式。这一品牌延伸方式在人民日报社这一媒介组织的品牌矩阵中得到了直接体现。人民日报社是我国传统媒体中知名的媒介组织机构，目前已拥有约50个媒介品牌（见图10－6）。其中《人民日报》是其最知名的媒介品牌，人民日报社在进行品牌延伸时以《人民日报》为范例推出了以海外华人、华侨、港澳台同胞、中国在各国的留学生和工作人员，关心中国情况的各国朋友以及来华旅游、探亲、进行学术交流、从事经贸活动的各界人士作为目标受众

---

① 张翔．长影集团基于“长影”品牌的产业拓展研究［J］．电影文学，2019（3）：3－5．

② 邵一明．品牌延伸战略研究：基于企业多元化视角［M］．北京：经济管理出版社，2008：64．

③ 薛可，余明阳．品牌延伸：资产价值转移与理论模型创建［J］．南开管理评论，2003（3）：54－60．

的《人民日报海外版》和以西藏以及邻近省区内的藏族聚居地区为发行范围的《人民日报藏文版》。这种复制延伸，增加了其品牌数量。同时，人民日报社基于自身的媒体优势，在报刊品牌方面推出《中国汽车报》《中国能源报》《中国基金报》《中国经济周刊》《中国城市报》等报刊，均属于一种品牌复制方式。这种复制方式不仅增加了品牌的数量，还增加了品牌的种类。

图 10－6　2018 年人民日报社媒体品牌集中展示

在影视领域，北京若森数字科技有限公司是国内知名的影视企业品牌。该公司成立于 2003 年，通过三维影视技术的研发及内容制作，打造了《侠岚》、“画江湖”系列（不良人、杯莫停、换世门生、灵主）等知名动画品牌产品。尤其是在“画江湖”系列中，若森采用的品牌延伸策略就是典型的品牌复制策略。利用该策略，若森建构了一个庞大而多元的“江湖”影视系列，同时还推出了同名网络游戏和《风语咒》动画电影，丰富了自身品牌的种类，在一定程度上实现了品牌的自我创新。

### （二）媒介品牌的授权

**名词解释**

**品牌授权**　也称为品牌许可，是指品牌的法律载体也即商标拥有者，允许被授权者使用品牌的法律载体即商标，在一定的时间和地理范围内，生产销售某类产品或提供某种服务，并向商标拥有者支付授权费用的经营方式。[①]

**品牌授权**在影视行业和动漫产业是品牌延伸的一个普遍思路。这是因为品牌授权能为媒介组织带来包括降低产品开发的成本（由被授权商承担）、允许授权商以低投资获得高回报、为授权商的基础业务的波动提供保值措施、为授权商的潜在产品或服务提供额外曝光机会、让授权商更好地利用其广告支出在内的附加收益。[②] 影视行业和动漫产业在延伸价值链时，通常会将既有的内容品牌授权给下游的其他企业组织用以创作玩具、主题公园以及文创产品等，这种品牌授权方式不仅能提高自身品牌的经济效益，同时也能拓展其社会效益。例如，美国的迪士尼公司通过米老鼠系列、公主系列、星球大战系列等的卡通和影视形象玩具、文创产品以及主题公园的授权，将其品牌形象延伸到了广大受众群体的日常生活之中，不仅丰富了品牌种类还强化了品牌在受众中的形象，成为人们生活中固定的组成部分。

---

① 蔡晴蕾．网络新媒体时代中国动漫品牌授权发展策略研究［J］．管理观察，2018（21）：65－66.

② 赛丹杰，巴特斯比．品牌授权原理：授权商版［M］．朱晓梅，吴尘，译．北京：清华大学出版社，2017：26.

### （三）媒介品牌的并购

媒介组织并购是产业发展中的一个常态，其核心业务目标之一是媒介品牌的并购。品牌并购的主要目的是避免同类品牌间的过度竞争，即保护既有品牌的市场份额（避免侵权）。媒介产品的生产同其他产品一样也存在着诸多借鉴模仿的地方，尤其是在技术发展程度不同的区域或国家之间。字节跳动的抖音在上线初期，因在功能、设计以及定位等诸方面均与国外的 Musical. ly 有着很大的重合度，受到诸多关于抄袭的质疑。为此，2017 年 11 月 10 日，字节跳动以 10 亿美元的高价收购了 Musical. ly 并将其与抖音合并。字节跳动的这种品牌并购行为，其目的之一就在于希望通过资本的并购，来保护既有品牌的市场份额，同时避免来自双方的侵权行为以及过度竞争所造成的两败俱伤结局。

媒介品牌的并购行为还能促使媒介组织利用资本来提升品牌效率，避免重复研发相似类型的品牌。在西方媒介产业发展中，市场化竞争导致了媒介组织进行并购，从而形成超大传媒集团。例如美国的迪士尼曾在媒体渠道方面并购了美国广播公司（ABC）和娱乐与体育节目电视网（ESPN），在内容方面并购了皮克斯动画、漫威漫画和卢卡斯影业（“星球大战”系列）。在当下的传媒生态环境中，传统媒介组织有着较好的资本积累，面对新媒体技术和新消费需求的挑战，品牌延伸的一个重要策略就是并购新媒体品牌。例如以编辑出版、印刷发行、物资供应等传统出版业务为核心的中文天地出版传媒集团股份有限公司于 2015 年收购了以游戏运营为核心的北京智明星通科技股份有限公司。浙报传媒控股集团有限公司并购了新兴互联网媒体企业杭州边锋和上海浩方电子，并成功吸纳了它们旗下的棋牌游戏、桌面游戏以及电子竞技品牌。

## 三、媒介品牌延伸的注意事项

戴维·阿克指出，品牌延伸会出现五种不同程度的结果：品牌名称有助于延伸的好结果；延伸能强化核心品牌的更好结果；品牌名称无助于延伸的较差结果；品牌名称受到损害的非常差结果；丧失创建新品牌机会的极差结果。媒介组织在进行品牌延伸时，面对市场竞争中的不确定性，同样会出现这些不同的结果。整体而言，品牌延伸有两个不同的发展方向，即推动了媒介品牌的延伸和损害了既有媒介品牌的形象。媒介组织若没有掌握好品牌延伸的关键发展方向，就容易导致媒体用户在新旧品牌之间存在品牌认知失调，从而产生品牌形象冲突，更甚者会出现多米诺骨牌效应的大败局。

因此，在进行媒介品牌延伸管理时，一方面，媒介组织需要做好前期的整体战略规划。媒介品牌延伸的战略规划制定应基于媒介组织既有的传媒资源、品牌特点以及整体发展方向。另一方面，媒介组织应针对既有品牌特性制定切实可行的品牌延伸方案。品牌延伸方案的可行性论证是媒介组织进行决策时应该给予重视的，其关乎整体既有品牌是更进一步提升形象还是形象受损。

总之，媒介品牌管理关乎媒介的品牌形象和品牌价值，对此必须精心建立和维护，并通过科学的方式方法加以扩展和延伸，极力避免对品牌造成损害，以保持品牌长久不衰并不断增值。

## 本章小结

1. 品牌是企业在受众群体心里建立有别于其他同类产品或服务印象的集名称、术语、设计、符号于一体的抽象化复杂系统。媒体品牌作为品牌类型中的一个类别，它是能够给拥有者和受众带来溢价、产生增值的一种无形资产，它的载体是用以和其他竞争媒体的产品相区分的名称、术语、象征、记号或设计及其组合，增值的源泉来自消费者心智中形成的关于其载体的印象。

2. 媒介品牌的作用：品牌本身是品质的代名词，在此基础上媒介品牌的拥有意味着媒介组织有着较大的产品溢价能力。媒介品牌的建立，能够有效地吸引受众在众多同类媒介产品中选择出优势品牌的产品进行信息消费。随着品牌影响力的提升，媒介产品的消费者数量就越大，消费者的效用也就越大。

3. 品牌是媒介组织的一种社会资本，故而媒体品牌是媒体社会资本尤其是认知型社会资本的集中化，是媒体与其利益关系者之间所建立的认同、互惠、互信关系的形象化，如果在市场交换的过程中，则是社会资本的商业化。

4. 媒介品牌资产是指一系列与媒介品牌名称和标志相关的资产（或负债），它能够增加（或减少）产品或服务带给媒介或媒介受众的价值。媒介品牌资产是由品牌忠诚度、品牌知名度、品质认知度、品牌联想以及其他品牌资产构成的。媒介品牌资产的管理流程主要涉及制定品牌愿景、制定品牌图景、制定品牌资产管理战略、支持品牌资产管理的文化四个主要阶段。

5. 媒介组织在进行媒介品牌建构时离不开产品本身与营销这两个维度，媒介产品是以产品质量为核心，而营销则以叙事为核心。

6. 媒介品牌的建立是一个复杂的系统性活动，既涉及品牌的名称、标识、标语等主体要素，也涉及产品和营销等环节。在建立媒介品牌时，媒介组织可以通过感官层维度、心理层维度以及技术层维度来提高品牌建设的效率。

7. 品牌和产品一样有着生命周期，媒介组织在建立品牌之后还须对之后的品牌发展进行维护与管理。媒体品牌的发展经历了出生（媒体品牌创立）、发育（媒体品牌传播）、繁殖（媒体品牌延伸）、衰亡（媒体品牌衰落）这样一个生命周期。在媒介品牌发展的不同阶段要采取不同的品牌维护方法。

8. 媒介品牌在发展过程中面对不确定的市场风险往往会因为产品质量、品牌代言人、员工言行等某些偶发因素而陷入品牌危机。品牌危机主要分为能力型品牌危机（企业的业务能力的缺乏导致产品或服务出现问题的危机）和道德型品牌危机（企业由于违反社会道德标准或价值观引发的危机）两大类。在媒介品牌危机管理中，媒介要善用自身媒介组织的传播渠道，学会系统处理问题，弥补过错，取得用户谅解。媒介组织应建立一套品牌危机管理的预警机制，还应将品牌危机管理的流程和注意事项形成制度化设计，从而减少各种不必要的损失。

9. 品牌延伸是指在已经确立品牌地位的基础上，将原有品牌运用到新的产品或服务上，从而期望减少新产品进入市场的风险，以更少的营销成本获得更大的市场回报。媒介组织在进行品牌延伸时，其实质是基于既有品牌的特性，借助其认知度和忠诚度来形成新的媒介产品品牌。因此，媒介组织的品牌创新能力是其品牌种类延伸的关键。品牌延伸作为企业组织多元化战略的选择，其影响因素包括品牌竞争力、延伸产品与母品牌的相似度、消费者品牌知识、市场外部环境、品牌管理能力等，这些因素共同构成品牌延伸的理论模型。

## 复习思考题

1. 如何识别和确立媒介品牌定位？
2. 简论媒介品牌与社会资本之间的关系。
3. 在建立品牌时，媒介组织如何提高品牌建设的效率？
4. 当某种品牌出现危机时，如何科学应对？
5. 你认为当前媒介品牌管理还存在哪些问题？需要哪些方面的改革？

第三编

# 媒介组织运营的管理保障

第三编是“媒介经营与管理”的管理保障部分，包括第十一章（媒介组织人力资源管理）和第十二章（媒介组织财务管理），它们是媒介组织运营的基础性前提。甚至可以这样说，没有人力资源和财务保障，媒介组织根本无法运营。人力资源是媒介组织的第一资源；财务是媒介组织运营的物质基础。

第十一章

# 媒介组织人力资源管理

1835 年，卡尔·贝塔斯曼在德国北莱茵-威斯特法伦州的居特斯洛创办了贝塔斯曼出版社，如今它已经成为一家著名的跨国集团公司，涉及媒体、服务、教育、投资等行业，业务遍及 50 多个国家和地区，集团旗下包括广播公司 RTL 集团、图书出版商企鹅兰登书屋（Penguin Random House）、杂志出版商 Gruner ＋ Jahr、音乐公司 BMG、服务提供商 Arvato、贝塔斯曼印刷集团（Bertelsmann Printing Group）、贝塔斯曼教育集团（Bertelsmann Education Group），以及国际基金网络贝塔斯曼投资公司（Bertelsmann Investments）。集团现有员工约 12 万人，2021 年营业收入 187 亿欧元（约 1 350 亿元），集团利润达到了 23 亿欧元。贝塔斯曼虽然没有跻身世界 500 强榜单，但是名列美国《财富》杂志“全球最受尊敬公司”榜单（2017）。追求卓越的贝塔斯曼在各个业务领域都处于领先地位：图书出版居全球第一，杂志出版居欧洲第一、世界第二，音乐产品零售居世界第一，电视广播业务居欧洲第一……这些成绩的取得自然离不开集团公司正确的战略决策和全体员工的努力和付出。而人力资源管理在贝塔斯曼集团中发挥了重要作用和价值，从人才招聘到员工的培训与开发、人才选拔、绩效考核、员工激励各个环节，贝塔斯曼集团形成了一个完善的人力资源管理体系，这为企业的长期发展提供了源源不断的能量。

从贝塔斯曼集团上述发展历程可以看出，人力资源管理在其发展过程中起到了重要作用。传媒行业是一个人才密集型行业，人才是核心资源，媒介竞争归根到底是媒介人才的竞争。因此对于媒介组织而言，加强人力资源的开发、培养优质人才，创新人力资源管理模式，有利于提升自身的竞争力。那么如何确定工作职责，如何招聘、选拔、培训并留住人才，对人力资源如何考评，绩效和薪酬如何确定，如何维护和谐的劳动关系，诸如此类问题正是本章所要探讨的内容。

**学习目标:**

阅读和学习本章后，你应该能够：

1. 了解人力资源管理及其主要任务。
2. 掌握媒介人力资源的特点及管理的主要原则。
3. 了解媒介人力资源的岗位职责。
4. 了解媒介人力资源的招聘和录用程序。

5. 了解媒介人力资源培训的类别和主要内容。
6. 了解媒介人力资源绩效考评的主要方法。
7. 掌握媒介采编人员的绩效考核方式。
8. 掌握媒介人力资源薪酬的构成要素及模式。
9. 理解媒介组织的劳动关系管理。

## 第一节　人力资源管理是媒介第一资源

媒介人力资源是媒介生产过程中的主体，对于一家传媒企业的发展来说，人力资源管理至关重要。本节先介绍一般意义上人力资源管理的概念及其主要任务，然后讲解媒介人力资源的类型及特点，最后分析当前我国媒介人力资源管理的现状。

名词解释

**人力资源管理**　指运用现代化的科学方法，对与一定物力相结合的人力进行合理的培训、组织与调配，使人力、物力经常保持最佳比例，同时对人的思想、心理和行为进行恰当的诱导、控制和协调，充分发挥人的主观能动性，使人尽其才、事得其人、人事相宜，以实现组织目标。①

### 一、人力资源管理及其主要任务

**人力资源管理**由传统的人事管理发展而来，将人力资源视为企业生存与发展的关键资源和资产，以人为中心，管理目的在于促进组织和员工利益的共同实现。人力资源的管理与财务管理、市场营销管理等方面的管理结合起来，对企业的生存发展起重要作用。

在企业的实践过程中，人力资源管理主要有四项功能："选、育、用、留"。"选"即为企业选拔合格的人力资源；"育"即不断培育员工，提升其工作能力；"用"即最大限度使用现有的人力资源，为企业创造价值；"留"即用各种办法将优秀的人力资源保留在企业中。具体而言，人力资源管理的主要任务可以归纳为以下七个方面。②

第一，人力资源规划。对组织在一定时期内的人力资源需求和供给做出预测。

第二，工作分析。清晰界定组织内各职位所要从事的工作内容和承担的工作职责，并确定各职位所要求的任职资格和素质等，工作分析的结果一般体现为职位说明书。

第三，招聘录用。包括招聘和录用两部分，即通过各种途径发布招聘信息，吸引招聘者，并从招聘者中挑选出符合要求的人选。

第四，绩效管理。根据既定的目标对员工的工作结果做出评价，发现其中存在的问

① 张德. 人力资源开发与管理［M］. 北京：清华大学出版社，2001：4.
② 董克用，叶向峰. 人力资源管理概论［M］. 北京：中国人民大学出版社，2003：35－36.

题并加以改进，包括制订绩效计划、进行绩效考核以及实施绩效沟通等活动。

第五，薪酬管理。包括确定薪酬的结构和水平，实施工作评价，制定福利和其他待遇的标准，以及进行薪酬的测算和发放等。

第六，培训开发。包括建立培训体系，确定培训的需求和计划，组织实施培训，并对培训结果进行总结反馈等。

第七，员工关系管理。除了协调劳动关系、进行企业文化建设、营造良好的人际关系和工作氛围外，还要对员工的职业生涯进行设计和管理。

## 二、媒介组织人力资源的类型及特点

> **名词解释**
>
> **媒介组织人力资源**　是指媒介组织在生产、经营过程中所投入的人的生产、经营能力，也就是人在媒介组织生产经营活动中所运用的体力和脑力的总和。

**媒介组织人力资源**大致包含几大类型：一是传播业务人才，主要指从事特定传播工作的策划、编辑、记者、播音员、节目主持人、导演、编剧等人员，也就是媒体生产活动的主要参与者；二是经营管理人员，即对传媒市场有一定认识，熟悉生产、经营流程的经营管理人员；三是专业技术人员，即为传播工作提供专业技术支持的人员，如印刷、制版、灯光、舞美、化装人员以及传输、发射节目信号的工程技术人员等；四是市场营销人员，指报刊发行人员、节目营销人员、市场活动策划人员等。此外，还包括从事后勤、行政等保障性工作的其他相关人员。①

媒介组织人力资源是媒介生产过程中的主体，既具有一般人力资源所具有的自主性、差异性、发展性等特点，即每个人力资源都是具有自主意识和独立精神的个体，个性、能力有所差异且各有所长，也因为媒介生产劳动的特质而又具有自身的特点。媒介组织人力资源的特点，具体如下：

第一，受教育程度和综合素质较高。媒介产业的劳动并非简单或标准化的劳动，而是需要媒介从业者发挥智慧和创造性的劳动。由于文化的模糊性、非标准性，媒介产品涉及领域广泛，内容多样，因此不需要媒介从业者具备某方面较为高深的专业性知识和技能，而是更需要受教育程度较高的高素质知识型劳动者，尤其是拥有不同学科背景的人才，这属于一种通用型的人力资本。而新媒体的崛起，使媒介产业和格局发生巨变，对媒体人的能力结构提出新的要求，如今的媒介行业招聘越来越青睐跨学科复合型人才。

第二，个体独立性较强。媒介劳动虽然不乏团队协作的工作，但其中一部分人可以独立完成工作，例如采访、撰稿、摄像等。即便像节目主持这类工作需要团队配合，但在谈话节目中，主持人是节目的核心，主持过程中的提问、引导等工作都是主持人单独完成的，因此其工作也具有相对的独立性。这类独立性高的工作往往也可以较快地提升个人价值，因此不少媒体中出现了“名记者”“名主持”“名编辑”“名策划”“名导演”等。

第三，人员流动性较强。如前所述，媒介人才是一种通用型人力资本，且独立性较

① 肖叶飞．传媒经营与管理［M］．合肥：中国科学技术大学出版社，2016：187.

强，因此媒介行业的人力资源流动性较强。我国的媒体存在着多种结构和形式：既有党报、党刊、党台等时政类媒体，也有都市化、市场化媒体；既有《人民日报》、新华社等国有大型主流媒体，也有腾讯、百度、抖音、新浪等新型民营媒体。在不同地区、不同属性的媒体中，因为收入待遇、工作环境等有很大差异，媒体人才频繁流动。在流动去向上，以往的媒体人才离职以横向流动居多，即由欠发达地区向发达地区媒体流动多。而随着新媒体的兴起，媒体人才流动呈现由传统媒体向新媒体流动的新特点。一些媒体精英接受高薪邀请，奔赴互联网公司成为一种现象，还有不少媒体人直接离开媒体，利用在媒体的从业经验和人脉自主创业。

第四，政治敏感性高。由于新闻传播工作对社会影响巨大，因此其责任重大，对于媒介从业者的政治素养和道德素养都有较高的要求。

上述特点决定了媒介组织人力资源管理的难度和复杂性要高于一般组织的人力资源管理。因此，我们在从事媒介组织的人力资源管理过程中必须充分尊重这些特点，做好媒介组织人力资源工作。

## 三、我国的媒介组织人力资源管理

由于传媒行业是一个人才密集型行业，因此在知识经济的背景下，媒介竞争归根到底是人才的竞争。媒介组织为媒介从业者提供发展平台，促进其潜能发挥和自我实现。与此同时，人才的创造力也成为媒介组织的财富，帮助媒介组织实现可持续发展，使媒介组织在日益激烈的市场竞争中更具有竞争力。因此媒介组织人力资源管理即媒介人力资源管理尤为重要，它直接影响着媒介组织的生存与发展。

### （一）媒介人力资源管理的原则①

**1. 量才适用原则**

媒介内部不同的岗位有不同的要求和能级水平，而每个人的能力不同，要将“合适的人”放在合适的岗位上，让一个人的工作能力与岗位相符合，才能调动其积极性和创造性，发挥其才智，力求取得最佳经济效益和社会效益，避免“大材小用”或“小材大用”。

**2. 优势互补原则**

由于人才具有差异性，每个人都有自己的优劣势，因此人力资源管理需要注意媒介人才的互补效应，实现媒介人力资源的结构优化。如今不少媒体不再局限于招聘新闻传播专业出身的人员，而是更倾向于招聘各种不同专业背景的人才，这样有利于在媒介人才队伍中形成年龄、知识、技能、个性甚至性格等方面的互补，完善人才结构，从而提高媒介组织的竞争力。

**3. 动态管理原则**

人的成长需要一个过程，而媒介行业环境和岗位要求也在不断变化，因此要用发展

---

① 向志强，刘社瑞，吴高福. 媒介产业核心竞争力与媒介人力资源管理[M]. 长沙：湖南文艺出版社，2008：146. 陆桂生，邹迎九. 媒介管理通论[M]. 上海：复旦大学出版社，2008：62.

的眼光看待媒介人才，创造宽松的环境，允许媒介人才的合理流动，让他们在不同岗位上实践，观察、考核每个人的发展潜力，提供各种进修、培训的机会，以利于员工进行知识更新，避免“一岗定终身”。

**4. 奖惩并举原则**

赏罚分明是人力资源管理中卓有成效的一种手段。对工作优秀的员工给予奖励，激发其斗志，对违纪失职的员工给予惩罚，鞭策他们更加认真对待工作，避免再犯，这样才能使媒介组织保持活力和创造力。此外，如前面所说，媒介人力资源的劳动具有创造性和能动性，从事此类工作的人个人价值提升较快，具有较强的流动性，要留住人才，也需要合理完善的激励机制。因此，在媒介人力资源管理中需要建立完善科学的激励机制和约束机制，并在执行中坚持公平公正公开的原则，才能持续保持媒介人才的积极性和创造性。

### （二）媒介的人才需求

如今，每年有大量的新闻传播专业毕业生，为媒介产业培养了大量人才。但实际上，庞大的媒介人才数量与媒介劳动力市场上的人才需求存在结构性矛盾。一方面，从需求端看，体制改革与转型促使越来越多的媒介组织实现市场化转型，加之新媒体的兴起对传统媒体的挑战，使媒介组织对于媒介专业人才、传播技术人才、管理型人才、营销型人才特别是复合型人才的需求量大增，与此同时，每年传统媒体的人才流失现象还在持续；另一方面，从供给端看，高校的新闻传播人才教育和培养与媒介劳动力市场对人才实际的需求仍存在一定的偏差，高校新闻传播专业的课程设置及培养模式与媒介实践脱节较为严重，应届毕业生中能符合复合型人才需求的人较少。因此，当下媒体仍存在较大的人才缺口。

目前媒介对于人才的需求呈现以下两大特点：一是全媒体人才紧俏。在当下的传媒人才招聘市场中，除了原生的互联网企业，转型中的传统媒体和传播行业人才增量几乎都向新媒体岗位倾斜，人才需求新媒体化。随着媒体融合的推进，传统主流媒体对新闻传播和相关专业人才的总体需求面临萎缩态势，媒介产业既需要内容人才，更需要技术、营销、市场和产品等方面的复合型人才。在采编方面，既掌握传统新闻采写编评等基本能力和图片、视频编辑处理能力，擅长融媒体形式的内容产品生产，又熟悉各种渠道特性，兼具一定的编程、运营能力的“一专多能”全媒体人才越来越紧俏，备受各类媒体青睐。以报社为例，随着“报网融合”“数字优先”等全媒体战略的实施，报业的新媒体岗位从网站编辑扩增到视频制作师、社交媒体编辑、客户端编辑、数据分析师、视觉设计师等。全媒体生产使新媒体岗位员工工作量大增，其不仅要完成日常采编任务，还要制作多媒体产品、维护用户关系、开拓市场运营，身兼内容和运营数职。这对我们的人才培养提出了更高的要求。二是技术型人才需求上升。在新媒介技术迸发的时代，大数据分析、云计算、人工智能、元宇宙、区块链等技术都对媒体的全媒体内容生产与分发产生了重要作用，例如数据新闻、可视化新闻等新闻产品的增长需要掌握数据分析和编程能力的人才来支撑。因此，不论是新媒体企业还是传统媒体单位，对于开发工程师、编程人才等技术型人才的需求都在上升。总体而言，相较于新兴的互联网媒体自带的技术基因，传统媒体的人才结构中技术人才占比较低，在技术方面相对没有优势。

## （三）当前我国媒介人力资源管理存在的主要问题

### 1. 同工不同酬、等级固化等限制了媒介人力资源的活力

在媒体转企改制的过程中，由于新用人机制的建立，在一些媒体内部开始出现了“老人”和“新人”等不同分配机制的差异，这在一定程度上造成了“同工不同酬”的不合理分配现象。例如，一家电视台往往有编制内正式员工、电视台聘、频道聘、栏目聘和临时工等不同用人机制。老员工拥有较多的经验，能够按照制度享受媒体编制内的待遇，但新人普遍采用的是劳动聘用制度。这就导致新人无法享受原有编制内的一些福利，甚至部分实习生只有餐补等补助性工资，连基本的底薪都没有。在如今媒体融合的大背景下，社会对于媒体从业者的要求越来越高，这样的歧视性福利待遇政策很容易造成传统媒体内部人才的流失，对外界的新媒体人才也没有任何吸引力。

### 2. 新媒体冲击下传统媒体人力资源流失

近些年快速崛起的新媒体，凭借相对灵活的用人机制和广阔的发展空间吸引了大量媒体人才，使传统媒介组织面临着人才流失的严峻挑战。从实践来看，除了效益较好的一些中央主流媒体之外，绝大多数体制内的媒体已经没有了之前强大的人才吸引力，优秀人才进一步向实力强劲的互联网平台汇集。即使像中央电视台这样效益较好的传统媒体也面临人才流失的风险，比如马东、张泉灵等著名主持人纷纷入职互联网新媒体或者进行新媒体创业。

相关调查显示，相对于传统媒体而言，新媒体对员工的吸引力是全方位的，传统媒体员工转至新媒体后的工作满意度显著提高：员工不仅对新媒体薪资、工作条件、同事关系等外在保障因素的满意度高于传统媒体，而且对新媒体晋升、能力、责任、成就等内在激励因素的满意度也高于传统媒体。这与新媒体工作相对传统媒体所表现出的众多优势相一致：从薪资来看，多样化的资金来源与较小的人事包袱，可以保障在新媒体工作获得较高的工资水平；从晋升上看，不再那么论资排辈，个人能力更容易得到认可；从职业前景上看，新媒体正处于成长期，员工可随其一起成长，收获更多的成就与更大的满足感。①

### 3. 媒体融合时代复合型人才紧缺

随着融媒体传播成为一种大趋势，对于复合型传播人才的要求越来越强烈，“复合型人才”“全媒体人才”是近年来传媒业的焦点词汇。传媒行业与其他行业的不同点在于，每个岗位的人才不仅仅负责本岗位的职责，通常情况下都是各个领域都有涉猎的，尤其是采编和编辑岗位，往往要求编辑具备基本的写作能力，还能熟练使用“两微一端”以及其他新媒体平台等社交媒体，对于社交媒体的基本运营模式有一定了解，并且可以对用户的评论和浏览量进行数据分析，在此基础上做出相应的工作调整。

但目前传统媒体的人力资源结构与转型目标的人才需求结构有一定的差距，既缺少

---

① 丁汉青，王军，刘影．传媒业转型员工转型前后工作满意度对比研究［J］．现代传播，2016（2）：36－43.

能够承担新媒体功能开发的技术研发和运维人才，也缺少能够创新运用新型传播手段的全媒体传播人才和能够分析受众需求、擅长产品推广的运营人才，很多新媒体业务存在“无人可用”的局面。

**4. 传统媒体人对新媒体存在一定的抵触心理**

在媒体融合背景下，传统媒体需要由传统的单一内容和手段的输出转变成碎片化信息和多媒体平台的输出，而这种内容和输出手段的改变对于传统媒体人来说是很突然的，他们还需要一段较长的时间来接受这个转变。随着信息传播速度加快、公众获取信息手段增多，传统媒体从业人员要想拿到第一手资源并且以最快的速度传递出去，就需要具备更强的信息整合能力，这在一定程度上增加了媒体从业人员的工作量，导致很多人经常处于疲惫的状态，在高强度的工作压力之下，多数媒体人经常会觉得不适，甚至更愿意延续传统的工作方式。

另外，目前传统媒体的工作环境是跟不上时代发展步伐的，加之新媒体的巨大冲击，面对频频的裁员现象，传统媒体人很容易产生转行的心理，进而对目前的工作也存在懈怠心理。

### （四）媒介人力资源管理的思路

当前，在媒体竞争激烈的外部环境与人才流失的内部困局面前，传统媒体需要转变观念，对当前的人力资源管理制度进行改革，建立和完善合理的用人机制，树立人力资源第一的战略观念，提高媒介人力资源管理水平。具体而言，需要做到以下几个方面：

**1. 转变观念，树立正确的人才观**

随着体制改革与转型，我国不少传统媒体都建立了现代企业制度，但由于长期以来受事业单位属性的影响，有的媒体只是从形式上做出改变，实际上在人力资源管理制度上仍保留着老方法。在观念层面，目前不少传统媒体管理层仍然缺乏解决人才困局的决心和手段，有的认为传统媒体并不需要太多技术人才，有的认为受制于薪酬制度无法吸引人才是正常的。因此，对于传统媒体而言，破解人才困局首先要观念先行，树立符合时代需求的全媒体人才观，然后才有可能努力落实各种与之相对应的具体举措。①

**2. 转变职能，实现人力资源管理的科学化**

现代人力资源管理需要借助现代化的管理手段和方法，包括制定人力资源管理策略，搭建人力资源管理体系，实施人力资源战略规划，使人力资源策略得到落实；还要完善绩效评价办法，建立科学的评价体系，科学选人、育人、用人、留人。目前，针对固化的体制，媒体需要从制度入手，深化人力资源管理制度改革，破除传统编制壁垒。“对人的管理”需打破编制内外的身份界限，实行全员合同聘用制，由合同规定双方的权利、责任和利益，真正落实“同工同酬”，体现薪资制度的公平性。比如，有的中央主要新闻单位针对影响队伍稳定的体制内外“身份”管理以及用人“双轨制”问题，已经开展采、

---

① 韩晓宁，耿晓梦. 树立全媒体人才观，破解人才困局［J］. 青年记者：2020（15）：13－14.

编、播、管岗位人事管理制度改革试点工作。比如，新华社积极探索建立事业体制稳定性与市场机制灵活性有机结合的新的人事管理体制。合并前的中央电视台已于 2017 年底前，在用工体制上实现了初步的改革，完成了由过去"企聘"（劳务派遣）员工向"台聘"员工的转变，过去的部分"台聘"员工也获得了"事业编制"。

**3. 加强激励，将人力资源转化为人力资本**

在日益激烈的媒体竞争中，人才尤为重要。媒体在深化现有制度改革之外，也需要创新用人机制，加强激励，完善好各类人才制度的配套管理办法，如建立优秀人才储备库机制及相应的激励计划等。唯有如此，才能吸引并留住人才，激发人才的积极性和创造性，进而将人力资源转化为媒介组织的人力资本，增加组织的人力资本存量，增强自身的市场竞争力。

针对人才流失、现有人才活力不足以及关键人才结构性缺失等难题，媒体可以建立有利于"存量"人才激活与"增量"人才引进相结合、人才转型与人才培养并重的人才质量提升机制。[①] 一方面，要创新人才培养方式，加强人才培训，丰富媒体从业者的成长路径，鼓励内部创业，推动内部人才转型。例如，新华社全面推行专业技术人员业务阶梯制度，与现行职称评聘体系互为补充，分 13 个业务阶梯，并设立"首席编辑""首席记者"；实施拔尖人才培训计划，创新人力资源使用机制，推动更多优秀人才脱颖而出，专业人才上升通道和成长空间更加广阔。另一方面，要创新人才引入方式，通过设置特殊岗位或投资设立公司，以市场化手段引来并留住外来人才。例如，浙江日报报业集团的"传媒梦工场"在创立之初就设置了总工程师这一职位，由高级技术人才担任。2016 年深圳报业集团以百万年薪引进首席技术官，并授权其组建团队，形成了规模三十人左右的技术团队。这些创新性技术团队都在传媒组织的媒体融合发展中发挥着先导性、开拓性作用。

> **名词解释**
>
> **人力资源规划** 组织根据自身的人力资源战略目标、组织内外的环境条件变化，对未来的人力资源需求和供给情况进行分析评估，对人力资源的获取、配置、保护等各个环节进行职能性策划，以确保组织在需要的时间和需要的岗位上获取必需的人力资源，保证事得其人、人尽其才、才尽其用。
>
> **媒介人力资源规划** 媒介组织结合自身发展需要和内外环境变化状况，运用科学的方法对未来的媒介人力资源供需状况进行分析预估，相应地在人员选拔、人员配置、人员培训、人员激励等方面所制订的人力资源管理计划。

## 第二节 媒介人力资源规划与招聘培养

媒介组织对人力资源的规划与招聘需求，可以反映出这个组织的发展思路与未来的战略布局。一旦媒介组织明确了自己的总体发展战略规划，就可以制订出相应的职位空缺计划，并通过人才招聘与录用寻找合适人员填补岗位空缺。

① 韩晓宁，耿晓梦．树立全媒体人才观，破解人才困局［J］．青年记者，2020（15）：13－14．

## 一、媒介人力资源规划概述

任何企业或组织都需要根据自己的发展战略制定**人力资源规划**，媒介组织亦是如此。**媒介人力资源规划**的实质是在组织发展方向和经验目标既定的前提下所进行的人力资源计划管理。

一个媒介组织对人力资源的规划与招聘需求，也可以反映这个组织未来的战略布局。例如，北京字节跳动科技有限公司作为一家以算法著称的互联网科技公司，其招聘的一大主力仍是负责研发的技术人才（见图 11－1）。排在研发岗之后的则是运营岗和产品岗：运营岗主要服务于字节跳动为人所熟知的短视频和资讯类的内容属性产品，但是单从产品相关岗位的招聘力度来看，公司的战略方向也隐藏其中。

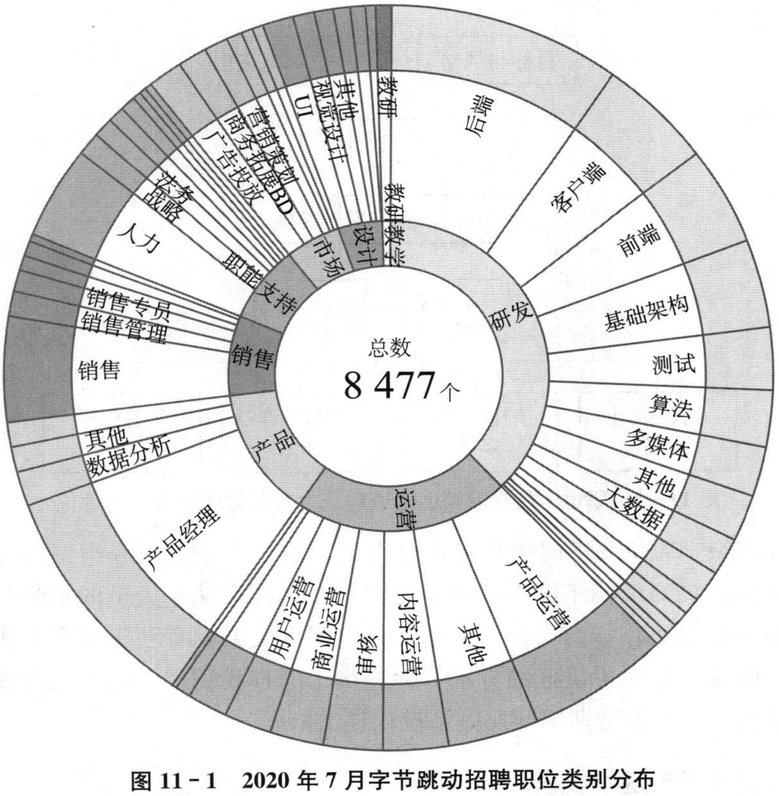


**图 11－1　2020 年 7 月字节跳动招聘职位类别分布**

注：统计不包含在海外招聘的岗位。

资料来源：字节跳动官网。

近年来，媒体的深度融合、传媒集团内部媒体战略定位的调整，都在重塑整个传媒业态，对人才岗位的变化形成重大影响。而新媒体的巨大冲击力，也在倒逼传统媒体进行人力资源特别是人才结构的调整，在媒介组织中技术、运营乃至数据分析等专业人才的需求比例逐步上升。

## 二、媒介人力资源的职位分析

> **名词解释**
>
> **职位分析** 也称为工作分析或职务分析，是应用系统方法，收集、分析、确定组织中职位的定位、目标、工作内容、职责权限、工作关系、业绩标准、人员要求等基本因素的过程。

### （一）职位分析的作用

**职位分析**的主要成果是形成职位说明书及职位分析报告，这是人力资源管理的基石。作为人力资源管理的一项核心基础职能，职位分析可以从整体上协调组织内各种不同员工角色的关系，避免工作重叠、劳动重复，提高个人和部门的工作效率及和谐性，奠定组织设计和工作设计的基础，为人力资源规划、员工能力模型、考核薪酬、培训开发等人力资源职能管理提供参考依据（见图 11－2 和图 11－3）。①

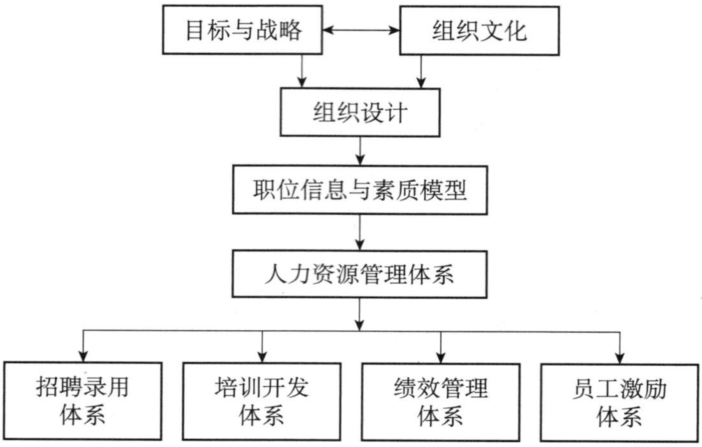


**图 11－2 职位分析在战略、组织和人力资源管理体系中的地位**

对于媒介组织，职位分析同样具有重要作用：（1）为确定媒介组织的人力资源需求和规划提供依据；（2）明确不同岗位的具体要求，为媒体从业人员的招聘与配置提供方向；（3）为员工提供工作指南，协调不同工作之间的关系，有利于提高工作效率，促进合理的晋升、调动；（4）提供业绩标准，促进员工的自我管理，也为人力资源部门的绩效管理提供依据；（5）为培训与开发体系设计提供依据。

### （二）职位分析的基本要求

媒介人力资源的职位分析有以下基本要求：

第一，媒介人力资源的职位分析必须与媒介组织经营的目标相一致。经营的目标是组织在一定时期内经营的方向与计划，而职位分析需以经营目标为基础，是以实现媒介组织的经营目标为出发点而进行的。

第二，媒介人力资源的职位分析必须与媒介组织的发展阶段和发展水平相一致。职

---

① 彭剑珒．人力资源管理概论［M］．上海：复旦大学出版社，2003：106－109．

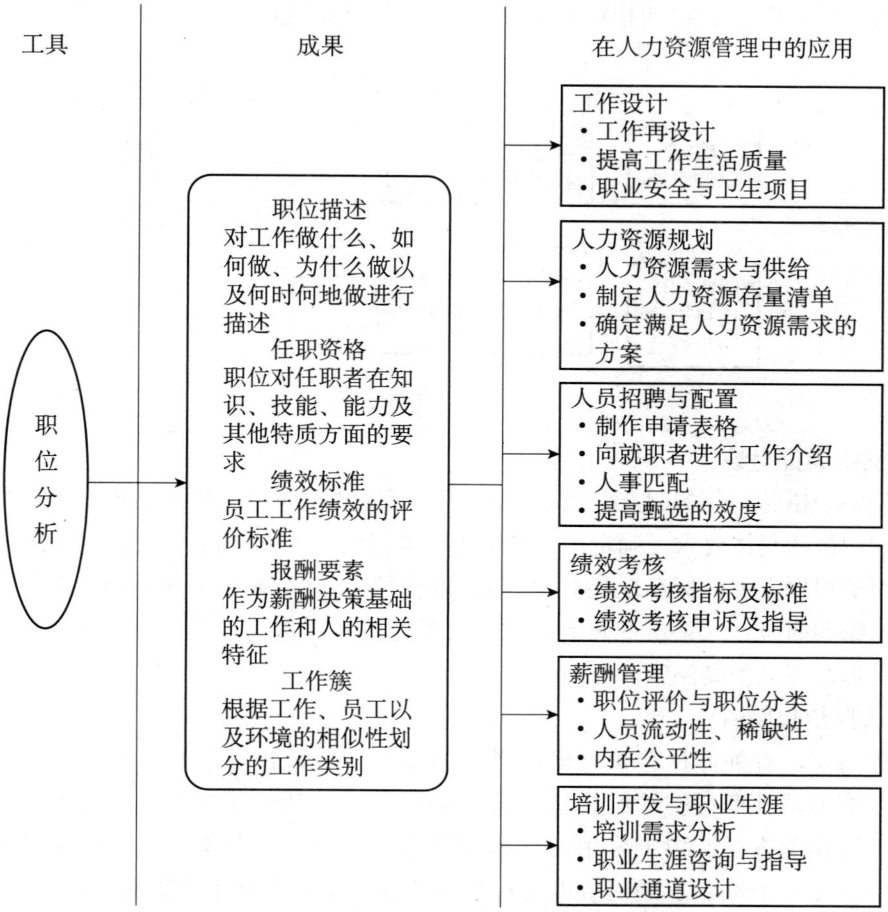


**图 11-3　职位分析在人力资源管理中的作用**

位分析必须为媒介组织的发展给予预见性的规划，以确保媒介组织在发展人力资源时可以保证供求平衡。

第三，媒介人力资源的职位分析需要与增强媒介组织员工凝聚力相一致。在职位分析时需做到“以人为本”，保障媒介组织员工的各种权利，引导员工的自我发展，使得员工的个人目标与媒介组织的目标相一致，这样可调动员工的工作积极性，增强并巩固组织的凝聚力。

## 三、人才的招聘与录用

> **名词解释**
>
> **招聘**　在组织的总体发展战略规划的指导下，制订相应的职位空缺计划，并决定如何寻找合适人员来填补岗位空缺的过程。①

### （一）招聘录用的流程

**招聘**的实质就是让潜在的合格人员对本组织的相关职位产生兴趣并前来应聘。

① 董克用，叶向峰．人力资源管理概论［M］．北京：中国人民大学出版社，2003：177-191.

招聘录用工作主要包括招聘和录用两个独立但连续的环节，主要流程如图 11－4 所示。

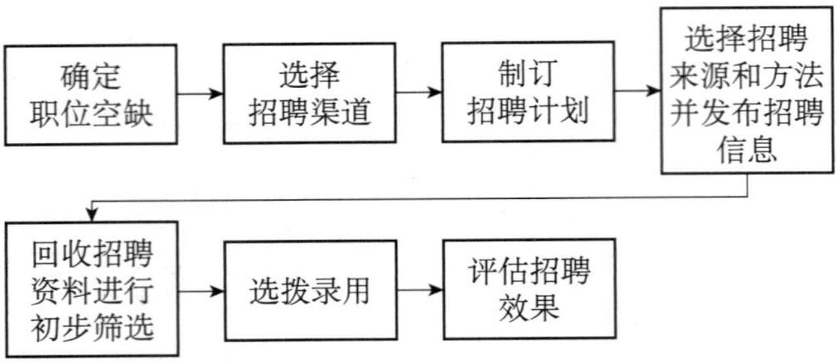


**图 11－4 招聘流程**

**1. 确定岗位空缺**

这是整个招聘工作的起点，需要以人力资源规划和职位分析为基础，明确空缺职位的数量和职位的具体要求。确定岗位空缺可以通过两种方式进行：一是自上而下的方式，即媒介组织根据发展目标和现状对现有人力资源职位进行摸底分析，明确为了发展目标需要增加哪些岗位；二是自下而上的方式，即通过各个部门上报岗位需求计划，由人力资源部门提出意见报高层管理部门审定，最终确定岗位空缺。

**2. 选择招聘渠道**

一般而言，有外部招聘和内部招聘两种渠道，二者各有利弊。内部招聘是在组织内部寻找能够填补职位空缺的合适候选人的过程，包括内部晋升、内部调配、工作轮换和重新聘用等途径。由于采用内部招聘的方式对员工有基本了解，可靠性高，也有利于提高员工的士气、发展期望以及对组织的认同感，有利于个人和组织的长远发展；但也可能引起内部的过度竞争，发生内耗，且容易产生抱团、近亲繁殖问题。外部招聘则是从组织外部招聘人才，有利于为组织注入新鲜血液，给组织内部人员带来压力，激发其工作动力，但由于新进人员缺乏对组织的了解，需要一定时间来适应，也未必能完全认同组织文化和价值观，存在不稳定性。对于组织来说，对新进人员的品质、能力、禀性等也有个了解的过程，而且存在一定风险。一般来说，组织往往将这两种方法结合起来使用，对于基层职位进行外部招聘，对于高层或者关键岗位则由内部晋升或调配。而对于新闻媒体而言，很多事业单位属性的组织，其领导岗位人员则往往是上级部门委派的。

**3. 制订招聘计划**

制订招聘计划包括确定招聘规模、招聘范围、招聘时间、招聘地点、招聘经费预算和具体实施方案等。其中，招聘规模指组织准备通过招聘活动吸引多少数量的应聘者。一般而言，企业通过招聘录用的金字塔模型来确定招聘规模，将招聘录用过程分为若干个阶段，以每个阶段参加人数和通过人数的比例来确定招聘规模。依据金字塔模型，如岗位空缺 5 人，面试与录用的比例为 3∶1，则需要让 15 人进面试；笔试与面试的比例为 10∶3，则需要让 50 人进入笔试；应聘者与参加笔试人数的比例为 10∶1，则需要吸引 500 个应聘者，这也就是招聘规模。

**4. 选择招聘来源和方法并发布招聘信息**

招聘来源指的是潜在应聘者所存在的目标群体，招聘方法则是让潜在应聘者获知招聘信息的方式和途径，不同的招聘渠道有不同的招聘来源。

对于内部招聘而言，主要的招聘来源有：（1）下级职位人员通过晋升方式填补岗位空缺；（2）同级职位人员通过工作调换或轮换填补岗位空缺。招聘方法主要有三种：第一种是竞聘上岗，即发布工作公告吸引内部人员申请空缺职位。第二种是晋升上岗，是将低一级的岗位人员提升到高一级的岗位，一般是由决策部门根据人力资源部门平时对员工个人档案和表现的记录确定人选。第三种是轮岗，是组织内部同级水平的职位之间的调动，通过轮岗还可以丰富员工的工作经验，提高员工的工作适应能力。

对于外部招聘而言，主要有几个招聘来源：学校、竞争者或同行业的其他公司、社会人员等。招聘方法主要有三种：第一种是随机求职者未经他人推荐直接到组织求职，如通过广告招聘、招聘会、网络招聘、职业中介机构（如人才交流中心、猎头公司等）、推荐招聘等，媒介组织的人员招聘往往面向学校、社会公开招聘。第二种是通过内部人员的推荐，这是一种较为便捷的招募渠道，这一做法可以减少招募费用而降低企业招募成本。第三种是通过高薪吸引人才，即用较为优厚的待遇和报酬吸引人才，这种招聘方式可以获得更有能力、业绩更高、更有特色的员工，一些优势比较突出的媒介组织采用得较多。

**5. 回收招聘资料进行初步筛选**

人力资源部门在回收招聘资料后，对应聘者进行初步筛选，剔除不符合要求的人员，以便进行下一步的选拔录用。如果初步筛选掉的人员并非不优秀，只是不符合此次招聘要求，对于这些人员，可以建立专门的招聘信息库，保留他们的信息，以备日后招聘时使用。这样可以提高招聘效率，避免重复工作。

**6. 选拔录用**

选拔录用，又称人员甄选，指的是运用一定的工具和手段对招募到的应聘者进行鉴别和考察，考察应聘者的人格个性、知识技能与岗位要求的匹配度，以及应聘者对组织文化的认同和未来的发展潜力等，从而最终挑选出适合的空缺职位填补者。基本确认聘用人选后，还需核实应聘资料是否属实，安排体检。应聘者录用后还需要经过试用期的考察，考察合格者才能正式录用。

**7. 评估招聘效果**

每次招聘后应对本次招聘的效果及情况进行总结分析，以便为以后的招聘工作提供参考借鉴。

### （二）媒介人力资源招聘的特殊方式

媒介组织需要有目的地选择一些大学和专业，关注这些学校和专业的发展和人才培养方向，与之建立起良好的关系，通过采取选派专家到学院授课的方式，加强交流，促进了解。

（1）参加大学举办的人才招聘会。

参加人才招聘会为组织和潜在应聘者之间提供了面对面的对话机会，是促进双方了解和选择的最佳方式。

（2）为高校毕业生提供实习机会。

通过制订实习计划争取最优秀的毕业生到组织中工作。媒介组织应该积极主动地成为相关高校的实习基地，这不光可以发挥高校学生的积极主动性和创造性，更重要的是可以为媒介组织发现潜在人才。学生实习的过程既是发挥他们专业作用的过程，同时也是对他们进行了解和考察的过程，通过吸纳高校学生实习，可以不断地为媒介组织提供有用的人才。

## 第三节　媒介人力资源的培训与绩效管理

媒介组织的发展需要对员工进行有目的、有计划的培养和训练，依据员工需求与组织发展要求，对员工的潜能开发与职业发展进行系统设计与规划。要实现媒介组织的发展目标，科学合理的培训与绩效管理缺一不可。本节除介绍国内外传媒行业普遍应用的绩效考核方式外，还立足媒体融合时代，对很多新岗位、新工种的考核方式做了探讨。

### 一、人才的培训与发展

#### （一）培训与发展及其作用

**培训**（training）与**发展**（development，或译成“开发”）的最终目的都是通过提升员工的能力，实现员工与组织的同步成长，以适应外部环境变化与组织发展的需要。同时，作为外在薪酬表现形式的培训与发展（开发）也对强化员工对组织的认同、激励和保留员工具有一定的积极作用。在实践中，我们往往对培训和发展（开发）二者不做严格的区分。

> **名词解释**
>
> **培训**　根据媒介组织的发展需要，对员工进行有目的、有计划的培养和训练，以提升他们的职业技能、政治素质、知识水平、传播技能和职业道德水准。
>
> **发展**　依据员工需求与组织发展要求，对员工的潜能开发与职业发展进行系统设计与规划的过程。

培训开发系统是人力资源管理体系的子系统，与其他人力资源管理模块之间存在密切的联系。如果把人力资源管理体系比喻为一辆“汽车”的话，培训开发系统则是“充电器”。随着社会日益信息化，新观念、新知识、新传播技术层出不穷，媒介环境与媒体格局都发生了翻天覆地的改变，对于媒介人才的能力提出了更高的要求。科学的培训与发展体系可以提升员工的素质与技能水平，激励人才上进，也能在日益激烈的媒介竞争中，助力媒介组织的生存发展，增强媒介组织的竞争优势。因此，媒介组织需要设置科学合理的培训与发展机制，让媒介人才保持不断学习的状态，通过各种培训与发展学习，不断更新员工的知识和技能，才能应对时代发展、社会进步、工作环境变化乃至未来更多未知的挑战，为媒介组织注入源源不断的生机与活力，这也是媒介组织保持持久竞争力的关键。

正因为人才培训的重要性，所以媒介组织都对培训机制的建立给予了重视。例如，中央广播电视总台已建立起从基层管理人员（制片人、科组长）到高层管理人员（中心及频道领导）的培训模块，细分员工群体，细化不同层次水平的实际需求，尤其是对精英团队量身定制个性化的培训方案。针对处级以上领导干部，人力资源管理中心利用国家权威培训机构、世界知名高端培训机构的优质资源，开展针对性强、特色鲜明的培训项目。针对制片人、科组长层级的管理培训，自 2012 年以来，央视人力资源管理部门与北京大学、中国人民大学等国内顶尖高校合作举办制片人、科组长培训，朝着全员覆盖、按序轮训的方向不断推进。此外，逐步加强对中坚、骨干、核心员工的培训，相继针对“年度品牌栏目”制片人、“年度优秀节目”主创人员、“台长特别奖”获得者等获奖集体和个人量身定制培训课程，受到年度表彰的各获奖集体及个人都享受到相应的专项培训。①

### （二）培训的类型

培训主要分为入职培训、在职在岗培训和在职脱产培训。

入职培训是对新员工的培训，其目的是让新员工尽快熟悉和适应新的工作环境，掌握岗位技能。媒体的入职培训内容主要包括媒介组织的历史与现状、媒介组织的企业文化、媒介组织在市场竞争中的概况、媒介组织内部的规章制度和奖惩措施等信息，利用这些帮助新员工熟悉新工作环境，同时还要结合岗位要求对新员工进行知识和技能的培训，以帮助新员工掌握工作要领，更快上手。

在职在岗培训主要是指在员工不离开工作岗位的前提下，利用工作之余对员工进行培训的一种方式，也就是不脱产培训。其目的是在不影响媒体正常运作的情况下，提升员工的知识技能水平，以适应工作的需要和外部环境的变化。这是员工培训的主要形式。常见的培训方式有：（1）请有经验的管理人员或专业人员在日常工作中指导员工边学习边工作，如媒体内部俗称的“师傅带徒弟”。（2）开办短期的课堂或训练营。例如，湖南广电集团在内部人才的培训方面，台人力资源部拥有三大培训品牌（芒果大讲堂、芒果私享会和芒果特训营），培训流程实现智能化管理，员工培训热情日趋高涨。另外还组建了台内第一个在线培训联盟“众享 Mango 俱乐部”，初步实现独具芒果特色的培训共享机制。

在职脱产培训指的是有选择地让部分员工在一段时间内离开原工作岗位进行专门的业务学习与提高的培训方式。其主要形式有举办训练营，选送员工到正规院校、党校或国外进修等。

### （三）培训的流程

**1. 明确培训的战略背景**

培训在绩效管理中也发挥着重要作用。这是为了确保员工朝着组织的发展目标前进，采取的是一套整合的管理流程，它是一种综合性的、以目标为导向的方法，用以培训、评估、奖励员工的表现。把培训和绩效融合在一起可以看出，培训一定要明确公司为了实现其目标而期待每一个员工做出怎样的贡献。

---

① 冯夏萍. 全媒体时代电视媒体人才培训的创新发展思路 [J]. 电视研究，2014 (2)：61-62.

**2. 培训需求分析**

培训需求分析是确定培训目标、设计培训规划的前提条件，因此在规划与设计每一个员工培训和人力资源开发工作项目之前，媒体人力资源部门、相关业务主管部门及工作人员要从员工、工作、组织等三个层面进行培训需求的分析，根据员工的知识技能水平和绩效状况，与组织绩效有关的工作的详细内容、标准及所需知识技能，媒介组织特性、发展目标、组织资源状况等进行系统分析，确定是否需要培训，哪些人需要培训，需要什么样的培训，采取何种方式培训以及培训时间、投入资金等问题。

进行培训需求分析还需要确定培训的对象是老员工还是新员工，对于不同的员工群体应采取不同的培训策略。新员工培训的主要目的是明确工作要求，以及如何将一个工作任务拆解为更小的子任务，以便在工作中顺利进行。老员工培训需求分析则更加复杂，因为需要判断是否培训就是解决问题的有效措施，比如绩效的下降可能是因为奖励激励机制不到位，也有可能是培训出现的问题。因此，对新老员工应根据不同的培训需求区别对待。

**3. 培训规划设计**

在培训需求分析的基础上，要制订培训计划，确定培训对象，明确培训内容与目标，培训内容包括思想政治教育、文化知识教育、业务技能培训、经营管理知识培训等。确定了培训主题后，进而要确定培训时间、地点和培训方式，建立师资队伍。从事培训工作的师资包括本组织内部人员和外部聘请人员两种。

**4. 实施培训**

常用的培训实施方式有授课、案例研究、研讨会、角色扮演、师傅带徒弟等，可根据实际情况选用。如今，互联网在培训中发挥的作用越来越大，不少大型企业将建立内部资源库供员工日常进行自我学习作为员工培训发展的一部分，通过购买网上培训课程，或者组织网上培训，员工可以随时随地获取丰富的网上资源，也能达到培训的目标。

**5. 培训效果评估**

培训活动结束后，应就预定目标是否实现、培训方法是否有效、项目的投入和产出情况进行评估，评估培训规划的成功与失败之处，以便在下次组织培训过程中加以改进和完善。

## 二、绩效管理

### （一）绩效管理的定义

**绩效**基于工作而产生，对组织目标有直接的影响作用，也是组织内部人员晋升、加薪、奖励、解聘、转岗、培训等决策的重要依据之一。很多组织将“**绩效管理**”简单等同于“绩效考核”这个环节，这是不全面

> **名词解释**
>
> **绩效**　指的是员工在工作过程中所表现出来的与组织目标相关的，并且能够被评价的工作业绩、工作能力和工作态度，其中工作业绩是指工作的结果，工作能力和工作态度则是指工作行为。
>
> **绩效管理**　是指将目标设定、绩效评估与开发整合成一体的独立的通用体系，其目标是确保员工的绩效完全符合公司的战略性目标。绩效管理是管理者设定员工工作目标与内容、提升员工工作能力以及评价和奖励员工工作成果的过程，是在员工的绩效如何有效促进公司宏观目标实现的框架下进行的。

的。“绩效考核”又可称为绩效考评、绩效评估等，本质上是考核员工对于组织的贡献。传统人事管理的绩效考核往往也关注员工的工作效率，单纯注重对员工个人的评价和奖励的分配，是一种“立足于现在看过去”的思维。而在现代人力资源管理中，绩效管理是一个系统，包含了绩效计划、绩效考核、绩效反馈等多个环节。绩效考核中的信息收集只是整个评价体系中的一环，将信息及时反馈给员工才是考核的重点，考核的最终目的是不断改进工作绩效，即一种“立足于现在看将来”的思维。① 因此，在现代人力资源管理中，绩效管理实际上渗透到组织管理中的组织文化、战略计划、组织、领导、激励、统一和控制等方方面面，例如目标管理、质量管理、流程再造等，为改善组织绩效而进行的一系列管理活动都可以纳入绩效管理的范畴。

### （二）绩效管理的作用

作为人力资源管理系统的核心环节，绩效管理对一个组织具有特别重要的意义。首先，对于雇主而言，绩效管理可以定期检查员工所完成的任务是否与组织的战略目标相一致、是否达到组织战略目标的要求，有效的绩效管理系统可以保证员工的行为与组织目标的一致性，有利于改善员工的工作绩效，进而提高组织的整体绩效，增强组织的竞争力。其次，恰当的绩效管理能检验每个员工工作的有效性，促进员工的自我管理，有效的绩效管理对员工的职业规划能起到很大的作用。最后，绩效管理可以使雇主和下属员工一起研究，以应对评估所可能发现的不足之处，同时也可以进一步巩固员工们的成功经验。绩效管理体系与人力资源管理体系的关系如图 11－5 所示。

与此同时，绩效管理与其他人力资源管理职能存在密切的关系。有效的绩效管理能为员工的留任、提升、降职、转岗、加薪与解聘等人事决策提供可靠的依据。其中，绩效管理与薪酬管理的关系是最为直接的，如果将薪酬与绩效挂钩，使薪酬成为工作绩效的反映，就可以将薪酬从保健因素转变为激励因素，使薪酬发挥更大的激励作用。

### （三）常见的绩效考核方式

国内外传媒行业普遍应用的绩效考核方式主要有“德能勤绩廉”考核、量表评定法、360 度考核、包干制、打分扣分法、关键事件法、目标管理、关键绩效指标、平衡计分卡、图尺度评价法、交替排序法、叙述式表格法、目标与关键结果法等。对于不同岗位，有不同的绩效考核方式。

**1. “德能勤绩廉”考核**

德（工作态度及政治觉悟或思想品德）、能（能力）、勤（出勤）、绩（业绩）、廉（廉政）考核在国有系统和事业单位的管理岗位应用较多，考核的内容比较全面，但最大的问题在于：一是考核没有确定的标准，个人主观性较大，公平性很难保证；二是出勤、能力甚至态度优秀的员工不能保证其工作业绩一定好。

**2. 量表评定法**

量表评定法即根据设计的等级评价量表来对被评价者进行绩效评估。量表需要对各

① 肖燕雄，等. 大众传媒新闻绩效考核与评价制度研究［M］. 长沙：岳麓书社，2011：14.

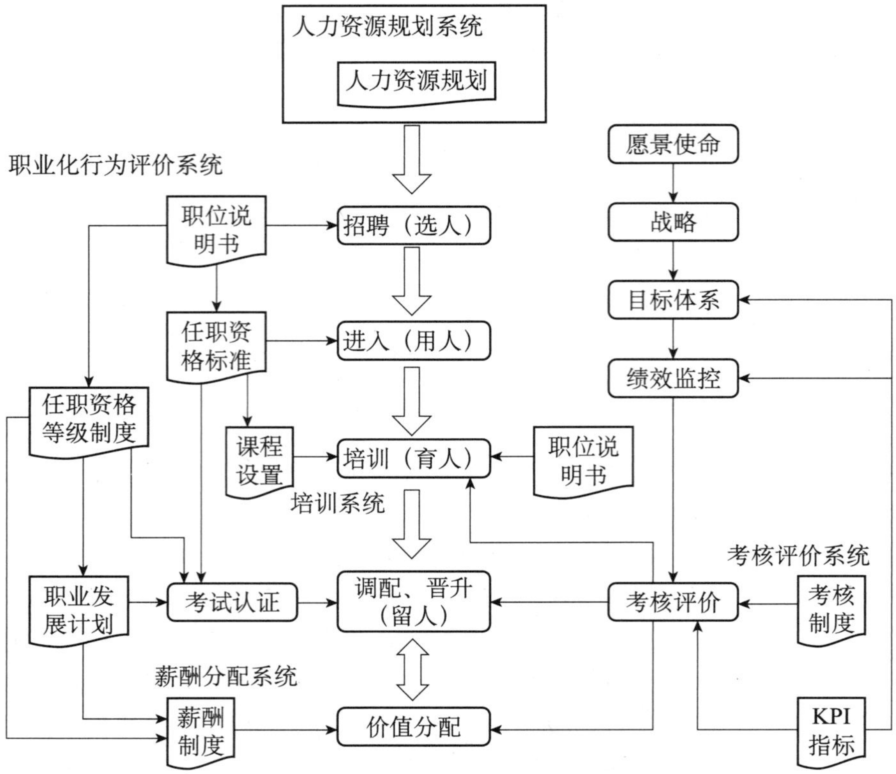


**图 11－5 绩效管理体系与人力资源管理体系的关系**

资料来源：彭剑锋．人力资源管理概论［M］．上海：复旦大学出版社，2003：334.

个维度进行分解，构建指标体系，确认各项指标的分数权重，以此来细化评价标准，实现量化考核，其优点在于评估结果较为客观准确，可以进行横向比较。其缺点在于，量表的设计难度大、成本高，量表如果设计不好则可能会反过来损害结果的客观准确性。

**3. 包干制**

包干制的优点在于责任明确，利益清晰，被考核人利益有保障，能够一定程度激发被考核人的积极性。问题是容易导致短期行为，被考核人对于组织的战略落地、战略执行及长期投资、长期行为的执行热情不大。

以湖南经视为例，其根据向节目生产一线倾斜的原则，同时，为确保部门主任和栏目制片人管人、管事、管分配职权的到位，采取部门、栏目工资总额包干的办法，将员工岗位津贴和绩效工资的分配权下放，赋予部门主管和栏目制片人二次分配权。员工个人绩效同所在部门绩效紧密结合，全台的分配同各部门的绩效紧密结合，部门与个人的月度、年度收入与全台效益紧密关联，从而使员工、部门与台里的目标相一致，共同前进。居高不下的收视率和连年攀升的广告收入就是其成功最好的佐证。

**4. 打分扣分法**

打分扣分法即对采编人员的工作质量、难度、反响等相关因素进行打分，未达标准或者失误、犯错即扣分。打分扣分法考核在广播电视、报业等传媒应用较多。报业常常按照版面编辑大纲的要求对被考核人进行扣分考核，广播电视也有针对不足、失误、错误的等级及影响进行扣分的考核。打分扣分法的好处是有利于标准的执行，能够促使大家工作认真少犯错。不过打分扣分法的应用会导致员工不愿意多做事，少做少错，被扣分的可能性就小；同时还会导致员工循规蹈矩，不敢创新，因为创新失败的风险比较大，被扣分的风险也就较大。

**5. 360 度考核**

360 度考核是由被考核者的上级、同事、下级和客户以及被考核者本人担任考核者，从多个角度对被考核者进行全方位评价，通过反馈程序，达到改变行为、提高绩效的目的。360 度考核通过信息来源的全面性来最大限度地减少主观评价偏差，控制绩效考核中的“晕轮效应”。但每个人的立场、看法、标准不同，评价者做出评价却不需要为之负责，有时这样的方法不但不能保证考核的公平公正，反而会产生新的问题。另外，360 度考核的工作量较大，尤其是需要客户参与，极大地增加了考核的难度。

**6. 关键事件法**

关键事件法是考核员工在重大事件中的表现，或者由上级主管者记录员工在工作中做得特别好或者特别不好的具体事件，在预定时间通常是半年或一年之后，利用积累的记录，由主管者与被测评者讨论相关事件，并以此为基础，为确定员工绩效测评分数提供依据。其优点在于能够保障员工关注特别重大的关键事件，而且考核焦点集中在可观察的和可测量的员工行为上，确保绩效结果是员工在整个年度的工作表现而非考核时点上的工作表现，也为解释员工绩效评价结果提供了一些确定的事实工具，而不足则在于管理者要花费大量的时间去记录和整理。

**7. 图尺度评价法**

图尺度评价法（graphic rating scale，GRS）是绩效管理手段中最简单且使用最广泛的方式之一。图尺度评价法列举了一些基本特征和每个特征所对应的一系列绩效等级。管理者对员工的每个特征进行打分，然后将各个特征的分值加总。

**8. 目标管理**

目标管理（management by objectives，MBO），20 世纪 50 年代由管理学大师德鲁克提出，该法认为组织的任务必须转化为目标，管理人员必须通过这些目标对下级进行领导，以此来保证组织总目标的实现；每个员工的分目标就是组织总目标对他的要求，同时也是这个员工对组织总目标的贡献。因此，媒介组织根据当前的行业形势和发展格局制定出一段时期内所要达到的战略目标，并落实到各个员工的任务当中，最后根据每个员工所定下的目标及其完成的情况进行综合考评。

**9. 关键绩效指标**

关键绩效指标（key performance indication，KPI）是通过对组织运作过程的关键成功因素进行开发、分析、提炼和归纳，用以衡量绩效的一种目标式量化管理指标。关键绩效指标设有目标值和挑战值，也分为管理者和非管理者。管理者的指标与其所负责的组织或部门的指标一致，非管理者个人的指标依据部门承担的指标及员工所任职的岗位的职责，由员工的直接主管与其沟通后确定。

目标管理和关键绩效指标这两种方法的差别不大，其优势都是用目标去统领团队的工作方向，让团队心往一处想，劲往一处使。它们的优势还在于开始贯彻管理学中的 P

（计划）—D（执行）—C（检查考核）—A（改进）管理循环，推动企业持续改进，可持续发展。但它们的问题在于如何做好长期目标与短期目标的平衡，如何做好财务目标与非财务目标的平衡。目标体系框架图如图 11－6 所示。

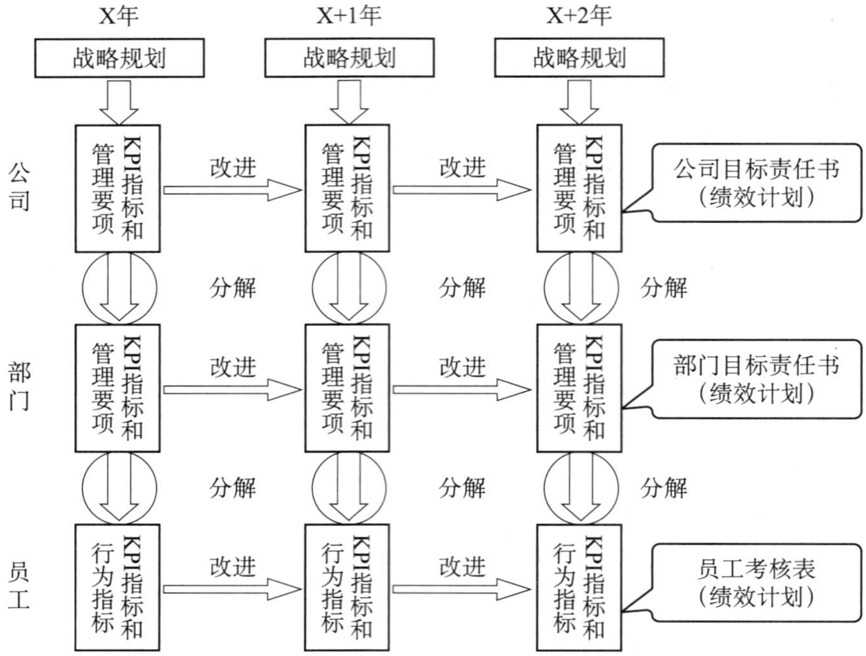


**图 11－6　目标体系框架图**

**10. 交替排序法**

交替排序法（alternation ranking method）是按照最好到最差的顺序对员工的一项或多项指标进行评估。因为对于最好和最差的员工的区分相对比较容易，故而交替排序法更容易被采用。首先，将所有要评估的员工名单列出来，然后删除那些工作表现不是特别突出的员工。其次，在报告表上选出按照评估标准绩效最佳的人，同时也选出绩效最差的人。接下来，选出次佳的和次差的人，依照这种方法一直将所有的员工都排出次序来。

**11. 叙述式表格法**

最终的书面评估经常要形成一份陈述表格。例如图 11－6 提供了一份绩效改进工作计划。管理者有义务对其员工过去的绩效进行评估，并指出员工需要提高的具体方面。这有助于员工了解到自己绩效的好坏，以及提高绩效的途径。

**12. 平衡计分卡**

平衡计分卡（balanced score card，BSC）是一种综合性的绩效评估与战略管理工具，主要关注组织四个方面的绩效：财务（股东）、客户、内部流程和创新与学习。它分别从财务、客户、内部流程、学习成长四个视角传递组织的战略使命，每一方面设计适当的评价指标，赋予不同的权重，并要求彼此之间保持适度的平衡。平衡计分卡具备了 MBO 和 KPI 的优势，又处理了长期目标与短期目标的平衡、财务目标与非财务目标的平衡。不过 BSC 的应用需要企业在战略管理、流程管理甚至信息化等方面有着较好的管理基础，同时需要企业在管理理念统一和管理变革上有丰富的实践经验，而这是传媒行业普遍欠缺的。

**13. 目标与关键结果法**

目标与关键结果法（objectives and key results，OKR）是一种目标管理工具，明确了组织和团队的目标（objectives），以及反映每个目标达成的可衡量的关键结果（key results），指明了为实现目标需要进行的行动。整个 OKR 体系在组织内共享，以便整个组织齐心协力完成目标。这里的目标往往是一段时间内（通常为一个季度）具体、可衡量的目标，比如在网站建设上，不能说“计划让网站更漂亮”，必须说让网站的“速度提高 30%”，或是“用户交互程度提升 15%”。

该方法由英特尔公司 CEO 安迪·格鲁夫（Andy Grove）首先提出，后经由投资银行家约翰·杜尔（John Doerr）引入 Google、LinkedIn、Facebook 等公司。目前大量的互联网公司、创意公司如皮克斯动画，包括国内的华为、字节跳动等公司都曾经采用过或正在使用这种方法。

OKR 简单、容易操作、效果直接。目标一般不超过 5 个，每个目标的关键结果不超过 4 个，检查、管控的重点简单明了。此外，OKR 除了量化之外的最大优势就是从指标到行动。它不仅仅在于考核，而且更进了一大步——确定行动，是跟踪目标完成情况，确保最终目标实现的有效的绩效管理方法。因为绩效指标虽指明了战略目标的实现方向，但如果不能将战略转化为行动，就难以达到目标。

相较于目标管理和关键绩效指标是自上而下的拆分目标，OKR 则是自下而上的模式，目标是由员工个人提出的，并由组织加以确认。因此，OKR 实行的前提，是员工具有主观能动性、创造性，以及较高的职业道德素养和突出的专业技术能力。

以谷歌为例，其在公司、团队、管理人、普通员工层面，均设立目标。其中，在团队 OKR 中，团队工作优先等级有高低，并不是单纯的个人 OKR 的集合，公司 OKR 则是整个公司的大局计划。如此一来，OKR 成为能把整个公司的任务统一呈现出来的简单易行的组织工具，帮助公司全体员工保持一致的努力方向。

谷歌的 OKR 绩效管理要求每个人的 OKR 都必须对全公司公开。目标是公司下达的，而关键结果则是员工自己提出来的，为了提出自己的关键结果，员工必须学会思考、学会沟通、学会向周围的人学习请教。因此，OKR 能充分调动人的思考力与积极性。而上司在这个过程中的核心任务就是帮助和启发下属确保关键结果的直接性和可衡量性。这对员工不但是一种压力，更是一种激励，同时有利于员工相互了解工作进度和互相协助。

## 三、我国媒介采编人员的绩效考核方式

绩效考核作为媒体内部对于采编人员进行管理的一种重要手段，不仅会因为各个国家国情不同而有差异，也会因为媒体的不同类别、不同传播方式而表现出不同。随着文化体制改革的推进，我国不少媒体转企改制，开始实行现代化企业管理制度，绩效考核制度也被引入了传媒行业。目前中国绝大多数新闻机构都成立了人力资源部（处）、人事部或考评室等专职考评机构，对员工进行考核和奖惩。

## （一）报社采编人员的绩效考核方式

由于特殊的历史原因，过去我国大多数媒体沿用的是老一套的行政事业单位考核方法，例如民意测验、考核考察、工作标准、分定考评、情境模拟、成果鉴定等。随着我国传媒行业的转型，报业的内部管理被激活，几乎每家报社都设立了绩效评价组织，对采编人员的工作实行量化管理，建立绩效工资制，形成了一套套细致的绩效考核办法。

目前报社绩效考核的具体内容主要包括：对采编人员新闻稿件的数量、质量做出硬性规定，对版面编辑、文字记者、摄影记者、组版员的工作任务定额细化，对工作量的计算办法进行规范，对文章、图片、版面、标题的质量进行等级划分，对差错的认定制定详细的执行办法。总的来说，以数量考核为主的指标制和打分制，成为国内媒体考核采编人员的主流方案，具体又可细分为硬性定量型、考核数量型、质数兼顾型、折算分数型、末位淘汰型、首席补充型等几种类型。其中前四种方式常被当作基础考评办法，后两种方式常被报社用来作为对已有考评分配制度缺陷的弥补。①

各种考核制度五花八门，但共同特征都是对数量、质量的重视。数量型的绩效考核标准目标明确、易于操作，但很多报社将其当作唯一的考核指标，导致了绩效异化、激励手段被扭曲，使新闻工作者感觉到新闻只是赖以谋生的饭碗，而不是值得追求的事业，致使愿意做深度报道的记者越来越少。由于标准不同，具体考核方法大致可以分为以下几种。②

**1. 计件制**

对编辑记者一段时间（如一个月或一周）内必须完成的新闻条数、稿件数量以及发稿的版面做出硬性规定。这种考核方式的优点在于目标明确、容易操作，但缺点是容易使媒体从业者沦为“新闻民工”，甚至把新闻变成“赚钱”的工具，为了完成工作规定的数量而选择操作较为容易的选题，长此以往，既难以出现具有影响力或深度的报道，从业者也容易丧失工作的成就感和职业追求。

**2. 打分制**

对编辑记者采写的每篇稿件的质量、难度、反响等相关因素进行打分，编辑记者在一段时间（如一个月或一周）内的总得分与绩效奖金挂钩。这种考核方法的优点在于兼顾了质量和数量，体现了“多劳多得”“优劳优得”的原则。但相对于稿件的数量这一明确的“硬”指标，稿件质量这一“软”指标的标准难以完全确定，存在一定的主观性，长此以往，稿件质量这一“软”指标的权重会越来越低，打分制也容易沦为计件制。

**3. 篇幅制**

对编辑记者一段时间（如一个月或一周）内必须完成的发稿字数或新闻时长做出硬性规定，例如人民日报社主管的《国际金融报》要求记者必须在一周内发稿一万字以上，而且至少要有一个头版头条。这种考核方法的优点在于目标明确，但以篇幅为主要的考核指标，容易造成稿件注水等短期行为，而且头版头条的版位有限，容易造成员工之间的“内卷”。

---

① 邓庄．报业发展与考核评价标准创新［J］．青年记者，2010（25）：69－70.

② 郑红平．新闻记者绩效考核办法探析［J］电视研究，2007（8）：27－30.

**4. 分级制**

对记者进行等级划分，即分为首席记者、高级记者、记者和助理记者等，不同等级的记者有不同的责、权、利，薪酬也不同。这种考核方法对考核等级办法的公平性、公正性提出了很高的要求，否则难免打击一般记者的积极性。

**5. 分档制**

对一段时间（如一年、一个季度或一个月）内编辑记者的总体表现进行评价，划分为优秀、一般、较差、差等级别。这属于事后评价，而且具有一定的主观性。若评定者不够强势，则比较难运用自由裁量权，反而极容易导致平均主义。

### （二）广电媒体的绩效考核方式

与报纸对于采编人员的考核不同，广播电视由于传播形式的不同，其考核对象不仅包括新闻产品的采编阶段，还包括节目播出阶段。因此，广电媒体的新闻绩效考核更加复杂。

广电新闻节目的考核包括对节目本身的考核和对其产生的各种效果的评价。在具体实践中，大多数电视台都将考核指标分为客观评估指标、主观评估指标两类，给予不同的权重。主观评估指的是对节目本身的内容和形式以及产生的社会效果的定性评价，其中，由于社会效果较为抽象、笼统，常常缺乏实际的操作性，一般以获奖情况、领导部门评价、其他媒体评价等作为主要依据。客观评估主要指对节目经济效果的评估，即通过对节目收视率、覆盖率、满意度、节目成本、利润等方面的分析来评价节目的市场竞争力。

由于多样化的传播形式，广播电视新闻的考核往往需要对节目进行分类，如分为深度报道类、消息资讯类、连续报道类、专题服务类等，然后再根据具体节目类别制定不同的考核标准。例如，中央电视台的《新闻 30 分》主要是对单条新闻进行质量考评。它将新闻划分为 A、A－、B、C 四个等级，每个等级设定具体的考核指标，例如：A 级就要求新闻是深度报道，并且角度新颖，对事件的采访具有较强的时效性及丰富的故事情节，选题必须是近期观众关心的焦点问题并有一定的前瞻性、可视性等；B 级则是指消息类或较短的简单的调查新闻、自采的趣闻性新闻或突发性新闻等。此外，节目还规定记者每月必须完成一条以上的 A 类新闻，否则就算任务没完成。所有播出新闻的考核定级由当天的责任编辑负责。①

### （三）网络新媒体的绩效考核方式

目前的网络新媒体主要包括传统媒体的网站、客户端以及市场化的资讯类、视频类网站和客户端。相较于传统新闻媒体，网络新媒体拥有自身的特性。一方面，非传统媒体背景的网络新媒体往往在新闻采访权上受到一定的限制，尤其是在时政新闻领域，商业媒体一般往往不具备采访权，主要靠转载各家报纸的原创新闻和信息内容，网络新媒体工作者的重心在于编辑而不是原创性的报道。另一方面，网络新媒体往往是不间断运行并由众多编辑人员同时运营，多个渠道同时编发新闻，情况各异，人员考核和计酬也因此变得十分复杂，传统的计件或打分的考核办法已经难以适应媒体转型的需要，需要

---

① 肖燕雄，等. 大众传媒新闻绩效考核与评价制度研究［M］. 长沙：岳麓书社，2011：67－68.

针对不同的岗位职责与特性设置不同的岗位考核标准。例如，对网站采编人员的考核不是专注于原创稿件的数量和质量的评价，而是更偏重于对信息、资讯的整合，对专题策划、网页设计制作等方面能力的考核。某网站的绩效考核细则中，就将编辑记者分为 A、B、C 三个等级岗。其中，A 岗要求每月信息发布量是 500 条，每周完成一条原创新闻，一个月完成一个专题策划方案；B 岗要求在完成 500 条信息发布的基础上，还要完成 15 个网页设计。①

还有的网络新媒体依据图文或视频推送量、点击量、点赞量、阅读量、涨粉量、转发量、活跃度等量化指标进行考核。

## 四、媒体融合时代的传媒考核机制

在媒体融合发展过程中，大多数传统媒体都拥有了自己的新媒体矩阵，包括网站、微信公众号、微博、客户端乃至抖音账号等，这也意味着内容生产流程和内部人员岗位安排变得更加复杂，绩效考核方式相应地需要做出调整。媒体融合时代，对于不同岗位、不同工种应该如何进行考核？这也是很多媒体所面临的新课题，困扰着人力资源管理部门。

目前，大多数传统媒体难以做到新旧媒体考评的一体化，对于新媒体人员的考评相对粗放。此外，微博、微信、新闻客户端等这类新兴传媒目前还没有对从业人员的资历进行等级划分，在传统媒体职称评价体系中，缺乏对新媒体岗位的评价指标，导致员工成就感不足。其主要的困境在于：一方面，以原有传统媒体的计件制或打分制来考核新媒体人员显然不适用，由于时效性问题，新媒体岗位的工作量往往比传统采编岗位更大，因此纸媒和网媒的考核难以使用统一标准。在媒体融合后，生产流程发生改变，考核机制就更加复杂了。另一方面，有时候新媒体也无法单纯用转赞评数据来计算绩效，因为这些数据无法完全代表工作量以及体现新闻价值。例如在新媒体平台上，轻量级的生活趣闻可能比时政记者采写的内容有更高的阅读数量，故而用阅读数量去考核时政记者显然是不合适的。因此，对新媒体来说，信息传播量不是考评的唯一标准，也需要兼顾质量。

在这方面，浙江日报社新媒体运营中心进行了探索，其考评大致从用户指标绩效（包括客户端等渠道用户新增质量）和传播指数两方面进行。②

**1. 用户指标绩效考核**

用户指标绩效考核分为三个维度：客户端、微信、微博和其他第三方平台传播的所有用户数量维度、用户质量维度、传播影响能力维度。其中，用户质量分为用户活跃度和单个用户贡献值。传播影响能力则针对各家被考核单位的高阅读量文章，以及每个分社核心账号在本地的影响力，通过新榜的数据指数做排名。

**2. 传播指数考核**

在传播指数方面，浙江日报社正在尝试利用语义识别和大数据技术，围绕传播力、公信力、影响力，借助阅读指标、互动指标等指标建立全媒体形态的分层加权计算传播

① 肖燕雄，等．大众传媒新闻绩效考核与评价制度研究［M］．长沙：岳麓书社，2011：69－70.

② 李雪昆．媒体融合考核，难住了谁？［N］．中国新闻出版广电报，2018－01－16（5）.

指数模型。而传播指数由阅读量、互动数、转载量三个维度构成。其中，在转载量维度上，针对不同媒体进行权重分级，保证各个指标权重科学有效。

总之，在信息爆炸的移动互联网时代，计件制的考核办法已经完全不适应媒体转型需要，基于数量的考核并不能推动员工将注意力向优质原创和项目研究方向转移。因此，媒体需要加大力度进行新绩效考核制度的探索。在新绩效考核制度的探索过程中，媒体需要根据自身所处的不同阶段及特殊情况，思考自己需要什么，进而确定适合自身的考核指标，而不能照搬照抄其他媒体的考核办法，即使同一家媒体在不同发展阶段也应该采取不同的考核办法。例如，媒体在新成立阶段，最需要的是内容和作品，这时考核发稿量、采编时长是合适的；等发展到一定阶段，不缺普通内容，缺的是吸引目标受众的精品内容的时候，考核内容就必须跟着变化，精品数量、收视率、点击率、浏览量、访客数、广告收入无疑是更合适的考核指标。在媒体融合转型阶段，就需要根据自身的发展战略规划进行绩效管理制度设计。例如，《南方都市报》在向智库转型的过程中破旧立新，在南都大数据研究院展开了“一人一策”考核制度的试点。

**案例链接**

### 《南方都市报》的考核制度①

2018年，《南方都市报》宣布将推动全员课题化，20%的采编做公共新闻、80%的采编转向新闻与研究并重，开启智库媒体转型建设。为此，《南方都市报》参考互联网企业的考核机制设计了一套全新的考核机制——重新划分岗位、重新设立能力层级（见表11-1）、一人一策考评、实行区间年薪、实行年底述职制和全流程监察制。

1. 重新划分岗位、能力层级

南都大数据研究院在构建研究团队时，并没有另起炉灶，而是推动成熟的采编团队向课题研究团队就地转型，形成“一套人马，两种职能”的组织结构。在原班人马基础上，南都打破了原来记者编辑的单一岗位设置，从原来唯一的采编序列拓展为采编、研究、产品、研发、设计五大序列。从第一批完成评聘的235人来看，采编岗位占26.8%，研究岗位占28%，产品岗位占29%，研究岗位、产品岗位的占比均超过传统的采编岗。另外，参照移动互联网的方式，对采编、研究、产品、研发、设计五大序列建立从P1到P7的能力层级，并为每个层级设定详细的标准。其中采编序列主要工作内容为新闻生产，强调采编专业能力、融媒体生产能力、全媒体策划统筹能力等；研究序列主要工作内容为智库研究生产，能力侧重于研究生产力、资源链接力等；产品序列更强调对产品设计、运营推广的能力，要求侧重于产品创意、资源整合，实现产品的市场价值；研发序列主要工作内容为新媒体技术和数据技术的开发和维护；设计序列主要工作内容为平面设计、动画制作等，侧重于产品创意和设计服务能力。

这样的序列设计因应南都转型对人才需求的转变，为员工提供了更多专业技术发展

① 王海军，王卫国．强化双轮驱动 构筑五大序列：南方都市报智媒转型的机制创新与考核管理［J］．中国记者，2020（2）：98-100．刘娟．一人一策考评、区间年薪！这家媒体考核机制好新鲜！［EB/OL］．(2019-12-28)［2022-11-21］．http://www.M2yfz.com/CMS/xinwenzhongxin/redianguanzhu/html/1581/2019-12-28/(content-1413667.html.

空间。南都智库课题的很多优秀牵头人在新一轮专业技术岗位竞聘中进入了研究序列或产品序列，在新赛道中构筑新能力。

**表 11-1 《南方都市报》岗位层级表**

| 能力等级 | 序列 A:采编 | 序列 B:研究 | 序列 C:产品 | 序列 D:研发 | 序列 E:设计 |
|---|---|---|---|---|---|
| P7 | 报社首席记者/编辑 | 研究院首席研究员 | 报社首席产品经理 | 报社首席工程师 | 报社首席设计师 |
| P6 | 部门首席记者/编辑 | 课题首席研究员 | 部门首席产品经理 | 部门首席工程师 | 部门首席设计师 |
| P5 | 资深记者/编辑 | 资深研究员 | 资深产品经理 | 资深工程师 | 资深设计师 |
| P4 | 高级记者/编辑 | 高级研究员 | 高级产品经理 | 高级工程师 | 高级设计师 |
| P3 | 中级记者/编辑 | 中级研究员 | 中级产品经理 | 中级工程师 | 中级设计师 |
| P2 | 记者/编辑 | 初级研究员 | 产品经理 | 初级工程师 | 设计师 |
| P1 | 见习记者/编辑 | 研究助理 | 产品助理 | 助理工程师 | 设计助理 |

2. 一人一策考评，实行区间年薪

在考评机制改革方面，南都大数据研究院实现了全员区间年薪制，摒弃了原来计件工资的绩效考核传统方法，不再简单唯发稿数量或做版数量决定收入。人力资源部门和业务部门联合制定一人一策的月度和年度考核指标，在工作量、工作成效、数据库建设、资源开拓、部门协同等多个维度开展工作评价。围绕不同课题和不同项目，绩效考核指标会强调目标需求和结果导向的精准适配，不简单套用评价指标，不简单唯传播数据论，而是根据课题性质设计更符合课题发展需要的评价指标。

以新闻部门的考核指标为例，内容生产维度主要考察数字平台产品生产质量、智库产品生产质量、新闻产品生产质量三个指标，每个指标对应具体的考核标准。新闻产品生产质量主要参考部门策划专题的数量以及新闻产品的传播力、影响力和创新性。数字平台产品生产质量主要参考数字平台爆款产品的数量、影响力和创新性，如低于数字平台 30 万+的稿件、音视频产品和直播产品的基本任务量即为不合格（其中，产品中视频产品阅读量达到 5 000+的才能计入统计口径）。智库产品生产质量主要参考部门智库产品（含课题、测评榜单、活动项目等）的数量、影响力和传播力。

类似新闻部门，像创意部门、视觉部门、视频部门等都制定有自己的具体考核指标。已经实施的“流量+用户”的考核方式——带动用户增长、进行用户互动等，只要实现精准影响力，都计入评价绩效。每个员工都会提交工作周志，这是部门负责人对部门员工考核时的重要依据。

薪酬方面，目前南都已经废除计件制薪酬体系，推广全新的岗位序列、能力层级、区间年薪制，年薪总额=月度固定工资+月度奖金+年终奖金。

月度奖金是依据月度考核来确定，考核指标一人一策，由人力部与部门分管领导、部门负责人及员工共同商议确定。每个层级的年终奖在全年总收入中的占比不一样，层级越高，年终奖占比越大。

3. 实行年底述职制和全流程监察制

为了打破层级固化，激励员工不断提升能力级别，南都实行年底述职制，每位员工在年底要对当年工作及下年规划进行阐述，而中层以上人员则必须进行现场演讲，评审委员会根据员工全年工作整体表现情况进行评分，评分结果与年终奖挂钩，也在一定程度上和第二年的职务调整、定薪挂钩。能力达到高一层级，且业绩也达到了，就可以提升级别。同时，为了保证课题研究的专业性，南都还实行全流程监察制，接受全社会的监督。

此外，鉴于绩效管理制度也具有激励功能，媒体未来可以根据个人绩效和工龄对新媒体岗位设立见习编辑、中级编辑、高级编辑、资深编辑等级别，将新闻客户端、微信、微博产生的社会影响力指标纳入职称评价体系，评价新媒体岗位从业者把关、策划、编辑的能力，使新媒体岗位的员工也能获得专业职称晋升的机会，让采编人员有一种切实上升的通道，从而发挥绩效管理的激励作用。

## 第四节　媒介人力资源的薪酬与激励

薪酬管理是媒介人力资源管理中非常重要的一项内容。薪酬可以保障员工的经济水平，薪酬调整和薪酬控制决定着人力资源的合理配置和使用，影响着劳动效率。媒介组织应在经营和发展战略规划的指导下，综合考虑各种因素的影响，用科学有效的薪酬管理和人才激励机制，吸引和留住优秀的员工，进而改善组织的整体绩效。

### 一、薪酬与薪酬管理

#### （一）薪酬及其构成要素

关于**薪酬**是什么，不同国家、不同群体往往存在不同的理解。美国薪酬管理专家约瑟夫·J. 马尔托奇奥（Joseph J. Martocchio）将“薪酬”界定为雇员因完成工作而得到的内在和外在的奖励，由此将薪酬划分为外在薪酬和内在薪酬。[①] 其中，外在薪酬即从狭义的角度理解薪酬，而从广义来看，薪酬可以分为**经济性薪酬**和**非经济性薪酬**（见图 11－7）。尽管非经济性薪酬是薪酬的重要组成部分，但经济性薪酬仍是薪

> **名词解释**
>
> **薪酬**　从狭义上来看，指的是员工从组织那里得到的各种直接的或间接的经济性收入，也就是“外在薪酬”，一般由直接薪酬和间接薪酬构成。从广义上来看，薪酬实际上是一个总体概念，即不仅仅包括企业向员工提供的外在的经济性薪酬与福利，还包括为员工创造的工作环境以及因工作本身特征与组织特征等所带来的非经济性的心理效用。
>
> **经济性薪酬**　包括基本工资、绩效工资、奖金、津贴和股权红利等以货币形式支付的报酬，是薪酬的主体。
>
> **非经济性薪酬**　组织给员工提供的各种福利，是以非货币形式或延期支付形式为主的各种补充性薪酬和服务，它往往“人人有份”，与个人的工作和绩效无关。

① 马尔托奇奥．战略薪酬：第 2 版［M］．周眉，译．北京：社会科学文献出版社，2002：1－2.

酬管理中的重点。

### （二）薪酬管理的目标和功能

> **名词解释**
>
> **薪酬管理** 组织在经营和发展战略规划的指导下，综合考虑各种因素的影响，确定自身的薪酬水平、薪酬结构和薪酬形式，并进行薪酬调整和薪酬控制的整个过程。

薪酬具有补偿功能、激励功能和调节功能，能保障员工的经济水平，对员工有心理激励作用，也决定着人力资源的合理配置和使用，影响着劳动效率，从宏观意义来看，更关系着社会稳定。有效的**薪酬管理**有利于吸引和保留优秀的员工，实现对员工的激励，提高个人工作绩效，进而改善组织的整体绩效。

由于传媒行业是一个技术、知识密集型行业，媒介从业者具有平均素质高、对工作回报期望值高的特点，由此决定了媒介组织的薪酬管理还必须承担更重要的功能，为实现更高的管理目标服务。它的功能主要表现在以下几个方面：

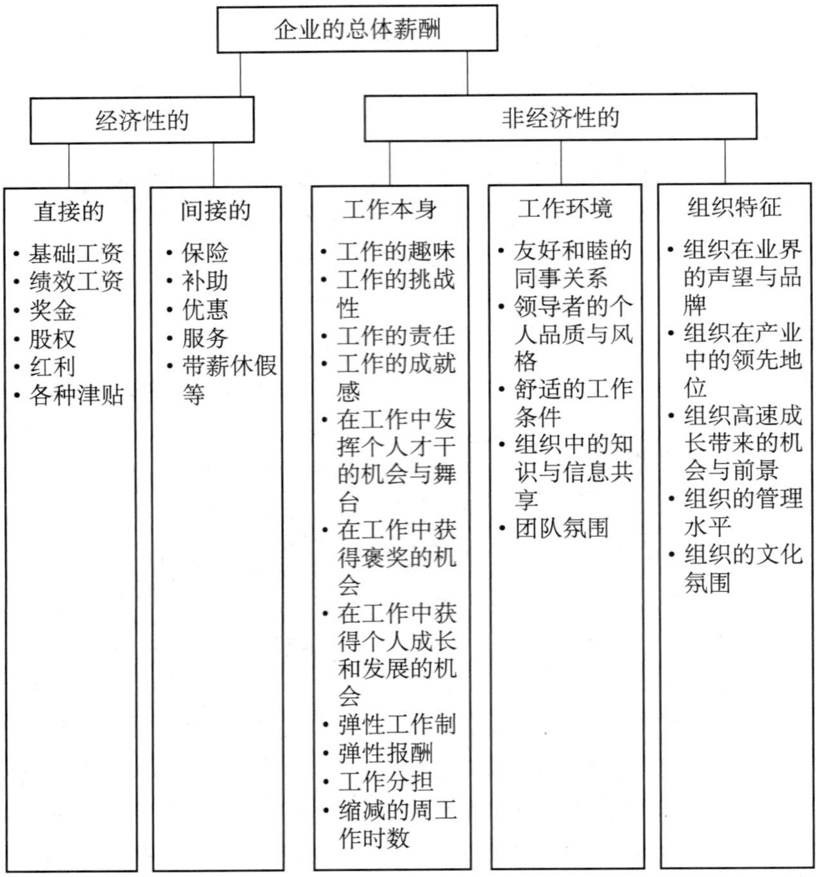


**图 11－7 总体薪酬的构成**

**1. 有效激励媒介组织员工**

激励员工是现代媒介组织薪酬管理的重要目标，薪酬的多少决定了员工的物质生活条件，是员工满足多种需要的经济基础，因此一个合理而又具有竞争力的薪酬结构不但能够吸引人才、保留人才、减少人员流动，而且还可以激发员工的工作积极性，提高他们的工作效率。

**2. 提高媒介组织经营效益**

在媒体融合时代，很多媒介组织在经营效益不佳时，往往会伴随着减薪、下岗甚至裁员。为了渡过经营危机，不少媒介组织经常采取合并某些部门、一人身兼数职的办法，以减少人员开支，但是由此带来的严重后果却是新闻质量下降、节目制作粗糙、编导人手匮乏等。这些问题的存在，无疑将极大地损害媒介组织的长远效益，不利于媒介组织的发展。因此，媒介薪酬管理在控制组织薪酬整体水平的同时，还要重视薪酬内部结构设计、岗位薪酬差异管理以及薪酬目标与组织效益之间的关系处理。

**3. 提升媒介组织竞争优势**

薪酬是劳动力的价格，但是由于劳动力商品的特殊性，薪酬又呈现出较大的差异性。因此，如何有效控制媒介组织整体薪酬支付水平将直接体现出现代媒介企业的经营管理水平，薪酬管理的实质就是怎样设计出既有整体竞争力又体现成本控制的薪酬制度。

**4. 维护媒介组织与员工的合法权益**

由于传媒行业的特点决定了媒介组织的人力资源具有平均素质高、个体差异大、整体流动性强的特点，这就要求媒介组织在制定薪酬制度时，既要尊重劳动者的基本权利，又要维护组织自身的合法权益，依照法律法规制定相关薪酬政策。因此，媒介组织的薪酬管理不仅有利于维护媒介组织与内部员工之间的良好关系，也有利于树立媒介组织良好的公众形象。

### （三）影响薪酬的因素与薪酬设计的原则

影响薪酬系统的因素有外部因素和组织内部因素。外部因素包括政策法规、行业工资水平、通货膨胀水平、当地经济发展水平、行业寿命周期、行业竞争状况、劳动力市场供应情况等。内部因素包括组织的经济实力、经营规模、价值观和文化、岗位特点以及员工个人素质等。

薪酬设计需要考虑多重因素，而使用不同的视角自然就有不同的侧重点。传统的薪酬理论主要是从经济学和心理学的角度来思考薪酬问题，前者倾向于通过市场定价来指导薪酬设计，后者则将满足员工的内在需求作为薪酬设计的基本原则。而管理学更为关注薪酬管理对企业战略目标的支撑，即思考企业通过什么样的薪酬策略和薪酬管理系统来支撑企业战略，帮助企业获得竞争优势。[①] 因此，在做薪酬设计时，需要综合考虑，既要思考薪酬制度如何支持组织发展战略，决定薪酬制度是以职定酬还是以人定酬，员工资历、能力或绩效的差别如何在薪酬中体现以保证“内部公平”等，还要考虑外部市场薪酬水平，保证员工待遇的“外部公平”。

美国著名薪酬管理专家米尔科维奇（Gerge Milkovich）曾提出“薪酬设计的四性模型”——内部一致性、外部竞争性、激励性和管理的可行性。这个模型已经成为现代企

---

① 彭剑峰．人力资源管理概论［M］．上海：复旦大学出版社，2003：381-382.

业薪酬体系设计的基本原则。这个模型提出，薪酬设计主要需要关注以下几个原则。[①]

（1）薪酬目标。薪酬应该怎样支持企业的战略，又该如何适应整体环境中的文化约束和法规约束？

（2）内部一致性。同一组织内部的不同工作之间的性质和技能水平差别如何在薪酬上得以体现？

（3）外部竞争性。组织整体薪酬定位在什么水平来与外部市场上的竞争对手抗衡？

（4）员工的贡献。员工加薪的依据是什么？——是个人或团队的业绩，还是员工不断丰富的经验、知识技能的不断提升，或者生活成本的上涨、个人需求的增加，抑或是经营单位的整体绩效？

（5）薪酬管理。薪酬决策应在多大程度上向所有员工公开和透明化？谁负责设计和管理薪酬制度？

### （四）薪酬模式类型

薪酬在一定程度上是员工对组织的价值的体现，与员工投入工作的知识、技能和能力以及产生的工作成果——业绩相关。若从内部角度考虑员工为企业创造的价值的话，就产生了以职位为基础、以技能为基础、以绩效为基础这三种薪酬模式。除此之外，还可以从外部角度，即按照市场价值来确定员工的价值，便产生了以市场为基础的薪酬体系。在这四种薪酬模式中，以职位为基础和以技能为基础的薪酬体系是最为基本的薪酬体系，而以市场为基础和以绩效为基础的薪酬体系的应用范围则相对较窄，并且往往依附于前两种基本的薪酬模式。[②]

**1. 职位薪酬模式**

职位薪酬模式是依据员工在组织中的工作岗位性质和相对价值为员工付酬。职位相对价值高，其工资也高，反之亦然。在这种薪酬模式下，员工工资的增长主要依靠职位的晋升。这种薪酬模式是一种相对传统的薪酬模式，为目前我国大多数企业所采用。它适合于职位级别较多、外部环境相对稳定、竞争压力相对较小的科层组织。而就岗位而言，适合职能管理类岗位。

其优点在于，能实现同岗同酬，相对公平；而随着职位晋升，薪酬越来越高的机制，也能激发员工的上进心及工作积极性。但缺点在于，灵活性不足，满足不了稀缺人才的薪酬要求，难以吸引急需人才；与此同时，这种模式在组织结构日益扁平化的趋势下显得生命力不足，难以适应时代的发展。

**2. 技能薪酬模式**

技能薪酬模式是依据员工所掌握的与工作有关的知识、技能和经验为员工付薪酬，技能水平越高，对组织的贡献越大，薪酬越高。这种侧重能力的薪酬模式适用于生产研发类媒介组织。

这种模式的优点在于能迫使员工注重技能的提升，增加员工的发展机会，也能增强

---

① 米尔科维奇，纽曼．薪酬管理：第6版［M］．董克用，等译．北京：中国人民大学出版社，2002：26.

② 彭剑峰．人力资源管理概论［M］．上海：复旦大学出版社，2003：384.

组织的灵活性以应对外界的变化。但缺点在于，员工能力的提升未必与组织的需要一致，二者有可能产生偏差；此外，能力也难以完全实现量化，技能评级难以完全做到公平。

**3. 绩效薪酬模式**

绩效薪酬模式是将个人薪酬与绩效挂钩，依据员工的关键业绩指标和关键行为、态度指标的完成情况来确定其为组织创造的价值，以此为基础向员工支付薪酬。绩效收入可以是奖金的形式，也可以是股权激励的形式，如分红、股票期权收入等。

近年来，随着市场竞争的加剧，按绩效付酬的趋势越来越显著。但这种薪酬模式主要适应于竞争性强的企业，如消费品、家电、信息等行业。就媒介组织而言，广告经营类、市场销售类、产品开发类、计件等操作类岗位比较适合这种薪酬模式。在这种模式中，最为关键的环节是绩效目标和衡量标准的确定。因此要求媒介组织必须职责体系明确，目标分解合理，而且有着非常扎实和牢靠的绩效管理基础。如若不然，员工将失去前进的方向，组织目标就难以实现。

绩效薪酬模式的优点主要表现在以下方面：第一，具有更强的公平性、灵活性、激励性，员工的收入直接与工作目标完成的情况挂钩，使员工感到客观公正，激励效果明显；第二，组织战略通过层层目标分解，落实到每一名员工的工作责任中，目标明确，引导员工行为与组织目标相统一，实现职位设置的真正目的，有利于组织战略的实现；第三，组织事先不必支付过高的人工成本，这样大大降低了人工成本的风险，在企业整体绩效不佳时能够节省人工成本。但这种模式也有其缺点：第一，组织业绩的不稳定会在一定程度上造成员工收入的不稳定，员工在考虑个人绩效时，会造成组织内部不良竞争，减少合作；第二，绩效评估往往难以做到客观准确，很可能会产生新的不公，该模式对员工的激励作用则会大打折扣；第三，容易导致机会主义和实用主义，不利于组织的长远发展，而且在组织效益下滑时，难以留住人才；第四，很多常规工作、基础工作以及新员工加盟无法直接与业绩相联系，因此很难用业绩来加以考察。

**4. 市场薪酬模式**

市场薪酬模式就是根据所需岗位的市场价格确定薪酬水平，从而保证组织的薪酬能够在市场中具有相应的竞争力。人才资源的供需状况，在很大程度上决定了员工的薪酬水平，人才资源稀缺性越强，薪酬水平就越高。这种模式适用于人才流动比较频繁、竞争较为激烈的行业。就岗位而言，适用于专业技术岗位和替代性较强的岗位。

随着人才资源竞争的不断加剧，许多组织通过薪酬设计吸引和留住人才。为此，许多公司每年度都进行薪酬调查，了解行业相近的公司在薪资福利方面的数据，以此为参数调整本年度公司的薪资福利政策。此外，有些公司还会根据需要为某一特殊职位专门聘请专业的管理咨询公司做相关数据的调查。

这种薪酬模式的优点表现在以下方面：一是企业可以根据市场的变化，通过薪酬策略吸引和留住企业发展中的关键人才；二是企业可以根据市场需要，相应调整有关岗位的薪酬水平，从而在一定程度上节约人力成本。其缺点也同样明显：一是实行这种薪酬模式的组织要求具有良好的发展空间和盈利水平，否则难以适合市场需求的变化；二是组织内部薪酬差距会加大，在一定程度上会影响内部利益分配的公平性，从而挫伤员工的积极性。

表 11-2 比较了四种不同的薪酬模式。

**表 11-2 四种不同的薪酬模式**

| 薪酬支付的依据 | 以职位为基础 | 以技能为基础 | 以绩效为基础 | 以市场为基础 |
| --- | --- | --- | --- | --- |
| 主要适用对象 | • 职能人员<br>• 管理人员<br>• 一般操作类人员 | • 研发人员<br>• 工程技术人员<br>• 中试人员<br>• 生产技术工人<br>• 其他主要依靠知识和技能来创造价值的员工 | • 销售人员<br>• 其他业绩容易直接衡量的人员 | • 低层的可替代性很强的操作类人员<br>• 企业中的特殊人才<br>• 与企业结成战略合作伙伴的人员 |
| 表现形式 | • 基础工资（职位、职务工资） | • 基础工资（知识工资、技能工资和能力工资） | • 佣金制<br>• 绩效工资<br>• 奖金 | • 基础工资设计中的市场比较<br>• 市场工资<br>• 谈判工资 |

资料来源：彭剑峰. 人力资源管理概论［M］. 上海：复旦大学出版社，2003：82.

四种模式各有特点，适合不同的组织。在现实情况中，薪酬模式的选择受到很多因素的影响，包括组织的性质、发展阶段、组织结构等内部因素，也包括市场环境等外部因素。没有一个组织是孤立地采用其中一种模式的，而是根据自身的实际情况将几种模式综合起来使用，往往针对不同的职位类型和人员类型形成分层分类的薪酬体系，同一个岗位的薪酬构成也是复合型的，即将职位、绩效同员工的技能、资历等因素复合后作为构成薪酬的不同部分。关于薪酬的分解，目前尚不统一，一般分解为固定工资（基础工资）、岗位工资（技能工资、职务工资）和绩效工资三大部分。

## 二、媒介组织的薪酬设计

随着我国媒介管理体制改革的不断推进、媒介人力资源管理的制度和理念的更迭，媒介薪酬管理制度也在发生变化，从行政化到企业化，薪酬标准从无差别、少差别到差距逐渐拉开，激励机制也出现了从依靠奉献精神到逐渐增加经济激励因素，直至发展到一些媒体完全依靠绩效考核来决定薪酬的过程。在这样的发展过程中，按劳分配、多劳多得逐渐成了最主要的分配手段。在按劳分配的同时，少数市场化的媒体还采取了分给职工股权等分配方式，将按劳分配与按生产要素分配相结合。① 目前，我国媒体主要采用绩效薪酬为主的薪酬模式，但内部不同岗位的人员也会采用不同的薪酬模式。此外，有些媒体提高奖金的分配比例，也有些媒体实行年薪制等等。从目前情况看，这些变革在一定程度上激励了员工潜能的发挥，提高了员工工作的积极性，也促进了整个媒介管理制度的变革。

① 陆高峰. 从平均主义到绩效考核：传媒人薪酬制度 60 年［J］. 新闻记者，2009（10）：38-41.

## （一）媒介组织的薪酬制度

20 世纪 90 年代以来，事业单位开始实行能体现其行业和业务特点的多种工资制度，传媒行业开始正式告别向机关行政单位工资“看齐”的历史，一些媒体开始建立以评比考核为工资分配主要标准的绩效工资制。比较典型的有南方日报社的内部考评工资制。2002 年，南方日报社配合新一轮改版推出了采编系列分配机制改革，对采编人员制定了一套以绩效论工资的薪酬体系：将职称、职务分开，采用“等级分＋加权分＋扣罚分”的方式计算总分。考评方案实行 A（基本分的 200%）、B（基本分的 150%）、C（基本分 100%）和 D（基本分的 80%）四个等级制，通过利益杠杆鼓励多写好稿、多编好版，对于有重大创新或有重大社会反响的稿件或版面进行奖励，对于失实、走漏、差错进行扣罚。①

以职位、技能、绩效三要素为中心而形成的薪酬结构各有特点及适用范围（见表 11－3）。对于媒体而言，薪酬设计仅仅关注绩效显然是不够的。

**表 11－3　媒介产业三种薪酬结构比较**

| 比较项＼薪酬结构 | 以职位为中心的薪酬结构 | 以技能为中心的薪酬结构 | 以绩效为中心的薪酬结构 |
|---|---|---|---|
| 核心思想 | 以位定薪 | 以能定薪 | 以绩定薪 |
| 管理理念 | 以事为中心 | 以人为中心 | 以人为中心 |
| 管理的难点 | 职位评价与工作分析 | 人的能力评价 | 人的工作绩效评价 |
| 突出的薪酬能力 | 保障 | 调节 | 激励 |
| 保障性 | 强 | 中 | 弱 |
| 激励性 | 弱 | 中 | 强 |
| 公平性 | 弱 | 中 | 强 |
| 竞争性 | 弱 | 中 | 强 |
| 灵活性 | 弱 | 中 | 强 |
| 追求的目标 | 组织目标 | 个人目标 | 个人与组织目标 |
| 适用的条件 | 内部环境比较稳定 | 知识、能力竞争突出的环境 | 外部竞争激励的环境 |

资料来源：向志强．人力资本与媒介人力资源管理开发研究［M］．长沙：湖南大学出版社，2006：193.

目前，我国媒体主要实行综合考虑职位、技能和绩效三要素的薪酬制度。媒介组织员工的薪酬由体现技能价值的基础工资、体现岗位价值的职务工资（或岗位工资）、体现实际劳动价值的绩效工资三部分构成。基础工资和职务工资具有相当程度的稳定性，绩效工资则直接与工作业绩挂钩，取决于个人某个考核期内的工作表现，具有较大的浮动性。

职务工资方面，主要依据就是所担任的管理岗位职务等级或者专业技术职务等级。管理岗位职务等级可以分为高管正职、高管副职、中层管理正职、中层管理副职、基层管理正职、基层管理副职等。媒体内的专业技术工作划分为采访、编辑、技术等类别，

① 支庭荣．媒介管理［M］．2 版．广州：暨南大学出版社，2004：214，230.

每类有若干专业技术职务等级。一方面，通过职称评定，确认专业技术人员的专业技能水平，能力突出的专业技术人员被聘为高级记者、高级编辑、主任记者、主任编辑、编审、副编审等，基本工资自然也高。另一方面，根据专业技术职务（不是职称）工作的重要程度、复杂性决定专业技术人员的职务工资，例如编辑职务有文字编辑、版面编辑、美术编辑、部门主编、总编辑之分，其工作复杂程度、责任轻重程度不同，相应的职务工资自然也不同。此外，在专业技术职务等级制的基础上，以往媒体多实行评聘结合，评上职称的员工一概予以聘用，职称、职务和收入同步上升，因此员工容易把注意力集中在职称评定上而忽视实际工作。现在，大多数媒体实行评聘分离，职称评定与职务升迁没有必然联系；对评上职称的员工并不一律聘用，还要根据其实际工作能力、组织需要，安排合适的职务。在这种方式下，工作能力优秀者容易脱颖而出，有利于提升员工的工作积极性。

从实践结果看，采用绩效薪酬的同时辅以技能薪酬或者职位加技能薪酬，在强调激励作用的同时，在一定程度上考虑公平性和忠诚度，是一种较为理想的薪酬模式。实际上，不仅仅是采编人员，对于传媒产业绝大部分岗位来说，都应是绩效工资与基础工资及岗位工资相结合，只不过在不同岗位的薪酬结构中，这二者之间的比例不同，侧重点不同。

此外，由于传媒产业是一个竞争非常激烈的行业，传媒行业员工跳槽普遍。随着新媒体的崛起，新媒体的薪酬灵活性更强。据有关调查，从传统媒体向新媒体转型的媒体从业人员对现有的工资有更高的满意度。① 因此，传媒产业在设计薪酬模式时，还必须考虑市场薪酬，特别是对于传媒产业发展非常关键的岗位及人才来说，更应该考虑市场薪酬。只有这样，才能使媒体在激烈竞争的市场中富有竞争力，从而立于不败之地。

### （二）媒介组织薪酬设计的趋势：宽带薪酬

#### 1. 宽带薪酬的概念

宽带薪酬就是对组织的职位体系进行评估和分类，将众多的职位变成数量不多的职级，增加每一职级的上下薪酬可变动范围（所谓的“宽带”），这样在减少职务级别链的同时，增加不同绩效间的薪酬差别。

宽带薪酬最大的特点就是“级少带宽”，打破了传统薪酬的严格等级制，将薪酬的高低与员工能力的强弱直接挂钩。在传统的薪酬设计中，职位往往被设计成至少 30 个级别，薪酬区间的变动比率通常只有 40%～50%。而宽带薪酬通常只有几个级别，每个薪酬等级的最高值与最低值之间的变动比率可达到 200%～300%。②

宽带薪酬结构主要是基于现代企业组织与人力资源管理的两个发展趋势而提出的。

（1）组织的扁平化趋势。

现代企业为了提高对外部环境的反应能力和反应速度，降低决策重心，缩短决策链条，越来越强调组织的扁平化，即缩减管理层级，使组织从原来的众多层级变为少数几

---

① 丁汉青，王军，刘影．传媒业转型员工转型前后工作满意度对比研究［J］．现代传播，2016（2）：36－43.
② 郑苍林．浅析宽带薪酬在知识型企业的应用策略［J］．经济师，2009（3）：251－252.

个层级。因此，员工的晋升机会相对较少，职业生涯通道相对较窄，企业的工资结构也必须由原有的众多工资等级转变为少数几个工资等级，由此就出现了工资结构的宽带化。

（2）大规模的职位轮换。

现代的大型组织越来越需要复合型人才，为了培养具有多种技能和经验的复合型人才，组织必须展开大规模的职位轮换。为了在职位轮换中不频繁地改变人员的工资水平，就需要将原来许多处于不同等级的职位合并到同一职位等级。

宽带薪酬结构的优点在于以下方面：首先，员工职位的晋升与其报酬待遇没有严格的对应关系，员工对工资可达到的期望值有所增加，有利于激励员工把更多的时间投入到提高个人技能和工作绩效上，也有利于提升薪酬的内部公平。其次，宽带薪酬的级别数目相对较少，使员工在组织内的岗位轮换具备更大的可行空间，员工从一个岗位调到另一个岗位简便易行，提高了员工岗位轮换的弹性和薪酬体系对组织内外部环境变化的应变能力。宽带薪酬结构也存在缺点，就是当传统的职位等级结构转换为工资宽带之后，就需要更多地依靠管理者的判断来区分员工个人之间的差异，决定在同一工资宽带之中不同人员应获得的报酬，由此加强了薪酬决策的主观性，不利于组织内部的薪酬一致性。

**2. 媒介组织的宽带薪酬设计**

以报业组织为例，宽带薪酬设计需要考虑员工个人资历、知识与工作量两部分，与此对应的是岗位工资和绩效工资。

首先，岗位工资方面，资历老、经验丰富的员工较一般员工岗位工资要高一些。岗位薪级工资相对固定，岗位薪级数设置体现岗位的劳动差异以及对员工经验和劳动贡献积累的补偿。以《中国证券报》为例，其岗位工资主要根据员工的职位、学历、工作年限等采取相应的薪酬等级与宽带幅度；同时立足于内部公平性岗位评价，将责任、知识技能、劳动强度等纳入评价指标，以此将职位划分为不同等级，确定职位薪级与平均薪点。

其次，绩效工资方面，员工的工作量主要体现为每个月的发稿量和发稿质量。因此，一般报业采编人员的薪酬＝底薪＋绩效工资（综合发稿量、特稿和得分等级），绩效工资占全部薪酬的比重往往高于岗位底薪。以《上海证券报》的记者绩效考核为例，记者的岗位职责主要是向报纸、手机产品、网站发稿，稿件类型主要分为深度报道稿件（含评论）和资讯稿件，并以深度报道稿件90%、资讯稿件10%的权重分成两个绩效工资池。其中，深度报道稿件包括被报纸、手机产品和网站采用的深度报道、专题；资讯稿件包括被报纸、手机产品和网站采用的资讯。记者在各类产品生产中的考核得分在不同权重的绩效工资池内换算成相应的奖金，加总后即为其月度薪点绩效工资。

此外，报社要求记者每月被报纸采用的深度报道稿件至少为12篇；未完成者，每少1篇扣250元。多人合作稿件按照人数均分篇数。记者每月被手机产品采用的深度报道稿件须达到按照条口分类设置的最低标准；未完成者，每少一篇当月扣500元。记者月度深度报道稿件得奖排名前20%的人员可获得总编室月度排序奖，资讯稿件得奖部分不参加月度排名奖励，奖励金额如下：第一名，2 800元；第二名，2 600元；第三名，2 400元……第十三名，400元，以此类推。报社员工的年终考核也主要以全年各月度绩效考核的总体情况为依据，确定各档次人员比例和评定档级，并直接用货币奖励优秀员工。

《上海证券报》还实施奖励每日好稿的政策。报纸日好稿由值班总编评定，手机产品日好稿、网站日好稿（含网络专题）由部门总编室分管领导评定。当日评出的好采稿和好编稿，除按规定参加当月好稿好策划评选外，对于获评稿件策划人或记者或编辑奖励300元。①

宽带薪酬体系鼓励记者编辑写深度报道和独家新闻，将知识的隐性资本转化为报业组织的显性资本，实现人力资本的增值。在这种薪酬体系中，一些经验丰富的记者、编辑的职位虽然没有提升，但收入水平往往比一般采编人员要高出1～2倍，能有效激发人才的积极性。

## 三、媒介人才激励机制

当前，媒体对于人才的需求逐渐转向全方面、全领域，这一趋势不仅要求媒体扩展视野、广纳贤才，更要求其推动人才机制创新、焕发优秀人才的创造力。与此同时，随着新媒体的崛起，当前人力资源的流动性增强，因此如何留住优秀人才，如何对已有人才进行培养、开发与激励，以及如何引入新人才同样成为摆在媒体眼前的重要挑战。人才激励机制就是留住优秀人才、激发人才创新活力、吸引外部人才的重要手段。

激励可以分为物质激励和精神激励两方面。物质激励主要体现在薪酬上，有绩效奖金、股权红利等。例如凤凰卫视，除了比其他电视台提供更高的薪酬福利外，还采用了“股权激励”的方式。凤凰卫视在2000年上市时，发行的新股中10%由公众认购，剩下的90%全部配售给机构投资者和员工，其中吴小莉、陈鲁豫、窦文涛、许戈辉的配置额仅次于凤凰卫视五位副总裁。一般情况下，股票上市后的价格为发行价的几倍甚至更高，以一百万股计，四人获利都将在几百万港元。②

除了物质激励以外，精神激励也是十分重要的。马斯洛需求理论指出，人存在着不同层次的需求，这些需求在不同的时期表现出来的迫切程度是不同的，人的最迫切需求才是激励人行动的主要原因和动力。媒体人都是文化人，他们对于精神激励的需求要高于一般企业从业者。从精神需求上来看，让媒体人在工作中感受到平等、尊重和自我实现的成就感是尤其关键的。精神激励的方法包括构建良好的工作环境和营造良好的工作氛围，也包括让员工获得事业成就感，帮助员工实现自我价值提升。

整体来看，目前媒体仍存在对现有队伍的职业发展规划引导不到位、薪酬激励不足的问题，影响了员工主动承担起新兴业务和关键岗位的主动性和积极性。因此，媒体需要在人才分类评价的基础上，既用好物质激励，又利用成长激励、参与激励等非经济方式开展人才激励。一方面，持续改进薪酬体系，创新利益分享方式。例如确定编制内外所有员工共同适用的实际薪酬体系，将同工同酬落到实处，以业绩导向根据实际贡献合理拉开收入差距，激发团队的工作积极性。对于稀缺人才或高级人才，可以采用协议工

---

① 卢铮．数字化报业的宽带薪酬体系变革：以两家证券报的薪酬分配为例［J］．中国记者，2012（6）：88-89.

② 师永刚．解密凤凰［M］．北京：作家出版社，2004：311.

资的方式，将薪酬与行政级别、职称脱钩，设置特定专业技术人员的薪酬阶梯制度，确定各级人员市场化水平的基本年薪与绩效年薪。另一方面，丰富员工的成长路径，在行政管理岗位职务晋升通道之外，建立有吸引力的专业人才职业晋升通道，鼓励业务型、技术型记者编辑走专家型发展道路。同时，加快探索事业合伙计划，推行工作室制、名记者中心制等，让人才从“打工者”变为“创业者”，拓宽人才职业发展空间，实现人才个人收益和组织收益的双赢。[①]

## 案　例

### 湖南广电集团的用人机制创新与人才激励机制

湖南广电集团一直被外界称为内容创意的“黄埔军校”，传媒行业的“电视湘军”，这得益于其一直以人才为核心，以人才为资本，注重人才队伍的建设培养：一方面通过投资人力资本形成企业的核心竞争力，另一方面以人力作为资本要素参与了价值分配，形成对人才的激励。在推进媒体融合发展的实践中，湖南广电集团积极探索人才发展战略并逐渐形成了一个独特的马栏山创意人才生态圈。

**薪酬激励：多劳多得、效率优先**[②]

薪酬激励是湖南广电集团改革发展的核心竞争力之一，为湖南广电集团的可持续发展奠定了制度基础。湖南广电集团有着事业单位企业化管理、分灶吃饭、多劳多得的薪酬激励传统，薪酬随着岗位变化，按市场化双效统一的原则进行合理设计，目的就是引入内部竞争机制，释放生产力。为充分发挥薪酬促激励、通业务的机制作用，湖南广电集团推行全员绩效管理，一岗一责，多劳多得、效率优先。员工薪酬由基本工资、岗位津贴及奖金构成，与岗位挂钩，不与行政级别挂钩，上岗才能享受与该岗位相配套的岗位津贴，岗位发生变化，以上三项也同步变化。奖金的发放，按照绩效与经营挂钩且先考核后发放的动态调整原则，根据经营情况动态发放，绩效在整体薪酬中占据60%以上比例。从湖南广电集团各单位考核与分配数据来看，不同的二级单位，同一层级的员工收入可能会有成倍的差距；同一公司内部，对于一线员工的收入，优秀者常常可以超过公司管理层。仅就湖南卫视而言，从基层员工到业务骨干，收入呈上升曲线，从业务骨干到管理干部，收入则呈下降曲线，制片人的收入高于部门负责人甚至台领导，已经是持续十多年的常态。总台人力资源部曾对2018年度员工收入进行过内部统计，数据显示，总台、集团及卫视（不含管理层）收入最高的前五名是五位工作室负责人，他们的平均薪酬是集团本部人均年薪的几倍。

此外，湖南广电集团还建立了市场化导向的用工体系和激励机制，促进传统媒体人向市场型复合人才转型。2019年建立管理、专业两个薪酬晋升通道，普通员工最高可享受相当于部门副主任的薪酬待遇。在湖南卫视的工作室制度中，更进一步明确每个工作室7名核心成员可分享全工作室70%的项目价值奖。

事实证明，按照市场化原则和企业发展规律确定薪酬是具有优越性的。

---

① 韩晓宁，耿晓梦．树立全媒体人才观，破解人才困局［J］．青年记者：2020（15）：13-14.

② 吕焕斌．媒体融合的芒果实践报告［M］．北京：中信出版社，2019：321-332.

**精神激励：工作室制度激发人才创造性**[①]

在资源管理上，湖南广电集团在一定程度上可以被认为是“工作室制度”的“领路人”。如今的湖南卫视、芒果TV通过大力推行工作室制度，让内容制作的人、财、物更加独立，鼓励强者更强，最大限度地激发了人才的创作活力。

早前，湖南卫视共有26个节目团队，导演接近600人，工种齐全，作业流程成熟规范，在内部形成了一个完整的竞合生态。但多年的成功和相对优裕的待遇让大量优质团队和优秀导演失去了“狼性”，守成心态日渐凸显。与此同时，崛起的网络视频行业也为传统电视台带来了冲击；制播分离趋势下，大量公司化制作团队涌现，他们的运转机制也极大地诱惑着体制内的制作团队。2017年10月，经过充分的市场调研和制度论证，湖南卫视总监会与台领导达成共识，在频道内试行工作室制度，激励团队创新创优。2018年5月25日，湖南卫视总监会也审核通过了7个团队创立首批工作室，9月，审核通过了第二批5个团队成立工作室。这是湖南卫视在团队建设和管理上的一次有益探索，全面激活了20多个导演团队。对于挂牌成立的工作室，湖南卫视提供了五个层面激励措施：

一是品牌激励，即推动工作室创立自主独立品牌，把工作室当作频道内部特区，用一系列政策来帮助强者更强，帮助能力和经验突出的制作人获得更好的创作环境。目前成立的工作室均推出了自己的Logo、口号，品牌标识进一步增强。

二是创新激励，即增加频道创新节目版面、推行常规创新“飙”计划、“30未满年轻人创新计划”和样片生产、试播制度，为工作室增加创新出口，为优秀人才提供用武之地。

三是用人激励，即下放工作室人员招录、用工权力。

四是收益激励，即打通绩效分配，以“投入产出”为依据设置“项目价值奖”。

五是发展激励，即支持工作室承接芒果TV的制作项目。

激励机制首先体现在经济上，好方案有奖金，新项目有奖励，高收视率有收视奖。而更重要的回报在于，创新能力强，项目机会多，个人职业技能提升快。工作室制度的实践，在很大程度上激活了团队，提振了士气，稳定了军心，减少了惰性。

到了2018年11月，湖南卫视已经成立了12个工作室团队，这12个工作室拥有湖南卫视26个节目团队中51%的导演人数，主创完成了湖南卫视接近80%的自办节目量，赢得超过90%的频道营收，进入样片制作和上档播出的所有创新方案中的70%也是来自这12个工作室，这在国内同类型工作室竞争中可算是成绩斐然。工作室成立后，团队的荣誉感、凝聚力更强了。节目的时段、口碑、收视成效如何，团队成员都荣辱与共，也有利于形成更加良性的内部竞争氛围。

近几年国内的视频网站出于调动人才积极性、树立品牌IP、整合资源等多方面的考虑，也纷纷开启了工作室制度。其中，工作室制度发展最为顺畅的则是与湖南卫视一脉相承的芒果TV。

---

① 陈丹．变革中的“电视湘军”一周年，起底湖南卫视12工作室［EB/OL］.（2019-05-07）［2022-11-21］. https://www.fx361.com/page/2019/0507/5094961.shtml.

目前芒果TV节目中心共有17个节目团队，并形成了独立工作室、S级团队、A级团队、初创团队四级管理体系。工作室在创意、制作、资源等方面完全独立，属于公司制，16个工作室就是16个节目分公司，风险由芒果TV承担，收益则由工作室与平台共享。工作室目标自由，衡量标准不是KPI，而是自己制定目标、自己完成，充分解放专业化生产力，让优秀的节目创意人、内容制作人专注于手边的事，实现对创作能力的赋能，也给予人才相对明确的晋升空间和操盘机会。而在芒果TV的竞聘制度改革中，每年两次竞聘，大部分中层岗位也都被拿出来提拔“85后”甚至“90后”的优秀创作人才。①

## 第五节 媒介人力资源的劳动关系

以劳动关系进行管理是人力资源管理的重要内容。在当今的媒介组织中加强劳动关系管理，对于正确处理与不断改善媒介组织劳动关系，建立稳定、和谐的企业劳动关系具有重要意义。

### 一、劳动关系的内涵及内容

> 名词解释
>
> **劳动关系** 劳资双方在劳动过程中建立的一种社会经济关系，是最重要、最基本的社会关系。具体是指企业（或组织）与劳动者之间依据劳动法和相关的法律法规所形成的权利与义务关系。
>
> **企业劳动关系** 主要指企业所有者、经营管理者、普通员工及其工会组织之间在企业的生产经营活动中形成的各种权、责、利关系。

新时代，我国的社会经济形势发生了重大的变化，对**劳动关系**领域产生了深刻的影响。首先，我国社会主要矛盾已经转化为人民日益增长的美好生活需要和不平衡不充分的发展之间的矛盾，社会主要矛盾的变化也影响着劳动关系领域。劳动者的需求层次不断提高，不仅需要维护基本的权益，还需要更满意的收入、更体面的工作和更有潜力的职业发展空间等。其次，人口老龄化严重，导致劳动力供给数量下降。最后，新经济、新业态的发展催生了新型的劳动关系，给劳动关系和劳动权益保障带来了较大的挑战（见图11-8）。

随着互联网平台的快速发展，新就业形态劳动者的数量不断增加，其权益保障成为热点问题。在市场经济快速发展的背景下，企业要想在市场竞争中长期处于不败之地，就需要重视**企业劳动关系**，做好人力资源管理中的劳动关系管理，是企业生存与发展的基础条件。

① 何忱眼中的芒果TV工作室制度：第一要务是解放专业化生产力［EB/OL］.(2020-06)［2022-10-11］. https://mp.weixin.qq.com/CWSXFrLwVR9xxAyeZysfg.

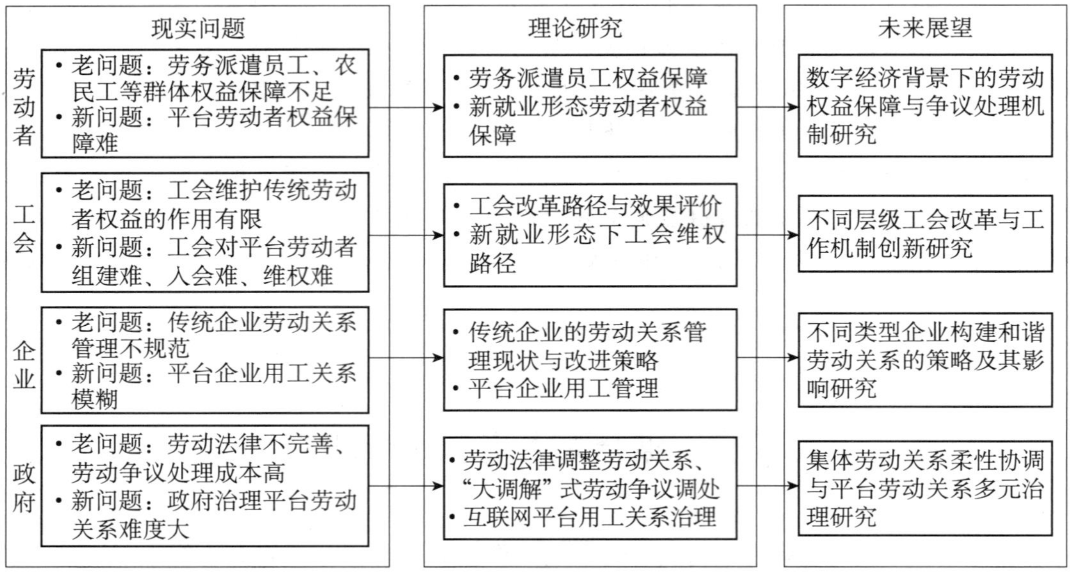


**图 11－8 新时代我国劳动关系理论与现实问题图谱**

资料来源：谢鹏鑫，屈萌，冯娇娇，等. 新时代我国劳动关系的研究综述与展望：基于劳动关系主体的视角 [J]. 中国人力资源开发，2022 (4)：98.

## 二、劳动关系管理

劳动关系，是企业（或组织）与劳动者之间，在雇佣、使用劳动者完成劳动过程时所形成的管理与被管理的关系。企业会结合自身的特点和市场环境，在相应的法律法规框架内，在组织和管理劳动者的过程中制定出企业的相关管理制度，从而实现对企业和劳动者双方行为的规范和约束。劳动关系管理是建立稳定、和谐的企业劳动关系的关键，一方面有利于维护企业和劳动者的合法权益、实现双赢，另一方面有利于促进企业的健康、可持续发展。对劳动关系进行管理是人力资源管理的重要内容，对于保障媒介组织的合法权益、有效使用组织内部人力资源有重大意义。

劳动关系体现的是企业和劳动者在劳动过程中所形成的与劳动有关的利益关系，其主要目标是维护企业和员工的合法利益。具体来说，劳动关系管理主要包括以下四个方面：

第一，企业要明确国家和政府对劳动关系所制定的法律法规和规章制度，并在生产实践中严格落实。

第二，企业需要加强劳动者对相关法律法规和规章制度的知识培训，督促劳动者严格落实各项法律法规和规章制度。

第三，企业要结合自身的发展实际与市场经济发展的要求及时调整自身的相关制度。

第四，企业要平衡自身与劳动者之间的利益，当双方出现利益冲突时，要妥善处理，争取实现双赢。

## 三、媒介组织劳动关系管理的内容

> 名词解释
>
> **劳动合同**　是指劳动者与用人单位之间确立劳动关系、明确双方权利和义务的协议，具有一定的法律效力。

### （一）签订劳动合同

**劳动合同**能够明确企业和劳动者双方的权利和义务，对双方都能够起到一个很好的保护作用。对劳动者来说，签订劳动合同就意味着自愿进入该媒介组织工作，遵守媒介组织的规章制度并且依法履行自己的职责，完成自己的工作。对于媒介组织来说，签订劳动合同就意味着媒介组织必须依法给劳动者提供相应的报酬和福利，保障劳动者的合法权益。

随着我国传媒业人事制度改革的深入，聘任制已经成为媒介组织用人的基本机制。聘任是劳动者与用人单位的双向选择过程，由此形成的劳动关系是一种契约关系，即合同关系。因此，媒介组织应高度重视劳动合同的管理，通过依法订立合同协调从业者与用人单位的各种责、权、利关系，这些问题不是用人单位单方面的一纸聘书可以解决的。这一点，正是值得媒介组织注意的问题。

### （二）建立员工的归属感

> 名词解释
>
> **员工归属感**　是指员工经过一段时期的工作，在思想上、心理上、感情上对媒介组织产生了认同感、公平感、安全感、价值感、工作使命感和成就感等。这些感觉最终会内化为员工的归属感。

**员工归属感**的建立是一个漫长而艰难的过程，但是对媒介组织来说，却是必不可少的。劳动合同只是保障了员工去履行自己的职责，然而想要员工把媒介组织当成家一样去奉献，去投入，就必须使员工对媒介组织产生归属感。

归属感的建立要求企业不仅仅给员工提供最基本的薪资水平和福利待遇，而且更重要的是从精神和文化上对员工进行心理渗透，让员工从工作中获得成就感。建立员工的归属感可以从以下几个方面着手：一是提高员工的工资和福利；二是赋予员工合适的未来职业规划；三是培养每个员工的兴趣；四是对员工进行不懈的培训教育；五是保障劳动者的付出和收获成正比；六是用人单位坚持以人为本，把员工的利益置于重要位置；七是领导者要树立起榜样的形象。

### （三）关注员工身心健康

人本管理，是现代企业管理的基本理念。如果管理者不能保障员工的身心健康，毫无疑问就是失败的管理者。就现代企业的发展情况来看，漠视员工心理健康的发展已经给企业甚至是社会层面带来了极大的危害。不仅员工的心理疾病在中国呈普发、高发态势，而且其生理疾病的情况很突出。员工是企业组织的基石，而身心健康对员工的影响更是极其深远。一个好的管理者必须要学会关心员工的身心健康，一个只会剥夺员工身心健康的企业是没有发展前途的，是不可能取得可持续发展的。

### （四）管理劳动争议

媒介组织是知识型、信息型企业，其员工一般具有较高素质。这一方面有利于协调组织与员工之间的关系；另一方面由于同样的原因，媒介组织与员工一旦发生劳动纠纷，处理起来也会更加棘手。因为媒介从业者的法律意识都比较强，同时，他们在社会上都有比较广泛的人际关系网，会为自己“讨回公道”。根据媒介组织这一特点，管理媒介组织的劳动争议要做好下述工作：

第一，增强管理者的法律意识。中国的很多主流媒介组织都属于国有企事业单位，其管理人员均由主管部门任命，这经常会造成外行领导内行的局面。由于所有权与经营权的分离，管理者又往往以“老板”自居，这很容易造成管理者不懂法律、漠视法律的情况，由此给员工带来伤害，使员工在各方面的利益受到损害。当这种伤害和损害达到一定程度的时候，就必然会引发劳动争议，而由于上述原因造成的争议，败诉者也必然是媒介组织。媒介组织由于败诉会产生许多负面影响，比如支付员工经济补偿、支付劳动争议仲裁费用、损害组织在公众中的形象等。

第二，增加主管人员的劳动关系管理知识和处理劳动争议的技能。特别是从事具体管理工作的人力资源管理部门主管人员，不仅要熟悉劳动关系的法律条文，还要善于把各种问题解决在引发争议之前，善于做好管理者、从业者以及工会组织等各方面的沟通协调工作。一旦发生劳动争议，人力资源管理部门需要做好具体工作，使“大事化小，小事化了”，使争议的双方在劳动关系法律上达成共识，使双方的利益得到维护，避免矛盾激化。

## 四、互联网平台下媒介组织的劳动关系管理

在如今的媒体融合时代，社会关系、生产关系、劳动关系都已经被算法逻辑不断地解构与重构，劳动转变为算法控制和数字支配的劳动。这种劳动没有让劳动者闲暇自由，反而使他们陷入失去工作边界、被迫自我施压竞相追逐的内卷困局之中，他们在越来越忙碌的同时也越来越焦虑。技术以及算法规则在其中大行其道，劳动者的权利被异化、控制和剥夺于无形之中。媒介空间中的劳动异化和数字殖民化成为算法劳动的底色，这自然给社会带来了不确定的劳动关系、隐秘的劳动控制和高位的劳动风险，也催生了数字劳动中抵抗行为的合理性发生。

因此，在当今的媒介组织中加强劳动关系管理，对于正确处理与不断改善媒介组织劳动关系具有重要意义。具体来说，媒介组织劳动管理对象可以包括五个方面：员工的申诉、罢工、怠工等；劳工运动；集体谈判；员工参与管理；双方协议。前两者属于劳动关系冲突的范畴，后三者属于劳动关系合作的范畴。

现如今，面对新媒体技术对媒介从业人员权利的消解，劳工如何进行“逆算法化”行动，完成逃逸和抗争是值得关注的问题。近年来随着互联网和社交媒体的兴起，媒介组织的劳动管理也在随着媒介技术的进化而不断推陈出新。

### （一）以德为先：强化平台社会责任

人工智能的不断发展让人们逐渐意识到，算法所代表的价值体系并非完全中立而公正，其背后所隐藏的偏见、排斥和歧视使得“算法恶意”成为被反复讨论的概念，在此基础之上重提算法伦理问题就是要重新梳理人与算法、算法与社会以及由算法所中介的人与社会之间的关系和准则。建立劳动者权益保障机制，畅通劳动者诉求反馈渠道，关注劳动者权利、福利和社会意义等都是对数字劳动治理体系的有效补充。

### （二）以人为本：管理理念的回归

算法系统与劳动者之间是管理与被管理的关系而非控制与被控制的关系。当算法出现越位，无限制地剥削和挤压劳动者的生存空间时，劳动反抗就会发生。二者关系异化的根源就在于算法系统及其背后的资本逻辑。劳动是人类适应自然的活动和改造自然的独特方式，以算法为代表的信息技术的介入应当释放新的生产力，助推人类从奴役劳动走向自由劳动而非反其道而行之。正如学者陈龙、孙萍所说：“对‘超级流动’的改变，需要放弃‘短期主义’做法，回到以人为中心的劳动政策。”① 劳动者的安全、健康与发展在数字平台所建构的劳动关系中应该得到充分考虑。

### （三）以法为据：数字劳动规则的建立

国际劳工组织发布的《2021 年世界就业和社会展望》中指出：“平台覆盖多个司法管辖区域，因此需要协调一致的政策以确保它们提供体面的工作机会并促进可持续业务的增长。”② 在全面依法治国的新时代，劳动关系管理更应该以法律为准绳。首先，规则的建立应该体现在政策的协调与管理层面，在数字劳动平台空前壮大并发挥巨大威力的经济发展背景之下，数字平台及其中规则的建立需要从管理思维的更新、信息资源的规划、劳动标准的制定等层面下功夫，实现政府、平台、社会组织、劳动者等不同主体间的有效沟通与协作。其次，法律制定应以实际情境为导向。例如，针对平台劳动中算法技术存在的黑箱控制、弹性用工、数据滥用、歧视性屏蔽等风险开展专项整治，中央明确提出：“要完善平台企业垄断认定、数据收集使用管理、消费者权益保护等方面的法律规范。要加强规制，提升监管能力，坚决反对垄断和不正当竞争行为。”③

## 本章小结

1. 人力资源管理是指运用现代化的科学方法，对与一定物力相结合的人力进行合理的培训、组织与调配，使人力、物力经常保持最佳比例，同时对人的思想、心理和行为

---

① 陈龙，孙萍．超级流动、加速循环与离“心”运动：关于互联网平台“流动为生”劳动的反思［J］．中国青年研究，2021（4）：29－37．

② 国际劳工组织：2021 年世界就业和社会展望［EB/OL］．(2021-02)［2022-06-08］．https：// www. remenci. cn/27986？continueFlag＝16b80c75da6c1efbb8bf93da78796213．

③ 黄敬文．中央经济工作会议在北京举行［N］．人民日报，2020－12－19（1）．

进行恰当的诱导、控制和协调，充分发挥人的主观能动性，使人尽其才、事得其人、人事相宜，以实现组织目标。人力资源管理的主要任务可以归纳为七个方面：人力资源规划；工作分析；招聘录用；绩效管理；薪酬管理；培训开发；员工关系管理。

2. 媒介人力资源是媒介生产过程中的主体，既具有一般人力资源所具有的自主性、差异性、发展性等特点，又具有受教育程度和综合素质较高、个体独立性较强、人员流动性较强、政治敏感性高等自身特点。在从事媒介组织的人力资源管理过程中，必须充分尊重这些特点。

3. 媒介人力资源管理的原则包括量才适用原则、优势互补原则、动态管理原则、奖惩并举原则等。目前媒介组织对于人才的需求呈现以下两大特点：一是全媒体人才紧俏，二是技术型人才需求上升。

4. 当前我国媒介人力资源管理存在的主要问题：一是同工不同酬、等级固化等限制了媒介人力资源的活力；二是新媒体冲击下传统媒体人力资源流失；三是媒体融合时代复合型人才紧缺；四是传统媒体人对新媒体存在一定的抵触心理。因此，在进行媒介人力资源管理时，需要做到以下几个方面：一是要转变观念，树立正确的人才观；二是要转变职能，实现人力资源管理的科学化；三是要加强激励，将人力资源转化为人力资本。

5. 媒介人力资源规划就是媒介组织结合自身发展需要和内外环境变化状况，运用科学的方法对未来的媒介人力资源供需状况进行分析预估，相应地在人员选拔、人员配置、人员培训、人员激励等方面所制订的人力资源管理计划，其实质是在组织发展方向和经验目标既定的前提下所进行的人力资源计划管理。

6. 职位分析，也称为工作分析或职务分析，是应用系统方法，收集、分析、确定组织中职位的定位、目标、工作内容、职责权限、工作关系、业绩标准、人员要求等基本因素的过程，其主要成果是形成职位说明书及职位分析报告，这是人力资源管理的基石。媒介人力资源的职位分析有以下基本要求：职位分析必须与媒介组织经营的目标、发展阶段和发展水平以及增强媒介组织员工凝聚力相一致。

7. 招聘是在组织的总体发展战略规划的指导下，制订相应的职位空缺计划，并决定如何寻找合适人员来填补岗位空缺的过程。招聘录用工作主要包括招聘和录用两个独立但连续的环节，主要流程包括确定岗位空缺、选择招聘渠道、制订招聘计划、选择招聘来源和方法并发布招聘信息、回收招聘资料进行初步筛选、选拔录用及评估招聘效果等七个阶段。

8. 培训是根据媒介组织的发展需要，对员工进行有目的、有计划的培养和训练，以提升他们的职业技能、政治素质、知识水平、传播技能和职业道德水准。培训主要分为入职培训、在职在岗培训和在职脱产培训。培训的流程包括明确培训的战略背景、培训需求分析、培训规划设计、实施培训、培训效果评估等。

9. 绩效管理是指将目标设定、绩效评估与开发整合成一体的独立的通用体系，其目标是确保员工的绩效完全符合公司的战略性目标。绩效管理是人力资源管理系统的核心环节，有利于改善员工的工作绩效，提高组织的整体绩效。有效的绩效管理能为员工的留任、提升、降职、转岗、加薪与解聘等人事决策提供可靠的依据。传媒行业普遍应用的绩效考核方式主要有“德能勤绩廉”考核、量表评定法、360度考核、包干制、打分扣分法、关键事件法、目标管理、关键绩效指标、平衡计分卡、图尺度评价法、交替排序法、叙述式表格法、目标与关键结果法等。

10. 薪酬管理是指组织在经营和发展战略规划的指导下，综合考虑各种因素的影响，确定自身的薪酬水平、薪酬结构和薪酬形式，并进行薪酬调整和薪酬控制的整个过程。有效的薪酬管理有利于吸引和保留优秀的员工，实现对员工的激励，提高个人工作绩效，进而改善组织的整体绩效。影响薪酬系统的因素有外部因素和组织内部因素。外部因素包括政策法规、行业工资水平、通货膨胀水平、当地经济发展水平、行业寿命周期、行业竞争状况、劳动力市场供应情况等。内部因素包括组织的经济实力、经营规模、价值观和文化、岗位特点及员工个人素质等。薪酬模式类型包括职位薪酬模式、技能薪酬模式、绩效薪酬模式和市场薪酬模式。宽带薪酬是媒介组织薪酬设计的发展趋势。

11. 劳动关系是指企业（或组织）与劳动者之间依据劳动法和相关的法律法规所形成的权利与义务关系。劳动关系管理是建立稳定、和谐的企业劳动关系的关键，一方面有利于维护企业和劳动者的合法权益、实现双赢，另一方面有利于促进企业的健康、可持续发展。媒介组织劳动关系管理的内容包括签订劳动合同、建立员工的归属感、关注员工身心健康、管理劳动争议等。在当今的媒介组织中加强劳动关系管理，对于正确处理与不断改善媒介组织劳动关系具有重要意义。

## 复习思考题

1. 当前的媒介人才需求存在哪些突出特点？
2. 试述当前媒介人力资源管理存在的问题及解决之道。
3. 媒介组织在绩效管理中需要注意哪些问题？如何通过加强绩效管理提高组织效率？
4. 影响薪酬的因素主要有哪些？为什么说宽带薪酬是媒介组织薪酬设计未来发展的趋势？

第十二章

# 媒介组织财务管理

光线传媒是中国最大的电影和电视剧公司之一。近年来随着数字媒体不断发展，光线传媒需要在维持既有的发展成果的同时进一步调整自身业务活动范畴实现转型。为了在不断变化的市场环境中实现盈利、保持好已有的和新兴的盈利增长点，光线传媒需要对自身的财务活动进行管理，包括确立一个良好的财务管理目标，进行相应的筹资管理、投资管理、经营管理、分配管理、财务分析活动等环节。这些环节既能帮助光线传媒了解自身的财务优势，也能对其未来的财务活动进行规范化的指导，从而为其资产运营提供保障，使企业在争取利润的同时平稳、有序地使用和调配资金。那么为什么财务管理对该企业的发展如此重要，其是怎样进行财务管理的，如何根据财务数据判断一个企业经营的好坏，等等。本章将要对这些问题做出回答。

**学习目标：**

阅读和学习本章后，你应该能够：

1. 了解媒介组织财务管理的内容及其目标。
2. 掌握媒介组织财务管理的主要对象和主要内容。
3. 了解媒介组织筹资有哪些渠道。
4. 掌握媒介组织投资管理的基本要求。
5. 了解媒介组织运营管理的主要内容。
6. 掌握媒介企业分配的主要原则和分配制度。
7. 能够看懂财务报表并通过财务报表进行财务分析。

## 第一节　媒介组织财务管理概论

不同类型的媒介组织有不同的财务管理目标。媒介组织财务管理的主要对象是媒介机构（企业）的筹资活动、投资活动、运营活动、分配活动，对这四方面的管理原理及管理要点所进行的阐释和具体应用，构成了媒介组织财务管理的主要内容。

## 一、媒介组织财务管理概论

名词解释

**财务管理** 法人或自然人在筹资活动、投资活动和经营活动中对其合法拥有或依法控制的资产在取得、使用和保全过程中所发生的事情进行科学的预测和决策、准确的预算和核算、严格的控制和审计、合理的分配和分析、有效的沟通和协调的一项管理活动。①

**媒介组织财务管理** 传媒机构组织财务活动、处理财务关系的一项经营管理工作。

### （一）媒介组织财务管理

在我国传媒事业的发展过程中，有关“新闻、传播”的核心业务仍要牢牢把握在国有资本手中，但传媒业的经营范围广泛，涉猎领域多元，面临着国内外同行业的较为激烈的竞争，在转企改制以及事业单位企业化管理的制度安排下也面临着“盈利”的诉求，从而需要引入现代企业的**财务管理**制度。对于**媒介组织财务管理**而言，目前还没有所有目标都能兼顾的完美模式，需要媒介组织在不断发展中进行优化。

财务管理是媒介经营与管理的一项核心任务，新媒体发展往往依靠大量资金和所谓的“机会结构”，某些投放了大量资金所生产的网剧、网游和周边产品可能会受到欢迎，其余的却可能无法保证基本的成本回收。这时对中小传媒企业而言，在开发产品、进行产品布局之前的财务管理就显得尤为重要，这决定了企业是否有足够的剩余资金以推动下一阶段产品的研发与生产，从而实现可持续发展。如果企业没有做好充分的准备和资金调度，便可能面临借债、偿债甚至高额贷款所带来的巨大压力。这也说明，在当下的多种媒体生态下，不同类型传媒组织同台竞技，市场情况瞬息万变，媒体自身的经营情况面临极大的不确定性，因而很难找到绝对完美的财务管理模式，但在市场、媒体自身、竞争对手这三者的博弈过程中找寻一种不断优化的、动态的“相对平衡感”则是媒介组织财务管理的常态。

### （二）媒介组织财务管理的目标

目前，媒介组织有不同类型，不同类型的媒介组织有不同的财务管理目标：如果是事业单位，那么其重心应该是保证提供优质的公共服务，实现公共绩效的最大化，利润最大化不能作为其财务管理的目标；如果是企业，那么就必须考虑利润最大化、利益相关者利益最大化、企业价值最大化、股东财富最大化等财务管理目标。尽管事业单位、企业单位有其各自独立的目标，然而二者均需要在考虑“社会效益”这一维度的基础上开展经营活动。

**1. 利润最大化**

对于企业的财务管理目标的认识，有一个不断发展和完善的过程。创造利润是企业的天然使命，企业本质上是一个营利性组织。因此，最早的企业管理理论都把利润最大

① 韦德洪，杨海燕．论中国特色财务管理学科的构建：基于汉字“财”和“务”字义的思考［J］．中国大学教学，2011（10）：32－35.

化作为企业发展目标。后来发现这一理论存在着很大的缺陷：一是将利润最大化作为企业财务管理目标容易产生短视行为；二是利润最大化没有考虑实现利润的时间价值和风险问题，导致企业资源使用效率不高；三是利润最大化有可能损害股东的长远利益。于是，管理学界提出了“股东财富最大化”的企业财务管理目标。

**2. 股东财富最大化**

在给予一定的约束的基础上，“股东财富最大化”似乎具有较充分的合理性，因为股东承担了公司在经营过程中的“剩余风险”，他们与公司的经营活动所造成的影响和后果有着密切关联，同时为了追求长时段的财富积累并扩大利润，股东也常常用自己的资产（有形资产）和声誉、社会关系（无形资产）为公司的发展带来某种“杠杆效应”，亦即为公司带来利弊兼有的影响。股东财富在一定程度上反映为股票的价格，这也说明企业的营利本质与股东为企业带来的收益、他们所承担的责任具有连带关系，当股市和外部市场面临风险时股东财富也将受到影响。“股东财富最大化”的问题在于：它仅强调股东们的利益，目标导向仅关注股价，忽视了对经营风险进行有效控制；不仅如此，这一财务管理目标过分考虑股东的利益，忽视了企业其他利益相关者的利益，因此，企业有可能因股东的利益损害其他利益相关者的利益以及社会的公共利益。所以，这一理论不能成为企业财务管理的最终目标。

**3. 利益相关者利益最大化**

企业是为了节约社会交易费用通过契约形成的经营共同体。因此，财务管理目标和企业多方利益密切有关，财务管理目标要关照这些不同的利益相关者的利益，最终达成妥协，达到帕累托最优状态。由此，就产生了“利益相关者利益最大化”这一企业财务管理目标理论。“利益相关者”一般是指那些与公司存在直接或间接利益关系并享有合法性利益的组织或个人，主要包括两类群体：一是指“一级利害关系人团体”，指那些没有其参与公司就不能作为经营主体而存在下去的社会团体，包括股东、投资者、雇员、顾客、供应商及政府和社区；二是指“二级利害关系人团体”，指那些影响公司或受公司影响，但与公司之间没有商事关系，并且不是公司生存的必要条件的社会团体，如大众传媒和各类专门的利益集团等。① 这一理论的优点在于，它兼顾了各方利益，在做决策时避免机会主义，可以更加专注于组织的长远目标。它的问题在于，由于过分考虑各方的利益，管理者在做决策时需要关注广泛的目标和任务，同时由于各方利益之间并不完全一致甚至经常发生冲突，当各方利益不一致时，决策者难以决断，常常提不出使各方满意的切实可行的实施方案，极大地增加了决策成本。

**4. 企业价值最大化**

企业价值最大化是指企业在充分考虑资金使用的时间价值、风险、报酬比例、不确定性等因素的情况下，使用最有效的财务政策进行合理经营，在确保企业长期稳定发展的基础上实现企业总价值最大化。这里所说的企业价值不仅体现在会计账目上，还体现在企业的获利能力、持续发展能力、对社会所承担的责任以及潜在获利上。这一理论充分考虑了企业资金使用的时间价值、风险、回报等，也考虑了企业的长远目标和可持续

---

① 李心合．利益相关者财务论［J］．会计研究，2003（10）：10－15.

发展目标，将企业长期稳定发展摆在首位，强调在价值的增长中使各方利益相关者获得最大价值和利益。企业价值最大化还是一个动态的指标，它促使企业在生命周期内追求价值的持续增长，具有长期性、可持续发展性。因此，企业价值最大化目标是企业财务管理目标的最优选择，是符合现代企业制度的必然要求。

### （三）传媒企业价值实现与“财富价值链”

传媒企业的价值很大程度上表现为“利润的增长”，但为了达到这一目标，往往需要企业内部和外部的配合。对内需要明确财务管理的基本环节和各部门分工，一定程度上实现内部的“价值增长”，从而为企业在市场中的营利活动做好准备。在企业经营的过程中，一方面要考虑外部市场的发展、变化情况，另一方面也要考虑如何将资产负债率调整到可控的程度并灵活地调动流动资金从而参与市场交易和市场竞争。在此过程中既要考虑到股东权益、按时按数缴纳税款，同时应妥善管理、使用政府提供的补贴。按照迈克尔·波特的“价值链”理论来看，媒介公司实现财务价值需要依靠“财务价值链”（见图 12-1）[①]，其中每个环节的相互协调能够最大限度地激发出“效能”。因此，财务价值的实现所依靠的可能不是某种过于具体的手段，而是各种管理手段组合成的“关系、体系”。

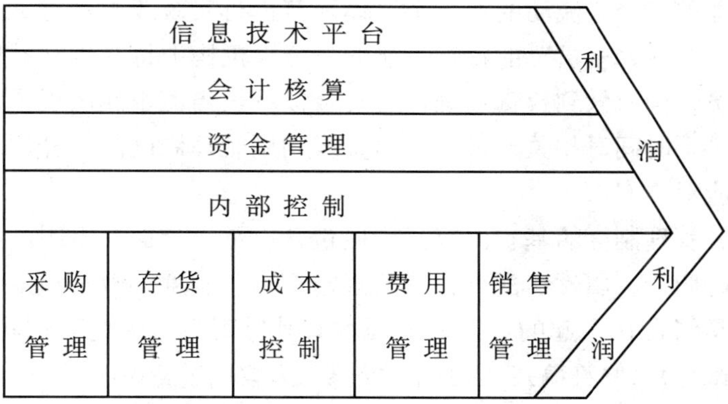


**图 12-1 财务价值链**

### （四）媒介组织财务管理的主要对象和主要内容

媒介组织财务管理的主要对象是媒介机构（企业）的筹资活动、投资活动、运营活动、分配活动。对这四方面的管理原理及管理要点所进行的阐释和具体应用构成了媒介组织财务管理的主要内容。

（1）筹资管理。

媒介机构需要在保证成本、防控风险的基础上筹集到为企业运作提供“元动力”的资金，这是传媒经营活动和财务管理的基础、原始环节，因而需要对筹集资金的过程和成果进行管理。

---

① 李晓阳．企业财务流程再造研究［D］．镇江：江苏大学，2007：16.

（2）投资管理。

媒介机构开展对外投资是为了获得更好的发展空间，在未来开展更为优化的经营活动和其他经济活动，因而需要对传媒机构的未来发展方向和经营范畴、投资项目、投资过程可能出现的风险进行考量和把关。对投资过程的管理和对此过程中所使用的资金的管理就显得十分重要。

（3）营运管理。

经营管理的重心是对营运资金进行管理，而营运资金指的是传媒机构在日常运营时能够加以调用的流动资金。

（4）分配管理。

传媒机构会在经营过程中与利益相关主体对经营成果进行分配，此过程需要公平、合规，这样才有利于企业发展，对利益相关主体起到适当的激励作用，因而需要进行有针对性的管理。

上述财务管理主要内容的四方面后面将会展开论述。除此之外，在开展财务管理的过程中，一项好的管理制度将帮助管理者事半功倍。因此，在财务管理的四项主要内容之外，另一项主要内容是建立管理制度。财务管理制度应该是一种“整体性管理制度”，以媒体自身的发展大局为着眼点从而实现资金的全面整合和优化配置；应该具有“全程落实”的特点，能够对资金流动的每一个具体环节进行宏观或微观意义上的指导和风险防控；应该具有“全体、全员”的特点，能够与传媒机构中每一位利益攸关的个体相关联并进行广泛动员，同时做到权责明确，当资金被不正当使用或出现了预期之外的风险经营行为时能够第一时间对相关人员进行追责或利用管理制度的杠杆原理思考弥补损失的可能性与合理应对方案。

媒介组织财务管理制度的基本内容至少应包含以下三方面：组织制度，亦即对管理部门和相应岗位的职能、属性、配合关系的规定；工作制度；激励约束制度。这三方面不是各自独立而是结合在一起的，但每方面均有其针对性，因此我们将以《南方传媒：财务管理制度（试行）（修订稿）》中的相关条款①为案例进行说明。

（1）组织制度。

财务组织制度是指对企业组织内部与财务管理相关的部门或领导的权责利关系进行的制度规范。

南方传媒财务管理制度在组织制度方面对股东会、经营管理班子各自的财务管理权限做了规定。股东会的主要财务管理职权包括：决定公司的经营方针和投资计划；决定有关董事、监事的报酬事项；审议批准公司的年度财务预算方案、决算方案；审议批准公司的利润分配方案和弥补亏损方案；对公司增加或者减少注册资本作出决议；对发行公司债券作出决议；对公司合并、分立、解散、清算或者变更公司形式作出决议；对公司聘用、解聘会计师事务所作出决议；公司章程规定的其他职权。经营管理班子的主要财务管理职权包括：拟订财务管理机构设置方案；拟订内部财务管理制度、财务战略、

---

① 南方传媒：财务管理制度（试行）（修订稿）［EB/OL］.（2017-06-23）［2022-11-23］. https://www.sohu.com/a/151437080_545697.

财务规划，编制财务预算；组织财务预测和财务分析，实施财务控制；组织实施筹资、投资、担保、捐赠、重组和利润分配等财务方案，履行偿债义务；执行国家有关职工劳动报酬和劳动保护的规定，依法缴纳社会保险费、住房公积金等，保障职工合法权益；编制并提供财务会计报告，如实反映财务信息和有关情况；提请聘任或者解聘公司财务负责人；配合有关机构依法进行审计、评估、财务监督等工作；董事会授予的其他职权。

（2）工作制度。

财务工作制度是指在财务管理过程中财务部门及企业各部门在财务制度的具体执行中所应遵循的工作规程或规章制度。

例如，南方传媒财务管理制度在工作制度方面对财务管理部门、股份公司及下属公司的具体财务管理工作做出了规定，要求财务管理部门"建立财务预算管理制度，以现金流为核心，按照实现企业价值最大化等财务目标的要求，对资金筹集、资产营运、成本控制、收益分配、重组清算等财务活动，实施全面预算管理"，要求"股份公司及各下属公司设立时，可以接受投资者以货币资金、实物、无形资产、股权、特定债权等形式的出资"，"股份公司及各下属公司要正确、及时筹措资金，保证企业发展与生产经营所需，有效地投放资金，取得投资收益；合理调度和分配资金，提高资金使用效率，保证资金的安全与完整"。这就使得企业及其所属各部门有章可循。

（3）激励约束制度。

激励约束制度是以制度形式建立有效的财务激励、约束手段，达到协调企业所有者、经营者之间关系的目的。财务激励约束制度的建立是公司治理的核心内容之一。财务激励约束制度包括两方面：第一，激励制度，包括长期与短期、实物与货币相结合等激励内容；第二，约束制度，包括行为与结果、自发与强制相结合等约束内容。

例如，南方传媒财务管理制度在激励约束制度方面提出："股份公司及各下属公司净利润按以下顺序分配：弥补企业以前年度亏损；按税后利润提10%法定盈余公积金，盈余公积金累计额达到本单位注册资本50%时，可不再提取；将可供分配的利润按股东大会批准的年度利润分配方案进行分配。"这里就以制度形式对企业的利润分配顺序、比例等进行了规定，以达到对企业各部门和员工进行激励约束的目的。

## 二、媒介组织财务管理的模式

媒介组织财务管理的模式主要分为集权式、分权式、混合式三种。

### （一）"集权式"管理模式

顾名思义，集权式管理模式就是财务管理权力集中，强调由总公司（或决策中心）对子公司（或下属部门）实行财务管理，委派管理人员并进行针对性、垂直化的管理，这有利于权力的集中和管理标准的统一、规范，但也容易使下属部门、基层工作人员失去工作的积极性，管理政策的具体操作和实施可能无法实时调整或显得不够灵活。在此过程中，利润、奖金等方面的分配主动权掌握在决策部门手中，这让针对性的奖励制度得以落成和生效，组织的上层、中层、基层之间能更好地通过人才奖励、激励制度而实现“选贤任能”、实现流动性的岗位分配并疏导、缓解管理层的工作职能集中所带来的行政压力，但也让相关的激励、分配制度失去了制度解释上的灵活性，很多时候不利于充分调动一线管理者及员工的积极性。

### （二）“分权式”管理模式

这种管理模式的主要目的是赋予下属部门较为充分的自主权，让它们比较自主地对自身的财务活动进行管理，但容易和上层决策部门的管理制度形成冲突、催生出明里暗里的“两种管理制度”。同时，给下属部门以财务方面的自我监督权也容易催生出所谓的“内部控制人”，他们会利用信息的不对称性，动用自身的“权力寻租”的能力，将公司客观上的经营目标转变为自身主观愿望的实现从而给媒体的经营和发展带来危害。具体而言，“内部人”往往在公司内设立小金库或开办额外的私人公司，利用手头的关系和资源窃取原公司的财务资源，如北青传媒的高管郑某某、钮某、于某某就利用分权模式的管理漏洞，私设小金库或在外开办公司，大肆侵吞国有资产，后来事情败露受到严厉惩处。此外，“内部人”往往会大量投钱以凸显短期的财务收益和本人的政绩，同时对公司的真实经营情况和外部的股市信息披露遮遮掩掩，为了自身利益而枉顾股民利益。①

### （三）“混合式”管理模式

好的财务管理模式一般是依据媒介机构的现实发展需要、以“经营活动和总体价值的优化”为总目标的混合式管理模式，尤其对于经营业务十分多元、涉及的子领域和子部门众多的新媒体公司而言，具有自我调节能力、能够灵活便捷地反映出企业发展的总体财务状况并与之相适应的财务管理模式值得借鉴。针对这一需求，不少传媒机构开始采用集成式的线上会计平台配合管理，这样，分公司与其员工的财务活动就经由这一系统的联结和传达而变得相对透明、可视化，总公司的管理人员只需在线上点击某个窗口或链接即可对财务活动进行审查和监督。这种集成平台的基本工作模式如图 12－2 所示。

随着云计算、人工智能技术被广泛应用于财务管理，很多“集成管理平台”升级为“智能管理平台”，其中应用的很多算法、程序都对财务审核流程所涉及的一些判定条件进行了考虑，提升了财务管理的效率。例如，中国科学院 ARP 财务系统设计方案就考虑到了行程报销时的路线判断问题。在“单程、往返、中转”这三种行程之中，通常中转判断最困难，在对“当前的中转地是否是目的地”进行鉴别时有如下几种思路：“一张票据的出发地是否与另一张的目的地相同”将成为它们是否属于“同一行程”的鉴定标准，随后将停留时间长的视作目的地票据；以“时间”为鉴定标准时，当两张不同票据的出发、到达日期分别相同时就进行“中转”的判定，此时，第二张票据的到达地就可以被鉴定为目的地；在方案二的基础上进一步优化出第三种方案，即判断两张票据的间隔时间，如果在合理的范围内，就判断为中转行程，这个合理的时间定义为“行程阈值”，该

① 刘友芝，陈岱，朱江波．我国传媒上市公司内部人控制问题研究［J］．湖南大众传媒职业技术学院学报，2011（1）：39－42.

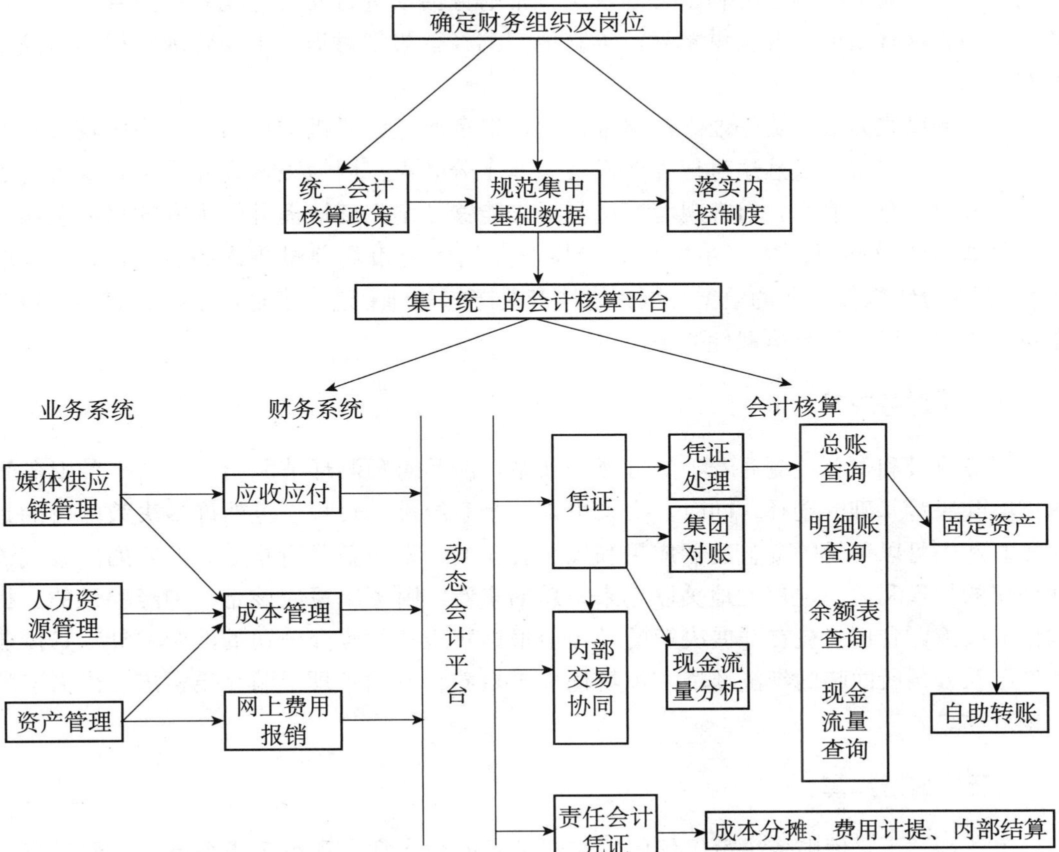


**图 12－2　财务集成平台的基本工作模式**

资料来源：张燕．电子媒介经营与管理［M］．北京：中国传媒大学出版社，2016：202.

阈值可由各单位自行定义。[①] 这种方案也体现了财务管理的科学化，通过数据进行精准化管理，而且也体现了人性化管理的发展趋势，能够切实为一线职工考虑，减少他们在财务管理方面的交易成本。

## 三、媒介组织财务管理的主要环节

### （一）财务预测

财务预测是对未来资金活动和媒介公司可能需要的资金流量等方面的预测，它既能指导决策和决策的优化、为未来的企业财务管理提供比较好的解释基础、给企业的管理者提供较为翔实的参考，也能使媒介机构制订可靠、具有执行力的财务计划从而更好地对财务管理工作和具体的资金布局进行指导，在降低资金的使用成本的同时优化资金的

① 何峻，罗雯，于建军，等．中国科学院智能财务应用初探［J］．数据与计算发展前沿，2021（2）：50－59.

使用和分配。财务预测还有利于管理者对日常财务活动进行安排、规划并为管理者个人的发展与管理素质的提升提供指导，丰富他们的经营规划意识、主动管理意识和风险规避意识。

为了帮助媒介公司更好地进行财务预测，很多产业调研机构会出版一些比较有针对性的市场调研报告，虽然这对传媒业而言并非十分必需，因为很多媒介机构自身也有着强大的调研、分析能力，但客观而言这些报告能够一定程度地提升管理者的财务预测效率。例如，产业调研网的《中国信息传媒行业调研与市场前景预测报告（2021—2027年）》就在分析媒体行业的数据、剖析媒体产业链的基础上进一步呈现了信息媒体领域的市场竞争情况以及具有典型性的企业。①

### （二）财务决策

财务决策和财务预测有着千丝万缕的联系，涉及对预测环节所给出的若干种财务管理方案和决策基础的选择；同时，决策也是一个系统性的过程。虽然许多决策的目的是对短时间内可以预见的资金运营成果和媒介公司的经营效益进行指导，但好的决策应该和公司的长远利益一定程度地关联起来。总的来看，财务决策应该是一种经验性的、机制性的决策，管理者应在开展决策的过程中根据所服务的媒介公司的经营方针、具体业务类型及公司所面临的经济环境和市场环境来培养自身的管理经验，摸索出可供借鉴的决策规律。

### （三）财务预算

财务预算不是使财务决策仅仅停留在管理者的个人意志和行政指令层面，而是将决策结果与具体的“价值”联系起来，从而更加清晰地反映出决策的成效和综合性的利弊。财务预算需要对媒介公司的现金、资产负债、利润等方面的使用和流向进行规划，尽量使财务决策与可以被量化统计的指标和绩效联系在一起。例如，川网传媒发布的2020年度财务决算及2021年度预算报告中的“2021年度主要指标预算”就提出：根据公司2021年度经营计划，综合考虑公司业务的发展情况，结合当前经济形势、行业现状与公司的经营能力，经公司经营管理层充分研究分析，2021年度预计营业收入20 000万元左右，净利润预计与2020年度持平。②

### （四）财务控制

财务控制是以成本核算、预期的资金流向为参照从而对具体的资金使用过程进行管理与规范的手段，好的财务控制应该权责明确、具体到部门或工作岗位。需要注意的是，财务控制既是日常财务管理的组成环节也是重要的纠偏手段，这区分开了以“预防”为主要功能和以“检查、核实、核算”为主要任务的财务控制。在此过程中，权力的分离

① 中国信息传媒行业调研与市场前景预测报告（2021—2027年）[EB/OL]. [2022-06-08]. https://www.cir.cn/0/63/XinXiChuanMeiDeQianJing.html.

② 川网传媒：2020年度财务决算及2021年预算报告[EB/OL].（2021-06-10）[2022-06-08]. http://vip.stock.finance.sina.com.cn/corp/view/vCB_AllBulletinDetail.php?id=7313334.

十分重要，应避免“人治”所带来的一手遮天的局面，避免一个人同时负责招标立项、决策、拨款等多种事务的情况，在财会人员通过“人力”的方式开展较为主观的财务控制的同时可以引入标准化的电子业务流程，为财务控制环节的流程分配和开展、实施制定规范化标准，提升控制的精准度。

### （五）财务分析

财务分析是企业对财务管理工作中的相关信息以及企业的财务管理情况等进行收集，并采取专门方法对企业财务状况、结果及未来发展趋势等进行分析、研判和评价，为企业经营发展提供财务方面服务的活动总称。企业财务分析的最终表现形式是一份完整的财务分析报告，它将成为企业决策的重要依据。因此，企业财务分析质量的高低，很大程度上影响企业决策管理水平的优劣。财务分析的主要内容包括融资能力、投资能力、偿债能力、现金流量以及盈利能力等。财务分析的方法有很多，包括比较分析法、比率分析法和因素分析法等。企业应根据自身经营状况结合具体业务内容的变化，选择合理的分析方法进行财务分析。

### （六）财务监督

财务监督是根据国家相关法律法规政策规定等对财务主体、流程和信息等的合规性、效益性进行的监察和督促，目的是促使企业的财务管理行为更加规范，从而提高经营效益、促进自身的健康发展。财务监督包含主体和客体两个部分：主体是指执行监督的一方，由内部监督主体和外部监督主体共同组成；客体是指监督对象，一切与企业财务相关的问题都在监督的范围之内。财务监督的方法包括事前严细审核、事中跟进监管、事后全面复查等。通过财务监督，可以维护财务制度和财经纪律的严肃性，及时纠正差错，保障企业财务安全，提升财务管理质量，提高企业效率，防范法律风险。

# 第二节　传媒企业的筹资管理

企业筹资是指企业根据其生产经营、对外投资以及调整资本结构等需要，经济有效地筹措和集中资金的活动。传媒企业的筹资来源有政府财政部门的拨款、内部筹集资金、办理金融类业务等，筹资方式包括吸收直接投资、发行股票筹资、利用留存收益筹资、借款筹资、发行债券筹资以及通过其他融资方式筹资。

## 一、企业筹资与传媒企业筹资的动机

> **名词解释**
>
> **筹资**　企业根据其生产经营、对外投资以及调整资本结构等需要，经济有效地筹措和集中资金的活动。

### （一）企业筹资

企业经营必须以一定的资金为基础，因此，**筹资**是企业生存与发展的起点。企业筹资的基本目的是企业的生存和发展。筹资类别包括扩张性筹资、调整性筹资以及混合性筹资等。

### （二）传媒企业筹资的动机

传媒企业筹资首先是为了扩大经营、拓展新业务，一些老牌传媒机构已在业界拥有足够的声誉、地位，也在开拓市场的过程中取得了一些成绩，那么对于“深入新媒体领域”这一垂直化的转型需求而言，通过筹资的方式并购一些运作较为成熟的新媒体公司就是比较保险的选择。这既避免了媒介公司在尚未进行理性决策时就对其整体业务范畴进行盲目扩张或调整，也能帮助传媒机构完善其新媒体产业链而非将相关业务一律进行外包、过于依赖外部公司。

其次，传媒企业在经营过程中需要考虑到投资者的利益并适当发挥“与偿债相关的筹资活动”的“杠杆效应”，一方面不能过度负债、将压力过度转移给股东等角色，另一方面应该在企业的资本结构面临调整时，通过一定量的借债来缓解企业的财务压力。

最后，传媒企业筹资是为了维持正常的媒体经营活动，因为布局任何一种业务都需要比较翔实的成本核算，且当下新媒体的发展、演变所体现的“即时性、突变性”特征又往往需要媒介公司在准备不够充分的状态下、在短时间内筹措大量资金，因为这可能使企业的资金运转出现停滞甚至断裂，有必要通过筹资加以缓解。

## 二、传媒企业的筹资来源

传媒企业的筹资来源如下：

政府财政部门的拨款。因为媒体具有意识形态属性，国家财政通过各种拨款或者基金、项目等对传媒企业进行资金支持。与此同时，有关部门也需要对媒体的资金使用情况进行比较全面的监督和把控。

内部筹集资金。资金来源往往是媒体经营过程中获得的用户订阅费、广告费和传媒机构经由投资所获得的财富增值。

办理金融类业务但不具备完全意义上的银行职能的资金，如保险公司和信托公司一类机构所投放的资金。

其他还包括银行资金，其余企业、法人的资金，向资本市场筹集的资金，通过债券、股票等方式募集的社会资金，通过出售媒体产品的海外发行权等方式筹集的境外资金，等等。

近年来由于受新冠肺炎疫情的影响，一些传媒机构需要通过多种筹资来源筹集资金以度过寒冬。例如，北美最大的院线集团 AMC 为防止破产而发行了普通股，与穆德里克资本管理公司（Mudrick Capital Management）进行了投资交易并承诺在 2023 年之前增加其自身的债务资本（通过借债的方式获得一部分资金，从而降低估值较低的企业的综合资本成本）。① 在与某些企业合作时 AMC 也进行了较大的妥协，例如和环球影业签

① 日日夜夜，万达与 AMC［EB/OL］.（2017－06－23）［2022－11－23］. https://baijiahao.baidu.com/s?id=1700563473806574167.

署的协议将原本 90 天的窗口期缩短为 17 天，在这段时间之后，环球影业就可以将片源用于线上传播并将由此所带来的一部分收益分给 AMC。

## 三、传媒企业的筹资方式

### （一）吸收直接投资

首先，传媒企业可以吸收来自外部的“货币出资”、利用货币的等价交换能力来交换某些有形物质或无形服务并由此获得附加价值。在吸纳的实际出资额中，以“注册资本”为界限区分开了“实收资本”和“溢出注册资本之外的部分”，这笔“溢出”的资金的生成原因往往是股东看好某媒介公司的发展前景，愿意以基本线以上的价格购买股权而多支付费用。

其次，传媒企业可以吸收来自外部的“实物资产出资”，包括对方所投入的固定资产、流动资产两方面，但需要注意的是，国有企业、国有控股企业需要在具有一定资质的第三方鉴定机构的参与下接受投资，保持适度的警惕。

再次，传媒企业可以吸收来自外部的“土地使用权出资、工业产权出资”，其中，应注意“土地使用权的存续期限”，避免媒介公司在不受管辖的工作周期内浪费成本、进行“无效作业”。“工业产权”是指创造发明、智力成果。

最后，传媒企业可以吸收“可以进行后续转化的债权”，这在一定程度上使传媒企业避免了“内耗”，灵活地处理筹集来的资金。

总的来看，吸收直接投资是利弊兼有的。其整体流程比较直截了当，免去了不必要的沟通环节以及沟通不畅所造成的“噪声干扰”对企业、投资人的迷惑。同时，操作过程比较易于把控，能够避免不必要的精力投入，使媒介公司借助筹集来的资金继续投入其原本的工作状态。但需要注意的是，投资人不会平白无故地对传媒机构施以援手，他们的目的往往是有利可图甚至是干涉、利用传媒机构从而间接获得一个有着充分经验的“外部宣传部门”并缓解自身的宣传工作压力，这影响了传媒机构的正常运作，也可能使媒体无法保证“客观、中立、透明”的信息传播原则。正因为如此，2022 年国家发展和改革委员会、商务部发布了《市场准入负面清单（2022 年版）》，其中明确提出非公有资本“禁止违规开展新闻传媒相关业务”，这类业务包括：非公有资本不得从事新闻采编播发业务；非公有资本不得投资设立和经营新闻机构，包括但不限于通讯社、报刊出版单位、广播电视播出机构、广播电视站以及互联网新闻信息采编发布服务机构等；非公有资本不得经营新闻机构的版面、频率、频道、栏目、公众账号等；非公有资本不得从事涉及政治、经济、军事、外交，重大社会、文化、科技、卫生、教育、体育以及其他关系政治方向、舆论导向和价值取向等活动、事件的实况直播业务；非公有资本不得引进境外主体发布的新闻；非公有资本不得举办新闻舆论领域论坛峰会和评奖评选活动。[①] 这

① 市场准入负面清单（2022 年版）[EB/OL].（2022-03-29）[2022-06-08]. https://www.ndrc.gov.cn/xwdt/ztzl/sczrfmqd/xzzx0/202203/t20220329_1320723.html? code=&state=123.

就给传媒组织吸收非公有资本画出了红线。

### （二）发行股票筹资

股票是股东“所有权”的凭证，象征着股东的这种权利被相对地独立出来并和企业对其自身的管理职能相分离；通过普通股筹得的资金表现为一种“主权资金”，能够让传媒企业自主支配从而实现财富价值的增值、带来创收。同时，股东的收益和传媒企业的经营情况是“有机关联”的，股东既可能享受企业发展所赋予的红利，也可能在企业经营不善或重大亏损时颗粒无收。因此，依靠股票来筹资是一种变相地让股东帮忙分担财务风险的方式。

从某种角度来看，发行普通股票是一项门槛比较低的社会化的筹资行为，当股东规模相对扩大时，传媒企业就能一定程度地借助这一趋势而提升自身的社会评价和口碑，这种评价不是主观的情绪化赞美，而是可以被量化为企业的号召力和财富吸引能力，成为企业的公信力的组成部分。最终，“普通股的发行和流通”减缓了股东对“按照持股比例所分配的盈余”的过度追逐从而给传媒企业的财务周转预留了比较充足的时间和空间，由此，传媒企业不断好转的经营状况也能给外部市场带来良性的刺激，使传媒企业提升其在更多投资者眼中的“可见性”。

发行股票筹资的弊端是传媒企业需要交付一部分利息，同时，筹资流程的相对复杂、投资者规模的相对扩大都会给企业管理带来危害甚至对其管理基础造成不良影响，这反过来又会给投资者造成不良影响。例如，在华谊兄弟传媒股份有限公司的经营过程中，会有少数的“大腕、支柱艺人”对公司的投资、发展、影视经纪活动的开展带来重大影响，而在影视产业的“出圈”方式求变求新的今天，谁是“大腕、支柱艺人”、谁的热度暂时走高或走低都是瞬息万变的事情；就公司层面而言，这些“职员”的变动情况可能是不需要专门的股东大会去讨论、决议的，但“变动情况”往往会影响公司的财务情况，公众股东却可能对此知之甚少，当利益受到影响时他们就会通过质疑的方式而影响华谊兄弟的企业信誉。

### （三）利用留存收益筹资

留存收益指的是企业历年来的利润被积存下来，为企业的下一步发展提供动力，主要表现为两种形式：一种是盈余公积。这是企业按规定从净利润中提取的固定部分，理想情况下是企业用于扩大生产、提升技术能力的自留费用，但正因为是“保留费用”，需要被相对严格地“保护、管理”。另外一种是往年尚未被分配的利润。无论通过哪种形式进行筹资都需要报请股东会的评议，因为对留存收益的二次利用等同于股东继续向公司追加投资，虽然免去了一些不必要的流程性的费用，降低了筹资成本，但股东不会平白无故地帮助公司，这就可能使“股东所要求的利润率”成为账面上的“筹资成本”。但从某种程度来看，这又不同于通过公开发行股票而被扩大化的股东的权益归属，不会动摇媒介公司原本的股权结构。

留存收益筹资是某种意义上的“内部筹资”，主要依靠企业在发展过程中的资金存续，这意味着媒介公司无法在面临大量的资金缺口时通过这种方式进行弥补。低风险同时意味着低收益。近年来，我国很多媒介公司想要“造船出海”——通过建设自有渠道的方式将原创的本土传媒产品传播至海外，加之“大制作能否获得成功”本就是一次“豪赌”，对海外传播渠道进行精细化、系统化的延伸又会让媒介公司进入一个它们此前可能不太熟悉的领域，此时，很多媒介机构就开始利用留存收益筹资之外的方式来进一步筹资，为经营版图的扩张做好准备。

### （四）借款筹资

传媒企业在筹资时，往往会从如下两种机构借款：银行；办理金融类业务但不具备完全意义上的银行职能的诸如保险公司和信托公司一类的机构。借款筹资的关键是企业自身的信用和资质，因此尽管无法在短时间内筹措大量资金，但传媒企业还是要承担“还款期限”一类的诸多风险。它们在借款时所签订的合同往往比较严格，这些合同中的某些条款不仅是对本次交易活动的说明，可能还会对企业未来的经营发展和信用评定产生影响。此外，借款筹资也有其优势，譬如传媒企业可以借助“财务杠杆”来提升每股收益，在筹资时也可以和借款机构和债权人进行协商，这提供了一定的转圜余地，帮助企业灵活地处理财务问题并渡过当下的难关。

事实上，一些银行会主动向传媒机构提供借款，因为媒体具有宣传功能，银行可以在创造社会效益的同时宣传自身形象，例如贵州银行就通过卖方保理的方式，盘活企业的应收账款并提高授信额度，其为贵州省新华书店所提供的资金使中小学教材能够按时落实到位，在2020年新冠肺炎疫情的背景下，帮助了中小学生返校开学。① 贵州银行也向贵州广播电视台提供了借款，使后者在深化媒体融合的过程中获得了金融支持，更好地履行了抗击疫情的新闻报道职责。② 部分传媒企业缺少能够作为担保、抵押的土地和厂房，对此，有银行推出了以媒介公司签订的发行权、放映权等预售合同为质物的“文化创意预售版权质押贷款”，主要针对的是动漫游戏、出版印刷、影视制作等具有著作权的企业项目。

### （五）发行债券筹资

发行债券筹资的方式主要有两种：

第一种是发行公司债券筹资。这等于和持券人之间达成了一种契约，即公司会在规定时间内交付本息。因此，这种筹资方式所需的资本成本也是相对稳定的，降低了持券人在变动不居的金融市场中的投资风险，有利于企业借助这种信任感而筹集来数额较大的资金。但同时，发行债券的股份有限公司的净资产额不能低于3 000万元，有限责任公司的净资产额不能低于6 000万元，为了保证投资者的权益，媒介公司必须具有一定的资格担保，这间接提升了筹资的复杂性。此外，通过公开发行公司债券筹集的资金还不能被用来弥补公司的亏损。

第二种是发行可转换债券筹资。持有人可选择是否将之转换为公司的普通股，这种

---

① 天眼新闻：贵州银行4.38亿贷款助力文化传媒企业开新局［EB/OL］.（2021-02-04）［2022-12-24］. https://baijiahao/baidu.com/s? id=1690748004889744960.

② 同①.

筹资方式结合了债券筹资和普通股筹资，相对提升了筹资的成效，此外还具有一定的价格优势。相较发行公司债券而言，可转换债券所承诺的利率相对较低，对内可缓解公司的财务压力；对外来看，转换为股票时所需要的转换价格较通常意义上的股票价格更有优势，传媒企业能因此获益。可转换债券的缺点其实也与其"转换"的特性相关，例如在转换为股票时可能面临股价上涨、股市低迷两种情况，可转换债券的"低利息"特性也可能在和"股价、股市"相关联的过程中从优势变成劣势。总体来看，当考虑到上述"双边关系"甚至"多边关系"时，问题的复杂性就会使传媒企业在筹资的同时面临较大的风险和未知数。

名词解释

**融资** 指的是企业到金融市场上筹措或贷放资金。

**项目融资** 指的是企业以特定的工程、项目为筹资对象而招募贷款的行为，主要的评估依据是该项目未来的发展潜力。

### （六）通过其他融资方式筹资

**1. 传媒企业的融资方式**

在财务资源存在局限时，传媒企业可以通过**融资**的形式进行筹资，特别是可以通过**项目融资**的方式创造出新的资金增长点。同时，通过资产形式的转化，传媒企业也可以优化自身的购买和支付能力。但当无法对此进行量化或传媒企业自身的能力暂不足以获得大额融资时，就需要第三方担保。在基础设施建设的过程中，项目融资是比较常见的筹资行为，因为基建项目往往与社会发展效益结合在一起，项目发起人、承担项目的公司往往被认为是在上级的谨慎考虑之下经过周密的招投标环节后才获得"资质"的，比较值得信任。

近年来，我国传媒业持续创新发展，传媒创业项目受到许多投资方的青睐，这些项目的起步规模适中，不会在运营伊始就面临过大的风险，同时因为布局融媒体矩阵，试图实现"平台化发展"的需求，这些项目又在客观上需要资金维系。总的来看，能够成功融资的创业项目具有一些特征：垂直化锁定用户群体，通过精准定位获得较高的回报率；具有独创的 IP 标识，能够和其他泛在的竞争对手产生区隔，通过品牌特色和难以被轻易替代的内容产品吸引趣缘群体；具有营造用户社群的能力，将用户维持在动态的话题讨论和对媒体产品的欣赏、评价、传播的过程之中，以媒体产品和传媒创业项目本身为核心培养用户的忠诚度；能够创造出综合的服务型盈利生态，满足用户的多样需求，甚至以自身的产业链为基础对一些子项目进行进一步孵化。①

除了项目融资之外，还有许多融资方式，例如银行贷款、股票筹资、债券融资、融资租赁、海外融资等等，这里不再赘述。

在传媒企业融资的过程中会产生"融资成本"，这是资金使用者给资金所有者提供的报酬。融资成本包含两部分：筹资费用，指企业为筹资而付出的一系列费用；用资费用，指企业为了使用资金而付出的代价。用以衡量融资成本的指标是"融资成本率"，其计算

---

① 曾繁旭，王宇琦．传媒创业项目的融资：风险资本青睐的商业模式 [J]．中国地质大学学报（社会科学版），2019 (1)：120-131.

公式是：用资费用/（融资总额−融资费用）。但是，从传媒企业发展的复杂性和现代管理学的“精细、精益化”的标准来看，这种指标显得有些宏观，还需要考虑企业融资的机会成本、风险成本和代理成本（委托人需要付出一定的成本从而监督、约束、激励资金的原始提供者）。

**2. 传媒企业上市**

在众多融资方式当中，上市的目的是使传媒企业借助资本力量并进入资本市场，从而迅速做大。

**3. 传媒企业融资的流程**

传媒企业的基本融资流程包括以下环节：

（1）撰写商业计划书。

这份计划书不仅要交代目前的市场调查情况，也要对传媒产品未来的发展和预期目标有比较清晰的规划。需要说明的是，传媒企业所面临的“蓝海市场”——可能在构思商业计划书的初期开展同类型经营活动的公司还寥寥无几，经过一段时间后突然变成竞争相对激烈的“红海市场”。这是因为传媒业往往依靠“创意、智力资本”，在面对趋同的媒介技术发展趋势时，总会有一些看似新颖实则新瓶装旧酒的“新创意”被炮制出来。这就要求传媒企业深入调研、分析，不断优化企业经营计划和发展模式，在此过程中凸显“独特性”，对具有“长尾”特性的用户群体精准定位。

（2）找到投资人并参与路演。

路演的关键是“传媒企业如何证明自己是优质的标的”，因此企业在明确自身的定位、优势、所需要的资金缺口的同时，也要学会宣传自己，这对媒体而言似乎是一个天然的优势，可以利用这一优势和在“信息整合传播”方面的能力给嘉宾、投资者留下深刻印象。同时，传媒企业可以适当参加地方政府组织的路演活动以了解当地的优惠政策和补贴情况。需要注意的是，路演其实也是维持社会关系的一个过程，但并非决定企业能否成功融资的唯一因素。通过对自身的展示，传媒企业可以观察现场的动向，发掘出对自身有意向的投资人或机构的特征。最后，传媒企业还应该在路演时对投资人可能会用到的“退出策略”进行介绍，这其实就是在告诉投资人他们能在多久的期限内获利，例如传媒企业未来是否上市，企业对自身的估值能达到多少，等等。

（3）与投资人展开商谈。

在路演留下了比较良好的印象之后，传媒企业可以试着与投资人展开协商并就具体的融资额度进行谈判。此环节需要注意的是，传媒企业靠的不是宣传和单方面的交流来获得对方青睐，真正重要的仍然是能做出何种质量的媒体产品，这些产品的未来发展可能为投资人带来怎样的利益。

（4）签署投资意向书和正式合同。

与投资人商谈就投资人投资形式、额度、价格等达成初步意向后，可以签署投资意向书。但投资意向书仅仅是正式投资协议的谈判依据，除特定条款如争议解决、保密条款、排他性条款外，均不具有法律效力，对双方没有约束力，正式的投资承诺必须在签订投资合同之后才能生效。因此，为了确保投资的成功，必须在投资意向书的基础上，签订正式的投资合同或投资协议书，明确投资方和被投方的权利义务，就投资价格、付款、投资方的特殊权利、被投方的经营管理等各方面内容进行约定。

（5）进行股权变更。

投资人投资后股权就发生了相应的变化。根据《公司登记管理条例》的规定，公司股权发生了变动之后，应该在 30 日内申请股权变更登记。

## 四、筹资管理的基本要求

在筹资管理的过程中，传媒企业需要遵循一些规范性的基本要求。

### （一）合法合规

传媒企业需要按时按规定披露财务信息和经营信息，从而使投资者能够判断收益和风险，保护其自身利益，同时传媒企业也应该履行好合同所要求的责任和义务。

### （二）清晰家底

传媒企业需要对自身的财务情况进行事先摸排，了解好自身需要的资金额度，适当地进行筹资从而保证对资金的使用和消化不会为经营活动带来额外的运营成本。当企业面临财务困境时还要考虑筹资活动对当下、长远发展的双重影响。

### （三）统筹规划

在获取资金时，应该考虑到筹资活动的复杂性和预计所用的时间成本。当进行筹资活动的预算时，企业已经有了比较充分的时间考虑，但传媒业对“时间”的需求不仅有长线的时间规划，也有突发性的应急需求。因此，筹资的规模需要和企业对资金的利用率、在使用资金过程中所消耗的时间成本结合起来，保证在需要的时间里合理地使用资金。

### （四）合理搭配

传媒企业应该适当地对筹资渠道和筹资方式进行组合、搭配或取舍，不能感情用事，将选择的过程看得过于主观化，要根据企业的筹资需要进行合理的资源搭配，对可能生效的渠道和方式进行有针对性的组合而非将它们完全割裂开。

### （五）优化结构

传媒企业需要适度负债，同时了解自身的资本结构，对其进行相对良性的调整和优化。在企业所面临的财务环境带来的压力之下，传媒企业一方面应该学会适应这份压力并利用筹资的方式来积极应对，掌握好市场竞争格局之下的应对本领和求生要领，同时不要过度地被市场和对手牵着鼻子走。资本结构关系到传媒企业中的某些资金之间的比例关系，这种关系在企业内部可能表现为静态的财务报表，但就外部而言则是企业在生存、发展的过程中对自身的财务优势和劣势进行综合把握和评估的依据，筹资的目的不仅是让企业对自身的财务活动进行评价，同时也是让企业更加了解自身，更能对自身进行深刻的审视。

## 第三节 传媒企业的投资管理

为了维持企业的经营活动、提升技术实力、提升对未来发展的预期，传媒企业需要通过各种方式进行投资。其投资管理主要包括如下内容：确定投资决策程序，进行投资可行性分析，综合运用数据技术等进行决策服务。

### 一、投资的意义

> 名词解释
>
> **投资** 特定经济主体为了在未来可预见的时期内获得收益或是资金增值，在一定时期内向一定领域的标的物投放足够数额的资金或实物的货币等价物的经济行为。

#### （一）维持企业的经营活动

在通过筹资获得了资本积累之后，企业需要利用资本积累实现自身的发展并尽量在**投资**的过程中实现财富增值。同时，企业通过对外投资可以进一步扩大自身的规模，将更多有潜力的公司招至麾下。需要注意的是，传媒企业在当下既是比较热门的被投资机构，又可以作为投资的主体进一步将自身做大做强。

#### （二）不断提升实力

传媒企业往往并非原创的技术型企业，因此需要通过投资相应的公司来提升自己的技术实力，从而不断在媒介技术市场发展的过程中发力。

对于新媒体公司而言，过于“稳定”的发展模式几乎就意味着走下坡路，因为新媒体的特色之一就是用不断变化的视觉表征和技术表征吸引用户、与同类型的竞争对手产生区分度并用自身的特色来引领市场。因此，传媒企业对外投资的过程其实也是动态地降低风险的过程，只有媒介机构的资产获得了进一步升值的空间，其才能不断对自身进行改良、提升。尽管投资本身面临风险，但倘若不投资只守成，传媒企业可能会被市场直接淘汰。

#### （三）投资是对企业未来发展的一种预期

只有现在投资，才可能看到未来的收益，而媒介机构本就是一种期待着在不定时、不定期的未来某时刻产生惊人的传播效果、实现变现的企业，如果不将现存的资金用于对外投资，那么媒介财务管理的基本目标就可能无从实现。资金无法被有效、合理地循环利用，意味着传媒机构的发展可能面临一些考验。

## 二、投资的分类

### （一）长期投资和短期投资

按照“回收期限是否超过 1 年”来分类，投资可分为长期和短期两种。长期投资涵盖固定资产、无形资产等形式，短期投资包含现金、应收款项等内容。其中，长期投资所涉及的管理周期较长，需要联合传媒企业的各大部门设计出一套符合投资完整生命周期的管理和运营方案。

### （二）直接投资和间接投资

按照传媒企业投资行为的介入程度来进行划分，投资可分为直接和间接两类。间接投资是指传媒企业购入对方所发行的某些特定的股票、债券，直接投资是指传媒企业的资金被注入对方企业的经营流程，能够指导对方的经营管理活动或是通过投资的方式而持有对方股权。两者相比，传媒企业可以通过直接投资而获得被投资者的有形资产，这些资产可以在传媒企业自身面临困境时被用于抵押、变卖周转、折现等，但传媒企业在此过程中也需要更加深入地介入对方的经营过程，投入更多的管理精力；反之，间接投资只能获得一定量的利息，传媒企业在获利之前可能还要经历一段时间的等待。

### （三）对内投资和对外投资

按照投资的方向来划分，传媒企业可开展对内和对外两种投资。其中，对外投资指的是购买投资对象所发行的债券等金融产品以及向对方注入资金的过程；对内投资是指把资金投向企业内部，形成各项流动资产、固定资产、无形资产和其他资产的投资。传统媒体在转型的过程中，难免会投资一些新媒体公司从而完善自己的技术运营端口，比如读者出版传媒股份有限公司投资阿法迪，该公司在投资公告中就指出：近年来，随着互联网发展与出版业态的变化，传统出版行业面临严峻挑战，公司一直积极探索业务转型升级。阿法迪作为将智能数字技术应用于图书、文化和教育多领域的智慧服务提供商，拥有一系列基于射频识别（RFID）技术的图书馆智能化软硬件产品。公司投资阿法迪，可利用智能借阅等系统平台和设备及相关资源优势，拓宽营销宣传渠道，积极推动图书及优质数字资源馆配业务，进一步为图书、期刊、数字阅读等产品销售提供支撑。同时，公司与阿法迪可以充分利用品牌和行业优势，整合资源，在渠道及资源共享、品牌推广等方面优势互补，形成较好的协同效应。①

### （四）初创投资和后续投资

初创投资即筹办、创立传媒企业所需的投资，后续投资是指为了企业的后续发展或

---

① 读者出版传媒股份有限公司关于对外投资的公告［EB/OL］.（2020-08-29）［2022-06-08］. https://m.tianyancha.com/pilu/announcement/45c30acc25171f4747d53278e3cb0d44.

维持、稳固现有的经营成果而进行的投资。

## 三、投资决策指标的分类

### （一）静态非贴现指标

这类指标主要包括投资回收期和平均报酬率。其中，投资回收期指的是“投资后所产生的收益的总额度”逐渐与“前期的投资总和”相平衡所需要的时间成本。用比较通俗的解释方式来说明的话，这个指标描述的就是“传媒企业何时开始获得回报”，是某种“临界值”。

此外，平均报酬率指的是传媒企业所投资项目的年平均净收益和该项目的平均投资额的比率，具体来看，是扣除所得税、折旧之后的项目平均收益除以整个项目期限内的平均账面投资额。这个指标虽然看似简明、清晰，但也存在一些问题。比如对于传媒企业而言，投资过程中所涉及的资金会在时间发展的维度上体现出不同的价值和进一步增值、变现的能力，但面临难以预料的市场变化时，传媒企业随时可能面临重大资金缺口，企业也可能通过投资而在短时间内获得巨大利益，这些是平均报酬率无法精确地衡量计算出来的。同时，平均报酬率也涵盖了大量的主观判断，这可能是管理者对传媒企业运营情况的综合判断，是某种程度上的“智力决策”，但客观而言会干扰一项评价指标的精确程度。

### （二）动态贴现指标

这类指标包括三类：净现值、获利指数、内部报酬率。

净现值是未来资金（现金）流入（收入）现值和未来资金（现金）流出（支出）现值的差额。简单来说，这个指标被用于衡量传媒企业的盈利能力，当净现值大于 0 时，说明企业可以通过所投资的项目而获得预期之外的超额收益，而当净现值等于或小于 0 时，说明企业所投资的项目只是勉强过关、缺乏实际的大额回报或是无法通过验收，传媒企业应该考虑撤回资金及时止损。

获利指数的主要作用是帮助传媒企业识别出所要投资的项目的获利能力，据此对投资项目的重要性进行从高到低排序。需要注意的是，对获利指数的计算其实也是一个求得“相对数”的过程，此指标可能无法对实际收益率进行比较直接的揭示，且有时容易误导传媒企业，使其选择单位投资收益较高但总投资收益少的方案。这时，传媒企业需要进一步对净现值和获利指数两种指标进行比照，做出最优决策。

内部报酬率的主要目的是对企业的未来收益、初始投资进行一种相对的衡量以避免亏损，尤其对于未知情况来说，内部报酬率也可用来衡量传媒企业的抗风险能力，尤其是防范货币贬值或通胀的能力，是一种帮助企业在考虑“时间价值”这一不确定因素的基础上保本的评估指标。

## 四、资金的时间价值与投资机会

时间的发展、变化会给资金的价值带来影响，传媒企业应该学会在投资时对“时间价值”进行比较准确的定位和勾勒，以此作为对投资可能获得收益的预测机制或风险规避机制。财务管理者都应该将“时间价值”看作某种意义上的“自变量”，确定时间成本与其他指标之间的相关性，以此作为投资的决策基础。在计算时间价值的基础上，传媒企业也可以有计划地对还款、借款、与所投资的项目相关的工期进行考量和评估。

传媒企业在开展投资时需要对投资的时机进行决策，此过程意味着选择开始投资的最佳时机以寻求最大的净现值。投资时机选择的基本思路是：将不同的投资时机视为不同的投资方案，计算各自的净现值（必须折算到同一时点），从中选择使净现值最大的投资时机。在开展“时机决策”的同时，企业也应该设想出一个相对成熟的投资方案，运用多种统计手段和信息搜集能力对有关投资的诸多情报进行综合分析，从而对各种条件的利弊进行定位和排序，并对企业内部进行自我评价。这些条件综合在一起，构成了传媒企业开展投资的“机会”而非仅仅是“时机”。

## 五、媒介组织投资管理的基本要求

### （一）确定投资决策程序

传媒组织在进行投资决策时，要从综合性、全局性发展战略出发，对投资的全流程进行比较清晰的决策和部署。在此过程中也要注意防范风险，提前做好风险评估；与此同时，要加强对投资的监督，对有可能滋生权力滥用的环节提前防范，通过分级甚至是多级管理，分散并消解传媒企业内部的财务权力，形成相互制约、相互监督的机制。

### （二）进行投资可行性分析

在投资决策过程中既要给出总体上的“可行性”目标分析，也要对投资规模和传媒企业在未来可能面临的市场情况进行列举与判断，同时需要用财务分析的专业视角对资金的用途、流向进行分析和管理，做好各种流动资金、借贷资金等不同资金的平衡。

### （三）综合运用数据技术等进行决策服务

由于现代计算机技术的飞速发展，通过大数据、宏观测算、微观核验等诸多技术手段来规划传媒企业的具体投资活动，可以更加客观、全面地反映企业投资决策的科学性和针对性，从而为投资科学决策提供技术服务。

## 六、传媒组织的投资方式

### （一）直接投资于传媒企业的内容运营

传媒企业大多以内容为资源优势，投资于内容运营以便在产品开发、产品价格、产品流通等方面超过竞争对手，不断提高和巩固市场占有率。如近年来腾讯通过布局动画、电影、网剧和网综等内容，构建泛文化平台，实现从IP生产到孵化再到变现的一站式生态。2020年B站的投资主要集中在二次元内容创作领域，包括4家动漫内容制作公司、3家二次元游戏研发公司、3家电竞多频道网络（MCN）机构，以及解决游戏制作绘画需求的约稿平台“米画师”等。2020年，字节跳动投资鼎甜文化、九库文学网、秀闻科技、掌阅科技及塔读文学5家网文公司。出版企业以图书出版发行为主营业务，投资于内容生产或者通过产业链的业务延伸向内容制作领域扩张，是直接投资于内容运营的典型案例。2020年，108家图书出版、报刊出版和发行集团共实现主营业务收入3 491.0亿元，占全国书报刊出版和出版物发行主营业务收入的80.5%，9家出版集团资产总额、主营业务收入和所有者权益均超过百亿元，出版、发行、印刷核心主业地位趋于稳固。①

### （二）直接投资于传媒企业的渠道网络运营

2002年党的十六大提出了继续深化文化体制改革的目标，以新华书店为主体的国有书店发行体系迎来突破性改革。出版发行集团在完成股份制改造后，逐渐建立现代企业制度，以推进股改上市，实现投资多元化，具有代表性的如四川新华文轩集团。该集团先后入股安徽新华传媒股份有限公司、与贵州省新华书店合资成立贵州新华文轩图书发行有限公司，此外还与新华书店总店合作成立新华出版物流通有限公司，拟借此实现打通全国图书市场的战略目标。2003年文德广运发行集团成为首家获得报刊总发行权的民营企业，2004年山东世纪天鸿书业有限公司获得出版物国内总发行权和全国性连锁经营权，成为同时获得这两项资格的第一家民营图书公司。

### （三）直接投资于针对各类媒介的广告运营

直接投资于针对各类媒介的广告运营的公司即一般意义上的广告运营公司。2005年，主营楼宇电视广告业务的分众传媒在美国纳斯达克上市，被称为海外上市的中国广告传媒第一股。2007年，主营机场和航空电视广告的航美传媒和城市公交广告的华视传媒在美国纳斯达克上市。2008年，中视金桥与广而告之广告公司分别在香港主板和美国纽交所上市。2014年，综合服务类公司思美传媒和主营互联网广告业务的腾信创新在深交所上市。2015年，分众传媒成功完成私有化并在A股借壳七喜控股上市。近年来，联

① 2020年中国新闻出版产业规模下降 数字化业务收入保持增长［EB/OL］.（2021-12-17）［2022-12-24］. https://baijiahao.baidu.com/s?id=1719378219480698160.

建光电、联创互联、数知科技、科达股份等非广告运营类上市公司在维持原有业务的同时通过收购广告公司进军广告业或者剥离主业彻底转型为数字传播集团，成为广告市场的另一支生力军。

### （四）直接投资于为传媒产业链中其他环节提供的配套服务

这一方式包括技术服务、受众研究和管理咨询等。如由央视市场研究股份有限公司（CTR）与世界领先的市场研究集团索福瑞（TNS）合作成立的中国广视索福瑞媒介研究（CSM）致力于专业的电视收视和广播收听市场研究，为中国传媒行业提供视听调查服务。

### （五）直接投资于为传媒产业链中其他环节提供基础性支撑的原创技术开发

技术驱动在传媒产业中占据重要地位，信息化和智能化成为现代传媒产业的发展趋势。近年来，广电媒体积极布局 5G＋4K/8K＋AI 战略，推动兼具全程媒体和全息媒体双重特征的技术探索。人民日报社“人工智能媒体实验室”、新华社“媒体大脑”、中央广播电视总台“人工智能编辑部”等依托人工智能和大数据等新兴技术的平台化建设促进传统业务的转型。作为与传媒产业密切相关的互联网行业投入大量资金专注于原创技术的研发，互联网公司近年来技术研发投入持续增长，研发覆盖云计算、AI、量子计算及芯片等前沿科技领域，已成为科技创新的主要力量之一。

# 第四节　传媒企业的营运管理

传媒企业的营运管理在很大程度上体现为对营运资金的管理，包括现金管理、存货管理、应收账款管理、银行负债管理等。

名词解释

**营运资金**　传媒企业在日常经营活动中所需的流动资金以及供产销领域所需的资金。

## 一、营运资金管理

### （一）营运资金的概念和计算公式

**营运资金**是指传媒企业在日常经营活动中所需的流动资金以及供产销领域所需的资金。

营运资金的计算公式是：流动资产－流动负债。具体而言是：（总资产－非流动资产）－（总资产－所有者权益－长期负债）。

### （二）营运资金的特点

营运资金的来源比较灵活、多元，例如短期融资券、商业信用、预收货款等等。

周期短、波动大。营运资金会随着传媒企业所面临的外部市场环境与内部环境的改变而发生改变。

短期资金较多、易于变现。因此，传媒企业在合理调整自身的财务结构的基础上可以使用营运资金来应对当下的财务危机，可以将其一定程度地视为“及时雨”。但如果传媒企业的财务结构内部出现了问题，那么“周期短、波动大”的特点反而可能给企业管理带来风险。

### （三）营运资金的管理策略

**1. 营运资金的持有策略**

传媒企业需要对“一定数量的销售额所要求的流动资产数量（应收账款比例、付款周期等）”进行保障。这说明，对营运资金的控制与对其进行调配、产生资金流动的过程事实上是对企业未来可能创造出的收益、风险的综合配比。当流动资金持有较少时，企业自然会面临比较大的财务风险，但这或许也意味着企业使用资金进行了投资，这笔资金能带来一定的预期收益，帮助企业获益。从这个角度来看，传媒企业可以采取两种风格的持有策略：一是适度策略，这要求管理者在资金运营过程中，既对需要投资、需要使用资金的项目进行投入与合理规划，也进行适当的储备，在不同的用途之中进行比较均匀的分配；二是“激进、冒险”策略，即将大量资金用于企业的经营活动，只保留基本的能够满足企业运作的储备量，试图用高风险来博取高收益。

**2. 营运资金的融资政策**

营运资金的融资政策主要是指临时性流动资产、永久性资产、临时性负债、长期负债等的组合、搭配所催生出的不同应用场景。例如，当临时性流动资产的资金需求被通过临时性负债的方式加以填补以及永久性资产的资金需求被通过长期负债等方式加以满足时，我们就认为这种组合搭配比较均衡，往往适用于传媒企业的日常财务管理。

当临时性流动资产被划分为两部分，其中一部分也通过长期负债等手段加以负担时，我们就认为传媒企业采取了较为保守的营运资金融资政策，对于短期内的高收益可能伴随的高风险，企业也能适当地加以预防。

当传媒企业不仅将临时性流动资产的资金需求寄托在临时性负债之上，也将部分永久性资产的资金需求赋予后者时，企业自身就要承担比较大的风险，但同时可能获得高收益。

## 二、现金管理

### （一）现金管理的目标

传媒企业进行现金管理主要是为了营造一种相对的平衡，以在资产的流动性、盈利能力之间进行抉择。具体而言，传媒企业需要开展交易，它们既需要在某些时刻负债，也必须确保比较充足的资金流来与这一情况相抵消，从而促使传媒企业开展现阶段或下一阶段的交易并保证企业的长远发展。正是在此基础之上，传媒企业需要对其经营情况进行一定的“预防”，将发展需要和对风险的抵御结合起来，这也涉及企业的现金数额与借款、还款能力之间的平衡。

当然，传媒企业需要考虑到一些投机性的经营需要，比如利用现金以低价买进可能有升值空间的设备和生产资料等等，这对于近年来的传媒企业而言似乎有着比较重要的意义，因为传媒企业无法万无一失地对未来可能会升值或突然爆火的产品类型进行定位，进行精准的预判就显得十分重要了。

### （二）现金成本

传媒企业的现金成本分为短缺成本（无法及时补充现金所造成的亏损）、转换成本（当不想持有现金时对持有的形式进行转化过程中所消耗的成本）、管理成本（对现金进行管理所发生的成本）以及机会成本（不能同时用该现金进行有价证券投资而放弃的投资收益）等四种形式。产生这些成本的背景均是要生产某种产品、满足企业的发展需要，在此过程中既需要消耗一定的资金，同时也需要将企业在实物方面的支出折合成现金成本。

对媒介公司而言，其现金成本可能表现为多方面，也参与到了公司成本管理的多个环节、流程之中，例如电视成本所包含的制作成本（人工费用、场地费用、后期编排费用、选题费等）、播出成本（卫视该时段的购买费、租赁光纤和卫星时所分摊的费用等）、管理成本（用于节目播出的机房的维护费用、购置和更新技术资料所需要的费用等）。

### （三）现金预算

现金预算就是在企业的长期发展战略基础上，以现金管理的目标为指导，充分调查和分析各种现金收支影响因素，运用一定的方法合理估测企业未来一定时期的现金收支状况，并对预期差异采取相应对策的活动。现金预算往往包括这样几个方面：现金收入、现金支出、现金收支差额、资金融通。总的来看，计算现金预算的关键是在确定传媒企业未来的财务活动和销售、投资活动的基础上对现金储备、收入进账和未来的输出量进行一定的平衡。

在计算现金收入时，传媒企业需要注意对“回款期”进行把握并适当地提醒对方，缓解自身的预算压力；在计算现金支出时，应尽量考虑能否降低流动性支出。流动性支出是排除了“员工福利、房租、物业费”等固定支出之外可以进行协商支出的部分，传媒企业需要对这部分支出进行适当的控制。当预算和实际的数额相差比例达到一定标准时，需要对具体原因进行定位、排查和反思，从而更好地进行预算管理。

## 三、存货管理

“存货”就是“准备用来销售的货物”，对传媒企业而言，无论这个“货物”是实体有形的还是线上虚拟的，都可以用“存货”的说法来指代。此外，传媒企业在开展生产过程中即将消耗的物料、成本甚至包括包装物、委托代销商品等等都可以归入“存货”的范畴。

首先，传媒企业需要有适当的存货储备。传媒企业对存货的管理既是为了满足现有的市场需求，也是为了满足供应链对未来随时可能受到关注和欢迎的产品的需求。“时尚、潮流”可能是一个循环，对传媒企业而言，无论是其制造的图书、周边产品等有形存货，还是预案、创意决策、活动演示方案等无形存货，都可以适当地储备以供不时之需。另外，传媒企业未必能够完全按时交付存货，例如，新冠肺炎疫情就对一些传媒企业的办公流程、产品生产流程和创意决策流程造成了影响。这需要企业提前做出预案，储备一些存货从而避免购买方随时可能产生的信任危机。

其次，存货其实是为了缓解物流的压力。无论是收货入库还是将预存的货物发放出去，都意味着物流运输链在此过程中正处于一种“动态的、被调节”的状态之中。对传媒企业而言，虽然线下的物流活动和线上的创意决策之间似乎存在着一定的断裂感，但很多传媒企业试图通过自营渠道来变现，这类企业需要进行仓库管理并考虑好线上的商品推广环节和对用户的保障、承诺。

最后，也需要注意企业因持有存货而发生的全部成本，包括仓储费、搬运费、保险费和资金支付的利息费用等。它们一般会随着平均存货量的增加而上升，应该找到一种合理的存货控制点而非无休止地积压货物。

这里，我们以出版传媒企业为案例来探讨传媒企业的存货管理问题。①

首先，企业应该设立比较明确的“归口、分级、分部门”的管理制度。例如对出版传媒企业而言，很多部门对图书的上架率、退货量、库存量、内容价值、回款等具体情况都不甚了解，或是虽然有些部门了解但其他部门只是根据自己的职责、权限对存货进行盲目的处置，这就会导致权力分配不均和存货的积压或过少。

其次，传媒企业应该进行分类管理。譬如对出版企业来说，应该对不同类别的出版物进行分类，例如：教材（大学教材、中学教材、小学教材）；侦探小说、言情小说等专业性较弱的大众出版物；专业类的学术出版物；音像类制品，例如音乐专辑。

再次，对存货的质量进行把控，避免重复存货，在进行成本核算的时候对不必要的浪费进行规避。例如，对还没有付印的纸张进行规范化存储，避免上潮、浪费，也避免在同一批纸张仍然可用的情况下盲目地“优化印张”。

最后，应采取“适时制管理”，即只制造需要的产品，只在需要的时候制造，且只按需要的数量制造。

## 四、应收账款管理

### （一）何为应收账款

应收账款是企业因销售产品和材料、提供服务等业务而应向购货方、接受服务的单位或个人收取的款项，需要及时回收从而避免坏账。形成应收账款的直接原因是赊账。一般来说，收账费用支出越多，坏账损失越少，但这两者并不一定存在直接的正相关线性关系。

### （二）应收账款周转率

应收账款周转率的目的是衡量公司平均收取应收账款所需要的时间，是一种能够用来测试公司在资产使用方面效率的指标，计算公式如下：

---

① 张鑫．出版传媒企业存货管理［J］．经济技术协作信息，2011（30）：34－35．

应收账款周转率＝净信贷销售额/平均净应收账款

### （三）应收账款的管理方式

传媒企业管理其应收账款的主要方式包括应收账款核算办法、确定最佳应收账款的机会成本、采取合理的信用政策、对赊账的手续严加管理、监控并催收应收账款等等。

在管理应收账款的过程中，传媒企业在调查对方企业的信用时可以采取直接、间接这两种调查方案：直接调查指的是调查人员与被调查的企业和相关人员进行直接接触、采访、获取一手资料；间接调查指的是通过对方企业所存留下的原始资料进行现阶段对企业信用的评价和判断。

## 五、银行负债管理

### （一）短期银行借款

信用额度即短期银行借款是指企业根据生产经营的需要，从银行借入的偿还期在一年以内的各种借款，包括生产周转借款、临时借款等。

**1. 短期银行借款的信用条件**

（1）信用额度。

借款人与银行之间的非正式协议中关于借款人最高借款额度的规定。借款人可以在规定的期限内向银行借入不高于这个额度的资金，但银行并不承担按最高借款额度保证借款的法律义务。

（2）周转授信协议。

周转授信协议是借款人和银行之间的一种正式协议，规定了在未来规定的期限内银行最多可以贷给借款人的资金。银行有保证贷款的法定义务，并要向借款人收取承诺费。

**2. 短期银行借款的成本**

（1）银行借款成本用借款利率来表示。

按照国际惯例，短期银行借款的利率会因借款企业的类型、借款金额及时间的不同而不同。

（2）在向银行借款前应多加选择再做出判断。

对银行贷款的选择可以关注如下几个方面：银行对待风险的基本政策；银行所能提供的咨询服务；银行对待客户的忠诚度；银行贷款的专业化程度。

**3. 短期银行借款的优点和缺点**

短期银行借款的优点是：银行资金充足，实力雄厚，能随时为企业提供较多的短期贷款；企业取得借款的条件和手续较简便，筹资效率较高；借款数额及借款时间弹性较大。

短期银行借款的缺点是：资金成本较高；限制较多；筹资风险大、实际利率高，在存在补偿性余额和附加利率的情况下更是如此。同时，传媒企业在进行银行信贷时可能会受限，其既缺少固定的抵押资产，资产结构比较“轻”，同时产权结构可能比较复杂、资本金较少。

需要引起重视的是，新媒体的创意决策环节有时被业内人士评价为“拍脑门”，这说明“决策”可能并非经过深思熟虑而是业内人士看到共性的市场发展趋势而出现的“灵光一现”，这无法保证相似的决策能够普遍性地带来回报、最终变现，由此为传媒企业的银行贷款设置了一道难关。

### （二）商业信用

> **名词解释**
>
> **商业信用**　商品交易中以延期付款或预收货款的方式进行购销活动而形成的企业之间的借贷关系，其表现形式有应付账款、应付票据和预收货款等，其中应付账款是商业信用的典型表现形式。

**1. 商业信用概念**

**商业信用**的透支可能导致媒介公司难以维系。例如，青雨传媒在电视剧《猎场》还未拍完时就将一台一网的版权分别卖给了湖南卫视和乐视网，总价不到400万元一集，但随着《伪装者》《琅琊榜》的播出，胡歌的身价水涨船高，视频网站对剧集的争夺也日益激烈。① 最终，青雨传媒反悔，单方面撤销合同，这导致乐视网、湖南卫视和青雨传媒对簿公堂，合同纠纷也使电视剧播出变得遥遥无期。彼时，连续三年的对赌失败已经使青雨传媒面临危机，此时更因商业信誉问题而失去了市场的信任，虽然最后《猎场》的开播可能使其挽回经济损失，但信用问题仍然为该公司留下失信的隐患，需要今后的传媒企业引起警示并进行反省。②

**2. 商业信用成本**

商业信用成本是传媒企业利用商业信用形式融资时所要付出的代价。事实上，商业信用成本不是一种直接性的消耗成本而是隐含在卖方出价之中，卖方已经考虑了资金在没有被立即折现的时间中所产生的消耗。但是，商业信用成本并非普遍存在而是在某些特定场合表现或外显出来的，有时这种成本是免费的。这就需要传媒企业具备一定的资金实力，通过尽快付款给卖方的方式来抵消资金折扣。此外，传媒企业即使放弃资金折扣，也能获得额外的优待，享受到额外的商业信用，但事实上传媒企业已在此过程中进行了一定的让步，通过使自身的权益打折扣的形式而降低了信用成本。有时，作为买方的企业也会强制推迟付款时间，这就迫使卖方授予一定的“商业信用”，此过程具有“强制性”。

**3. 商业信用筹资的优点和缺点**

商业信用筹资的优点是限制少、成本低，使用起来比较方便快捷。但它的缺点也很明显：首先，筹资时间较短，风险相对有所提升；其次，利用商业信用作为筹码，可能会给传媒企业的信誉度带来损害，而传媒企业恰恰十分需要信誉度和口碑；最后，机会成本较高。

---

①　凌先静．胡歌佟大为助青雨传媒扭亏为盈，但失去商业信用风险才是致命软肋［EB/OL］．（2017－08－20）［2022－06－08］．https://baijiahao.baidu.com/s?id＝1576263667702752156&wfr＝spider&for＝pc&searchword＝传媒%20商业信用.

②　同①.

> **名词解释**
>
> **短期融资券** 又称商业票据、短期债券，是大型工商企业或金融企业为筹措短期资金而发行的无担保短期本票。

### （三）短期融资券

**1. 短期融资券及其作用**

在中国，**短期融资券**是指企业依照《银行间债券市场非金融企业债务融资工具管理办法》规定的条件和程序在银行间债券市场发行和交易并约定在一定期限内还本付息的有价证券，是企业筹措短期（1 年以内）资金的直接融资方式。

短期融资券的作用在于，可以平衡货币市场和资本市场，同时也可以对股票市场、公司债券市场彼此不均衡的发展态势进行一些改善。此外，相较于政府债券所依托的国家财政，需要借助短期融资券来扩大公司证券的规模，促进其发展。

**2. 短期融资券的优点和缺点**

短期融资券的优点在于筹资成本较低、筹资数额较大，可以提高传媒企业的信誉和知名度。其缺点在于风险比较大，弹性比较小，发行条件比较严格。

> **名词解释**
>
> **应付费用** 那些实际上已经发生但还没有进行支付的费用，例如应付工资、应付税金、应付利息等。

### （四）应付费用

在传媒企业缴纳这些费用之前，**应付费用**被一定程度地看作企业可以在短期内支配的资金。这种费用可能是“悬而未决”的，例如，员工已经为企业付出了相应的劳务，也带来了一些收益，但企业还未发放工资。当然，企业不能无限制地拖欠工资，尽管在持有应付费用时企业无须支付相应的融资成本，但必须提防时间成本的扩大化。此外，传媒企业也必须在规定时间内缴纳税金，尽管在规定时间到来前企业似乎还不负担成本，但作为对它们拖欠税费的惩罚，可能需要在后续缴纳滞留金。

# 第五节　传媒企业的分配管理

传媒企业分配管理是界定传媒企业在生产经营过程中的经营成果如何在相关的利益主体之间进行划分的一种管理行为。传媒企业的分配与“利益分配”直接相关，这需要对分配的对象、标准、激励模式、预算等方面进行综合考虑。传媒企业分配要遵循发展优先原则、注重效率原则、制度约束原则。

> **名词解释**
>
> **企业分配** 界定企业在生产经营过程中的经营成果如何在相关的利益主体之间进行划分的一种行为。

## 一、企业分配的概念

**企业分配**包括企业分配的对象和参与企业分配的主体两个要素。企业分配的对象就是企业分配的客体，是指企业在生产经营中的经营成果，即企业收益。企业的分配对象有狭义和广义之分。狭义的分配对象是指企业的税后利润，广义的分配对象是指企业在一定时期内实现的总收入在扣除必要的生产资料成本后的余额，即企业在生产经营活动中新创造的价值，也就是可变资本＋剩余价值，我们称其为薪息税前利润。传媒企业的企业分配与“利益分配”直接相关，这需要对分配的对象、标准、激励模式、预算等方面进行综合考虑。对传媒企业来说，创意型人才和能够创造实际价值的人才同样重要，虽然这两者可能暂时无法统一，但应该尽量通过适当的分配制度而使不同的员工角色之间产生转换的可能。

当然，参与企业分配的主体不仅包括内部员工，也包括参与企业经营成果分配的社会机构或个人。参与企业分配的主体也应该是为企业的生产经营活动提供相应的资源或服务的机构和人员。具体而言，参与企业分配的主体主要包括：货币资本提供者——股东、债权人；人力资本提供者——员工；间接生产要素提供者——国家。

## 二、企业分配的原则

企业分配原则是企业分配活动中所必须遵循的行为规范，其目的是规范企业分配行为，协调股东、员工、债权人和政府之间的关系，主要包括以下几个方面：

### （一）发展优先原则

企业分配应该有利于增强企业的发展能力，必须正确处理积累和分配的关系。对新媒体公司而言，分配不仅意味着将获得的利润进行适当的调配从而开展下一阶段的业务运营活动，也意味着传媒企业要不断观察市场动向，尝试将创意思维和对新兴技术的运用结合起来。如果说对“创意思维”的开发意味着对员工进行更多的激励与动员，那么新兴技术的获得则往往需要加大对研发部门的投入力度，或者加大对技术外包公司的扶持力度，这也意味着媒介公司的企业分配活动需要综合判断成本管理能力和成本投入的动态变化趋势及相关风险。如果传媒企业只注重积累而无法调动作为“综合场域、综合产业链”的新媒体产品的运作流程，那么企业分配可能面临失灵；相反，如果只注重分配而忽视了积累，那么传媒企业可能无法及时对需要资金投入的市场导向进行捕捉，无法及时抓住机会，从而面临经营困境。

### （二）注重效率原则

企业分配的一个重要原则是强化激励与约束机制，对于贡献大的给予奖励，对于贡献小或者造成损失的也要在分配时有所体现，以此提高企业的效率。因此，在分配过程中要充分调动出资者、企业管理者和一般员工的积极性，根据对企业发展的贡献大小体现分配的差异。

### （三）制度约束原则

在进行分配时，一方面必须遵循国家的法律法规和相关政策规定，另一方面组织内部也要制定相应的分配制度，并让每个员工对制度有清晰的了解，做到遵纪守法、有章可循、有章必循，避免主观随意性。

## 三、企业税后利润分配的程序

根据《中华人民共和国公司法》等有关法律规定，企业利润分配的一般程序如下：

### （一）计算可供分配的利润

将本年净利润（或亏损）与年初未分配利润（或亏损）合并，计算出可供分配的利润。如果可供分配的利润为负数（即亏损），则不能进行后续分配；如果可供分配利润为正数（即本年累计盈利），则进行后续分配。

### （二）提取法定盈余公积金

提取法定盈余公积金，主要用于企业职工集体福利设施支出。在不存在年初累计亏损的前提下，法定盈余公积金按照税后净利润的10％提取。法定盈余公积金已达注册资本的50％时可不再提取。提取的法定盈余公积金用于弥补以前年度亏损或转增资本金。但转增资本金后留存的法定盈余公积金不得低于注册资本的25％。

法定公积金提取为强制性规定，公司弥补亏损和提取法定盈余公积金后所余税后利润才可以在股东中进行分配。按照法律规定，在公司弥补亏损和提取法定盈余公积金之前向股东分配利润的，股东必须将违反规定分配的利润退还公司。

### （三）提取任意盈余公积金

公司从税收利润中提取法定盈余公积金后，经股东大会决议，还可以从税后利润中提取任意盈余公积金。任意盈余公积金计提标准由股东大会确定，如确因需要，经股东大会同意后，也可用于分配。

### （四）向股东（投资者）支付股利（分配利润）

企业以前年度未分配的利润，可以并入本年度分配。

公司股东会或董事会违反上述利润分配顺序，在弥补亏损和提取法定盈余公积金之前向股东分配利润的，必须将违反规定发放的利润退还公司。

## 四、分配制度

### （一）工资分配制度

**1. 工资分配制度的概念**

工资分配制度是员工参与企业分配的最基本方式，将员工的劳动与报酬有机地结合起来。工资分配制度主要包括计时工资制、计件工资制、岗位等级工资制、职能等级工资制等。

短期内，工资一般具有相对固定性，与企业业绩无关。长期看，基本工资一般具有刚性，表现为上升趋势。党的十四大提出建立社会主义市场经济体制后，我国的一些媒体开始打破“大锅饭”和平均主义，建立以评比考核为工资分配主要标准的绩效工资制。在打破铁饭碗和论资排辈分配机制的同时，推行聘用制等新的用人机制，在一些媒体内部也开始出现了“老人”和“新人”等不同分配机制和分配手段的差异，但这在一定范围内和一定程度上也造成了同工不同酬的不合理分配现象。也有一些新媒体为节约人力资本，对新聘用人员实行“零工资”制，甚至出现克扣记者、编辑工资及相关社会保障待遇的现象。① 尽管在分配上存在这样或那样的缺陷，但按劳分配、多劳多得逐渐成了最主要的分配手段，少数市场化的媒体还采取分给职工股权等分配方式，兼顾了按生产要素分配的分配方式。总体来说，工资的杠杆作用逐渐得到了加强。②

**2. 工资分配制度的优点和缺点**

工资分配制度的优点在于，可以降低员工的风险，有利于企业的财务安排，分配过程简单、便于操作，可以给企业带来杠杆作用。

工资分配制度的缺点是，增大了企业风险，不利于调动员工的积极性和主动性，不利于企业与员工结成命运共同体。

### （二）奖金分配制度

**1. 奖金分配制度的概念**

奖金分配制度是员工参与传媒企业分配的重要形式，是传媒企业对员工超额劳动部分或劳动绩效突出部分所支付的奖励性报酬。奖金分配制度具有单一性、灵活性、及时性的特点。

奖金分配制度的重点在于“科学量化”。比如，有的电视台通过科学量化的奖金分配制度有效地激励了一线部门和员工的积极性和创造性：节目成本核算、奖金量化分配方案的总体设计是以节目为核算单位的，通过转化统一各种影响节目制作成本和收视率的因素，制定相对统一、兼顾公平的分配标准。以中心部门划分节目类型，形成中心部门和节目自身纵向比、中心部门和节目之间横向比的办法，将各中心部门、各节目的制作成本和节目的收视率与奖金分配挂钩，将奖金的发放数量核算到各节目后划拨到各中心，由各中心进行二次分配。其中，节目类型每分钟标准成本和标准收视率分别以最近 10 个月（含本月）每分钟平均投入成本和平均收视率为核算依据，10 个月的数据不断滚动更新，实行动态核算。③

**2. 奖金分配制度的优点和缺点**

奖金分配制度的优点是：能够调动员工的积极性，对其进行适当的激励，同时现金

---

① 陆高峰．从平均主义到绩效考核：传媒人薪酬制度 60 年［J］．新闻记者，2009（10）：38－41.
② 同①.
③ 柴汉，王萍．奖金分配：如何抓住牛鼻子［J］．新闻前哨，2005（11）：79－80.

流出量和企业经营业绩相吻合。

奖金分配制度的缺点是：操作过程相对而言比较复杂；奖金分配的不均衡和某些“有针对性的奖励”可能无法对员工进行激励，甚至造成攀比炫耀的不良风气；奖金的奖励幅度、调控比例相对而言是比较“动态”的，这可能给企业制订其财务计划、财务制度带来一些不便之处。

### （三）利润分享制度

利润分享制度是员工、股东分享企业利润的一种分配方式，是指直接从企业利润中提取一定比例用于支付给员工，现期支付、延期支付都是利润分享的形式。在分享利润的过程中，员工不承担企业的亏损。这种分配制度的优点在于，可以激励员工注重经营效益，更多地创造利润，并对未来产生一定预期。它的问题在于当分配环节涉及员工时，员工还是相对被动地承担了企业的一部分风险。

### （四）企业和股东之间的分配（股利分配）

股利分配理论是指上市公司股利发放对公司股价或其筹资成本产生何种影响的理论，旨在回答公司应该发放多少股利（股利支付率高低）这一重要问题。其中，股利是指企业以股票的形式发放给股东的利润，发放股利的动机是：降低股票价格，吸引更多的投资者；留存企业现金，用于企业投资。但有时企业也会出资对股票进行回收，其主要目的是分配企业的超额现金，改善企业的资本结构，提高企业的股票价格。

## 第六节　传媒企业的财务分析

财务分析的本质是搜集与决策有关的各种财务信息，并加以分析和解释。对于传媒企业来说，财务分析的重点是看懂“三张表”，即资产负债表、利润表、现金流量表。

**名词解释**

**资产负债表**　反映企业在某一特定日期的财务状况的报表。

**资产**　主要指企业拥有或控制的资源与其分布情况，一般包括流动资产、固定资产两大部分。

**负债**　主要指企业未来需要用多少资产或劳务清偿债务以及清偿时间，一般包括流动性负债和长期负债。

**所有者权益**　是指企业资产扣除负债后，由所有者享有的剩余权益。

### 一、资产负债表

通俗来看，**资产负债表**的作用是回答“钱从哪里来”的问题，主要反映资产、负债和所有者权益三方面的内容，并满足“资产＝负债＋所有者权益”的平衡式。

其中，**资产**一般包括流动资产（现金、应收账等）和固定资产（地产、设备、经营许可证、商标、声誉等）。**负债**一般包括流动性负债（应付账款、应付开支、利息支出、税费等）和长期负债（集团公司借款、银行贷款等)。**所有者权益**用来判断资本保值、增值的情况以及对负债的保障程度，包括实收资本、资本公积、盈余公积、未分配利润等环节。图 12 - 3 是一个资产负债表的示例。

| 资产 | 行次 | 年初数 | 期末数 | 负债及所有者权益 | 行次 | 年初数 | 期末数 |
|---|---|---|---|---|---|---|---|
| 流动资产： | 1 | | | 流动负债： | 36 | | |
| 货币资金 | 2 | | | 短期借款 | 37 | | |
| 短期投资 | 3 | | | 应付票据 | 38 | | |
| 应收票据 | 4 | | | 应付账款 | 39 | | |
| 应收股息 | 5 | | | 应付账款 | 40 | | |
| 应收账款 | 6 | | | 其他应付款 | 41 | | |
| 减、坏账准备 | 7 | | | 应付工资 | 42 | | |
| 应收账款净额 | 8 | | | 应付福利费 | 43 | | |
| 预付账款 | 9 | | | 应交税金 | 44 | | |
| 其他应收款 | 10 | | | 应付股利 | 45 | | |
| 存　　货 | 11 | | | 其他应付款 | 46 | | |
| 待摊费用 | 12 | | | 预提费用 | 47 | | |
| 一年内到期的长期债权投资 | 13 | | | 一年内到期的长期负债 | 48 | | |
| 其他流动资产 | 14 | | | 其他流动负债 | 49 | | |
| 流动资产合计 | 15 | | | | 50 | | |
| 长期投资： | 16 | | | 流动负债合计 | 51 | | |
| 长期股权投资 | 17 | | | | 52 | | |
| 长期债权投资 | 18 | | | 长期负债： | 53 | | |
| 长期投资合计 | 19 | | | 长期借款 | 54 | | |
| 固定资产： | 20 | | | 长期应付款 | 55 | | |
| 固定资产原价 | 21 | | | 其他长期负债 | 56 | | |
| 减：累计折旧 | 22 | | | 长期负债合计 | 57 | | |
| 固定资产净值 | 23 | | | 递延税项： | 58 | | |
| 固定资产清理 | 24 | | | 递延税款贷项 | 59 | | |
| 在建工程 | 25 | | | 负债合计 | 60 | | |
| 工程物资 | 26 | | | | 61 | | |
| 固定资产合计 | 27 | | | 所有者权益： | 62 | | |
| 无形资产及其他资产： | 28 | | | 实收资本 | 63 | | |
| 无形资产 | 29 | | | 资本公积 | 64 | | |
| 长期待摊费用 | 30 | | | 盈余公积 | 65 | | |
| 其他长期资产 | 31 | | | 其中：公益金 | 66 | | |
| 无形资产及其他资产合计 | 32 | | | 未分配利润 | 67 | | |
| 递延税项： | 33 | | | 所有者权益合计 | 68 | | |
| 递延税款借项 | 34 | | | | 69 | | |
| 资产总计 | 35 | | | 负债和所有者权益总计 | 70 | | |

**图 12 - 3　资产负债表示例**

## 二、利润表

> **名词解释**
>
> **利润表** 反映企业在一定会计期间的经营成果的财务报表。

通俗来看，**利润表**要回答的问题是“钱被用到哪里去了”。具体而言，利润表能反映出传媒企业的收入、费用消耗、经济活动成果的实现情况（资本增值或保值的情况）。

我们在分析利润表时可以从四个主要方面切入：

> **名词解释**
>
> **营业收入** 从事主营业务或其他业务所取得的收入，指在一定时期内，媒介组织销售商品或提供服务所获得的货币收入。营业收入包括主营业务收入和其他业务收入。

**1. 营业收入**

对于媒介组织来说，通过内容生产获得的业务收入就是主营业务收入。我们在分析**营业收入**时既要关注相关费用的支出对收入造成的影响，也要注意营业收入的增长是来自投资收益还是主营业务收入，从而帮助企业调整经营重心。

> **名词解释**
>
> **营业利润** 企业因生产经营活动所取得的利润。

**2. 营业利润**

**营业利润**既包括主营业务所产生的利润，如媒介产品的销售与服务所产生的利润及广告经营利润等，也有来自其他方面比如利息、投资分红等的利润。对于从经营活动之外所获利润，因为其增长空间不是特别稳定，需要予以关注。

**3. 利润总额**

利润总额＝营业利润＋营业外收入－营业外支出。

> **名词解释**
>
> **利润总额** 企业在一定时期内通过生产经营活动所实现的最终财务成果，主要由营业利润和营业外净收支两部分构成。

在分析**利润总额**结构时，我们主要关注利润总额和其余费用支出之间的平衡关系，这会使我们了解“净利润”的情况。

> **名词解释**
>
> **净利润** 企业当期利润总额减去所得税后的金额，即企业的税后利润。

**4. 净利润**

**净利润**是一个企业经营的最终成果。净利润多，企业的经营效益就好；净利润少，企业的经营效益就差。它是衡量一个企业经营效益的主要指标。

净利润的多寡取决于两个因素：一是利润总额，二是所得税费用。

净利润的计算公式为：净利润＝利润总额－所得税费用。

除了分析上述要素外，我们也需要注意利润表和资产负债表的关系：资产负债表的未分配利润就是利润表每年未分配的总和。

图 12－4 是一个利润表的示例。

**利润表**

编制单位：　　　　　　　　　　　时间：　　年　月　　　　　　　　　　　单位：元

| 项目 | 行次 | 本月数 | 本年累计数 |
|---|---|---|---|
| 一、营业收入 | 1 | | |
| 减：营业成本 | 2 | | |
| 营业税金及附加 | 3 | | |
| 销售费用 | 4 | | |
| 管理费用 | 5 | | |
| 财务费用 | 6 | | |
| 资产减值损失 | 7 | | |
| 加：公允价值变动收益（亏损以“—”号填列） | 8 | | |
| 投资收益（亏损以“—”号填列） | 9 | | |
| 其中：对联营企业和合营企业的投资收益 | 10 | | |
| 二、营业利润（亏损以“—”号填列） | 11 | | |
| 加：营业外收入 | 12 | | |
| 减：营业外支出 | 13 | | |
| 其中：非流动资产处置损失 | 14 | | |
| 三、利润总额（亏损以“—”号填列） | 15 | | |
| 减：所得税费用 | 16 | | |
| 四、净利润（亏损以“—”号填列） | 17 | | |
| 五、每股收益 | 18 | | |
| （一）基本每股收益 | 19 | | |
| （二）稀释每股收益 | 20 | | |

**图 12－4　利润表示例**

## 三、现金流量表

通俗来看，**现金流量表**的作用是回答“钱够不够用”的问题，它是反映企业在一定会计期间现金和现金等价物流入和流出的报表，不仅关系到传媒企业支付股利、偿还债务的能力，也进一步关系到公司的生存和发展。现金流量表和企业在未来获取资金的能力有关，企业的破产往往表现为现金流的匮乏。在分析该表时，我们主要应该关注：经营活动产生的现金流量（对于已经发展得比较成熟的企业，现金流量净额的增长意味着其经营活动是比较成功的）；投资活动产生的现金流量（企业对外投资和回收资金的过程形成了现金流出、流入）；筹资活动产生的现金流量（此项资金的流量为正，则说明传媒企业从外部获得的借款过多，可能面临财务风险）。图 12－5 是一个现金流量表示例。

> 名词解释
>
> **现金流量表**　反映一定时期内企业经营活动、投资活动和筹资活动对其现金及现金等价物所产生影响的财务报表。

| | 项　　目 | 本期金额 | 上期金额 |
|---|---|---|---|
| 1 | 一、经营活动产生的现金流量 | | |
| 2 | 销售商品、提供劳务收到的现金 | | |
| 3 | 收到的税费返还 | | |
| 4 | 收到的其他与经营活动有关的现金 | | |
| 5 | 经营活动现金流入小计 | | |
| 6 | 购买商品、接受劳务支付的现金 | | |
| 7 | 支付给职工以及为职工支付的现金 | | |
| 8 | 支付的各项税费 | | |
| 9 | 支付其他与经营活动有关的现金 | | |
| 10 | 经营活动现金流出小计 | | |
| 11 | 经营活动产生的现金流量净额 | | |
| 12 | 二、投资活动产生的现金流量 | | |
| 13 | 收回投资收到的现金 | | |
| 14 | 取得投资收益收到的现金 | | |
| 15 | 处置固定资产、无形资产和其他长期资产收回的现金净额 | | |
| 16 | 处置子公司及其他营业单位收到的现金净额 | | |
| 17 | 收到的其他与投资活动有关的现金 | | |
| 18 | 投资活动现金流入小计 | | |
| 19 | 购建固定资产、无形资产和其他长期资产支付的现金 | | |
| 20 | 投资支付的现金 | | |
| 21 | 取得子公司及其他营业单位支付的现金净额 | | |
| 22 | 支付其他与投资活动有关的现金 | | |
| 23 | 投资活动现金流出小计 | | |
| 24 | 投资活动产生的现金流量净额 | | |
| 25 | 三、筹资活动产生的现金流量 | | |
| 26 | 吸收投资收到的现金 | | |
| 27 | 取得借款收到的现金 | | |
| 28 | 收到其他与筹资活动有关的现金 | | |
| 29 | 筹资活动现金流入小计 | | |
| 30 | 偿还债务支付的现金 | | |
| 31 | 分配股利、利润或偿付利息支付的现金 | | |
| 32 | 支付其他与筹资活动有关的现金 | | |
| 33 | 筹资活动现金流出小计 | | |
| 34 | 筹资活动产生的现金流量净额 | | |
| 35 | 四、汇率变动对现金及现金等价物的影响 | | |
| 36 | 五、现金及现金等价物净增加额 | | |
| 37 | 加：期初现金及现金等价物余额 | | |
| 38 | 六、期末现金及现金等价物余额 | | |

**图 12－5　现金流量表示例**

通过上述报表分析，我们可以大体了解企业资金从哪里来、向哪里去、够不够用，从而了解企业的偿债能力、运营能力、盈利能力等，对企业的经营状况有个基本的判断和分析，从而做出正确的财务决策，保障企业良性健康发展。

## 本章小结

1. 财务管理是法人或自然人在筹资活动、投资活动和经营活动中对其合法拥有或依法控制的资产在取得、使用和保全过程中所发生的事情进行科学的预测和决策、准确的预算和核算、严格的控制和审计、合理的分配和分析、有效的沟通和协调的一项管理活动。

2. 媒介组织财务管理是传媒机构组织财务活动、处理财务关系的一项经营管理工作。不同类型的媒介组织有不同的财务管理目标：如果是事业单位，那么其重心应该是保证提供优质的公共服务，实现公共绩效的最大化；如果是企业，那么就必须考虑利润最大化、股东财富最大化、利益相关者利益最大化、企业价值最大化等财务管理目标。

3. 媒介组织财务管理的主要对象是媒介机构（企业）的筹资活动、投资活动、运营活动、分配活动。对这四方面的管理原理及管理要点所进行的阐释和具体应用构成了媒介组织财务管理的主要内容。

4. 媒介组织财务管理的模式主要分为集权式、分权式、混合式三种。随着云计算、人工智能技术被广泛应用于财务管理，很多“集成管理平台”也升级为“智能管理平台”，体现了财务管理的科学化、精准化和人性化发展趋势。

5. 媒介组织财务管理的主要环节包括财务预测、财务决策、财务预算、财务控制、财务分析和财务监督。

6. 企业筹资是指企业根据其生产经营、对外投资以及调整资本结构等需要，经济有效地筹措和集中资金的活动。传媒企业的筹资来源有政府财政部门的拨款、内部筹集资金、办理金融类业务等，筹资方式包括吸收直接投资、发行股票筹资、利用留存收益筹资、借款筹资、发行债券筹资以及通过其他融资方式筹资。

7. 投资指的是特定经济主体为了在未来可预见的时期内获得收益或是资金增值，在一定时期内向一定领域的标的物投放足够数额的资金或实物的货币等价物的经济行为。传媒企业也需要通过投资来维持自身的经营活动、提升自己的技术实力、提升对企业未来发展的预期。媒介组织投资管理的基本要求包括确定投资决策程序，进行投资可行性分析，综合运用数据技术等进行决策服务。传媒组织的投资方式如下：直接投资于传媒企业的内容运营、直接投资于传媒企业的渠道网络运营、直接投资于针对各类媒介的广告运营、直接投资于为传媒产业链中其他环节提供的配套服务，以及直接投资于为传媒产业链中其他环节提供基础性支撑的原创技术开发等。

8. 传媒企业的营运管理在很大程度上表现为对营运资金的管理。营运资金指的是传媒企业在日常经营活动中所需的流动资金以及供产销领域所需的资金。传媒企业营运资金具有资金的来源比较灵活、多元，周期短、波动大，短期资金较多、易于变现等特点。传媒企业资金运营的管理包括现金管理、存货管理、应收账款管理、银行负债管理等。

9. 媒介企业分配就是界定媒介企业在生产经营过程中的经营成果如何在相关的利益主体之间进行划分的一种管理行为。企业分配包括企业分配的对象和参与企业分配的主体两个要素。传媒企业的分配与“利益分配”直接相关，这需要对分配的对象、标准、激励模式、预算等方面进行综合考虑。传媒企业分配要遵循发展优先原则、注重效率原则、制度约束原则。企业税后利润分配的程序是计算可供分配的利润、提取法定盈余公积金、提取任意盈余公积金、向股东（投资者）支付股利（分配利润）。传媒企业的分配制度包括工资分配制度、奖金分配制度、利润分享制度以及股利分配制度等。

10. 财务分析的本质是搜集与决策有关的各种财务信息，并加以分析和解释。对于传媒企业来说，财务分析重点是看懂“三张表”，即资产负债表、利润表、现金流量表。

资产负债表是指反映企业在某一特定日期的财务状况的报表。通俗来看，资产负债表的作用是回答“钱从哪里来”的问题，主要反映资产、负债和所有者权益三方面的内容，并满足“资产＝负债＋所有者权益”的平衡式。

利润表是反映企业在一定会计期间的经营成果的财务报表。通俗来看，利润表要回答的问题是“钱被用到哪里去了”。具体而言，利润表能反映出传媒企业的收入、费用消耗、经济活动成果的实现情况（资本增值或保值的情况）。

现金流量表是反映一定时期内企业经营活动、投资活动和筹资活动对其现金及现金等价物所产生影响的财务报表。通俗来看，现金流量表的作用是回答“钱够不够用”的问题，它不仅关系到传媒企业支付股利、偿还债务的能力，也进一步关系到公司的生存和发展。

## 复习思考题

1. 媒介组织财务管理主要包括哪几大环节？这些环节的侧重点分别是什么？

2. 找到某家传媒企业最近年度的财务报表并尝试理解、分析。

3. 在现有知识框架的基础上，如何进一步理解媒体融合时代的“媒介组织财务管理”？

# 参考文献

## 一、中文文献


卡罗尔，巴克霍尔茨．企业与社会：伦理与利益相关者管理：原书第5版［M］．黄煜平，朱中彬，徐小娟，等译．北京：机械工业出版社，2004.

钱德勒．战略与结构：美国工商企业成长的若干篇章［M］．北京天则经济研究所，北京江南天慧经济研究有限公司，选译．昆明：云南人民出版社，2002.

里斯，特劳特．商战［M］．李正栓，李腾，译．北京：机械工业出版社，2011.

里斯，特劳特．定位［M］．王恩冕，于少蔚，译．北京：中国财政经济出版社，2002.

柏拉图．理想国［M］．郭斌和，张竹明，译．北京：商务印书馆，2003.

萨缪尔森，诺德豪斯．微观经济学：第16版［M］．萧琛，等译．北京：华夏出版社，1999.

布尔迪厄．文化资本与社会炼金术：布尔迪厄访谈录［M］．包亚明，译．上海：上海人民出版社，1997.

安德森．想象的共同体：民族主义的起源与散布［M］．吴叡人，译．上海：上海人民出版社，2003.

普林格尔，斯塔尔，麦克加维特．电子媒介经营与管理：第4版［M］．潘紫径，王雪，冯晓娜，等译．北京：北京广播学院出版社，2004.

卜彦芳．传媒经济理论［M］．北京：中国广播电视出版社，2012.

蔡怀军．芒果TV“（1+N）X”模式的营销实践［J］．新闻战线，2018（5）：23-26.

蔡骐．媒介融合时代的电视媒体转型之路：以湖南广电的新媒体转型为例［J］．现代传播，2015（11）：124-128.

蔡晴蕾．网络新媒体时代中国动漫品牌授权发展策略研究［J］．管理观察，2018（21）：65-66.

曹尔阶．资本是个好东西［M］．北京：中国人民大学出版社，2012.

曹鹏．媒介人力资源管理的难点与热点问题［J］．新闻与写作，2005（8）：6-7.

陈兵．媒介品牌论［M］．北京：中国传媒大学出版社，2008.

陈炳宇．符号学视角下对机器新闻写作的批判性解读：以今日头条“Xiaomingbot”为例［J］．视听界，2019（2）：68-71.

柴汉，王萍．奖金分配：如何抓住牛鼻子［J］．新闻前哨，2005（11）：79-80.

陈来．儒家“礼”的观念与现代世界［J］．孔子研究，2001（1）：4-12.

陈矩弘．新中国出版史研究：1949—1965［M］．上海：上海交通大学出版社，2012.

陈峻，张佳．打造以版权管理为核心的云媒资平台：探索版权资产精细化管理的思路［J］．中国广播电视学刊，2012（11）：40-42.

陈龙，孙萍．超级流动、加速循环与离“心”运动：关于互联网平台“流动为生”劳动的反思［J］．中国青年研究，2021（4）：29-37.

陈培爱．广告学概论［M］．北京：高等教育出版社，2004.

陈苡，史豪慧．市场营销学［M］．2版．广州：暨南大学出版社，2015.

陈忠卫．战略管理：新常态与新思维［M］．大连：东北财经大学出版社，2015.

陈卓．试论媒介融合进程中媒体组织重构的路径［J］．国际新闻界，2010（4）：95-98.

川网传媒：2020年度财务决算及2021年预算报告［EB/OL］．（2021-06-10）［2022-06-08］．http://vip.stock.finance.sina.com.cn/corp/view/vCB_AllBulletinDetail.php?id=7313334.

崔保国，郑维雄，何丹嵋．数字经济时代的传媒产业创新发展［J］．新闻战线，2018（11）：73-78.

崔满红．货币银行学原理［M］．北京：中国金融出版社，2015.

霍兰德．红海管理：关键时刻改变规划［M］．安东建，译．北京：经济管理出版社，2011.

克罗图，霍伊尼斯．媒介·社会：产业、形象与受众［M］．邱凌，译．北京：北京大学出版社，2009.

戴娟萍．高级财务管理［M］．2版．厦门：厦门大学出版社，2019.

德鲁克，等．知识管理［M］．杨开峰，译：北京：中国人民大学出版社，1999.

阿克．管理品牌资产［M］．吴进操，常小虹，译．北京：机械工业出版社，2012.

雷恩，贝德安．西方管理思想史：第6版［M］．孙健敏，黄小勇，李原，译．北京：中国人民大学出版社，2013.

贝尔．后工业社会的来临：对社会预测的一项探索［M］．高铦，王宏周，魏章玲，译．北京：商务印书馆，1984.

德鲁克．管理的实践［M］．齐若兰，译．北京：机械工业出版社，2011.

丁诚．芒果TV独步新媒体江湖［J］．新湘评论，2016（6）：17-18.

丁汉青．论媒介产品性质的动态变化［J］．国际新闻界，2008（9）：65-68.

丁汉青．传媒版权管理研究［M］．北京：中国人民大学出版社，2017.

丁俊杰，黄升民．中国广播产业报告：产业发展与经营管理创新［M］．北京：中国传媒大学出版社，2005.

邓爽．媒介人力资源管理激励机制研究［J］．东南传播，2008（5）：132-133.

杜翼．怀旧营销研究［D］．哈尔滨：黑龙江大学，2014.

读者出版传媒股份有限公司关于对外投资的公告［EB/OL］.（2020-08-29）［2022-06-08］．https://m.tianyancha.com/pilu/announcement/45c30acc25171f4747d53278e3cb0d44.

“房地产商”迪士尼都有哪些家当？不止漫威星战皮克斯福克斯［EB/OL］.（2019-04-11）［2022-06-08］．https://36kr.com/p/5193554.

范军．弘扬近现代优秀出版人的企业家精神［J］．出版科学，2019（2）：1，21.

方卿，姚永春．图书营销学［M］．太原：山西经济出版社，1998.

布罗代尔．十五至十八世纪的物质文明、经济和资本主义：第2卷：形形色色的交换［M］．顾良，施康强，译．北京：商务印书馆，2017.

傅平．传媒变革：中国传媒集团组织转型与重塑［M］．上海：上海文化出版社，2005.

傅平．传媒变革与实践：新时期中国传媒集团的战略与转型［M］．上海：上海交通大学出版社，2013.

龚小凡．大众文化中的出版物与印刷媒介：以19世纪英国出版物为例［J］．文艺争鸣，2014（7）：196-200.

顾联瑜．中国邮政报刊发行业务的前世今生［J］．中国邮政，2016（3）：16-17.

辜晓进．美国日报的组织结构［J］．新闻记者，2002（6）：58-60.

郭国庆．市场营销学通论［M］．北京：中国人民大学出版社，2009.

2021年全国广播电视行业统计公报［EB/OL］.（2022-04-25）［2022-06-07］．http://www.nrta.

gov. cn/art/2022/4/25/art _ 113 _ 60195. html.

国家广播电视总局关于进一步加强广播电视和网络视听文艺节目管理的通知［EB/OL］.(2018-11-09)[2022-06-08]. http://www. nrta. gov. cn/art/2018/11/9/art _ 113 _ 39686. html.

郭庆光．传播学教程［M］. 2版. 北京：中国人民大学出版社，2011.

郭焱，陈丽然，杨鸿泽，等．企业战略分析、预测、评价、模型与案例［M］. 天津：天津大学出版社，2012.

郭镇之．中外广播电视史［M］. 3版. 上海：复旦大学出版社，2016.

韩冰，王良燕，余明阳．社会阶层与品牌危机类型对品牌评价及购买意愿的影响探究［J］. 管理评论，2018（2）：212－221.

何华月．基于关键指标的波特五力模型分析［J］. 会计师，2015（3）：27－28.

黄飞，褚笑清．资本运营理论与实务［M］. 北京：中国传媒大学出版社，2016.

黄璜. 2018年出版上市公司年报解读［J］. 出版人，2019（5）：34－36.

黄江，吉宓．重新定义游戏规则：蓝海战略理论创始人W. 钱·金专访［J］. 清华管理评论，2017（Z1）：6－13.

黄敬文．中央经济工作会议在北京举行［N］. 人民日报，2020－12－19（1）.

黄馨．媒体融合背景下的电视媒体组织变革：基于江苏广播电视（总台）的个案研究［D］. 南京：南京大学，2018.

黄鑫宇．中国近现代报业组织结构变迁的历史轨迹及其基本规律［J］. 中国出版，2013（5）：59－64.

黄溶冰，李玉辉．基于坐标法的SWOT定量测度模型及应用研究［J］. 科研管理，2008（1）：179－187.

侯胜田．绿海战略：获得持久竞争优势［M］. 北京：清华大学出版社，2007.

侯瑶，吴君民．基于顾客满意度的全面质量成本控制模型研究［J］. 会计之友，2014（17）：37－42.

侯玉莲．不确定环境中的战略柔性［J］. 河北大学学报（哲学社会科学版），2004（1）：71－73.

胡杨涓，喻国明．中国网络视频用户的行为模式研究［J］. 浙江传媒学院学报，2018（2）：9－17，147.

胡泳，崔晨枫，吴佳健．中外报业付费墙实践对比及省思［J］. 当代传播，2018（5）：26－30，35.

胡占凡．确立版权工作的重要地位 打造央视发展新的增长点［J］. 中国版权，2014（2）：5－12.

胡昭阳．虚拟组织概念及沟通问题探讨［J］. 新闻与传播研究，2015（4）：110－117，128.

胡正荣．外国媒介集团研究［M］. 北京：北京广播学院出版社，2003.

胡正荣．媒介管理研究：广播电视管理创新体系［M］. 北京：中国传媒大学出版社，2005.

季宗绍．传媒经营与管理［M］. 南京：南京师范大学出版社，2010.

简彦超．电视新闻栏目：央视《第一时间》改版探析［J］. 今传媒，2017（10）：104－105.

江萌．大众化报刊的定价策略分析［J］. 新闻实践，2006（2）：21－22.

特劳特，里夫金．与众不同：极度竞争时代的生存之道［M］. 火华强，译．北京：机械工业出版社，2011.

特劳特，里夫金．重新定位［M］. 谢伟山，苑爱冬，译．北京：机械工业出版社，2010.

金更达．立方书："融媒体"教材出版形态探索［N］. 新华书目报，2015－10－29（C03）.

金韶，倪宁．"社群经济"的传播特征和商业模式［J］. 现代传播，2016（4）：113－117.

金雪涛，廖锦瑾．组织扁平化视域下电视媒体的混合组织结构：也谈中心制与频道制［J］. 电视研究，2011（3）：14－16.

克劳斯比．完美无缺：不流泪的质量管理［M］. 陈怡芬，译．北京：生活·读书·新知三联书店，1991.

赖玉钗．跨媒介叙事与扩展“叙事网络”历程初探：以国际大奖绘本之跨媒介转述为例［J］．新闻学研究（台北），2016（126）：133－198.

维森特．传奇品牌：诠释叙事魅力，打造致胜市场战略［M］．钱勇，张超群，译．杭州：浙江人民出版社，2004.

达夫特．组织理论与设计：第12版［M］．王凤彬，石云鸣，张秀萍，等译．北京：清华大学出版社，2017.

斯科特，戴维斯．组织理论：理性、自然与开放系统的视角［M］．高俊山，译．北京：中国人民大学出版社，2011.

李超，戴炳荣，王泓机，等．基于区块链的数字版权保护与交易系统［J］．现代计算机，2018（29）：80－84.

李东红．企业组织结构变革的历史、现实与未来［J］．清华大学学报（哲学社会科学版），2000（3）：27－33.

李红艳．媒介组织学［M］．北京：中国传媒大学出版社，2006.

李良荣．西方新闻媒体变革20年［J］．新闻大学，2000（4）：12－15.

李萌萌，黄裕峯．网络新闻媒介人力资源管理探析［J］．人力资源管理，2015（2）：25－26.

李明远．《园冶注释》：现代设计语言尽显古风古韵［N］．中国新闻出版广电报，2018－04－25（4）.

李沁沁，才让卓玛．媒介管理之前世今生［EB/OL］．(2005-04-15)［2022-05-26］．http://futures.money.hexun.com/detail.aspx?id=1111336.

李蔚，贺雅文，王虹．两类修复策略对品牌关系再续意愿的影响研究：品牌关系承诺的调节作用［J］．西南民族大学学报（人文社会科学版），2018（10）：129－133.

李维安，常永新．中国传媒集团公司治理模式探析［J］．天津社会科学，2003（1）：75－79.

李晓阳．企业财务流程再造研究［D］．镇江：江苏大学，2007.

李心合．利益相关者财务论［J］．会计研究，2003（10）：10－15.

李奕滨，郭英，阮青松．货币金融学［M］．上海：立信会计出版社，2018.

文化体制改革的“1234”［J］．瞭望新闻周刊，2004（25）：20－21.

林南．社会资本：关于社会结构与行动的理论［M］．张磊，译．上海：上海人民出版社，2005.

林毅夫，蔡日方，李周．现代企业制度的内涵与国有企业改革方向［J］．经济研究，1997（3）：3－10.

凌先静．胡歌佟大为助青雨传媒扭亏为盈，但失去商业信用风险才是致命软肋［EB/OL］．（2017－08－20）［2022－06－08］．https://baijiahao.baidu.com/s?id=1576263667702752156&wfr=spider&for=pc&searchword=传媒%20商业信用．

刘东，卞琳，高俊山．中外媒介集团公司治理结构比较研究［J］．科技与管理，2004（5）：51－54.

刘年辉．中国报业组织结构演进轨迹考察［J］．编辑之友，2010（3）：62－66.

刘年辉．中国报业集团核心竞争力：创新策略与提升路径［M］．北京：中国传媒大学出版社，2012.

刘曼红，林博，刘小兵．风险投资学［M］．2版．北京：对外经济贸易大学出版社，2018.

刘胜军．精益生产：现代IE［M］．深圳：海天出版社，2003.

刘伟男．媒介融合下潇湘晨报组织结构优化研究［D］．长沙：湖南大学，2013.

刘文华，薛耀文．基于AHP－SWOT模型的影视基地发展战略选择：以象山影视城为例［J］．经济问题，2018（12）：94－101.

刘希贤．五力模型的新应用［J］．企业管理，2013（6）：58－59.

刘友芝，陈岱，朱江波．我国传媒上市公司内部人控制问题研究［J］．湖南大众传媒职业技术学院学报，2011（1）：39－42.

陆高峰．从平均主义到绩效考核：传媒人薪酬制度60年［J］．新闻记者，2009（10）：38－41.

陆桂生，邹迎九．媒介管理通论［M］．上海：复旦大学出版社，2008.

卢泰宏，高辉．品牌老化与品牌激活研究述评［J］．外国经济与管理，2007（2）：17－23.

卢铮．数字化报业的宽带薪酬体系变革：以两家证券报的薪酬分配为例［J］．中国记者，2012（6）：88－89.

骆正林．传媒竞争与媒体经营：传媒经营与管理研究［M］．北京：中国广播电视出版社，2008.

皮卡德．媒介经济学：概念与问题［M］．赵丽颖，译．北京：中国人民大学出版社，2005.

维甘提．意义创新：另辟蹊径，创造爆款产品［M］．吴振阳，译．北京：人民邮电出版社，2018.

罗雁飞．广告学概论［M］．武汉：武汉大学出版社，2013.

吕焕斌．以我为主：建设新型主流媒体：湖南广播电视台“双平台”带动战略阐释［J］．中国广播电视学刊，2016（1）：48－53.

林斯特龙．感官品牌［M］．赵萌萌，译．天津：天津教育出版社，2011.

林斯特龙．品牌洗脑：世界著名品牌只做不说的营销秘密［M］．赵萌萌，译．北京：中信出版社，2013.

马克思恩格斯全集：第26卷：第1册［M］．北京：人民出版社，1972.

马克思恩格斯全集：第23卷［M］．北京：人民出版社，1972.

马克思恩格斯选集：第1卷［M］．3版．北京：人民出版社，2012.

韦伯．经济与社会：上［M］．林荣远，译．北京：商务印书馆，1997.

马瑞峰．广播节目市场化的现状与机遇［J］．中国广播电视学刊，2004（8）：15－16，14.

马歇尔．经济学原理［M］．朱攀峰，徐宏伟，编译．北京：北京出版社，2012.

麦克卢汉．理解媒介：论人的延伸［M］．何道宽，译．南京：译林出版社，2011.

波特．竞争战略［M］．陈小悦，译．北京：华夏出版社，2005.

苗文龙，严复雷．众筹融资：模式与监管［M］．北京：经济管理出版社，2018.

莫林虎．传媒资本市场和资本运营［M］．北京：中国经济出版社，2020.

南方出版传媒股份有限公司财务管理制度（试行）［EB/OL］．（2017－06－24）［2022－06－08］．http://xinpi.stcn.com/finalpage/2017－06/24/pdf1203644155.shtml.

波兹曼．童年的消逝［M］．吴燕莛，译．北京：中信出版社，2015.

欧阳芳．资本运营理论与实务［M］．北京：北京邮电大学出版社，2016.

庞巴维克．资本实证论［M］．陈端，译．北京：商务印书馆，2017.

韦斯特三世，班福德．战略管理［M］．栾玲，译，北京：中国人民大学出版社，2011.

彭兰．网络传播概论［M］．4版．北京：中国人民大学出版社，2017.

彭祝斌．媒介人力资源管理［M］．长沙：湖南大学出版社，2006.

彭祝斌．中国电视内容产业链成长研究［M］．北京：新华出版社，2010.

金，莫博涅．蓝海战略：超越产业竞争，开创全新市场：拓展版［M］．吉密，译．北京：商务印书馆，2016.

芮哲非．谷腾堡在上海：中国印刷资本业的发展：1876—1937［M］．张志强，等译．北京：商务印书馆，2014.

高小倩．优爱腾、六大制片公司联合声明抵制“天价片酬”，但症结到底在哪里？［EB/OL］．（2018－

08-12)[2022-06-08]. https://mp. weixin. qq. com/s/SvEy7AjffWW1RAKQBUKiBw.

赛丹杰，巴特斯比．品牌授权原理：授权商版［M］．朱晓梅，吴尘，译．北京：清华大学出版社，2017.

邵一明．品牌延伸战略研究：基于企业多元化视角［M］．北京：经济管理出版社，2008.

沈云交．克劳斯比质量思想研究［J］．世界标准化与质量管理，2008（8）：25－27.

史安斌，谢张天.《纽约时报》的“浴火重生”之路［J］．青年记者，2017（13）：80－82.

戴维斯．品牌资产管理：赢得客户忠诚度与利润的有效途径［M］．刘莹，李哲，译．北京：中国财政经济出版社，2006.

宋继承，潘建伟．企业战略决策中SWOT模型的不足与改进［J］．中南财经政法大学学报，2010（1）：115－119.

宋建武．论我国媒体业“法人治理结构”的改革［J］．文化产业导刊，2013（11）：25－31.

宋培义．媒体战略管理［M］．北京：中国传媒大学出版社，2006.

宋应离．中国当代出版史料：第4卷［M］．郑州：大象出版社，1999.

孙丽辉．顾客满意理论研究［J］．东北师大学报（哲学社会科学版），2003（4）：18－24.

孙玮．微信：中国人的“在世存有”［J］．学术月刊，2015（12）：5－18.

孙志刚，吕尚彬．《纽约时报》付费墙对中国报纸的启示［J］．新闻大学，2013（3）：109－114.

索托．资本的秘密［M］．于海生，译．北京：华夏出版社，2012.

泰罗．科学管理原理［M］．胡隆昶，冼子恩，曹丽顺，译．北京：中国社会科学出版社，1984.

颜琨．“一年8 000集电视剧无法播出”，谁会成为压死骆驼的最后一根稻草？［EB/OL］.(2018-11-14)[2022-06-08]. https://baijiahao. baidu. com/s? id=1617095101203035430&wfr=spider&for=pc.

谭云明．传媒经营管理新论［M］．北京：北京大学出版社，2007.

唐慧如．中央电视台版权管理系统软件选型浅析［J］．广播电视信息，2015（7）：99－101.

汤莉萍．媒介品牌经营［M］．北京：中国传媒大学出版社，2014.

唐绪军．报业经济与报业经营［M］．北京：新华出版社，1999.

田园子．媒介融合背景下我国报纸编辑部组织结构转型研究［D］．武汉：武汉大学，2014.

屠忠俊．新闻事业管理［M］．武汉：武汉大学出版社，2001.

屠忠俊．现代传媒业经营管理［M］．武汉：华中科技大学出版社，2007.

汪涛，周玲，彭传新，等．讲故事 塑品牌：建构和传播故事的品牌叙事理论：基于达芙妮品牌的案例研究［J］．管理世界，2011（3）：112－123.

王冬冬．电视媒体的组织结构设计研究［D］．哈尔滨：哈尔滨工业大学，2008.

王冬冬．面向知识经济时代的电视媒介组织结构发展趋势［J］．新闻传播，2006（12）：64－65.

王江汉．移动互联网概论［M］．成都：电子科技大学出版社，2018.

王垒．组织管理心理学［M］．北京：北京大学出版社，1993.

王勇，张春朗．“一台两制”：区域性广电传媒的策略选择［J］．电视研究，2011（3）：14－16.

王伟亮．重新看新闻媒体和其从业人员间的劳动关系：以《劳动合同法》为出发点［J］．新闻记者，2007（11）：85－87.

王贞瑾．芒果TV自制综艺节目传播及效果研究［D］．长沙：湖南大学，2018.

王志安．CCTV，一场静悄悄的变革正在发生［J］．青年记者，2010（34）：87.

韦德洪，杨海燕．论中国特色财务管理学科的构建：基于汉字“财”和“务”字义的思考［J］．中国大学教学，2011（10）：32－35.

施拉姆，波特．传播学概论：第 2 版［M］．何道宽，译．北京：中国人民大学出版社，2010.

阿伦斯．当代广告学：第 7 版［M］．丁俊杰，程坪，苑菲，等译．北京：华夏出版社，2000.

戴明，奥尔西尼．戴明管理思想精要：质量管理之父的领导力［M］．裴咏铭，译．北京：西苑出版社，2014.

维尔斯，莫里亚提，伯奈特．广告学原理与实务：第 7 版［M］．桂世河，王长征，译．北京：中国人民大学出版社，2009.

吴锋．传媒经营管理［M］．北京：北京师范大学出版社，2013.

吴锋．新中国 60 年报刊发行业变革轨迹与经验反思［J］．中国出版，2010（1）：38－41.

吴吉．多管齐下打造全媒体人才“蓄水池”［EB/OL］.（2019-10-27）［2022-06-08］. https://appdetail.netwin.cn/web/2019/10/ba3addaa8e58aca2909c9aec475f9a98.html.

吴敬琏．什么是现代企业制度［J］．改革，1994（1）：17－34.

习近平．干在实处 走在前列：推进浙江新发展的思考与实践［M］．北京：中共中央党校出版社，2006.

习近平．习近平谈治国理政：第 2 卷［M］．北京：外文出版社，2017.

习近平．决胜全面建成小康社会 夺取新时代中国特色社会主义伟大胜利［N］．人民日报，2017－10－28（1）.

向志强，刘社瑞，吴高福．媒介产业核心竞争力与媒介人力资源管理［M］．长沙：湖南文艺出版社，2008.

向志强．人力资本与媒介人力资源管理开发研究［M］．长沙：湖南大学出版社，2006.

向志强．报纸定价策略研究［J］．价格理论与实践，2006（7）：36－37.

肖冬平，王春秀．社会资本研究［M］．昆明：云南大学出版社，2013.

肖叶飞．传媒经营与管理［M］．合肥：中国科学技术大学出版社，2016.

谢方．媒体多维产业与 AI 聚变［M］．北京：中国广播影视出版社，2018.

谢新洲．媒介经营与管理［M］．北京：北京大学出版社，2011.

卡箩．五大卫视收入下滑！2019 购剧预算 115 亿，不及优爱腾 700 亿的 1/6［EB/OL］.（2018-11-15）［2022-06-28］. https://mp.weixin.qq.com/s/M2wYbKM4dzHjl6LntgnB5A.

新闻出版署图书管理司．图书出版管理手册［M］．沈阳：辽宁大学出版社，1991.

熊伟．现代质量管理［M］．杭州：浙江大学出版社，2008.

徐二明，王智慧．企业战略管理理论的发展与流派［J］．首都经济贸易大学学报，1999（1）：25－29.

许婷，陈礼标，程书萍．蓝海战略的价值创新内涵及案例分析［J］．科学学与科学技术管理，2007（7）：54－58.

薛可，余明阳．品牌延伸：资产价值转移与理论模型创建［J］．南开管理评论，2003（3）：54－60.

薛可，余明阳．谈媒体品牌的延伸模式［J］．国际新闻界，2006（7）：64－68.

薛可．品牌扩张：路径与传播［M］．上海：复旦大学出版社，2008.

亚里士多德．政治学［M］．吴寿彭，译．北京：商务印书馆，1997.

颜军梅．金融学［M］．武汉：武汉大学出版社，2018.

杨驰原．深化管理变革着力制度创新：石峰副署长谈报刊业改革与发展走势［J］．传媒，2005（3）：10－14.

杨瑞龙．市场秩序的产权制度基础［J］．江苏行政学院学报，2004（2）：36－42.

杨石华，戴瑞凯．亲子阅读：仪式与传递共存的一种知识传播方式［J］．图书情报工作，2017（4）：

48－53.

杨士文，张雁．管理学原理［M］．北京：中国人民大学出版社，1994.

尹明子．试析BBC架构与流程的变化及其作用［J］．中国广播，2012（3）：42－45.

殷琦．美国传媒公司的治理模式、危机审思与改革取向：从新闻集团的实践谈起［J］．新闻界，2019（5）：84－92.

殷琦．转型政治经济环境下中国传媒治理结构的变迁与走向［J］．国际新闻界，2012（6）：91－97.

殷琦．中国传媒组织治理结构创新研究：基于利益相关者理论的视角［M］．厦门：厦门大学出版社，2015.

喻国明．影响力经济：对传媒产业本质的一种诠释［J］．现代传播，2003（1）：1－3.

喻国明，马慧．互联网时代的新权力范式："关系赋权"："连接一切"场景下的社会关系的重组与权力格局的变迁［J］．国际新闻界，2016（10）：6－27.

喻国明．5G时代传媒发展的机遇和要义［J］．新闻与写作，2019（3）：63－66.

禹建强．媒介战略管理案例分析［M］．北京：华夏出版社，2004.

袁潮清．浅析波士顿矩阵的局限及改进［J］．市场周刊·理论研究，2006（12）：286－287.

袁舟．关于报业集团上市的几点思考［J］．新闻界，2004（4）：18－19.

王伟．上海报业集团的创新、融合、转型之路［EB/OL］．（2015－07－27）［2022－06－08］．http://media.people.com.cn/n/2015/0727/c397351－27365865.html.

费斯克，等．关键概念：传播与文化研究辞典：第2版［M］．北京：新华出版社，2004.

伊特韦尔，米尔盖特，纽曼．新帕尔格雷夫经济学大辞典：第1卷：A-D［M］．陈岱孙，主编译．北京：经济科学出版社，1996.

尤西比乌斯．君士坦丁传［M］．林中泽，译．北京：商务印书馆，2015.

梅罗维茨．消失的地域：电子媒介对社会行为的影响［M］．肖志军，译．北京：清华大学出版社，2002.

朱兰，德费欧．朱兰质量手册：通向卓越绩效的全面指南：第6版［M］．焦书斌，苏强，杨坤，等译．北京：中国人民大学出版社，2014.

朱兰，戈弗雷．朱兰质量手册：第5版［M］．焦叔斌，等译．北京：中国人民大学出版社，2003.

凯瑞．作为文化的传播："媒介与社会"论文集：修订版［M］．丁未，译．北京：中国人民大学出版社，2019.

科尔曼．社会理论的基础［M］．邓方，译．北京：社会科学文献出版社，1999.

韦伯斯特．注意力市场：如何吸收数字时代的受众［M］．郭石磊，译．北京：中国人民大学出版社，2017.

章达友．人力资源管理［M］．厦门：厦门大学出版社，2008.

张国涛，张陆园．2015年中国电视剧的生态与格局之变［J］．中国广播电视学刊，2016（3）：26－29.

张辉锋．传媒经济学：理论、历史与实务［M］．北京：人民日报出版社，2012.

张辉锋．转型与抉择：十字路口的传媒业［M］．北京：人民日报出版社，2016.

张建东，项保华．SWOT的缺陷［J］．企业管理，2005（1）：44－47.

张军，何曼．传媒产业无形资产管理［M］．北京：中国经济出版社，2018.

张莉，郭可儿．公共广播电视面临的新挑战：从BBC 2017年宪章改革谈起［J］．新闻界，2019（2）：84－94.

张茹，杨榆，张啸．数字版权管理［M］．北京：北京邮电大学出版社，2008.

张维迎．所有制、治理结构及委托-代理关系：兼评崔之元和周其仁的一些观点［J］．经济研究，1996（9）：3－15，53.

张翔．长影集团基于“长影”品牌的产业拓展研究［J］．电影文学，2019（3）：3－5.

张鑫．出版传媒企业存货管理［J］．经济技术协作信息，2011（30）：34－35.

张燕，王苏，刘虎．电子媒介经营与管理［M］．北京：中国传媒大学出版社，2016.

张咏华，曾海芳，柯文浩，等．传媒巨轮如何转向：移动互联网时代的国际传媒集团［M］．广州：南方日报出版社，2014.

张志安．浅析报业经营改革中的四次边缘突破［J］．新闻大学，2003（1）：76－79.

赵林如．中国市场经济学大辞典［M］．北京：中国经济出版社，2019.

“行业”罗振宇带着罗辑思维上市了，知识付费红海在哪？［EB/OL］．（2019－10－21）［2022－06－08］．https://mp.weixin.qq.com/s/FjvSAQQVTVVEb4MpYbPNFA.

曾繁旭，王宇琦．传媒创业项目的融资：风险资本青睐的商业模式［J］．中国地质大学学报（社会科学版），2019（1）：120－131.

郑苍林．浅析宽带薪酬在知识型企业的应用策略［J］．经济师，2009（3）：251.

郑红亮．公司治理理论与中国国有企业改革［J］．经济研究，1998（10）：21－28.

郑超然，程曼丽，王泰玄．外国新闻传播史［M］．北京：中国人民大学出版社，2000.

郑坚，邢宇航．视频网站如何以互利共赢构建成熟广告生态：以芒果TV广告盈利现象为研究对象［J］．传媒观察，2019（9）：44－48.

中国出版科学研究所，中央档案馆．中华人民共和国出版史料：1949［M］．北京：中国书籍出版社，1995.

中国出版科学研究所，中央档案馆．中华人民共和国出版史料：1950［M］．北京：中国书籍出版社，1996.

2018年中国网络视频用户规模、付费用户规模及未来发展趋势分析［EB/OL］．(2018-01-15)［2022-06-08］．http://www.chyxx.com/industry/201801/603777.html.

中国区块链技术和应用发展白皮书（2016）［EB/OL］．(2016－10－18)［2022－05－26］．https://wenku.baidu.com/viwe/7d7ab73foqa1284ac850ad02da80d4d8d05aolf4.html.

中国社会科学院新闻研究所．中国共产党新闻工作文件汇编：上卷：1921—1949［M］．北京：新华出版社，1980.

中国信息传媒行业调研与市场前景预测报告（2021—2027年）［EB/OL］．［2022-06-08］．https://www.cir.cn/0/63/XinXiChuanMeiDeQianJing.html.

中华人民共和国新闻出版署政策法规司．中华人民共和国现行新闻出版法规汇编：1991—1996［M］．北京：人民出版社，1997.

陈萌，刘凯．字节跳动深度：孤独的腾讯，跳动的字节［EB/OL］．(2019-07-01)［2022-06-08］．http://www.xcf.cn/article/1a33ba529bae11e9bf6f7cd30ac30fda.html.

周鸿铎．媒介经营与管理总论［M］．北京：经济管理出版社，2005.

周劲．传媒治理结构制度分析与实证研究［J］．现代传播，2005（4）：51－54.

周鸥鹏．传媒经营与管理［M］．2版．郑州：郑州大学出版社，2012.

周荣江．现代企业融资实务［M］．济南：山东人民出版社，2011.

周蔚华．出版产业研究［M］．北京：中国人民大学出版社，2005.

周蔚华．朱兰质量管理理论及其对出版质量管理的启示［J］．出版发行研究，2019（2）：5－11.

周蔚华．改革开放40年来出版体制改革着力解决的四大问题［J］．中国人民大学学报，2018（6）：22－32.

朱松林．论跨媒体叙事中的粉丝经济［J］．编辑之友，2015（2）：51－54.

朱伟峰．新闻出版体制改革40年［J］．中国出版，2018（20）：12－18.

朱治衡．我国电视剧产业中的三种制播模式［J］．青年记者，2019（3）：76－77.

## 二、英文文献

COOLEY C. Social Organization：A Study of the Larger Mind［M］．New York：Charles Scribner's Sons，1967.

NELSON P. Information and Consumer Behavior［J］．Journal of Political Economy，1970（2）：311－329.

DARBY M，KARNI E. Free Competition and the Optimal Amount of Fraud［J］．Journal of Law and Economics，1973（1）：67－88.

ROCHET J，TIROLE J. Defining Two-Sided Markets［Z］．IDEI University of Toulouse Working Paper，2004.

JENKINS H. Transmedia Storytelling：Moving Characters from Books to Films to Video Games can Make Them Stronger and More Compelling［J］．Technology Review，2003（1）：17－24.

KOTLER P，ARMSTRONG G. Principles of Marketing［M］．12th ed. New Jersey：Pearson Education，Inc.，2008.

RICHARDS J，CURRAN C．Oracles on "Advertising"：Searching for a Definition［J］．Journal of Advertising，2002（2）：63－77.

# 后　记

我的工作经历可以用“为媒体的一生”来概括：从编杂志、搞图书出版、办报纸（包括创办一份全国性报纸《中国禁毒报》）、建网站、管党务到从事媒介研究和教学，一直都在做与媒介相关的工作。我 1988 年研究生毕业后就从事杂志编辑工作；1996 年经中国人民大学决定由中国人民大学《教学与研究》编辑部副总编辑调任中国人民大学出版社副社长，负责出版社的发行和经营、图书宣传推广工作（其间短暂兼管党务工作）；2001 年任中国人民大学出版社总编辑，负责选题策划和编辑工作；2011 年调到中国社会报社主持报社全面工作，先后担任总编辑、社长兼党委书记等职务。在中国人民大学出版社和中国社会报社工作期间，我还先后主持了中国高校人文社科信息网及中国民政舆情网络平台的组建和运营工作。这些工作经历使我有了 20 多年的媒介经营和管理的实践，但过去我对媒介经营与管理还只有感性认识，无法沉下心来对其进行认真、系统的思考、总结与研究。直到 2017 年底我调回中国人民大学新闻学院开始讲授“媒介经营与管理”课程后，这种情况才有所改变。

调回中国人民大学新闻学院后，院里安排我讲授“媒介经营与管理”课程。为此，我首先向长期讲授这门课程且有系统思考和研究的张辉锋教授请教，他对我毫无保留地介绍了如何讲好这门课，并无私地将自己的课程讲授提纲和 PPT 都分享给我，使我对这门课的讲授内容的选择有了基本遵循原则。韩晓宁老师也经常将他的讲课体会和有关注意事项对我传授、与我分享。

在我回学校从事教学工作后不久，原先在中国人民大学出版社工作时的同事翟江虹听说我讲授“媒介经营与管理”课程，找到我说人大出版社一直缺少“媒介经营与管理”的教材，希望我能够协调、组织编写一本。我在备课过程中也深切感到，现有的一些教材很多内容已经跟不上当前飞速发展的媒介产业实践，忽视了媒介技术变化对媒介经营和管理的影响，教材中的很多内容都显得有些陈旧。作为一名长期从事媒介管理工作的媒体人和媒介教育工作者，我深切感到，结合近些年产业环境的新变化以及媒介技术的新发展，编写这样一本教材已经刻不容缓。于是，我找到张辉锋和韩晓宁两位先生，希望与他们共同将该教材编写出来以备急用。但他们两位都是学院领导，在承担繁重的教学与科研工作的同时，还被大量的行政事务缠身，所以他们明确提出很难抽出那么多时间编写教材，但支持我去做这项工作。于是，我只好赶鸭子上架，勉为其难，独自将老东家——中国人民大学出版社所提出的编写“媒介经营与管理”教材的任务承担起来。五年来，我和这门课程的教学助理们一边教学一边收集有关资料和案例，在出版社的不断催促下，终于编写出现在这部教材呈现给大家，请批评指正。

在教材编写过程中，我们力求贯彻以下几个原则：第一，充分体现党中央关于课程思政的有关要求，将习近平新时代中国特色社会主义思想贯穿教材始终，按照习近平总书记所要求的那样，在媒介各个环节都必须坚持正确的政治方向和舆论导向，不仅内容要讲导向，营销、广告等经营管理活动也要讲导向；第二，紧密结合中国媒介经营和管理的鲜活实践，将教材内容扎根于中国媒介的丰富沃土，努力体现中国特色、中国风格和中国气派，力图总结中国媒介经营与管理的规律性认识，并将其上升到理论层面；第三，力图将媒介深度融合条件下的媒介经营与管理的新技术、新实践、新经验及新案例吸纳到教材内容中去，同时兼顾传统媒体的经营管理特色，使之更加切合当前媒介现实状况及教学要求；第四，充分借鉴国际管理学界、传媒界在媒介经营与管理方面的相关理论和经验，去粗取精、为我所用；第五，在媒介经营与管理中继承和弘扬中华优秀传统文化，本教材在管理思想史方面用较大篇幅介绍了中国儒家、道家、法家和兵家的管理思想，力求做到古为今用，推陈出新，促进中华优秀传统文化创造性转化和创新性发展。上述几点是我们在编写教材时所力图坚持的，实际效果如何还有待广大师生在使用中、在教学实践中加以检验。

本教材由我进行总体框架设计和列出详细写作大纲并进行统筹。各章撰写分工如下：第一章（少部分内容吸收了杨石华提供的初稿）、第二章、第三章，周蔚华。其余各章提供初稿、二稿的有：第四章，苏依婕；第五章、第六章，杨石华；第七章，王碧琪、邹韵婕；第八章，苏依婕、邹韵婕；第九章，张艳彬；第十章，杨石华、邵士博；第十一章，苏依婕、邵士博；第十二章，陈思睿。在他们提交的稿件的基础上，我对全部书稿进行了修改、补充、统稿和定稿。教材的总体框架参考了张辉锋教授为学院“媒介经营与管理”课程提供的教学大纲及教学要求，在此对张辉锋教授表示衷心的感谢。

尽管尽了自己的努力，但我们深知，该教材难免存在很多问题及不足，希望读者朋友在使用过程中能够及时提出宝贵的意见，以便我们不断修订和完善。我的邮箱是1014547051@qq. com，微信号为1014547051。

最后，我还要感谢中国人民大学新闻学院领导为我所提供的宽松环境及对我各项工作的鼎力支持和帮助，感谢中国人民大学出版社领导以及人文分社潘宇、翟江虹，责任编辑汤慧芸、谢旋，没有他们的创意和不断督促，以我懒散的个性，很难将这个工作坚持下来，尤其是翟江虹的那种韧劲，让我感到很多作品如果没有出版社的策划、参与乃至“催账”是很难问世的，但他们却总是默默地隐在书后为他人作嫁衣。汤慧芸、谢旋则帮我校正了很多差错，使本书增色不少。这使我深切体会到，编辑，这是一项多么崇高的职业！

周蔚华

**图书在版编目（CIP）数据**

媒介经营与管理/周蔚华主编．--北京：中国人民大学出版社，2023.3（2025.11 重印）
新编 21 世纪新闻传播学系列教材
ISBN 978-7-300-31487-7

Ⅰ.①媒…　Ⅱ.①周…　Ⅲ.①传播媒介-经营管理-高等学校-教材　Ⅳ.①G206.2

中国国家版本馆 CIP 数据核字（2023）第 030700 号

新编 21 世纪新闻传播学系列教材
**媒介经营与管理**
周蔚华　主编
Meijie Jingying yu Guanli

---

| | | | |
|---|---|---|---|
| **出版发行** | 中国人民大学出版社 | | |
| **社　　址** | 北京中关村大街 31 号 | **邮政编码** | 100080 |
| **电　　话** | 010－62511242（总编室） | | 010－62511770（质管部） |
| | 010－82501766（自营网店） | | 010－62514148（明德书店） |
| | 010－62511173（销售部） | | 010－62515275（盗版举报） |
| **网　　址** | http://www.crup.com.cn | | |
| **经　　销** | 新华书店 | | |
| **印　　刷** | 天津中印联印务有限公司 | | |
| **开　　本** | 787 mm×1092 mm　1/16 | **版　　次** | 2023 年 3 月第 1 版 |
| **印　　张** | 27.5 插页 1 | **印　　次** | 2025 年 11 月第 5 次印刷 |
| **字　　数** | 624 000 | **定　　价** | 69.80 元 |

---

# 关联课程教材推荐

| 书号 | 书名 | 第一作者 | 定价 | 出书时间 |
| --- | --- | --- | --- | --- |
| 978-7-300-27847-6 | 传媒经济学教程（第二版） | 喻国明 | 49.8 | 2019 年 12 月 |
| 978-7-300-17099-2 | 传媒经济热点问题原理解析 | 张辉锋 | 39.8 | 2013 年 3 月 |
| 978-7-300-25702-0 | 新媒体运营 | 刘友芝 | 49.8 | 2018 年 5 月 |
| 978-7-300-32871-3 | 新媒体运营实务（第 2 版） | 张浩淼 | 49.8 | 2024 年 6 月 |
| 978-7-300-17787-8 | 娱乐产业经济学：财务分析指南（第 8 版最新版） | ［美］哈罗德·L·沃格尔 | 88 | 2013 年 10 月 |

## 配套教学资源支持

尊敬的老师：

衷心感谢您选择人大版教材！相关的配套教学资源，请到中国人民大学出版社官网（www.crup.com.cn）下载。部分教学资源需要验证您的教师身份后，才可以下载。请您登录出版社官网后，点右上角“注册”，填写“会员中心”的“我的教师认证”项目，等待后台审核。我们将尽快为您开通下载权限。

如您急需教学资源或教材样书，也可以直接与我们的编辑联系。

联系人：龚洪训　　电话：010-62515637　　电子邮箱：6130616@qq.com

欢迎加入全国新闻教师 QQ 群（群号：723715191），开展学术讨论，交流教学心得。